Walburga Kliem

Taunus sagenhaft

Geschichtenwandern zwischen Oberursel und Eschbacher Klippen

Der Erzählverlag

Die Deutsche Nationalbibliothek verzeichnet diese Publikation in der Deutschen Nationalbibliografie; detaillierte bibliografische Daten sind im Internet über http://dnb.d-nb.de abrufbar.

Umschlag- und Bildgestaltung: Peter Amsler, Berlin
Druck: Books on Demand, Norderstedt

ISBN: 978-3-947831-32-6

www.erzaehlverlag.de

Westentaschenerzähler

Band 6

Der Erzählverlag

Über den Westentaschenerzähler

In die Westentasche gelangen Geschichten, die sich auf der Bühne, in der Schule oder zu Hause bewährt haben. Von hoher Erzählkunst, über Gedichte und Balladen bis zur humoristischen Kurzgeschichte: Es muss Groß oder Klein bereits einmal gefallen haben.

Walburga Kliem

Wem Gott die Fähigkeit gegeben,
der Rede Kunstgewand zu weben,
der soll die Gabe nicht verschweigen,
sie freudig allen Menschen zeigen.
Hört Ihr Geschichten dann und wann,
so fängt es gleich zu knospen an ...

Von der Hl. Walburga berichtet die Legende, sie hätte ein Kind mit drei Kornähren vor dem Hungertod gerettet. Die Ähren stehen für ihre Erzählungen: Geschichten, die Menschen jeden Alters satt machen und Samen sind, aus denen Großes wachsen kann. Seit fast fünfzehn Jahren ist auch Walburga Kliem im sagenhaften Taunus als Erzählkünstlerin unterwegs.

AUF DEM FELDBERG

Der Taunus

Alexander von Humboldt nannte ihn „das schönste Mittelgebirge der Welt“. Dabei hatte er doch so viele andere Sehenswürdigkeiten rund um den Globus besucht! Auch Johann Wolfgang von Goethe schrieb: „Warum in die Ferne schweifen? Sieh, das Gute liegt so nah“, und wer weiß, vielleicht hatte auch er den Taunus im Sinn.

Ich verliebte mich in dieses besondere Fleckchen Erde vor mehr als zwanzig Jahren, als ich mit meiner Familie hierherzog. Drei Monate vorher hatte ich eine Arbeit in Frankfurt am Main aufgenommen und pendelte anfangs zwischen Potsdam und Schmitten hin und her. Ich wohnte zunächst noch bei Freunden im Gästezimmer und trotzdem war es so, als würde ich nach jedem Wochenende nach Hause kommen, als gehörte ich schon immer hierher. Hier fand ich den Nährboden für meine Geschichten und lernte, sie bei meinen Erzählungen zu voller Blüte zu entfalten.

„Unser Taunusland gleicht einem großen, schönen Garten, der auf drei Seiten von lebendigen, fließendem Wasser umgeben ist, im Norden von der Lahn, im Westen und Süden vom Rhein und unteren Main. Nur nach Osten ist der Garten offen, geht unmittelbar in die Wetterau, den Nidda- und

Maingau über.“ Das schreibt der Sagensammler Helmut Bode über diese naturreiche Region. Doch der Taunus hat noch mehr zu bieten. Burgen künden von den Herrschenden des Mittelalters und Spuren alter Handwerker wie Glasmacher, Töpfer und Schmied sind zu finden. Der Limes zieht sich über den Taunuskamm und das Römerkastell Saalburg ist Zeugnis dieser Zeit. Es durchziehen Altstraßen den Taunus, deren Ursprünge bis in die Keltenzeit zurückreichen.

Der Taunus birgt überdies einen Schatz vielerlei Sagen und Legenden, angefangen von alten Mythen wie dem Wilden Jäger oder Erzählungen vom Kornweibchen und den Zwergen. Viele der alten Geschichten sind eng mit schlimmen Zeiten verbunden, mit Hexenverfolgung und den Auswirkungen des Dreißigjährigen Krieges. Der besondere Humor und die Naturverbundenheit der Menschen blitzen trotzdem immer wieder durch.

Über Jahrhunderte sprachen die Menschen einfach von „der Höhe“. Wir finden es heute noch in dem offiziellen Namen unserer Kreisstadt *Bad Homburg vor der Höhe*. Diese Bezeichnung beruht auf die schon weithin sichtbaren Gipfeln, wenn man von Frankfurt oder der Wetterau aus auf den Taunus schaut. Sicherlich hat *die Höhe* auch eine strategische Bedeutung gehabt, denn das Herannahen von Feinden konnte von hier gut beobachtet werden. Ansiedlungen aus der Jungsteinzeit sind nachweisbar, doch erst die Kelten prägten den Namen „Taunus", der später vergessen und dann wiederentdeckt wurde.

Dieses Buch lädt zu einer Sagenwanderung ein – und zwar auf den bekanntesten Altstraßen, die schon in der Zeit der Kelten und Römer bestanden und während des Mittelalters Teil europäischer Handelswege waren. Es sind Höhenwege, die über die Pässe des Taunus-Hauptkamms führen. Die Täler mit ihren Bachläufen waren dagegen für Fuhrwerke sehr schwer zu überwinden. Es gab nicht viele Brücken und oft sanken die Räder der Fuhrwerke in den feuchten Böden ein, vor allem nach starken Regenfällen.

Daher zog man erst talwärts, wenn man an größere Orte kam oder wusste, wo passierbare Furten waren. Auch verlangten die Fürsten und selbst so mancher Bauer in den Tälern für „ihre“ Straßen einen Wegezoll. Auf den Höhenwegen konnten die Fuhrleute auch dies umgehen.

Eine dieser Straßen ist die *Rennstraße* von Frankfurt über Königsstein in Richtung Limburg, deren Fortführung bis nach Köln reicht. Unter dem Namen *Hühnerstraße* verläuft sie teilweise parallel. Dieser Höhenweg beginnt in mehreren Zweigen, wobei einer in Oberursel seinen Ausgang nimmt.

Die Glocke von Oberursel
- Mit Kraft zum Frieden

„Glockenklang schützt die Saat, den Täufling vor Dummheit, den Garten vor Mäusen, den Menschen vor Krankheit. Die Glocke vertreibt Zwerge, Dämonen, Hexen, Ungeziefer, Wahnsinn, Misswachs, Unkraut, Gewitter, Feuersbrunst, Zahnweh und Läuse. Alle Plagen und Übel dieser Welt, Gespenster und grollend umgehende Tote, weichen dem ehernen Wink der Glocke. In ihr ist Zaubermacht, Abwehr des Bösen."

Quelle unbekannt

Glocken waren immer schon sehr wertvoll, ein mächtiger Schatz. Dem Stifter einer Glocke wurde hohe Ehrerbietung entgegen gebracht und die Herstellung der richtig großen Glocken lag in den Händen besonders fähiger, gefragter und achtbarer Meister. Nicht selten gaben sie ihren Werken Namen und oftmals wurden den Glocken auch wundersame Kräfte zugeschrieben. Von einer dieser Glocken werde ich Euch nun erzählen.

In Oberursel steht die Kirche *St. Ursula.* Und die größte Glocke war einst die *Maria Kraft* im Turm dort oben. Sie erhielt diesen Namen, weil sie von dem Glockengießer Georg Crafft in Mainz geschaffen wurde. Als sie das erste Mal erklang, da wurde es schon deutlich. Von dem Geläut der Glocke heißt es in der Oberurseler Reimchronik:

> *„Man hört's am leuchtend hellen Tag*
> *Bey Frankfurt an dem Eisern Schlag.*
> *Zur Nacht-Zeit in der tiefen Still'*
> *Noch weiter, wer sie hören will.“*

Und so verwundert es nicht, dass die Frankfurter diese Glocke mit dem tiefen, vollen Klang gern gehabt hätten. Wie die Sage berichtet, boten sie über viele Jahre der Stadt Oberursel den Kauf an: So viele Krontaler, wie der Bauch der Glocke fasste, oder womit man die Straße zwischen Oberursel und Frankfurt am Wegesrand hätte markieren können! Doch die Oberurseler waren stolz auf ihre Glocke und hätten sie für nichts in der Welt her gegeben.

Ja, bis zum Jahr 1645, dem Fronleichnamstag, als die Stadt in Schutt und Asche gelegt wurde. Französische Truppen taten es aus Rache für erlittene Niederlagen. In die St.-Ursula-Kirche ließ der Kommandeur mehrere Fuhren Strohwagen bringen und anzünden. Das Holzgebälk des Turmes brannte lichterloh, die abstürzende Glocke zertrümmerte das Turmgewölbe und bohrte sich tief in den Boden ein. Die Oberurseler waren nun auf einen Schlag bettelarm.

Das war die Gelegenheit für den Senat der Stadt Frankfurt, sein Angebot zu erneuern. Darüber entbrannte bei den Stadtvätern in Oberursel ein heftiger Streit: „Wir brauchen das Geld, um unsere Häuser und Höfe wieder aufzubauen! Wir sollten das Angebot annehmen!“ – „Die Glocke trägt den Namen *Maria Kraft*, sie wird uns allen Kraft geben. Wenn wir sie abgeben, was bleibt uns dann?“ – „Aber sie ist doch ohnehin beschädigt von dem tiefen Fall, da bin ich sicher!“ – „Sollten wir das nicht erst einmal prüfen?“ – „Zu viel Aufwand, der nicht lohnt. Wenn die Frankfurter die Glocke haben wollen, sollen sie sie selbst ausgraben!“

So ging das hin und her. Schließlich wurde abgestimmt und der Vorschlag zum Verkauf fand eine Mehrheit. Lediglich zwei Bürger von Oberursel, der angesehene Eckart und der junge Wiederholt, wollten sich nicht damit abfinden. Bei Nacht und Nebel stiegen sie über die Stadtmauer und liefen schnurstracks zum Amtmann nach Königstein, wo das Gericht tagte. Sie brachten ihre Klage mit der Begründung vor, dass keine Probe gemacht worden sei. So erging der Beschluss per Boten, dass die Glocke weder beschädigt noch verkauft werden dürfe, ehe man sie nicht ausprobiert habe. Diesem Gerichtsbeschluss konnten sich die Oberurseler nicht widersetzen.

So wurde die Glocke freigelegt, während andere ein provisorisches Holzgerüst fertigten, an dem man sie aufhängen konnte. Das kostete viel

Schweiß, aber schließlich war es geschafft. Mit einem mächtigen Holzknüppel schlug einer gegen die Glocke - alles war still, als er ausholte. Und siehe da: Der volle, tiefe und warme Klang war in der ganzen niedergebrannten Stadt zu hören, so klar und rein. Viele weinten vor Freude ... Die Glocke *Maria Kraft* blieb also der Kirche erhalten.

Einen Riss hatte sie aber wohl doch von dem Sturz, dieser wurde vor einigen Jahren repariert. Leider litt ihr Klang immer mehr, so dass sie im Jahr 2018 im Geläut durch eine neue Glocke ersetzt wurde. *Maria Kraft* läutet zwar nicht mehr, doch sie bleibt als Ausstellungstück den Menschen erhalten.

Die neue Glocke trägt den Namen *Maria Frieden* und schließt damit einen Kreis. Beides bedingt einander: Nur im Frieden kann neue Kraft geschöpft werden – nur mit Kraft kann Frieden bewahrt werden.

ST. URSULA IN OBERURSEL

Die Höhle im Altkönig

- „Vergesst Ihr auch das Beste nicht!“

Dem Reisenden, der von Frankfurt über Oberursel *der Höhe* zustrebt, fallen sofort zwei besondere Berggipfel auf. Der eine ist „das Höchste im Taunus“, der *Große Feldberg* mit seinen Türmen und deren Verbindung mit bedeutsamen gesellschaftlichen Ereignissen aus noch nicht allzu ferner Zeit. Der andere ist der *Altkönig*. Obwohl er nach dem *Kleinen Feldberg* nur der dritte an Höhe ist, besitzt er eine überwältigende Präsenz und zieht die Aufmerksamkeit jedes Betrachters sofort auf sich. Sein Gipfel ist ja auch im übertragenden Sinne mit einer Krone geschmückt. Zwei steinerne Ringwall-Reihen ziehen sich rundherum, die wohl keltischen Ursprungs sind. Genau klären ließen sich Alter und Herkunft bisher nicht. Geheimnisvolle Erzählungen beschreiben immer wieder die Möglichkeit, dass im Berge ein wahrer Schatz darauf wartet, entdeckt zu werden. Doch der Eingang ist schwer zu finden und er wird bewacht.

Die Wege sind sehr verschlungen und geheimnisvoll. Wer sie kennt, zeigt sie Freunden und Bekannten. Es gibt so gut wie keine Wanderschilder, die hinauf führen. Aber wer oben anlangt, hat einen traumhaften Blick hinüber zum Feldberg sowie über die Main-Ebene – und kann sich an den außergewöhnlichen Formen der dort wachsenden Bäume nicht satt sehen. Am Wegesrand und vor allem auf der vorgelagerten *Weißen Mauer* gibt es viele Heidelbeer-Felder und diese spielen in meiner zweiten Erzählung eine wichtige Rolle.

Es ging vor Jahren eine arme Witwe auf den Altkönig, um Heidelbeeren zu suchen. In der einen Hand hatte sie einen Korb und an der anderen führte sie ihr Töchterlein. Die Kleine hatte ihre helle Freude, sobald sie das erste Feld mit den niedrigen Büschen entdeckte. Schon riss sie sich von der Mutter los und während das Kind Beere für Beere in ihren Mund stopfte, füllte die Mutter fleißig den Korb. Schließlich kam das Mädchen wieder und brachte eine besonders schöne Blume mit, die sie zwischen den Steinen gefunden hatte. „Die wollen wir zu Hause auf den Tisch stellen“, sprach die Mutter und legte sie auf den Korb.

Als sie sich auf den Rückweg machten, entdeckten sie an einer Stelle ein Loch im Berg. Die Mutter wunderte sich, denn so oft sie schon hier gewesen, nie war ihr dieses aufgefallen. Das Kind aber, von der Neugier getrieben, lief sofort in den Eingang dieser Höhle hinein. Der Gang war niedrig und dunkel, aber die Frau konnte ihr doch gebückt folgen. Und schon bald weiteten sich die Wände und ein großer Raum mit Licht wurde sichtbar. Wie staunte die Frau! Was sah sie wohl?

Nun, im Raum stand ein großer eichener Tisch und rundherum saßen lauter kleine Männlein mit langen Bärten. Auf dem Tisch aber da blinkte und glitzerte es, da waren goldene Teller und Becher, Kannen und Leuchter. Auf dem Steinboden standen Schüsseln und Fässer mit Geld. Da saß das Kind daneben, ließ die Münzen klingen und lachte. So etwas hatte es ja noch nicht gesehen. Der Frau war die Zunge gelähmt, die Glieder erstarrt und die Augen geweitet.

„Seid gegrüßt, gute Frau! Habt keine Angst! So tretet ruhig näher!“ – So sprach der Älteste der Zwerge, der seinen langen Bart auf eine Haspel aufgewickelt hatte. Diese freundlichen Worte schienen sie aufzutauen und sie seufzte: „Welch Herrlichkeit! Ach, hätte ich doch nur einen Teil dieses Schatzes!“ Da antwortete der Zwerg: „Nun, dann nehmt Euch, so viel Ihr tragen könnt. Aber vergesst dabei das Beste nicht!“

Die Frau trat nun kühn hinzu und tat ihre Schürze voll mit Gold und Silber. Dann leerte sie kurzerhand ihre Heidelbeeren in eine der Schalen auf dem Tisch und füllte darauf auch den Korb. „Frau, vergesst das Beste nicht!“, hörte sie da die warnenden Stimmen der Zwerge. Doch sie hatte Angst, es könnte ihr etwas von dem Gelde wieder weggenommen werden und mit den Worten „Ist schon gut! Ich habe alles, was ich brauche! Habt Dank!“ eilte sie den Gang wieder zurück.

Kaum war sie jedoch ans Tageslicht gelangt, da donnerte es hinter ihr und der Berg schloss sich. Nichts als grauer Schieferfels war noch zu sehen, als wäre nie etwas anderes dort gewesen. Und wie ein Nachhall hörte die Frau: „Vergesst Ihr auch das Beste nicht?“ Da fuhr ihr der Schreck ins Herz, denn ihre Tochter hatte beim Spielen nicht bemerkt, wie sie fortging – und jetzt war diese eingeschlossen im Berg! Was nützte ihr nun all das Geld und Gold? Doch wie sie in den Korb schaute, da war da auch keines mehr darinnen, nur trockenes Gras.

Jammernd und weinend lief sie zu einem Kräuterweib und erzählte ihr von dem großen Unglück. Die aber sprach zu ihr: „In deinem Heidelbeerkorb befand sich die Schlüsselblume, welche die Höhle eröffnet hat. Deine Gier hat dich dazu getrieben, ihn auszuleeren. Erst in sieben Jahren hast du die Möglichkeit, dein Kind wieder zu sehen. Gehe dann am selben Tag zur selben Stunde wieder auf den Altkönig und suche nach ihr." - So vergingen sieben Jahre voll Kummer und Schmerz für die Frau. Doch als sie, wie vorhergesagt, auf den Berg ging, da fand sie ihre Tochter zwischen den Heidelbeeren. Sie lag einfach da und schlief, als wäre keine Zeit vergangen. Von der Höhle im Altkönig aber hat seitdem niemals mehr jemand eine Spur entdeckt.

DIE WEILQUELLE

Der Steingarten an der Weilquelle

- So könnte es gewesen sein!

Wir machen uns vom Altkönig auf den Weg zum nächsten sagenhaften Ort und stoßen zunächst auf den *Fuchstanz*. Der Pass wurde nachgewiesener Weise schon von den Römern benutzt, denn hierüber führte eine gepflasterte Straße von Nida im Nordwesten des heutigen Frankfurt bis zum Kleinen Feldberg. Über diese Straße transportierten die Legionäre ihr Material für den Ausbau ihres Kastells am Nordhang des Kleinen Feldbergs. Der Weg heißt auch heute noch *Pflasterweg* und genau dorthin wollen wir jetzt.

Wie der *Fuchstanz* zu seinem Namen kam? Das ist nicht genau geklärt und liegt in der Fantasie der Geschichtenerzähler oder Wanderer. Der Platz soll früher weitgehend baumfrei gewesen sein, was auch eine gute Fernsicht brachte. Eine Köhlerei hatte sich einstmals dort befunden. Später war es ein beliebtes Ausflugsziel, an dem sich schnell Gastwirtschaften ansiedelten. Auch wurde im 19. Jahrhundert das Feldbergfest, ein Bergturnfest, aus politischen Gründen vom Großen Feldberg zum Fuchstanz verlegt. Hier befanden sich die Teilnehmer nicht mehr auf dem Gebiet der Landgrafschaft Hessen-Kassel, sondern im

Herzogtum Nassau. Auf dem Holzbildstock vor einem der Gasthäuser und auf historischen Postkarten kann man zwei tanzende Füchse mit einem Spruchband sehen, auf dem geschrieben steht:

„Alljährlich, am ersten des Maien,
wenn die Natur ist erwacht,
wenn alle Menschen sich freuen
der herrlichen Frühlingspracht,
dann spielen hier Elfen die Geigen,
Waldvögelein singen ihr Lied,
da tanzen die Füchse den Reigen,
jedoch nur, wenn niemand sie sieht."

Ein Kunst-Märchen von Helmut Bode erzählt davon sehr detailreich und ausführlich. Wenn Ihr mich einmal besucht, dann könnt Ihr sie auch mündlich von mir hören, für den *Westentaschenerzähler* ist sie zu lang.

So sind wir jetzt bei unserer Wanderplauderei auf dem *Kleinen Feldberg* angelangt, auf dem sich heute ein Observatorium befindet. Rundherum führt ein Weg für Freunde des gemütlichen Spazierganges. Und auf der anderen Seite geht es leicht bergab. Hier entspringt die Weil, der wasserreichste Fluss und zugleich der mit dem größten Höhenunterschied zwischen Quelle und Mündung im Taunus.

Lasst mich an dieser Stelle kurz etwas über Sagen im Allgemeinen erzählen. Sagen sind volkstümliche, mündlich überlieferte Geschichten, die erst später schriftlich festgehalten wurden. Im Gegensatz zum Märchen knüpfen sie an reale Personen, geschichtliche Begebenheiten, unerklärliche Naturereignisse oder eigentümliche Geschehnisse an. Sie haben also einen realistischen Kern, auch wenn sie fantasievoll ausgestaltet werden.

Die meisten Sagen wurden über Jahrhunderte weitergegeben. Die folgende kam jedoch erst im Jahr 2008 zu mir und ich bin sicher, dass es sie so noch nie vorher gegeben hat. Und doch erzähle ich sie seitdem und ich bin sicher, dass es eine echte Taunus-Sage ist. Denn sie enthält alle Bedingungen, die eine Sage ausmachen.

Im Jahr 2008 absolvierte ich meine Ausbildung zur Geschichtenerzählerin. Ich hatte zwar vorher schon oft vor Publikum erzählt und freie Vorträge gehalten, nun wollte ich meine Fähigkeit auch mit einem Zertifikat unter Beweis stellen. Unsere erste Übung

bestand darin, eine vorgegebene Geschichte frei zu bearbeiten, sie also zu *unserer* Geschichte zu machen. Unser Dozent gab uns dazu den Tipp, *zehn Schlüsselworte* zu notieren und anhand dieses Leitfadens selbst die Handlung zu entwickeln. So habe ich nichts weiter aufgeschrieben und die Geschichte entstand in meinem Kopf.

Ich verlegte die Handlung an einen Ort, den ich gut kannte: die *Weilquelle.* Der Name *Weil* ist wahrscheinlich vom lateinischen Wort *villa* abgeleitet, denn nahe der Quelle befand sich nicht nur das Römer-Kastell, sondern eben auch ein Dorf.

Noch etwas: Die *Dippemess* ist das größte und älteste Frankfurter Volksfest, das jährlich im Frühjahr und Herbst stattfindet. Ursprünglich war es ein mittelalterlicher Verkaufsmarkt, bei dem Haushaltswaren aller Art, vor allem Keramik und Töpfe, die *Dippe*, angeboten wurden. Und *Heidenkirche* nannten Menschen in früheren Zeiten die Reste des römischen Bades, welches dem Kastell am Kleinen Feldberg angegliedert war. Das einfache Volk wusste ja nichts von der

Geschichte und dass es die Römer waren, die hier ihre Spuren hinterlassen hatten.

Vor vielen Jahren machte sich in Altweilnau ein Töpfer namens Melchior auf den Weg in die Reichsstadt Frankfurt. Er hatte sein einziges, schon ein wenig altes Pferd eingespannt und seinen Planwagen mit allem beladen, was er an Tonwaren hatte. Damit wollte er auf die Dippemess.

Schwer fiel dem Melchior der Abschied von seiner Frau und seinem gerade mal vier Jahre alten Bub Kilian. Zum einen war der Weg nach Frankfurt sehr beschwerlich. Zum anderen dachte er daran, dass in der letzten

Zeit dort immer mehr Händler unterwegs waren. Und jeder versuchte, den anderen durch einen noch geringeren Preis zu unterbieten. Am Ende würde ihm nicht mal genug bleiben, um seinen Aufwand zu decken. Das Leben war schon hart und ungerecht! Wie sollte er seine Familie ernähren?

Und es verbesserte seine Stimmung nur wenig, dass sein liebes Weib jetzt zu ihm kam und ihn umarmte. Schließlich stellte sie ihm die Wegzehrung in einem Korb auf den Wagen. Er erwiderte den liebevollen Kuss ohne Worte und drückte den Buben ganz herzlich. Denn vor allem dieser sollte nichts von seinen Sorgen wissen. Und in dieser Missstimmung machte er sich also auf den Weg - immer an dem

Bächlein Weil entlang, das ihm munter entgegen floss.

Unterwegs hörte er davon, dass die Straße, die er sonst nahm, durch umgestürzte Bäume versperrt war. Das verbitterte ihn noch mehr, denn
 nun musste er über den Pass am Kleinen Feldberg fahren. Dieser Weg war ihm weniger bekannt und sehr holprig. Sein Pferd hatte sehr schwer zu ziehen - und es ging ja auch bergauf. Heftig knirschten und ächzten die Wagenräder. Der Frühling hielt unterdessen seinen frohen Einzug im Taunus und zauberte die goldgelben Kätzchen an die braunen Zweige der Salweiden.

Hinter der Heidenkirche fand er sich plötzlich an einer Stelle, die er vorher noch nie gesehen hatte - wie denn auch, er fuhr ja sonst nicht hier lang. Das Bächlein plätscherte munter aus dem Berg und da der Melchior sehr durstig und auch etwas müde war, hielt er seinen Wagen an und versorgte sich und sein treues Pferd. Das Wasser des Bächleins war herrlich frisch und so füllte er auch ein Behältnis für die Weiterfahrt.

Währenddessen bemerkte er unweit der Quelle liegend einen mit Weidengeflecht umzäunten Flecken. Hohe, dunkle Fichten standen hier. Dazwischen zeigten jedoch einige graue Buchen schon ihr zartes Grün.

Neugierig lief Melchior zur Stelle hin – und welch ein leichtes Gefühl umgab ihn dort! Unter seinen nackten

Füßen - nicht einmal Schuhe außerhalb des Winters konnte er sich leisten - war das Moos so weich und angenehm, dass er fast wie auf Wolken schwebte. Erfrischt vom Wasser und wohlig berührt ließ er seinen Blick über diesen wunderschönen Garten schweifen, als er plötzlich einige Steine bemerkte, die scheinbar wahllos zwischen Moos und Büschen lagen.

Interessiert bog er die Zweige zur Seite und stellte fest, dass diese Inschriften trugen. Auf dem ersten konnte er lesen: *Marthe, 2 Jahre, 7 Monate, 3 Tage*. Erschrocken wich er zurück und ging zum nächsten Stein. Auch hier: *Hannes, 4 Jahre, 5 Monate und 18 Tage*. Es zwängte ihm sein Herz zusammen, denn er dachte an seinen

Kilian, der fast genauso alt war. Und er konnte nicht anders, als sich auf eine kleine Holzbank zu setzen, die direkt daneben und unter einem Baume stand. Keiner der Steine zeigte eine längere Lebenszeit an, kam ihm in den Sinn. Über diese frühen Tode sinnend quollen ihm jäh Tränen aus den Augen.

Und wie er so traurig und ganz in sich zusammengesunken da saß, kam plötzlich eine junges Mädchen fröhlich durch die Pforte. Wie es üblich war zu jener Zeit, wenn Fremde aufeinander trafen, grüßte sie freundlich und fragte nach dem Woher und Wohin.

„Ich heiße Melchior und ich bin aus Altweilnau auf dem Weg in die Reichsstadt, dort meine Tonwaren feil zu bieten. Deine Augen scheinen froh und glücklich, so will auch ich Dich herzlich grüßen. Doch sage, wie kannst so voller Lieblichkeit und Freude sein - hier an diesem traurigen Ort?“

Das Mädchen lachte: „Ihr redet so artig, als hättet Ihr ritterliche Sitte gelernt! Doch verstehe ich Eure letzten Worte nicht. Warum trauriger Ort?“

„Sag mir doch, was ist geschehen, dass die Kinder hier begraben liegen!“

„Wieso denn Kinder?“, fragte das Mädchen verwundert und hielt kurz inne. Doch dann strahlten ihre Augen wieder und sie erzählte von der Geschichte, die sich um diesen Ort rankte: „Nein, nein, das ist so: Einst befand sich in der Nähe dieses Gartens eine Heiden-Siedlung. Jeder Bewohner des Dorfes, der 13 Jahre alt wurde, zählte von da an die Stunden, in denen er glücklich und zufrieden gewesen war - sei es das stolze Gefühl, etwas Eigenes geschaffen zu haben, die erste Verliebtheit, die Hochzeit oder die Freude, dass der Mann oder Bruder heil und gesund aus dem Krieg heimgekehrt war oder die gesunde Geburt der Kinder. Ein weiser Mann des Dorfes hielt es wohl fest. Und wenn die Menschen starben, dann schloss man sozusagen diese Rechnung mit der Summe der Zeit ab und übertrug genau diese auf den Grabstein - denn nur das, so sagte der Älteste des Dorfes, ist die Zeit, in der die Menschen wirklich lebten."

Melchior hatte der Erzählung des Mädchens aufmerksam gelauscht und eine seltsame Wandlung ging in seinem Inneren vor. Und als er sich kurz darauf verabschiedete, meinte er: „Ich denke, ich werde viel von meinen Waren verkaufen. Und es wird langen, dass ich meinem lieben Weibe eine besondere Freude machen kann. Und mein Kilian wünscht sich schon lang ein eigenes Pferd, es wird ein Steckenpferd werden, da bin ich sicher!“ Er verabschiedete sich dankend und ein Lied auf den Lippen trieb er den Braunen mit dem Wagen nun talwärts nach Frankfurt. Der Steingarten an der Weilquelle ist längst verwachsen, jedoch der Gedanke dahinter wäre es wert, weiter zu leben.

Der kleine Ort an der Handelsstraße – „Das Kind muss einen Namen haben“

Von der Weilquelle und dem Kastell kommt Ihr, wenn Ihr nach links geht, über den Limes-Erlebnisweg nach einem Kilometer zum *Roten Kreuz*. Dieser Pass-Übergang existiert schon seit Urzeiten. Die Römer hatten ihr Kastell nur deshalb nicht an dieser Stelle gebaut, da die Weilquelle die bessere Wasserversorgung bot. Beim *Roten Kreuz* kreuzen sich die Straßen von Königstein, von Niederreifenberg und vom *Großen Feldberg* kommend. Hier wurden im Jahr 1730 die sterblichen

Überreste des letzten Reifenberger Ritters Philipp Ludwig nach vielen Jahren von den Königsteinern an die Nachfahren seiner Familie übergeben. Der Ritter wurde in der Gertrudiskapelle in Oberreifenberg, der Bassenheimer Grabkapelle, beigesetzt.

Das rote Sandstein-Kreuz wird mancher vielleicht nicht auf den ersten Blick bemerken. Das einfache Volk früher und sicherlich auch die Fuhrleute nannten diese Kreuzung den *Alten Zollstock*. Wer hier von Königstein kommend anlangte, der musste im wahrsten Sinne des Wortes „ausspannen". Die Pferde brauchten Ruhe, denn die Steigung war gewaltig.

Eine Reifenberger Familie machte sich diesen Umstand zu Nutze. Gar oft hatten Johann Dinges und seine Frau sich deshalb schon aufgemacht. Johann trug in seiner Kiepe einige Flaschen Schnaps und wenn es gut ging, auf einem Schubkarren ein kleines Fässchen Bier oder Apfelwein. Sie hatten nämlich bemerkt, dass die Fuhrleute, wenn sie auf dem Pass ankamen, ihre Pferde an der nahen Quelle tränkten, ihnen Heu und Hafer gaben, um sich anschließend selbst zu einer Mahlzeit auszuruhen.

Die Frau des Johann wurde *Bettche* gerufen und Ihr müsst wissen, dass in Hessen die Leute gerade Frauennamen auch im Erwachsenenalter gerne verkleinern. Wahrscheinlich hieß sie richtigerweise *Lisbeth* oder *Babett*. Wie auch immer. Den ersten Ausschank taten Johann und Bettche direkt unter freiem Himmel. Doch mit der Zeit wurden die rastenden Fuhrleute immer mehr und so baute man ein kleines Hüttchen, daran ein Schild *Zollstocks Bettche* hing. Es war also keine

Schlafstatt gemeint, sondern die Wirtin selbst steckte hinter diesem Namen. Im Jahr 1895 wurde schließlich dort droben das erste Gasthaus aus Stein und Holz gebaut. Noch heute steht an dieser Stelle das Gasthaus *Zum Roten Kreuz*, das nun schon in der fünften Generation von der Familie Dinges geführt wird - eine Einkehr ist auf jeden Fall zu empfehlen. Vielleicht erfahrt Ihr dabei sogar mehr über die Geschichte des Hauses. Von der zweiten Wirtin Rosa Dinges soll übrigens dieser Spruch stammen: „Das Rote Kreuz ist fünffach geteilt. Es liegt in der Gemarkung Glashütten. Unsere Post geht nach Großer Feldberg. Wir pfarren nach Schloßborn, gehen aber zur Messe nach Niederreifenberg und beerdigt werden wir in Oberreifenberg."

Übrigens, wenn ab hier von der alten Handelsstraße die Rede ist, dann tauchen zwei Bezeichnungen auf und das ist nicht verwunderlich. Auf gut fünf Kilometern verlaufen beide Wege parallel. So hatte man möglicherweise eine Alternative bei Unwettern und falls man den berüchtigten Reifenberger Raubrittern besser aus dem Weg gehen wollte. Die *Rennstraße* verläuft rechts vom Weilsberg nahe an Reifenberg vorbei, also unterhalb der Höhe. Die *Hühnerstraße* geht links im Bogen um den Weilsberg herum und dann über den Hühnerberg.

Ich empfehle jedem Wanderer, der diesen Weg geht, ab dem *Parkplatz Weilsberg* der Hühnerstraße zu folgen und beim Hinweisschild *Großer Zacken* bzw. der Markierung *Roter Milan* unbedingt einen Abstecher zu machen. Dort kommt Ihr zum schönsten Aussichtsfelsen im gesamten Taunus, auf einem Pfad mit alpinem Charakter. Der kleine Umweg lohnt sich! Und besonders schön ist es zum Sonnenuntergang. Nicht umsonst grüßt an dieser Stelle ein Schild mit der Aufschrift *Lümmelfelsen*.

Am Hühnerberg könnt Ihr das Panorama von Oberreifenberg mit der hochgelegenen Burgruine, der Kirche St. Georg, der Gertrudiskapelle und im Hintergrund dem Gipfel des Großen Feldbergs genießen. Bei Seelenberg vereinigen sich wieder die beiden Zweige der Handelsstraße und dann sind es nur noch wenige Kilometer bis zum Ort der nächsten Sage.

„Das Kind muss doch einen Namen haben!“ - Diese Redewendung im Untertitel ist wohl seit dem 17. Jahrhundert belegt und bezeichnet eine Situation oder eine Sache, von der man nicht so genau weiß, was dahinter steckt. Möglicherweise verbirgt der Spruch die Vermutung, dass jemand etwas verheimlichen will, einen Vorwand vorschiebt, die Karten nicht auf den Tisch legt. Wahrscheinlich haben sich die Leute davon inspirieren lassen, dass die Namensfindung für ein Kind schon damals eine schwierige Angelegenheit war und lange im Familienkreis verhandelt wurde.

Ähnlich ist es in Sage, die nun folgt und zu Pfingsten 1999 zu mir fand, als ich mit meiner Familie von Potsdam nach Schmitten-Treisberg zog. Wir waren damals Mitglied in einem ortsansässigen Motorsport-Verein und nahmen an einer Taunus-Rallye teil. Dabei galt es, bekannte Sehenswürdigkeiten, so das Hundertwasser-Haus in Bad Soden und das Freilichtmuseum

Hessenpark, anzufahren und dort bestimmte Informationen zu finden. Für uns war das eine Herausforderung, denn wir waren ja mit der Gegend nicht vertraut. Eine der Aufgaben bestand darin zu erkunden, wie ein Ortsteil von Weilrod zu seinem Namen kam. Wir suchten in dem kleinen Dorf nach einer Information, fanden aber nichts. Am Dorfbrunnen saß jedoch ein älterer Herr; so fragten wir ihn. Lachend antwortete dieser: „Natürlich weiß ich das, schließlich haben wir das noch in der Schule gelernt!" Und so erzählte er uns die Geschichte - und dem nächsten Fahrerteam, dem nächsten und dem nächsten.

Heute wird die Sage nicht mehr in der Schule erzählt, es sei denn, eine

Deutschlehrerin der 5. Klasse lädt eine Erzählerin ein, so wie es mir bei meinem jüngsten Sohn passierte. Die Kinder schenkten mir zum Dank eine Woche später eine Mappe mit fünf verschiedenen Varianten. Sie hatten sie in Kleingruppen aufgeschrieben und mit

Zeichnungen versehen, wie sie selbst meinen Vortrag in Erinnerung hatten. Und genauso ist es gut: Meine Geschichten sind Samen, die weiter getragen werden dürfen, damit sie nicht verloren gehen. Sie sollen künftige Generationen auch noch erfreuen. Vielleicht sitzt Ihr ja irgendwann einmal an einem Brunnen oder unter einer Dorflinde und erzählt die Sage von einem kleinen Ort, der am Ende eines malerischen Tals liegt. Er wurde ursprünglich *Mulefo* genannt, was so viel wie „herrenloses Gut“ bedeutet. Im Jahr 1156 wurde das Örtchen erstmalig in einer Urkunde erwähnt. Mit ihr wurde der Flecken vom Erzbischof von Mainz einem Kloster unterstellt.

Eigentlich war dieser Ort nur eine Poststation an der mittelalterlichen Höhenstraße. Doch müsst Ihr wissen, dass es wenig mit dem zu tun hat, was Ihr Euch heute unter einer Post vorstellt. Es war viel weniger ein bloßes Haus mit Pferdestall. Die Straße führte von Frankfurt über Limburg nach Köln und natürlich auch in die andere Richtung. Das war damals ohne Auto noch ein sehr weiter Weg und dauerte Tage mit den Fuhrwerken. Und Zeit war auch damals schon Geld. Nicht immer konnten die Kutscher warten, bis sich die Pferde erholt hatten, wie es am *Roten Kreuz* gemacht wurde. So tauschte man sie an den Poststationen einfach gegen solche aus, die schon „Kraft getankt“ hatten. Vielleicht kam dann irgendwann auch ein Gasthaus mit Herberge und Scheune dazu. Und vielleicht siedelte sich auch ein Schmied an, um die Pferde zu beschlagen und ein Wagner, der die Fahrzeuge reparierte. Vielleicht meinten dann einige Menschen, dass das ein wunderschöner Ort wäre, um dort zu leben. So errichtete man nach und nach innerhalb von 200 Jahren ein kleines Dorf. Und es wurde ein sehr hübsches Dorf!

Zwischen Wiesen und Feldern, mit ihren Kühen, Pferden, Ziegen und Hühnern lebten die Menschen, die großen und kleinen. Und als die Dorfleute, wie es sich gehörte, einen von ihnen zum Schultheiß, zum Bürgermeister, gewählt hatten, da stellte dieser eines Tages fest, dass nur noch eines fehlte, als er dem Landesherren die Steuer mit einem Brief zukommen lassen wollte.

Sofort rief er die klügsten, reichsten und wichtigsten Männer des Dorfes zu sich. Sie kamen alle in seine „gute Stube“, die damals auch gleichzeitig die Amtsstube war. Und dann stellte er ihnen eine einfache Frage: „Ist Euch schon etwas aufgefallen?“

Die Männer schauten sich untereinander an: „Was ist los? Ist etwas passiert? Gibt es Diebe in unserem Dorf? Fehlt etwas?“

„Ja, es fehlt etwas bei uns. Wir haben eine Dorfstraße, Häuser, Scheunen, eine Kirche und einen Dorfbrunnen. Wir haben Ställe und Vieh, Wald und Weide. Nur einen Namen hat unser Ort noch nicht! Und das ist sehr schlecht, denn die Finsternthäler sagen zu uns *Die daowwe* und die Treisberger *Die da unne* und die Riedelbacher rufen uns *Die dahinne* oder *Die da driwwe*!“

Natürlich sahen alle ein, dass das Dorf einen richtigen Namen brauchte, aber welchen denn? Schließlich liegt der Ort weder oben auf dem Berg noch unten im Tal. Und Bäche gab es auch schon zu viele in den Namen der umliegenden Orte. Mit der noch freien Endung „Rod“ wollten sie indes nichts im Sinne haben, denn es sollte ja ein ganz besonderer Name werden. Machte also einer einen Vorschlag, fand sich stets ein anderer, der dagegen sprach. So ging es hin und her.

Der Schultheiß wirkte hilflos, aber irgendwie musste er doch kraft seines Amtes eine Lösung herbeiführen. Ja, aber wie denn, wenn man sich uneins ist und nebenan in der Küche die Frau so gut kocht? Es sollte heute Rippchen mit Kraut geben und der Schultheiß konnte sehr gut essen, man sah es ihm an. So verkündete er schließlich: „Ihr

Leut', wir müssen zum Schluss kommen, es ist bald Zeit zum Essen." Und mit einem verstohlenen Blick zur Küche fügte er leiser hinzu: „Und unsere Weiber werden spotten, wenn wir hier nichts finden. Also besinnt Euch nun! Das erste Wort, was jetzt fällt, soll der Name für unser Dorf werden!"

Da brach große Stille herein, denn niemand wollte verantwortlich dafür sein, wenn später alle über den Namen lästerten. So still war es, dass sie jetzt die Frau in der Küche singen und mit den Töpfen klappern hören konnten. Aber noch schlimmer: Der Duft von Gebratenem und Gesottenem wurde immer schmackhafter, ein jeder hob seine Nase und sog ihn herzhaft ein. Schließlich hielt es der Schultheiß nicht mehr aus, schlug mit der Faust auf den Tisch und platzte heraus: „Maul off, Ihr Leut'!" - Und seitdem heißt dieses Dorf also Mauloff.

EICHELBACHER HOF

Hans im Glück aus Hasselbach
- „Geh auf die Frankfurter Brück'"

Der östliche Hintertaunus, in dem wir uns nun auf unserer Wanderung befinden, wurde von den Städtern des Vordertaunus aus Bad Homburg, Oberursel oder Kronberg bis Anfang des vorigen Jahrhunderts immer etwas abfällig als *hinner de Heck* bezeichnet. Im Osten des Hintertaunus sind die Berge etwa gleich hoch und dazwischen liegen sanfte Täler mit kleinen Bachläufen. Im wahrsten Sinne des Wortes hervorragend ist nur der *Pferdskopf* mit seinem hölzernen Aussichtsturm. Von Seelenberg aus kommen wir auf einem vier Kilometer langen Weg ohne große Höhenunterschiede dorthin. Doch wer einen steileren Anstieg nicht scheut, kann den *Pferdskopf* und seine Umgebung auch von Schmitten ab der Bushaltestelle Kirche aus erkunden. Dann nehme

man den 13 Kilometer langen Rundweg *Himmelsleiter* bzw. die Kennzeichnung *Blaue Meise*.

Nur wenig unterhalb dieses Gipfels liegt Treisberg, das kleinste Dorf im Taunus. Es hat 180 Einwohner, darunter meine Familie und mich. Ihr dürft auch gerne bei mir klingeln und um eine kurze Erzählung bitten! Der Ort ist eine Sackgasse und außerhalb von Schultagen nur mit dem Auto zu erreichen. Aber Treisberg ist ein sehr schöner Startpunkt für Rundwanderungen unterschiedlicher Länge.

Die erste urkundliche Erwähnung unseres Ortes stammt aus dem Jahr 1272; es gibt jedoch Menschen, die glauben, dass hier vielleicht schon die Kelten eine Ansiedlung hatten. Ungewöhnlich mag die Lage an der Nord-Ost-Seite des *Pferdskopfes* auf einem Bergsattel sein. Doch bin ich der festen Überzeugung, dass es dafür einen guten Grund gibt. Der Berg wirkt wie ein Schutzschild vor schlechtem Wetter, denn wenn einmal ein Unwetter droht, kommt es vom Westen her. Wir haben jedenfalls in den Stürmen der letzten Jahre kaum Schäden zu verzeichnen gehabt. 1920 und 1930 wurden auf dem

Friedhof Fundamentreste gefunden, die vermuten lassen: Hier stand einstmals eine Kirche. Ein heute noch als *Totenpfad* bekannter Weg von Finsternthal nach Treisberg weist darauf hin, dass umliegende Dörfer ihre Verstorbenen auf den Berg zur letzten Ruhe brachten.

Von Mauloff kommend – das Dorf der letzten Geschichte - führt die alte Rennstraße weiter an Riedelbach mit seinem Sport- und Segelflugplatz vorbei. Die *Riedelbacher Heide* ist gleich hinter dem Sportplatz und ein kleines, aber wunderschönes Naturschutzgebiet. Nach weiteren vier Kilometern erreicht Ihr den *Eichelbacher Hof*. In alten Chroniken wird hier eine mittelalterliche Turmburg erwähnt, die als

Schutz der Höhenstraße diente. Sie soll einer Familie Reinberg zu Eichelbach gehört haben. Baureste sind nicht mehr vorhanden. Belegt ist aber, dass im 14. Jahrhundert einer der Raubritter von *Hattstein*, einer verfallenen Burg nahe Oberreifenbergs, den Siegfried von Reinberg auf seiner Hochzeitsfeier überfiel, die Burg vier Jahre besetzt hielt und in dieser Zeit auch die Kaufleute plünderte, die ihres Weges auf der Handelsstraße zogen. In einer Chronik heißt es dazu, die Straße sei bald „still und verlassen“ gewesen, „so dass das Gras wuchs wie auf einer guten Wiesen“. Ebenso wurden die Bauern in den umliegenden Dörfern nicht verschont. Heute steht dort ein Fachwerkbau-Herrenhaus mit zwei

Ecktürmen, welches einstmals Teil eines Wasserschlosses war. Es befindet sich in Privatbesitz und an einzelnen Tagen gibt es einen Gastronomie-Betrieb.

Nach weiteren zweieinhalb Kilometern ist *Hasselbach* erreicht, der Ort unserer nächsten Geschichte. Sie könnte manchem bekannt vorkommen. Es handelt sich dabei um eine sogenannte Wandersage, die in verschiedenen Varianten an unterschiedlichen Orten erzählt wird. Ich kenne sie auch aus Koblenz und Prag. Ja, selbst eine Version mit einem Hans aus Brombach, einem Ortsteil von Schmitten, ist mir vor kurzem in einem Heimatblättchen untergekommen. Dass diese Geschichte sogar Einzug in die Sammlung *Frankfurter Sagenschatz* von Helmut Bode gefunden hat, liegt wohl daran, dass die Menschen aus den armen Dörfern im Hintertaunus oftmals in den Sommermonaten in Frankfurt arbeiteten und erst im Herbst wieder nach Hause zurückkehrten. Die Männer waren in Handwerksberufen tätig, so als Nagelschmiede und Bürstenbinder. Die jungen, unverheirateten Mädchen arbeiten als Näherinnen, Stickerinnen oder Haushaltshilfen in den Diensten der reichen Städter. Gisela Hodel, meine verstorbene Nachbarin, wusste da viele Geschichten zu erzählen, wenn wir auf ihrem Hof zwischen den herrlichen Fuchsien saßen.

In Hasselbach gibt es übrigens auch eine Einkehrmöglichkeit, und zwar donnerstags bis sonntags im Landgasthof *Zum Löwen*. Für den Rückweg nach Riedelbach empfehle ich die Strecke über Eichelbacher Hof, Cratzenbach, Neuweilnau mitsamt seinem Schloss, das von *Hessen Forst* genutzt wird und wunderschöne Gartenanlagen hat. Die Wegstrecke beträgt rund 13 Kilometer.

In den Zeiten des regen Handelsverkehrs auf der Rennstraße blühte Hasselbach und hatte sogar Stadtrechte und auch ein Schloss. In einer kaiserlichen Urkunde aus dem Jahr 1441 heißt es: „Die Erlaubnis wird erteilt, dass eine Stadt und Feste gemacht und gebaut werde mit Graben, Mauern und Toren, und dass die Leute, die zu Hasselbach sind oder hernach dahin kommen werden, von Steuern, Diensten, Lagern, Betteln und Beschwerden befreit sein sollen." Doch die gute Zeit sollte mit dem Dreißigjährigen Krieg ein Ende nehmen. Nun kamen schlimme Tage und so mancher Nachbarort Hasselbachs verschwand völlig.

Zu dieser Zeit lebten in Hasselbach ein Mann und eine Frau. Sie waren nicht mehr die Jüngsten. Ihre Kinder waren schon aus dem Haus und hatten ihr Glück anderweitig gesucht. Das war damals nicht anders als heute. Hans und Grete – so hießen die beiden

– waren nicht arm, aber auch nicht reich. Sie hatten ein kleines Häuschen mit einem Garten. Mutter Natur und ihre fleißigen Hände versorgten sie mit allem, was sie so brauchten. Nur manchmal dachten sie darüber nach, wie es wäre, wenn sie ein wenig Geld hätten, um sich eine Kuh oder ein Pferd oder ein Stück Acker zu kaufen.

Eines Morgens kam Hans in die Küche geschlurft, wo seine Frau gerade die Morgensuppe auf den Tisch gestellt hatte: „Du Grete, ich hatte einen seltsamen Traum heute Nacht“, so begann er noch etwas verschlafen zu erzählen. „Ich sah mich auf der Frankfurter Mainbrücke, die mit dem Kreuz und dem goldenen Hahn. Und ich hörte eine Stimme, obwohl niemand zu sehen war, die sagte zu mir:

Geh auf die Frankfurter Brück,
dort findest du dein Glück.“

Grete lachte und antwortete: „Ach Hans, Träume sind Schäume! Der Weg nach Frankfurt ist weit, warum solltest Du den machen. Schau lieber in den Garten, da ist das Unkraut nach dem Regen so gewachsen und die Schnecken tun sich am Salat und den Gurkenpflanzen gütlich.“ Hans nickte. Wie leicht ist es doch, jemandem seinen Traum auszureden. Vor allem, wenn die Arbeit zum Lebensunterhalt ruft.

Doch am nächsten Morgen wachte Hans auf und erinnerte sich, dass er genau den gleichen Traum wieder hatte. Als er Grete davon erzählte, meinte sie: „Was ist schon Glück? Das Glück ist wie ein Vogel, ehe du es greifen kannst, fliegt es davon! Und niemand von uns ist jemals aus Hasselbach heraus gekommen. Es lohnt sich nicht, nach Frankfurt zu gehen.“

Doch nun ging Hans die Sache nicht mehr aus dem Kopf. Nach der Gartenarbeit flickte er seine Schuhe. Die hatten es wirklich mal wieder nötig. Und dann schnitzte er sich einen Stock. Grete beobachtete ihn kopfschüttelnd, sagte aber nichts mehr.

Als Hans am dritten Tag in die Küche kam und gerade anfangen wollte, zu erzählen, dass er den Traum wieder hatte, da stockte er. Auf dem Tisch lag ein Bündel! Grete war nicht da. Hans schaute nach, in dem Bündel waren Brot und eine Flasche mit Apfelmost. In dem Moment kam Grete herein, mit einem Stück Speck in der Hand. „Das habe ich dem Erny gerade noch abgeschwatzt. Du wirst Kraft brauchen, wenn du nach Frankfurt gehst.“ Sie lächelte und fügte hinzu: „Du brauchst mir gar nichts erzählen, ich kann mir schon denken, dass du wieder geträumt hast. Also dann geh und such das Glück!“

Hans umarmte seine Grete und nach der Morgensuppe machte er sich auf den Weg. Er lief über den Eichelbacher Hof, über Mauloff und Seelenberg, über das *Rote Kreuz* nach Oberursel und weiter bis nach Frankfurt. Für diesen Weg brauchte er sicherlich zwei Tage. Und dann kam er in Frankfurt auf der Brücke über den Main an. Er erkannte sie sofort aus seinem Traum.

Aber wie sah das Glück nun aus? Er schaute auf das Pflaster der Straße, er schaute über das Brückengeländer und er schaute in den Himmel - denn Grete hatte ja gesagt, das Glück sei wie ein Vogel. Aber nichts sah so aus, als hätte es das Glück sein können. Viele Menschen liefen an ihm vorbei und er schaute ihnen ins Gesicht. Doch die meisten Frankfurter Bürger blickten hochmütig an ihm vorbei. Doch da! Einer blieb vor ihm stehen. Er war seltsam gekleidet, wie ein Torwächter mit Rüstung und Helm, aus dem graue Locken und ein weißer Bart heraus lugten. Eine Hellebarde trug er auch. – „Hey, du scheinst etwas verloren zu haben. Was suchst du denn?“ – „Ach, verloren hab ich nichts. Doch suchen tue ich schon etwas. Bin dafür sogar weit aus dem Taunus her gewandert. Aber komm, guter Mann, so setzen wir uns doch. Ich habe noch etwas Brot und Speck. Beim Essen erzählt es sich leichter!“

Und so kamen sie ins Gespräch. Als Hans seinen Traum schilderte, lachte der Fremde: „Bauer, ist etwa Vollmond? Auch ich hatte letzte Nacht so einen komischen Traum. Und es hat sich auch gereimt. Lass mich mal überlegen, wie war das noch gleich?

Zu Hasselbach unter der Linden
da wirst dein Glück du finden!“

Hans schlug das Herz bis zum Hals. Er hatte dem Fremden nicht gesagt, wo er genau herkam und der Fremde fuhr fort: „Was weiß ich, wo dieses Hasselbach liegt. Und selbst wenn ich es wüsste, ich bin alt und mein Glück hab ich hier - mehr als genug."

Hans lachte und bedankte sich sehr herzlich für das Gespräch. Dann ließ er „Schusters Rappen" wieder tüchtig traben. Kaum eine Pause gönnte er sich und kam mitten in der Nacht in Hasselbach an. Dort weckte er Grete, die hochschreckte und sich die Augen rieb: „Ach Hans! Wie gut, dass du wieder da bist! Hast du das Glück denn nun gefunden?" – „Schwatz nicht! Komm einfach mit! Nimm die Laterne!" Ganz aufgeregt war er, der

Mann! Hans nahm einen Spaten und dann gingen sie zur Dorflinde. Grete leuchtete und Hans grub. Schon nach wenigen Spatenstichen stieß er auf etwas Hartes und Klingendes. Er nahm die Hände und klaubte es vorsichtig zwischen den Wurzeln des Baumes hervor. Es war ein großer eiserner Topf. Und als er den Deckel abhob, da entfuhr Grete ein schriller Schrei! Lauter goldene und silberne Münzen lagen darinnen. Da hatte wohl in den Kriegszeiten jemand seinen Schatz unter der Linde vergraben und konnte ihn nicht wieder holen, ehe er gestorben war.

Nun waren Hans und Grete wirklich zu Reichtum gekommen. Sie konnten sich ein größeres Haus und einen Acker leisten und eine Kuh. Einen Teil bekamen auch die Kinder. Und da sie nun nicht mehr so schwer arbeiten mussten, bauten sie unter der Linde eine Bank. Da saßen sie nun oft. Hans rauchte ein Pfeifchen und Grete strickte.

„Weißt du, Hans, ich habe nachgedacht: Das Glück ist doch nicht wie ein Vogel. Es ist wie dieses Wollknäuel hier. Das rollt mal hierhin und mal dorthin, manchmal unter Tisch oder Schrank. Doch man muss nur dem Faden folgen, dann findet man es wieder.“ - Hans sagte nichts, sondern nickte nur zufrieden. Er hatte sich vor einigen Tagen noch einmal auf den Weg nach Frankfurt gemacht, um den Brückenwächter zu finden, sich bei ihm zu bedanken und ihm auch etwas von dem Schatz abzugeben. Aber seltsam, er fand ihn nicht und niemand kannte ihn. Vielleicht war dieser ja auch unterwegs auf einer Reise.

SCHLOSS WEILNAU

Erny, der Prinzenschmied
- Die Suche nach den eigenen Wurzeln

Vor vielen Jahren war es, als der Sommer in den Herbst überging und erste Stürme aufkamen, doch nicht nur der Wind war es, der übermütige Geselle -denn es herrschte Krieg, der Dreißigjährige Krieg. Da waren weiter im Süden Heerhaufen vernichtend geschlagen worden. Und die Besiegten flohen wie die Hasen durch die Mainebene und versuchten sich wohl im Taunus zu verschanzen. Doch die Sieger folgten ihnen.

Auf der *Burg Weilnau* lebte zurückgezogen und ledig die jüngste Tochter des Grafen Albrecht von Weilburg. Man erzählt sich, dass sie persönlich zum Heerlager in der Nähe der *Landsteiner Mühle* unten am Fluss Weil fuhr. Dort bat sie den spanischen Heerführer, ihren Wohnsitz und seine Umgebung vor Zerstörung und Plünderung zu schonen. Die Anmut der Gräfin, ihre Furchtlosigkeit, aber auch das Vertrauen in seine Großmut beeindruckten den Spanier. So gab er den Befehl bei Androhung der Todesstrafe, Schloss und Dorf Weilnau unangetastet zu lassen. Er ließ sogar noch einen Teil seiner Truppen als Unterstützung für die Schlosswache zurück.

Die junge Gräfin fuhr dankbar zurück, doch als die Bauern kurz darauf – niemand weiß ob einen oder mehrere Tage später - auf dem Felde waren, um die letzte Ernte einzubringen, vernahmen sie ein Johlen und Schreien. Es war ein Wagentross, der mehr an den von Zigeunern erinnerte: Soldaten, halbwüchsige Kinder und Marketenderinnen. Und da die Weilnauer keinen Freibrief vorweisen konnten, machte sich diese Truppe gleich daran, einzelne Häuser auszurauben. Als die Hilferufe die Schlosswache erreichten, setzte diese sofort den Befehl des Heerführers um und griff ein. Es gab auf beiden Seiten Verletzte und Tote. Das Flüsschen Weil führte zu der Zeit viel Wasser und einige ertranken auch. Der Rest flüchtete in die Berge.

Was war das für ein Schlachtfeld von Trümmern, Verwundeten und Toten! Und mittendrin weinte ein etwa dreijähriges Kindlein schrecklich und sah die Überlebenden ängstlich an. Niemand konnte sagen, zu wem der Junge gehörte, und so brachte man ihn zur Gräfin. Sie sprach ihn an mit sanfter Stimme und er beruhigte sich. Doch er schien sie nicht zu verstehen. Auf dem Halskragen seines Gewandes entdeckten sie einen kleinen Knopf mit der Aufschrift *Erny*.

Von da an wurde der Junge auf der Burg Weilnau aufgezogen. Die Gräfin kümmerte sich rührend um ihn, bemerkte allerdings, dass er auf den Rufnamen Erny nicht so recht zu hören schien. So nahm sie an, dass es der Familienname sein könnte und gab dem Jungen den Namen Casimir. Doch jeder in der Umgebung nannte ihn weiter *Prinz Erny*.

Die Gräfin wollte aus ihm einen tüchtigen Beamten der Grafen von Nassau machen. Doch der Krieg und seine Nachwehen ließen das nicht zu. Das Schulwesen war zusammengebrochen, manche Fürsten lebten in der Verbannung, und auch musste sie ihr Haushaltsgeld stark beschränken. Also lehrte sie ihn selbst als gute Schulmeisterin. Schließlich befand sie, dass es nicht verkehrt war, wenn der Bub das Schmiedehandwerk, das im ganzen Weiltal in voller Blüte stand, erlernen würde. Der alte Meister Lipps war ein rechtschaffener, schlichter und ehrlicher Mann und bald war aus dem *Prinzen Erny* ein Schmiedejunge geworden, der eifrig und zur Zufriedenheit des Meisters arbeitete.

Erny zählte nun möglicherweise 17 Jahre und bisher war es allen geglückt, das Geheimnis über seine Herkunft zu bewahren. Eines Tages jedoch ließen sich drei Weiber in der Schmiede die Sicheln dengeln und während Erny die Arbeit machte, schwätzten die Weiber: „Schau mal, was aus dem armen kleinen Findling geworden ist!“ - „Ja, wer hätte das gedacht, als er vor Jahren so klein und verlassen auf der Wiese gestanden hat." - „Jetzt ist er ein Prinzenschmied ..."

Die Gräfin war erstaunt und überrascht, als Erny sie daraufhin am Abend mit Fragen löcherte. So blieb ihr nichts anderes übrig, als ihm die Wahrheit zu sagen. Sie hatte sogar noch den kleinen Samtrock mit dem Knopf. Und sie erzählte ihm auch, dass man in Rod an der Weil eine tote Frau aus dem Wasser gezogen und sie in Ehren begraben hätte.

„Und jene Frau, war sie meine Mutter?" - Da war sie, die Frage, die die Gräfin all die Jahre gefürchtet hatte. „Ach, Casimir, ich weiß es leider nicht, es ist uns nicht gelungen, Näheres zu erfahren."

Erny war voller Gedanken. Einerseits fühlte er sich geborgen und behütet, dort wo er war. Die Gräfin war ihm immer wie eine Mutter gewesen. Und dennoch lag es ihm am Herzen, nun seine wahren Wurzeln zu ergründen und seine eigentliche Heimat kennen zu lernen. Und so beschloss er, seine Ausbildung beim Meister Lipps zu beenden, um dann auf Wanderschaft zu gehen. Selbst wenn es ihm nicht gelänge, Spuren seiner Vergangenheit zu finden, so würde er viel dabei lernen.

Er beherrschte jetzt das Schmieden, Feilen, Hämmern von Eisen. Doch er wollte auch die Kunst des Kupfer- und Silberschmiedens erlernen. Es reizte ihn, Metalle zu mischen. Von seinem Meister hatte er gelernt, mit den Tieren umzugehen - nicht nur, dass er Pferde zu beschlagen imstande war. Er half auch dabei, ein Kalb zur Welt zu bringen. Und: Er konnte Tiere heilen. Nur eines tat ihm weh, wenn er daran dachte, nun bald auf Wanderschaft zu gehen. Es tat ihm weh, das Lenchen zu verlassen, die Tochter des Landsteiner Müllers, seine Liebste. „Hab keine Sorge!“, sagte er ihr „In drei Jahren bin ich wieder zurück.“

Und so machte er sich erst einmal auf nach Frankfurt. Auf der Messe würde er viele Leute treffen und auf ihre Namen hören, vielleicht wäre ja ein Erny dabei. Allerlei Bezeichnungen drangen ihm da an sein Ohr, die alle auf -y endeten. Die Leute stammten aus Sachsen, Polen, Böhmen, Ungarn, einige wiesen nach Schwaben und Bayern. Jetzt wurde ihm die Größe seiner Aufgabe erst richtig bewusst.

Zuerst zog es ihn weiter nach Nürnberg, dann ging es in ein kleines Städtchen im Erzgebirge. Dort arbeitete er bei einem Silberschmied. Dann durchwanderte er Oberschlesien, Böhmen, Mähren, Ungarn.

Die drei Jahre waren schon überschritten, doch ein Jahr wollte er noch dran hängen.

In der Steiermark gefiel es Erny gut. Die Berge und Täler erinnerten ihn an den Taunus. Dort traf er einen Wanderburschen, der ihm erzählte, dass der Name in der Schweiz verbreitet sei. Auch würde dort für den Vornamen *Arnold* diese Koseform genutzt. Gemeinsam machten sie sich auf die weitere Suche. In einem Dorf erfuhren sie, dass es dort mal einen Erny gegeben habe. Vor vielleicht fünfundzwanzig Jahren sei er aber gestorben und seine Witwe, die nun keine Verwandten mehr hatte, habe sich mit einer Freundin als Marketenderin den Soldaten angeschlossen.

Aus dem Krieg sei die Witwe ohne Nachbarin und ohne Kind zurückgekommen und habe wirr geredet. An einem Flüsschen zwischen Bergen – so habe sie erzählt – sei sie verwundet worden. Sie sei wohl ohnmächtig von Flüchtenden auf einen Wagen gehoben worden. Aber um den kleinen Erny, der sich in der Obhut ihrer Freundin befunden hatte, kümmerten sich weder ihre Retter noch der Kutscher, der eilig davon preschte. Man hatte ihr erzählt, wie ihre Freundin von den Soldaten in das Flüsschen getrieben worden war. Bald nach ihrer Rückkehr sei allerdings auch die Witwe gestorben – ob an Verletzungen oder am Kummer, wer weiß es genau!

Jetzt wusste Erny wohl, wer er war und woher er kam! Er besuchte das Grab seiner Mutter und machte sich auf den Weg in seine neue Heimat: in das Weiltal, zu Lenchen, die nun seine Frau werden sollte. Auf dem Rückweg rastete er in Nürnberg und Frankfurt. Er besuchte alte Freunde und Bekannte. Sie waren erstaunt, wie kräftig und weltgewandt er geworden war; und einen Vollbart hatte er sich auch wachsen lassen. Kurz vor Altweilnau kehrte er schließlich zu einem kühlen Trunk ins Wirtshaus in Schmitten ein. Dort belauschte er zwei Männer: „Wo kommst Du her?“, fragte der eine. „Von drunten, vom Landstein.“ - „Was gibt’s von dort Neues zu berichten? Erzähle!“ Und dann erzählte der Mann von vielen Leuten und Dingen. So war es damals üblich, als es noch kein Radio und keine Zeitungen gab. „Aber das Neueste, was gestern erst geschah, ist, dass des Landstein-Müllers Lenchen wieder einen Freier hat abfahren lassen, sogar einen reichen Bauernsohn aus Emmershausen!“ - „Was die wohl im Kopfe hat? Ist sich wohl zu fein, das Ding.“ - „Wen es im Kopfe hat, musst

Du wohl sagen. Den Prinzenschmied hat es im Kopf! Auf den wartet's immer noch nach all den Jahren. Darüber wird sie wohl zur alten Jungfer"

Erny tat es wohl. So zahlte er und der Liebe leichte Schwingen trugen ihn die letzten Meilen.

„Erny, du bist wieder da!" - Lenchen fiel ihm um den Hals, um dann aufgeregt nach Vater und Mutter zu rufen. Und es dauerte nicht lange, da wurde Hochzeit gefeiert. Erny übernahm die Schmiede von seinem alten Meister.

Später stand der Name *Erny* für vorzügliche Handwerkzeuge, für Beile und Äxte, bis weit über die Grenzen des Usinger Landes.

Der Lange Becker aus Eschbach

- Eine Geschichte wird lebendig

Am Nordrand zum *Usinger Becken* gibt es ein sagenhaftes Dorf mit einer Sehenswürdigkeit, die zumindest die Zuschauer hessischer Fernsehkrimis wie den Tatort und die Nele-Neuhaus-Verfilmungen kennen sollten: die *Eschbacher Buchsteinfelsen,* auch *Eschbacher Klippen* genannt. Die Felswand aus Quarzgestein ist bis zu zwölf Meter hoch und Teil eines unterirdischen Quarzganges von sechs Kilometer Länge. Das Dorf liegt innerhalb der Becken-Landschaft und ist heute ein

Ortsteil der Stadt Usingen. Das Flüsschen *Usa* hat ihr den Namen gegeben, wobei *Us* Osten bedeutet; es ist also ein Fluss, der nach Osten fließt. In alten Zeiten lag diese Region sehr abseitig, doch vielleicht sorgte die sonnige Lage am Südhang der Klippen dafür, dass sich hier ein großes Dorf entwickelte. Sogar zwei Adelshöfe waren angesiedelt, wovon einer den Herren von Hattstein und der andere der Usinger Fürstenfamilie gehörte. Sie gingen später in den Besitz Eschbacher Bauern über. Bis 1850 war Eschbach ein fast rein bäuerliches Dorf mit kleinen Handwerksbetrieben.

In alten Aufzeichnungen wurde das Dorf auch *Kettern-Eschbach* genannt, was auf den in diesem Gebiet angesiedelten germanischen Volksstamm bezogen war. Die Menschen in den umliegenden Dörfern erdachten sich dazu eine humorvolle Legende, die schon 1845 in dem Band „Nassau und seine Sagen“ aufgeschrieben wurde. Darin heißt es, die Bauern sollten bei ihrem Grafen einstmals den Zehnten abliefern. Und damals war es Brauch und gleichsam Wertschätzung und Dank, dass die Bauern mit einer Mahlzeit bewirtet wurden.

Doch der neue Herr war ein geiziger und hinterlistiger Mensch. Als sich alle gesättigt hatten, da fragte er, ob sie denn erraten könnten, was sie da aßen. Die Antworten kamen prompt: „Es wird Hasenbraten gewesen sein.“ Da lachte der Graf verächtlich: „Ja, aber Dach-Hase, für euch Bauern sind Katzen gerade gut genug!“ Die Männer aber waren so erbost, dass sie mit Fäusten und Mistgabeln auf den Grafen losgingen und ihm ans Leben wollten.

Da stöhnt er bang: „Verschonet mich!“
als sie ihn so erfassen,
„Dann will für alle Zeiten ich
Den Zehnten euch erlassen!“
Die Bauern für solch ein Geschenk nicht blind,
Entballen die Fäuste, die derben, geschwind.
So ward vom Zehnten einst befreit
Dorf Eschbach nach dieser Kunde
Und ist geblieben alle Zeit
Bis auf die heut'ge Stunde,
Doch wurde seitdem wie allbekannt
Vom spöttischen Neid
Katzeneschbach genannt.

Zur Glaubwürdigkeit der Legende beigetragen hat wohl auch die geschichtliche Tatsache, dass Eschbach einziger zehntfreier Ort im Amte Usingen war.

Wenn ich meine Geschichten erzähle, dann beende ich meinen Vortrag sehr oft mit folgenden Worten: „Erzählt sie weiter die Geschichten. Vieles von dem, was ich erzähle, ist nicht aufgeschrieben in dieser Welt und wenn niemand es weiterträgt, dann gehen sie verloren." Die Geschichte, die ich Euch nun zum Schluss erzähle, ist ein Beispiel dafür.

Im Jahr 2008 absolvierte ich eine Ausbildung zur Geschichtenerzählerin. An deren Ende stand als Prüfung die Herausforderung, dass die Gruppe zwei öffentliche Erzählveranstaltungen zu organisieren hatte, bei denen jede und jeder eine selbstgewählte Geschichte auf die Bühne bringen sollte. Ich hatte mich schon damals sehr für Sagen interessiert und war in dem Buch *Geliebtes Usinger Land*, welches mir von einer Zuhörerin geschenkt wurde, auf einen Beitrag des Chronisten Wilhelm Becker gestoßen. Er erwähnte dort eine Novelle, in der erzählt wird, „wie ein junger Mann aus Eschbach mit Webereien hausieren ging, zu der Zeit, als König Friedrich Wilhelm I. von Preußen, der Vater des Alten Fritz, auf der Jagd nach Langen Kerls für sein Leibregiment war - die Käufer nahmen nicht nur die Waren, sondern auch den Verkäufer selbst mit."

Nun bin ich selbst ja in und um Potsdam aufgewachsen und die Historie um die Herrscher von Sanssouci sind mir wohlbekannt. Sehr gerne hätte ich diese Geschichte erzählt, doch der Protagonist, der Strumpfstricker, war für mich mit diesen wenigen Sätzen nicht greifbar. Also machte ich mich auf die Suche nach eben dieser Novelle, die angeblich von einem Ernst Wagner stammen sollte. Aber diese Spur erwies sich als Sackgasse.

Selbst über einen in Usingen ansässigen Verlag konnte man mir nicht weiter helfen. Schließlich musste ich für meine Prüfung eine andere Geschichte wählen, doch wollte der Strumpfstricker mir nicht aus dem Sinn gehen. Immer wieder stellte ich verschiedenen Menschen die Frage, ob sie von dieser Sage schon einmal gehört hätten.

Schließlich sollte ich fast zeitgleich einen Hinweis aus zwei Richtungen bekommen. Zum einen sprach mich jemand aus dem *Burgverein Reifenberg* an, dass es da einen Roman aus den 1940er Jahren gebe, welcher *Der lange Becker* heiße. Er erwähnte dazu ein Freilufttheater an den *Eschbacher Klippen*.

Als ich dann unserem Dorfschmied in einem Gespräch davon berichtete, platzte er heraus: „Ja, da war ich damals dabei!" - „Wie, da hast du mitgespielt?" Nein, das hatte er nicht, aber er besuchte als junger Zuschauer die Vorstellungen. Und so erfuhr ich eben von beiden Seiten die Geschichte der *Eschbacher Bauernspiele*.

Das Laienspiel hat in Eschbach wie auch in Hasselbach eine sehr lange Tradition. Das mag verständlich sein, denn die Dorfbewohner konnten es sich bei aller Liebe zum Theater nicht leisten, solche Unterhaltungen in den Städten zu besuchen. So brachte man eben selbst, meist in der Winter- und Weihnachtszeit etwas auf die Bühne. Damit waren dann auch Einnahmen für Vereine gesichert. Im Jahr 1934 wurde angeregt, die Naturkulisse des Buchsteins als Hintergrund zu nutzen. Gesagt – getan! Das erste Freilichtspiel *Bauernsöhne* unterstrich die Verwurzelung der Dorfbewohner mit ihrem

Buchfinkenland, wie diese Gegend im Volksmund genannt wird.

Der große Wurf gelang schließlich 1938 mit dem *Schinnerhannes*. Die Kostüme wurden von anderen Aufführungen oder bei einem Kostümverleih in Frankfurt ausgeliehen. Die Mehrzahl der Statisten trugen Eschbacher Trachten. Es waren teilweise bis zu fünfzig Personen und sogar Kühe und Pferde auf der Bühne. Zur Vorstellung an Pfingsten wurden 3.000 Besucherinnen und Besucher gezählt. Sie kamen mit Fahrrädern, Leiterwagen und auch zu Fuß aus nah und fern. Es war ein richtiges Volksfest – und schließlich begann der Krieg, aus dem der Darsteller des Schinnerhannes und auch andere Mitspieler nicht mehr zurückkehren sollten.

Doch nach Kriegsende begeisterte sich eine neue Generation für das Theaterspielen. Schließlich gab es in der Trostlosigkeit der Nachkriegszeit kaum andere Freizeitmöglichkeiten. So gründete die Dorfjugend einen Verein, die *Bauernfreilichtspielschar Eschbach.* Er bekam die Genehmigung der Militärregierung in Frankfurt und schon im August 1946 gab es die erste Vorstellung von *Der Alte vom Berge*. Der Spielleiter war gerade einmal 21 Jahre alt.

Ein Jahr später, im Jahr 1947, kam es schließlich zu dem Stück, nach dem ich so lange suchte: *Der lange Strumpfstricker von Eschbach*.

Mein Informant vom Burgverein konnte mir einige Fotos der Aufführungen und kurze Auszüge aus dem Manuskript besorgen. Und schließlich fand ich durch das Internet bei einem Antiquariat in Rheinsberg den Roman *Der lange Becker von Eschbach* aus dem Jahr 1941. Es stellte sich heraus, dass die Geschichte nicht ein Ernst Wagner zu Papier gebracht hatte, sondern Maria Melchers. Wie gut, dass ich alte deutsche Schrift noch lesen kann. So lasst Euch also die letzte Geschichte von mir erzählen.

Vor fast 300 Jahren lebte in Potsdam ein König, der liebte seine Soldaten gar sehr. Er liebte sie mehr als seinen eigenen Sohn, den späteren Thronfolger. Er schickte sie nicht in den Krieg, er hatte seine Freude daran, sie in ihren schmucken Uniformen vor sich her marschieren zu lassen. Das gab ihm das Gefühl von Stärke und Macht. Und am meisten liebte er seine „Langen Kerls“, seine Leibgarde. Das waren junge Männer, die nach heutigem Maß mindestens 1,85 Meter groß zu sein hatten, und mit ihren hohen Kopfbedeckungen wirkten sie noch viel größer – wie rote Riesen! Um immer genügend Soldaten in seiner Leibgarde zu haben, ließ der König überall in Europa Werber herumziehen, die sie ihm bringen sollten. Er zahlte viel Geld dafür, welches die Soldaten natürlich nicht bekamen. Dem russischen Zaren soll er sogar einmal 7.000 Goldtaler gezahlt haben. Nun, die Werber waren natürlich scharf auf das Geld und in ihren Methoden nicht zimperlich.

Im Taunus aber, im Usinger Land, da war das Soldatenleben nicht wirklich erstrebenswert für die Menschen. Zum Militär ging nur, wer entweder etwas verbrochen oder ein garstiges Weib zu Hause hatte - und weit weg musste. Oder derjenige ließ sich betrunken machen und unterschrieb dann im „umnachteten Zustand" die Verpflichtungserklärung. Freiwillig ließ sich hier keiner überzeugen.

In Eschbach bei Usingen lebte zu der Zeit ein junger Mann, der Wolf Becker, der war sogar 1,96 Meter groß und sehr gut aussehend. Er war ein Strumpfweber, er fertigte Gamaschen aus Wolle an, die er dann in Frankfurt auf der Messe verkaufte und sich so den Lebensunterhalt für seine Familie verdiente.

Seine Frau, die Jeanette, eine Tochter hugenottischer Einwanderer, hatte ihm gerade vor einem halben Jahr ein hübsches Söhnchen geschenkt. Deshalb sollte seine Wanderung zur Frühjahrsmesse nach Frankfurt um das Jahr 1730 herum auch die letzte sein. Schon oft war er den Werbern des Soldatenkönigs gerade so entkommen und seine Frau sorgte sich sehr. Wolf

Becker war ein angesehener Mann im Dorf, er konnte lesen und schreiben und er würde sicherlich auch so ein Auskommen haben, vielleicht sogar eines Tages Bürgermeister werden.

Doch Jeanette wartete lange Zeit vergeblich. Zuerst machte sie sich keine furchtsamen Gedanken. Wenn Nachbarn fragten, antwortete sie: „Es ist nicht mehr so leicht zu verkaufen wie früher. Die Ansprüche steigen. Der Rundstrumpf, den England herüberschickt, ist ein arger Wettläufer, sagt der Wolf immer. Wisst ihr, wie es war, als er mal drei Monate nicht heimkam?“

Dann aber wurde im Dorf getuschelt und sobald sie dazu kam, verstummten die Leute beschämt. Man hatte Kleidung gefunden, die möglicherweise vom Becker stammte. Und ihre Schwägerin aus Usingen kam zu Besuch, es plagten sie schlimme Träume als Vorahnung. So ging der Sommer ins Land. Im Herbst kam der Bote und brachte einen versiegelten Brief. Als Jeanette die Schrift ihres Mannes erkannte, atmete sie erleichtert auf: „Er lebt! Gott sei Dank, er lebt!“

In diesem langen Brief schilderte Wolf, dass es ihm gut gehe, inzwischen soweit ganz gut. Man habe ihn an der Lochmühle, die damals als Herberge, aber auch als Räubernest galt, betäubt, indem man ihm etwas ins Getränk getan hatte. Dann sei er über viele Tage mehr tot als lebendig auf einem Leiterwagen nach Preußen gebracht worden. Im Delirium habe er die Verpflichtungserklärung unterschrieben und sei jetzt im Dienste des Königs ein „Langer Kerl". Doch seine Frau müsse nicht schamhaft das Haupt senken ob

dieser Nachricht. Er habe selbst lange mit seinem Schicksal gehadert, sehe es jetzt aber als Prüfung des Herrn an. Der König behandele seine Soldaten gut, er müsse nur von Sonnenaufgang bis zur zweiten Nachmittagsstunde Wache stehen und könne danach seinen eigenen Geschäften nachgehen. Selbst ein kleines Häuschen habe er bekommen. Nur manchmal vermisse er in der reinen Männergesellschaft seine Frau. Und acht Jahre, für die er sich verpflichtet sehe, seien eine lange

Zeit und dann seien die schönsten Jahre ihrer Ehe vorbei. Er könne es zwar nicht verlangen, habe aber den Wunsch, dass seine Frau zu ihm komme. Da die Reise für den kleinen einjährigen Sohn zu anstrengend sei, mache er den Vorschlag, dass Jeanette diesen seiner Schwester in Usingen in die Obhut gebe. Diese habe ihren eigenen Sohn ja kurz vorher bei einem schrecklichen Unfall verloren und würde sich liebevoll um ihn kümmern. Und so sei ihr das sicherlich auch eine Heilung in ihrem Schmerz.

Jeanette Becker zögerte nicht und richtete alles so, wie ihr Mann geraten hatte. Sie ersuchte um eine Audienz bei der Landesfürstin Charlotte Amalie, die als Regentin die Geschäfte für ihren noch unmündigen Sohn Karl führte, um eine Reiseerlaubnis zu bekommen. Die Fürstin war so beeindruckt, dass sie ihr diese auch gewährte.

„Am neunzehnten Tage des Oktobris, so man den Ferdinandentag heißt, bin ich mit Sonnaufgang aus unserem Hause in Eschbach aufgebrochen. Die Nachbarn Steinmann und Diefenbach haben auf ihren Blashörnern laute Musik gemacht. Sie taten es mir zur Aufmunterung und dass man das Schluchzen der Weiber nicht so deutlich höre. Mir aber ist gewesen, dass durch alles mein Kind weine, weshalb ich nochmals ins Haus zurück ging … Bis über Mittag hinaus haben die Nachbarn mich geleitet. War auch der alte Vater Reinhard darunter, der mir die guten, festen Schuhe fertigte und so viel abgeraten hat, meine Wanderung vor Winter anzutreten. Wäre gut gewesen, ich hätte auf den erfahrenen Mann gehört. Aber damals habe ich noch geglaubt, dass ich schon durchkomme ...“ - So schrieb es Maria Melchers in ihrem Roman.

Nach dieser Erzählung brauchte die Frau des Strumpfstrickers fast zwei Jahre, um zu Fuß bis nach Potsdam zu gelangen – eine Kutsche konnte sie sich ja nicht leisten. Dort, im fernen Brandenburg, schloss sie ihn endlich wieder in ihre Arme und lebte mit ihm bis zur Geburt ihres zweiten Kindes, einer Tochter, ehe sie im Kindsbett verstarb.

Während meiner Recherchen zu dieser Geschichte meldete sich eine Frau Margot Becker aus Eschbach. Ihr verdanke ich sehr viele weitere Informationen, denn sie war nicht nur als Kind bei den Aufführungen der *Bauernfreilichtspielschar Eschbach* im Jahr 1947 dabei, sondern erforschte als Erwachsene aktiv die Geschichte ihres Dorfes. Sie war es auch, die schließlich in den alten Kirchenbüchern in Erfahrung brachte, dass diese Geschichte wirklich und wahrhaftig genauso geschehen und belegt ist. Lediglich die Vornamen sind andere als im Buch von Maria Melchers. Die Autorin hatte vor achtzig Jahren über eine Usinger Freundin vom Strumpfstricker erfahren. Für ihren Roman unternahm sie bereits damals sehr sorgfältige Recherchen in den Akten des Haupt- und Staatsarchives in Wiesbaden. Er ist also sehr viel näher an der Realität als die Handlung des Theaterstücks der *Eschbacher Bauernspiele* – hier findet die Geschichte ein gutes Ende, da der „Lange Becker“ durch Wirken der Landesfürstin und seiner eigenen Frau freigekauft wird und nach Eschbach zurückkehren kann.

Nachdem ich also diese außergewöhnliche Geschichte endlich gefunden hatte, hatte sie für mich eine ganz andere Hauptperson. Nicht mehr der Strumpfstricker selbst war der Held, sondern seine Frau! In mir kamen Gedanken auf: Was hat wohl diese Frau bewegt, sich zu Fuß und allein auf den gefährlichen Weg zu machen? Schließlich gab es Unwegsamkeiten, unterschiedlich regierte Länder, Wölfe, Räuber. Was hat sie erlebt? Wie hat sie sich gefühlt? Welche Begegnungen hatte sie? Und so reifte der Entschluss, dass ich den Weg der Jeanette Becker nachgehen wollte! Aber darüber werde ich ein anderes Mal erzählen.

Mein Wunsch an Euch ist dieser:

Gebt's weiter!
Meine Geschichten sind Nahrung,
nicht für den Bauch, sondern für den Kopf,
die Seele und das Herz!
Meine Geschichten sind Samen,
die - einmal in die Erde gelegt -
keimen, wachsen, aufblühen
und Früchte tragen,
für künftige Generationen.

Regeln für die Weitergabe

1. Wenn du eine Geschichte erzählen willst, die du von einem anderen Erzähler bzw. einer anderen Erzählerin gehört hast, dann frage um Erlaubnis

2. Wenn du um deine Erlaubnis gebeten wirst, dann gib sie – grundsätzlich; wenn du NEIN sagst oder zum Beispiel die Geschichte erst nach einer Frist freigeben willst, dann nenne dem Fragenden deine Gründe.

3. Wenn du eine Geschichte erzählst, die du einem anderen verdankst, dann sage deinen Zuhörern, von wem du sie hast.

Beschlossen beim ErzählerInnen-Treffen in Aachen 1–3. Februar 2008

Inhalt

Jackie Collins

Lucky Player

Roman • Aus dem Amerikanischen von Ingeborg Ebel

Knaur

Die amerikanische Originalausgabe erschien 1996 unter dem Titel *Vendetta – Luckys Revenge* bei MacMillan, New York.

Besuchen Sie uns im Internet:
www.droemer-weltbild.de

Vollständige Taschenbuchausgabe 2001
Droemersche Verlagsanstalt Th. Knaur Nachf., München

Umschlaggestaltung: ZERO, Werbeagentur, München
Umschlagabbildung: Stefan May
Satz: Ventura Publisher im Verlag
Druck und Bindung: Nørhaven A/S
Printed in Denmark
ISBN 3-426-61694-7

2 4 5 3 1

Für meinen italienischen Helden

Ti amo,
Jake

LOS ANGELES

1987

PROLOG

Donna Landsmans eisiger Blick aus schiefergrauen Augen schweifte über den teuren Konferenztisch aus Mahagoni und blieb an ihren drei einflussreichen Anwälten und ihrem sanften Ehemann George hängen. »Wie viel Zeit brauchen wir noch, um genug Anteile zu erwerben, damit wir die Panther Studios übernehmen können?«, fragte sie ungeduldig. »Das dauert mir zu lange.«

Einer ihrer Anwälte antwortete, ein Mann mit kräftigen Gesichtszügen, buschigen Brauen und einer Knollennase. »Stimmt, Donna, die Geschichte dauert länger, als wir angenommen hatten. Sie wissen jedoch, dass ich dieses Projekt nie favorisiert habe …«

»Haben Sie mich nicht verstanden, Finley?«, unterbrach sie ihn und bedachte ihn mit einem verächtlichen Blick. »Falls Sie das nicht tun, gehen Sie mir aus den Augen. Negative Einstellungen interessieren mich nicht. Wenn ich etwas will, kommt mir *niemand* mit einem Nein. Und … ich … will … Panther.«

Finley nickte, sich ärgernd, dass er den Mund aufgemacht hatte. Donna Landsman befolgte nie den Rat anderer. Sie war die Königin feindlicher Übernahmen; jede Firma, die sie sich einverleibte, brachte ihr ein Vermögen ein. Das war einer der Gründe, warum Finley nicht begriff, dass sie die Kontrolle über Panther an sich reißen wollte, denn es handelte sich dabei um ein Filmstudio, das in Schwierigkeiten steckte. Es hatte beträchtliche Schulden und konnte seinen Zahlungsverpflichtungen kaum nachkommen – nicht gerade eine sprudelnde Geldquelle.

»Ja, Donna. Wir alle wissen, was Sie haben wollen. Und glauben Sie mir, wir arbeiten hart daran«, versicherte ihr Finley.

»Das hoffe ich doch«, entgegnete Donna und nahm sich vor,

ihrem Mann George zu sagen, dass es bald an der Zeit sei, wenigstens zwei ihrer Anwälte auszutauschen. Und Finley würde der Erste sein, der gehen musste.

Sie stand auf, ein Zeichen, dass die Konferenz zu Ende war. George erhob sich ebenfalls. Er war ein durchschnittlich aussehender Mann um die Fünfzig mit alltäglichem Gesicht und anliegendem braunem Haar, das zu kurz geschnitten war. Alle wussten, dass er das Finanzgenie in Donnas Reich war, das im Hintergrund die Fäden zog. Sie war der Held, er war das Geld. Die beiden waren eine phantastische Kombination.

»Bis später«, sagte Donna zu ihrem Mann und entließ ihn mit einer Handbewegung.

»Ja, Liebes«, entgegnete er. Ihre brüske Art störte ihn nicht.

Donna begab sich vom Konferenzzimmer in ihre Büros – eine prunkvolle Suite miteinander verbundener Räume mit einer atemberaubenden Sicht auf Century City. Einen Moment blieb sie im Türrahmen stehen und registrierte das alles.

Anwälte! Was wussten die schon? Nichts. Das Einzige, was sie wirklich konnten, war, enorm hohe Rechnungen zu stellen. Glücklicherweise hatte sie jemanden am richtigen Platz, der in der Lage war, genau das zu tun, was sie wollte. Ihr Anwaltsteam hatte keine Ahnung, wie sie diesen Mann bearbeitet hatte – nicht einmal George wusste davon.

Donna lächelte.

Jeder hat eine schwache Stelle.

Man braucht nur zu suchen, um sie herauszufinden. Sie hatte die Stelle gefunden.

Sie ging in ihr privates Badezimmer, blieb vor dem antiken Spiegel mit dem Zierrahmen stehen und betrachtete sich prüfend.

Was sie sah, war eine dreiundvierzigjährige Frau mit gesträhntem blondem Haar, das zu einem eleganten Knoten frisiert war, eine Frau mit gemeißelten Zügen – der Stolz ihres Arztes für plastische Chirurgie –, eine schlanke Frau im Chanel-Kostüm und mit Winston-Diamanten.

Sie war attraktiv, doch auf die harte, künstliche Weise. Sie war attraktiv, weil sie sich gezwungen hatte, so zu werden.

Donna Landsman.

Donatella Bonnatti.

O ja, es war ein langer Weg gewesen von ihrem bescheidenen Anfang in einem staubigen, kleinen Nest im Südosten Siziliens. Ein langer, langer Weg …

Und wenn Lucky Santangelo erst einmal vor ihr auf den Knien lag, würde sie der Schlampe schon beibringen, mit wem sie es zu tun hatte.

ERSTES BUCH

1

Lucky Santangelo Golden steuerte ihren roten Ferrari durch das prunkvoll geschmiedete Tor der Panther Studios, winkte dem Wächter freundlich grüßend zu und fuhr dann über das Gelände direkt zu ihrem Privatparkplatz, der vor ihren luxuriös ausgestatteten Büroräumen lag. Lucky war eine Frau von wilder Schönheit, Ende dreißig, und hatte jettschwarzes dichtes Haar, das ihr in Locken herabfiel, eine dunkelolivfarbene Haut, einen sinnlichen Mund, mandelförmige schwarze Augen und einen schlanken, durchtrainierten Körper.

1985 hatte sie das Filmstudio gekauft, und seitdem leitete sie es. Nach zwei hektischen Jahren war diese Aufgabe noch immer aufregend, denn sie genoss nichts mehr als Herausforderungen, und die Leitung eines Hollywood-Filmstudios war die größte Herausforderung. Es war sogar noch spannender, als ein Casino-Hotel in Las Vegas zu errichten, was sie zweimal getan hatte, oder das Reederei-Imperium ihres verstorbenen Mannes zu managen, eine Aufgabe, die sie jetzt an Treuhänder delegiert hatte.

Lucky *liebte* es, Filme zu machen – über Amerika hinaus Bilder mittels der Leinwand in die Welt zu schicken, die Menschen auf die vielfältigste Weise global beeinflussen konnten.

Doch das war nicht einfach. Der Widerstand, den man einer Frau entgegengebracht hatte, die die Leitung eines der bedeutendsten Filmstudios übernahm, war enorm gewesen. Vor allem einer Frau, die wie Lucky aussah. Vor allem einer Frau, die alles im Leben zu haben schien, auch drei Kinder und einen Ehemann, der Filmstar war. Jedermann weiß, dass Hollywood nichts als ein Club für große Jungen ist, in dem weibliche Wesen als Mitglieder nicht gerade willkommen sind.

Der legendäre Filmmogul Abe Panther hatte ihr das Studio

erst verkauft, nachdem sie bewiesen hatte, dass sie es leiten konnte. Er hatte sie herausgefordert und ihr vorgeschlagen, ohne preiszugeben, wer sie war, als Sekretärin für Mickey Stolli zu arbeiten, den hinterhältigen Mann seiner Enkelin, der damals die Panther Studios leitete. Sein Hintergedanke dabei war, dass Lucky herausfinden sollte, ob Mickey in irgendwelche Machenschaften verwickelt war. Deckte sie die auf, würde er ihr die Studios verkaufen.

Und Lucky hatte mehr als genug herausgefunden, um die Bedingungen zu erfüllen. Mickey hatte auf jede nur erdenkliche Weise bedeutende Summen unterschlagen; sein Produktionsstab schnupfte Koks und machte teure Callgirls und VIPs zu Filmstars; der Vertriebsleiter schmuggelte mit den regulären Produktionen Pornokurzfilme ins Ausland, die unter dem Ladentisch verkauft wurden; die Panther-Filme waren nichts als heruntergekommene Softpornos, voller schmierigem Sex und empörender Gewalt; die Produzenten bereicherten sich an Nebeneinnahmen, während die Frauen, die für das Studio arbeiteten, wie Menschen zweiter Klasse behandelt wurden, ganz gleich, ob es sich dabei um Stars oder Sekretärinnen handelte – überall hatte sich männlicher Chauvinismus breit gemacht.

Lucky bot Abe eine Menge Geld an und die Rettung seines Studios, das langsam ruiniert wurde.

Abe Panther gefiel Luckys Spiel.

Er verkaufte.

Lucky übernahm das Ganze.

Abe hatte sie gewarnt, dass es schwierig sein würde, Panther in früherem Glanz wiedererstrahlen zu lassen.

Wie Recht er gehabt hatte.

Als Erstes hatte sie sich geweigert, weiterhin diesen billigen Mist zu drehen, den Panther am laufenden Band produziert hatte. Dann hatte sie die meisten Angestellten von Mickey in leitenden Positionen gefeuert und sie durch ein erstklassiges

Team ersetzt. Und sie musste neue Projekte entwickeln – ein langsamer Prozess, der Zeit und Geduld erforderte.

Das Studio hatte jahrelang Verluste eingebracht, astronomische Summen, die sie als Kredite bei Banken aufnehmen musste. Lucky und ihr Finanzberater Morton Sharkey waren gezwungen gewesen, wieder einen großen Kredit aufzunehmen, nur um die laufenden Unkosten decken zu können. Dann, nach dem ersten Jahresabschluss, einem enttäuschenden Verlust von fast siebzig Millionen Dollar, hatte Lucky Bilanz gezogen und entschieden, dass es an der Zeit sei, einige ihrer ursprünglichen Investitionen umzugruppieren und zu diversifizieren. Morton hatte vorgeschlagen, Aktienpakete an verschiedene Gesellschaften und ein paar private Investoren zu verkaufen. Das schien eine ausgezeichnete Idee zu sein.

Morton hatte sich um alles gekümmert – die richtigen Investoren aufgetrieben, die sich nicht in ihre Geschäftsführung einmischten, einen Vorstand mit Leuten besetzt, die sich ebenfalls nicht einmischten, und schließlich dafür gesorgt, dass ihr noch immer vierzig Prozent der Anteile blieben.

Die gute Nachricht war, dass Panther zwei Filme herausgebracht hatte, die beide nicht schlecht liefen: *Finder,* eine bombastische Inszenierung für den umstrittenen Superstar Venus Maria, die außerdem eine von Luckys besten Freundinnen war, und *River Storm*, einen scharfen Thriller mit Charlie Dollar – dem Helden mittleren Alters im total weggetretenen Amerika – in der Hauptrolle. Lucky freute sich besonders, da beide Filme unter ihrer Leitung des Studios entstanden waren. Sie hoffte, dass dies der Anfang des Umschwungs war, auf den sie hingearbeitet hatte. Präsentiere dem Publikum gute, interessante Filme, dann geht es auch ins Kino – das war ihr Motto.

Sie eilte in ihr Büro, wo Kyoko, ihr ergebener japanischer Assistent, sie mit einer längeren getippten Telefonliste und einem verdrießlichen Kopfschütteln begrüßte. Er war ein zierlicher Mann um die Dreißig und trug ein Joseph-Aboud-Jackett und graue Hosen mit scharfen Bügelfalten. Er hatte glänzendes schwarzes Haar, das er zu einem straffen Pferdeschwanz gebunden hatte, und einen undurchdringlichen Gesichtsausdruck. Kyoko kannte jedes Detail des Filmgeschäfts, da er bereits als persönlicher Assistent für mehrere Filmbosse nach dem Abschluss seines Studiums gearbeitet hatte.

»Was gibt's, Ky?«, fragte Lucky, zog ihre Armani-Jacke aus und setzte sich in ihren bequemen Ledersessel hinter ihrem übergroßen Art-déco-Schreibtisch.

Kyoko rasselte die Termine runter. »Sie müssen fünfzehn Anrufe beantworten, haben um halb elf eine Verabredung mit den japanischen Bankern und danach eine Produktionskonferenz für *Gangsters*, dann eine Besprechung mit Alex Woods und Freddie Leon, Lunch mit Venus Maria, wieder eine Produktionskonferenz um drei, das Interview mit einem Reporter von *Newstime*, um sechs ein Treffen mit Morton Sharkey, und …«

»Dinner zu Hause, hoffe ich doch«, unterbrach sie ihn und wünschte, der Tag hätte mehr Stunden.

Kyoko schüttelte den Kopf. »Ihr Flugzeug nach Europa startet um zwanzig Uhr. Der Chauffeur holt sie um neunzehn Uhr zu Hause ab. Keine Minute später.«

Lucky lächelte gequält. »Hm, zwanzig Minuten fürs Dinner! Sie haben sich wohl vertan.«

»Jeden anderen würde ein solcher Terminkalender umbringen«, sagte Kyoko.

Lucky zuckte mit den Schultern. »Wenn wir tot sind, haben wir Zeit genug, Kyoko. Jetzt kann ich sie nicht verschwenden.«

Kyoko überraschte Luckys Entgegnung nicht. Seit sie das Studio übernommen hatte, arbeitete er als persönlicher Assistent für sie. Sie war eine eingeschworene Workaholic, deren Energie unerschöpflich war. Und sie war die intelligenteste und bestaussehende Frau, die er je kennen gelernt hatte. Smart und schön – eine verheerende Kombination. Überwältigend. Kyoko arbeitete gern für Lucky. Sie war das Gegenteil seines letzten Chefs, eines nervösen Mannes mit einem ständigen Kokainproblem und einem kleinen Schwanz.

»Probieren Sie mal, ob Sie Lennie über sein Handy erreichen können«, sagte Lucky. »Er hat mich heute früh über mein Autotelefon angerufen, aber die Verbindung war gestört. Ich konnte kein Wort verstehen.«

Lennie Golden, die Liebe ihres Lebens. Sie waren jetzt vier Jahre verheiratet, und jeden Tag schien ihre Ehe besser zu gehen.

Lennie war ihr dritter Mann. Im Moment war er bei Außenaufnahmen auf Korsika und drehte dort einen Abenteuerfilm. Drei Wochen ohne ihn waren tödlich, und sie konnte es kaum erwarten, ihn übers Wochenende zu sehen. Sie würden nur faulenzen und nichts anderes tun, als sich ausgiebig zu lieben.

Kyoko hatte das Produktionsbüro auf Korsika am Apparat. »Lennie dreht draußen am Strand«, informierte er sie und bedeckte die Muschel mit der Hand. »Soll ich eine Nachricht hinterlassen?«

»Sagen Sie denen, er soll sofort seine Frau anrufen. Mrs. Golden darf überall gestört werden.« Lucky grinste, als sie Mrs. Golden sagte – am meisten Spaß machte es ihr, Lennies Frau zu sein.

Bedauerlicherweise war Lennies Film keine Panther-Produktion. Sie hielten es beide für nicht opportun, dass er für seine Frau arbeitete. Er war aus eigener Kraft zum Star geworden, und wenn er nun für Panther drehte, hätte man das als Nepotismus auslegen können.

»Verbinden Sie mich mit Abe Panther«, bat sie Kyoko.

Gelegentlich rief sie Abe an und fragte um Rat. Er war jetzt neunzig und zählte zu Hollywoods Legenden. Der alte Mann hatte alles gesehen, das meiste getan und war noch immer so schlau und besaß einen so scharfen und schnellen Verstand wie jemand, der nur halb so alt war wie er. Er ermutigte sie immer und gab ihr gute Ratschläge, und da die Banken ihr im Nacken saßen, brauchte sie seine Versicherung, dass sich deren Einstellung wegen der beiden erfolgreichen Filme bald ändern würde.

Von Zeit zu Zeit fuhr sie zu Abes großer alter Villa, die über der Stadt thronte. Dann saßen sie auf der Terrasse und betrachteten den Sonnenuntergang, während Abe sie mit haarsträubenden Geschichten aus Hollywoods goldenen Zeiten ergötzte. Abe hatte sie alle gekannt, von Charlie Chaplin bis hin zu Marilyn Monroe, und er liebte es, faszinierende Geschichten zu erzählen.

Lucky hätte ihn gern heute besucht, aber sie hatte einfach nicht die Zeit dazu. Wie die Dinge lagen, hatte sie auch kaum Zeit für ihre Kinder – die zweijährige Maria und das Baby Gino, das sechs Monate alt war. Bobby, ihr neunjähriger Sohn aus ihrer Ehe mit dem verstorbenen Reeder und Milliardär Dimitri Stanislopoulos, verbrachte den Sommer bei Verwandten in Griechenland.

»Mr. Panther ist nicht zu erreichen«, sagte Kyoko.

»Okay. Dann probieren wir es später noch einmal.«

Sie warf einen Blick auf die Fotografien ihrer Kinder in den Silberrahmen auf ihrem Schreibtisch, auf die sie so stolz war. Bobby, der so intelligent und hübsch war, Maria mit ihren großen grünen Augen und dem schönsten Lächeln auf der Welt und das Baby Gino, das nach seinem Großvater benannt worden war. Maria hatte sie nach ihrer Mutter benannt.

Einen Moment ließ sie ihre Gedanken wandern und dachte an ihre schöne Mutter. Würde sie jemals den Tag vergessen können, als sie sie im Swimmingpool treibend aufgefunden hatte, von dem lebenslangen Feind ihres Vaters, Enzio Bonnatti, ermordet? Damals war sie fünf Jahre alt gewesen, und es war ihr vorgekommen, als wäre ihre Welt untergegangen.

Zwanzig Jahre später hatte sie Rache geübt und den Abschaum getötet, der den Mord an ihrer Mutter befohlen hatte. Auf diese Weise hatte sie Vergeltung für ihre Familie geübt, denn Bonnatti hatte ebenfalls ihren Bruder Dario und die erste große Liebe ihres Lebens, Marco, umbringen lassen.

Sie hatte Enzio Bonnatti mit seiner eigenen Waffe erschossen und behauptet, es sei aus Notwehr geschehen. »Er wollte mich vergewaltigen«, hatte sie der Polizei mit steinernem Gesicht erzählt. Und man hatte ihr geglaubt, denn ihr Vater war Gino Santangelo, und er hatte Geld und hinter den Kulissen die richtigen Fäden gezogen, so dass der Fall nicht einmal vor Gericht kam.

Ja, sie hatte alle diese Menschen gerächt und es nie bedauert.

»Sollen wir mit den Anrufen beginnen?«, fragte Kyoko und unterbrach ihren Ausflug in die Vergangenheit.

Sie schaute auf ihre Armbanduhr. Es war bereits nach zehn, der Morgen war schon fast vorüber, obwohl sie um sechs Uhr aufgestanden war. Sie griff nach ihrer Telefonliste. Kyoko hatte die Namen nach ihrer Bedeutung aufgeschrieben, einer Rangfolge, mit der sie nicht einverstanden war. »Ich rede eher mit einem Schauspieler als mit einem Agenten«, schalt sie ihren Assistenten. »Verbinden Sie mich mit Charlie Dollar.«

»Er möchte sich mit Ihnen treffen.«

»Weswegen?«

»Das Europa-Plakat für seinen Film *River Storm* gefällt ihm nicht.«

»Warum nicht?«

»Er sagt, er sehe darauf zu dick aus.«

Lucky seufzte. Schauspieler und ihre Egos. Eine nie endende Geschichte. »Ist es zu spät, um das noch zu ändern?«

»Ich habe mit der künstlerischen Abteilung gesprochen. Man kann es ändern. Aber das wird teuer.«

»Wenn es unseren Superstar glücklich macht, müssen wir eben was springen lassen«, sagte sie mit einem Anflug von Sarkasmus.

»Wie Sie meinen.«

»Sie kennen meine Philosophie, Ky. Wenn sie guter Laune sind, tun sie alles, um dem Film zum Erfolg zu verhelfen.«

Kyoko nickte. Um nichts in der Welt würde er mit Lucky streiten.

Lennie Golden hasste Scheiße, doch wenn man ein Filmstar war, steckte man die Hälfte seiner Zeit knöcheltief da drin. Das war das Schlimmste an seinem Beruf. Die Leute reagierten sonderbar auf Ruhm – entweder überschlugen sie sich in seiner Gegenwart, oder sie beschimpften ihn. Frauen waren am übelsten. Von dem Moment an, in dem sie ihn zum ersten Mal sahen, wollten sie mit ihm schlafen. Das beschränkte sich nicht nur auf seine Person, es betraf jeden Filmstar, sei es Kevin Costner, Robert Redford oder Bruce Willis. Frauen machen da keinen Unterschied, Hauptsache, der Mann ist berühmt.

Lennie hatte gelernt, solche Avancen zu ignorieren – er brauchte diese ständigen Eroberungen zur Aufwertung seines Selbstwertgefühls nicht. Er hatte Lucky, und sie war einzigartig.

Lennie war neununddreißig und ein attraktiver, etwas rastloser Mann, der Charisma besaß. Er war groß, sonnengebräunt und fit und nicht auf konventionelle Weise gut aussehend. Sein dunkelblondes Haar trug er halblang, und er hatte meergrüne Augen, die einen sehr direkt ansahen. Er trieb jeden Tag Sport, so dass sein Körper in ausgezeichneter Verfassung war.

Schon seit ein paar Jahren war er ein Filmstar – was ihn mehr als jeden anderen Menschen überraschte. Noch vor sechs Jahren war er Komiker gewesen und hatte danach getrachtet, einen neuen Gag zu landen, ein paar Dollar zu verdienen, irgendwie die Rädchen am Laufen zu halten. Und jetzt besaß er alles, wovon er jemals geträumt hatte.

Lennie Golden. Sohn des barschen alten Jack Golden, eines abgehalfterten Alleinunterhalters in Las Vegas, und von Alice, »Alice der Swizzle«, wie seine Mutter in ihrer Glanzzeit genannt wurde, als sie eine der berühmtesten Stripperinnen von Las Vegas gewesen war.

Mit siebzehn war er nach New York gegangen und hatte es ganz allein ohne die Unterstützung seiner Familie geschafft. Sein Vater war schon seit langem tot, aber Alice machte noch immer überall Ärger. Sie war jetzt sechsundsiebzig und albern wie ein blondiertes Starlet; nie hatte sie das Älterwerden in den Griff bekommen, und sie akzeptierte Lennie als ihren Sohn nur aus einem einzigen Grund – weil er berühmt war. »Ich war eine Kindsbraut«, pflegte sie jedem, der es hören wollte, affektiert zu erzählen, wobei sie mit ihren falschen Wimpern klimperte und ihre grell geschminkten Lippen zu einem schlüpfrigen Lächeln verzog. »Ich habe Lennie geboren, als ich zwölf war!«

Lennie hatte ihr ein kleines Haus in Sherman Oaks gekauft, wo sie über ihre Nachbarschaft herrschte. Da sie es nie mehr zu Starruhm bringen würde, hatte sie beschlossen, übersinnliche Kräfte zu haben. Ein kluger Schritt, denn nun trat sie regelmäßig im Kabelfernsehen auf und tat zu allem ihre Meinung kund, was Lennie ziemlich peinlich war. Insgeheim hatte er sie »Meine Mutter, das Schandmaul« getauft.

Manchmal kam ihm das alles irreal vor – seine Ehe mit Lucky, seine brillante Karriere, alles.

Er lehnte sich in seinem Regiestuhl zurück, kniff die Augen zusammen und musterte den Drehort am Strand. Eine Blondine im Bikini stolzierte vorbei und präsentierte ihre Rundungen. Sie hatte das schon ein paarmal getan, natürlich, um von ihm bemerkt zu werden. Er hatte sie bemerkt, okay. Er war verheiratet und nicht tot, und für Aufsehen erregende Blondinen hatte er früher einmal eine Schwäche gehabt. Vorhin hatte sie ihn gefragt, ob er sich mit ihr fotografieren lasse. Höflich hatte er die Bitte abgelehnt. Fotos mit Fans, vor allem mit attraktiven, hatten die hässliche Angewohnheit, in der Boulevardpresse zu landen.

Sie hatte die Botschaft kapiert und war kurz darauf mit einem Bodybuilder-Typ aufgekreuzt. »Mein Verlobter«, hatte sie mit strahlendem Lächeln erklärt. »Bitte!«

Er hatte sich mit den beiden fotografieren lassen.

Jetzt kurvte die Blondine wieder um ihn herum. Lange Beine, runder Hintern in einem kaum existierenden Tanga, feste Titten und harte Brustwarzen, die sich unter dem hauchdünnen Stoff scharf abzeichneten.

Hinschauen war okay.

Mehr war nicht drin.

Die Ehe war für sie beide eine gegenseitige Verpflichtung. Sollte Lucky ihn jemals betrügen, würde er ihr nie verzeihen. Er war überzeugt, dass sie genauso fühlte.

Schließlich setzte die Blondine zúr Landung an. »Mr. Golden«, säuselte sie sinnlich mit leichtem französischem Akzent. »Ich *liebe* Ihre Filme. Es ist eine große Ehre für mich, mit Ihnen in diesem Film mitspielen zu dürfen.« Tiefes Einatmen. Die Brustwarzen drohten den Stoff zu zerreißen.

»Danke«, murmelte Lennie und fragte sich, wo der Verlobte jetzt war. Schmeichelndes Gekicher. »Ich sollte Ihnen danken.« Eine kleine rosa Zunge fuhr über ihren Schmollmund. Die Einladung zum Ficken leuchtete aus ihren gierigen Augen.

Da tauchte Hilfe wie aus dem Nichts auf – Jennifer, die hübsche zweite Produktionsassistentin. Sie trug Shorts, ein enganliegendes T-Shirt und eine Lakers-Baseball-Mütze. Überall lauerte die Versuchung.

»Mac ist für die Probe fertig, Lennie.«

Er stemmte seinen schlaksigen Körper aus dem Regiestuhl und streckte sich.

Jennifer bedachte die Blondine mit einem verächtlichen Blick. »Sie bleiben besser bei den anderen, meine Liebe«, sagte sie knapp. »Sie können doch nie wissen, wann Sie gebraucht werden.«

Die Blondine trat nicht gerade glücklich den Rückzug an.

»Nichts als Silikon!«, murmelte Jennifer.

»Woher weißt du das?«, fragte Lennie. Er wunderte sich darüber, dass Frauen immer falsche Busen erkannten, Männer so gut wie nie.

»Das ist doch offensichtlich«, antwortete Jennifer geringschätzig. »Ihr Männer fallt auf alles rein.«

»Wer fällt rein?«, fragte Lennie amüsiert.

»Du nicht«, sagte Jennifer und schenkte ihm ein freundliches Lächeln. »Es ist ein Vergnügen, mit einem Star zu arbeiten, der nicht erwartet, dass man ihm zum Frühstück einen bläst.«

Jennifer gehört zu der Art Frau, wie Lucky eine ist, ging es Lennie durch den Kopf.

Er musste lächeln, als er an Lucky dachte. Außen hart, innen weich. Einfach hinreißend. Stark, dickköpfig, sinnlich, clever, verletzlich und verrückt. Die Mischung, aus der Lucky bestand, war wirklich einzigartig.

Lennie war davor einmal verheiratet gewesen. Eine überstürzte Eheschließung in Las Vegas mit Olympia Stanislopoulos, der eigensinnigen Tochter von Dimitri Stanislopoulos, der zur selben Zeit mit Lucky verheiratet gewesen war.

Olympia war einen tragischen Tod gestorben, an einer Überdosis in einem Hotelzimmer mit Flash, einem drogenabhängigen Rockstar.

Dimitri hatte einen Herzinfarkt nicht überlebt.

Und bald waren Lucky und Lennie ein Paar. Sie gehörten zusammen.

Olympia hatte eine Tochter hinterlassen, Brigette, die nun neunzehn und eines der reichsten Mädchen auf der Welt war. Lennie mochte sie, obwohl er sie nicht so oft sah, wie er das gerne getan hätte.

»Ich möchte, dass du Lucky kennen lernst, wenn sie hier ist«, sagte er zu Jennifer. »Ihr werdet euch mögen. Davon bin ich überzeugt.«

»Es wird deine Frau nicht interessieren, mich kennen zu lernen«, sagte Jennifer. »Sie leitet ein Filmstudio. Ich bin nur eine zweite Produktionsassistentin.«

»Das ist Lucky völlig egal. Sie mag Menschen um ihrer selbst willen, nicht deswegen, was sie machen.«

»Wenn du meinst.«

»Und he«, sagte er, um ihr Auftrieb zu geben, »da ist doch nichts Verkehrtes dran, wenn man zweite Produktionsassistentin ist. Du arbeitest dich schon noch hoch. Eines Tages wirst du Regie führen. Ist das dein Lebensplan?«

Jennifer nickte. »Ich habe dafür gesorgt, dass deine Frau morgen am Flughafen Poretta mit dem Auto abgeholt wird«, sagte sie rein geschäftsmäßig.

»In dem Auto sitze ich«, erklärte Lennie.

»Vielleicht musst du dann gerade drehen.«

»Lass eine andere Szene drehen.«

»Du bist in jeder Szene.«

»Trickse doch.«

»Ich trickse *nie*.«

Ja, diese Frau würde Lucky wirklich gefallen.

2

Alex Woods lächelte wie ein Krokodil – breit, bezaubernd und absolut tödlich. Das kam ihm sehr zustatten, denn täglich hatte er es mit allen möglichen wichtigen Leuten aus der Filmbranche zu tun. Sie waren dann nicht auf der Hut, und so gelang es ihm, die sensiblen Machtverhältnisse, die zwischen Autor, Produzent, Regisseur und Studio-Boss herrschen, der normalerweise jeden Filmemacher fördern oder vernichten kann, ganz gleich, wie berühmt oder talentiert dieser auch ist, zu zerstören. Alex strahlte Macht aus und konnte bei einer Menge Leute bewirken, dass die nervös wurden.

Alex Woods mit dem tödlichen Lächeln hatte innerhalb von zehn Jahren sechs teure und erfolgreiche Filme geschrieben, produziert und in Szene gesetzt. Sechs umstrittene Meisterwerke voller Sex und Gewalt. Alex nannte sie Meisterwerke, was jedoch nicht die Meinung aller Leute war, und jeder seiner Filme war für einen Oscar nominiert worden, doch er hatte nie einen bekommen, was ihn ankotzte. Alex wollte Anerkennung, eine mickrige Nominierung reichte ihm nicht. Er wollte, dass diese beschissene vergoldete Statue auf dem Kaminsims seines von Richard Meir erbauten Strandhauses stand, damit er sie jedem in den Arsch stecken konnte – natürlich bildlich gesprochen.

Obwohl Alex schon siebenundvierzig war und auf eine finstere, gefährliche Weise gut aussah – er hatte bezwingende Augen, starke Brauen und eine ausgeprägte Kinnpartie –, war er nicht verheiratet. Keine Frau hatte es geschafft, ihn festzunageln. Amerikanische Frauen gefielen ihm nicht, er bevorzugte Orientalinnen, möglichst unterwürfige Frauen, damit er sich im Bett mit ihnen wie ein Eroberer und Held fühlen konnte. Denn in Wahrheit hatte Alex Angst vor allen Frauen, die er auf irgendeine Weise als gleichwertig erachtete, was er sich natürlich nicht eingestand. Diese Angst rührte von seiner Mutter Dominique her, einer Französin mit heftigem Temperament, die seinen Vater Gordon Woods, einen mäßig erfolgreichen Filmschauspieler, der auf die Rolle des »besten Freundes« spezialisiert war, in einen frühen Tod getrieben hatte, als Alex erst elf war. Es hieß, sein Vater sei an einem Herzinfarkt gestorben, doch Alex wusste – da er ein stummer Zeuge vieler heftiger Auseinandersetzungen gewesen war –, dass seine Mutter den armen Mann mit ihrer bösen Zunge buchstäblich erschlagen hatte. Dominique war eine böse und berechnende Frau, die ihren Mann zum Alkoholiker gemacht hatte; wann immer er konnte, hatte er sich in den Rausch geflüchtet, und schließlich war er in den Tod geflohen.

Kurz nach der Beerdigung seines Vaters hatte Madame Woods ihren einzigen Sohn auf eine Militärakademie geschickt. »Du bist dumm, genau wie dein Vater«, hatte sie in keinen Widerspruch duldendem Ton erklärt. »Vielleicht wird dich der Aufenthalt dort intelligenter machen.«

Die Militärakademie war ein gelebter Alptraum gewesen. Alex hatte jede Minute dort gehasst, die erbarmungslose Disziplin und die unfairen Regeln. Doch wenn er sich bei seiner Mutter über Schläge und Einzelarrest beklagt hatte, hatte sie nur erwidert, er solle mit dem Jammern aufhören und ein Mann werden. Fünf Jahre hatte er dort bleiben müssen. Die Ferien verbrachte er bei seinen Großeltern in Pacific Palisades, während seine Mutter eine ganze Reihe unpassender Männer frequentierte. Seine Existenz ignorierte sie einfach. Einmal hatte er sie mit einem Mann im Bett überrascht, den er auf ihr Geheiß Onkel Willy nennen musste. Onkel Willy hatte mit einem riesigen Steifen auf dem Bett gelegen, und seine Mutter, vollkommen nackt, neben dem Bett gekniet. Diese Szene blieb ihm für immer im Gedächtnis haften.

Als Alex schließlich die Akademie verließ und seine Freiheit kostete, war sein Zorn ins Unermessliche gewachsen. Während seine Altersgenossen auf der High-School Spaß gehabt, mit den Mädchen geschlafen hatten und betrunken oder high gewesen waren, hatte man ihn wegen eines unbedeutenden Vergehens in eine fensterlose Zelle gesperrt oder ihm auf den nackten Hintern geschlagen, nur weil sein Benehmen Anstoß erregte. Manchmal dauerte eine solche Strafe zehn Stunden. Dann hatte er auf einer harten Holzbank gesessen und ins Nichts gestarrt. Torturen für Kinder reicher Leute, die sich nicht mit ihren Sprösslingen abgeben wollten.

Alex hatte oft über seine verlorenen Jugendjahre nachgedacht, und diese Gedanken erfüllten ihn jedes Mal mit Wut. Erst auf dem College hatte er seine erste sexuelle Erfahrung gemacht, keine erinnerungswürdige – eine fette, schmierige Hure in Tijuana, die nach ranzigen Tacos und Schlimmerem gestunken hatte. Er hatte diese Art Sex derart gehasst, dass er es ein ganzes Jahr lang nicht wieder probiert hatte.

Doch das zweite Mal war besser gewesen. Da war er bereits Filmstudent an der University of South California, und eine seriöse Blondine, die sein keimendes Talent bewunderte, hatte ihm zweimal am Tag sechs Monate lang einen geblasen. Ganz nett, aber richtig befriedigte ihn das auch nicht. Schließlich war er immer rastloser geworden und hatte sich zur Army gemeldet. Die hatte ihn nach Vietnam geschickt, wo er zwei niederschmetternde Jahre verbrachte und Dinge zu Gesicht bekam, die ihn sein Leben lang quälen würden. Als er nach Los Angeles zurückgekommen war, war er ein anderer Mann, unstet und nervös, jeden Moment bereit zu explodieren. Nach zwei Wochen hatte er die Stadt wieder verlassen. Er schrieb seiner Mutter, dass er sich melden würde, und trampte nach New York.

Oh … Rache … Fünf Jahre ließ er nichts von sich hören, und so viel er wusste, hatte sie sich nie bemüht, in irgendeiner Form Kontakt mit ihm aufzunehmen. Als er sie schließlich anrief, benahm sie sich so, als hätten sie vergangene Woche miteinander gesprochen. Sentimentale Scheiße gab es in Madame Woods' Leben nicht.

»Ich hoffe, du arbeitest«, hatte sie mit eiskalter Stimme gesagt, »weil ich dich finanziell nicht unterstützen kann.«

Was für eine Überraschung!

Ja, Mom, ich habe gearbeitet. Ich habe mir monatelang den Arsch aufgerissen, nur damit ich was zu essen hatte. War Türsteher in einem miesen Strip-Lokal. Habe eine fleißige Hure beschützt und abkassiert. Bin Taxi gefahren. War Chauffeur eines degenerierten Theaterdirektors. War Bodyguard eines Gangsters. Habe mit einer älteren reichen Frau zusammengelebt, die mich an dich erinnert hat. Habe Drogen für ihre Freunde beschafft. War Manager eines verbotenen Spielclubs. Arbeitete als Assistent für einen Lektor, der eine Reihe mit billigen Mord-/Horror-Storys redigierte. Und schließlich der große Durchbruch – ich schrieb das Drehbuch und war der Regisseur eines Pornofilms für einen geilen alten Mafiacapo. Scharfe Muschis. Große Schwänze. Pornografie. Von der Sorte, die die Leute richtig anturnt. Und eine Story. Als Nächstes winkt Hollywood. Die erkennen gute Pornografie sofort, wenn sie welche sehen.

»Ich komme bald an die Westküste«, hatte er erwidert. »Ich habe einen Vertrag mit Universal, schreibe das Buch und führe bei dem Film Regie.«

Das alles beeindruckte Dominique nicht. Natürlich. Es folgte eine lange Pause. »Ruf mich an, wenn du hier bist.« Und das war's dann.

Ein Miststück, das war sie, seine Mutter. Kein Wunder, dass er Frauen nicht traute.

Das war nun achtzehn Jahre her. Jetzt lagen die Dinge anders. Madame Woods war älter und weiser geworden. Er auch. Die beiden hatten eine Hass-Liebe-Beziehung. Er hasste sie, weil sie noch immer ein gemeines Miststück war. Und er liebte sie, weil sie seine Mutter war. Manchmal ging er mit ihr zum Dinner. Eine strenge Strafe.

In den vergangenen achtzehn Jahren hatte seine Karriere einen steilen Aufschwung genommen. Aus einem schlecht bezahlten Nichts war er zur Spitze aufgestiegen und hatte sich einen Ruf als innovativer, risikofreudiger und origineller Filmemacher erworben. Das war nicht leicht gewesen, aber er hatte es geschafft, und er war auf seinen Erfolg stolz.

Schön wäre gewesen, hätte seine Mutter diesen Stolz geteilt. Doch sie lobte ihn nie, sondern formulierte eher kritische Worte, die von ihren dünnen scharlachroten Lippen perlten. Alex wusste, dass sein Vater, hätte er noch gelebt, über den Erfolg seines Sohnes glücklich gewesen wäre und ihn auf jede Weise unterstützt hätte.

Nun hatte er eine Verabredung mit Lucky Santangelo, der derzeitigen Chefin der Panther Studios, und es passte ihm nicht, dass er sein neuestes Projekt, den Film *Gangsters,* einer Frau schmackhaft machen musste. Himmel noch mal, schließlich war er Alex Woods! Er hatte es nicht nötig, irgendjemandem in den Arsch zu kriechen, vor allem nicht so einer Tussi, die in dem Ruf stand, alles nach ihrem Kopf zu machen.

Niemand setzte seinen Kopf durch, wenn es um einen Film von Alex Woods ging.

Er brauchte nur ihre Investition, denn Paramount hatte das Projekt im letzten Moment fallen lassen, mit der Begründung, in *Gangsters* gebe es zu viel Gewalt. Aber er wollte einen Film über Las Vegas in den fünfziger Jahren drehen – Ganoven, Nutten und Spieler. Damals hatte Gewalt zum Lebensstil gehört.

Das Problem mit den Studios bestand darin, dass die Bosse die Kritik all dieser braven Politiker fürchteten, die heimlich Huren fickten, während ihre Ehefrauen mit einem gefrorenen Lächeln und einer trockenen Muschi daneben standen. Diese verdammte heuchlerische Doppelmoral!

Alex hasste Scheinheiligkeit. Sag die Wahrheit und nichts als die Wahrheit, war sein Motto, und genau das tat er in jedem seiner Filme. Er war ein umstrittener Filmemacher – entweder wurde er mit bitterer Kritik oder mit brillanten Rezensionen überhäuft. Seine Filme brachten die Leute zum Nachdenken, und das konnte manchmal gefährlich werden.

Als Paramount den Film ablehnte, hatte Alex' Agent Freddie Leon vorgeschlagen, *Gangsters* Panther anzubieten. »Lucky Santangelo macht ihn«, hatte Freddie ihm versichert. »Ich kenne Lucky. Auf diese Art Story fährt sie ab. Außerdem braucht sie einen Topfilm.«

Alex hoffte, dass Freddie Recht hatte, denn wenn Alex eins hasste, so war es warten. Er war nur glücklich, wenn er bis zum Hals in der Arbeit an einem Film steckte. Für ihn war Erfüllung Action.

Freddie hatte vorgeschlagen, dass sie sich vor ihrem Treffen mit Lucky noch einmal zusammensetzten. Deshalb hatte er Alex zu einem späten Frühstück ins Four Seasons gebeten.

Alex kleidete sich ganz in Schwarz, von seinen Sportschuhen bis zum T-Shirt, und fuhr in seinem schwarzen Porsche Carrera zum Hotel. Als er kam, war Freddie bereits da und blätterte im *Wall Street Journal*. Er sah nicht wie ein Agent, sondern eher wie ein Banker aus.

Freddie Leon war ein Mann Anfang vierzig, mit angenehmen, aber undurchdringlichen Gesichtszügen und einem verbindlichen Lächeln. Er war nicht irgendein Agent, er war *der* Agent. Mister Super-Power. Er machte Karrieren und konnte sie ebenso leicht zerstören. Für dieses Privileg hatte er hart gearbeitet. Sein Spitzname in der Stadt war »Die Schlange«, weil er jeden Vertrag abschließen, aber auch ganz einfach wieder stornieren konnte.

Alex setzte sich zu ihm in die Nische. Eine Kellnerin

schenkte ihm starken schwarzen Kaffee ein. Er trank davon und verbrannte sich die Zunge. »Scheiße!«, fluchte er.

»Morgen.« Freddie ließ das *Wall Street Journal* sinken.

»Warum glaubst du, dass Panther *Gangsters* realisieren wird?«, fragte Alex ungeduldig.

»Ich habe dir doch gesagt, dass Panther Topfilme braucht«, antwortete Freddie gelassen. »Und das ist genau die Art Drehbuch, die Lucky mag.«

»Wieso?«

»Wegen ihrer Vergangenheit«, erklärte Freddie und trank von seinem Kräutertee. »Ihr Vater war einer der Ersten, der in Las Vegas ein Hotel gebaut hat. Gino Santangelo – wie es heißt, war er ein ziemlich außergewöhnlicher Mann.«

Überrascht beugte sich Alex vor. »Ihr Vater ist Gino Santangelo?«

»Ganz richtig. Einer von den Jungs. Machte ein Vermögen und hat sich dann anderen Geschäften zugewandt. Lucky hat später ihre eigenen Hotels in Vegas gebaut – das Magiriano und das Santangelo. Sie wird dein Drehbuch begreifen.«

Alex hatte von Gino Santangelo gehört. Er war kein so hochkarätiger Gangster wie Bugsy Siegel gewesen oder einer der alten Mafiosi, aber zu seiner Zeit hatte er wohl mehr als einmal am Rande der Legalität gelebt.

»Wie es heißt, hat Gino seine Tochter nach Lucky Luciano benannt«, fügte Freddie hinzu. »Sie hat schon einiges im Leben hinter sich.«

Widerwillig musste sich Alex eingestehen, dass seine Neugierde geweckt war. Also war Lucky nicht irgendeine couragierte Lady, die aus dem Nichts kam. Sie hatte eine Geschichte – sie war eine Santangelo. Warum war er nicht früher darauf gekommen?

Er trank den starken schwarzen Kaffee in drei großen Schlucken und fand, dass sich dieses Geschäft als weitaus interessanter herausstellen könnte, als er gedacht hatte.

Drei sehr konventionelle, sehr korrekte japanische Banker – das Treffen verlief positiv, obwohl Lucky spürte, dass die Asiaten nicht gern mit einer Frau verhandelten.

Nun ja, ihr ganzes Leben war es ihr so ergangen. Wann begriffen Männer endlich, dass man sich bei Verhandlungen auch entspannen konnte und nicht alles ein beschissener Kampf war?

Sie brauchte die japanischen Banker, weil sie eine globale Kette von Panther-Läden aufziehen wollte. Vermarktung war das Gebot der Stunde, und Lucky wusste, dass sie von Anfang an dabei sein musste.

Die Banker schienen dem Kredit positiv gegenüberzustehen, als sie gingen. Gleich nachdem die drei ihr Büro verlassen hatten, rief sie ihren Vater auf dessen Besitz in Palm Springs an. Gino ging es gut, und das nicht ohne Grund. Mit einundachtzig war er – wie Abe Panther – mit einer Frau verheiratet, die nur etwas mehr als halb so alt war wie er. Paige Wheeler war eine rothaarige, attraktive Innenarchitektin, die sich in vorbildlicher Weise um ihn kümmerte. Nicht dass Gino das nötig gehabt hätte, er war aktiver als die meisten viel jüngeren Männer, voller Elan und Lebenskraft. Momentan spielte er an der Börse, ein Hobby, bei dem er überschüssige Energien abbauen konnte und das ihn fit hielt, weil er jeden Morgen um sechs Uhr aufstand.

Lucky beendete ihr Gespräch mit dem Versprechen, ihn bald zu besuchen.

»Aber wirklich«, brummte Gino. »Und komm mit den *bambini* – ich will ihnen ein paar Sachen beibringen.«

»Was denn?«, fragte sie neugierig.

»Das geht dich gar nichts an.«

Lucky lächelte. Ihr Vater war etwas Besonderes. Während der schlechten Zeiten, als sie nicht einmal miteinander geredet hatten, hatte sie ihn mit glühender Leidenschaft gehasst. Und jetzt liebte sie ihn mit ebensolcher Leidenschaft. Sie hatten viel zusammen er- und überlebt. Glücklicherweise hatte es sie beide stärker gemacht.

Lucky musste an die Zeit denken, als er sie ins Exil geschickt hatte, in ein strenges Internat in der Schweiz. Damals war sie sechzehn gewesen. Als sie aus dem Internat davonlief, hatte er sie zu einer Ehe mit Craven Richmond, dem langweiligen Sohn von Senator Peter Richmond, gezwungen. Was für ein Alptraum! Doch sie ließ sich nicht auf Dauer einsperren. Als Gino aus den Staaten fliehen musste, weil er Steuern hinterzogen hatte und ihm deswegen Gefängnis drohte, hatte sie ihre Chance ergriffen und das Familienunternehmen geleitet, obwohl Gino erwartet hatte, dass ihr Bruder Dario die Geschäfte übernehmen würde. Aber Dario war kein Geschäftsmann gewesen, und so hatte Lucky Ginos neues Hotel in Las Vegas fertig gebaut und sich in jeder Hinsicht als kompetent erwiesen.

Als Gino dann zurückgekehrt war, hatte sie um die Vormachtstellung gekämpft – ein Krieg, den keiner gewonnen hatte. Es hatte nur zu einem Waffenstillstand gereicht.

Doch das alles war Vergangenheit. Sie waren sich zu ähnlich, um auf Dauer Feinde zu sein.

Vor der Verabredung mit Freddie Leon und Alex Woods eilte Lucky ins Konferenzzimmer zu einer kurzen Produktionsbesprechung. Sie wusste bereits, dass sie für *Gangsters* grünes Licht geben würde, denn sie hatte das Drehbuch gelesen und fand es brillant. Alex Woods war ein guter Autor.

Nachdem sie mit ihrem Team gesprochen hatte, war sie zufrieden, da alle ihre Entscheidung billigten. Sie brauchte die Gewissheit, dass die anderen ebenfalls der Meinung waren, dieser Film würde viel Geld einbringen. Das verlieh ihr Sicherheit. Alex Woods war ein umstrittener und gefährlicher Filmemacher, doch wenn die Dreharbeiten abgeschlossen waren, wussten alle, dass er den ganzen Ärger wert gewesen war.

Sie kehrte in ihr Büro zurück und wollte gerade ihren Halbbruder Steven in England anrufen – er war mit seiner Familie vor kurzem dorthin gezogen –, als Kyoko den Kopf zur Tür hereinsteckte. »Alex Woods und Freddie Leon sind da«, verkündete er. »Soll ich sie warten lassen?«

Sie warf einen Blick auf die Cartier-Uhr auf ihrem Schreibtisch, ein Geschenk von Lennie. Punkt zwölf Uhr mittags. Sie legte den Hörer auf; Steven würde sie später anrufen. »Bitten Sie sie herein«, sagte Lucky, denn sie wusste, dass die Mächtigen dieser Welt niemals jemanden warten ließen.

Freddie betrat mit seinem verbindlichen Lächeln und seinen ausdruckslosen grauen Augen als Erster ihr Büro.

Lucky stand zu seiner Begrüßung auf. Sie mochte an ihm, dass er ein Profi war. Mit Freddie gab es keine faulen Absprachen; er wusste, was er wollte, und war direkt.

Alex Woods folgte ihm. Lucky hatte ihn noch nicht persönlich kennen gelernt, aber viel über ihn gelesen und sein Foto oft in Zeitungen und Magazinen gesehen.

Doch die Fotos vermittelten nur einen schwachen Eindruck von seiner wahren Persönlichkeit. Er war groß und hatte eine gute Figur, einen zwingenden Blick und ein Killerlächeln, mit dem er sie sofort bedachte.

Ganz kurz verschlug es ihr den Atem – sie fühlte sich verwundbar, fast wie ein kleines Mädchen, was sehr selten vorkam.

Freddie stellte sie einander vor. Sie gab Alex die Hand. Sein Händedruck war fest und stark, ein Mann, auf den man sich verlassen konnte.

Sie zog ihre Hand zurück, strich ihr langes dunkles Haar aus der Stirn und redete eine Spur zu schnell. »Ich freue mich, Mr. Woods, dass ich Sie endlich kennen lerne. Ich bin eine große Bewunderin Ihrer Filme.«

O Gott, sie redete wie ein dämlicher Fan. Was war nur mit ihr los? Warum reagierte sie so?

Alex knipste wieder sein Lächeln an, was ihm Zeit gab, die außerordentliche Schönheit dieser Frau zu verdauen. Sie war auf ausgefallene Weise verwirrend schön. Alles an ihr strahlte eine unglaubliche Sinnlichkeit aus, vom lockeren Fall ihres schwarzen Haars bis zu ihren wachsamen dunklen Augen und ihrem vollen weichen Mund.

Er ließ den Blick zu ihren Brüsten unter der weißen Seidenbluse wandern. Sie hatte keinen Büstenhalter an, und er konnte unter dem Stoff andeutungsweise ihre Brustwarzen sehen. Er fragte sich, ob sie überhaupt Unterwäsche trug.

Herrgott, was war mit ihm los? Er hatte schon fast einen Steifen. Warum hatte Freddie ihn nicht gewarnt?

Freddie nahm die sexuell aufgeladene Atmosphäre, die in dem Raum herrschte, gar nicht wahr. Er hatte sein Programm, und daran hielt er sich. Wie Nektar perlte Agentengesäusel von seinen Lippen. »Panther braucht einen Regisseur wie Alex Woods«, sagte er. »Es ist wohl nicht nötig, aufzuzählen, wie oft seine Filme schon nominiert worden sind.«

»Ich weiß Mr. Woods' exzellente Arbeit zu schätzen«, entgegnete Lucky. »Und wir würden gern mit ihm ins Geschäft kommen. Wie ich jedoch erfahren habe, werden die Produktionskosten von *Gangsters* auf fast zweiundzwanzig Millionen Dollar veranschlagt. Das ist eine enorme Summe.«

Freddie blieb eine Erwiderung nicht schuldig. »Nicht für einen Alex-Woods-Film«, sagte er unbeeindruckt. »Seine Filme bringen immer Geld.«

»Mit der richtigen Besetzung«, meinte Lucky.

»Alex' Besetzungen sind stets brillant. Er braucht keine Stars, denn die Leute sehen sich seine Filme seinetwegen an.«

Alex beugte sich vor. »Haben Sie mein Drehbuch gelesen?«, fragte er und beobachtete sie genau.

Lucky begegnete seinem Blick kühl. Sie wusste, dass er auf

Komplimente wartete. Und sie wusste auch, dass es besser war, ihn etwas aus dem Gleichgewicht zu bringen – jetzt jedenfalls. »Ja, das habe ich«, sagte sie, ohne mit der Wimper zu zucken. »Es kommt ziemlich viel Gewalt darin vor, aber das entspricht der Wahrheit.« Sie machte eine Pause. »Gino, mein Vater, war zu der Zeit in Las Vegas. Er hat das Mirage gebaut. Vielleicht würden Sie ihn gern kennen lernen?«

Er starrte sie noch immer an. »Sehr gern.«

Sie wollte nicht als Erste den Blick senken. »Dann arrangiere ich das«, sagte sie und tat so, als würden sie nicht gerade einen raffinierten Machtkampf mit Blicken austragen. »Er lebt in Palm Springs.«

»Ich kann jederzeit dorthin fahren.«

»Also, was ist?«, fragte Freddie. Er spürte, dass sie zum Schluss des Gesprächs kamen. »Machen wir den Deal?«

»Mehr oder weniger«, antwortete Lucky, jetzt Freddie ihre Aufmerksamkeit schenkend, doch schon in der nächsten Sekunde war sie wütend, weil sie als Erste den Blick abgewandt hatte.

Freddie ignorierte die Zweideutigkeit ihrer Antwort. »Diese Kombination kann nur gewinnen«, prophezeite er enthusiastisch. »Panther Studios zeigt Alex Woods' *Gangsters*. Ich rieche den Oscar schon!«

»Nur noch eine Kleinigkeit«, sagte Lucky, griff nach ihrem Lieblingsstift aus massivem Silber und klopfte damit ungeduldig auf ihren Schreibtisch. »Paramount hat dieses Projekt abgelehnt, weil zu viel Gewalt darin ist. Von mir aus können Sie diese Szenen beibehalten. Aber … was die Sexszenen angeht …«

»Was ist damit?«, fragte Alex herausfordernd.

»Aus dem Drehbuch konnte ich entnehmen, dass mehrere Darstellerinnen in gewissen Szenen völlig nackt sind, während der Held und seine Freunde immer noch bekleidet sind, wenn auch spärlich.«

»Ja. Und wo liegt das Problem?«, fragte Alex, der nicht begriff, worauf Lucky hinauswollte.

»Nun«, sagte Lucky langsam, »in unserem Studio gilt die Gleichberechtigung. Wenn die Frauen sich ausziehen, ziehen sich die Männer auch aus.«

»Wie?«, fragte Alex verblüfft.

Lucky hatte sich mittlerweile wieder ganz unter Kontrolle. »Lassen Sie es mich so ausdrücken, Mr. Woods. Wenn wir Titten und Ärsche sehen, dann sehen wir auch Schwänze.« Sie musste lächeln, als sie bemerkte, dass Freddie und Alex von dieser Vorstellung ziemlich erschüttert waren. »Und wenn wir das realisieren, Gentlemen, dann sind wir im Geschäft.«

3

»Wie alt bist du, Süße?«, fragte der fünfundfünfzigjährige Lüstling die außerordentlich hübsche Honigblonde mit dem frischen Gesicht, die vor seinem Schreibtisch saß.

»Neunzehn«, antwortete sie wahrheitsgemäß, obwohl sie, was ihren Namen betraf, bereits gelogen hatte. Sie hatte anstatt Stanislopoulos Brown angegeben. Brigette Stanislopoulos war ein Zungenbrecher, während Brigette Brown einen gewissen Klang hatte. Außerdem war Brown ein anonymer Name, und Brigette wollte nicht, dass jemand herausfand, wer sie war.

»Nun ja.« Mr. Fünfundfünfzig räusperte sich und fragte sich, ob jemand schon dieses köstliche Stück weiblichen Fleisches flachgelegt hatte. »Du hast sicher alle Attribute, um eine sehr erfolgreiche Karriere als Model zu machen.« Sein Blick ruhte auf ihrem Busen. »Du bist groß genug, hübsch genug, und wenn du zehn Pfund abnimmst, bist du auch dünn genug. Werde deinen Babyspeck los, und ich lasse Probeaufnahmen von dir machen. Inzwischen lade ich dich heute Abend zum Essen ein, und da reden wir über deine Zukunft.«

Brigette erhob sich. »Ich habe heute Abend leider zu tun.« Sie blieb an der Tür stehen. »Aber ich danke Ihnen für Ihren Ratschlag.«

Mr. Lüstling sprang auf. Er war überrascht, dass sie seine Einladung nicht angenommen hatte – normalerweise klappte das. Die Mädchen, die Models werden wollten, waren immer hungrig – meistens hatten sie kein Geld, und ein Dinner mit ihm wurde als Erfolg betrachtet.

»Wie wär's denn mit morgen Abend?«, schlug er vor und grinste einladend.

Brigette lächelte süß. Sie hatte ein hübsches Lächeln, so unschuldig wie Frühlingsblumen. »Wollen Sie mich ficken oder mich als Model rausbringen?«, fragte sie. Mister Lüstling war zutiefst schockiert. Er war es nicht gewohnt, dass ein so junges Ding in diesem Ton mit ihm redete.

»Du hast ein dreckiges Mundwerk, kleines Mädchen«, sagte er verärgert.

»Umso besser, wenn ich mich sofort verabschiede«, entgegnete sie, öffnete die Tür und rief zum Schluss: »Bis dann, wenn ich die Titelseite von *Glamour* schmücke!«

Wieder auf der Straße, kochte sie vor Wut, weil der Typ so herablassend gewesen war. Männer! Was für Schweine! Zehn Pfund solle sie abnehmen! Sie war nicht fett – tatsächlich war sie so schlank wie noch nie zuvor. Und bildete der sich wirklich ein, sie würde sich von einem alten Kretin, wie er es war, zum Dinner einladen lassen? Das war *absurd.* »Hör mir gut zu, alter Mann«, sagte sie, als sie die Madison Avenue entlangschlenderte. »Du hast *keine* Chance!«

Niemand achtete auf sie. Das war New York, und hier konnte man sich alles erlauben.

Brigette war einsachtzig groß und wog fünfundfünfzig Kilo. Sie hatte von der Sonne gebleichtes honigblondes Haar, das sie schulterlang und gerade herabfallend trug. Ihr Mund war voll, ihre Augen waren blau und wissend, und ihre Haut schimmerte wie Samt. Sie strahlte Gesundheit und Energie aus. Die meisten Männer fanden ihren unschuldig-frischen Sexappeal unwiderstehlich.

Brigette liebte diese Stadt. Sie war verrückt nach den heißen, dreckigen Bürgersteigen, weil man sich dort in der Menge verlieren konnte. In New York war sie nicht Brigette Stanislopoulos, eines der reichsten Mädchen der Welt. In New York war sie nichts als noch ein hübsches Gesicht, das verzweifelt versuchte, auf der Karriereleiter nach oben zu klettern.

Zum Glück hatten Lucky und Lennie sie verstanden, als sie den beiden erklärt hatte, dass sie nicht mehr aufs College, sondern in New York versuchen wolle, als Model Erfolg zu haben. Die beiden hatten nichts dagegen gehabt, ja sogar noch ihre Großmutter mütterlicherseits von Brigettes Vorhaben überzeugt, doch unter einer Bedingung: Sollten sich ihre Pläne nicht innerhalb von sechs Monaten realisieren, müsse sie aufs College zurück.

Doch das kam für Brigette überhaupt nicht in Frage. Sie würde es schaffen, da war sie ganz sicher.

Bisher hatte sie nicht viel Glück gehabt. Okay, sie war reich, aber was bedeutete das schon? Dieses Geld hatte sie nicht selbst verdient. Das war ererbtes Vermögen – von ihrem Großvater Dimitri, der Milliardär gewesen war, und von ihrer Mutter Olympia. Viel Gutes hatte den beiden das Geld nicht gebracht; sie waren tot und begraben.

Auch ihr leiblicher Vater, Claudio Caducci, war bereits gestorben. Das war nicht weiter schlimm, denn sie hatte ihn nicht gekannt. Kurz nach Brigettes Geburt hatte sich ihre Mutter wegen seiner ständigen Affären von ihm scheiden lassen. Olympia hatte Claudio geheiratet, als sie neunzehn und er fünfundvierzig gewesen war. Claudio war ein gut aussehender italienischer Geschäftsmann mit immensem Charme und einer teuren Garderobe gewesen. Als Abfindung hatte er nach der Scheidung zwei Ferrari und drei Millionen Dollar bekommen. Leider hatte Claudio nicht die Zeit gehabt, seine Autos und sein Geld zu genießen, denn ein paar Monate nach der Scheidung war er zufällig in Paris durch eine Bombe von Terroristen ums Leben gekommen.

Olympia hatte sofort wieder geheiratet. Dieses Mal einen polnischen Grafen. Diese Ehe hatte genau vier Monate gedauert. Brigette konnte sich an den Grafen überhaupt nicht erinnern. Der einzige Stiefvater, den sie kannte, war Lennie, und ihn liebte sie.

Manchmal vermisste sie ihre Mutter zutiefst. Als Olympia starb, war sie zwölf gewesen, und niemand hatte ihren Platz einnehmen können außer ihrer Großmutter Charlotte, einer Angehörigen der New Yorker Schickeria, die viele gesellschaftliche Verpflichtungen hatte, und Lucky und Lennie, die beide arbeiteten und sich um ihre Kinder kümmerten, so dass sie für Brigette nicht viel Zeit hatten.

Und so musste sie etwas finden, um die Leere, die in ihr war, zu füllen.

Auf keinen Fall würde das ein Mann sein. Männern konnte man nicht trauen. Männer waren nur auf eins aus – auf Sex.

Sie hatte Sex gehabt und wollte keinen mehr. Zumindest nicht, bis sie das berühmteste Model auf der Welt war.

Letztes Jahr war sie etwa zehn Minuten lang mit dem Enkel eines Konkurrenten ihres Großvaters verlobt gewesen. Sie hatten viel Spaß zusammen gehabt, bis Brigette feststellte, dass der Typ kokainsüchtig war. Sie nahm keine Drogen. Sofort hatte sie die Verlobung gelöst und war nach Griechenland zu den Verwandten ihres Großvaters gefahren.

Sie ging zu Bloomingdale's in die Kosmetikabteilung und kaufte einen bronzefarbenen Lippenstift und Lipgloss. Sie liebte Make-up, wenn es natürlich wirkte. Damit experimentierte sie gern. Wenn sie erst einmal ein Star war, würde sie ihre eigene Make-up-Palette kreieren. O ja, sie würde selbst zu Reichtum kommen – das war nur eine Frage der Zeit.

Sie war jetzt seit sieben Wochen in New York, und Mr. Lüstling war der dritte Agent, den sie aufgesucht hatte. Es war ziemlich schwierig, Termine bei diesen Leuten zu bekommen, und da sie ihre Beziehungen nicht spielen lassen wollte, musste sie sich eben abplagen. Ein ärgerlicher Gedanke, denn Brigette war ungeduldig. Wäre es nach ihr gegangen, ihre Karriere hätte bereits gestern angefangen.

Zu ihrem Apartment in SoHo nahm sie ein Taxi. Sie teilte die Wohnung mit einem anderen Mädchen. Darauf hatten Charlotte und Lucky bestanden, obwohl Brigette der Ansicht war, dass sie auch gut allein zurechtgekommen wäre.

Lucky hatte Anna höchstpersönlich ausgewählt, und Brigette hegte den Verdacht, dass Anna eine Art bezahlte Spionin war, die ein Auge auf sie haben sollte. Aber das ärgerte sie nicht, denn sie hatte nichts zu verbergen.

Anna war Ende zwanzig, eine schlanke junge Frau mit langem braunem Haar und verträumten Augen. Sie schrieb Gedichte, blieb die meiste Zeit zu Hause und war immer verfügbar, wenn Brigette etwas von ihr wollte.

Sie machte gerade Rührei, als Brigette zurückkam. »Wie ist es heute gelaufen?«, fragte sie und gab zu viel Pfeffer an die Eier.

»Ganz gut«, antwortete Brigette, obwohl sie das Gegenteil dachte. Es lief nie gut. Mein Gott! Vielleicht war sie zum Misserfolg verdammt.

Anna strich sich eine Haarsträhne aus dem Gesicht. »Wollen sie dich haben?«

»Ha!«, rief Brigette verärgert aus. »Ich soll zehn Pfund Gewicht verlieren.«

»Du bist nicht dick.«

Brigette verzog das Gesicht. »Ich weiß nicht«, erwiderte sie und glättete ihren superkurzen Rock. »Der Typ hat gesagt, ich hätte Babyspeck.«

»Babyspeck!«

»Ja. Idiot!«

Anna rührte noch immer in den Eiern. »Und jetzt?«

Brigette zuckte mit den Schultern. »Ich probier's weiter.«

Später bestellte sie Pizza und setzte sich draußen auf die Feuerleiter zum Essen, weil es in dem Apartment so heiß war. Sie hätte im Luxus in einem Penthouse mit Klimaanlage in der Park Avenue wohnen können, doch das wollte sie nicht. Sie zog den Kampf vor.

Als sie auf einem Stück Pizza kaute, dachte sie über ihr Leben und die seltsamen Wendungen, die es genommen hatte, nach.

Manchmal konnte sie es kaum fassen.

Manchmal fing sie grundlos zu weinen an.

Manchmal quälte sie die Erinnerung an Tim Wealth. Dann ließ sie der Gedanke an ihn einfach nicht mehr los.

Tim Wealth. Der umwerfende junge Filmschauspieler.

Er hatte sie entjungfert, als sie fünfzehn war, und war ermordet worden, weil er seine Nase in Dinge gesteckt hatte, die ihn nichts angingen.

Wie gut sie sich an ihn erinnerte. Wie viele Nächte sie dann schaudernd wach lag.

Der arme Tim war Santino Bonnatti, einem Erzfeind der Santangelos, in die Quere gekommen, gerade in dem Moment, als Santino versuchte, Brigette und ihren jüngeren Stiefbruder Bobby zu kidnappen.

Santinos Männer hatten Tim brutal ermordet und die Leiche in seinem Apartment liegen lassen, während sie und Bobby in Santinos Haus gebracht und sexuell missbraucht wurden. Sie konnte sich noch immer an jede Ekel erregende Einzelheit erinnern – wie sie nackt und total verängstigt auf Santinos Bett saß, während der perverse Santino, nur mit seiner Unterhose bekleidet, ihren kleinen Stiefbruder auszog und sich über ihn hermachen wollte.

Da hatte sie den Revolver auf dem Nachttisch entdeckt. Bobby schrie entsetzlich, und sie wusste, dass sie etwas tun musste. Sie kroch über das Bett und griff nach der Waffe.

Santino war so mit Bobby beschäftigt, dass er nichts merkte.

Mit zitternden Händen hob sie den Revolver, zielte auf das Monster und drückte ab.

Einmal.

Zweimal.

Dreimal.

Goodbye, Santino.

Brigette schüttelte vehement den Kopf; verzweifelt versuchte sie zu vergessen.

Verschließe dich vor deinen Erinnerungen, Brigette. Vergiss die Vergangenheit.

Konzentriere dich auf das Jetzt.

»Sie ist ein verrücktes Weib«, sagte Alex verärgert.

»Sie finanziert deinen Film«, entgegnete Freddie beschwichtigend.

»Was für ein beschissenes Problem hat sie eigentlich?«

»Ich wüsste nicht, dass sie eins hätte.«

»Himmel noch mal! Du hast sie doch gehört.«

Freddie seufzte geduldig. »Was?«

»Sie will, dass die Schauspieler ihre Schwänze raushängen lassen. Was soll diese Scheiße? Weiß sie denn nicht, dass mit zweierlei Maß gemessen wird?«

»Das braucht dich doch nicht zu kümmern.«

»Aber das tut es, verdammt noch mal!«, sagte Alex wütend, als die beiden bei ihren Autos angekommen waren.

»Warum?«, fragte Freddie, die Hand an der Tür seines

glänzenden Bentley Continental. »Du drehst solche Szenen und schneidest sie hinterher einfach wieder raus. Pornografie kann sie sich nicht leisten, das wäre tödlich für die Einnahmen. Und außerdem würden sich die Kinos weigern, einen solchen Film zu zeigen. Das weiß sie.«

»Irgendwie muss sie krank sein«, murmelte Alex.

Freddie lachte. »Jedenfalls hat sie dich auf die Palme gebracht. In diesem Zustand habe ich dich noch nie erlebt.«

»Weil sie eine dumme Kuh ist.«

»Nein«, entgegnete Freddie, »das ist Lucky nun wirklich nicht. Vor zwei Jahren hat sie die Leitung von Panther übernommen und arbeitet ausgezeichnet. Sie hatte keine Erfahrung im Filmgeschäft, und trotzdem bringt sie die Dinge ins Rollen.«

»Okay, okay, sie ist ein beschissenes Genie. Aber ich weigere mich, meinen Schauspielern zu sagen, sie sollen ihre Eier auf einem silbernen Tablett präsentieren.«

»Das hast du nett ausgedrückt. Ich ruf dich später an.«

Freddie stieg in seinen Bentley und fuhr davon.

Alex stand neben seinem schwarzen Porsche und kochte noch immer vor Wut über Luckys Forderung. Wusste sie denn nicht, dass nackte Männer auf Frauen nicht erotisch wirkten? Das war eine allgemein bekannte Tatsache.

Er stieg in seinen Wagen und fuhr zu seinem Produktionsbüro am Pico Boulevard. Seine Produktionsfirma hatte er Woodsan Productions genannt, weil es friedlich klang und sein Familienname darin enthalten war. Ihm gehörte das Gebäude – eine seiner besseren Investitionen.

Alex hatte zwei Assistentinnen – Lili, eine hübsche, sanfte, etwa vierzigjährige Chinesin, ohne die er nicht funktionieren konnte, was jedenfalls Alex behauptete, und France, eine exquisite fünfundzwanzigjährige Vietnamesin, die früher Barmädchen in Saigon gewesen war, ehe Alex sie ritterlich gerettet und nach Amerika gebracht hatte. Mit beiden Frauen hatte er geschlafen, aber das war Vergangenheit. Jetzt waren sie nur mehr seine getreuen Assistentinnen.

»Wie ist die Unterredung verlaufen?«, fragte Lili gespannt.

Er ließ sich in den abgenutzten Ledersessel hinter seinem mit Papieren übersäten riesigen Schreibtisch fallen. »Gut«, sagte er. »*Gangsters* wird gedreht.«

Lili klatschte in die Hände. »Ich wusste es!«

France brachte ihm einen Becher heißen schwarzen Tee, stellte sich hinter ihn und massierte seine Schultern. »Du bist ganz verspannt«, schalt sie ihn. »Das ist nicht gut.«

Er spürte den Druck ihrer kleinen festen Brüste an seinem Rücken, während sie ihn mit ihren überraschend starken Händen durchknetete. Das tat gut.

»Ich möchte euch etwas fragen«, sagte er, noch immer über Luckys Forderung verärgert.

»Ja?«, kam es von beiden zugleich.

»Turnt es euch an, wenn ihr nackte Männer seht?«

Lilis Gesichtsausdruck blieb undurchdringlich, während sie zu erraten versuchte, was er gern hören würde. France kicherte.

»Nun?«, fragte Alex. Das Zögern der beiden gefiel ihm nicht.

»*Welche* nackten Männer?«, fragte Lili zurück, die Zeit gewinnen wollte.

»Schauspieler«, antwortete Alex knapp. »Auf der Leinwand.«

»Mel Gibson? Johnny Romano?«, fragte France hoffnungsvoll.

»Himmel noch mal!«, rief Alex und verlor die Geduld. »Es ist doch völlig egal, *wer* sie sind.«

»Nein, das ist es nicht!«, entgegnete France und hörte abrupt mit ihrer Massage auf. »Anthony Hopkins – nein! Richard Gere –ja!«

»Oder Liam Neeson«, fügte Lili hinzu, einen verträumten Blick in den Augen.

»Ich rede nicht nur von ihrem Torso«, sagte Alex. »Ich meine den ganzen Körper – mit allem Drum und Dran.«

Lili hatte die gewünschte Antwort erraten, und obwohl sie nicht meinte, was sie sagte, tat sie es, damit ihr Boss glücklich war. »O nein!«, erwiderte sie schnell. »Das wollen wir nicht sehen.«

»Hatte ich also Recht!«, rief Alex triumphierend aus. »Frauen wollen das nicht sehen.«

»Ich schon«, murmelte France, aber so leise, dass er es nicht hören konnte.

»Warum fragst du?«, wollte Lili wissen.

»Weil Lucky Santangelo eine Verrückte ist, die glaubt, dass Frauen wie Männer handeln wollen.«

»Eine Verrückte«, wiederholte France nachdenklich. Sie hielt Lucky Santangelo für eine wirklich interessante Frau, die sie gerne kennen gelernt hätte.

»Ich kapiere das einfach nicht«, sagte Alex und beschloss, bei seinem nächsten Treffen mit Lucky Santangelo ihr gewisse Dinge klarzumachen. Sie musste lernen, ein paar Tatsachen zu begreifen, und wer war besser darin, sie das zu lehren, als der Meister höchstpersönlich?

4

Venus Marias Körper war sensationell in Form. Daran arbeitete sie fleißig. Jeden Morgen stand sie um sechs auf und lief mit Sven, ihrem privaten Trainer, über die Hollywood Hills, ehe sie sich in ihrem Haus eine Stunde lang damit bestrafte, Aerobic zu machen und leichte Gewichte zu stemmen.

O Gott, was für Arbeit es machte, wenn man in dieser Form bleiben wollte! Dieses Training ging ihr richtig auf den Geist, aber sie schonte sich nie, denn wenn sie sich schonte, würde sie nicht mehr den perfektesten Körper Hollywoods haben. Zwar pfiff sie auf die Meinung der Leute, aber über eins konnten sie sich nicht die Mäuler zerreißen – über ihren herrlichen Körper.

Virginia Venus Maria Sierra war mit Anfang Zwanzig in Begleitung ihres besten Freundes, Ron Machio, eines schwulen künftigen Choreografen, nach Hollywood gekommen. Die beiden hatten sich per Anhalter von New York an die Westküste auf den Weg gemacht und bloß deswegen in Los Angeles überlebt, weil sie jeden nur erdenklichen Job gemacht hatten. Venus hatte in einem Supermarkt gearbeitet, nachts Kunstschülern Modell gestanden, beim Film Komparsenrollen gespielt und in Nachtclubs gesungen und getanzt.

Ron hatte gekellnert und als Bote und Chauffeur gearbeitet. Zusammen hatten sie sich über Wasser halten können, bis Venus eines Abends von einem unbedeutenden Plattenproduzenten entdeckt worden war, der immer in dem Club rumhing. Sie hatte ihn davon überzeugt, eine Platte von ihr aufzunehmen, und Ron hatte das Begleitvideo zu dem Song sehr sexy gestaltet.

Über Nacht war sie auf der Hitliste gelandet, innerhalb von sechs Wochen war sie Nummer eins in den Charts gewesen, und Venus Maria war zum Star geworden.

Jetzt, fünf Jahre später, mit siebenundzwanzig, war sie ein Mega-Star, eine Kultfigur. Und Ron war einer der Topregisseure, der zwei Filme gedreht hatte, die Kassenknüller geworden waren. Es hatte Ron bei seiner Karriere sehr geholfen, dass sein momentaner Freund Harris von Stepp war, ein außerordentlich reicher Mogul im Showbusiness, der Rons ersten Film finanziert hatte. Doch mit Recht wies Venus oft darauf hin, dass Ron trotz dieser Hilfe keinen Erfolg gehabt hätte, wenn er nicht talentiert gewesen wäre. Sie mochte Harris nicht; er war fünfundzwanzig Jahre älter als Ron und beherrschte seinen Freund.

Als Schauspielerin wurde Venus von den Kritikern verrissen, obwohl jeder ihrer Filme horrende Summen einspielte. Ihr letzter Film, *Finder*, hatte nach der Premiere am ersten Wochenende über acht Millionen Dollar eingespielt. Sie war einer der wenigen weiblichen Stars, die einen Film lancieren konnten.

Die Kritiker, die fast immer Männer waren, ärgerte es offensichtlich, dass eine Frau wie Venus sich derart freimütig und gewagt geben konnte und trotzdem eine phantastische Karriere machte. Die Presse berichtete immer abschätzig über sie. Es hieß dann, sie sei am Ende, ausgebrannt, vom Winde verweht.

Am Ende? Ha! Ihre letzte CD hatte sofort die Spitze der Charts erklommen; sieben Wochen war sie die Nummer eins gewesen.

Wirklich, am Ende! Wem wollten sie das erzählen? Sie hatte Legionen treuer Fans, und wenn die Kritiker sie nicht mochten, dann hatten sie eben Pech gehabt. Ihre Karriere würde noch ewig dauern, und besser, die Typen gewöhnten sich daran. Wenn nicht, konnten sie die Klappe halten.

Vor zwei Jahren hatte sie Cooper Turner geheiratet, einen auf klassische Weise gut aussehenden Filmschauspieler mit dem Ruf eines Zuchthengstes. Obwohl er siebenundvierzig war – zwanzig Jahre älter als sie –, hatte sie vor kurzem herausgefunden, dass ihr teurer Gemahl nicht in der Lage war, seinen Schwanz in der Hose zu lassen. Er betete die Frauen an, und obgleich sich Venus sicher war, dass Cooper sie liebte, konnte sie nichts gegen seine Untreue unternehmen. Cooper war ein unverbesserlicher Spieler. Schade, denn sie beide waren ein Traumpaar.

Als sie sich kennen lernten, hatte Venus eine Liaison mit einem von Coopers besten Freunden, dem New Yorker Immobilien-Tycoon Martin Swanson. Damals war Martin sehr in Venus verliebt und *sehr* verheiratet. Der Höhepunkt ihrer Affäre hatte darin bestanden, dass sich Martins Frau in Gegenwart der beiden umbrachte. Cooper war ihr in dieser schweren Zeit zur Seite gestanden und immer für sie dagewesen. Diese Tragödie hatte sie zusammengebracht; sie hatten sich ineinander verliebt und geheiratet.

Irgendwann hatte Cooper davon geredet, eine Familie gründen zu wollen, doch Venus hatte sich dazu nicht bereit erklärt, denn sie wusste, was passieren würde – sie würde die Kinder gebären, während er sich in Nachtclubs herumtrieb; sie würde auseinander gehen, während er in Armani-Anzügen um andere Frauen herumscharwenzelte; sie würde mit den lieben Kleinen zu Hause rumsitzen, während er überall seinen berühmten Cooper-Schwanz präsentierte.

Nein. Mit Cooper eine Familie gründen, das kam für sie nicht in Frage.

Diese Ehe war wahrscheinlich ein Fehler gewesen, das wurde ihr jetzt bewusst, und seit kurzem trug sie sich mit dem Gedanken an eine schnelle Scheidung.

Das wäre ein gefundenes Fressen für die Boulevardpresse. Die Journalisten dieser Revolverblätter liebten sie. Seit ihr Bruder Emilio, die Drecksau, diesen Typen ihre Lebensgeschichte verkauft hatte, wurde Venus sie nicht wieder los. Jede Woche gab es in der Regenbogenpresse eine sensationelle neue Story über sie. Glaubte man diesen Schreiberlingen, hatte sie mit allen und jedem geschlafen, von John Kennedy jr. bis zu Madonna!

Wenn sie sich doch nur an die Wahrheit hielten! Sie war eine treue Ehefrau gewesen, während Cooper es wie ein besoffener Seemann beim Landgang trieb. Sie hatte ihn satt, es war höchste Zeit für einen Showdown.

Als Venus ihre Gymnastik beendet hatte, duschte sie. Dann ging sie nach unten zu ihrem Masseur Rodriguez, einem zweiundzwanzigjährigen heißen Latino, der jedoch so erfahrene Hände wie ein doppelt so alter Mann hatte. Rodriguez bestand nur aus kraftvollen Muskeln, hatte dunkles, gewelltes Haar und einen schmelzenden Blick – alles das, was Venus an Männern liebte. Sie hatte eine Schwäche für sehr gut aussehende Männer, vor allem Männer mit knackigen Ärschen.

Sie hatte auch schon mit dem Gedanken gespielt, ihn zu verführen. Eine geile Idee!

Doch sie verwarf den Gedanken wieder. Rodriguez stammte aus Argentinien und amüsierte sie mit Geschichten über seine Amouren, die er mit verheirateten, unbefriedigten älteren Frauen hatte.

Wenigstens hatte sie dieses Problem nicht. Denn Cooper war ein außerordentlich vielseitiger Liebhaber. Er nahm sich Zeit und hatte ein Händchen für gewisse Dinge. Er liebte die Frauen wirklich und liebte es, ihnen wirklich Lust zu verschaffen, sie auf den höchsten Lust-Trip zu schicken.

Schade, dass es mit diesem Typ bald vorbei sein würde.

Venus kam zu spät zum Lunch, doch das machte Lucky nichts aus; sie nutzte die Zeit und erledigte mit ihrem Handy ein paar Telefonate.

Als Venus das Restaurant betrat, hörte abrupt jede Unterhaltung auf. Aller Blicke wandten sich der Platinblonden zu, die durch das volle Lokal in den privaten Speiseraum stolzierte. Venus umgab eine Aura, die förmlich SEX schrie! Es gab Schauspielerinnen in Hollywood, die größer, schlanker, jünger, schöner waren, doch Venus stach sie alle aus. Sie sah gleichzeitig verletzbar, smart und unglaublich liederlich aus. Eine unwiderstehliche Mischung. Frauen bewunderten ihre Stärke, und Männer konnten es nicht erwarten, sie zu ficken.

Sie ließ sich auf ihren Platz gleiten und bestellte sofort einen gespritzten Weißwein.

»Du kommst eine Viertelstunde zu spät. Ich würde gern

eine Entschuldigung hören«, sagte Lucky und klopfte auf ihre Uhr.

»Ich habe überlegt, ob ich meinen Masseur verführen soll«, erklärte Venus provozierend.

Lucky nickte. Nichts, was Venus sagte, konnte sie noch überraschen. »Diese Entschuldigung kann ich akzeptieren.«

»Das habe ich mir gedacht.«

»Und wie hast du dich entschieden?«

Venus verdrehte die Augen und leckte sich über die Lippen. »Hm ... ich bin mir sicher, dass er über außerordentliche Talente verfügt.«

»Und du bist verheiratet.«

»Das ist Cooper auch«, entgegnete Venus scharf. Sofort hatte sich ihre Stimmung geändert. »Und es hindert ihn nicht daran fremdzugehen.«

Lucky hatte auf diesen Moment gewartet. Alle wussten, dass Cooper seine Libido nicht unter Kontrolle hatte. Darüber hatte Venus nie geredet, und obwohl die beiden Frauen eng befreundet waren, hatte Lucky dieses Thema nicht angesprochen. Sie hatte einfach angenommen, dass Venus das Fremdgehen ihres berühmten Mannes ignorierte.

»Ich habe es satt«, sagte Venus und schüttelte trotzig ihre platinblonden Locken. »Zuerst flirtete er nur, das konnte ich akzeptieren, denn ich bin in dieser Hinsicht auch kein Kostverächter. Doch jetzt merke ich, dass er alles bespringt, was atmet.« Sie schwieg kurz und schüttelte wieder den Kopf. »Ich kapiere das einfach nicht«, fuhr sie sarkastisch lächelnd fort. »Er hat doch mich – das erotische Traumbild eines jeden Mannes. Mehr kann er sich doch nicht wünschen, oder?«

»Hast du ihn mal zur Rede gestellt?«, fragte Lucky. Sie wusste, dass Venus nicht die Frau war, die untätig die Hände in den Schoß legte.

»Verdammt noch mal, nein! Meine Friseuse weiß alles, und

die hat mir erzählt, dass mein herumtändelnder Gatte jetzt mit Leslie Kane ins Bett steigt.« Es folgte eine dramatische Pause. »Was mich betrifft, so kann er dort bleiben. Ich bin ihm nicht böse, ich will mich nur scheiden lassen.«

»Nun ja ...« Lucky schwieg kurz. »Wenn ich etwas für dich tun kann ...«

»Ja«, sagte Venus, »glaub kein Wort von dem, was in den Zeitungen stehen wird, denn die Yellow Press wird mich in der Luft zerreißen.« Sie runzelte die Stirn, ehe sie entrüstet hinzufügte: »*Er* fickt alles, was Beine hat in dieser Stadt, und *ich* werde dann als Hure angeprangert.«

Da musste Lucky zustimmen. Es war eine bekannte Tatsache, dass Männer immer geschont, während Frauen für alles verantwortlich gemacht wurden.

»Warum habe ich nicht Lennie kennen gelernt, ehe *du* ihn dir geschnappt hast?«, klagte Venus. »Lennie ist klasse. Er würde nie seine Kollegin bumsen.«

»Und wenn er das täte, würde ich ihn wahrscheinlich umbringen«, dachte Lucky kalt. Man musste sich hüten, ihre Rachegelüste zu wecken.

»Leslie Kane!«, schnaubte Venus verächtlich. »Ist denn Cooper der einzige Mann in der Stadt, der nicht weiß, dass sie eine von Madame Lorettas Huren war?«

»Hast du ihm schon gesagt, dass es mit euch vorbei ist?«

»Leslie gibt heute Abend ein Dinner bei sich zu Hause. Ich spiele mit dem Gedanken, meinen Entschluss beim Dessert zu verkünden. Auf diese Weise erfährt jeder die gute Nachricht. So werde ich ihn wenigstens auf einen Schlag los.«

Lucky schüttelte den Kopf. »Du bist wirklich schlimm, weißt du das?«

Venus hob eine Braue. »Ich bin schlimm? Wie wär's, wenn du das Attribut diesem Hurensohn verleihst, der sich durchs Leben vögelt.«

Dann redeten die beiden übers Geschäft, über die Einspielergebnisse von *Finder,* einige Drehbücher, die Venus entwicklungsfähig fand, und die Pläne ihrer eigenen Produktionsgesellschaft. Auch wollte Venus wissen, ob sie ihren Agenten wechseln sollte. Freddie Leon hatte ihr ein Angebot gemacht, und sie glaubte, es sei Zeit für einen Wechsel.

»Freddie ist der Beste in der Branche«, sagte Lucky und nippte von ihrem Perrier. »Ich hatte heute Morgen eine Besprechung mit ihm und mit Alex Woods.« Sie machte eine kleine Pause. »Kennst du Alex?«

Venus zuckte nicht mit der Wimper. »Großes Talent. Großer Schwanz. Fickt nur Asiatinnen. Liebt es, wenn man ihm einen bläst, aber umgekehrt läuft da nichts.«

»Woher weißt du das alles?«

»Ich habe auf einer Party mit einer seiner Exfrauen geredet – einer aufregenden Chinesin. Wir waren völlig stoned. Sie hat mir alle Einzelheiten erzählt.«

»Wir realisieren sein nächstes Projekt, einen Film mit dem Titel *Gangsters.*«

Venus konnte ihr Erstaunen nicht verbergen. »Du drehst einen Alex-Woods-Film? *Du?* Du weißt doch hoffentlich, was für ein Macho er ist? Ein richtiger Chauvi.«

»Mit einem Drehbuch, das reinstes Dynamit ist.«

»O Mann! Dann wünsche ich dir viel Glück.«

Lucky lächelte. »Danke. Aber ich glaube nicht, dass ich es brauche.«

Die zweite Produktionsbesprechung an diesem Tag verlief reibungslos, die eventuelle Besetzung von *Gangsters* wurde diskutiert, und obwohl ein paar gute Namen auf die Liste kamen, wusste Lucky, dass Alex Woods eigene Vorstellungen haben würde, denn er arbeitete normalerweise nicht mit Stars. Doch Freddie hatte sie nach dem Lunch angerufen und ihr gesagt, dass er für eine der Hauptrollen in dem Film Johnny Romano, das Idol des lateinamerikanischen Kinos, vorgesehen habe. Lucky gefiel der Gedanke. Johnny hatte eine Menge Fans, das garantierte volle Kassen.

»*Meinen* Segen haben Sie«, sagte Lucky.

»Gut. Ich werde Johnny davon unterrichten.«

Nach der Besprechung hatte sie überhaupt keine Lust, ein Interview für eine Zeitschrift zu geben, doch sie wusste, wie wichtig gute PR war, damit Panther Studios wieder einen angemessenen Platz in den Medien einnahmen. Da *Finder* und *River Storm* erfolgreiche Filme waren, musste sie alles tun, um diesen Eindruck noch zu verstärken, obwohl sie vor der Presse auf der Hut und normalerweise bemüht war, nicht in die Schlagzeilen zu geraten.

Mickey Stolli, der frühere Chef von Panther, der jetzt die Orpheus Studios leitete, gab der Presse ständig negative Erklärungen ab und behauptete, Panther sei am Ende und keiner ihrer Filme bringe Geld ein. Auch wenn das alles unverhohlene Lügen waren, diente es ebenfalls der Öffentlichkeitsarbeit. Aber jetzt war die Zeit gekommen, zurückzuschlagen.

Lucky unterhielt sich mit einem etwa dreißigjährigen seriösen Schwarzen und erläuterte wortreich, welche Zukunftspläne das Studio hatte. »Panther dreht Filme, die *ich* gerne sehe«, sagte sie bestimmt und fuhr mit der Hand durch ihre widerspenstigen schwarzen Locken. »In meinen Filmen sind Frauen klug, gewitzt, raffiniert und elegant. Sie vegetieren nicht in der Küche, dem Schlafzimmer oder Bordellen dahin. Sie sind stark, machen Karriere und leben ihr eigenes Leben, nicht durch einen Mann. *Solche* Filme wollen intelligente Frauen sehen. Also produziere ich Filme, die Hollywood machen *sollte*.«

Mitten im Interview rief Alex Woods an. »Dieser Besuch bei Ihrem Vater. Ist das abgemacht?«, fragte er. Er sprach leise und schnell. »Wie wär's an diesem Wochenende?«

»Oh, ich weiß nicht«, antwortete sie zögernd. »Das muss ich erst mit Gino besprechen.«

Alex klang wie ein Mann, der eine Mission zu erfüllen hat. »Sie begleiten mich. Es ist wichtig.«

Ihn zu begleiten, hatte sie nicht geplant. »Ich bin dieses Wochenende nicht da«, sagte sie und fragte sich, warum sie das Bedürfnis hatte, ihm das zu erklären.

»Wo sind Sie denn?«, fragte er, als hätte er ein Recht, dies zu wissen.

Das geht dich einen Scheißdreck an, dachte sie. »Ich verbringe ein paar Tage mit meinem Mann.«

»Ich wusste gar nicht, dass Sie verheiratet sind.«

Ach wirklich? Wo lebst du denn?, wunderte sie sich. »Mit Lennie Golden.«

»Dem Filmschauspieler?«

»Sie haben's erfasst.«

Er ignorierte ihren Sarkasmus. »Und wann können wir zu Ihrem Vater fahren?«, fragte er ungeduldig.

»Wenn Sie es derart eilig haben, mache ich einen Termin für nächste Woche aus.«

»Und Sie kommen mit?«, fragte er beharrlich drängend.

»Wenn ich kann.«

Alex Woods war die Sorte Mann, die ihr hätte gefährlich werden können. Vor Lennie ... ehe ihr Leben in so geordneten Bahnen verlief wie jetzt mit ihren Kindern, dem Studio und all den anderen Anforderungen.

Sie versuchte dem Interviewer wieder ihre ganze Aufmerksamkeit zu schenken, doch zwei Gedanken drehten sich unablässig in ihrem Kopf. Alex Woods stellte eine gefährliche Versuchung dar.

Aber Lucky wollte nicht in Versuchung geraten.

5

Donna Landsman, früher Donatella Bonnatti, residierte in einem nachgemachten spanischen Schloss, das auf einer Kuppe über dem Benedict Canyon thronte. Sie lebte dort mit ihrem Mann George, dem ehemaligen Buchhalter ihres verstorbenen Mannes Santino, und ihrem Sohn Santino junior, einem aufsässigen, übergewichtigen Sechzehnjährigen. Ihre drei anderen Kinder hatten das Haus bereits verlassen; sie hatten es satt, zusammen mit ihrer herrschsüchtigen Mutter zu leben, die sie ständig kontrollierte.

Santino junior – oder Santo, wie er genannt wurde – hatte es vorgezogen, bei seiner Mutter zu bleiben, weil er der Einzige war, der sie manipulieren konnte. Außerdem war er scharfsinnig genug, um zu erkennen, dass jemand das Familienvermögen erben musste, und dieser jemand würde er sein.

Santo war Donnas jüngstes Kind und ihr einziger Sohn. Sie betete ihn an, sie hielt ihn für unfehlbar.

Gegen Georges Rat hatte sie ihm zum sechzehnten Geburtstag eine Corvette geschenkt und eine goldene Rolex. Da sie Angst hatte, das wäre noch nicht genug, hatte sie ihm eine American-Express-Kreditkarte mit unbegrenztem Kredit gegeben und fünftausend Dollar in bar. Außerdem hatte sie eine Riesenparty im Beverly Hills Hotel bezahlt.

Donna wollte, dass ihrem Sohn die ganze Welt gehöre.

Und Santo war damit natürlich einverstanden.

Aber George nicht. »Du schadest ihm«, hatte er Donna oft gewarnt. »Wenn du ihm in diesem Alter so viel schenkst, hat er doch nichts mehr, was für ihn erstrebenswert ist. Worauf soll er dann hinarbeiten?«

»Ach, Unsinn«, hatte Donna erwidert. »Er hat seinen Vater verloren und deshalb ein Recht auf alles, was ich ihm geben kann.«

Für George war dies kein Thema mehr. Ein Streit deswegen war sinnlos. Donna war eine schwierige und vielschichtige Frau. Manchmal hatte er das Gefühl, sie überhaupt nicht zu verstehen.

Donatella Cocolioni war das Kind armer, schwer arbeitender Sizilianer und wuchs in einem kleinen Dorf auf. Die ersten sechzehn Jahre ihres Lebens verbrachte sie damit, sich um ihre vielen jüngeren Geschwister zu kümmern, bis eines Tages ein älterer, in Amerika lebender Cousin das kleine sizilianische Dorf besuchte und sie als Braut für den bedeutenden amerikanischen Geschäftsmann Santino Bonnatti auserwählte. Ihr Vater stimmte sofort zu, denn das war für ihn eine profitable Vereinbarung. Obwohl er Santino nicht kannte, akzeptierte er tausend Dollar in bar und schickte seine Tochter in die Vereinigten Staaten, ohne sie auch nur ein einziges Mal um ihre Meinung zu fragen.

In Wahrheit hatte er Donatella an einen Fremden in ein fremdes, weit entferntes Land verkauft und sie gezwungen, die Liebe ihres Lebens, Furio, einen jungen Mann aus ihrem Dorf, zu verlassen.

In Amerika wurde sie sofort in das Haus Santino Bonnattis in Los Angeles gebracht. Er musterte sie und nickte ihrem Cousin zu. »Okay, sie ist zwar keine Schönheit, aber ihren Zweck wird sie erfüllen. Kauf ihr ein paar Kleider, lass sie unsere Sprache erlernen, und mache ihr klar, wer ich bin, damit sie mir den nötigen Respekt zollt.«

Ihr Cousin hatte sie in das Haus seiner Freundin gebracht – zu einer aufgedonnerten Blondine, die aus der Bronx stammte. Dort war sie mehrere Wochen geblieben, während die Blondine versucht hatte, ihr die Landessprache beizubringen. Es war eine Katastrophe. Das wenige, das Donatella gelernt hatte, brachte sie nur mit starkem sizilianischem Akzent heraus.

An ihrem Hochzeitstag begegnete sie Santino zum zweiten Mal. Sie trug ein langes weißes Kleid und hatte Angst. Nach der Zeremonie stolzierte Santino mit einer dicken kubanischen Zigarre umher, riss dreckige Witze mit seinen Freunden und ignorierte seine junge Frau.

Ihr Cousin sagte ihr, sie solle sich keine Sorgen machen, alles würde gut werden. Später erfuhr sie, dass Santino ihm zehntausend Dollar dafür gezahlt hatte, dass er sie nach Amerika gebracht hatte.

Nach dem Hochzeitsempfang waren sie in Santinos Haus gefahren. Santino glich so gar nicht dem geliebten jungen Mann, den sie auf Sizilien hatte zurücklassen müssen – er war älter, Ende zwanzig, klein, hatte einen schmalen Mund, eine Stirnglatze und war behaart wie ein Affe. Das sah sie zum ersten Mal, als er sich ungeduldig die Kleider vom Leib riss. »Zieh dich aus«, sagte er anzüglich grinsend. »Ich will dir eine volle Ladung verpassen.«

Sie lief weinend ins Badezimmer und zitterte in ihrem Brautkleid aus Satin, bis Santino reinmarschierte, sie rüde entkleidete, ihr den Schlüpfer auszog und sie über dem Waschbecken festnagelte. Dann drang er von hinten in sie ein, wobei er wie ein Schwein grunzte.

Der Schmerz war so entsetzlich, dass sie laut schrie. Doch das war Santino egal; er presste seine behaarte Hand auf ihren Mund und stieß zu, bis er kam. Danach marschierte er ohne ein Wort aus dem Bad und ließ sie allein. Blut rann über ihre Schenkel und tropfte auf den Boden.

So begann ihre Ehe.

In kurzen Abständen gebar sie ihm zwei Töchter und hoffte, die Kinder würden ihn glücklich machen, was nicht der Fall war. Seine Wut darüber, dass sie keinen Sohn zur Welt gebracht hatte, wuchs täglich. Er wollte einen Sohn, damit der große Name Bonnatti nicht erlosch.

Als sie nicht wieder schwanger wurde, schickte er sie zu

Ärzten, die sie allen möglichen Torturen aussetzten und nichts fanden. Santino erniedrigte sie und sagte ihr, sie sei als Frau eine Niete.

Eines Tages machte sie ihm den Vorschlag, sein Sperma untersuchen zu lassen. Aus Zeitschriften wie *Cosmopolitan* hatte sie erfahren, dass Unfruchtbarkeit nicht immer an der Frau liege.

Santino wurde leichenblass. Er schlug sie so brutal ins Gesicht, dass sie zwei Zähne verlor. Das war das erste Mal, dass er sie geschlagen hatte; es sollte nicht das letzte Mal sein.

Mit der Zeit merkte Donatella, dass ihr Mann viele Mätressen hatte. Es war ihr egal – je weniger oft er sie anrührte, umso besser.

Trost fand sie im Essen. Morgens, mittags und abends verschlang sie ungeheure Mengen Pasta, die sie selbst zubereitete. Sie backte Kuchen, die sie ebenfalls aß. Im Supermarkt kaufte sie riesige Vorräte an Plätzchen, Schokolade und Eiscreme ein. Und sie wurde fetter und fetter und ekelte Santino an. Er verbrachte immer mehr Zeit mit seinen schlanken Gespielinnen, obwohl er Donatella manchmal mitten in der Nacht aufsuchte und sie mit Gewalt nahm.

Um ihre Lust kümmerte er sich nie. Alles, was er wollte, war ein Sohn.

Als sie schließlich erneut schwanger wurde, war Santino außer sich vor Freude. Doch als Donatella wieder eine Tochter gebar, wurde er derart wütend, dass er für sechs Monate auszog.

Das war die schönste Zeit in Donatellas Ehe.

Als ihr Mann nach Hause zurückkehrte, war sie ihm gegenüber kalt, ihr Herz ein Stein geworden. Sie war jetzt älter und erfahrener und ließ sich von ihm nicht länger wie Dreck behandeln.

Doch seltsamerweise akzeptierte Santino das neue Verhalten seiner Frau. Aus einem dummen Bauernmädchen war ein nörgelndes Weib geworden, das ihm auf die Nerven ging. Endlich konnte er sie respektieren.

Damit sie den Mund hielt, schlief er einmal im Monat mit ihr, bis sie wieder schwanger wurde. Diesmal gebar sie einen Sohn. Sie tauften ihn Santino junior, und endlich war Santino ein glücklicher Mann.

Alle Liebe, die Donatella nicht von ihrem Mann bekam noch geben konnte, schenkte sie ihrem Sohn. Auch Santino liebte den Jungen. Sie kämpften um den Kleinen und wetteiferten darin, wer ihm am meisten Aufmerksamkeit schenkte. Sobald das Kind begreifen konnte, was vor sich ging, spielte es seine Eltern gegeneinander aus, obwohl es seinen Vater lieber mochte.

Und allmählich gestand sich Donatella ein, dass ihr Leben gar nicht so schlecht war. Sie wohnte in einer Drei-Millionen-Dollar-Villa in Bel Air, in der früher ein Filmstar residiert hatte, sie war die Ehefrau eines bedeutenden Geschäftsmannes, sie hatte vier gesunde Kinder, und sie konnte ihre Familie regelmäßig finanziell unterstützen.

Ab und zu bat Santino sie, die Sprache korrekt zu lernen. Er behauptete, ihr starker Akzent störe ihn. Auch riet er ihr zu einer Abmagerungskur.

Doch sie lachte ihm nur ins Gesicht, ihm beide Bitten abschlagend.

Dann, eines Tages im Sommer des Jahres 1983, stand der schwarze Anwalt Steven Berkely vor ihrer Haustür und teilte ihr mit, dass Santino ein Dreckskerl sei. Ha! Als ob sie das nicht gewusst hätte!

Trotzdem bat sie den Mann ins Haus. Sie war neugierig und wollte wissen, was geschehen war.

Der Anwalt warf ein Pornoheft auf ihren Couchtisch und erzählte ihr wütend, dass die nackte Frau auf dem Titelbild seine Verlobte sei. »Ihr Gesicht auf den Körper einer anderen montiert«, sagte er verbittert. »Das sind getürkte Bilder.«

»Ich sehe mir keine dreckigen Fotos an«, entgegnete Donatella. Es tat ihr Leid, dass sie ihn ins Haus gebeten hatte.

»Meine Verlobte hat einen Selbstmordversuch wegen dieser Fotos unternommen«, fuhr Steven fort. »Nur weil Ihr sadistisch veranlagter Mann einen solchen Schmutz veröffentlicht.«

Donatella wusste, dass Santino einen Verlag besaß. Er hatte ihr immer erzählt, dass er Bücher über Technik publiziere, nicht solchen Schund. Jetzt saß ein wütender Anwalt in ihrem Haus und behauptete, dass Santino dafür verantwortlich sei.

Da läutete das Telefon. Sie war froh über die Unterbrechung und nahm den Hörer ab. »Am Bluejay Way gibt es ein Haus, in dem Ihr Mann mit seiner Geliebten lebt«, flüsterte eine raue weibliche Stimme. »Überzeugen Sie sich selbst. Sein Auto steht vor der Tür.«

Donatella verabschiedete den Anwalt rasch. Wenn sie Santino mit einer seiner Huren in flagranti ertappte, würde sie dieses verlogene Schwein dafür bezahlen lassen. Vor sich hin murmelnd, eilte sie zu ihrem Wagen, um ihrem betrügerischen Mann eine Lektion zu verpassen.

Donatella fand sofort den Bluejay Way. Sie parkte hinter Santinos Wagen, marschierte die Auffahrt hinauf und läutete an der Tür.

Kurz darauf wurde diese einen Spaltbreit geöffnet, und Zeko, einer von Santinos Leibwächtern, spähte nach draußen.

Donatella trat heftig gegen die Tür und verletzte sich am Fuß. »Wo ist mein Mann?«, fragte sie.

»Mrs. Bonnatti«, sagte Zeko völlig perplex und öffnete die Tür weiter. Ihm entging, dass hinter Donatella zwei Männer die Auffahrt heraufgekommen waren.

»FBI«, sagte einer der Männer und hielt seinen Ausweis in die Höhe.

Donatella ignorierte die Männer und stürzte ins Haus, wo sie auf eine gertenschlanke Blondine traf.

»Mrs. Bonnatti«, grüßte die Blondine Santinos Frau, als würde sie sie erwarten.

Donatella starrte sie an. »Haben Sie meinen Mann?«

»Er ist da drin«, antwortete die Blondine ruhig. »Doch ehe Sie zu ihm gehen, sollten wir miteinander reden.«

»Schläft er mit Ihnen?«, fragte Donatella.

Die beiden FBI-Agenten hatten sich an Zeko vorbeigedrängt und rannten mit gezogenen Pistolen ins Haus. Zeko trampelte hinter ihnen her.

»Was sind das für Leute?«, schrie Donatella.

»Stellen Sie sich an die Wand, und halten Sie den Mund!«, befahl einer von ihnen.

Dann war ein krachendes Geräusch zu hören, dem mehrere Schüsse folgten.

Donatella bekreuzigte sich. Ohne sich um die FBI-Agenten zu kümmern, eilte sie den Gang entlang in Richtung der Schüsse.

Ein Mann drängte ein Kind und ein junges Mädchen aus einer Tür über den Flur in die Halle. Donatella lief an ihnen vorbei und betrat das Zimmer, aus dem sie gekommen waren.

Neben dem Bett lag Santino auf dem Boden. Er war blutüberströmt und tot.

»Mein Gott! Mein Gott! Mein Gott!«, schrie Donatella.

Eine dunkelhaarige Frau war noch in dem Zimmer. Donatella erkannte sie. Es war Lucky Santangelo, ein Mitglied der Familie, mit der die Bonnattis schon seit langem verfeindet waren.

»Du Hure!«, schrie Donatella hysterisch. »Du hast meinen Mann erschossen. Du hast ihn getötet. Ich habe dich gesehen!«

Der Rest war ein heilloses Durcheinander. Die Polizei kam

und verhaftete Lucky Santangelo wegen Mordes an Santino Bonnatti. Später stellte sich heraus, dass die Schuldige nicht Lucky, sondern Brigette Stanislopoulos war, eine minderjährige Millionenerbin, die Santino zusammen mit ihrem sechsjährigen Stiefbruder Bobby entführt hatte. Als Santino Bobby, Luckys Sohn, missbrauchen wollte, hatte das Mädchen ihn erschossen. Das alles war mit einer Videokamera aufgezeichnet worden und hatte als Beweis gedient. Brigette war freigesprochen und Lucky aus der Haft entlassen worden.

Donatella blieb als Witwe mit vier großzuziehenden Kindern zurück. In ihr brodelte ein Gefühl aus Wut und Rache, das nie verzeihen würde. Auch wenn Santino ein ehebrecherisches Schwein gewesen war, so war er doch *ihr* Schwein gewesen und der Vater ihrer Kinder. Der Mord an ihm musste gerächt werden. Schließlich war sie Sizilianerin, und wenn auf Sizilien ein Familienmitglied brutal ermordet wird, wird dessen Tod gerächt. Das war eine Frage der Ehre. Und es spielte keine Rolle, wie lange eine solche Vendetta dauerte.

Santinos älterer Bruder Carlos besuchte sie und erklärte sich bereit, Santinos Geschäfte zu übernehmen, wobei er ihr armselige fünf Prozent anbot. Donatella sagte ihm, sie werde darüber nachdenken, obwohl das für sie überhaupt nicht in Frage kam. Stattdessen tat sie sich mit Santinos Buchhalter George zusammen und arbeitete an ihrer Weiterbildung. Santinos Hauptgeschäft war Import-Export. Wie sie bald entdeckte, brachte das mehrere Millionen Dollar im Jahr, das meiste davon in bar. Außerdem hatte Santino Immobilien, Anteile an zwei Kinos in New Jersey und einen sehr gewinnbringenden Verlag hinterlassen. Tatsächlich wurden dort technische Bücher verlegt, aber hauptsächlich Soft- und Hardpornos.

Von George erfuhr Donatella auch, dass sie ganz legal Santinos Geschäftspartnerin war. Früher hatte er ihr oft Dokumente zum Unterzeichnen vorgelegt. Damals hatte sie nie gewagt, ihn zu fragen, was sie da unterschrieb. Doch das machte sich jetzt bezahlt. Alles gehörte ihr.

George Landsman war ein bescheidener, unauffälliger Mann, höflich und mit leiser Stimme. Er war Santinos Vertrauensperson gewesen – es gab nichts, was ihm in geschäftlicher Hinsicht verborgen geblieben wäre. Und er war in finanzieller Hinsicht ein Genie. Nach einer Weile kam Donatella zu dem Schluss, dass er durchaus in der Lage war, die Geschäfte gewinnbringend weiterzuführen. Und mit Georges Hilfe begann sie sich mit allen geschäftlichen Angelegenheiten vertraut zu machen, wobei sie sehr schnell merkte, dass sie sowohl ihr Aussehen als auch ihre Sprache ändern musste, wenn sie eines Tages die Geschäfte leiten wollte.

Und als sie einmal angefangen hatte, sich zu ihrem Vorteil zu verändern, konnte sie nicht mehr damit aufhören. Als Erstes verlor sie ihren Akzent, dann an Gewicht; mehrere Schönheitsoperationen verhalfen ihr zu einer schmaleren Nase, einem festeren Kinn und höheren Wangenknochen. Sie ließ ihre Brüste verkleinern, ihr Haar schneiden und färben; sie schaffte sich eine Designer-Garderobe an und kaufte einige teure Juwelen.

Irgendwo auf dieser Straße zur Vervollkommnung heiratete sie George, der, wie sich herausstellte, schon immer scharf auf sie gewesen war – sogar als sie noch fett war und die Sprache ihrer neuen Heimat kaum beherrschte. Durch ihn gewann das Wort »Orgasmus« zum ersten Mal Bedeutung für sie. Sie war so glücklich, wie sie es noch nie in ihrem Leben gewesen war, vor allem als sie in sich die schlummernden Talente einer fähigen Geschäftsfrau entdeckte.

Unter Georges Leitung holte sie ihren beträchtlichen Bildungsrückstand in sehr kurzer Zeit auf. Und als sie schließlich das Gefühl hatte, bereit zu sein, ihre eigenen Geschäftsabschlüsse zu tätigen, wusste sie George mit seinen klugen Ratschlägen immer hinter sich. Als Erstes verkaufte sie den

Verlag und steckte das Geld in eine aufstrebende Kosmetikfirma. Monate später veräußerte sie diese Firma und erwarb mit dem Profit eine Kette kleiner Hotels. Ein halbes Jahr später verkaufte sie die Hotelkette für das Doppelte des Kaufpreises.

Von diesem Moment an hatte sie Blut geleckt. Firmenübernahmen wurden zu ihrem Lieblingsspiel.

Carlos, Santinos Bruder, war beeindruckt. Er suchte sie auf und schlug ihr dieses Mal eine Partnerschaft vor – was sie natürlich ablehnte. Carlos war verärgert. Er hatte sich vorgestellt, sie würde ihm die Füße küssen.

»Was unternimmst du eigentlich wegen Lucky Santangelo?«, wollte Donatella von Carlos wissen. »Die Santangelos haben Santino ermordet, und du lässt sie einfach damit davonkommen? Wenn du nichts unternimmst, dann tue ich das.«

Carlos starrte die Witwe seines Bruders an. Was war aus dieser Frau geworden? Von einer dummen Hausfrau hatte sie sich in eine dynamische Geschäftsfrau verwandelt und sogar gelernt, die Sprache ohne diesen verrückten Akzent zu sprechen. Aber glaubte sie wirklich, dass sie es mit Lucky Santangelo aufnehmen konnte?

Völlig ausgeschlossen.

»Ja. Und was hast du diesbezüglich im Sinn?«, fragte Carlos.

»In meinem Land pflegen wir unsere Traditionen«, erklärte Donatella in Unheil verkündendem Ton. Sie hielt ihn für einen größeren Versager als seinen Bruder.

»Darüber brauchst du dir keine Sorgen zu machen«, entgegnete Carlos. Er war wütend, weil eine Frau es wagte, in diesem Ton mit ihm zu reden. Was sie brauchte, war ein richtiger Mann, der ihr das Maul stopfte. »Ich habe schon Pläne, was diese Santangelo-Fotze betrifft.«

Donatella hob die Brauen. »Wirklich?«, fragte sie.

»Ja, wirklich«, antwortete er knapp.

Carlos' Pläne gelangten nie zur Ausführung. Im Dezember 1985 stürzte er von seinem Penthouse. Niemand wusste, wie es zu diesem Unglück gekommen war.

Doch Donatella wusste es.

Lucky Santangelo war dafür verantwortlich.

Donatella kam zu der Überzeugung, dass sie Lucky ruinieren musste. Und mit diesem Ziel vor Augen fasste sie einen verheerenden Plan, um ihre Feindin zu zerstören.

Jeden Nachmittag um vier kam Santo von der Schule nach Hause. Er machte immer das Beste aus den paar Stunden, ehe seine dämliche Mutter ihm auf die Nerven ging. Zum Glück kamen sie und sein Waschlappen von Stiefvater nie vor sieben Uhr heim, und so hatte er genug Zeit, alles das zu tun, was ihm gefiel, ohne dass die beiden ihre Nasen in seine Angelegenheiten steckten.

Er hasste seine Mutter. Jeden Tag schürte er seinen Hass auf sie und dachte, wie ungerecht es sei, dass sie noch lebe, während sein Vater hatte sterben müssen.

Warum war *sie* nicht ermordet worden?

Warum lag *ihr* fetter Arsch nicht zwei Meter unter der Erde?

Das einzig Gute an ihr war, dass er sie so leicht manipulieren konnte. Normalerweise kriegte er alles von ihr, was er wollte. Vor allem seit seine Schwestern das Haus verlassen hatten, war er die Nummer eins.

Und George hasste er auch. Der Mann war ein Schwächling, den Donna nach Belieben rumscheuchte. Er war nicht einmal sein Stiefvater. Er war ein Nichts.

Santo betrachtete die Stunden zwischen vier und sieben als seine ganz spezielle Zeit. Zuerst rauchte er ein paar Joints, dann stopfte er sich mit Eiscreme und Süßigkeiten voll, und danach blätterte er in seiner umfangreichen Sammlung von

Pornoheften, die er in einem verschlossenen Schrank aufbewahrte. Wenn ihn eins der Mädchen anturnte, onanierte er – obwohl er dies meistens für SIE aufhob.

SIE war die Einzige, die allein für sein Vergnügen geschaffen worden war.

SIE war alles, was ein Mann sich je wünschen konnte.

Nicht, dass er schon ein Mann gewesen wäre. Er war erst sechzehn, und wenn man sechzehn ist, ist das Leben Scheiße.

Jeden Morgen, wenn Santo aufstand und sich im Badezimmerspiegel betrachtete, wünschte er, er wäre älter und schlanker. Wenn er älter wäre, hätte er bessere Chancen, SIE aufs Kreuz zu legen. Wenn er schlanker wäre, könnte er sich mit den begehrenswerten Mädchen in der Schule verabreden – den hübschen, aufgetakelten, mit der seidigen Haut und dem langen blonden Haar. Doch diesen Tussis war es egal, dass er viel Geld und einen tollen Schlitten hatte. Sie waren zu dämlich, um es zu bemerken. Stattdessen liefen sie hinter den blöden Trotteln her, die Football spielten und Sport trieben. Diesen großen, verschwitzten Arschlöchern. Er hasste sie alle. Er wollte sowieso nichts mit ihnen zu tun haben. Nicht, wenn er SIE hatte.

SIE war die aufregend sexy Blondine mit den Rundungen genau dort, wo sie sein sollten, und die SIE provozierend zur Schau stellte. Er hatte ihre Titten gesehen, ihren Arsch und ihre behaarte Muschi. Er hatte ihre Gedanken gelesen und wusste, was sie von einem Mann haben wollte.

Heute hatte er beschlossen, sich allein auf SIE zu konzentrieren und die anderen Nutten zu vergessen. Nachdem er seine Zimmertür abgeschlossen hatte, ging er zu seinem Schrank und holte hinten den Koffer mit seiner Sammlung hervor. Die Sammlung enthielt auch frühe Nacktfotos, wo SIE mit geöffneten Beinen dasaß und einen schwarzen Haarbusch enthüllte; dann gab es noch Poster von ihr, CDs, Videos von ihren Singles und Videoaufzeichnungen ihrer Auftritte und Interviews im Fernsehen.

Wenn Santo ihre Interviews las, gab ihm das jedes Mal einen Kick. SIE war irre – redete über Sex, als ob SIE ein Mann wäre.

Er verschlang jedes Wort und rief sich ihre Vorlieben ins Gedächtnis zurück. SIE liebte Männer, die es ihr mit dem Mund machten – das stand im *Playboy.* SIE hatte mit einer Frau geschlafen – *Vanity Fair.* SIE wollte immer Sex haben und träumte von Schwarzen – *Rolling Stone.*

O ja! SIE hatte eine heiße Muschi. Und er war reich genug, dass er sich einen Ritt auf ihrer nassen Möse kaufen konnte.

Er wusste, dass er eines Tages die Gelegenheit haben würde, es mit ihr zu treiben.

Eines Tages würde Venus Maria ihn kommen sehen, und das auf mehr als eine Weise.

Bei diesem Gedanken musste er anzüglich grinsen. Allein diese Hoffnung machte jeden Tag lebenswert.

6

Ich kann es nicht fassen, dass ich vor meiner nächsten Besprechung eine Stunde freihabe.« Lucky ließ sich in den ledernen Sessel hinter ihrem Schreibtisch fallen.

»Eigentlich nicht«, entgegnete Kyoko. »Charlie Dollar ist auf dem Weg hierher. Ich sagte ihm, es sei okay, wenn er um fünf vorbeikomme. Hätten Sie dann Ihr Interview beendet, würden Sie ihn empfangen.«

»Ach, Mist!«, stöhnte sie. »Warum haben Sie das getan?«

»Er ist einer von Panthers größten Stars«, erinnerte Kyoko Lucky. »Und ich habe in Erfahrung gebracht, dass Mickey Stolli ihm ein Drehbuch geschickt hat, das ihm gefällt. Also …«

»Ich weiß, ich weiß … Sie haben ja Recht, Ky. Ich muss mit

ihm reden, ihm das Gefühl geben, unentbehrlich für uns zu sein.«

»Das würde ich Ihnen empfehlen.«

Lucky liebte Kyokos stets gepflegte Ausdrucksweise.

»Okay. Bestellen Sie bitte zwei Margaritas und eine Portion *guacamole* beim Mexikaner gegenüber. Dann legen Sie meine Billie-Holiday-CD auf. Ich muss mal eine Pause machen, und Charlie ist der perfekte Pausenfüller.«

Kyoko nickte. Er freute sich, weil Lucky seinen Vorschlag akzeptiert hatte.

Fünf Minuten später schlenderte Charlie in ihr Büro. Er war um die Fünfzig, grinste breit und schenkte ihr einen Strauß blutroter Rosen – ihre Lieblingsblumen.

Wie die meisten Schauspieler konnte Charlie eine absolute Nervensäge sein. Lucky war das egal. Sie mochte ihn, weil er sich nicht allzu ernst nahm. Außerdem hatte er einen ausgeprägten Sinn für schwarzen Humor, was ihn zu einem anregenden Gesellschafter machte. Hätte es Lennie nicht gegeben, seinen Platz hätte Charlie ausfüllen können.

Charlie setzte sich auf die Couch und zündete sich einen Joint an. »Hast du meine Nachricht bekommen?«, fragte er und machte einen tiefen Zug.

»Natürlich«, antwortete sie und registrierte sein ungekämmtes Haar, die abgetragenen Reeboks, das zerknitterte T-Shirt und die schlecht sitzenden Hosen. Doch irgendwie passte das zu ihm, dieser Tramplook.

Er tätschelte seinen Bauch. »Ich müsste abnehmen, wie?«

»Was würden deine Fans dann wohl von dir halten«, entgegnete sie bissig.

»Kluges Mädchen.«

»Du bist so voller Scheiße, Charlie«, sagte sie und lächelte liebevoll.

»Wieso?«, fragte er indigniert. »Weil ich das Image des Filmschauspielers pflege, das jeder kennt und liebt?«

»Nein. Du bist einfach voller Scheiße. Punkt. Vielleicht liebe ich dich *deshalb*.«

Charlie nahm wieder einen tiefen Zug von seinem Joint, ehe er ihn Lucky anbot. Sie lehnte ab. Vielleicht würde sie mit Lennie rauchen, aber nicht jetzt, da sie noch einen Termin hatte.

Charlie stieß einen theatralischen Seufzer aus. »Lucky, Lucky, Lucky! Was soll ich nur mit dir anfangen?«

Sie aß etwas *guacamole* und genoss die Schärfe der Speise. »Bestimmt nicht das, was du mit jeder anderen Frau tust.«

»He! Was kann ich denn dafür, wenn sich noch alle für meine morschen alten Knochen interessieren? Ich ermutige niemanden. Die Wahrheit ist, dass ich es überhaupt nicht mehr schaffe, die ganze Nacht eine nach der anderen zu bumsen.«

»Ja, sicher«, sagte sie sarkastisch.

»Ich habe endgültig mit diesem jungen Gemüse Schluss gemacht. Neulich bin ich mit einer abends ausgegangen, die noch nie von Bruce Springsteen gehört hatte. Stell dir das mal vor.«

Lucky schüttelte den Kopf. »Das Leben ist hart, Charlie, wenn du dich nur mit Mädchen unter achtzehn verabredest.«

Beide lachten. Sie genossen ihre lockeren Reden.

»Wie man hört, machst du dir ein vergnügtes Wochenende«, sagte Charlie, lehnte sich zurück und betrachtete seine ungepflegten Fingernägel.

Sie musterte seinen Bauch, der sich unter dem ausgebeulten T-Shirt wölbte, und fragte sich, ob er es jemals in Betracht gezogen hatte, Sport zu treiben. »Ja, ich mache mir ein vergnügtes Wochenende, aber mit meinem Mann.«

»Das hoffe ich doch.«

»Ich bin nur drei Tage weg. Tu mir einen großen Gefallen, Charlie. Spar dir deine Klagen bis nach meiner Rückkehr auf.«

Er nickte. »Ich tue mein Bestes, Mafiaprinzessin.«

»Nenn mich nicht so!«, protestierte sie.

Er grinste anzüglich und drohte ihr zum Spaß mit dem Finger. »Komm schon, Lucky, du liebst das doch.«

»Nein, das tue ich nicht«, sagte sie verärgert.

»Sicher.« Ein schiefes Grinsen. »Wie geht's Gino? Er hat noch immer ein paar heiße Eisen im Feuer. Das bewundere ich bei älteren Leuten.«

»Jede Menge Mumm in den Knochen«, antwortete Lucky. »Das liegt in der Familie.«

Charlie blies träge einen Rauchring. »Leider hatte ich nie Gelegenheit, selbst diese Erfahrung zu machen«, sagte er gedehnt.

»Willst du mich anbaggern?«

»Natürlich. So was macht mich heiß.«

»Mann, ich wusste gar nicht, dass ich dir was bedeute.«

»Natürlich tust du das.« Er machte eine kurze Pause. »Und wenn du mein Plakat änderst, bedeutest du mir noch mehr.«

Schauspieler! Immer hatten sie ein volles Programm. Und irgendwie gelang es ihnen stets, sich durchzusetzen. »Okay, Charlie«, sagte sie leise seufzend. »Schon passiert. Können wir uns jetzt entspannen?«

Ein großes Charlie-Dollar-Grinsen. »Natürlich, Babe.«

»Brigette?«

»Nona? Wow, Nona! Wie geht es dir? Seit wann bist du zurück? Und wie hast du mich gefunden?«

»Ich habe deine Großmutter angerufen. Nachdem ich ihr gesagt hatte, wer ich bin, gab sie mir deine Nummer. Besonders sicher ist das nicht. Ich hätte doch jede x-beliebige sein können.«

Nona war früher einmal Brigettes beste Freundin gewesen. Die beiden hatten sich seit zwei Jahren nicht mehr gesehen, da Nonas reiche Eltern Effie und Yul ihre einzige Tochter auf eine Weltreise geschickt hatten. Die Mädchen waren zusammen im Internat gewesen und oft gemeinsam ausgerissen und hatten sich manche Streiche geleistet.

»Phantastisch, dass du dich wieder meldest!«, sagte Brigette begeistert. »Wo wohnst du?«

»Ach, ich hänge zu Hause rum, weil ich bisher keine Zeit hatte, mir was Eigenes zu suchen. Aber ich habe wenigstens einen Job, bin Assistentin bei *Mondo*.«

Brigette war beeindruckt. »Wow! Tolle Zeitschrift!«

»Ja. Effie hat mir den Job besorgt. Und was machst du hier in New York? Hast du nicht immer behauptet, L.A. sei die einzige Stadt, in der man leben könne?«

»Na ja, das war sie auch für eine Weile. Aber ich habe meine Meinung geändert.«

»Ich verstehe – du hast jemanden kennen gelernt.«

»Ich wünschte, es wäre so«, sagte Brigette wehmütig.

»Hör mal, wir müssen uns sehen. Ich habe dir sooo viel zu erzählen.«

»Verabreden wir uns doch zum Lunch«, schlug Brigette vor; auch sie hatte viel zu berichten.

»Perfekt«, erwiderte Nona. »Ich kann's kaum erwarten.«

Die beiden trafen sich im Serendipity und verschlangen superlange Hot Dogs, während sie Neuigkeiten austauschten. Nona war nicht schön, aber sie sah interessant aus. Sie hatte feuerrotes Haar, schräg stehende Augen und ein Gesicht voller Sommersprossen. Und sie kleidete sich elegant und besaß eine sehr direkte Art. Sobald die beiden Platz genommen hatten, gestand sie, drei Freunde in drei verschiedenen Ländern zu haben.

»Ich konnte mich für keinen entscheiden, deshalb habe ich die Flucht ergriffen«, sagte sie mit einem spitzbübischen Grinsen. »Alle wollen mich heiraten. Ich komme mir wie eine richtige Schlampe vor.«

»Du *bist* eine Schlampe«, sagte Brigette lakonisch. »Und hast du sonst noch jemanden in petto?«

»Nein, danke!«

»Du hast doch nie eine Gelegenheit ausgelassen«, sagte Brigette. »Neben dir kam ich mir immer wie ein Mauerblümchen vor.«

»Ja, das stimmt. Doch jetzt haben wir genug von mir geredet. Was treibst du so?«

»Ich möchte Model werden«, gestand Brigette.

»Model? Spinnst du?«

»Wieso?«

»Ich weiß nicht ... Das ist doch ein beschissener Beruf. Nur Fassade und nichts dahinter.«

»Aber ich würde es schaffen, Nona. Ich brauche bloß eine Chance.«

»Okay, wenn du das wirklich willst, finde ich es cool. Ich meine, du siehst phantastisch aus – du hast noch immer diesen tollen Busen, und du hast auch Gewicht an den richtigen Stellen verloren.«

»Du auch.«

»Puh!« Nona verzog das Gesicht. »Das Essen in manchen Ländern, in denen ich gewesen bin – Schweineohren, Schlangengalle, Büffelhoden. Wer kriegt das schon runter?«

»Erzähl mir was über deine drei potenziellen Ehemänner«, bat Brigette. Sie starb vor Neugierde.

Nona rieb sich ihre von Sommersprossen übersäte Nase. »Sie sind alle sehr nett. Einer von ihnen ist schwarz. Meine Eltern flippen aus – oder vielleicht auch nicht. Du weißt ja, wie liberal sie sind. Ach, übrigens, sie geben heute Abend eine ihrer berühmten Partys. Du bist eingeladen.«

»Wie geht's Paul?«, fragte Brigette beiläufig.

Paul Webster, Nonas gut aussehender Bruder, ein Künstler. Brigette war lange hoffnungslos in ihn verliebt gewesen – bis sie sich verlobt hatte. Erst dann hatte auch Paul seine Liebe zu ihr entdeckt. Zu spät. Zu dem Zeitpunkt hatte sie ihren Liebeskummer bereits überwunden.

»Er ist verheiratet und hat ein *Baby!*«, rief Nona aus. »Erstaunlich, was den Leuten so alles passiert.«

»Malt er noch?«, fragte Brigette, die sich an Pauls außerordentliches Talent dafür erinnerte.

»Nein. Er ist jetzt Börsenmakler in der Wall Street. Richtig spießig. Hast du schon jemals so etwas Komisches gehört?«

»Ich kann mir Paul nicht als arbeitsamen Familienvater vorstellen. Er muss sich wirklich geändert haben.«

»Ja. Aber ich habe das komische Gefühl, dass er insgeheim noch immer ein böser Junge ist.«

»Tu mir einen Gefallen«, sagte Brigette eindringlich, »mach deinen Eltern klar, dass ich meine wahre Identität nicht preisgeben möchte. Niemand soll wissen, wer ich wirklich bin. Mein Name ist zurzeit Brigette Brown. Nach all den Skandalen in der Vergangenheit ist das besser so.«

»Okay, tu ich«, versprach Nona, schaute auf ihre Uhr und stieß einen kleinen Schrei aus. »Ich muss wieder arbeiten«, sagte sie und griff nach der Rechnung. »Dann bis heute Abend. Neun Uhr. Zieh dir was Ausgefallenes an.«

Brigette nickte. »Ich komme.«

Cooper Turner war ein Frauenkenner, und Leslie Kane war eine unwiderstehliche und hinreißende Frau. Es war nicht verwunderlich, dass ganz Amerika innerhalb kurzer Zeit diesen Prototyp einer amerikanischen Schönheit mit wallendem rotem Haar, sinnlichem Mund und einem perfekten Körper liebte. Nach nur zwei Filmen war sie zum Star geworden. Im Moment drehte sie einen Film mit Cooper, und obwohl er schon siebenundvierzig und sie erst dreiundzwanzig war, stellten sie auf der Leinwand ein Liebespaar dar. In Hollywood müssen die weiblichen Stars jung sein, wie alt die Männer sind, spielt keine Rolle.

Leslie lag mit Cooper im Film im Bett und auch privat. Er

brauchte sie nur mit seinen wissenden eisblauen Augen anzusehen, und sie schmolz dahin.

Als sie vierzehn war, hing sein Poster über ihrem Bett. Cooper Turner. Was für ein Mann! Wenn sie in den Zeitschriften von den Frauen las, mit denen er eine Affäre hatte – wie hatte sie die alle gehasst! Was sie aber nicht daran hinderte, diese Magazine gierig zu horten.

Und immer wenn ihr Stiefvater spät nachts mit einer Bierfahne und einer Beule in seiner Hose in ihr Schlafzimmer getaumelt war, hatte sie sich an Coopers Bild über ihrem wackligen Bett geklammert, während der fette Kerl über ihr stöhnte und grunzte. Sie hatte sich danach gesehnt, ihn in die Eier zu treten und abzuhauen. Doch das konnte sie nicht, solange ihre Mutter krank im Bett lag und vom Krebs zerfressen wurde.

An dem Tag, an dem ihre Mutter gestorben war, hatte sie tausend Dollar von ihrem Stiefvater gestohlen und war gegangen.

Goodbye, Florida.

Hallo, L.A.

Da war sie achtzehn gewesen und hatte umwerfend ausgesehen. Deshalb hatte es nicht lange gedauert, bis sie von Madame Loretta entdeckt worden war. Madame Loretta hatte ganz Hollywood jahrelang mit exquisiten jungen Mädchen versorgt. Sie warb sie frisch und unverbraucht an, und als sie Leslie in der Boutique am Rodeo Drive entdeckt hatte, in der sie damals arbeitete, hatte sie sie mit Versprechungen weggelockt und sie in ein luxuriöses Apartment gesteckt.

Leslie war ein Naturtalent. Mit ihrem Aussehen und ihrem Charme hatte sie sofort alle Freier betört, die zu Madame Lorettas Entzücken von einem Tag auf den anderen Stammkunden wurden.

Doch Leslie hatte nicht die Absicht, ewig als Callgirl zu arbeiten. Sie wollte mehr. Sie wollte richtige Liebe. Und als sie eines Tages darauf wartete, dass ihr Auto gewaschen wurde, hatte sie diese Liebe in Gestalt von Eddie Kane gefunden, einem ehemaligen Kinderstar, der Verleihchef der Panther Studios war.

Eddie Kane kannte sich in Hollywood und speziell in der Materie Frauen aus. Ein Blick auf Leslie hatte ihm genügt. Zuerst hatte er keine Ahnung, dass sie eines von Madame Lorettas besten Pferdchen im Stall war, und obwohl sie sich alle erdenkliche Mühe gab, dass er es niemals herausfand, entdeckte er doch die Wahrheit und trennte sich sofort von ihr.

Das war eine sehr unglückliche Zeit in Leslies Leben, doch sie beschloss, nicht in ihren alten Beruf zurückzukehren. Stattdessen arbeitete sie als Empfangsdame in einem teuren Schönheitssalon, wo sie ein paar Wochen später von Mickey Stollis Frau Abigaile entdeckt wurde. Abigaile hatte darauf bestanden, dass Mickey von ihr Probeaufnahmen machte. Und da Eddie seinen teuren Maserati inzwischen gegen eine Betonmauer gelenkt hatte, wurde Leslie sehr jung Witwe.

Die Probeaufnahmen der sehr jungen Witwe waren ein voller Erfolg. Und ein Jahr später war Leslie ein Star.

Leslie dachte oft, dass in Hollywood alles wahr wurde, wenn man es sich nur fest genug wünschte.

Jetzt lag sie mit Cooper im Bett, und er war die Erfüllung aller ihrer Träume, die Gestalt angenommen hatten.

Sie beugte sich über ihn und ließ sanft ihre manikürten Nägel über die weiche Haut seines Rückens gleiten. Es war Mittagspause, und die beiden waren in einem Motel in der Nähe des Studios. Sie war so oft gekommen, dass sie es nicht mehr zählen konnte. Dieser Mann war ein unglaublicher Liebhaber.

7

»Wie ist deine Mutter?«, fragte Tin Lee.

Irrsinnig, hätte Alex am liebsten geantwortet, egoistisch, gemein, selbstbesessen, ein Tyrann, ein Quälgeist. Sie hat meinen Vater zum Alkoholiker gemacht und ihn in einen frühen Tod getrieben. Und sogar jetzt – obwohl ich erfolgreich und berühmt bin – erniedrigt sie mich ständig.

»Sie wird dir gefallen«, antwortete Alex stattdessen knapp. »Sie ist eine feine Frau.«

»Da bin ich mir sicher«, sagte Tin Lee mit sanftem Lächeln. »Schließlich hat sie dich großgezogen, Alex. Und du bist ein wundervoller Mann.«

Ach du lieber Himmel. Nach einem guten Fick glauben sie alles zu wissen.

»Ich bin ganz aufgeregt, wenn ich daran denke, dass ich sie bald kennen lerne«, fuhr Tin Lee fort und presste ihre zierlichen Hände zusammen. »Es ist eine Ehre für mich, dass du mich zu ihrem Geburtstag eingeladen hast.«

Wenn du wüsstest. Ich kann mit der lieben alten Mom nicht allein sein. Ich kann ihre Gegenwart nicht ertragen. Wenn wir miteinander allein sind, gehen wir uns gegenseitig an die Kehle. Wir geben eine beschissene Horror-Show ab.

Die beiden standen in der Halle von Alex' Apartment am Wilshire Boulevard. Er nahm seine Freundinnen nie in sein Haus mit, eine moderne Konstruktion am Strand. Das war seine Privatsphäre, wo seine flüchtigen Bekanntschaften nichts zu suchen hatten.

In Alex' Leben existierte Tin Lee erst seit sechs Wochen. Sie stammte aus Thailand, war klein und hübsch, eine Schauspielerin Anfang zwanzig. Sie hatte sich vorgestellt, und er hatte sie eingeladen, mit ihm auszugehen. Er hatte erst einmal mit ihr geschlafen und nicht die Absicht, es wieder zu tun, denn er fühlte sich bei ihr nicht jung, sondern alt und verbraucht. Aber heute Abend benötigte er sie als Puffer zwischen ihm und seiner Mutter.

»Ich hoffe, dass sie mich mag«, sagte Tin Lee ängstlich.

»Sie wird dich lieben« beruhigte Alex sie.

Und wenn du das glaubst, bist du dämlicher, als ich dachte.

»Danke«, sagte Tin Lee erleichtert.

O mein Gott, Dominique würde das arme Mädchen in Stücke reißen. Schon wieder so eine fürchterliche Schlampe?, würde sie sagen, wenn Tin Lee auf die Toilette gehen würde. Wieder eine asiatische Nutte? Warum kann es keine anständige Amerikanerin sein? Du wirst nicht jünger, Alex. Du bist siebenundvierzig, und das sieht man dir an. Schon bald werden dir die Haare ausgehen, und wer will dich dann noch haben?

Er wusste genau, was aus dem rot geschminkten Mund seiner Mutter kommen würde. Sie wurde einundsiebzig und war im Alter nicht sanfter geworden.

Aber was konnte er tun? Sie war nun mal seine Mutter, und eigentlich müsste er sie lieben.

Morton Sharkey war Ende fünfzig und ein großer schlanker Mann mit einer Hakennase. Außerdem war er ein brillanter Anwalt und sehr geschätzter Unternehmensberater. Er war der Mann, der Lucky geholfen hatte, die Panther Studios zu kaufen, und er hatte untrügliche Instinkte, obwohl er – im Gegensatz zu Lucky – eher zum Pessimismus neigte.

Die beiden hatten sich oft gestritten. Seit sie Panther gekauft hatte, diskutierten sie über diese Investition. Sharkey glaubte nicht an den Aufschwung der Studios.

»Warten Sie's doch erst mal ab, Morton«, hatte sie oftmals zu ihm gesagt. »Ich habe Hotels in Vegas gebaut, Dimitris Tankerflotte gemanagt – ich werde doch wohl wissen, wie man ein Filmstudio erfolgreich leitet.«

»Im Filmgeschäft herrschen andere Gesetze«, hatte Morton sie gewarnt, einen ernsten Unterton in der Stimme. »Es ist das unehrlichste Geschäft, das existiert.«

Da er so viel übers Filmgeschäft wusste, war ihm auch klar, dass Lucky Zeit brauchte, um die Panther Studios zum Florieren zu bringen. Außerdem hatte sie auf sein Drängen hin sechzig Prozent der Anteile verkauft und somit praktisch ihre ursprüngliche Investition wieder hereingeholt. Warum machte er sich Sorgen? Sie hatte alles unter Kontrolle.

Während der Besprechung schilderte sie ihm ihre Unterredung mit den japanischen Bankern. »Wenn der Deal klappt, sind wir mehr als flüssig«, berichtete sie. »Und genau das brauchen wir, damit die Banken mitziehen. Das und unsere beiden Topfilme.«

»Gut«, sagte Morton.

»Ich dachte, Sie wollten zu der Unterredung kommen«, fügte Lucky hinzu. Ihr fiel auf, dass Morton irgendwie geistesabwesend war.

»Ich wurde aufgehalten und war zu spät dran.«

»Sie sollten keine Rolex tragen«, scherzte sie.

Den Witz verstand er nicht.

»Ich besuche Lennie übers Wochenende. Wenn ich zurück bin, reden wir über alles. Falls der japanische Deal klappt und unsere beiden Filme gute Einspielergebnisse haben, stehen wir doch prima da, oder glauben Sie nicht?«

Morton räusperte sich. »Doch, Lucky.«

Irgendetwas stimmte heute nicht mit ihm. Sie hoffte, dass er nicht eine seltsame Midlife-Crisis durchmachte. Er benahm sich, als könnte er es kaum erwarten, aus ihrem Büro zu kommen.

»Geht es Ihnen gut?«, fragte sie.

»Warum sollte es mir nicht gut gehen?«, entgegnete er gereizt.

»Ich frage doch nur.«

Morton sprang auf. »Ich habe das Gefühl, ich bekomme eine Grippe.«

»Dann gehen Sie ins Bett, und trinken oder essen Sie was Heißes«, sagte Lucky mitfühlend.

»Ja. Ein schönes Wochenende, Lucky.«

»Das wird es bestimmt.«

Morton Sharkey stieg in sein beiges Jaguar-XJS-Cabriolet und fuhr zwei Blocks weiter, ehe er am Straßenrand hielt und zu seinem Autotelefon griff. »Donna?«, fragte er heiser, als eine Frau seinen Anruf entgegennahm.

»Ja.«

»Wir haben's fast geschafft. Bald bekommen Sie, was Sie haben wollen.«

»Sehen Sie zu, dass es so rasch wie möglich passiert.«

Klick. Sie hatte ohne ein weiteres Wort aufgelegt.

Er hatte schon eine Menge eiskalter Frauen kennen gelernt, doch diese schoss den Vogel ab. Sie benahm sich, als gehörte ihr der ganze beschissene Planet. Er hasste ihre Art. Und am meisten hasste er, dass sie etwas gegen ihn in der Hand hatte.

Wie hatte er nur so dumm sein können?

Wie hatte er, Morton Sharkey, in die älteste Falle der Welt tappen können?

Morton Sharkey, verheiratet und zwei erwachsene Kinder, ein geachtetes Mitglied der Geschäftswelt, ein Familienvater mit ausgezeichnetem Ruf und Vorstandsmitglied mehrerer Wohltätigkeitsvereine mit hohem Prestigewert. Sein ganzes Leben hatte er hart gearbeitet und anderen Menschen geholfen, die weniger Glück als er gehabt hatten. Candice, seine Frau, war noch immer attraktiv. Mehr als das, sie war eine fürsorgliche treue Ehefrau, und während der sechsundzwanzig Jahre, die er mit ihr verheiratet war, hatte er nur zweimal die Ehe gebrochen.

Bis er Sara kennen lernte.

Die siebzehnjährige Sara, mit dem langen roten Haar und den mageren weißen Schenkeln und den abgebissenen Nägeln und dem ausdrucksvollen Mund und den winzigen Brüsten und dem rötlichen Schamhaar und …

O mein Gott – er könnte weiter und weiter über Sara reden. Sie war die bittersüße Nachspeise seines Lebens, und sogar jetzt, trotz allem, was geschehen war, begehrte er sie noch immer.

Sara war jünger als seine Tochter.

Sara war ein Freigeist.

Sara wollte Schauspielerin werden.

Sara hatte ihn für zwölftausend Dollar in die Falle gelockt.

Und trotzdem liebte er sie.

Oder war von ihr besessen.

Es spielte keine Rolle, was von beidem zutraf, denn er konnte sie nicht aufgeben. Um keinen Preis. Wenn er bei Sara war und sie ihn mit ihrem weichen, jungen Körper umhüllte und sie ihre Phantasien zusammen verwirklichten, zählte nichts anderes mehr. Nicht einmal Erpressung.

Er hatte Lucky nicht hintergehen wollen. Man hatte ihm keine andere Wahl gelassen.

Donna Landsman hatte gedroht, ihn zu vernichten, wenn er es nicht täte.

Luckys Haus in Malibu war etwas zurückgelegen, so dass man einen herrlichen Blick über die Küste hatte. Es war ein bequemes, im mediterranen Stil erbautes Haus, mit einfachen Rattanmöbeln, vielen Büchern, Gemälden und anderen Dingen, die sie und Lennie gesammelt hatten. Sie beide fanden, dass dies der ideale Ort sei, um Kinder großzuziehen.

Als sie nach Hause kam, wackelte die kleine Maria noch im Wohnzimmer umher. Sie schaute in ihrem hellroten Strampelanzug bezaubernd aus. Lucky nahm ihre Tochter und schwang sie hoch in die Luft. Maria quietschte vor Vergnügen. Genau wie ihre Mutter liebte sie es, wenn etwas los war.

»Sie wollte nicht ins Bett gehen, ohne Sie gesehen zu haben«, berichtete CeeCee, Marias hübsches schwarzes Kindermädchen.

»Was? Du wolltest nicht ins Bett?«, neckte Lucky ihre Tochter und kitzelte sie, bis Maria noch aufgeregter quietschte. Als sie sich wieder beruhigt hatte, küsste Lucky sie auf die Stirn und erklärte: »Mommy verreist für ein paar Tage, aber du bist ein liebes kleines Mädchen und ganz artig. CeeCee kümmert sich um dich.«

»Mommy verreisen«, sagte Maria und wand sich aus Luckys Armen. Dann lief sie durchs Zimmer. »Mommy reisen, reisen, reisen.«

»Mommy verreist, kommt aber bald zurück«, versicherte Lucky ihr. »Gute Mommy«, sang Maria vor sich hin, lief wieder zu Lucky und streichelte ihr Gesicht mit ihren kleinen Händen. »Liebe Mommy, gute Mommy.«

Das Glück, solche wundervollen Kinder zu haben, war überwältigend. Nachdem Lucky Maria ins Bett gebracht hatte, schaute sie nach dem kleinen Gino. Er schlief fest, seinen winzigen Daumen im Mund.

Sie ging in ihr Schlafzimmer, überprüfte den Inhalt ihrer Reisetasche, nahm einen schnellen Imbiss in der Küche und rief dann ihren Vater an, um ihm von Alex Woods zu erzählen. »Er hat ein phantastisches Drehbuch geschrieben«, sagte sie begeistert. »Sehr realistisch. Ich kann es gar nicht erwarten, bis du es gelesen hast.«

»Ja, ja«, entgegnete Gino mürrisch. »Ich seh's mir an, und den Burschen auch.«

»Vielleicht besuchen wir dich am nächsten Wochenende in Palm Springs. Wie wäre das?«, fragte Lucky, an einem Schokoladenplätzchen knabbernd.

»Du kommst mit?«

»Ja. Ich kann dich schließlich nicht mit Alex allein lassen – du wirst ihn zu Tode ängstigen. Und dann dreht er seinen Film nicht in meinem Studio.«

Gino kicherte. »Ist er denn ein solcher Angsthase?«

»So gut kenne ich ihn nicht.«

»Dann verspreche ich dir was, mein Kleines. Wenn er Mumm hat, sage ich es dir.«

»Danke.«

Sofort nachdem sie aufgelegt hatte, läutete das Telefon.

»Liebste!« Es war Lennie.

Nach vier Jahren Ehe machte ihr Herz noch immer einen Sprung, wenn sie seine Stimme hörte. »Lennie!«, sagte sie lächelnd. »Den ganzen Tag habe ich versucht, dich zu erreichen.«

Er lachte leise. »Und da bin ich, gelangweilt und mächtig scharf.«

Auch sie musste lachen. »Du brauchst mir mit deinem romantischen Gesäusel keinen Honig um den Bart zu schmieren.«

»Warum nicht? Du fällst doch immer darauf rein.«

»Ja?«

»Ja.«

»Wie kommt ihr voran?«

»Ach, es gibt die üblichen Probleme, aber nichts, womit ich nicht fertig würde.« Er machte eine Pause. »Ich brauche dich, Lucky. Jetzt. Hier. Sofort.«

»In fünf Minuten fahre ich zum Flughafen«, versicherte sie ihm.

»Du fehlst mir so sehr, Liebes. Wenn du nicht da bist, ist alles ganz anders.«

»Ich vermisse dich auch, Lennie«, sagte sie liebevoll. »Und die Kinder ebenfalls. Maria läuft den ganzen Tag rum und singt: ›Daddy, Daddy, Daddy!‹ Das ist ihr neues Mantra.«

»Und wie ist ihr Gang?«

»Beeindruckend.«

»Sie kommt ganz auf ihre Mommy raus, wie?« Wieder schwieg er kurz. »Liebes, bist du sicher, dass du diese lange Reise machen willst? Nur für zwei Tage mit mir?«

»Ha!«, rief sie. »Versuch doch mal, mich aufzuhalten.«

»Soll ich das wirklich?«

»Musst du immer Witze machen?«

»Ja. Das liebst du doch so an mir.«

»Ich liebe *dich*«, murmelte sie.

»Ich liebe dich auch. Küss die Kinder und sag ihnen, dass Daddy an sie denkt.«

»Und ich kriege keinen Kuss?«

»Den bekommst du, wenn du da bist. Ich hole dich vom Flughafen ab. Guten Flug.«

»Ja, danke.« Mit strahlendem Lächeln legte sie auf.

Ihre Limousine stand pünktlich vor der Tür. Boogie fuhr sie; schon seit langem war er ihr Leibwächter, Privatdetektiv und Fahrer. Boogie war ein Vietnam-Veteran, ein kluger Mann, der sie beschützte.

In vertrautem Schweigen fuhren sie zum Flughafen. Boogie redete nur, wenn es unbedingt nötig war.

Die Limousine hielt neben dem Panther-Lear-Jet. Ihr war nicht nach Konversation zu Mute, aber der Pilot informierte sie über die Wetterlage. Dann unterhielt sie der Steward – ein Schwuler mit einer Zottelmähne – mit dem neuesten haarsträubenden Klatsch über Leslie Kane und Cooper Turner. Damit hatte Venus ihr schon beim Lunch die Ohren voll gedröhnt. Warum waren die Leute von solchem geistlosen Geschwätz derartig fasziniert?

Als die Maschine startete, lehnte sie sich zurück und schloss die Augen.

Ein Wochenende mit Lennie. Sie konnte es kaum erwarten.

8

Hi, meine Schöne«, sagte Cooper Turner, als er in das ganz in Weiß gehaltene luxuriöse Badezimmer von Venus Maria kam.

Sie saß vor dem Frisiertisch und bürstete ihr Haar. Er trat hinter sie, legte die Hände auf ihre Brüste und küsste sie auf ihr platinblondes Haar.

Sie rührte sich nicht. Das war ihr Spiel, und sie würde es auf ihre Weise spielen. »Wie war's heute bei dir?«, fragte sie beiläufig.

»Ganz gut«, antwortete Cooper, machte einen Schritt zur Seite und betrachtete sich in einem anderen Spiegel. »Sehe ich müde aus?« Er wandte sich, Zustimmung heischend, nach ihr um.

»Hm, etwas«, erwiderte sie und wusste, dass ihre Antwort ihn verärgern würde.

»Wirklich?«, fragte er stirnrunzelnd.

»Es ist nicht zu übersehen, Baby«, sagte sie mit falscher Teilnahme. »Du arbeitest hart. Mein Gott … morgens, mittags und abends bist du im Studio. Wahrscheinlich hast du nicht einmal Zeit für einen anständigen Lunch gehabt. Was hast du heute gegessen?«

Muschi, war er versucht zu antworten. Aber er beherrschte sich. Es wäre verheerend, wenn Venus herausfände, dass er mit Leslie Kane schlief. Seine Frau hatte ein heftiges Temperament, und Leslie diente bloß seiner zeitweiligen Zerstreuung.

»Ach … nur einen Salat«, sagte er vage. »Und du?«

»Ich war mit Lucky beim Lunch.«

»Wie geht's ihr?«

»Großartig. Panther finanziert den nächsten Film von Alex Woods.«

»Du lieber Himmel!«, rief Cooper. »Alex und Lucky. Das gibt Mord und Totschlag.«

Venus bürstete weiter ihr Haar. »Kennst du ihn?«

»Wir haben uns gemeinsam ein paar exzessive Nächte um die Ohren geschlagen. Alex ist ein ungestümer Mann.«

»Hm ...« Venus lächelte verschlagen und verpasste ihm einen Seitenhieb. »Und hat einen der größten Schwänze in Hollywood.«

Jetzt hatte sie Coopers Aufmerksamkeit. »Woher weißt *du* denn das?«, fragte er neugierig.

»Ich weiß alles.«

Das glaubte Cooper ihr gerne. »Ist er größer als meiner?«

»Du bist vielleicht eingebildet.«

Er grinste. »Nein, nur realistisch, Süße. Nur realistisch.«

Ja, dachte Venus. Mal sehen, wie realistisch du nach unserer kleinen Auseinandersetzung heute Abend bei Leslie bist. Mal sehen, wie du damit fertig wirst.

Brigette stolzierte auf die Party bei den Websters, als wäre sie bereits das berühmteste Model auf der Welt. Sie hatte die Elite dieser Mädchen lange genug beobachtet, um den Gang und den Blick kopieren zu können. Der Blick bedeutete: Mir gehört die Welt, und ihr anderen seid nichts als Hunde. Und der Gang bestätigte das. Brigette beherrschte diese Sprache.

Sie hatte ewig gebraucht, um sich für diese Party anzuziehen, und lange gezögert, ehe sie sich für ein gewagtes schwarzes Wickelkleid von Hervé Leger und sehr hohe Manolo-Blahnik-Pumps entschieden hatte. Sie wusste, dass sie ohne BH und mit ihrem schulterlangen honigfarbenen Haar scharf aussah.

Sie hatte es darauf abgesehen, heute Abend von jemandem entdeckt zu werden; ihre Karriere als Model musste jetzt beginnen, dazu war sie fest entschlossen.

An der Tür wurde sie von Nonas Eltern begrüßt. Die beiden waren über ihre Verwandlung verblüfft. Sie hatten Brigette noch als niedliche, dickliche Blondine in Erinnerung. Und jetzt marschierte eine Schönheit voller Selbstvertrauen in ihr Haus. Brigette blieb an der Tür zum Salon stehen.

»Du siehst phantastisch aus, meine Liebe«, sagte Nonas exzentrische Mutter bewundernd.

»Du auch, Effie«, entgegnete Brigette, während ihre hellblauen Augen die Anwesenden musterten. Sie suchte nach den richtigen Leuten, die sie beeindrucken konnte.

»Nona hat mir erzählt, dass du jetzt als Model arbeitest«, sagte Yul, ein großer, gut aussehender Mann.

»Hm … ja.«

»Das muss aufregend sein.«

»Das ist es«, log sie.

»Also dann …«, meinte Yul und führte sie durch den riesigen Raum, in dem Gruppen der unterschiedlichsten Leute umherstanden, »… bin ich mir sicher, dass du viele Bekannte hier treffen wirst.«

»Bestimmt. Danke«, sagte Brigette und sah sich um. In Wirklichkeit kannte sie niemanden. Sie konnte nicht einmal Nona entdecken. Großartig! Nach diesem phantastischen Auftritt stand sie jetzt wie eine Landpomeranze rum.

Für kurz Zeit geriet sie in Panik, dann überlegte sie, wie Lucky eine derartige Situation in den Griff bekommen würde – Lucky, die immer alles unter Kontrolle hatte. Denk wie Lucky! Denk wie Lucky! Mit hoch erhobenem Kopf stolzierte sie zur Bar.

»Brigette?«

Der erste Mensch, dem sie über den Weg laufen musste, war natürlich Paul, Nonas Bruder und ihre Exflamme. Seit ein paar Jahren hatte sie ihn nicht mehr gesehen. Er hatte sich verändert. Das lange Haar, der Dreitagebart und der goldene Ohrring existierten nicht mehr. Jetzt trug er einen konventionellen blauen Blazer, graue Flanellhosen, ein weißes Hemd und eine konservative Krawatte. Als ob das noch nicht reichen würde – auch sein Haar war kurz geschnitten. Er schaute wie ein Spießer aus!

»Paul!«, rief sie.

»Du siehst phantastisch aus«, sagte er und lächelte sie bewundernd an.

»Und du siehst verändert aus«, entgegnete sie.

»Das ist meine Frau Fenella.« Er legte Besitz ergreifend den Arm um die Schultern einer unterernährten Brünetten. »Liebes, darf ich dir Brigette Stanislopoulos vorstellen? Sie ist Nonas beste Freundin. Ich habe dir von ihr erzählt.«

»Nett, Sie kennen zu lernen«, sagte Fenella mit nervöser Stimme und ausgeprägtem Bostoner Akzent. »Sie sind also Nonas Freundin?«

»Ja«, antwortete Brigette knapp und wandte ihre Aufmerksamkeit wieder Paul zu. »Hör mal, im Moment nenne ich mich Brigette Brown. Bitte erwähne meinen richtigen Namen nicht.«

»Entschuldige.«

»Macht nichts.« Es folgte ein peinliches Schweigen. Dann brach sie es und sagte: »Nona hat mir erzählt, dass ihr schon ein Baby habt.«

»Ja. Einen Jungen«, bestätigte Paul stolz.

Fenella klammerte sich an den Arm ihres Mannes. »Der kleine Military ist ganz der Vater.«

Brigette konnte gerade noch verhindern, dass sie laut auflachte. »Military?« Sie warf Paul einen Blick zu, in dem stand: Das darf doch wohl nicht wahr sein?

»Wir wollten einen ungewöhnlichen Namen für das Kind«, erklärte Fenella.

Das ist wirklich seltsam, dachte Brigette. Früher einmal hätte ich alles für diesen Mann getan, und jetzt stehe ich hier und rede mit einem Fremden. Einem Fremden, der seinem Sohn den Namen Military gegeben hat! Was für ein Schwachkopf ist Paul doch geworden!

»Es war schön, euch getroffen zu haben«, sagte sie, denn sie wollte so schnell wie möglich von den beiden wegkommen. »Sicher sehen wir uns später noch mal.«

Sie ging durch den Raum und spürte Pauls Blick im Rücken. Mehrere Männer versuchten sie anzusprechen, doch sie ignorierte die Typen einfach.

Schließlich entdeckte sie Nona, die am Fenster Hof hielt, und begab sich zu ihr.

Nona sprang auf und umarmte Brigette. »Ich freue mich so, dass du hier bist«, sagte sie und lächelte geheimnisvoll. »Seit unserem Lunch ist allerhand passiert.«

»Was denn?«, fragte Brigette neugierig.

Nona zog einen gut aussehenden Schwarzen, der ein afrikanisches Gewand trug, auf die Füße. »Darf ich dir meinen Verlobten vorstellen? Zandino!«, verkündete sie triumphierend.

Zandino verbeugte sich tief und lächelte, wobei er blendend weiße Zähne zeigte.

»Zandino«, sagte Brigette leicht verwirrt.

»Ja. Zandino kam heute mit dem Flieger, um mich zu überraschen«, berichtete Nona glücklich. »Wir haben uns in Afrika kennen gelernt. Zans Vater ist dort Häuptling, aber Zan ist bei uns aufs College gegangen, und so ist ihm Amerika nicht fremd.«

»Wow!« Brigette schüttelte den Kopf. »Was für eine Überraschung!«

»Das kann man wohl sagen«, meinte Nona und grinste dümmlich.

Brigette wandte sich an Zandino. »Wollen Sie hier leben?«, fragte sie.

Zandino antwortete mit unwiderstehlichem Lächeln: »Ja, ich werde hier leben und Jura studieren.«

Nona zwinkerte ihrer Freundin zu. »Ist er nicht super?«, flüsterte sie in Brigettes Ohr. »Und er hat den größten Schwanz, den ich kenne.«

»Nona! Du redest über deinen zukünftigen Ehemann!«

»Ganz recht«, sagte Nona und lächelte glücklich. »Natürlich ist das nicht der einzige Grund, warum ich ihn mir rausgepickt habe. Zan ist einfach der netteste und süßeste Junge, den ich je kennen gelernt habe.«

»Wie schön für dich.« Brigette sah sich um. »Du weißt doch, dass ich heute Abend Verbindungen knüpfen muss, Nona. Kannst du mir jemanden empfehlen?«

»Na ja … ich könnte dich meiner Chefin von *Mondo* vorstellen. Ein paar Fotografen sind auch da. Und … ja, Michel Guy, dieser alternde französische Sexprotz. Er leitet die Starbright Modeling Agency.«

»Ich will alle Leute kennen lernen«, sagte Brigette, ein entschlossenes Glitzern in den Augen.

»Okay, okay. Ich führe dich rum. Mal sehen, was sich machen lässt.«

Brigette nickte. »Worauf warten wir dann noch?«

Leslie Kane lebte in einem kleinen, aber bezaubernden Haus in der Stone Canyon Road in Bel Air. Sie hatte das Anwesen sofort gekauft, nachdem sie Geld verdient hatte, einen Innenarchitekten engagiert und war nach der Renovierung mit dem Ergebnis mehr als zufrieden gewesen. Zum ersten Mal in ihrem Leben hatte sie ein Heim, gehörte ihr etwas ganz und gar. Nun brauchte sie nur noch einen Mann, und Cooper Turner war der perfekte Kandidat.

Unwichtiges Detail: Cooper war verheiratet.

Noch unwichtigeres Detail: Leslie besaß ein außerordentliches Selbstvertrauen in allen Dingen, die Männer betrafen. Schließlich war sie von der großen Madame Loretta in die Kunst der käuflichen Liebe eingewiesen worden, und Madame Loretta hatte einige der erfolgreichsten Vertreterinnen dieses Gewerbes gemanagt – junge Frauen, die später Filmschauspieler und Filmmoguln geheiratet hatten.

Leslie wusste, dass sie Cooper richtig behandelte. Er war ihr völlig verfallen – wann immer die beiden eine Drehpause hatten, stürzte er sich auf sie. Mr. Dauerständer. Ziemlich beeindruckend für einen Mann seines Alters.

Während sich Leslie für ihre Dinnerparty ankleidete, wiederholte sie Madame Lorettas drei Hauptregeln, einen Mann glücklich zu machen.

Regel Nummer eins: Entdecke eine Eigenschaft an ihm, die du als die wundervollste auf der Welt ansiehst, und lobe ihn ständig.

Regel Nummer zwei: Sage ihm, dass er der aufregendste Liebhaber ist, den du je gehabt hast.

Regel Nummer drei: Was auch immer er sagt, bewundere seine Kenntnisse und sein Wissen und verkünde, seine Worte seien das Intelligenteste und Klügste, was du je gehört hast.

Diese drei Regeln hatte Leslie seitdem mit Erfolg angewandt und herausgefunden, dass sie Wunder bewirkten. Natürlich hatte sie es jetzt als berühmte Filmschauspielerin nicht mehr nötig, irgendjemandem Honig um den Bart zu schmieren. Die Männer rannten ihr hinterher und waren glücklich, wenn sie nur in ihrer Nähe waren. Mehr gestattete sie ihnen nicht, denn sie war wählerisch geworden. In der Gegend rumzuschlafen, das gefiel ihr nicht.

Was ihr gefiel, war eine feste Beziehung.

Was ihr gefiel, war ein Ehering.

Wer ihr gefiel, war Cooper Turner.

Sie zog ein sich eng an den Körper schmiegendes Spitzenkleid an, das Nolan Miller speziell für sie entworfen hatte. Das Dekolleté war dezent, doch die Spitze enthüllte ihren Körper mehr, als sie ihn verbarg, und betonte provozierend ihre Kurven.

Als sie sich im Spiegel bewunderte, fragte sie sich, was Venus Maria wohl anziehen würde. Wahrscheinlich irgendeinen Fummel, wie Flittchen sie liebten.

Leslie konnte einfach nicht begreifen, warum Cooper Venus geheiratet hatte. Die Frau besaß keine Klasse, mit ihrem gefärbten blonden Haar und dem schlampigen Aussehen. Wenn Leslie auch früher einmal eine Hure gewesen war, so sah sie doch immer wie eine Lady aus.

Nun ja … viel länger brauchte er sich jetzt nicht mehr mit Venus abzugeben, denn wenn Leslie etwas oder jemanden haben wollte, so bekam sie das auch. Und sie wollte Cooper haben.

Heute Abend hatte sie Jeff Stoner eingeladen, einen jungen gut aussehenden Schauspieler, der eine Nebenrolle in dem Film hatte. Cooper hatte sie früher oft wegen Jeff geneckt und behauptet, der Junge sei bis über beide Ohren in sie verknallt. Sie wusste also, dass sich Cooper über Jeffs Anwesenheit ärgern würde, und sie hoffte ihn damit eifersüchtig zu machen.

Immer wenn Cooper über Jeff gesprochen hatte, hatte sie gelacht und den jungen Schauspieler als langweilig abgetan. Aber heute Abend, wenn Cooper neben seiner schlampigen Frau sitzen würde und sie mit Jeff unter dem Tisch tändelte, würde Cooper zu einer Entscheidung kommen müssen – einer Entscheidung, die ihre gemeinsame Zukunft betraf. Und genau darauf war sie aus.

Zufrieden mit ihrem Aussehen, schlenderte sie in den Salon, bereit, ihre Gäste zu empfangen.

9

Lass uns kurz halten und einen Drink nehmen«, schlug Alex vor. Er war mit seinen Nerven fast am Ende.

»Kommen wir dann nicht zu spät zur Verabredung mit deiner Mutter?«, fragte Tin Lee.

»Sie wird schon warten«, antwortete Alex. Seine Kehle war

derart ausgetrocknet, dass er unbedingt etwas trinken musste. Ehe er aufgebrochen war, hatte er noch ein Valium genommen und einen halben Joint geraucht. Aber es reichte nicht, um diesen Abend durchstehen zu können.

Tin Lee nickte. »Wenn du willst.« Sie mochte Alex und hoffte, dass dieses Gefühl auf Gegenseitigkeit beruhte. Dass er sie mit seiner Mutter bekannt machte, war ein positives Zeichen.

Alex hielt sie für eine sehr angenehme Begleiterin. Schon mehrmals war er mit ihr ausgegangen, und sie hatte nie an ihm herumgenörgelt. Gerade diese Eigenschaft schätzte er an einer Frau. Das unausgesprochene Einverständnis, dass der Mann immer Recht hat. Nicht diese Feministinnen-Scheiße.

Er überließ seinen Mercedes dem Parkwächter im Beverly Regent und ging in die Bar. Tin Lee trippelte hinter ihm her. Auf den Porsche hatte er heute Abend wegen seiner Mutter verzichtet.

Die beiden setzten sich in eine Nische an der Wand. Tin Lee bestellte einen Preiselbeersaft und erklärte, sie mache sich nichts aus Alkohol. Alex bestellte einen doppelten Scotch on the rocks. Er frönte allen Lastern, und das wusste er auch. Er rauchte zu viel, trank zu viel, schmiss sich Pillen rein und rauchte Grass. Doch er schnupfte kein Kokain mehr, und Crack zu rauchen hatte er ebenfalls aufgegeben. Sogar Alex wusste, wann es gefährlich wurde. Sein Arzt hatte ihm erklärt, dass er, wenn er weiterhin harte Drogen nähme, keine fünfzig würde.

Tin Lee hüstelte diskret, doch er rauchte weiter.

»Alex«, sagte Tin Lee und legte ihm eine Hand auf den Oberschenkel. »Macht dir etwas Sorgen?«

Es gibt nur ein Heilmittel: Meine Mutter müsste tot umfallen.

»Sorgen? Warum sollte mir etwas Sorgen machen?«, entgegnete er mit wachsender Verärgerung.

»Ich weiß nicht. Deswegen frage ich ja.« Es folgte eine Pause. »Hat es mit mir zu tun?«

Ach, Scheiße! Er war nicht in der Stimmung, über »ihre Beziehung« zu reden. Und er wusste, dass darüber geredet werden musste. Frauen nahmen immer alles persönlich.

»Nein, mit dir ist alles in Ordnung«, versicherte er ihr und hoffte, aufrichtig genug zu klingen, damit sie mit dem Gerede aufhörte.

»Was ist es denn?« Tin Lee war nicht klug genug, um von dem Thema abzulassen. »Haben wir uns nicht von Anfang an geliebt?«

Sie war nicht besser als die anderen. Reden, reden, reden. Sex, Sex, Sex. Dachten Frauen denn nie an etwas anderes?

»Gefalle ich dir nicht, Alex?«, fragte sie und spielte mit dem goldenen Armband an ihrem schmalen linken Handgelenk.

Er nahm sein Glas und trank ein paar Schlucke Scotch, während er seine Antwort überdachte. Er musste vorsichtig sein, denn er brauchte sie heute Abend.

»Doch, Süße, du gefällst mir. Es liegt nicht an dir, sondern an mir«, sagte er schließlich. »Ich stehe immer unter Stress, wenn ich einen neuen Film vorbereite. Dann gehen mir zu viele Dinge im Kopf rum.«

»Sex ist gut zur Entspannung«, erklärte Tin Lee. »Du solltest dich später am Abend von mir massieren lassen. Mit einer sehr … persönlichen Massage.«

Sie wollte eine Rolle in seinem Film, das war sicher. Warum eigentlich nicht? Jeder wollte irgendetwas.

Eine dunkelhaarige Frau betrat die Bar. Er sah sie vorbeigehen und dachte kurz, es sei Lucky Santangelo. Etwas in ihrer Art, sich zu bewegen, erinnerte ihn an sie.

Nein. Lucky war viel schöner – auf eine wilde und faszinierende Weise.

»Noch einen Drink, und wir gehen«, sagte Alex und winkte dem Kellner.

»Was tut *der* denn hier?«, flüsterte Cooper wütend. Leslie war zufrieden.

»Warum sollte er *nicht* hier sein?«, fragte sie mit falscher Arglosigkeit.

»Du weißt doch, dass er dich ficken will«, schäumte Cooper.

»Das wollen viele Männer«, erwiderte Leslie ruhig. »Das heißt noch lange nicht, dass ich ebenfalls darauf aus bin.«

»Stimmt das auch?«, fragte er stirnrunzelnd.

»Aber ja«, antwortete sie und winkte einem berühmten Country-Sänger und dessen unscheinbarer Frau, die gerade ins Haus kamen, grüßend zu. »Entschuldige mich, Cooper«, sagte sie und war insgeheim hoch erfreut, dass er angebissen hatte. »Ich muss meine Gäste begrüßen.«

Er beobachtete sie, wie sie in ihrem verführerischen Kleid davonging, und spürte die Eifersucht wie einen Stich – obwohl er wusste, dass sie das alles mit Absicht tat, weil er mit seiner Frau gekommen war.

Währenddessen saß Venus an der Bar und kippte Schnäpse mit dem charmanten Felix Zimmer, einem älteren Produzenten, der für seine schrullige Angewohnheit bekannt war, jeder Frau zu erzählen, dass er Spezialist im Muschi-Lecken sei. Felix war dick und sicherlich kein Mel Gibson, doch seine Konversationstechnik half ihm, bei einer Menge Frauen zu landen – das und die Tatsache, dass er ein sehr erfolgreicher Produzent war.

»He, Cooper!«, rief Venus und winkte ihn her. »Kennst du Felix?«

»Ja, ich kenne ihn«, sagte Cooper mit dünnem Lächeln. »Ich habe ihm alles beigebracht, dessen er sich jetzt rühmt.«

Venus lachte. Cooper fand sie heute Abend besonders schön in ihrem goldfarbenen Hosenanzug und dem lässig aufgesteckten Haar. Er beschloss, wirklich mehr Zeit zu Hause zu verbringen.

Außer Felix und Muriel, seiner dem Hörensagen nach lesbischen Frau, hatte Leslie noch einen Country-Sänger und seine Frau eingeladen, einen Regisseur samt Model-Freundin, eine Frau mit Schmollgesicht, welche die Garderobe für eine Fernsehshow entworfen hatte, die für einen Emmy nominiert worden war, und Jeff Stoner.

Cooper hatte den Verdacht, dass Leslie diese Party allein für ihn gab. Aus irgendeinem perversen Grund wollte sie Venus in ihrem Haus haben.

Ganz kurz hatte er Schuldgefühle. Was würde er empfinden, wenn Venus ihm dasselbe antäte?

Aber nein! Das würde Venus nie. Nach außen hin – in ihren Videos und Filmen – mochte sie sexuell aufreizend und provozierend wirken, doch privat war sie eine perfekte, treue und ihn unterstützende Ehefrau. Er konnte ihr vertrauen, und das tat er auch.

»Mein Sohn«, verkündete Dominique Woods, wobei sie ihre Worte mit flatternden Gesten ihrer mit Diamantringen überladenen Hände unterstrich, »war einmal der bestaussehende Mann auf der Welt, ganz wie sein Vater. Und schauen Sie sich ihn jetzt an – er ist verlebt, alt. Die Zeit hat es mit meinem Alex nicht gut gemeint.«

»Wie bitte?«, sagte Tin Lee höflich. Die schroffen Worte der älteren Frau schockierten sie.

»Es stimmt, meine Liebe«, fuhr Dominique sachlich fort. »Er hatte genug Talent, um ein berühmter Schauspieler wie sein Vater zu werden. Die Tragödie ist, dass er das alles vergeudete.«

»Ich wollte nie Schauspieler werden«, entgegnete Alex schroff, »sondern immer nur Regie führen.«

»Es ist eine Schande«, sagte Dominique mit schrill werdender Stimme. »Als Schauspieler hättest du etwas erreichen, *wirkliche* Anerkennung bekommen können.«

Herrgott noch mal! Sechs Oscar-Nominierungen reichten ihr noch nicht. Diese Frau wollte Blut sehen.

»Jedenfalls ist es jetzt zu spät«, redete Dominique weiter, den Mund grausam verzogen. »Schon seit Jahren baust du ab, siehst nicht mehr gut aus. Und bald werden dir auch noch die Haare ausgehen.«

Immer dasselbe. Was hatte sie für ein Scheißproblem? Jeder konnte sehen, dass er volles, dunkles, gewelltes Haar hatte. Es gab überhaupt kein Anzeichen, dass es dünner wurde.

Seine Mutter war krank im Kopf – wahrscheinlich bereitete es ihr Spaß, ihn fertig zu machen. Sein Psychiater hatte ihm gesagt, dass es sinnlos sei, gegen sie zu kämpfen. Ihm blieb nichts anderes übrig, als ihre dummen Kommentare zu ignorieren.

»Alex hat schönes Haar«, widersprach Tin Lee.

»Noch«, sagte Dominique in Unheil verkündendem Ton. »Doch leider ...«, es folgte eine Pause, »... ist Kahlheit eine Familienkrankheit. Sein Großvater war so kahl wie ein Affenarsch.«

»Mit fünfundachtzig«, murmelte Alex und bestellte noch einen Drink.

»Du kannst den Lauf der Zeit nicht aufhalten«, erwiderte seine Mutter. »*Ich* kämpfe jeden Tag dagegen an.« Jetzt wurde sie kokett. »Und ich gewinne diesen Kampf«, fügte sie an Tin Lee gewandt hinzu. »Sehen Sie nicht, dass ich ihn gewinne, meine Liebe?«

Tin Lee vermochte nur noch zu nicken; ihr hatte es die Sprache verschlagen. Alex warf seiner Mutter einen langen, kalten Blick zu. Sie war dünn und sehr schick. Über ihrem schütter werdenden Haar trug sie eine schwarze Kurzhaarperücke. Doch für eine Frau ihres Alters hatte sie zu viel Make-up aufgelegt. Ihre Haut war alabasterweiß, ihre Lippen blutrot, und ihre Augen waren schwarz umrandet, was ihr das dramatische Aussehen einer Norma Desmond verlieh.

Aus der Entfernung hätte man sie für eine Endfünfzigerin halten können, doch aus der Nähe betrachtet, hatte sie das Spiel verloren. Deshalb hatte sie sich mindestens zweimal liften lassen. Denn das Aussehen bedeutete Dominique alles, selbst mit einundsiebzig.

Alex hatte sich oft gefragt, warum sie so verbittert war und warum sie ihre Verbitterung an ihm ausließ. Weil sein Vater früh gestorben war und sie mit seiner Erziehung allein gelassen hatte? Weil sie nie wieder geheiratet hatte? Ihren Reden nach hatte kein Mann die Verantwortung für eine allein stehende Frau mit einem Kind übernehmen wollen. Jahrelang hatte sie ihm das vorgehalten. »Wer hätte mich schon haben wollen mit einem Jungen in deinem Alter? *Du* bist daran schuld, dass ich jetzt allein bin. Das darfst du nie vergessen, Alex.«

Wie könnte er das jemals vergessen?

Tin Lee stand auf. »Entschuldigen Sie mich. Ich mache mich etwas frisch«, sagte sie.

Dominique besaß so viel Anstand zu warten, bis Tin Lee außer Hörweite war, ehe sie ihren üblichen Sermon losließ. »Kennst du denn keine amerikanischen Frauen, Alex? Bestimmt ist unter den Schauspielerinnen in deinen Filmen eine, die deiner Begleitung würdig wäre. Warum gibst du dich immer mit diesen Asiatinnen ab? Die wollen doch einzig und allein ein schönes Leben hier führen. Aber ich bin mir sicher, dass die meisten von ihnen in ihrer Heimat nichts als billige Strichmädchen waren.«

»Du hast ja keine Ahnung, worüber du redest«, entgegnete Alex und versuchte, nicht zu viel Verachtung für ihre Dummheit zu zeigen.

»Im Gegenteil. Ich weiß genau, was ich sage«, gab sie zurück und klopfte mit ihrem klauenartigen Finger auf den Tisch. »Die Frauen in meinem Bridge-Club verachten mich deinetwegen.«

»*Meinetwegen?*«

»Ja, Alex, deinetwegen. Sie lesen Geschichten über dich, die in der Regenbogenpresse stehen, und erzählen mir widerwärtige Dinge.«

»Was für Dinge?«

»Warum kannst du nicht eine anständige Amerikanerin heiraten?« Wie oft hatten sie dieses Thema schon erörtert?

Wie oft war er aus der Haut gefahren und hatte sie angeschrien?

Nach jahrelanger therapeutischer Behandlung hatte er begriffen, dass solche Diskussionen zu nichts führten, sinnlos waren. Was sie sagte, war völlig bedeutungslos, und er weigerte sich, weiterhin ihre grausamen Attacken zur Kenntnis zu nehmen.

Am Ende des Dinners war er betrunken. Als die drei aufbrachen, setzte sich Tin Lee automatisch hinter das Lenkrad.

»Ich kann noch fahren«, wandte er ein, obwohl er schwankend neben dem Wagen stand.

»Nein, das kannst du nicht«, entgegnete Tin Lee freundlich, aber entschieden. »Setz dich nach hinten, Alex.«

»Oh, was für ein schlaues, kleines Schätzchen«, murmelte seine Mutter und ließ sich auf dem Beifahrersitz nieder.

Alex schwieg schlecht gelaunt, bis sie Dominique vor ihrem Apartment am Doheny Boulevard abgesetzt hatten.

»Es war mir ein Vergnügen, Sie kennen gelernt zu haben, Mrs. Woods«, sagte Tin Lee. Das Mädchen hatte ausgezeichnete Manieren.

Dominique lächelte königlich. »Mir auch, meine Liebe.« Es folgte eine kurze Pause. »Doch Sie sollten den Rat einer älteren und klügeren Frau beherzigen. Alex ist nichts für Sie. Er ist zu alt. Wenn Sie klug sind, suchen Sie sich einen Mann in Ihrem Alter.«

Danke, Mom. Leck mich am Arsch.

Ohne einen Blick zurückzuwerfen, verschwand Dominique in dem Haus.

»Sie ist … sehr nett«, sagte Tin Lee, nach Worten suchend.

Alex lachte dröhnend. »Sehr nett, verdammt noch mal! Sie ist unerträglich, und das weißt du.«

»Bitte, Alex, rede nicht so über deine Mutter. Das ist schlecht für dein Karma.«

»Ich scheiße auf mein Karma«, erwiderte er und streichelte ihre kleinen Brüste vom Rücksitz aus. »Fahr mich nach Hause, Baby. Ich zeige dir, wozu ein hässlicher alter Glatzkopf noch fähig ist. Ich werde Licht in deine beschissene Welt bringen.«

Jeff Stoner tigerte durch den Raum und taxierte die Anwesenden.

Cooper beobachtete ihn, jede Bewegung des jungen Schauspielers verstehend. Früher einmal war er genauso gewesen – ehrgeizig, hungrig auf größere Zeiten. Jeff hatte diesen Blick, den Cooper so gut kannte. Und dieser Blick gefiel ihm nicht, denn er war sicher, dass Jeff Stoner noch heute Abend mit Leslie schlafen würde, wenn er, Cooper, nichts dagegen unternahm.

Cooper wusste genau, wie Jeff vorgehen würde. Er würde noch für einen letzten Gutenachtschluck bleiben, Leslie mit Komplimenten überschütten, sie animieren, über sich zu sprechen, und dann würde er die Gelegenheit nutzen. Schließlich war Leslie nicht nur eine hinreißende Frau, sondern auch der Star eines Films. Der Regisseur hörte auf sie, und sie konnte ihn ohne weiteres davon überzeugen, Jeffs kleine Rolle etwas zu vergrößern.

»Stimmt was nicht?«, unterbrach Venus die Gedanken ihres Mannes und legte eine Hand auf seinen Arm. Sie hatte ihre Unterhaltung mit Felix beendet, denn sein Sexprotzgerede hatte sie schließlich gelangweilt.

»Nein, es ist alles in Ordnung«, gab Cooper vage zur Antwort.

Bastard, dachte Venus. Du lausiger, verlogener, betrügerischer Bastard. »Wo ist die Toilette?«, fragte sie.

Das war eine Falle. Und er war zu clever, um ihr auf den Leim zu gehen. »Woher soll ich das wissen?«, sagte er lässig. »Ich bin noch nie hier gewesen.«

Was für eine Lüge. Er hatte ein paar heiße Nachmittage in Leslies Haus verbracht, wenn sie vor der Zeit mit den Dreharbeiten fertig geworden waren.

»Komm, wir suchen sie zusammen«, sagte sie und zog ihn mit sich in die Halle. Gemeinsam entdeckten sie die Toilette in der Nähe der Haustür. »Komm mit mir, Baby«, bat sie.

Er folgte ihr in den verspiegelten Raum.

Sie drehte sich um und schloss die Tür hinter ihnen ab.

Cooper starrte in den Spiegel. Ja, er sah wirklich müde aus. Wenn er den Film abgedreht hatte, musste er sich etwas Ruhe gönnen.

Venus kam gleich zur Sache. Sie legte ihm die Arme um den Hals, presste ihn gegen das Waschbecken aus Marmor und fuhr mit ihrer Zunge provozierend über seine Lippen.

Mit wenig Nachdruck versuchte er sie wegzuschieben.

»Ich bin so scharf auf dich«, flüsterte sie. »Lass mich nur machen, Baby. Davon habe ich schon die ganze Nacht geträumt.«

Er reagierte sofort, als sie ihre Hand nach unten gleiten ließ, den Reißverschluss seiner Hose öffnete und ihn aus dem Slip befreite.

»Sehr schön …«, murmelte sie mit kehligem Lachen und massierte fest sein schwellendes Glied. »Sehr schön.«

Venus konnte bei einer steinernen Statue eine Erektion auslösen.

Als sie sich hinkniete, vergaß er Leslie und Jeff. »O mein

Gott!«, stöhnte er und bog seinen Rücken durch, als ihre Zunge flüchtig über seine Eichel glitt.

Dann, nach ein paar Sekunden des Herumspielens, umschloss sie sein hartes Glied mit dem Mund, und nichts war mehr wichtig, als sie ihn in eine Woge der Lust stürzte und leer saugte, bis er ausgepumpt und aufs Höchste befriedigt war.

Das Ganze hatte weniger als drei Minuten gedauert. Ein Quickie konnte manchmal wie Fast Food zufrieden stellender sein als alle kulinarischen Köstlichkeiten dieser Welt.

»O mein Gott!«, rief er begeistert. »Das war ein Ding!«

Venus stand auf, zog ein Kleenex aus der Schachtel, die dort lag, und wischte sich anmutig den Mund ab. »Ich fand dich ziemlich verkrampft heute und dachte, dass dir etwas Entspannung nicht schaden könnte.«

»Du bist unglaublich!« Er lachte.

»Ich wollte dir nur eine Freude machen«, sagte sie und betrachtete ihr Spiegelbild.

»Das ist dir gelungen«, erwiderte er und reckte die Arme.

»Du würdest mich vermissen, wenn wir nicht verheiratet wären, nicht wahr, Cooper?«, neckte sie ihn und musterte ihn im Spiegel.

Er drehte sie um und nahm sie fest in die Arme. »Ich vermisse dich jede Minute, die wir nicht zusammen sind«, sagte er verführerisch. Sofort hatte er seinen Cooper-Turner-Charme angeknipst.

Lügner. Betrüger. Hurensohn.

Sanft schob sie ihn von sich. »Wir mischen uns jetzt besser wieder unter die Gäste. Felix hat mir sicher noch einiges über seine Talente zu erzählen, speziell seine phantastische Zungentechnik.«

»Was diese Zungentechnik betrifft«, sagte Cooper, »wenn wir heute Abend nach Hause kommen …«

»Ja?«

»Du wirst schon sehen.«

»Wirklich?«

»O ja. Das wirst du. Ich bin dir was schuldig.« Er zog seinen Reißverschluss hoch, warf einen letzten Blick in den Spiegel und schloss die Tür auf. »Lass uns heute Abend früh gehen, Liebes. Ich kann es kaum erwarten, mit dir allein zu sein.«

»Wenn du meinst«, erwiderte Venus, gefügig bis zum Ende. »Alles, was du willst.«

10

Warum haben Sie noch nicht bei mir vorbeigeschaut?«

»Das war wohl Ihr Pech, nehme ich an«, erwiderte Brigette mit genau der richtigen Dosis Frechheit.

Michel Guys Augen unter schweren Lidern musterten sie und verweilten auf ihrem provozierend zur Schau gestellten Busen in dem erotischen Hervé-Leger-Kleid. »Kommen Sie morgen in meine Agentur. Und bringen Sie Ihre Fotomappe mit.«

»Ich käme gern«, sagte Brigette verbindlich, »aber ich habe leider einen Auftrag.«

»Wofür?«

»Einen ausländischen Katalog.«

»Welchen?«

»Ach ... ich tue einem Freund einen Gefallen«, antwortete sie vage.

»Wer ist der Fotograf?«

»Hm ... der Fotograf ...«

Michel fing zu kichern an. »Sie sind ein sehr schönes Mädchen«, sagte er. »*Sehr* schön. Aber es gibt viele schöne Mädchen in New York, die Model werden wollen, *ma chérie.* Ein Rat – schwindeln Sie nicht, seien Sie ehrlich.«

»Ich bin immer ehrlich, wenn es was bringt«, sagte sie.

Er kratzte sich am Kinn. »Haben Sie schon die Runde gemacht?«

»Ich bin erst seit kurzem in New York.«

»Also haben Sie noch keine anderen Agenten kontaktiert?«, zum Teufel mit der Ehrlichkeit. »Noch nicht«, log sie.

»Hier ist meine Karte«, sagte er. »Kommen Sie morgen früh um zehn in meine Agentur. Vielleicht habe ich etwas Passendes für Sie.«

Brigette konnte es kaum erwarten, Nona zu danken, dass sie sie mit Michel bekannt gemacht hatte. »Er ist einfach phantastisch«, schwärmte sie, ein aufgeregtes Glänzen in den Augen. »Schon seit langem habe ich vergeblich versucht, bei Michel Guy einen Termin zu bekommen.«

»Michel hat den Ruf, ein richtiger Grapscher zu sein«, warnte Nona sie. »Er lebt mit diesem englischen Model Robertson zusammen. Du kennst sie, sie ist so entsetzlich dünn. Er ist ganz verrückt nach ihr. Aber das heißt nicht, dass er nicht auch hinter anderen Mädchen her ist.«

Doch Brigette war fest entschlossen. »Wenn er mit Robertson zusammenlebt, wird er mich in Ruhe lassen – sie ist unglaublich.«

»Seit wann hat denn das irgendeinen Kerl aufgehalten?«, entgegnete Nona und warf ihr flammend rotes Haar in den Nacken. »Aber jetzt sag mir mal, was du von Zandino hältst.«

»Super, einfach süß. Nur habe ich immer geglaubt, dass du jemanden haben willst, der bereits Erfolg hat.«

»Doch keinen *Alten.*« Nona kräuselte die Nase. »Die Jungs müssen alle unter dreißig sein. Mit jemandem, der älter ist, kann ich mich nicht abgeben. Du etwa?«

Darüber hatte Brigette noch nie nachgedacht. Bis jetzt hatte sie nur Beziehungen zu jüngeren Männern gehabt.

Sie sah sich Michel Guy noch einmal an, der auf der anderen Seite des Raums stand. Er hatte welliges graublondes

Haar, ein wettergegerbtes Gesicht und Augen von einem verwaschenen Blau.

»Für wie alt hältst du Michel?«, fragte sie.

»So über vierzig. Ziemlich alt also.«

»Über vierzig ist nicht alt.«

»Ich rate dir, auf rein geschäftlicher Ebene mit ihm zu verkehren«, sagte Nona warnend.

»Ich will ja nicht gleich mit ihm schlafen«, entgegnete Brigette lachend, »obwohl ich ihn attraktiv finde.«

»Da drüben ist meine Chefin«, sagte Nona und wechselte das Thema. »Lass deinen Charme bei ihr spielen. Vielleicht erscheinst du auf dem Titelblatt von *Mondo*.«

»Glaubst du?«

»Ich mache nur Spaß. Aber du kannst sie doch trotzdem kennen lernen.«

»Leg dich auf mich!«, befahl Alex.

»Es ist genug, mir reicht's«, sagte Tin Lee, deren Körper mit Schweiß bedeckt war.

Zwanzig Minuten waren vergangen, und Alex war zu ihrer Bestürzung noch immer nicht gekommen.

Tin Lee empfand nichts. Dieser Mann war groß und brutal, kein Gentleman im Bett.

Alex umfasste ihre Taille und hob sie auf sich. Sie fühlte sich aufgespießt, missbraucht wie ein Ding. Er behandelte sie nicht nett. Kein Vorspiel, keine Berührung, keine Zärtlichkeit.

Und trotzdem, die Wahrheit war, sie wollte eine Rolle in seinem nächsten Film.

Leslie Kane war beunruhigt. Irgendetwas war geschehen, und sie wusste nicht, was. Coopers Gefühle ihr gegenüber waren merklich abgekühlt. Bei Tisch saß er an ihrer rechten Seite, Jeff zu ihrer Linken. Sie hatte geglaubt, dass diese Sitzordnung Cooper verrückt vor Eifersucht machen würde, doch dem war nicht so. Er wirkte uninteressiert, fast cool, während er mit Felix' lesbischer Frau plauderte. Leslie wusste, dass Muriel Zimmer lesbisch war, weil sie eines Abends, als sie noch als Callgirl gearbeitet hatte, mit zwei Kolleginnen ins Haus der Zimmers bestellt worden war. Dort hatten sich die drei in durchsichtige Gewänder hüllen und kunstvolle venezianische Masken tragen müssen, und dann waren sie in ein völlig schwarzes Schlafzimmer mit einem riesigen runden Wasserbett geführt worden, wo Mrs. Zimmer sie erwartet hatte. Sie hatte nichts angehabt als hüfthohe Gummistiefel und sie mit ihrem Pferdegebiss lüstern angegrinst.

An diesen Abend konnte sich Leslie gut erinnern, Mrs. Zimmer offensichtlich nicht. Gott sei Dank war sie damals maskiert gewesen. Obwohl Leslie wusste, dass es nicht der richtige Moment war, musste sie mit Cooper reden. »Habe ich dich verärgert?«, flüsterte sie und fasste unter dem Tisch nach seinem Oberschenkel.

»Wie?« Er sah sie an, als würde er sie kaum kennen.

»Cooper«, murmelte sie und musste daran denken, wie er noch vor ein paar Stunden seinen Kopf zwischen ihren Schenkeln vergraben hatte.

»Nicht jetzt, Leslie.« Er schob ihre Hand beiseite und wandte sich wieder Muriel Zimmer zu.

Leslie war die Kehle wie zugeschnürt. Sie … verlor … ihn.

Wie hatte das so schnell geschehen können? Noch vor zwei Stunden als er ihr Haus betreten hatte, war er ganz anders gewesen.

Jeff Stoner beugte sich zu ihr hinüber und redete leise schmeichelnd auf sie ein, doch er war ihr gleichgültig, konnte nicht ein Fünkchen Interesse in ihr wecken.

»Es war verdammt nett von dir, mich heute Abend einzuladen«, sagte er. »In der Hollywood-Hierarchie bin ich nichts, ein Niemand. Nur du kümmerst dich um mich, weil du mich als Freund betrachtest, jemanden, den du magst. Ohne Scheiß, du bist für mich was Besonderes.«

Ach du meine Güte. Jeff hielt sie für nett, dabei benutzte sie ihn nur. Jetzt ging ihr schöner Plan, Cooper eifersüchtig zu machen, nach hinten los.

Venus Maria, die an dem Tisch des Country-Sängers und der Kostüm-Designerin saß, stand plötzlich auf und klopfte mit ihrer Gabel an ihr Champagnerglas. »Darf ich etwas sagen?«, fragte sie, woraufhin Stille eintrat. »Ich glaube, dass jemand etwas sagen muss, weil heute ein besonderer Abend ist.« Sie bedachte Leslie mit einem warmen, liebevollen Lächeln. »Liebe Leslie, Sie haben sich besondere Mühe gegeben. So interessante Gäste, das köstliche Essen – was kann man sich noch mehr wünschen? Und ich fühle mich heute Abend hier so wohl, dass ich euch allen ein großes Geheimnis mitteilen möchte.«

Cooper fragte sich, was seine unberechenbare Frau ihnen wohl mitzuteilen hatte.

»Ich bitte euch, die Gläser zu erheben«, fuhr Venus fort. »Als Erstes lasst uns auf unsere schöne Gastgeberin Leslie Kane anstoßen. Und ich weiß, dass es vielleicht für euch eine Überraschung ist, vielleicht auch nicht, aber dieser Toast gilt auch meinem phantastischen Ehemann Cooper. Denn die Wahrheit ist, dass ...«, es folgte eine lange, aufreizende Pause, »... dass Leslie und Cooper eine Affäre haben.«

Ein drückendes Schweigen senkte sich über den Raum.

»Und obwohl ich eine *sehr* verständnisvolle Ehefrau bin«, redete Venus fröhlich weiter, »und außerordentlich großzügig, gibt es einen Punkt in jeder Beziehung, wo man sagen muss: Genug ist genug. Also, lieber Cooper«, sie prostete ihm zu, »ergreife ich diese Gelegenheit, um dir und Leslie mitzuteilen«, sie prostete Leslie zu, die wie versteinert dasaß, »dass ihr eure Affäre fortsetzen könnt, so lange ihr wollt, denn ich lasse mich von dir scheiden, mein lieber Cooper.«

»O mein Gott!«, stieß Muriel Zimmer hervor.

Die übrigen Gäste schwiegen.

Venus sprach weiter. »Während wir hier so gemütlich versammelt sind, Coop, werden deine Kleider aus unserem Haus geschafft und ins Beverly Hills Hotel gebracht. Dort wirst du sehr glücklich sein, dessen bin ich mir sicher. Aber vielleicht ziehst du auch zu Leslie. Leider weiß ich nicht, ob sie dich aufnehmen wird. Vielleicht entscheidet sie sich ja auch für Jeff. Wer weiß das schon? Jedenfalls möchte ich dich warnen, Coop. Solltest du versuchen, mit deinem Schlüssel die Haustür aufzusperren, darfst du nicht überrascht sein, dass der Schlüssel nicht mehr passt.«

Cooper stand auf, das Gesicht rot vor Zorn. »Soll das ein übler Scherz sein?«

»Genau das dachte ich am Anfang«, erwiderte Venus lächelnd. »Dass du Leslie bumst, *musste* ein Scherz sein, denn die kleine Leslie, die süße, unschuldige Leslie, Amerikas Liebling, war früher mal eine Hure.«

Leslie wurde übel.

»O mein Gott!«, wiederholte Muriel Zimmer.

»Wirklich, Coop«, fuhr Venus fort, »ich glaube, du bist der einzige Mann in dieser Stadt, der nicht weiß, dass Leslie eine von Madame Lorettas Mädchen war.«

Während Venus redete, zuckte ein Nerv in Coopers linker Wange. Jetzt konnte nichts sie mehr aufhalten. Sie war in voller Fahrt.

»Nicht, dass ich Ihnen das übel nehme, meine Liebe«, wandte sich Venus wieder an Leslie. »Jeder muss zusehen, dass er irgendwie überlebt. Ich habe das Überleben ebenfalls lernen müssen. Aber wissen Sie was? Sie müssen auch lernen, wen Sie ficken dürfen und wen nicht. Und wenn Sie mit meinem Mann ins Bett hüpfen, sollten Sie sich vorher vergewissern, ob ich damit einverstanden bin. Denn wenn mir das nicht gefällt, kann ich *sehr* gemein werden. Und das wollen Sie doch nicht, oder?«

Leslie war wie versteinert, als ihre Welt ringsum zerbrach. Sie hasste Venus mit einer Absolutheit, die sie bisher nur einem Menschen in ihrem Leben entgegengebracht hatte – ihrem Stiefvater, dem Mann, der sie Nacht für Nacht missbraucht hatte.

»Ich möchte nun zum Ende meines Trinkspruchs kommen«, sagte Venus schließlich. »Es war ein sehr schöner Abend, aber jetzt muss ich gehen. Ich habe zu Hause eine Verabredung mit einem richtig heißen Typen, und ich hasse es, Männer warten zu lassen, wenn sie *wirklich* heiß sind. Ach ja, noch was zu dir, Felix.« Sie zwinkerte dem geilen Produzenten frech zu. »Es interessiert dich bestimmt, dass Cooper im Muschi-Lecken absolute Spitze ist.« Und zu ihrem abtrünnigen Ehemann gewandt: »Also Coop, ... Sicher sehen wir uns irgendwann irgendwo mal.«

Mit diesen Worten schickte sie ihm einen Kuss hinüber und rauschte effektvoll aus dem Esszimmer. Ihr Abgang war so gekonnt, dass niemand die Tränen in ihren Augen sah.

11

Nonas Chefin Aurora Mondo Carpenter war eine winzige, zerbrechliche Frau mit wässrigen Augen und scharfen Wangenknochen. Sie war von unbestimmbarem Alter, doch Nona vertraute Brigette an, dass Aurora über siebzig sein müsse. »Wow!«, sagte Brigette erstaunt. »Eine solche Großmutter habe ich noch *nie* gesehen!«

Aurora hatte *Mondo* ihren Stempel aufgedrückt. Sie hatte die Zeitschrift gegründet und sie über fünfundzwanzig Jahre lang geleitet. Sie war mit einem der bedeutendsten Architekten New Yorks verheiratet und schrieb öfter nette kleine Artikel über ihren Mann, worin sie behauptete, dass sie beide das beste Sex-Leben in dieser Stadt hätten. Aurora war eine außergewöhnliche Frau.

Doch Nona war nicht in Ehrfurcht vor ihr erstarrt, denn sie kannte Aurora, die eine gute Freundin ihrer Mutter war, seit ihrer Kindheit. Deshalb war sie ganz ungezwungen, als sie Brigette nun vorstellte.

»Das ist meine Freundin«, verkündete sie. »Brigette ist Topmodel in L.A.«

»Wirklich?« Aurora hob fragend eine dünne, mit dem Stift gemalte Braue. »Wie lange arbeiten Sie schon als Model, meine Liebe?«

»Eigentlich«, sagte Brigette und überlegte schnell, »bin ich erst vor kurzem aus Europa zurückgekommen.«

»Und auf wie vielen europäischen Titelbildern sind Sie erschienen?«

»O Gott!«, reagierte Nona geistesgegenwärtig und antwortete für Brigette. »Es waren so viele, dass man sie gar nicht zählen kann! Und jetzt will Michel Guy mit ihr arbeiten. Da dachte ich, dass sie zuerst in *Mondo* erscheinen sollte.«

Aurora nickte Brigette freundlich zu. »Kommen Sie morgen in mein Büro, meine Liebe. Dann trinken wir zusammen Tee.«

»Sehr gern.« Brigettes hellblaue Augen strahlten vor Begeisterung.

»Bringen Sie Ihr Album mit, damit ich mir Ihre Titelbilder ansehen kann. Und vergessen Sie auch Ihre Probeaufnahmen nicht.«

»Ich komme«, sagte Brigette.

Sobald die beiden außer Hörweite waren, fragte Nona: »Hast du überhaupt Fotos?«

»Ich dachte, die würde ich erst brauchen, wenn ich einen Job habe.«

»Du bist unmöglich.« Nona schüttelte ungläubig den Kopf. »Du wusstest doch, dass du diese Vorkehrungen treffen musstest, oder? Kein Wunder, dass du keinen Erfolg hast.«

»Schließlich bin ich neu in dieser Branche«, verteidigte sich Brigette.

»Okay, okay, alles ist unter Kontrolle, weil mir gerade eine tolle Idee gekommen ist.«

»Und welche?«

»Dass ich deine Managerin werde.«

»*Du?*«, rief Brigette aus und unterdrückte ein spöttisches Lachen. »Was verstehst du schon von diesem Geschäft?«

»Wer hat für dich einen Termin bei Aurora Bora Alice arrangiert?«, fragte Nora. »Und wer hat dich Michel Guy vorgestellt? Wer wird Probeaufnahmen von dir machen lassen?«

»Nun ja, wenn du das so siehst …«

»Zehn Prozent«, sagte Nona bestimmt. »Was im Moment zehn Prozent von nichts bedeutet. Einverstanden?«

»Wir können es ja mal versuchen«, antwortete Brigette zögernd. Schließlich hatte sie nichts zu verlieren und konnte nur gewinnen. Außerdem war Nona ein Mensch, der sich immer durchsetzte.

Nona nickte zufrieden. »Da drüben ist Luke Kasway. Ich rede mit ihm. Glücklicherweise ist er schwul. Aber er ist auch ziemlich ruppig. Wenn er dich zu hart anfasst oder beleidigt, musst du das einfach ignorieren.«

»Warum sollte er mich beleidigen?«

»Er ist nun mal so. Er nennt das konstruktive Kritik. Doch Luke ist ein solch grandioser Fotograf, dass er sich das erlauben kann.«

Luke Kasway war ein kleiner, stämmiger Mann mit stachligem Bürstenhaar. Er trug ein buntes Versace-Hemd, ausgebeulte Jeans, weiße Turnschuhe und eine runde Brille, die ihm ein eulenartiges Aussehen verlieh. In einem Ohr steckte ein Diamant, vom anderen baumelten zwei goldene Ohrringe.

Nona stellte Brigette vor, wobei sie ihre Freundin wie üblich in höchsten Tönen lobte.

»Sie ist eine ganz große Nummer in Europa und L.A.«, sagte sie.

Luke lachte ungläubig. »Ich bin die ganze Zeit in L.A. und habe sie noch nie gesehen.« Er blickte Brigette durchdringend an. »Seien Sie mal ehrlich, haben Sie überhaupt jemals in unserer Branche gearbeitet?«

Brigette fuhr sich nervös mit der Hand durchs Haar. Sie fragte sich, wie sie reagieren sollte. »Eigentlich nicht«, gestand sie.

»Ein Mädchen, das die Wahrheit sagt«, stellte Luke fest und rückte seine Brille zurecht. »Wenn ich Zeit habe, mache ich ein paar Aufnahmen von Ihnen, denn ich muss zugeben, dass Sie das gewisse Etwas haben. Ob dieses gewisse Etwas auch auf den Fotos rüberkommt, steht allerdings auf einem anderen Blatt. Es gibt Mädchen, die im Leben unheimlich sexy wirken, aber auf Fotos wie totes Fleisch aussehen.«

»Wann können wir die Aufnahmen machen?«, fragte Nona, die die Gelegenheit beim Schopf ergriff. »Sie hat morgen bei Michel Guy einen Termin, und Aurora erwägt, sie als Titelbild zu bringen.«

»Für die nächsten drei Wochen bin ich ausgebucht. Und dann fliege ich in die Karibik, wo ich nur am Strand liege und nach ein paar schönen *cabana*-Jungs Ausschau halte.«

»Ach, komm schon, Luke«, schmeichelte Nona. »Tu mir doch den Gefallen.«

»Es geht nicht, Süße«, erwiderte er und schüttelte den Kopf. »Ich bin ausgebucht.«

»Wie wär's mit jetzt?«, flehte Nona. »Wir fahren in dein Studio und machen noch heute Abend ein paar Aufnahmen. *Bitte,* Luke, das bedeutet mir so viel.«

»Du bist genauso penetrant wie deine Mutter«, sagte Luke mürrisch. »Niemand ist so penetrant wie sie«, entgegnete Nona.

»Okay, okay«, sagte er lachend und wandte sich dann an Brigette: »Bist du bereit?«

Sie nickte. *Das* war die Gelegenheit, auf die sie gewartet hatte.

»Gehen wir.«

»Kann ich meinen Verlobten mitbringen?«, fragte Nona.

»Ich wusste gar nicht, dass du verlobt bist.«

»Er ist so süß und sexy, dass du dich gleich in ihn verlieben wirst. Aber lass die Finger von ihm.«

»Bring ihn mit. Hauptsache, er hält den Mund.«

»Du bist gemein, Luke«, schmollte Nona.

»Was hast du gesagt?«

»Nichts.«

Luke Kasways Studio lag in SoHo, in der Nähe des TriBeCa-Geländes. Luke war in seinem Wagen gefahren, während sich Brigette, Nona und Zandino ein Taxi genommen hatten und ihm gefolgt waren. Der Fahrer hielt vor dem Gebäude, und die drei stiegen aus.

»Das ist richtig cool!«, rief Nona aufgeregt. »Luke ist der Größte!«

Zandino läutete unten. Kurz darauf drückte Luke auf den Summer. Die drei bestiegen den Lastenaufzug und fuhren in den obersten Stock der ehemaligen Fabrik.

»Kommt rein, Leute«, sagte Luke zur Begrüßung an der schweren Stahltür.

»Da sind wir!«, verkündete Nona. »Es kann losgehen.«

»Das sehe ich.« Luke führte sie in sein riesengroßes Studio.

»Unglaublich, wie viel Platz du hier hast!«, sagte Brigette und betrachtete die Vergrößerungen der Topmodels, die an den weiß getünchten Wänden hingen.

»Wer will was trinken?«, fragte Luke.

»Ich trinke nicht«, antwortete Brigette. Sie betrachtete noch immer die Fotografien und fragte sich, ob sie eines Tages wohl so berühmt wie diese Mädchen werden würde.

»Ich nehme einen Bourbon mit Wasser«, sagte Nona.

»Das ist ein Drink für Erwachsene und eigentlich nicht für ein Mädchen, das ich seit seinem zwölften Lebensjahr kenne«, erwiderte Luke und ging zu einer funktionellen Bar, die ganz in Weiß gehalten war.

»Ich bin jetzt erwachsen.« Nona folgte ihm zur Bar.

»Ja, das sehe ich.«

»Ach, Luke, das ist Zandino, mein Verlobter«, sagte sie und winkte Zandino herüber.

Luke schaute zweimal hin. »Drink?«

Zandino grinste. »Coca-Cola, bitte.«

Luke sah ihn von der Seite an. »Ein schönes Gewand«, sagte er.

»So was tragen wir bei uns zu Hause, aus Tradition«, erwiderte Zandino, der noch immer grinste.

Nona kicherte. »Wir dachten, es würde meine Eltern umhauen, wenn er das heute Abend zu ihrer Party anzieht.«

»Nichts haut Effie und Yul um«, sagte Luke. »Sie sind das liberalste Ehepaar in New York *und* das interessanteste.« Er gab den beiden ihre Drinks. Dann trat er zurück und musterte Brigette lange. »Okay. Was fangen wir mit dir an? Zieh deine Schuhe aus, und stell dich da drüben vor die Kamera.«

Sie tat, wie ihr geheißen, und stellte sich vor einen blauen Hintergrund.

Luke schaltete die Stereoanlage an, und Annie Lennox' kehlige Stimme erfüllte den Raum.

»Das Wichtigste – entspann dich«, sagte er und legte in zwei Kameras Filme ein. »Ich mache Schwarzweiß- und Farbaufnahmen von dir, dann sehen wir, was dabei herauskommt.«

Als Brigette nun endlich vor der Kamera stand, schwand ihr Selbstvertrauen. Plötzlich wusste sie nicht mehr, was sie tun sollte. Deshalb stellte sie sich vor, sie würde im Designer-Outfit durch Paris stolzieren, mit diesem hochnäsigen Blick, der allen Leuten vermittelte, wie unbedeutend sie im Vergleich zu ihr waren. Doch es klappte nicht, die Kamera schüchterte sie ein.

»Stell dir einfach vor, dass die Kamera dein Liebhaber ist«, sagte Luke. »Du hast doch schon einen gehabt, oder?«

»Natürlich«, antwortete sie indigniert.

»Also wirf der Kamera verliebte Blicke zu. Lass das Haar über dein Gesicht fallen … ja, gut … jetzt senk den Kopf … mal sehen, ob du das rüberbringst.«

Sie nahm verschiedene Posen ein, und es klappte immer besser, weil sie sich von der Musik inspirieren ließ.

Wenn sie etwas tat, was Luke als plump empfand, schrie er: »Sei natürlich! Natürlich! Natürlich! Hast du's kapiert?«

Er verknipste mehrere Filme, dann nahm er seine Polaroidkamera. Nona und Zandino standen daneben und feuerten sie an.

Nach einer Stunde unablässigen Fotografierens war Luke fertig. Er gähnte und streckte sich. »Das war's«, sagte er. »Wie auch immer das Resultat ausschauen mag.«

»Wann können wir die Fotos sehen?«, fragte Nona.

»Ruf meinen Assistenten morgen früh an.«

Brigette war vom Posieren ganz high. Sie schlenderte durch das Studio, und die Bilder an den Wänden faszinierten sie erneut. Außer den Models hingen dort noch viele Berühmtheiten – Sylvester Stallone mit Cowboyhut, Winona Ryder im roten Top, Jon Bon Jovi mit nacktem Oberkörper. »Kennst du all diese Leute persönlich?«, fragte sie Luke.

»Natürlich kennt er sie«, antwortete Nona an seiner Stelle und nahm eine Vergrößerung eines Fotos von Robertson und Nature in die Hand – zwei berühmte Models, die nichts als hautenge Blue Jeans trugen, ein verführerisches Lächeln aufgesetzt hatten und ihre Brüste mit den Händen bedeckten.

»Das ist ein Bild!«, rief Nona.

»Ja«, stimmte Luke zu. »Es gehört zu der Werbekampagne, die ich für Rock-'n'-Roll-Jeans mache. Du kennst doch die Marke?«

»Nein.«

»Dann wirst du sie bald kennen lernen. Sie wird bedeutender als Guess und Calvin Klein zusammen.«

»Wirklich?«, fragte Nona. Ihr Interesse war geweckt. »Doch mir fällt auf«, fügte sie hinzu und betrachtete das Foto prüfend, »dass diese Aufnahme ziemlich konventionell ist. Zwei Mädchen ... wovon alle Männer träumen. Das hat's schon tausendmal gegeben. Robertson und Nature sind bisher auf den Titelseiten jeder Modezeitschrift erschienen, von *Allure* bis *Vogue*. Das wirft niemanden um, Luke. Wenn du sie jetzt zu den Stars deiner Werbekampagne machst, ist das kalter Kaffee.« Sie schwieg und sah ihn mit einem unschuldigen Blick an. »Es macht dir doch nichts aus, dass ich das sage, oder?«

»Doch, es macht mir was aus«, antwortete Luke, der über ihre Kritik verärgert war.

»Ich sage nur die Wahrheit.«

Er schob seine Brille wieder hoch. »Tu mir einen Gefallen, Nona. Spar dir deine Wahrheiten für jemand anderen auf.«

»He, ich bin doch die Frau, die das Produkt kaufen soll.«

Er sah sie verblüfft an. »Willst du damit sagen, dass du diese Jeans nicht kaufen würdest, nur weil die Models schon für andere Produkte geworben haben?«

Sie zuckte mit den Schultern. »Es ist einfach nichts Neues. Das alles habe ich schon gesehen.«

Er schnaubte verächtlich. »Du nervst, Nona. Du hast immer schon genervt.«

»Ich nerve dich, weil ich *ehrlich* bin«, entgegnete sie und schwieg lange, ehe sie hinzufügte: »Na ja, wenn Brigette diese Jeans tragen würde ...«

»Du willst wohl, dass ich sie darin fotografiere. Ist das dein Spiel?«

»Was hast du denn dabei zu verlieren?«, sagte Nona mit großen Augen.

Luke seufzte. »Okay. Geh ins Ankleidezimmer, Brigette. Da findest du einen Stapel Jeans. Such dir eine in deiner Größe raus, und zieh sie an. Dann komm her. Oben ohne.«

»Ich posiere nicht nackt«, wandte Brigette ein. Auch wenn Luke Kasway ein Spitzenfotograf war, zog sie sich noch längst nicht vor ihm aus.

»Bedeck deinen Busen mit den Händen«, sagte Luke, »genauso, wie es die Mädchen auf dem Foto getan haben.«

Nona nickte zustimmend. »Los! Mach schon.«

Nona hatte gut reden, schließlich musste *sie* sich nicht ausziehen.

Sie ging ins Ankleidezimmer, fand Jeans in ihrer Größe und quälte sich hinein. Sie kam sich wie ein Idiot vor, weil sie ihren Busen mit den Händen bedeckte, doch dann sagte sie sich, dass alle Models oft mehr oder weniger nackt posierten – schließlich ließ sie keine Aufnahmen für den *Playboy* machen.

Dann kehrte sie zu den anderen zurück und wartete auf Lukes Instruktionen

»Okay. Komm hier rüber.« Diesmal diente eine Ziegelmauer als Hintergrund. »Gesicht zur Wand, Beine gespreizt. Dreh dich um, wenn ich es dir sage.«

Luke starrte durch den Sucher und gab Grunzgeräusche von sich. »Gut so, Brigette. Senk den Kopf, schau nach oben, leck dir über die Lippen. Ja, genau so.«

Zandino, der neben Luke stand, meinte: »Das sieht gut aus.«

Luke warf ihm einen Blick zu. »Hast du dich je fotografieren lassen?«

Zandino strahlte. »Ja. Sie haben Schnappschüsse von mir gemacht, als ich meine Abschlussprüfung bestanden habe.«

»Ich habe eine Idee«, sagte Luke mürrisch. »Hat er überhaupt einen Körper, Nona?«

Sie verdrehte die Augen. »Und ob er einen Körper hat!«

Luke grinste. »Das hätte ich wissen müssen. Wir haben immer denselben Geschmack gehabt, schon als du erst zwölf warst!« Er wandte sich wieder an Zandino: »Geh ins Ankleidezimmer, und zieh dir ein paar passende Jeans an.«

Nona witterte sofort ihre Chance. »Ja, Zan, tu's«, ermutigte sie ihn und gab ihm einen kleinen Schubs. »Nur so zum Spaß.«

»Wirklich?«, fragte Zandino unsicher.

»Wirklich«, versicherte Nona ihm.

Ein paar Minuten später tauchte Zandino wieder auf. Er hatte einen phantastischen Körper, elastisch, muskulös und von einem tiefen Schokoladenbraun. Die Jeans passten ihm wie eine zweite Haut.

»Wow!«, rief Nona aus.

»Geh zu Brigette«, sagte Luke. »Mal sehen, wie ihr beide das hinkriegt. Bewegt euch vor der Kamera.«

»Wie denn?«, fragte Brigette nervös.

»Ich weiß nicht … Rücken an Rücken, schaut euch dann an. Zan, leg deine Hände über ihren Busen. Macht irgendwas. Wir brauchen was ganz anderes.«

»Moment mal«, wandte Nona ein. *»Seine* Hände auf *ihrem* Busen? Das kannst du vergessen!«

»Hör mal, hast du mir nicht erzählt, du seist ihre Managerin? Das könnte ein Riesenerfolg werden.«

Nona nickte. »Ich glaube, ich hab's kapiert. Black and White – Rock'n'-Roll-Jeans.«

»Ganz genau!«, sagte Luke begeistert. »Was ist Rock 'n'

Roll? Nichts anderes als *schwarze* Musik und *weiße* Musik. Es passt wie die Faust aufs Auge!«

Zuerst waren die beiden unsicher, verklemmt.

Er hat gut reden, dachte Brigette wieder. Er stand ja nicht da und musste seinen Busen von einem fremden Mann betatschen lassen.

Dann dröhnte Sting aus den Lautsprechern, und beide entspannten sich zusehends.

Luke bewegte sich schnell. Er bediente mehrere Kameras und belichtete mehrere Filme.

Allmählich genoss Brigette das Posieren. Es war harte Arbeit, aber sie versetzte sie in Hochstimmung.

Als sie fertig waren, waren alle erschöpft.

»Puh!« Brigette schnappte sich ein Handtuch. »Ich bin völlig fertig, aber was für ein Erlebnis!«

»Mach dir keine zu großen Hoffnungen«, warnte Luke sie. »Vielleicht haben wir alle nur unsere Zeit verschwendet.«

»Nein«, sagte Nona im Brustton der Überzeugung. »Das wird deine neue Kampagne sein, Luke. Du wirst schon sehen, ich irre mich nie.«

12

Auf dem langen Flug nach Europa schlief Lucky die meiste Zeit; sogar das Auftanken verschlief sie. Eigentlich hatte sie ein paar Drehbücher und die Tagesberichte über die beiden Filme, die gerade gedreht wurden, lesen, also ziemlich viel erledigen wollen.

Doch sie arbeitete nicht. Stattdessen nahm sie eine leichte Mahlzeit zu sich, trank einen Cointreau, lehnte sich entspannt zurück und fiel in einen tiefen Schlaf.

Ihr letzter Gedanke war, dass sie sich an diesem Wochenende zwei wunderschöne Tage mit Lennie machen würde.

Obwohl Lennie den ganzen Tag am Strand gedreht hatte, war er nicht müde. Also gesellte er sich zu einigen anderen Schauspielern und Mitgliedern der Crew und trank ein paar Bier in der Hotelbar. Seine Gedanken waren ganz und gar von Luckys Kommen beherrscht. Mein Gott, wie er sie liebte! Keine andere Frau auf der Welt war ihm wichtig, und das musste ihm passieren, einem Mann, der früher einmal hinter jedem Rock her gewesen war.

»Ich gehe jetzt«, sagte er zu Al, dem Regieassistenten. »Ich brauche meinen Schlaf.«

»Sieh dir doch mal *diese* Schönheit an«, entgegnete Al und stupste ihn, als eine Blondine mit aufreizenden Formen in die Bar kam.

Es war dieselbe Blondine, die schon am Set um Lennie herumstolziert war. Statt des Bikinis trug sie jetzt einen Minirock und ein Top, das mehr enthüllte als verbarg. Alle Männer starrten sie fasziniert an.

Sie ging direkt auf ihn zu. »Hi, Lennie«, sagte sie mit ihrem weichen Akzent. »Darf ich mich dazusetzen?«

Was sollte dieser Anbiederungsscheiß? Er konnte es nicht fassen; sie benahm sich, als wären sie alte Freunde.

»Ich habe nichts dagegen, Schätzchen«, antwortete statt Lennie der Kameraassistent, ein Engländer, mit lüsternem Grinsen. »Du kannst dich gleich neben mich setzen.«

»Wie bitte?«, sagte sie kalt, wobei sie ihn nicht einmal ansah.

»Also, ich mach 'ne Fliege.« Lennie stand schnell auf. »Amüsiert euch, Jungs.«

»Danke«, erwiderte Al. »Ich wusste gar nicht, dass wir dazu deine Erlaubnis brauchen.«

Lennie verließ rasch die Bar, ehe die Blondine ihn wieder anzumachen versuchte. Sein Instinkt sagte ihm, dass sie ihn in große Schwierigkeiten bringen konnte.

Oben in seinem Zimmer zog er sich aus, legte sich aufs Bett, las das Drehbuch und ging die Einstellungen für den nächsten Tag durch.

Das Telefon läutete. Er nahm den Hörer ab und hoffte, dass es Lucky war, die ihn vom Flugzeug aus anrief.

»Lennie? Sind Sie allein?«, säuselte es provozierend.

»Wer spricht da?«, fragte er, obwohl er sofort wusste, dass es die Blondine war.

»Warum laden Sie mich nicht zu einem Drink ein?« Kurze Pause, dann: »Wie wär's in Ihrem Zimmer?«

»Meine Mutter hat mir verboten, mit fremden Leuten zu trinken«, antwortete er und versuchte das Ganze ins Lächerliche zu ziehen, obwohl er ahnte, dass sich eine hässliche Situation ergeben könnte.

»Lange bleiben wir uns sicher nicht fremd.«

»Vielleicht trinken wir morgen ein Glas zusammen, wenn meine Frau hier ist.«

Die Blondine kicherte leise. »Oh ... Sie mögen es zu dritt? Das ist sehr gemütlich.«

»Machen Sie jemand anderen an«, sagte er und merkte, dass diese Frau sich nicht leicht entmutigen ließ. »Ich habe kein Interesse.«

»Das würden Sie aber, wenn Sie sehen, was ich zu bieten habe.«

»Ich habe bereits alles gesehen«, entgegnete er verärgert, »wie jeder hier.«

Sie gab noch immer nicht auf. »Ach ... Sie sind also Mr. Untadelig und Treu.«

»Lassen Sie mich in Ruhe!«, sagte er und knallte den Hörer auf die Gabel.

Ein paar Minuten später läutete das Telefon wieder, und da er dachte, es wäre erneut diese Blondine, meldete er sich mit einem unfreundlichen »Ja?«

»Oh, du hast aber eine Laune.«

»Ach, Jennifer. Was gibt's?«

»Ich habe die Drehzeit für dich geändert. Du hast morgen frei und kannst zum Flughafen fahren. Ich habe dir für zwölf Uhr einen Wagen bestellt. Der Fahrer holt dich dann pünktlich ab. Um zwei Uhr nachmittags musst du wieder am Set sein. Vergiss es nicht.«

»Du bist ein Schatz.«

»Danke.«

»Übrigens, kannst du dich an die Blondine erinnern? Die, die mir heute am Set nachgelaufen ist?«

»Ja. Was ist mit ihr?«

»Es ist nicht zu fassen. Sie hat mich gerade hier angerufen.«

»O nein!« Jennifer seufzte. »Diese Silikonmonster, die ständig hinter dir herrennen, halte ich für zu allem fähig.«

»Ja, ja, schon gut.«

»Und was hast du ihr gesagt?«

»Da muss ich erst überlegen ...«, meinte er sarkastisch. »Ach ja, ich sagte ihr, sie solle mit einer Flasche Wodka und genügend Kondomen auf mein Zimmer kommen. Was glaubst du denn, was ich ihr gesagt habe?«

Jennifer fand das nicht komisch. »Soll ich dich zum Flughafen begleiten?«

»Nein. Das Wiedersehen mit meiner Frau bringe ich auch allein über die Bühne«, antwortete er trocken.

»Vergiss nicht, Lennie, du musst morgen um vierzehn Uhr am Set sein.«

»Okay, okay.«

»Ich kenne dich doch. Schreib's dir auf.«

»Wird gemacht.« Er legte auf, nahm sein Drehbuch und fuhr fort zu lesen.

Ein paar Minuten später klopfte jemand an die Tür. Das konnte nur Jennifer sein. Sie brachte ihm persönlich den neuen Drehplan, weil sie ihm nicht traute.

Er grinste, stand auf und öffnete die Tür. Davor stand Miss

Silikonbusen höchstpersönlich. Sie trug nichts als Pumps, einen Bademantel aus Frottee und ein verführerisches Lächeln.

»Ich bin mir sicher, dass Sie allein sind«, säuselte die Blondine. »Der große amerikanische Filmstar, ganz allein – das ist nicht gut.«

Diese Frau gab niemals auf. »Jetzt hören Sie mir mal zu«, sagte Lennie. »Ich weiß nicht, wie ich Ihnen das klarmachen soll, aber ich bin völlig glücklich. Also gehen Sie nach Hause.«

»Sind Sie sich dessen sicher, Lennie?«, entgegnete sie und sah ihm in die Augen, als sie den Gürtel ihres Bademantels löste und er auseinander klaffte. Natürlich hatte sie nichts darunter an.

»Scheiße!«, murmelte Lennie, musterte aber trotzdem ihre unglaublichen Kurven.

»Haben Sie vielleicht Ihre Meinung geändert, Lennie?«, fragte sie mit rauchiger Stimme.

»Ich wiederhole: Lassen Sie mich in Ruhe!«

Doch das hatte sie ganz und gar nicht im Sinn. »Das meinen Sie nicht«, sagte sie mit dem Selbstvertrauen einer Frau, die immer an ihr Ziel gelangt.

»Doch, das meine ich. Hauen Sie ab, und zwar schnell, okay?«

Sie leckte über ihren Zeigefinger und streichelte damit ihre Brustwarze. »Gefällt Ihnen nicht, was Sie sehen?«

»Ich hole den Sicherheitsdienst des Hotels, wenn Sie nicht sofort verschwinden.«

Sie ließ den Bademantel zu Boden fallen und stand jetzt nackt vor ihm. »Nur zu, Lennie. Dann sage ich denen, dass Sie mich in Ihr Zimmer gelockt haben und mich zu vergewaltigen versuchten.«

Jetzt wurde er wütend. »Verpissen Sie sich!«, schrie er und wollte ihr die Tür vor der Nase zuknallen.

Doch ehe er dazu kam, hatte sie ihn umarmt und presste ihren Körper an seinen.

Am Ende des Gangs erschien ein Fotograf, Blitzlichter flammten auf.

Lennie versuchte sich von ihr zu lösen. Zu spät erkannte er, dass er in eine Falle getappt war.

Als er sich endlich aus der Umklammerung der nackten Blondine befreit hatte, lief er hinter dem Fotografen her.

Doch der Mann war verschwunden.

Da erst merkte Lennie, dass er nur Boxershorts trug. Ein schönes Bild würde das abgeben. Am besten, er verhandelte mit der Blondine. Er musste wissen, was für ein Spiel sie spielte. Doch als er zu seinem Zimmer zurückkehrte, war sie verschwunden.

Jetzt hatten die beiden, was sie wollten – diskriminierende Fotos. Er griff nach dem Hörer und verlangte den Sicherheitschef.

Ein paar Minuten später stand der Hotelmanager vor seiner Tür. »Ja, Mr. Golden«, erkundigte er sich höflich nach Lennies Anliegen, obwohl offensichtlich war, dass man ihn geweckt hatte.

Was sollte er sagen? Dass eine nackte Frau mit einem Fotografen in seinem Zimmer gewesen war? Es klang einfach nicht glaubwürdig.

Am besten, er vergaß das Ganze. Noch blieb ihm die Hoffnung, dass die Fotografien nie auftauchen würden, was jedoch unwahrscheinlich war. »Hm … ich glaubte einen Einbrecher gehört zu haben«, sagte er lahm.

»Ich werde mich persönlich überzeugen, dass alles in Ordnung ist«, versprach der Manager und verbeugte sich leicht.

»Ja, tun Sie das.«

Diese Lektion musste er sich merken. Die Paparazzi waren zu allem fähig, um an die Regenbogenpresse geeignete Fotos zu verkaufen. Morgen würde er seinen Anwalt anrufen und ihm erzählen, was sich genau abgespielt hatte, damit der das Erscheinen der Bilder verhindern konnte.

Er griff zum Telefon und wählte Jennifers Zimmernummer.

»Ja, Lennie?«, sagte sie geduldig.

»Wie heißt diese Blondine?«

»O Lennie! Deine Frau kommt morgen. Ich hielt dich für einen der netten Jungs.«

»Bring ihren Namen und ihre Telefonnummer in Erfahrung.«

»Ja, natürlich«, sagte Jennifer sarkastisch. »Brauchst du auch ihre Maße?«

»Darum geht es nicht.«

»Wie du willst, Lennie. Du bist hier der Star.«

Er wusste, dass sie ihm nicht glaubte, aber Lucky würde ihm glauben. Und nur das zählte.

Am Morgen war er schon lange auf, ehe es Zeit war, zum Flughafen zu fahren.

An diesem Wochenende würde er seine Frau sehr glücklich machen.

Lucky träumte. Sie lag auf einem Floß, das auf dem Meer schwamm und von den Wellen sanft geschaukelt wurde. Dann war Lennie neben ihr, massierte sanft ihre Schultern und sagte ihr, dass er sie liebe.

»Mrs. Santangelo ... Mrs. Santangelo. Wir landen in einer Stunde. Ich dachte, dass Sie sich vielleicht vorher noch frisch machen möchten.«

Sie schreckte aus dem Schlaf hoch und öffnete die Augen. Tommy, der Steward, beugte sich über sie.

»Kaffee und Orangensaft, Mrs. Santangelo?«, fragte Tommy fürsorglich.

Sie gähnte, noch nicht ganz wach. »Wunderbar, Tommy. Ich dusche nur vorher noch schnell.«

Der Panther-Jet war wie eine luxuriöse Hotelsuite eingerichtet. Im Bad stellte sie sich unter die kalte Dusche und vertrieb so den letzten Schlaf. Als sie aus der Kabine trat, fühlte sie sich erfrischt und voller Energie. Sie legte frisches Make-up auf, kämmte sich und zog eine seidene Bluse und bequeme Hosen an.

Es war wirklich verrückt. Schon vier Jahre war sie mit Lennie verheiratet und trotzdem so aufgeregt, als stünde ihr erstes Rendezvous mit ihm bevor.

Wer hatte denn behauptet, dass Leidenschaft vorüberginge?

»Ist mein Wagen schon da?«, fragte Lennie den Portier.

Dieser schnippte mit den Fingern, und ein Chauffeur fuhr in einem alten Mercedes vor. Es war ein anderer Wagen und ein anderer Chauffeur.

»Wo ist Paulo heute?«, fragte Lennie, als er hinten einstieg.

»Krank.«

»Wir fahren zum Flughafen.«

»Ich weiß«, sagte der Chauffeur und fuhr schnell davon.

Der Panther-Jet setzte zu einer weichen Landung auf Korsikas Flughafen Poretta an. Lucky konnte es kaum erwarten, Lennie zu sehen, ihn zu spüren.

Sie eilte die Gangway hinunter und war enttäuscht, ihn nicht am Flughafen vorzufinden. Ein Flughafenangestellter fragte sie, ob sie in einer VIP-Lounge warten wolle. Sie nahm das Angebot an, obwohl sie vor Ungeduld ganz außer sich war.

Als Erstes rief sie in Lennies Hotel an. Sie wurde mit seinem Zimmer verbunden. Eine atemlose weibliche Stimme sagte: »Hallo?«

»Lennie?«, fragte Lucky stirnrunzelnd.

»Oh … Lennie … Er hat heute schon sehr früh das Hotel verlassen.«

Lucky konnte einen schwachen französischen Akzent erkennen. War das das Zimmermädchen? »Wer ist am Apparat?«, fragte sie argwöhnisch.

»Eine Freundin. Und wer sind Sie?«

»Seine Frau.«

Wer auch immer den Anruf entgegengenommen hatte, legte schnell auf.

Lucky fing vor Wut an zu kochen. Hurte Lennie etwa herum?

Nein. Er gehörte nicht zu der Sorte Männer. Zwischen ihnen existierte etwas Besonderes. Sie vertrauten einander. Zwischen ihnen gab es ein festes Band.

WER WAR DANN ZUM TEUFEL IN SEINEM ZIMMER?

Sie machte sich auf die Suche nach dem Flughafenangestellten. »Besorgen Sie mir einen Wagen mit Chauffeur«, sagte sie.

13

Auf Venus wartete kein glühender Liebhaber zu Hause. Sie hatte das nur gesagt, um Cooper wütend zu machen. Cooper Turner. Sie hatte sein Ego schwer erschüttert. Sein ganzes Leben lang hatte er jede Frau in seiner Reichweite gebumst und nie unter den Konsequenzen gelitten. Und am Hochzeitstag hatte er versprochen, sich zu ändern.

Und was war geschehen? Er hatte sich nicht im Geringsten geändert, und sie hatte keine Lust, das noch mal mitzumachen.

Jetzt war sie also allein in ihrer Villa. Coopers Kleidung und seine persönlichen Dinge waren nicht mehr da. Sie hatte seine Anwesenheit hier ausgelöscht, als hätte er nie in diesem Haus gelebt.

Sie streifte ihre Schuhe von den Füßen, schlenderte barfuß

durch die Räume und betrachtete die zahllosen Fotos von ihnen beiden.

Noch war es zu früh, die Aufnahmen von ihm aus den silbernen Rahmen zu entfernen, aber sie war sicher, dass sie nie wieder mit ihm zusammenleben würde.

Am nächsten Morgen um sechs joggte sie mit Sven, ihrem Trainer. Jogging war eine gute Vorbereitung auf den Tag. Dann fühlte sie sich wach und konzentriert.

Die beiden arbeiteten sich schwitzend die Hollywood Hills rauf und runter. Zurück im Haus, gingen sie sofort in den Fitnessraum, wo sie sich zwei Stunden durch das gesamte Programm quälten. Ha! Und die Leute dachten, es sei leicht, einen solchen Körper zu haben.

Um neun Uhr bat sie Sven, den Fernseher einzuschalten, damit sie die Sendung mit Kathie Lee und Regis sehen konnte.

Die Talkshow-Gäste wurden gerade warm, als die Show durch eine Meldung unterbrochen wurde.

Schockiert hörte Venus, was der Nachrichtensprecher mitteilte.

»Der Filmstar Lennie Golden wurde heute früh bei einem Autounfall auf Korsika getötet, wo er zurzeit einen Film drehte. Der Pressesprecher von Wolfe Productions erklärte, dass ...«

Lennie Golden tot.

Lennie, Luckys Mann.

Lennie, ihr guter Freund.

»Ich muss Lucky erreichen«, murmelte sie und lief aus dem Raum.

Cooper war nicht nach Hause zurückgekehrt. Wenn Venus sagte, sie habe seine Kleidung entfernen und die Schlösser auswechseln lassen, dann, das wusste er, stimmte das auch.

Also war er direkt zum Beverly Hills Hotel gefahren, wo er

einen für ihn reservierten Bungalow vorgefunden hatte. Venus hatte an alles gedacht.

Leslie hatte ihn angefleht zu bleiben, doch das hatte er nicht gewollt. »Wie ist Venus dahinter gekommen?«, hatte er sie gefragt. »Wem hast du es erzählt?«

»Niemandem. Die Leute sind nicht blöd. Sie haben uns zusammen gesehen.«

Er war im Zimmer auf und ab gegangen und hatte versucht herauszufinden, wie Venus davon erfahren hatte.

»Du *wolltest*, dass sie es weiß, nicht wahr?«, hatte er gefragt. »Nein«, hatte sie störrisch geantwortet.

»Wie auch immer, Leslie, es ist nicht klug, wenn ich jetzt bleibe.«

Tränen waren in ihre Augen getreten. »Aber ich brauche dich, Cooper.«

»Daran hättest du früher denken sollen.«

Er war aus dem Haus gegangen und hatte sich verflucht, weil er so indiskret gewesen war. Sein einziger Gedanke war, wie er sich mit Venus versöhnen könnte – denn er liebte sie wirklich.

Er schlief lange, wachte spät auf und griff sofort zum Telefon. Beim Zimmerservice bestellte er Eier mit Speck, Orangensaft, Muffins und Kaffee – ein Frühstück, das Venus, so gesund, wie sie lebte, ablehnte.

Als der Kellner den Bungalow betrat, grüßte Cooper den Mann nur kurz. Der Kerl sah wie ein Schwätzer aus, und Cooper war nicht in Redelaune.

»Schrecklich, was mit Lennie Golden passiert ist«, sagte der Kellner, als er die Eier mit Speck servierte. »Er war oft hier zum Lunch. Alle werden ihn vermissen.«

»Was ist denn passiert?«, fragte Cooper und holte sich einen Stuhl.

»Er hatte einen schlimmen Autounfall.«

»Und, geht's ihm gut?«

»Der Wagen stürzte über ein Kliff.«

»GEHT ES IHM GUT?«

»Nein, Mr. Turner. Er ist ... er ist ... tot.«

Cooper schüttelte ungläubig den Kopf. Nicht Lennie. Nicht sein Freund Lennie. Das konnte nicht wahr sein.

»Woher haben Sie das?«, fragte er.

»Aus den Nachrichten. Tut mir Leid, Mr. Cooper. Ich dachte, Sie wüssten es bereits.«

»Nein«, sagte Cooper ausdruckslos. »Nein. Ich wusste es nicht.«

Alex fuhr ins Büro. Er hatte einen entsetzlichen Kater und kam zu spät. Es war schon nach zwölf, und er hatte schlechte Laune. Alles, woran er sich vom vorhergehenden Abend zu erinnern vermochte, waren die Beleidigungen seiner Mutter.

»Guten Morgen, Alex«, begrüßte ihn seine Assistentin mit einem leicht missbilligenden Unterton in der Stimme. »Oder sollte ich guten Nachmittag sagen?«

»Ich weiß, ich weiß. Ich hätte um neun hier sein sollen«, entgegnete er mürrisch. »Mir ist etwas dazwischengekommen.«

France, seine andere Assistentin, brachte ihm einen Becher heißen schwarzen Tee. »Trink das!«, befahl sie. »Dafür wirst du mir noch dankbar sein.«

»Schickt Tin Lee Blumen«, murmelte er.

»Wie viel willst du ausgeben?«, fragte France.

»Viel«, sagte er. Der Himmel wusste, was er Tin Lee zugemutet hatte. Wahrscheinlich wollte sie nie wieder mit ihm sprechen.

»Hast du schon gehört, was mit Lennie Golden, Lucky Santangelos Mann, passiert ist?«, fragte Lili.

»Was denn?«

»Er hatte einen Autounfall.«

»Wo?«

»Auf Korsika. Der Wagen stürzte einen Abhang hinunter.«

»O mein Gott! Wann ist das passiert?«

»Ich habe es heute Morgen im Radio gehört.«

Alex erinnerte sich, dass Lucky ihm erzählt hatte, sie wolle ihren Mann besuchen. »War Lucky bei ihm?«, fragte er.

»Das weiß ich nicht«, antwortete Lili. »Davon wurde nichts gesagt.«

Alex sprang auf. »Verbinde mich mit Freddie.«

Lili eilte zum Telefon. »Ja, Alex.«

Brigette und Nona gingen die Madison Avenue hinunter. Sie redeten und lachten und sprachen über die Party am vergangenen Abend und über die Foto-Session mit Luke.

Jetzt erst merkte Brigette, wie sehr sie ihre beste Freundin vermisst hatte und wie phantastisch es werden würde, Nona als Managerin zu haben. Zusammen würden sie es schaffen – eine hatte der anderen immer Glück gebracht.

Als die beiden am Zeitungskiosk an der 65th Street vorbeigingen, fiel Brigettes Blick auf die Schlagzeile der *New York Post*.

LENNIE GOLDEN BEI AUTOUNFALL AUF KORSIKA UMS LEBEN GEKOMMEN – FILMSTAR STARB SCHRECKLICHEN TOD

»O mein Gott!«, stieß sie hervor. »O mein Gott! Nein! Nein! Nein!«

Donna Landsman war nicht überrascht. Als sie die Zeitungen las, lächelte sie. Alles klappte nach Plan.

Lucky Santangelo. Was ist das für ein Gefühl, du Schlampe?

Was ist das für ein Gefühl, den Mann zu verlieren, so wie ich meinen verloren habe?

Was ist das für ein Gefühl, wenn man drei Kinder ganz allein großziehen muss?

Na, du Schlampe, jetzt kannst du das Gefühl genießen.

Und das ist nur der Anfang, dessen kannst du sicher sein.

14

Lucky saß unbeweglich da und starrte vor sich hin.

Lennie war tot.

Ihr Lennie war von ihr gegangen.

Und trotzdem war sie bei klarem Verstand und hatte sich unter Kontrolle, so als ob ihr Leben in einer Art verzerrter Zeitlupe um sie herum abliefe.

Der Schmerz hatte sie betäubt, zerstört, und trotzdem weinte sie nicht.

Sie saß in einem fremden Land in einem Hotelzimmer auf Lennies Bett. Ihr Mann war tot, und sie weinte nicht.

Die kleine Lucky Santangelo. Sie war fünf Jahre alt, als sie den verstümmelten Körper ihrer Mutter im Swimmingpool entdeckt hatte, fünfundzwanzig, als Marco niedergeschossen, und sogar noch jünger, als Dario erschossen und aus einem Auto geworfen worden war.

Der Tod war den Santangelos nicht fremd. Lucky wusste nur zu gut, was er bedeutete.

Und nun war Lennie von ihr gegangen … ihr Lennie, die Liebe ihres Lebens.

War er das wirklich?

Sie erwog die Fakten.

Als sie in Lennies Zimmer gegangen war, hatte sie enttäuscht festgestellt, dass er nicht da war.

Das Bett war nicht gemacht, das Zimmer unordentlich. Na ja, ein ordentlicher Mensch war Lennie nie gewesen.

Einzelheiten … noch mehr Einzelheiten … Sie hatte sie eine nach der anderen registriert. Die überquellenden Aschenbecher auf beiden Nachttischen. Eine fast leere Champagnerflasche … zwei Gläser, eins mit Lippenstift beschmiert. Eine zerknitterte Seidenbluse, halb unter dem Bett.

Das muss das falsche Zimmer sein.

Nein. Es war das richtige Zimmer. Auf einem Tisch lag ein gerahmtes Foto von ihr mit den Kindern verkehrt herum. Und überall waren Lennies Kleider, sein Skript, sein Telefonbuch, sein silberner Kugelschreiber.

Sie hatte das Produktionsbüro angerufen, um herauszufinden, wo er war. Um diese Zeit drangen vereinzelt Informationen durch, dass es einen schlimmen Unfall auf einer gefährlichen Bergstraße gegeben habe. Der Texter und einer der Produktionsmanager hatten sie abgeholt und waren mit ihr die schmale, gewundene Bergstraße hinaufgefahren und hatten voller Entsetzen den Bergungsarbeiten zugeschaut, gesehen, wie die Männer versuchten, das verunglückte Auto, das auf den Felsen unten zerschellt und ausgebrannt war, ehe es ins Meer stürzte, hochzuziehen.

Da hatte Lucky mit einem überwältigenden Gefühl der Angst begriffen, dass sie Lennie nie wieder sehen würde.

Jetzt saß sie allein in seinem Hotelzimmer, das nun aufgeräumt und sauber war. Auch das Foto von ihr mit den Kindern stand wieder an seinem Platz.

Das Telefon läutete. Sie ignorierte es; sie wollte mit niemandem reden. Die Besatzung ihres Jets war abflugbereit und wartete auf ihre Instruktionen, doch im Moment war sie außer Stande, irgendeine Entscheidung zu treffen.

Man hatte den Körper des Fahrers im Meer entdeckt, und er war zweifelsfrei identifiziert worden. Lennie war noch nicht gefunden worden.

»Die beiden hatten keine Chance«, hatte einer der Polizisten Lucky durch einen mitfühlenden Dolmetscher sagen lassen.

Nach einer Weile stand Lucky auf und fing an, mechanisch Lennies Koffer zu packen – seine T-Shirts, Socken, Pullover, seine Sportkleidung, sein Lieblingsjackett, seine Hemden, die er täglich trug.

Als sie seine Kleidung eingepackt hatte, sammelte sie sein Drehbuch und Schreibblöcke ein.

Dann öffnete sie die Nachttischschublade und entdeckte ein paar Polaroidfotos von einer nackten Blondine. Lange starrte sie auf die Bilder.

LECK MICH AM ARSCH, LENNIE! LECK MICH AM ARSCH! ICH HABE DICH FÜR EINEN ANDEREN MANN GEHALTEN.

Keine Tränen. Enttäuschung. Wut. Ein überwältigendes Gefühl der Enttäuschung, des Verletztseins, des Verrats.

Sei stark, das war ihr Motto. Nur auf diese Weise hatte sie bisher überlebt.

Es gab noch mehr Fotos. Lennie mit der Blondine, ihr nackter Körper eng an ihn gepresst. Ein Schnappschuss von den beiden, wohl am Drehort aufgenommen. Lennie hatte den Arm um ihre Schultern gelegt. Sehr intim.

UND JETZT BIST DU TOT, DU HURENSOHN! UND DU WIRST MIR NIEMALS ETWAS ERKLÄREN KÖNNEN.

Sie hatte alle seine Sachen in zwei Koffern verstaut und knallte die Deckel zu. Die Fotografien steckte sie in ein mit einem Reißverschluss versehenes Fach ihrer Handtasche.

Dann ging sie zum Telefon und rief ihren Vater in Palm Springs an. Sie hatte schon vorher mit ihm gesprochen, als sie ihn gebeten hatte, die Kinder zu nehmen. Bei ihm waren sie sicher.

»Komm nach Hause«, drängte Gino.

»Das tue ich«, sagte sie teilnahmslos. »Ich warte nur noch, bis Lennies Leiche geborgen wird. Ich will ihn mitnehmen.«

»Hm … Lucky … das kann eine Weile dauern. Du solltest hier bei deinen Kindern sein.«

»Ich warte noch einen Tag.«

»Du kannst dort überhaupt nichts tun. Wenn er gefunden

wird, kümmert man sich im Büro des Produzenten darum. Du musst gleich nach Hause kommen.«

»Ich … ich brauche noch etwas Zeit.«

»Nein!«, sagte Gino hart. »Du gehörst zu deiner Familie.«

Es war ihr egal, dass er ihr Vorwürfe machte. Ihr war alles egal. »Ich rufe dich wieder an, Daddy«, sagte sie mit leiser Stimme.

Ehe Gino noch Einwände machen konnte, hatte Lucky aufgelegt. Dann tigerte sie ziellos durch das Zimmer.

Lennie. Ihr Lennie. Sie konnte sich in Gedanken nicht von ihm lösen.

Betrüger.

LECK MICH AM ARSCH, LENNIE.

DU HAST MICH BETROGEN, UND DAS WERDE ICH DIR NIE VERZEIHEN.

ZWEITES BUCH

ZWEI MONATE SPÄTER

15

Hi«, sagte Lucky. Sie saß hinter ihrem Schreibtisch und spielte mit Lennies silbernem Kugelschreiber, als Alex Woods um sechs Uhr nachmittags wie verabredet ihr Büro betrat.

»Hallo.« Alex blieb kurz in der Tür stehen. Seit der Tragödie hatte er sie nicht mehr gesehen, denn sie hatte Kontakte vermieden. Nicht einmal Freddie war es gelungen, ein Treffen zu arrangieren.

»Die Menschen gehen unterschiedlich mit der Trauer um«, hatte Freddie ihm erklärt. »In einem Studio gibt es immer Probleme. Und Lucky vergräbt sich in ihrer Arbeit.«

»Ich gehöre zu ihrer Arbeit«, hatte Alex betont. »Und ich muss mit ihr reden.«

Eigentlich gab es keinen Grund für eine Besprechung. Alles lief wie geplant. Das Budget war genehmigt, die Besetzungsliste fertig, die Drehorte standen fest – Luckys Produktionsmanager hatte alles arrangiert. Wenn die Vorarbeiten zeitgerecht so weiterliefen, konnten die Dreharbeiten in ein paar Wochen beginnen.

»Setzen Sie sich«, sagte Lucky.

Als er näher kam, bemerkte er, dass sie müde aussah. Trotzdem war sie noch immer die schönste Frau, die er kannte.

»Ehe wir anfangen, möchte ich, dass Sie wissen, wie Leid es mir tut, dass Lennie …«

»Lassen Sie das!«, unterbrach sie ihn schroff. »Das ist Vergangenheit.« Sie war sich bewusst, dass sie kalt und gefühllos wirkte, doch es war ihr egal, was Alex Woods über sie dachte. Das spielte keine Rolle. Nichts spielte wirklich eine Rolle.

Sie lehnte sich zurück und griff nach einer Zigarette. Kurz zuvor hatte sie eine seltsam beunruhigende Besprechung mit Morton Sharkey gehabt. Ihr Instinkt sagte ihr, dass Morton etwas im Schilde führte, sie wusste nur nicht, was. Sonst klappte alles bestens, die Banken gaben Ruhe, und die Japaner hatten den Vertrag unterzeichnet. Geschäftlich gesehen, konnten die Dinge nicht besser laufen.

Nachdem Morton gegangen war, hatte sie sich gefragt, warum sie ein so ungutes Gefühl hatte. Ihre Besprechung war positiv verlaufen außer der Tatsache, dass Morton ihr nicht in die Augen hatte sehen können. Und das, dies wusste Lucky aus Erfahrung, war ein schlechtes Zeichen.

Aber es gab andere Dinge, um die sie sich Sorgen machen musste. Ihr war sehr wohl bewusst, dass sie in persönlicher Hinsicht große Probleme hatte. Sie stand kurz vor einer Explosion. Seit zwei Monaten hatte sie etwas in sich vergraben, das rausmusste.

Lennie war tot, und sie arbeitete weiter, als wäre nichts geschehen. *Business as usual.*

Ach, scheiß auf die Firma! Scheiß auf alles! Sie war müde und mutlos und niedergeschlagen und sehr, sehr wütend.

Alex Woods starrte sie an. Lucky konnte geradezu das Brennen seines Blicks spüren. »Klappt alles?«, fragte sie und kehrte damit in die Gegenwart zurück. »Oder haben Sie irgendwelche Klagen?«

»Nein, ich habe keine Klagen«, antwortete er und spürte ihre defensive Haltung.

»Das ist mal eine angenehme Überraschung«, sagte sie kühl. »Die anderen bringen mich alle auf die Palme. Ach übrigens, meinen Glückwunsch, dass Sie Johnny Romano engagiert haben. Sie haben da eine ausgezeichnete Wahl getroffen.«

»Ich freue mich, dass Sie mit mir übereinstimmen.«

»Wie wär's mit einem Drink?«, fragte sie, da sie selbst Lust hatte, etwas zu trinken.

Alex schaute auf seine Uhr. Es war nach sechs, also Zeit für einen Aperitif. »Sie sehen aus, als hätten Sie einen schweren

Tag gehabt«, sagte er. »Wie wär's, wenn wir in die Bar des Bel-Air-Hotels gingen?«

»Eine gute Idee«, erwiderte Lucky und drückte auf den Knopf der Sprechanlage. »Ich mach für heute Schluss, Ky. Sagen Sie meine anderen Termine ab.«

»Aber Lucky ...«, begann Kyoko.

»Muss ich mich etwa seit neuestem vor Ihnen rechtfertigen, Ky?«, fuhr sie ihm ins Wort. »Bis morgen dann.« Sie stand auf, nahm ihre Jacke und ging zu Alex, der schon an der Tür war. »Himmel noch mal! Wenn ich nicht wenigstens hin und wieder tun kann, was mir gefällt, was soll dann das Ganze?«

»Dagegen kann ich nichts sagen«, stimmte Alex zu und merkte, dass ihr Atem leicht nach Whisky roch.

Sie lächelte. »Sehr gut. Denn ich habe die Nase voll davon, die arme kleine Witwe zu spielen.«

Er war so erstaunt über diese Bemerkung, dass er nichts entgegnete.

»Nehmen wir meinen Wagen oder Ihren?«, fragte sie und hielt kurz inne.

»Wo steht Ihrer?«

»Da drüben, der rote Ferrari.«

»Meiner ist der schwarze Porsche dort«, sagte er.

»Dann nehmen wir den schwarzen Porsche, mein lieber Alex, denn ich habe so ein Gefühl, dass ich später nicht mehr fahren möchte.«

Alex hatte sich nur auf eine Besprechung eingerichtet, aber daraus würde jetzt wohl mehr werden. Das gefiel ihm, obwohl er mit Tin Lee um acht Uhr eine Verabredung hatte, die er jedoch sehr wahrscheinlich nicht einhalten würde. So gut kannte er sich.

Lucky stieg in seinen Wagen, lehnte sich zurück und schloss die Augen. Oh, was für ein herrliches Gefühl es war, einen riskanten Ausbruch zu wagen. Sie hatte diese ganzen Besprechungen, Finanzierungspläne und geschäftlichen Entscheidungen satt. Sie hatte es satt, eine verantwortungsvolle Mutter und eine angesehene Stütze der Gesellschaft und eine ehrbare Witwe zu sein. Es war einfach zu viel. Sie wurde verrückt dabei. Und sie hatte kein Ventil für ihre rasende Wut, die anfing sie zu verzehren.

Lennie war fort, hatte sie verlassen.

Lennie war ein untreuer Hurensohn, und das konnte sie ihm nicht verzeihen.

Ein paar Minuten fuhren sie schweigend.

»Sie sehen gut aus«, sagte Alex schließlich.

Auf Small Talk hatte sie jetzt wirklich keine Lust. »Haben Sie Familie?«, wollte sie wissen.

»Meine Mutter«, antwortete er vorsichtig und fragte sich, wohin das führte.

»Stehen Sie sich nahe?«

»Wie Schlange und Ratte.«

»Schlangen fressen Ratten.«

»Sie haben's erfasst.«

Lucky lachte trocken. Ihr kam der Gedanke, dass sie den perfekten Saufkumpan aufgegabelt hatte. Und das war genau das, was sie heute Abend brauchte. Jemand, der mithalten konnte und nicht mittendrin schlappmachte.

»Ich brauche einen Joint«, sagte sie nervös.

»Kein Problem«, erwiderte er und holte aus seiner Jackentasche einen halb gerauchten Joint.

Sie drückte auf den Zigarettenanzünder, wartete, bis er glühte, steckte dann die Kippe an und nahm einen tiefen Zug. »Sie sind sehr entgegenkommend, Alex.«

»Nicht immer.«

»Machen Sie bei mir eine Ausnahme, weil mein Studio Ihren Film finanziert?«

Er ging auf ihren Ton ein. »Ja, sicher. Genau deswegen.«

Sie sah ihn ruhig an. »Oder vielleicht tue ich Ihnen Leid, weil ich meinen Mann verloren habe?«

Er schaute weiterhin auf die Straße. »Sie können selbst auf sich aufpassen.«

Lucky seufzte. »Ja, das glaubt jeder.«

Er warf einen Blick zu ihr hinüber. »Und stimmt es oder nicht?«

»He«, wechselte Lucky abrupt das Thema, »wie wär's, wenn wir nach Palm Springs führen und Gino besuchten? Sie haben gesagt, dass Sie ihn gern kennen lernen würden. Jetzt bin ich in Stimmung. Sie sollten die Gelegenheit nicht versäumen.«

»Aber klar doch.«

»Oh, phantastisch. Sie sind okay, ein ausgesprochen angenehmer Zeitgenosse.«

Wenn sie wüsste! Noch nie hatte jemand Alex Woods als angenehm bezeichnet. Schwierig – ja. Sexistisch – ja. Launisch, fordernd, ein Perfektionist – das alles. Aber angenehm? Niemals.

»Vielleicht haben Sie einen falschen Eindruck von mir bekommen«, sagte er langsam. »Sie wissen schon, der nette Junge, der einer schönen Frau hilft, die in Schwierigkeiten zu stecken scheint. Aber diese ritterliche Tour habe ich schon seit langem vergessen.«

»Das freut mich zu hören«, entgegnete sie und starrte geistesabwesend aus dem Fenster. »Aber ehe wir auf den Highway kommen, sollten wir noch etwas trinken.«

Er hielt vor einem mexikanischen Restaurant am Melrose Boulevard. Lucky trank Tequila pur, während sich Alex für eine Margarita entschied. Dann bestellte er einen Krug, während Lucky auf die Toilette ging und zu Hause anrief, um CeeCee Bescheid zu geben, dass sie heute nicht heimkommen würde und man sie bei Gino in Palm Springs erreichen könne.

Lucky war sich bewusst, dass sich alle die größte Mühe gegeben hatten. Brigette war aus New York gekommen und ein paar Wochen bei ihr geblieben. Sogar Steven und seine Frau waren aus London angereist, um an dem Gedenkgottesdienst für Lennie teilzunehmen. Sie hatte ihn tapfer und mit viel Haltung durchgestanden. Die kleine Maria hatte sich an sie geklammert, während das Baby Gino Schutz in CeeCees liebenden Armen gefunden hatte. Danach hatte sie für Lennies Freunde und Kollegen eine Party bei Mortons gegeben, weil er sich das so gewünscht hätte. Und seine exzentrische Mutter hatte darauf bestanden, eine Rede zu halten.

Lucky hatte das alles ohne Tränen hinter sich gebracht. Doch jetzt, zwei Monate später, war sie einem Zusammenbruch nahe.

Alex rief Tin Lee nicht einmal an.

»He … Alex!« Lucky berührte seinen Arm, als die beiden aus dem Restaurant gingen. »Versprechen Sie mir eins: Was immer ich heute Abend noch sage, verwenden Sie es nie gegen mich.«

Er sah sie verwundert an. »Was könnten Sie denn sagen, Lucky?«

»Was mir eben gerade durch den Kopf geht«, antwortete sie kühn. Alex hatte so eine Ahnung, dass das eine interessante Fahrt werden würde.

16

Venus ging eine ganze Menge im Kopf herum. Seit sie Cooper hinausgeworfen hatte, kam es ihr vor, als würde sie ihr Leben neu anfangen. Sie vermisste ihn zwar, aber nicht genug, um ihn wieder aufzunehmen, obwohl er mehrere Versuche gemacht hatte. Die beiden hatten sich bei Lennies Gedenkgottesdienst gesehen, wo er sie abgepasst und ihr gesagt hatte, dass sie einen großen Fehler mache.

»*Du* hast den Fehler gemacht«, hatte sie erwidert und versucht, ruhig zu bleiben. »Du hast mich als dein Eigentum betrachtet, Coop. Und das war falsch.«

»Aber ich liebe dich«, hatte er gesagt und versucht, sie zu küssen. »Nur dich.«

»Daran hättest du früher denken sollen«, hatte sie entgegnet und war schnell davongegangen.

Danach hatte er ihr jeden Tag Blumen geschickt und sie ständig angerufen. Sie hatte ihre Telefonnummer ändern lassen und die Blumen an ein Kinderkrankenhaus weitergeleitet. Schließlich hatte er aufgegeben.

Sie hätte gern mit Lucky über ihre Probleme geredet. Doch das war unmöglich gewesen, denn seit Lucky von Korsika zurückgekehrt war, hatte sie ihre Arbeit wieder aufgenommen, als wäre nichts passiert.

Venus war darüber äußerst verwundert. Sie betrachtete sich als eine von Luckys besten Freundinnen, doch nicht einmal sie konnte Lucky dazu bringen, über ihren Verlust zu sprechen. Es gab keine Möglichkeit, an sie heranzukommen.

Die gute Neuigkeit bestand darin, dass Freddie Leon jetzt ihr Agent war. Er war der Agent, von dem sie immer geträumt hatte – ein Mann, der mehr Visionen als sie hatte. Er hatte sie davon zu überzeugen versucht, eine wichtige Nebenrolle in Alex Woods' *Gangsters* zu spielen, die für einen Oscar nominiert würde.

Sie hatte das Drehbuch gelesen und war ganz aufgeregt. *Gangsters* war ein brutal ehrlicher Film, der in den fünfziger Jahren in Las Vegas spielte und die Geschichte zweier mächtiger Männer erzählte. Der eine war ein sadistischer Gangster, der andere ein berühmter Sänger italienischer Abstammung, der der Mafia verpflichtet war. Johnny Romano spielte den Sänger. Die Rolle, die Freddie für sie vorgesehen hatte, war die der Lola, ein Playgirl, das mit beiden Männern ein Verhältnis hat. Es war keine große Rolle, aber sie war sehr effektvoll.

»Alex ist damit einverstanden, dass Sie vorsprechen«, hatte Freddie gesagt.

»Wie großzügig von ihm«, hatte Venus sarkastisch erwidert. Sie fragte sich, ob Freddie eigentlich wusste, wer sie war und was sie darstellte.

Freddie hatte ihren Sarkasmus ignoriert. »Sie werden ihm vorsprechen.«

Nach längerem Hin und Her hatte Venus eingewilligt.

Das Vorsprechen sollte um zwölf Uhr mittags am nächsten Tag in Alex' Büro stattfinden.

Wie Venus erwartete, hatte die Regenbogenpresse bei der Neuigkeit, dass sie sich von Cooper getrennt hatte, verrückt gespielt. Sie beide zierten tagelang die Titelseiten. Und Leslie Kane war es irgendwie geglückt, sich als das süße, unschuldige Mädchen darzustellen, während Venus als männermordende Sexbestie beschrieben wurde.

Mein Gott! In diesen Zeitungen stand nichts als Scheiße. Würden die Leute die Wahrheit kennen, sie würden sich an den Kopf fassen.

Eine weitere schlechte Nachricht bestand darin, dass Venus gehört hatte, ihr Bruder Emilio sei aus Europa zurückgekehrt, wo er mit einer abgetakelten Contessa rumgehangen hatte. Emilio lebte davon, dass er ihr Bruder war. Wahrscheinlich würde er nun wieder versuchen, Geschichten aus ihrem früheren Leben an diese Schmierfinken zu verkaufen.

Außerdem hatte sie erfahren, dass Cooper nicht mehr im Beverly Hills Hotel lebte, sondern in sein früheres Penthouse am Wilshire Boulevard umgezogen war. Nun, wenn er mit fast fünfzig glaubte, das Leben eines Playboys führen und jeden Abend eine andere Frau abschleppen zu müssen, war das *sein* Problem.

Rodriguez würde bald kommen. Sie hatte ihn bestellt, denn die Wahrheit war, dass sie nicht allein sein konnte. Er würde ihr wenigstens Gesellschaft leisten.

Leslie Kane hatte sich, nachdem Cooper mit ihr gebrochen hatte, wieder mit Jeff Stoner, dem unbedeutenden Schauspieler, zusammengetan. Nicht etwa, weil sie an ihm hing – sie machte sich gar nichts aus ihm –, sondern weil sie *irgendetwas* tun musste. Coopers Benehmen war einfach demütigend. Er hatte sich von ihr abgewandt, als würde sie unter einer ekelhaften Krankheit leiden. Der Bastard war nicht einmal höflich zu ihr. Und was alles noch schlimmer machte, war die Art und Weise, wie er sie am Set behandelte. Wenn sie Liebesszenen drehten, benahm er sich tadellos, doch sobald der Regisseur »Schnitt!« rief, wurde er kalt und unnahbar.

Verhielt er sich so, weil er jetzt wusste, dass sie früher einmal eine von Madame Lorettas Callgirls gewesen war?

Wahrscheinlich.

Männer waren so falsch.

Aber Jeff schien das überhaupt nicht zu stören. Im Gegenteil, ihr Freund zu sein ließ ihn aufblühen, gab seiner Karriere Auftrieb. Durch sie konnte er sich profilieren, und danach hatte er sich immer gesehnt.

In sexueller Hinsicht konnte Jeff nicht mit Coopers Spitzenleistung konkurrieren. Er war ein Anfänger – nur Stehvermögen und keine Raffinesse. Das war das Ärgerliche mit vielen Männern – sie hatten keine Ahnung, wie man liebt, sie wussten nur, wie man fickt. Jeff war keine Ausnahme.

Sie vermisste Coopers erfahrene Sinnlichkeit, sein Wissen, wo und wann er sie berühren musste, seine langen Küsse, seine alles erforschende Zunge und seine sensiblen Hände. O ja, Cooper war der Beste.

Immer öfter dachte sie darüber nach, wie sie Cooper zurückgewinnen könnte. Es musste einen Weg geben.

Und falls es einen gab, würde sie ihn finden.

Wieder zurück in New York, war Brigette mehr denn je entschlossen, ihre Karriere zu starten. Sie hatte Lennie sehr gern gehabt, doch nun war er tot. Und sein Tod hatte sie erschüttert, weil sie erkennen musste, wie schnell ein Leben enden konnte.

In L.A. hatte sie so viel Zeit wie möglich mit seinen Kindern verbracht. Lucky war immer im Studio gewesen und schien in Arbeit zu ersticken, so dass Brigette sie kaum gesehen hatte, obwohl die beiden unter einem Dach gelebt hatten.

Ein paar Wochen nach dem Gedenkgottesdienst für Lennie hatte Brigette Lucky mitgeteilt, dass sie nach New York zurückkehren wolle. Lucky schien nichts dagegen zu haben.

Und jetzt war sie wieder hier und mochte nicht länger rumsitzen. Sie wollte jemand werden, und das *bald.*

Anna freute sich, sie zu sehen. »Nona hat heute schon dreimal angerufen«, sagte sie, als Brigette ihre Koffer abstellte. »Du sollst sofort zurückrufen.«

Während ihres Aufenthalts in L.A. hatte Brigette nur ein paarmal mit Nona telefoniert. Diese hatte versprochen, die Kontakte zu Aurora Mondo Carpenter und Michel Guy nicht abreißen zu lassen und dass Luke die Fotos bei ihrer Rückkehr fertig haben würde. Wenigstens hatte sie etwas, worauf sie sich freuen konnte.

Sie begab sich in die Küche, machte eine Flasche Seven-Up auf, sah ihre Post durch und rief dann Nona an.

»Es wird aber auch Zeit!«, sagte Nona. »Wo warst du?«

»Im Flugzeug. Ich komme gerade aus L.A.«

»Du kannst dich gleich wieder zum Weggehen fertig machen. Luke Kasway möchte, dass wir in sein Atelier kommen. Und zwar sofort!«

Rodriguez war pünktlich; sein schmelzender Blick bohrte sich in Venus' Augen. »Meine Schöne!«, rief er und küsste ihr die Hand.

Venus, die nur einen kurzen Kimono trug, lächelte. Sie fand die Tatsache, dass sie Rodriguez für seine Dienste bezahlte, auf herrliche Weise dekadent. So kam sie einigermaßen zurecht, obwohl er nicht der Liebhaber war, den sie sich vorgestellt hatte – aber wer war das schon?

»Ich bin müde«, sagte sie mit ihrer Kleinmädchenstimme. »Meine Knochen tun mir weh.«

»Rodriguez wird dich wieder in Form bringen, deine Muskeln zum Leben erwecken. Dein ganzer Körper wird unter meinen Händen kribbeln.«

Sie gingen in den Massageraum ihres klassisch-modernen, ganz in Weiß gehaltenen Hauses. Venus stellte den CD-Player an, und die Klänge von k.d. lang kamen aus den Boxen.

Rodriguez zog sein Jackett aus. Er trug ein ärmelloses schwarzes T-Shirt und enge schwarze Jeans, unter der sich die Muskeln seiner Oberschenkel abzeichneten. Sein durchtrainierter gebräunter Körper war verführerisch, und sein Atem roch nach Minze. Alles in allem wirkte er sehr sexy.

Er lächelte sie an; seine dunklen Augen verhießen erotische Wonnen. »Leg dich auf den Tisch, meine Schöne!«, befahl er.

Sie ließ ihren Kimono von den Schultern gleiten und enthüllte einen schwarzen Tanga aus Spitze, sonst nichts.

Rodriguez' Blick glitt bewundernd über ihren Körper und blieb an ihren vollen Brüsten haften. »Perfekt!«, rief er aus. »Du bist die Perfektion in Person, meine Venus.«

Ich bin nicht deine Venus, hätte sie am liebsten gesagt. Ich bin deine Klientin. Du massierst mich, wir kriegen beide unseren Orgasmus, aber das bedeutet nicht, dass ich dir gehöre.

Ohne ein Wort kletterte sie auf den Tisch und legte sich mit ausgestreckten Armen bäuchlings darauf.

Rodriguez goss aus einer Flasche mit exotisch parfümiertem Öl etwas in seine Handfläche und begann liebevoll ihre Schultern und ihren Nacken zu massieren.

Langsam spürte sie, wie die Verspannung aus ihrem Körper wich. O mein Gott, er hatte wirklich begnadete Hände!

»Wie lange bist du schon in L.A.?«, fragte sie.

»Seit meinem sechzehnten Lebensjahr«, antwortete Rodriguez. »Ich kam in Begleitung einer verheirateten Frau hierher, die ihrem Mann weggelaufen war. Sie hatte mir versprochen, mir einen Schönheitssalon zu kaufen.«

»Und was passierte dann?«

»Ihr Mann tauchte auf und wollte sie wiederhaben. Er war Multimillionär.« Rodriguez zuckte mit den Schultern. »Sie liebte mich, aber sie war gezwungen, zu ihm zurückzukehren. Ich war zu jung, um dagegen anzukämpfen.«

»Was hast du dann gemacht?«

»Wieder mit einer Frau gelebt. Für Frauen hatte ich schon immer eine Schwäche.«

Seine Hände wanderten nach unten und kneteten ihre nackten Hinterbacken.

»Oh!«, seufzte sie genüsslich. »Verdammt noch mal, ist das *gut.*«

»Ich habe meinen Beruf von dem besten Masseur gelernt«, prahlte Rodriguez, »von meinem Vater. Er war der berühmteste Masseur in Argentinien.«

»Sag mal«, murmelte Venus, als sich seine Finger in die Spalte gruben, »wie würde es dir gefallen, in meinem neuen Video mitzuspielen?«

»Und was soll ich da tun?«

»Nur du selbst sein. Es wird für den Song *Sin* gedreht, den ich selbst geschrieben habe. Das soll ein sehr sinnliches Video werden und gleichzeitig unwirklich.«

»Es wäre mir eine Ehre.«

»Der Besetzungsleiter wird dich anrufen.« Seine Hände massierten jetzt die Innenseite ihrer Schenkel. Er spreizte ihre Beine und erforschte ihr Geschlecht.

Sie ließ es geschehen; sie brauchte die Entspannung.

Schließlich bezahlte sie ihn dafür, oder nicht? Das war ein Teil dieser perversen Erregung.

Und das Beste daran war – sie hatte alles unter Kontrolle.

Brigette fuhr mit dem Taxi zu Luke Kasways Studio. Nona hatte aufgeregt am Telefon geklungen.

Sie wusste, dass sie nicht gerade gut in ihren ausgebeulten Jeans und einem formlosen karierten Hemd aussah, das honigblonde Haar zu einem Zopf gebunden, der ihr über den Rücken fiel.

Nona erwartete sie schon. Ungeduldig ging sie den Bürgersteig auf und ab.

»Was ist denn los?«, fragte Brigette und bezahlte den Taxifahrer.

»Das weiß ich nicht. Luke war ganz aus dem Häuschen, als er anrief. Er bestand darauf, uns beide sofort zu sehen.«

»Glaubst du, dass er einen Job als Model für mich hat?«

»Das hoffe ich, verdammt noch mal«, antwortete Nona. »Und selbst wenn er keinen hat, sehen wir uns die Fotos an. Die zeigen wir morgen Aurora. Und ich rufe Michel an, da du jetzt wieder hier bist. Wir müssen einen Termin mit ihm vereinbaren.«

»Das hört sich gut an.«

Als die beiden das Studio betraten, war Luke mitten in der Arbeit. Seine Assistentin, ein ausgemergeltes Mädchen in einem Khaki-Overall und Kampfstiefeln, brachte sie zur Bar und sagte ihnen, sie sollten dort warten.

Luke fotografierte Cybil Wilde, ein hinreißendes blondes Model. Cybil trug durchsichtige Reizwäsche und hatte ein Zahnpastalächeln aufgesetzt. Es schien ihr überhaupt nichts auszumachen, dass das Studio voller Leute war.

»Was sind das alles für Typen?«, flüsterte Brigette.

»Werbefritzen, Stylisten, Make-up-Spezialisten«, antwortete Nona. »Als meine Mom für *Vanity Fair* fotografiert wurde, waren noch mehr Leute da.«

Aus mehreren Lautsprechern dröhnte Rockmusik. Auf einem Tisch standen Salate und Snacks. Die Atmosphäre war gespannt, obwohl Cybil viel lachte.

Jedes Mal, wenn Luke eine Pause machte, fummelte jemand an Cybil rum, kämmte sie, erneuerte das Make-up oder zupfte an den winzigen Kleidungsstücken, die kaum ihre üppigen Kurven bedeckten.

Als Cybil sich schließlich umzog, kam Luke an die Bar. »Hallo, Ladys«, sagte er und fuhr sich mit der Hand durch sein stachliges Haar.

»Was soll die ganze Aufregung?«, wollte Nona wissen.

»Lasst mich diesen Job fertig machen«, erwiderte Luke. »Dann lade ich euch zum Dinner ein.«

»Ich bin später mit Zan verabredet«, wandte Nona ein. »Und Brigette ist müde. Sie ist gerade aus dem Flugzeug gestiegen.«

»Zan soll auch kommen. Ich brauche ihn ebenfalls.«

»Können wir wenigstens erst mal nach Hause gehen und uns umziehen?«, fragte Nona.

»Ja, ja. Ich hatte keine Ahnung, dass die Session so lange dauern würde. Wisst ihr was? Treffen wir uns doch um acht bei Mario's. Dann erkläre ich euch alles.«

Nona runzelte die Stirn. »Was willst du uns erklären?«

»Ach, habe ich euch das noch nicht gesagt?«, entgegnete Luke mit falscher Bescheidenheit. »Rock-'n'-Roll-Jeans wollen Brigette und Zandino für ihre Werbekampagne. Du hattest Recht, Nona. Die beiden werden die künftigen Superstars!«

17

Lucky trank fast den ganzen Krug mit Margarita leer, ehe sie einschlief. Als sie erwachte, war sie verwirrt. Wo zum Teufel war sie?

Dann fiel es ihr wieder ein. Sie saß mit Alex Woods in seinem Wagen, und sie wollten Gino in Palm Springs besuchen.

»He«, sagte sie und streckte sich lässig. »Wo sind wir?«

»Unterwegs. Sie haben alles Erreichbare in sich reingeschüttet und sind dann eingeschlafen.«

Sie lachte leise. »Diese Angewohnheit habe ich manchmal.«

»Das ist schon okay.«

»Na ja … vielen Dank«, murmelte sie und langte nach dem Krug mit Margarita, den sie zwischen Lehne und Rücksitz eingeklemmt hatte, damit er nicht umfallen konnte. Sie nahm noch ein paar kräftige Schlucke. »Ich sollte wohl Gino anrufen und ihm sagen, dass wir kommen.«

»Haben Sie ihn nicht vom Restaurant aus angerufen?«

»Keine Angst, er wird sich freuen, uns zu sehen, obwohl ich zugeben muss, dass wir nicht immer gut miteinander ausgekommen sind.«

Alex hatte das Gefühl, dass Lucky reden wollte. »Warum?«, fragte er und machte es ihr auf diese Weise leicht.

»Gino wünschte sich einen Sohn. Stattdessen kriegte er mich. Und wie sich herausstellte, war er mir nicht gewachsen.« Sie grinste, als sie sich erinnerte. »Ich war ein wildes Kind. Unkontrollierbar.«

»Und jetzt?«

»Bin ich nur noch ein Schatten meines früheren Selbst.«

»Was war denn so wild an Ihnen, Lucky?«, fragte Alex, wirklich interessiert.

»Ach, ich machte nur das Übliche – haute aus der Schule ab, fickte eine Menge Jungs, versuchte die Geschäfte meines Vaters zu übernehmen und drohte, einem seiner Investoren den Schwanz abzuschneiden, falls er nicht mit dem Geld rüberkäme, das er uns schuldete.«

»Ein nettes, einfaches Mädchen«, bemerkte Alex ironisch.

»Aber es klappte. Wenn man den Schwanz eines Typen in die Mangel nimmt, klappt es *immer.*«

»Und jetzt leiten Sie ein Filmstudio. Perfekt.«

Sie fuhren ein paar Minuten schweigend weiter, dann sagte Alex: »Ich habe nicht gedacht, dass nette italienische Mädchen in der Gegend rumhuren würden.«

Lucky lachte gutmütig. »Oh, was für ein behütetes Leben *Sie* geführt haben müssen.«

»*Ich?!*«, rief er verblüfft aus. Hatte sie denn nichts über ihn in der Presse gelesen?

Sie schwieg und zündete sich eine Zigarette an. »Ich habe so viel erzählt, doch Ihr einziger Kommentar war der, dass nette Italienerinnen nicht rumvögeln. Seltsam, nicht? Könnte es sein, dass Sie, der Mann mit dem übelsten Ruf in Hollywood, im tiefsten Innern ein – wie soll ich sagen? – prüder Mensch sind?«

»Sind Sie komplett verrückt geworden?«

Lucky lächelte verschlagen. »Es wird geklatscht, das wissen Sie doch, oder? Wollen Sie hören, was über Sie geredet wird?«

Er konnte nicht widerstehen. »Was denn?«

Sie zog an ihrer Zigarette und blies ihm den Rauch ins Gesicht. »Der große Macho. Leckt nie eine Pussy.«

»Gütiger Himmel!«

»Entschuldigen Sie«, sagte Lucky mit gespielter Naivität. »Habe ich Sie schockiert?«

Er war einfach perplex. Lucky Santangelo musste verrückt sein.

»Sie sagen solche Dinge doch nur, weil Sie scharf auf die Reaktion sind, oder?«, fragte er.

»Ist das nicht der einzig interessante Punkt?«

Er fuhr schweigend weiter und versuchte sich ein Bild von ihr zu machen.

»Warum nehmen wir nicht die nächste Ausfahrt?«, schlug sie vor. »Wir haben nichts mehr zu trinken.«

Alex musste sich eingestehen, dass er diese Frau faszinierend fand. Er hatte sie für kalkulierbarer gehalten. Sie strahlte eine Kraft aus, als könnte sie mit jeder Situation fertig werden. Das war zermürbend. Er war Frauen mit einem derartigen Selbstvertrauen nicht gewohnt.

Bis jetzt hatte sie Lennie noch nicht erwähnt, und ihm schien es nicht passend, auf das Thema zu sprechen zu kommen. Wollte sie darüber reden, würde sie es sicher tun.

Er wechselte die Fahrspur und verließ den Freeway. Die Gegend war trostlos. Außer einer Tankstelle, einer Hamburgerbude und einem schäbigen Rasthaus, an dem ein blinkender Schriftzug aus Neonlicht LEBENDE NACKTE MÄDCHEN anpries, hatte sie nichts zu bieten.

Alex fuhr langsamer. »Wir sind in einer Einöde.«

»Definieren Sie mir doch bitte *lebende* nackte Mädchen«, sagte Lucky stirnrunzelnd. »Ist das das Gegenteil von *tote* nackte Mädchen?«

»Dieser Ort entspricht wohl nicht Ihrem Geschmack, wie?«

»Unsere Auswahl ist ja wohl sehr beschränkt, hm?«

Er zuckte mit den Schultern. »Geben Sie nicht mir die Schuld daran.«

»Wenn Sie mich erst mal besser kennen, Alex, werden Sie merken, dass ich *immer* die Verantwortung für meine Entscheidungen übernehme.«

»Ehemaliges wildes Mädchen kommt auf die richtige Bahn. Das gefällt mir.«

»Sie können mich mal«, sagte sie gleichmütig.

Er sah ihr in die Augen. »Ist das eine Drohung oder ein Versprechen?«

»Lassen Sie mich heute Nacht lieber in Ruhe, Alex. Ich möchte Ihnen nicht wehtun.«

Und während sie das sagte, wurde ihr klar, dass sie genau das brauchte. Sie musste jemandem so wehtun, wie Lennie ihr wehgetan hatte. Schlimm genug, dass er gestorben war. Dass er bei seinem Tod auch noch genügend Beweise für seine Untreue hinterlassen hatte, reichte ihr, um ihn für immer zu hassen. Es gab nur eine einzige Möglichkeit, diese offene Rechnung zu begleichen.

Alex parkte den Wagen, und sie gingen in die gerammelt volle Kneipe.

Große Überraschung – nur Männer hielten sich in der verräucherten Bar auf.

Eine überforderte minderjährige Kellnerin, die Stiefel, einen Cowboyhut und einen Minirock trug, hetzte mit einem Tablett durchs Gedränge. Sie war oben ohne, hatte kleine Hängebrüste und lächelte verkniffen. An dem einen Ende der Bar schlängelte eine große blonde Stripperin ihren aus der Form geratenen Körper, den nur ein Minislip und Handschellen zierten, um einen glänzenden Pfahl. Dolly Parton dröhnte aus der Musikbox. Jedes Mal, wenn die Stripperin in die Hocke ging, quollen Fettwülste über Bauch und Hüften.

»Entzückend«, murmelte Lucky und setzte sich, von den lüsternen Blicken der Männer gefolgt, an die Bar.

Alex ließ sich auf den Hocker neben ihr nieder.

»Tequila«, sagte Lucky zu dem knorrigen, hohlwangigen, finster aussehenden alten Mann. Er ignorierte sie und wartete auf Alex' Bestellung.

»Tequila für die Lady«, wiederholte Alex, »und ich nehme einen Bourbon mit Wasser.«

»Gießen Sie mir einen doppelten ein«, sagte Lucky und trommelte ungeduldig mit den Fingernägeln auf die Theke. Der Barkeeper schlurfte davon.

Die große blonde Stripperin kam zum Ende ihres Akts, riss sich den Minislip runter, drehte dem Publikum den Rücken zu und wackelte mit ihrem fetten Arsch. Es ertönten vereinzelt Pfiffe und Buhrufe.

»Was für ein Haufen erbärmlicher Verlierer«, sagte Lucky, nachdem sie sich umgesehen hatte. »Schauen Sie sich doch diese Wichser an. Warum sind die nicht zu Hause bei ihren Frauen?«

»Ich habe Ihnen nicht das Ritz in Paris versprochen«, erwiderte Alex. »Und reden Sie bitte leise.«

Der Barkeeper brachte ihre Drinks. Lucky trank ihren Tequila in einem Schluck. Ein John-Travolta-Abklatsch an ihrer Seite stieß einen bewundernden Pfiff aus.

»Noch einen«, sagte Lucky.

»Ob wir's heute noch bis zu Ihrem Vater schaffen?« Alex seufzte und gab dem Barkeeper ein Zeichen.

»Sagen Sie mir die Wahrheit«, bat Lucky, leicht auf dem wackligen Barhocker schwankend. »Ist das der einzige Grund, warum Sie heute Abend mit mir zusammen sind? Um Gino kennen zu lernen?«

»Was glauben *Sie* denn?«

»Ich glaube, dass wir zusammen sind, weil wir beide Abwechslung brauchen.« Sie fixierte ihn mit einem langen, wissenden Blick.

»Habe ich Recht?«

»Wie scharfsinnig.«

»O ja, das bin ich. So verdammt scharfsinnig, dass ich wirklich geglaubt habe, Lennie wäre mir treu.«

»Und war er das nicht?«

»Darauf will ich nicht näher eingehen«, erwiderte sie schroff, weil es ihr Leid tat, etwas so Privates überhaupt erwähnt zu haben.

Ein kleiner Mann in einem zu eng sitzenden Freizeitanzug betrat die Bühne. »Okay, Leute«, brüllte er, »jetzt kommt der Moment, auf den wir alle gewartet haben – der Star unserer Show! Applaus, Applaus für unsere Königin der Nacht! Driving Miss Daisy!«

Eine hässliche Schwarze mit einem unglaublichen Körper sprang, vor Energie strotzend, auf die Bühne. Sie trug einen mit Fransen besetzten weißen Büstenhalter, Bikinihöschen und eine spitze Chauffeursmütze. Jetzt dröhnten die Rolling Stones aus der Musikbox. Driving Miss Daisy zog zu den

Klängen von »Honky Tonk Women« ihre Show ab. Das Publikum raste.

Alex betrachtete den fast nackten ebenholzschwarzen Körper. »Ich sollte ihr eine Statistenrolle in *Gangsters* geben«, überlegte er laut. »Die Frau ist 'ne Wucht.«

»Warum nicht?«, sagte Lucky kühl. »Was wäre Ihr Film schon ohne die obligatorische Strip-Szene?«

Sie hatte wirklich auf alles eine Entgegnung. »Das sind Szenen aus dem wirklichen Leben«, erwiderte er und wusste, dass Lucky mit ihm streiten würde.

»Mag sein, aber warum seid ihr Filmemacher so durchschaubar? Immer sitzen zwei Schauspieler in einem Striplokal, und der Kameramann schießt sich eine ganze Szene lang auf die Titten und den Arsch der Stripperin ein. Wann merkt ihr Typen eigentlich, dass solche Szenen bereits bis zum Überdruss gedreht worden sind?«

»Was ist bloß mit Ihnen los? Bei unserer ersten Begegnung haben Sie nur davon geredet, dass auch Schauspieler nackt auftreten sollten.«

»Hat Sie das beleidigt?«

»Frauen wollen so etwas nicht sehen. Es ist eine Männerwelt.«

»Sie hätten gern eine Männerwelt«, konterte sie. »Aber die Frauen machen heutzutage, was sie wollen. Und Frauen werfen gern mal einen Blick auf einen nackten Kerl. Warum, glauben Sie denn, ist Richard Gere heute ein Star? Weil er in *Looking For Mr. Goodbar* seine Eier hergezeigt hat. Und die Frauen lieben ihn wegen seiner Ehrlichkeit.«

Driving Miss Daisy machte jetzt irgendetwas Obszönes mit dem Pfahl und verursachte einen Aufruhr im Publikum. Mehrere Männer warfen Dollarnoten auf die Bühne.

»Als eine Freundin von mir im Krankenhaus lag, habe ich ihr *Playgirl* zum Lesen mitgebracht«, steigerte sich Lucky in das Thema hinein. »Jetzt möchte man doch annehmen, dass

Krankenschwestern genügend männliche Sexualorgane zu sehen bekommen. Aber die sind beim Anblick der nackten Kerle in dem Magazin affengeil geworden und haben es auf der ganzen Station herumgereicht. Die waren völlig aus dem Häuschen.«

Alex schüttelte den Kopf. »Sie kapieren das nicht.«

Lucky ließ sich nicht beirren und erwiderte lächelnd: »Nein, Alex, *Sie* kapieren es nicht.«

Driving Miss Daisy entledigte sich jetzt auf rasante Weise ihrer spärlichen Kleidungsstücke. Den Büstenhalter schleuderte sie ins Publikum und wirbelte die an ihren Brustwarzen befestigten Fransen im Kreis herum. Unter ihrem Bikinihöschen, das längst verschwunden war, trug sie nur einen kaum sichtbaren Tangaslip.

»Wie ist sie nur hier gelandet?«, überlegte Lucky laut. An diese miese Absteige mitten in der Wildnis.«

»Das ist mein Geschäft«, sagte Alex. »Die Lebensgeschichten von Menschen aufzudecken.«

»Um dann darüber zu schreiben und einen Film daraus zu machen.«

»Besser, als Fleisch zu verpacken.«

Driving Miss Daisy hockte sich jetzt auf den Boden und klaubte geschickt zwischen ihren Oberschenkeln die Dollarnoten auf. Der John-Travolta-Abklatsch an Luckys Seite brüllte vor Begeisterung.

»Arschloch«, murmelte Lucky.

»Was ich bisher von Ihnen gehört habe, klingt nach einer ziemlich interessanten Lebensgeschichte«, wagte Alex einen Vorstoß.

»Wie ich schon sagte, ich war ein wildes Kind«, erwiderte Lucky leichthin. »Ich habe Ihnen noch gar nichts von dem Typen erzählt, den ich erschossen habe. Aus Notwehr natürlich.«

Himmel! Die Bezeichnung *wild* war wirklich nicht übertrieben. »Nein, die Geschichte haben Sie mir noch nicht erzählt«, sagte er leise.

»Enzio Bonnatti war der Mann, der meine Mutter und meinen Bruder umbringen ließ und der sich noch ein paar weniger wichtige Sachen geleistet hat. Er hat mich zu dem gemacht, was ich heute bin.«

Diese Frau brachte es tatsächlich fertig, einfach dazusitzen und ihm zu erzählen, dass sie jemanden umgebracht hatte. Vielleicht haben wir doch mehr gemeinsam, als ich dachte, überlegte Alex. Er hatte in Vietnam getötet, aber dafür gab es eine Entschuldigung – sie hieß Krieg.

»Sie sind eine sehr ungewöhnliche Frau, Lucky.«

Sie musterte ihn eine Weile argwöhnisch. Er kannte nicht einmal die halbe Geschichte. Vielleicht war sie zu redselig und sollte lieber das Thema wechseln, ehe er neugierig wurde.

»Und Sie, Alex? Waren Sie je verheiratet?«

»Nein.«

»Nie?« Lucky schüttelte ungläubig den Kopf. »Wie alt sind Sie?«

»Siebenundvierzig.«

»Hm ... das heißt, Sie sind entweder sehr clever, oder Sie haben einen fatalen Charakterfehler.«

Alex griff nach seinem Drink. »Spielen Sie jetzt Seelenklempner?«

»Männer, die in Ihrem Alter noch nicht verheiratet sind, leiden gewöhnlich unter gravierenden Komplexen, sonst wären Sie schon längst von einer Frau geschnappt worden.«

»Nein, die Erklärung ist ganz einfach. Mir ist bisher noch keine Frau begegnet, mit der ich den Rest meines Lebens verbringen möchte.«

»Ich habe dreimal geheiratet«, sagte Lucky leichthin. »Nach dem ersten Mal ist es gar nicht mehr so nervenaufreibend.«

»Und wer war Ihr erster …«

»Craven Richmond, Senator Peter Richmonds kleiner Junge. Mein Gott, war das ein Trottel. Und ich war an ihn gebunden.« Bei der Erinnerung daran musste sie lachen. »Gino hat mich gezwungen, Craven zu heiraten. Peter war gezwungen, einzuwilligen, weil er Gino einen Gefallen schuldig war.«

»Das muss aber eine große Schuld gewesen sein.«

»Ja.«

»Erzählen Sie mir mehr darüber?«

»Erst, wenn ich Sie besser kenne.«

»Und wer kam nach Craven?«

»Dimitri Stanislopoulos, ein Mann, der alt genug war, um mein Vater sein zu können.« Sie schwieg einen Augenblick. »Er war übrigens der Vater meiner besten Freundin Olympia.« Lucky erinnerte sich kichernd an ihre Jugendsünden. »Wir waren zwei böse kleine Mädchen. Nun, wie auch immer … als ich mit Dimitri verheiratet war, habe ich ihn zusammen mit Francesca Fern, der Opernsängerin, im Bett erwischt. Dimitri wollte mich nicht verlassen, hätte Francesca aber am liebsten zu Tode gevögelt.«

»Der Mann muss verrückt gewesen sein.«

»Nach Dimitri kam Lennie.« Lucky verstummte, und über ihre Augen legte sich ein Schleier. Sie schwieg lange. »Lennie war mein Seelengefährte«, fuhr sie schließlich fort. »Wir waren alles füreinander. Ich habe ihn so sehr geliebt.« Sie sah Alex an. »Hatten Sie je diese Art von Beziehung mit einem Menschen?«

»Nein.«

»Es ist das größte Gefühl«, sagte Lucky wehmütig. »Diese unglaubliche Intensität, dieses intuitive gegenseitige Verstehen …«

»Es muss sehr schwer für Sie gewesen sein, Lucky«, unterbrach er sie. »Der Unfall … der Verlust von Lennie …«

»Schicksalsschläge sind unausweichlich«, entgegnete sie

und griff nach ihrem Drink. »Ich vertraue Ihnen jetzt etwas an, was ich noch niemandem erzählt habe, Alex. Ich habe herausgefunden, dass Lennie rumgehurt hat. In seinem Hotelzimmer lagen Fotos, die ihn zusammen mit einer Blondine in eindeutigen Positionen zeigen. Und im Nachttisch waren Nacktfotos von ihr. Er hat offensichtlich die Nacht vor meiner Ankunft mit ihr verbracht. Ich weiß nicht, warum er seine Spuren nicht verwischt hat. Wahrscheinlich hat er angenommen, das Zimmermädchen würde aufräumen, während er zum Flughafen fuhr, um mich abzuholen.« Sie seufzte. »Jedenfalls war das ein schwerer Schlag für mich, weil … nun ja, ich glaube an die eheliche Treue. Als Single kann man ja nach Lust und Laune rumbumsen, aber wenn ich heirate … für mich ist die Ehe eine Bindung auf Lebenszeit.«

»Oh …«, seufzte Alex. »Eine Frau, die an altmodischen Werten festhält.«

»Was ist daran falsch?«, fragte Lucky heftig. Es tat ihr bereits Leid, so viel von sich preisgegeben zu haben. »Ich finde es einfach verrückt, dass wir in einem Land leben, in dem jeder sagt, es sei okay, wenn ein Mann rumbumst. Ich finde das nicht okay. Ich habe Lennie geliebt, und er hat mich enttäuscht. Das ist kein Fairplay.« Lucky hörte auf zu reden und zündete sich eine Zigarette an. Sie ärgerte sich über ihre Gefühlsduselei. »Ich werde ganz sentimental«, sagte sie. »Trinken wir noch einen.« Sie schnippte mit den Fingern. Der Barkeeper schlurfte widerwillig heran. Sie schwenkte eine Zwanzigdollarnote unter seiner Nase. »Geben Sie das Driving Miss Daisy, und sagen Sie ihr, sie möchte sich bitte zu uns setzen. Dann bringen Sie mir noch einen doppelten Tequila.«

»Was haben Sie vor?«, fragte Alex stirnrunzelnd.

»Ich bin neugierig, wie diese hässliche Frau mit diesem erstaunlichen Körper hier landen konnte und sich ihren Lebensunterhalt mit Strippen verdient. Interessiert Sie das nicht?«

»Ich würde lieber Gino kennen lernen.«

»Wir kommen schon noch hin. Keine Sorge.«

Der John-Travolta-Abklatsch mischte sich jetzt in die Unterhaltung der beiden ein. »Seid ihr aus L.A.?«, fragte er und rieb sich mit einem dreckigen Fingernagel die Nasenspitze.

»Wie kommen Sie denn da drauf?«, fragte Lucky zurück.

Der Typ stellte seine Bierflasche auf die Theke und steckte anzüglich einen Finger in den Flaschenhals. »Weil ihr nicht so ausseht, als kämt ihr aus dieser Gegend.«

»O Mist!«, sagte Lucky schleppend, beinahe flirtend. »Und ich habe gehofft, ich würde hier reinpassen.«

Der junge Kerl lachte schallend. »Ich bin Jed. Die Kneipe hier ist der heißeste Schuppen der ganzen Gegend«, prahlte er. »Ihr habt's richtig getroffen.«

»Nein, wirklich?« Lucky verschlang ihn mit ihren dunklen Augen.

Jed beugte sich etwas vor und musterte sie lüstern. »Bist du eine von den Hollywood-Schauspielerinnen?«

Alex konnte förmlich die Erregung diese Blödmanns riechen. »Die Lady ist in meiner Begleitung«, warf er ein. »Und wir wollen keinen Dritten dabeihaben.«

»Ich will niemanden beleidigen«, erwiderte Jed und wich zurück. »Wollte nur freundlich sein.«

»Lucky«, sagte Alex mit gesenkter Stimme, »ich habe keine Lust, in eine Prügelei zu geraten. Tun Sie mir also bitte den Gefallen und hören Sie auf, dieses Naturtalent zu provozieren.«

Sie sah ihn spöttisch an. »Ich dachte, Sie könnten der rauen Seite des Lebens etwas abgewinnen, Alex. Ist das wilde Leben nicht Ihr Territorium?«

»Sollte es Ihnen entgangen sein, dass ich mich erheblich in der Minderzahl befinde?«

»Oh … das tut mir so Leid.« Sie hielt dem Barkeeper ihr leeres Glas hin. »Noch einen.«

»Herrgott noch mal«, murmelte Alex, »haben Sie ein hohles Bein?«

»So was Ähnliches.«

»Ich verschwinde mal kurz«, sagte er schroff. »Versuchen Sie, nicht in Schwierigkeiten zu geraten. Wenn ich zurück bin, gehen wir.«

Sie salutierte spöttisch. »Ja, Sir!«

Kaum war Alex außer Sicht, machte sich der Sexprotz wieder an Lucky ran.

»Ich wollte wirklich niemanden beleidigen«, meinte er und rutschte näher.

»Nichts passiert«, entgegnete Lucky.

»Ist das dein Mann?«, fragte Jed, auf Alex' Hocker deutend.

»Nein, das ist *nicht* mein Mann«, antwortete Lucky amüsiert.

»Dann darf ich dich vielleicht zu einem Bier einladen?«

»Ich trinke Tequila.«

»Der schmeckt mir nicht.« Dem Barkeeper rief er zu: »Schreib den Drink der Lady auf meinen Bierdeckel.«

Der Barkeeper konnte Ärger meilenweit riechen. »Das ist keine gute Idee«, warnte er Jed.

»Der Kerl in ihrer Begleitung ist nicht ihr Mann«, sagte Jed, als wäre damit alles erklärt.

»Es ist trotzdem keine gute Idee.«

Jeds Gesicht rötete sich vor Wut. »Verdammt noch mal, ich kaufe ihr einen Drink!«, brüllte er und schlug mit der Faust auf die Theke.

»Herrgott!«, knurrte der Barkeeper angewidert.

»Machen wir doch daraus keine große Sache«, sagte Lucky zu dem grimmigen alten Mann.

»Ihr Leute solltet da bleiben, wo ihr hingehört.« Der Barkeeper sah Lucky böse an.

»Fick dich ins Knie«, fluchte Lucky, die allmählich die Beherrschung verlor.

Jed packte ihren Arm. »Beleidige den alten Bastard lieber nicht. Komm, wir gehen woandershin.«

Sie schüttelte seine Hand ab. Der Alkohol trübte ihr Urteilsvermögen. Alex hatte Recht – diesen Naturburschen zu provozieren war keine gute Idee gewesen.

Jed packte wieder ihren Arm. Sie schlug ihm auf die knochige Hand.

»Was, verdammt noch mal, hast du für ein Problem, Lady?«, explodierte Jed.

»Rühr mich nicht an, du Arschloch«, warnte sie ihn scharf.

Der Kerl lief vor Wut noch röter an. »Wie nennst du mich, du *Schlampe?*«

Genau in diesem Augenblick kam Alex von der Toilette zurück.

18

Deine Fans müssen dich doch verrückt machen«, sagte Rodriguez, während er träge Venus' Haar streichelte. Die beiden saßen nackt in ihrem Whirlpool auf dem Patio. Unter ihnen schimmerten die Lichter der Stadt.

»Manchmal«, stimmte sie nachdenklich zu. »Vor allem, wenn ich in der Öffentlichkeit bin und sie mich berühren wollen. Ich weiß nie, ob einer von ihnen nicht ein Messer oder eine Waffe bei sich hat. Jeder könnte ein Wahnsinniger sein, der mir nach dem Leben trachtet.«

»Hast du deshalb einen Leibwächter in deinem Haus?«

»Personenschutz ist heutzutage unerlässlich.«

Er berührte ihre Brüste mit den Fingerspitzen.

Venus überlief ein Schauder der Erregung. Heute Abend war er beim Sex besser gewesen als die beiden vorherigen Male. Er hatte sich selbst übertroffen und sie vor Wonne stöhnen lassen. Als Belohnung durfte er noch eine Weile bei ihr bleiben.

Er griff nach der Flasche Champagner, die am Rand des Whirlpools stand, und hielt sie ihr an den Mund. Venus ließ die goldene Flüssigkeit durch ihre Kehle rinnen.

»Trinkst du nichts?«, fragte sie und leckte sich genüsslich die Lippen.

»Ich zeige dir, wie Rodriguez Champagner trinkt«, antwortete er, hob sie hoch und legte sie auf den Rand des Pools.

»Was machst du da?«, protestierte sie, aber nicht zu heftig.

»Sei still, meine Schöne«, murmelte er, spreizte ihre Beine und streichelte die weiche Innenseite ihrer Schenkel. Dann goss er Champagner über ihr Schamhaar. »So trinkt Rodriguez Champagner«, sagte er und leckte die Flüssigkeit auf. Er bewegte seine geschickte Latino-Zunge, bis sie wieder vor Lust stöhnte und beschloss, Rodriguez doch noch eine Weile als Liebhaber zu behalten.

Mario's war ein lautes, farbenfrohes italienisches Restaurant, in dem hauptsächlich Models, Agenten, Kunsthändler und Schriftsteller verkehrten. »Es ist *das* In-Lokal«, informierte Nona Brigette, als sich die beiden, von Zandino gefolgt, durch die Bar zu Lukes Nische drängten.

Nona und Brigette waren schnell nach Hause gefahren und hatten sich umgezogen. Nona trug ein hellgrünes Satinhemd von Dolce and Gabbana zu engen schwarzen Hosen, während sich Brigette für ein knappes Kleid von Calvin Klein und Riemchensandalen entschieden hatte.

»Quetscht euch rein«, sagte Luke, nachdem er die drei herzlich begrüßt hatte. »Bestimmt kennt ihr Cybil, und das ist der exzellente Harvey, der es schafft, dass sogar *mein* Haar einigermaßen passabel aussieht.«

Harvey streckte die Hand aus und befingerte eine Strähne von Brigettes blondem Haar. »Hübsch, Schätzchen«, sagte er mit starkem Cockney-Akzent. »Keine Tönung, keine blöden

Strähnen, auf die alle Mädchen abfahren. Lass es so, wie es ist.«

»Danke«, erwiderte Brigette und rutschte auf den Platz neben ihm.

»Und was *dich* betrifft, Madam«, fügte Harvey nach einem Blick auf Nonas flammend rotes Haar hinzu. »Sehr *au courant.* Und bestimmt auch deine natürliche Haarfarbe.«

Brigette musterte Harvey von der Seite. Er war ungefähr dreißig, trug das weißblonde Haar mit einer grünen Seitensträhne kurz geschnitten und hatte in jedem Nasenflügel einen kleinen Diamanten.

Nona ging nicht auf seine Worte ein. Sie war nur an der geschäftlichen Seite dieses Treffens interessiert. »Können wir hier frei reden?«, fragte sie Luke.

»Natürlich«, antwortete er und winkte ein paar Freunden zu.

»Also?«, drängte Nona ungeduldig.

»Ich habe der Werbeagentur die Fotos von Brigette und Zan gezeigt. Die haben sie ihrem Kunden vorgelegt, und peng – wir haben den Auftrag.«

»O mein Gott!«, rief Nona aus und stupste Brigette an. »Hast du das gehört?«

»Super!«

»Super!«, kreischte Nona. »SUPER! Das ist absolut SPITZE!«

»Wann erscheinen die Fotos?«, fragte Brigette Luke. »Und wo?«

»Wir haben die Fotos noch gar nicht geschossen«, antwortete Luke und lachte über ihre Naivität. »Zuerst muss dein Agent einen Vertrag abschließen, und dann machen wir eine richtige Foto-Session. Und danach, meine Süße, wirst du in jedem Magazin von hier bis zum Mond erscheinen. Rock-'n'-Roll-Jeans steigt ganz groß in die Werbung ein.«

»Und warum hast du nicht *mich* für diesen Job genommen?«, fragte Cybil schmollend.

»Weil du – wie Nona es so geschmackvoll zu formulieren pflegt – wie Hundescheiße bist. Oh, mach dir keine Sorgen«, fügte Luke schnell hinzu. »Du befindest dich in exzellenter Gesellschaft – Robertson, Nature –, sie alle tragen Nonas Stempel des Missfallens.«

»Wir brauchen einen Agenten«, sagte Nona.

Brigette dachte an all die Agenturen, die sich geweigert hatten, sie überhaupt zu empfangen. Der Einzige, der Interesse gezeigt hatte, war Michel Guy gewesen.

»Elite«, schlug Cybil vor. »Das ist die beste Agentur.«

»Nein, Ford«, meinte Luke. »Dort wird man sie beschützen. Brigette ist neu in diesem Geschäft. Sie wird bewaffnete Leibwächter brauchen, um sich die alternden Playboys vom Hals zu halten.«

»Diese Männer sind widerlich«, quietschte Cybil und rümpfte ihre Stupsnase. »Absolut *pervers!*«

»Erzähl uns doch lieber, was du *wirklich* denkst, Süße«, forderte Harvey sie auf und schlürfte seine Margarita durch einen Strohhalm.

»Ich warne dich«, sagte Cybil zu Brigette. »Du kannst von mir eine Liste der widerlichsten Anmacher bekommen.«

»Danke.« Cybil war so offen und freundlich, dass man sie einfach sympathisch finden musste.

»Was hältst du denn von Rockstars?«, fragte Luke Cybil mit einem hinterhältigen Grinsen.

Cybil kicherte. Sie hatte gerade ein Verhältnis mit dem englischen Rockstar Kris Phoenix angefangen. »Ich bin verliebt«, gurrte sie. »Kris ist *sensationell!*«

Brigette erinnerte sich an einen anderen Rockstar – den berüchtigten Flash. Ihre Mutter hatte in seiner Gegenwart eine Überdosis genommen und war in einer billigen Absteige am Times Square gestorben.

O Gott! Niemand durfte ihre wahre Identität herausfinden. Es war unbedingt nötig, dass sie ihre Anonymität wahrte.

Vielleicht sollte sie auch noch ihren Vornamen ändern, nur um sicherzugehen.

»Ich kann dich bei jedem Agenten der Stadt unterbringen«, prahlte Luke. »Sag mir nur, wen du haben willst.«

»Michel Guy«, antwortete Brigette, noch etwas zaghaft, da sie kaum glauben konnte, dass ihr endlich der Einstieg in die Model-Szene gelingen sollte.

»Kein Problem«, erwiderte Luke. »Er sitzt zusammen mit Robertson nur zwei Tische weiter. Wenn sie allerdings erfährt, dass du und nicht sie die Rock-'n'-Roll-Werbekampagne machst, könnte dir das die Aufnahme in Michels Familie erschweren.«

»Warten wir's doch ab«, sagte Brigette mit einem kleinen, selbstbewussten Lächeln.

Als Rodriguez fort war, schlenderte Venus unruhig durchs Haus. Es war noch zu früh, um schlafen zu gehen. Rodriguez hatte sie zwar sexuell befriedigt, doch in geistiger Hinsicht war er eine Niete. Sie wurde wohl alt, denn mittlerweile brauchte sie mehr als einen prächtigen Männerkörper und prallen Sex. Sie sehnte sich nach Gesellschaft, nach einem Mann, mit dem sie nach dem Sex reden konnte. Cooper war in beidem unübertrefflich gewesen.

Venus überlegte, wen sie so spät abends noch anrufen könnte. Vielleicht Lucky. Ich probier's mal, dachte Venus.

»Sie besucht ihren Vater in Palm Springs«, informierte CeeCee sie am Telefon.

»Wie geht es ihr denn?«, erkundigte sich Venus.

»Sie arbeitet zu viel«, sagte CeeCee besorgt.

»Ja. Ich sehe Lucky kaum noch. Sie ist ständig beschäftigt.«

Nachdem Venus aufgelegt hatte, blätterte sie in einem Magazin, konnte sich jedoch nicht konzentrieren. Diese Rastlosigkeit machte sie verrückt.

Wen könnte sie sonst noch anrufen?

Ja, natürlich, Ron. Ihr bester Freund, der, seit er mit Harris von Stepp zusammenlebte, ebenfalls auf ihrer Vermisstenliste stand. Ihn nicht mehr so oft wie früher zu sehen war wie das Ende einer Beziehung zu einem Liebhaber.

Ach, verdammt noch mal, ich rufe ihn einfach an.

»Rate mal, wer am Apparat ist«, sagte sie, als er sich meldete.

»Oh, *quelle surprise!*«, antwortete Ron, klang jedoch überhaupt nicht erstaunt. »Stecken wir in einer Krise?«

»Das können wir wohl sagen. Ich habe mich gefragt, ob du vielleicht zu mir kommen möchtest … wir könnten es uns so gemütlich machen wie früher … was trinken, reden …«

»Gewiss, meine Liebe«, sagte er spöttisch. »Das würde Harris *sehr* gefallen. Bestimmt kann er es kaum erwarten, dass ich zu ihm ins Schlafzimmer komme und verkünde, dass ich schnell mal einen Besuch bei Venus mache. Der Mann ist ein Eifersuchtspinkel und kann vor allem dich nicht ausstehen.«

»Was hat er gegen mich? Ich bin doch eine Frau.«

»*Oh* … du hast deine Frage selbst beantwortet. Kluges kleines Biest.«

»Wann sehe ich dich?«

»Im Ernst, Schätzchen, wenn es dringend ist, riskiere ich einen Zornausbruch von Harris und komme gleich zu dir.«

»Nein, nein, so schlimm ist es nicht. Aber du fehlst mir sehr.«

»Du mir auch. Was hältst du von einem gemeinsamen Lunch morgen?«

»Eine ausgezeichnete Idee.«

»Ich bin den ganzen Vormittag im Schneideraum. Wir könnten uns gegen halb zwei treffen. Einverstanden?«

»Ja. Dann erzähle ich dir alles über Rodriguez.«

»Ah … du treibst es also endlich mit deinem Masseur?«

»Aber natürlich!«

»Dann komme ich ganz bestimmt zu unserer Verabredung. Ich liebe pikante Details!«

Nachdem Venus aufgelegt hatte, verspürte sie einen wahnsinnigen Drang, Cooper anzurufen. Komm zu mir zurück. Alles ist vergeben und vergessen, würde sie sagen. Nein! Sie hatte schon in jungen Jahren gelernt, dass es selbstmörderisch war, einmal gemachte Fehler zu wiederholen.

Cooper würde sich nie ändern. Solange sie nicht bereit war, seine Seitensprünge zu akzeptieren, war sie besser ohne ihn dran.

19

O mein Gott!«, stöhnte Alex, als er die prekäre Lage erkannte, in der sich Lucky befand.

»Alles ist in Ordnung, keine Sorge«, sagte Lucky schnell und rutschte vom Barhocker.

Jed ließ seine Muskeln spielen. »Das könnte dir so passen, du Miststück«, schnauzte er Lucky streitlustig an und stellte sich vor sie. »Du bist dir wohl zu gut für unsereins, wie?«

»Geh aus dem Weg!«, befahl ihm Alex mit steinerner Miene und drohendem Blick.

Jed schwankte. »Verdammt noch mal, du sagst mir nicht, was ich tun oder lassen soll, Grandpa!«

»Scheiße!«, murmelte Alex und fragte sich, wie er nur in diese Situation hatte geraten können. Er sollte diesen Scheißkerl einfach niederschlagen.

Stattdessen griff er in seine Tasche, holte ein Bündel Geldscheine heraus und warf sie dem Barkeeper zu. Dann packte er Lucky am Arm.

»Wir verschwinden«, sagte er und zog sie zur Tür, ohne einen Blick zurückzuwerfen. Diesen Trick hatte er in Vietnam gelernt. Wenn du kämpfen willst, bleib Auge in Auge mit dem Feind stehen. Wenn nicht, verdrück dich. Und zwar schnell.

»He«, protestierte Lucky an der Tür, »was ist mit den zwanzig Dollar, die ich dem Barkeeper gegeben habe?«

Alex umklammerte ihren Arm fester. »Halten Sie endlich den Mund, und steigen Sie ins Auto!«

»Sie sind mir vielleicht ein Spaßvogel.«

»Für solche Späße bin ich nicht der richtige Typ.«

»Darf ich Ihrem Gedächtnis nachhelfen, Alex? *Sie* sind in mein Büro gekommen und haben mich zu einem Drink eingeladen.«

»Ich bin zu einer Geschäftsbesprechung gekommen«, erinnerte er sie. »Konnte ich ahnen, dass Sie sich betrinken wollen?«

»Ich bin nicht betrunken!«, fuhr sie ihn wütend an. »Ich bin völlig nüchtern.«

»Ja, ja«, murmelte er. Aus dem Augenwinkel sah er Jed zusammen mit ein paar anderen auf die Straße treten. Er schob Lucky auf den Beifahrersitz und holte seine Waffe aus dem Handschuhfach.

»Was machen Sie denn da?«, sagte Lucky.

»Ich beschütze uns. Haben Sie was dagegen?«

»Sind Sie *verrückt?* Sie können den Blödmann doch nicht erschießen, nur weil er mich angemacht hat.«

»Ich will niemanden erschießen. Ich verschaffe uns nur Zeit, um hier wegzukommen.«

»Gino hat mich gelehrt, nie eine Waffe zu ziehen, außer man will sie benutzen.«

»Womit er völlig Recht hat. Sollten diese Hillbillies auf mich losgehen, schieße ich ihnen ihre verschrumpelten Eier ab.«

Er setzte sich hinters Lenkrad des Porsches, startete den Motor, ließ ihn aufheulen und raste mit quietschenden Reifen davon.

»Schade«, seufzte Lucky und kuschelte sich in den Sitz. »Ich hätte so gern mit Driving Miss Daisy gesprochen.«

Diese Frau ist verrückt, dachte Alex, als sie wieder auf dem Freeway waren. Was fange ich nur mit ihr an? Sie ist noch verrückter als ich. Nach fünf Minuten stellte Lucky plötzlich fest, dass sie ihre Handtasche in der Bar vergessen hatte, und sagte es Alex.

»Wir fahren *nicht* dorthin zurück«, protestierte Alex heftig. »Auf keinen Fall!«

»O doch! Wir kehren um«, entgegnete Lucky bestimmt. »In der Handtasche sind meine Kreditkarten, mein Filofax, mein Führerschein – alles. Wir müssen umkehren.«

»Sie sind eine schwierige Frau.«

»Sie sind nicht der Erste, der das feststellt.«

Es war ihm selbst ein Rätsel, warum er an der nächsten Ausfahrt abbog und in die Gegenrichtung fuhr. »Jetzt hören Sie mir mal gut zu«, sagte er streng, die Augen auf die Fahrbahn gerichtet. »Sie bleiben bei laufendem Motor im Wagen sitzen, während ich in die Kneipe gehe und Ihre Handtasche hole. Haben Sie mich verstanden?«

»Aber Sie lassen die Waffe im Auto.«

»Sagen Sie mir nicht, was ich tun soll.«

»Nein. *Mir* sagt niemand, was ich tun soll.«

»Oh! Uns stehen faszinierende Zeiten bevor, wenn die Dreharbeiten zu meinem Film beginnen.«

»Darauf können Sie wetten.«

Musste diese Frau *immer* das letzte Wort haben?

Alex stoppte wieder vor dem Rasthaus und stieg aus. Trotz Luckys Warnung schob er sich die Waffe hinten in den Hosenbund. Bei diesen kleinstädtischen Hitzköpfen war man besser auf alles vorbereitet.

Als er die Bar betrat, quälte sich eine andere Stripperin auf der Bühne ab, um die Aufmerksamkeit der Gäste zu erringen. Diesmal war es eine Chinesin. Hier legte man wirklich Wert auf Abwechslung.

Alex ging schnell zur Bar. »Meine Begleiterin hat ihre Handtasche liegen lassen«, sagte er.

Der griesgrämige Alte griff unter die Theke und reichte Alex die Tasche. »Wir wollen hier in der Gegend keinen Ärger«, brummte er. »Ihr Leute aus L.A., mit eurem Geld und euren protzigen Autos – bleibt weg.«

»Hör mal, wir leben in einem freien Land«, konterte Alex, klemmte die Tasche unter den Arm und marschierte nach draußen.

Der Porsche stand noch an seinem Platz. Es gab nur ein Problem – Lucky saß nicht drin.

Er stand stocksauer neben seinem Auto und spielte mit dem Gedanken, ihr eine Lektion zu erteilen, wegzufahren und sie hier sitzen zu lassen. Dann entschied er sich dagegen. Niemand verdiente so etwas in einem solchen Drecksnest. Außerdem finanzierte ihr Studio seinen Film.

Er ging in die Bar zurück und sah sich nach ihr um.

Der Barkeeper stapelte Bierkästen hinter der Theke aufeinander. Als er Alex sah, winkte er mit dem Finger, was wohl bedeuten sollte: Nicht schon wieder Sie.

»Ist die Lady, mit der ich hier war, noch einmal reingekommen?«, fragte Alex.

»Hab ich Ihnen nicht gesagt, dass Sie und Ihre Sorte bei uns nicht willkommen sind?«

Alex riss die Geduld. »Wo ist die Damentoilette?«, schnauzte er den alten Mann an.

»Draußen, neben dem Parkplatz. Und kommen Sie bloß nicht wieder rein.«

Nun, dazu hatte er wirklich keine Lust.

Die Außentoilette für Damen diente auch als Garderobe für die Stripperinnen. Als Lucky eintrat, schlüpfte die schwarze Stripperin namens Driving Miss Daisy gerade in einen hautengen purpurnen einteiligen Hosenanzug.

»Hi«, sagte Lucky. »Mein Freund und ich wollten Ihnen einen Drink spendieren, aber wir sind hier offenbar nicht willkommen.«

Die Stripperin schaute in den zerbrochenen Spiegel über dem schmutzigen Waschbecken. »Lady, diese Absteige ist nichts für Ihresgleichen«, erklärte sie und rieb sich Lippenstift von den Zähnen. »Was wollen Sie hier?«

»Mein Begleiter ist der Regisseur Alex Woods. Und uns beide interessiert, warum Sie mit Ihrem fabelhaften Körper in diesem Dreckloch auftreten.«

Driving Miss Daisy rückte ihre langhaarige rote Perücke zurecht. »Lady, es gibt Zeiten, da hat man keine Wahl. Ich trete auch noch woanders auf – bei Privatpartys, in Sexclubs und Spelunken wie dieser. Damit verdiene ich mir meinen Lebensunterhalt, Lady.«

»Wir zahlen Ihnen ...«

»O nein, nein, nein«, sagte Driving Miss Daisy und drohte Lucky mit ihrem knochigen Finger. »Für Pornoszenen habe ich nichts übrig. Also kommen Sie nicht auf komische Gedanken, nur weil ich meine Kleider ausziehe.«

»Es geht nicht um Pornoszenen«, versicherte ihr Lucky. »Wir möchten nur ihre Lebensgeschichte erfahren. Alex möchte Ihnen eine Rolle in seinem neuen Film geben.«

»In seinem Film, hm?«

»Würden Sie uns für hundert Dollar zwanzig Minuten Ihrer Zeit opfern?«

»Das ist doch verrückt«, sagte die Stripperin und schüttelte den Kopf.

»Was ist daran verrückt? Es ist eine Chance. Nutzen Sie sie.«

»Ich hatte noch nie eine Chance«, meinte sie nachdenklich.

»Ergreifen Sie sie«, drängte Lucky.

»Ich muss woanders auftreten.«

»Wir begleiten Sie.«

»Ich weiß nicht …«

»Wo treten Sie auf?«

»In einer Billardhalle, ungefähr zwanzig Minuten von hier entfernt.«

»Abgemacht«, sagte Lucky schnell, ehe die Stripperin ihre Meinung ändern konnte.

Die beiden gingen nach draußen und stießen vor der Tür mit dem wütenden Alex zusammen.

»Sie sollten doch im Auto bleiben.«

»Auf Anweisungen reagiere ich grundsätzlich nicht.«

»Das ist nicht zu übersehen.«

»Alex, darf ich Ihnen Driving Miss Daisy … oder …« Lucky drehte sich zu der Stripperin um. »Sie haben doch auch einen richtigen Namen, nicht wahr?«

»Wozu wollen Sie meinen Namen wissen?«, fragte die Frau argwöhnisch.

»Weil ich mir dämlich vorkomme, Sie ständig mit Driving Miss Daisy anzusprechen. Ich will Sie doch nicht ans Sozialamt verpfeifen oder so was.«

Die Stripperin kniff die Augen zusammen. »Nur weil ich schwarz bin, glauben Sie, dass ich von Sozialhilfe lebe? So ein *Scheiß!*«

»Habe ich das gesagt?«

»Lucky«, warf Alex ungeduldig ein, »können wir jetzt gehen?«

»Wie ist denn nun Ihr richtiger Name?«

»Daisy«, murmelte die Frau.

»Schön. Wir begleiten Daisy zu ihrem nächsten Auftritt, und anschließend trinken wir drei was zusammen.«

»Ich fahre nie wieder zu einem dieser Drecklöcher«, wütete Alex.

»Ich verspreche Ihnen, dass es keinen Ärger mehr geben wird«, sagte Lucky mit einem zuckersüßen Lächeln.

»Als hätten Sie die Situation im Griff«, höhnte er.

»Das habe ich«, versicherte sie ihm.

Er schüttelte den Kopf. »Sie sind mir vielleicht ’ne Type.«

»Sie auch, Alex«, entgegnete sie. »Aber darüber unterhalten wir uns ein andermal. Wir fahren hinter Ihnen her, Daisy. Wo steht Ihr Wagen?«

»Ihr seid *wirklich* seltsam«, sagte Daisy und rollte mit den Augen. »Mir gehört der gelbe Chevrolet da drüben.« Sie deutete auf ein schrottreifes Auto.

»Wir halten uns dicht hinter Ihnen«, erwiderte Lucky.

»Sind Sie wahnsinnig geworden?«, fragte Alex, als sie im Porsche saßen. »Was soll das?«

»Wenn Sie kneifen wollen, dann setzen Sie mich an der nächsten Bar ab, und ich rufe mir ein Taxi«, sagte sie, da ihr Alex’ Gezeter auf die Nerven ging.

»Ich kann Sie hier nicht allein lassen«, entgegnete er schroff und fügte bissig hinzu: »So gern ich es auch täte.«

»Na, Kopf hoch. Wo bleibt denn Ihre Lust am Abenteuer«, sagte sie grinsend und knipste ihren Charme an. »Das wird ein Mordsspaß. Noch einen Tequila. Eine Runde Billard. Was ist daran so schlimm?« Sie stupste ihn an, um ihn anzufeuern. »Ich wette zwanzig Dollar, dass ich Sie schlagen kann.«

Er musterte sie einen Augenblick. »Sie glauben, Sie sind in allem besser als ich, wie?«

»Kann sein«, antwortete sie und zweifelte eigentlich nicht daran.

»Ihr Ego führt ein Eigenleben.«

»Und das Ihre wohl ein Schattendasein«, konterte sie.

Jetzt musste er lachen. »Sie sind es bestimmt gewohnt, immer Ihren Willen durchzusetzen.«

»Sie vielleicht nicht?«, entgegnete Lucky und fragte sich, warum es ihr Spaß machte, ihn dauernd zu ärgern.

Er sah sie gelassen an. »Ich habe mir den Arsch aufgerissen, um meinen eigenen Weg gehen zu können.«

»Was glauben Sie wohl, was ich getan habe?«

»Dann sind wir uns wohl ähnlicher, als uns bewusst ist.«

Der gelbe Chevrolet fuhr vom Parkplatz.

»Los geht's«, sagte Lucky. »Stürzen wir uns ins Abenteuer!«

20

Morton Sharkey hatte mit Donna Landsman in deren pseudospanischem Schloss eine Verabredung. Während er die lange, gewundene Auffahrt hinauffuhr, versuchte er, nicht daran zu denken, dass er einen Verrat an Lucky beging. Er wusste, dass das, was er tat, falsch war, doch die abwärts führende Spirale, in der er gefangen war, konnte er nicht mehr stoppen. Außerdem wurde er erpresst, war also gleichzeitig auch Opfer.

Und trotzdem ... trotz aller Widrigkeiten war er noch immer von Sara besessen. Wenn er mit ihr zusammen war, spielte alles andere keine Rolle.

Ein asiatischer Butler öffnete die Haustür und führte ihn durch eine feudale Halle in einen prachtvollen Salon mit hoher Decke.

Donna stand in einem Kleid von Escada, perfekt geschminkt und mit einem Martini-Glas in der Hand, mitten im Raum. »Morton«, sagte sie nur formell und kalt. Sie bot ihm keinen Drink an.

»Donna«, entgegnete er.

Sie bat ihn nicht, Platz zu nehmen. »Sie haben mir eine gute Nachricht angekündigt«, sagte sie.

»Die Nachricht, auf die Sie gewartet haben. Alle Investoren sind auf Ihrer Seite. Ab morgen liegt die Leitung der Panther Studios in Ihren Händen.«

Donna verzog den Mund zu einem schmalen, bösen Lächeln. »Ich bin erfreut, dass Sie sich zur Zusammenarbeit mit mir entschlossen haben.«

Als hätte er eine Wahl gehabt. »Wann übergeben Sie mir die Videobänder, Donna?«

»Sobald ich hinter dem Schreibtisch in Lucky Santangelos Büro sitze.«

»Für welchen Tag genau haben Sie die Übernahme geplant?«

»Für morgen«, sagte Donna mit unergründlicher Miene. »Ich hoffe, Sie werden dabei sein, um mir zu gratulieren.«

»Eigentlich hatte ich das nicht vor.«

»Das finde ich nicht sehr nett von ihnen, Morton«, wies sie ihn zurecht. »Bestimmt wollen Sie Zeuge meines Triumphs sein, oder?«

»Daran liegt mir nichts.«

»Wie schade für Sie«, sagte sie schneidend. »Denn Sie *werden* anwesend sein. Oder wollen Sie in diesem abschließenden Stadium unserer geschäftlichen Beziehung riskieren, dass die Videoaufnahmen von ihnen und dieser überaus einfallsreichen jungen Dame doch noch in die Öffentlichkeit gelangen?«

Hexe! Durchtriebene Hexe! Warum tat sie das alles? Warum waren ihr die Panther Studios so wichtig? Das hatte er bisher noch nicht herausgefunden.

»Na gut, Donna. Ich werde da sein.«

Wieder ein böses Lächeln. »Schön.«

Donna wartete, bis Morton gegangen war, und schenkte sich dann zur Feier ihres Triumphs einen zweiten Martini ein.

Rache war süß. So süß.

Morton fuhr direkt zu dem Apartmenthaus, in dem er Sara untergebracht hatte. Als er sie kennen lernte, hatte sie in einer Bruchbude in einer Gegend gelebt, wo er jedes Mal, wenn er zu ihr gegangen war, einen Überfall befürchtet hatte. Jetzt wohnte sie in einem von ihm gemieteten Apartment in einem Hochhaus mit Lift.

Er schloss die Wohnungstür mit seinem Schlüssel auf. Sara hatte zunächst protestiert, dass er einen Schlüssel behielt, doch er hatte ihr klargemacht, dass er, da er die Miete bezahlte, auch jederzeit Zutritt zu dem Apartment haben wollte.

Sara war nicht allein, was ihn ärgerte. Er hatte ihr wiederholt gesagt, dass er bei seinen Besuchen keine ihrer Freunde sehen wollte.

Und obwohl er ihr sein Kommen telefonisch angekündigt hatte, war ihre Freundin Ruby da, ein verdrießlich aussehendes Mädchen mit strähnigem schwarzem Haar und unverschämtem Auftreten. Die beiden saßen auf dem Boden im Wohnzimmer, von Schundmagazinen, Süßigkeiten und einer ganzen Palette verschiedenfarbiger Nagellacke umgeben. Beide waren barfuß und bemalten sich kichernd gegenseitig die Zehennägel.

»Wir probieren neue Farben aus«, verkündete Sara.

»Hallo, Morton!«, rief ihm Ruby zu.

Er nickte nur, stand verlegen da und wartete darauf, dass die beiden aufstanden, doch sie blieben sitzen.

»Sara«, sagte er schließlich. »Ich muss mit dir reden.«

»Schieß los«, erwiderte sie und bemalte weiter Rubys großen Zeh.

»Unter vier Augen.« Er ärgerte sich, dass Sara ihm nicht mehr Respekt entgegenbrachte.

Sara schnitt eine Grimasse. »Stell dich nicht so an, vor Ruby habe ich keine Geheimnisse.«

Morton fragte sich, ob Ruby wusste, dass Sara ihn in die kompromittierendste Situation seines Lebens gebracht hatte. Wusste Ruby, dass Sara dafür zwölftausend Dollar kassiert hatte? Und als er dahinter gekommen war, hatte Sara weder Verlegenheit noch Schuldgefühle gezeigt. »Das ist ein Haufen Geld, Morty«, hatte sie völlig unbekümmert gesagt. »Dieses

Angebot konnte ich nicht ablehnen.« Dann hatte sie ihn mit ihren Sexspielen wieder einmal um den Verstand gebracht. Er konnte einfach nicht von ihr lassen.

Er war krank. Das wusste er. Liebeskrank. Jetzt überzeugte er sich jedoch jedes Mal, dass es im Apartment keine versteckten Videokameras gab.

Ruby kapierte den Wink. Sie stand auf und gähnte. »Ich schau mal bei Tower Records rein«, sagte sie. »Soll ich dir was mitbringen?«

»Mir wär's lieber, ich könnte mitkommen«, erklärte Sara wehmütig und verzog das Gesicht, als sie Mortons wütende Miene sah. »Geht wohl nicht.«

»Es ist mir unerklärlich, was du an der findest«, meinte Morton, als Ruby weg war.

»Du hast einfach keine Phantasie«, entgegnete Sara und warf sich ein Gummibärchen in den Mund. Dann sprang sie auf und legte ihm die Arme um die Taille. »Macht nichts, Daddy. Dafür reicht meine Phantasie für zwei, nicht wahr, mein Schatz?«

»Ja, Sara, die hast du«, sagte er heiser und fühlte, wie ihn die gleiche Woge der Erregung durchströmte wie vor fünfundzwanzig Jahren. Mit Sara war das immer so.

Sara zog sich ihr enges Top über den Kopf und ließ ihre Shorts fallen. Darunter war sie nackt. Ihr magerer Körper erinnerte an einen zehnjährigen Jungen, doch die fehlenden weiblichen Rundungen steigerten Mortons Begehren. Sein Blick glitt über ihren beinahe noch kindlichen Körper und blieb an ihrem buschigen rötlichen Schamhaar haften.

»Was soll's denn heute sein?«, fragte Sara mit einem verschlagenen Lächeln. »Kellnerin? Rechtsanwältin? Schulmädchen? Oder bist du in Stimmung für das Böser-Junge-Spiel?«

»Böser Junge«, krächzte er.

Bei diesem Sexspiel dachte Morton Sharkey nicht mehr an den Verrat, den er an Lucky Santangelo beging.

Santo hatte bemerkt, dass seine Mutter in überaus guter Stimmung war, was bedeutete, dass er von ihr alles, was er wollte, bekommen konnte.

Er schlenderte in die Küche, wo sie Pasta-Soße zubereitete.

»Hi, Mom«, sagte er und stellte sich neben sie.

Donna strahlte. »Probier mal meine Soße, Santo«, sagte sie und schob ihm einen Löffel voll kochend heißer Fleischsoße in den Mund.

Er verbrannte sich die Zunge. Blöde Fotze!, hätte er am liebsten geschrien. Stattdessen sagte er: »Hm, schmeckt gut«, obwohl er Knoblauch beinahe so sehr hasste wie seine Mutter.

»Ich friere eine Portion davon ein, dann kannst du mal Freunde zum Essen einladen.«

Seine Mutter war so dumm, dass sie nicht einmal wusste, dass er keine Freunde hatte. Die Jungs in der Schule schrien ihm Schimpfnamen wie »reicher Wichser« und »fetter schmieriger Spaghettifresser« hinterher. Sie hassten ihn, und er hasste sie.

Doch das war ihm egal. Eines Tages würde er die ganze beschissene Schule mit allen Schülern und Lehrern darin niederbrennen. Dann konnte seine Mutter seine sogenannten Freunde als verkohlte Leichen in der Leichenhalle kennen lernen.

»Mom, ich habe mir was überlegt. Wäre es nicht toll, wenn ich ein neues Auto hätte?«

»Ich habe dir doch zu deinem Geburtstag eine Corvette gekauft.«

»Seit diesem blöden Unfall gefällt mir der Wagen nicht mehr. Ich möchte lieber einen Ferrari haben.«

»Einen *Ferrari?*«, sagte sie schockiert.

»Warum denn nicht? Mohammed hat einen von seinem Dad geschenkt bekommen. Und Mohammed ist ein arschkriecherischer Clown.«

»Mit einem Ferrari kannst du doch nicht zur Schule fahren«, wandte Donna ein.

»Ich würde weiterhin mit der Corvette zur Schule fahren und den Ferrari nur am Wochenende benutzen«, erklärte er, als wäre das eine vernünftige Lösung.

»Nun ja …« Donna zögerte. Es fiel ihr so verdammt schwer, ihrem Sohn etwas abzuschlagen.

»Komm schon, Mom«, drängte er sie schmeichlerisch. »Sei froh, dass ich keine Drogen nehme oder mich herumtreibe wie die meisten in meiner Schule. Ich könnte Sachen anstellen, die dich wirklich umhauen würden.«

Donna schüttelte den Kopf. War das eine verschleierte Drohung? Nein, nicht von ihrem lieben Jungen. »Zwei Autos«, überlegte sie laut. »George wird damit nicht einverstanden sein …«

»Wen kümmert's, was George sagt?«, maulte Santo. »Er ist nicht mein Vater. Mein Vater wurde ermordet, und du kannst ihn nicht durch George ersetzen. Versuch's erst gar nicht.«

»Das würde ich nie tun«, protestierte Donna.

Santo wandte eine neue Taktik an. »Es tut mir weh, dass dir Georges Gefühle wichtiger sind als meine.«

»Du bist der wichtigste Mensch in meinem Leben«, entgegnete Donna, schwer von dieser Zurechtweisung getroffen.

Er sah sie vorwurfsvoll an, als würde er ihr nicht glauben.

»Als ich so alt war wie du«, erinnerte sich Donna und schüttelte den Kopf, »hatten wir gar nichts. Meine Familie war bettelarm.«

»Das war was anderes«, entgegnete Santo. »Du hast in einem kleinen Dorf gelebt.«

»In einem Dorf, in das ich dich eines Tages bringen werde«, versprach Donna und dachte mit einer gewissen Nostalgie an ihre bescheidene Herkunft. »Wie stolz werden meine Verwandten auf dich sein. Ich bin stolz auf dich.«

»Würde mein Dad noch leben, *er* würde mir einen Ferrari

kaufen«, sagte Santo und setzte voll auf Schuldgefühle. Wenn er damit seine Mutter nicht rumkriegte, half nichts mehr.

Donna starrte ihren Sohn eine Weile an und kapitulierte schließlich. »Na gut, wenn du dir den Ferrari so sehr wünschst.«

Er strahlte seine Mutter an. Sie war so leicht rumzukriegen.

»Geh zu einem Händler, und such dir das Modell aus, das dir gefällt.«

Santo umarmte Donna. »Du bist die beste Mom in L.A.«

Allein dieses Lob war ihr die Ausgabe wert. »George bleibt über Nacht in Chicago«, sagte sie. »Hast du Lust, mit mir ins Kino und anschließend zu Spago zu gehen?«

Er hätte zwar nichts dagegen, eine köstliche Pizza bei Spago zu essen, aber einen ganzen Abend allein mit seiner Mutter zu verbringen war ihm unerträglich. »Nein, Ma, ich kann leider nicht«, murmelte er. »Zu viele Hausaufgaben.«

»Oh«, sagte sie enttäuscht. »Können die nicht warten?«

»Du wärst stocksauer, wenn ich schlechtere Noten nach Hause bringen würde, nicht wahr, Ma?«

»Wahrscheinlich. Ich habe heute Nachmittag ein sehr aufregendes Geschäft abgeschlossen und wollte mit dir meinen Triumph feiern.«

Als wäre irgendeiner ihrer Geschäftsabschlüsse ein aufregendes Ereignis. »Was denn für ein Geschäft?«, fragte er desinteressiert, wollte sie aber wegen des Ferraris bei guter Laune halten.

»Ich werde Chefin eines Hollywood-Studios«, verkündete sie stolz. »Ab morgen gehören mir die Panther Studios.«

Das war schon eher etwas. Gedanken an Starruhm rasten ihm durch den Kopf. »Darf ich Schauspieler werden?«, fragte er und schwelgte in Phantasievorstellungen.

Donna verzog ihren dünnen Mund zu einem gönnerhaften Lächeln. »Du darfst alles werden, was du dir wünschst.«

Verdammt! Das war eine gute Nachricht. Ein Hollywood-

Studio. Venus Maria war Schauspielerin, und um eine Rolle in einem Film zu bekommen, taten Schauspieler alles, das war allgemein bekannt. Als Chefin eines Studios würde seine Mutter Macht besitzen, und an dieser Macht konnte er teilhaben. Er würde sogar in der Lage sein, Venus Maria die Hauptrolle in jedem Film zuzuschanzen, den das Studio produzierte.

Er deutete diese Neuigkeit als ein Zeichen. Zuerst hatte seine Mutter zugestimmt, ihm einen Ferrari zu kaufen, und morgen würde sie ein Filmstudio übernehmen. Die Zeit war reif, um mit Venus in Kontakt zu treten.

Natürlich würde er ihr jetzt noch nicht seine Identität enthüllen, sondern ihr einen anonymen Brief schreiben und ihr mitteilen, dass er auf ihrer Seite sei und dass sie beide bald, zum richtigen Zeitpunkt, heiraten und auf jede erdenkliche Weise zusammen sein würden.

»Ich muss jetzt gehen, Mom«, sagte er und drückte sich an ihr vorbei zur Küchentür. »Bis später.«

Oben in seinem Zimmer hockte er sich sofort vor seinen Computer, um seinen ersten Brief an SIE zu entwerfen.

Es gelang ihm nicht, sich voll auf den Brief zu konzentrieren, da seine Gedanken immer wieder abschweiften.

Er stellte sich Venus nackt und willfährig vor, wie sie sich die vollen Lippen leckte und nur für ihn auf der Bühne herumtänzelte …

Und wenn sie erst mal sah, was er zu bieten hatte … O Mann! Venus Maria würde die glücklichste Frau von L.A. sein. Er bekam den größten Ständer aller Zeiten, wenn er nur einen Brief an sie entwarf. Warum hatte er das nicht schon früher getan?

Er öffnete den Reißverschluss seiner Hose und befummelte seinen Schwanz. Da seine Hände jetzt Aufregenderes zu tun hatten, als mit der Tastatur zu spielen, verschob er den Entwurf des Briefs auf später.

21

Es war nach zehn, als Lucky und Alex vor Amandos Strip Palace and Pool Bar ankamen, einem knallig aufgemachten und ausgedehnten Gebäude, das am Ende der Welt zu liegen schien.

»Noch eine noble Kneipe«, bemerkte Lucky und betrachtete die Neonreklame, die hier LEBENDE NACKTE MÄDCHEN und NACKTE VERRUCHTE WILDE WEIBER anpries.

»Wollen Sie da wirklich reingehen?«, fragte Alex und parkte den Porsche auf dem vollen Parkplatz direkt hinter Daisys gelbem Chevrolet.

»Ja«, sagte Lucky angeheitert und zu allen Schandtaten bereit. »Hier scheint was los zu sein.«

Alex merkte, dass er Lucky nicht von ihrem Vorhaben abbringen konnte. »Okay, dann mal los«, sagte er und stieg aus.

Daisy wartete schon. »Ich muss den Hintereingang nehmen, eine von Armandos beschissenen Regeln. Wo sind meine hundert Dollar?«

»Vertrauen Sie mir etwa nicht?«, fragte Lucky mit gespielter Empörung.

»In diesem Gewerbe kann man niemandem trauen«, konterte Daisy und stemmte die Fäuste in die Hüften.

Lucky öffnete ihre Handtasche, nahm eine Hundertdollarnote aus ihrem Portemonnaie und reichte sie Daisy.

»Sagen Sie dem Türsteher, Sie seien Freunde von mir, dann bekommen Sie bestimmt die schlechtesten Plätze.« Kichernd stakste sie auf ihren hohen Pfennigabsätzen davon.

»Was, verdammt noch mal, sollen wir hier?«, fragte Alex.

»Etwas trinken«, antwortete Lucky und warf ihr langes schwarzes Haar in den Nacken.

»Wie wär's mit essen?«, sagte er und fügte leise hinzu: »Damit Ihr hohles Bein voll wird.«

»Ha, ha!«

Die beiden betraten Armandos Lasterhöhle, die viermal größer und genauso überfüllt war wie die vorherige Kneipe. Drei Billardtische standen an der Längswand des Raums. Eine Band spielte lautstark ihre Version des neuesten Loretta-Lynn-Songs. An einer langen, geschwungenen Bar, auf der eine rothaarige Stripperin herumtänzelte, drängten sich Bier trinkende Cowboys und ein paar als Cowgirls gekleidete Frauen.

Da es keine freien Tische gab, drängten sich Alex und Lucky zur Bar durch und ergatterten zwei Hocker zwischen zwei mürrisch aussehenden Cowboys. Alex drückte der Kellnerin zwanzig Dollar in die Hand, damit ihnen der nächste frei werdende Tisch reserviert wurde.

»Herrgott!«, murmelte er, als er auf dem Hocker saß. »Wenn ich heute Nacht nicht in eine Prügelei gerate, kann ich mich glücklich schätzen.«

Lucky strich sich das Haar aus dem Gesicht und lachte. Sie wusste, dass sie angetrunken war, doch das war ihr egal. Heute Nacht war sie nicht Lucky Santangelo, Geschäftsfrau, Chefin eines Filmstudios und Mutter, heute Nacht war sie ein Single und frei und konnte tun und lassen, was sie wollte. Und jetzt hatte sie Lust auf einen Drink.

»Einen Tequila«, sagte sie hicksend. »Wir sehen uns Daisys Show an, spielen eine Runde Billard und verschwinden wieder von hier. Das ist ein Santangelo-Versprechen.«

»Sie und Ihre Versprechen«, entgegnete er grimmig und war froh, dass er noch relativ nüchtern geblieben war. Jemand musste schließlich den Überblick behalten.

»Nein, wirklich«, versicherte ihm Lucky. »Sie lernen Gino später noch kennen. Ihnen werden seine Geschichten gefallen.«

Alex wusste mit Sicherheit, dass er heute Nacht nicht mal mehr in Ginos Nähe kommen würde. »Ja, ja«, meinte er nur.

»Sagen Sie mal, Alex«, wechselte Lucky das Thema und legte ihm die Hand auf die Schulter. »Bisher habe nur ich geredet. Wie wär's, wenn Sie mal von sich erzählen würden?«

»Warum?«, fragte er mit steinerner Miene.

»Ich kann es noch immer nicht fassen, dass Sie nie verheiratet waren.«

»Nur weil *Sie* dreimal geheiratet haben ...«

»Meine Vermutung ist, dass Sie eine übermächtige Mutter haben, die Sie insgeheim hassen.«

»Ich finde das nicht komisch«, erwiderte er stirnrunzelnd.

»Habe ich ins Schwarze getroffen?«

Er antwortete nicht.

Da kam die Kellnerin und sagte Alex, dass ein Tisch direkt an der Bühne frei geworden sei. Als die beiden sich setzten, fegte Daisy wie ein Wirbelsturm auf die Fläche.

Anstatt eines Pfahls stand bei Armando im mittleren Abschnitt der Theke eine künstliche silberne Palme, die Daisy wie einen Liebhaber bearbeitete und mit der sie Dinge anstellte, von denen die meisten Männer nur träumten.

Das Publikum stampfte und pfiff und warf Dollarnoten auf die Theke.

»Hoffentlich tritt als Nächstes ein Kerl auf.«

»Sind Sie *verrückt?«*

»Ach, Alex. Bestimmt sind Sie für die Gleichberechtigung der Geschlechter.«

»Quatsch!«

»Ich kratze an einem Filmemacher und entdecke einen Chauvi«, spottete Lucky.

»Was ist nur mit ihnen los?«, fragte er verzweifelt.

»Nichts, was Sie verstehen würden.«

Nach ihrem Auftritt kam Daisy zu Alex und Lucky an den Tisch. Ihre pechschwarze Haut glänzte vom Schweiß, und sie war noch ganz außer Atem und euphorisch.

»Was wollen Sie denn wissen?«, fragte sie und ließ sich auf einen Stuhl fallen.

»Jetzt reden *Sie,* Alex«, sagte Lucky.

Er warf ihr einen bösen Blick zu. *Sie* hatte ihn in diese Kneipe gezerrt, und jetzt sollte er auch noch die Fragen stellen. Lucky musste doch wissen, dass ihm an dieser schwarzen Stripperin nichts lag, auch wenn sie einen unglaublichen Körper hatte.

Und doch … wenn er sich Daisy in seinem Film vorstellte …

»Wie sieht denn Ihre Lebensgeschichte aus, Daisy?«, fragte er. »Vom Vater gefickt? Vom Stiefvater geschlagen? Von einem Onkel vergewaltigt? Und dann sind Sie von zu Hause weggelaufen? Habe ich's einigermaßen getroffen?«

Daisy spielte mit einer Strähne ihrer langen roten Perücke und bestellte ein Bier. »Mein Alter war ein Baptistenpfarrer. In unserem Haus durfte über Sex nicht gesprochen werden. Mein Daddy war ein strenggläubiges Arschloch. Und ich? Ich arbeite, weil ich zwei Kinder und einen Lover habe. Ich verdiene genug, dass wir alle über die Runden kommen.«

»Diese Geschichte entspricht wohl nicht ganz ihren Erwartungen, wie, Alex?«, stichelte Lucky wieder.

»Und wo ist Ihr Lover heute Abend?«, fragte Alex. Er ignorierte Lucky und konzentrierte sich ganz auf Daisy.

»Babysitting. Sie ist mehr der häusliche Typ.«

»Sie?«, fragte Alex.

Daisy zwinkerte Lucky zu. »Lady, Sie wissen, was ich meine. Wenn man genug rumgebumst hat, will man sich keinen fiesen abgewrackten Kerl mehr aufhalsen. Schließlich dreht sich nicht alles um Schwänze. Habe ich Recht?«

»Danke für Ihre Belehrung«, sagte Alex, dem der Themenwechsel nicht gefiel.

»Wo können wir Sie erreichen?«, fragte Lucky, die sich über Alex' Unbehagen amüsierte.

Daisy nahm einen Schluck Bier aus der Flasche. »Warum wollen Sie das wissen?«

»Falls Alex Ihnen eine Rolle in seinem Film gibt.«

Daisy streckte beide Hände aus und betrachtete ihre langen, purpurrot lackierten Nägel. »Ich bin keine Schauspielerin«, sagte sie bescheiden.

»Das müssen Sie nicht sein«, entgegnete Alex.

»Nein, wirklich nicht«, fügte Lucky hinzu. »Sie kommen in einer Strip-Szene vor. Sie wissen schon, wo zwei Typen sich unterhalten …«

»Schreiben Sie eine Telefonnummer auf, unter der meine Besetzungsleute Sie erreichen können«, sagte Alex und schob ihr ein Streichholzbriefchen und einen Kugelschreiber hin.

Daisy kritzelte ihren Namen und eine Nummer darauf. »Können wir jetzt gehen?«, fragte er dann Lucky.

»Nur noch eine Runde Billard. Wie abgemacht.«

Er warf einen Blick zu den Billardtischen und stellte erleichtert fest, dass alle besetzt waren. »Leider ist kein Tisch frei«, sagte er mit gespieltem Bedauern.

»Ich sorge dafür, dass einer frei wird«, erwiderte Lucky und sprang auf.

»Nein!«, protestierte er vehement.

»Wir verschwinden von hier, solange wir noch gehen können.«

Luckys Augen waren ganz dunkel und herausfordernd. Ihr gefiel ein Mann, der sich ihr widersetzte. »Sie wollen bloß nicht gegen mich verlieren.«

Er war zu nüchtern und sie zu betrunken. Es hatte keinen Sinn, zu streiten.

Die beiden verabschiedeten sich von Daisy und verließen die Bar.

Die kalte Nachtluft draußen traf Lucky wie ein Schlag. Sie taumelte und wäre beinahe gefallen.

Alex fing sie auf. »Was ist denn nur aus ihrem hohlen Bein geworden?«, fragte er und atmete ihren betörenden, moschusartigen Duft ein.

»Mir geht's nicht so gut«, murmelte sie und lehnte sich schwer gegen ihn.

Ihm gefiel ihre plötzliche Verletzbarkeit. Das war eine neue, eine abhängige Lucky. So sollten Frauen sein.

Ohne nachzudenken, presste er seine Lippen auf ihren Mund und küsste sie leidenschaftlich.

Es war ein elektrisierender Kuss, dessen Intensität beide überraschte.

Lucky wusste, dass sie betrunken war, dass sie ihrem Verlangen nicht nachgeben sollte, dass sie dabei war, einen großen Fehler zu begehen. Aber vor ihrem geistigen Auge sah sie Lennie mit der nackten Blondine. Und sie fühlte nur noch Kränkung und Enttäuschung.

Lennie hatte sie auf so grausame Weise verlassen. Es gab nur eine Möglichkeit, sich für diesen Verrat zu rächen.

Und diese Möglichkeit war Alex.

Ein Liebespaar in einem billigen Motel. Die Kleidungsstücke auf dem zerschlissenen Teppich wiesen den Weg zum Bett, auf dem die beiden sich in ungezügelter Lust aufeinander stürzten. Ohne Vorspiel. Er hatte noch nie eine so starke Erektion gehabt, und sie war bereit.

Er berührte ihre Brüste, so wunderschön …

Sie berührte seinen Penis, erschauderte beim Anblick seines pulsierenden Verlangens …

Sie stöhnte, als er in sie eindrang. Ein qualvolles Stöhnen, ein Stöhnen der Leidenschaft.

Und beide gaben sich der reinen Lust und Freude ungehemmter Sexualität hin – es war nur ein großartiger, unkomplizierter Fick.

Genau das, was Lucky brauchte. Und als sie im Orgasmus aufschrie, befreite sie sich von ihrer aufgestauten Wut, ihrem

Schmerz und all den anderen Frustrationen, an die sie sich geklammert hatte.

Alex kam gleichzeitig bebend zum Höhepunkt. »O mein Gott!«, stöhnte er.

Lucky rollte sich nur stumm von ihm weg, krümmte sich zu einem Ball zusammen und presste die Knie an ihre Brust.

Er ließ sie in Ruhe.

Ein paar Minuten später waren beide eingeschlafen.

DRITTES BUCH

22

In der südwestlichen Ecke Siziliens, hoch über der staubigen Straße von Noto nach Ragusa, lag das Dorf, in dem Donna in einem kleinen Haus geboren worden war, das heute noch von ihrem siebenundachtzigjährigen Vater, ihren beiden jüngeren Schwestern und deren Männern, ihrem Bruder Bruno und dessen Frau und mehreren Nichten und Neffen bewohnt wurde. Donna unterstützte ihre weitläufige Familie, indem sie regelmäßig Lebensmittelpakete, Kleidung und Luxusartikel schickte, die in dieser abgelegenen Gegend völlig unbekannt waren.

Seit ihr Vater sie als junges Mädchen an den reichen Amerikaner verkauft hatte, hatte sie nur einmal ihre Heimat besucht. Donna war in dem kleinen Dorf eine Legende, man sprach voller Verehrung von ihr. Das Dorf lag in felsigem Terrain hoch über den zerklüfteten Klippen, durch die ein steiler Weg zum Strand und einem Labyrinth geheimnisumwitterter Höhlen führte. Der Abstieg dauerte normalerweise ungefähr eine Dreiviertelstunde. Der Überlieferung nach spukte es in diesen Höhlen, und kaum einer der Einheimischen wagte sich in dieses Labyrinth. Als Kinder hatten Donna, Bruno und ihre Jugendliebe Furio viel Zeit damit verbracht, diese Höhlen zu erkunden. Sie hatten keine Angst vor den alten Geistergeschichten gehabt, in denen es hieß, dass nach einem verheerenden Erdbeben im Jahre 1668 viele Städte zerstört worden seien und die Höhlen damals als Zufluchtsort für Diebe und Mörder gedient hätten. Als ein Mädchen aus dem Dorf vergewaltigt und getötet worden war, stürmten die Männer wutentbrannt die Höhlen, metzelten das Gesindel nieder und ließen die Leichen in dem Massengrab liegen.

Donna, Furio und Bruno konnten diese Gruselgeschichten nicht davon abhalten, die Höhlen als aufregenden Abenteuerspielplatz zu nutzen.

Nachdem Donna als Braut nach Amerika geschickt worden war, verloren Bruno und Furio das Interesse an den Höhlen und gingen nicht mehr hin.

Erst als Donna Bruno in ihren Plan einweihte, fielen ihm die Höhlen wieder ein. Und als sie ihm erklärte, was getan werden musste, um den Mord an ihrem Mann zu rächen, schlug er die Höhlen für ihr Vorhaben vor. Das Labyrinth am Fuß der Klippen, schwer zugänglich, feucht und kalt, bildete ein natürliches Gefängnis.

Lennie Golden war dort seit acht Wochen gefangen, mit einem Fuß an die Felswand gekettet.

Jeden Morgen bot sich ihm derselbe demoralisierende Anblick. Ein Lichtstrahl fiel von hoch oben in seine mit Moos überwucherte und feuchte Höhle. Er konnte das Meer hören und riechen, so nahe war es.

Wie nahe? Gefährlich nahe. Würde bei einem Sturm seine Höhle überflutet werden? Würde er einen elenden und nassen Tod sterben, weil es für ihn keine Fluchtmöglichkeit gab?

Das Schlimmste an seiner Situation war jedoch, dass er keine Ahnung hatte, warum er hier gefangen gehalten wurde. Er konnte nur vermuten, dass er gekidnappt worden war, um Geld zu erpressen. Sollte das der Fall sein, warum hatte Lucky ihn noch nicht ausgelöst?

Seit acht endlosen, elenden Wochen war er Gefangener in dieser Höhle. Für jeden Tag, der verging, hatte er eine Markierung in die Felswand geritzt. In dieser Zeit hatte er nur die zwei Männer zu Gesicht bekommen, die ihm täglich Brot und Käse brachten. Einmal in der Woche gab es statt Käse ein Stück ungenießbares Fleisch, und zweimal hatte er Früchte erhalten. Mittlerweile war er so hungrig, dass er alles gegessen hätte.

Keiner seiner beiden Wärter – mürrische Männer Ende dreißig – sprach Englisch. Die Männer vermieden jeden Kontakt mit ihm, sie wichen seinem Blick aus und redeten kein Wort.

Einer kam jeden Tag zur gleichen Zeit und legte das Essen auf eine umgedrehte Kiste. Alle paar Tage wurde der Eimer, der ihm als Toilette diente, geleert und durch einen Eimer mit trübem Wasser ersetzt – seine einzige Möglichkeit, sich zu waschen.

Da er keinen Spiegel hatte, konnte er nur annehmen, dass er mittlerweile mit seinem verfilzten Haar, dem achtwöchigen Bart und den verdreckten Kleidern völlig verwildert aussah.

Die Verpflegung und die sanitäre Situation konnte er ertragen. Er hatte sich sogar mit der durchdringenden Kälte und Feuchtigkeit abgefunden und den Ratten, die nachts seine Höhle heimsuchten. Womit er nicht fertig wurde, war die hoffnungslose Verzweiflung und die Langeweile, da es nichts gab, womit er sich geistig hätte beschäftigen können. Er wurde langsam wahnsinnig.

Seit kurzem redete er laut vor sich hin. Seine Stimme zu hören bot ihm einen kleinen Trost. Er hatte begonnen, seine früheren Sketche als Komiker und Szenen aus seinen Filmen in der Erinnerung wieder aufleben zu lassen und vorzutragen. Manchmal redete er mit Lucky, als wäre sie bei ihm.

Im Geist ging er immer wieder die Ereignisse dieses schicksalhaften Morgens durch. Er war so glücklich gewesen und hatte sich maßlos auf Lucky gefreut. Wieder und wieder hatte er sich lebhaft vorgestellt, wie sie aus dem Flugzeug steigen und sich in seine Arme werfen würde.

Er erinnerte sich daran, dass er das Hotel verlassen und der Portier auf seinen Wagen gedeutet hatte. Darin hatte ein anderer Fahrer, nicht sein sonstiger Chauffeur, gesessen. Kurz nachdem sie losgefahren waren, um Lucky vom Flughafen abzuholen, hatte der Fahrer ihm Kaffee angeboten. Er hatte die heiße Flüssigkeit gierig getrunken und den starken, beinahe bitteren Geschmack genossen.

Danach – nichts mehr – keine Erinnerung an das, was passiert war, bis er auf dem Boden dieser Höhle zu sich gekommen war, angekettet wie ein tollwütiger Hund. Niemand hatte ihm erklärt, warum er gekidnappt worden war und hier gefangen gehalten wurde.

Als zum ersten Mal einer der beiden Männer auftauchte, hatte er an Rettung geglaubt. Aber nein, das war nur der Anfang seines Alptraums gewesen.

Jetzt blieb ihm nichts anderes übrig, als zu warten und alle Kraft daranzusetzen, nicht wahnsinnig zu werden. Und zu hoffen, dass Lucky nach ihm suchte.

23

Lucky wachte um halb sechs mit einem schlechten Geschmack im Mund auf. Ihr Kopf dröhnte, ihr ganzer Körper tat weh.

Vorsichtig drehte sie den Kopf zur Seite und warf einen Blick auf Alex. Nackt und schnarchend lag er völlig entspannt auf dem zerwühlten Bett.

O Gott! Was hatte sie getan?

Ganz leise stand sie auf und ging auf Zehenspitzen in das schäbige kleine Badezimmer, wo sie sich ohne zu duschen hastig anzog, da sie nur von einem Gedanken beherrscht wurde – unbemerkt zu verschwinden.

Draußen war es noch dunkel. Alex' Porsche stand vor dem Motel, das in einer gottverlassenen Gegend lag. Forschen Schritts marschierte sie zu dem kleinen Büro, das als Empfang diente, und schlug mehrmals auf die Glocke. Dann wartete sie ungeduldig, dass jemand auftauchte. Ein struppiger Hund beschnüffelte ihre Knöchel und tappte wieder davon. Schaudernd schlug sie den Kragen ihrer Jacke hoch.

Schließlich erschien ein verschlafener Teenager mit zerzaustem Haar. »Noch ’n bisschen früh, wie, Ma’am?«, sagte er mürrisch. »Was kann ich für Sie tun?«

»Ich brauche eine Limousine«, sagte Lucky. Ihr ging es nur noch darum, von hier wegzukommen, ehe Alex wach wurde und merkte, dass sie fort war.

»Eine was?«, fragte der Teenager verdutzt.

»Eine Limousine. Einen Mietwagen. Irgendein Gefährt, mit dem ich von hier verschwinden kann.«

»Ich weiß nicht ...«, sagte der Junge vage. »Die Tankstelle öffnet erst um sechs und hat bestimmt keine Limousine zu vermieten. Mein Großvater könnte Ihnen vielleicht weiterhelfen, aber der schläft noch, und ich will mir keinen Ärger einhandeln, indem ich ihn wecke.«

»Hast *du* ein Auto?«

Er rieb sich das Kinn. »Ich?«

»Ja, du.«

»Ich habe einen achtundsechziger Mustang«, prahlte er schließlich. »Ordentlich aufgemotzt.«

»Schaffe ich’s damit bis L.A.?«

»Lady ...«

»Ja oder nein?«

Stirnrunzelnd sagte er: »Entschuldigen Sie, Ma’am, aber sind Sie nicht mit dem ausländischen Wagen gekommen, der vor Zimmer vier steht?«

Lucky seufzte ungeduldig. »Machen wir’s kurz. Ich muss sofort von hier weg. Was verlangst du, wenn ich mir deinen Mustang leihe?«

Um fünfhundert Dollar ärmer, fuhr Lucky kurz darauf los. Sie bereute nicht, was passiert war. Tatsächlich hatte sie genau diese Situation provoziert, seit Alex in ihr Büro gekommen war.

O Gott! Hoffentlich macht Alex keine Affäre daraus.

Nein, bestimmt nicht. Er benutzte Frauen, davon war sie

überzeugt. Und es sollte ihn eigentlich nicht stören, dass die Sache einmal andersrum gelaufen war.

In Zukunft würde sie vorsichtig sein und nur noch auf geschäftlicher Basis mit ihm verkehren.

Der Teenager hatte nicht übertrieben – sein alter Mustang raste über den Freeway wie ein aufgemotzter Sportwagen. Doch statt nach L.A. zurückzukehren, fuhr sie nach Palm Springs. Sie hatte Alex zwar versprochen, dass er Gino kennen lernen würde, doch diese Begegnung musste auf einen späteren Zeitpunkt verschoben werden.

Als sie Ginos Villa betrat, war er schon auf und brüllte am Telefon seinen Börsenmakler an.

»Kleines!«, rief er überrascht und hielt die Hand über die Sprechmuschel. »Was zum Teufel machst *du* denn hier? Weißt du nicht, wie beschissen früh es noch ist?«

Lieber alter Daddy. Er fand doch immer die passenden Worte.

Lucky umarmte ihren Vater, der nicht zu altern schien. Gino war jetzt einundachtzig und sah wie fünfundsechzig aus. Noch immer hatte er dichtes grau meliertes Haar, ein jugendliches Grinsen, keine falschen Zähne. Er wirkte fit und munter und war bestimmt noch sexuell aktiv. Während seiner Jugendjahre in Brooklyn hatte er den Spitznamen Gino der Rammler gehabt. O ja, ihr Vater hatte ganz gewiss eine schillernde Vergangenheit und war seit den bescheidenen Anfängen seines Geschäftslebens einen weiten Weg gegangen.

Er beendete das Gespräch mit seinem Börsenmakler und knallte den Hörer auf die Gabel. »Dieser Kerl ist ein Versager. Er gibt mir immer die falschen Tipps.«

»Warum hörst du dann auf ihn?«, fragte Lucky, ließ sich in einen Sessel fallen und kramte in ihrer Handtasche nach der Zigarettenpackung.

Gino musterte sie. »Was ist los, Kleines? Ich habe den starken Verdacht, dass dich zu dieser frühen Stunde nicht die Sehnsucht nach deinem Vater hierher treibt.«

»Ich bin letzte Nacht versackt«, sagte Lucky, »und wollte meinen Kater mit dir teilen.«

»Lebst immer noch wie ein Kerl, was?«, sagte Gino und schüttelte missbilligend den Kopf. »Eine Lady besäuft sich nicht.«

Lucky zündete sich eine Zigarette an. »Ich habe dir schon vor langer Zeit klar gemacht, dass ich keine Lady bin«, sagte sie mit tiefer, männlich klingender Stimme. »Ich bin eine Santangelo. Wie du.«

Er grinste. »Ja, ja, wie könnte ich das je vergessen? Du warst immer ein problematisches Kind.«

Sie setzte ihr strahlendstes Lächeln auf. »Aus dem Problemkind ist doch was geworden, oder?«

»Ich kann mich nicht beklagen«, antwortete er und fügte besorgt hinzu: »Und wie geht's dir *wirklich?*«

Ihr Schulterzucken drückte Gereiztheit, Müdigkeit und Verwirrung aus. »Ich komme schon zurecht.«

Gino warf ihr einen wissenden Blick zu. »Alles braucht seine Zeit, Kleines.«

»Ja, Gino.«

Er stand auf. »Möchtest du Tee? Oder Kaffee?«

»Nichts, danke«, antwortete Lucky und unterdrückte ein Gähnen. »Kann ich schnell mal duschen?«

»Geh ins Gästezimmer. Ich sage Paige, dass du da bist.«

»Weck sie nicht.«

»Ha! Die ganze russische Armee könnte meine Frau nicht wecken, wenn sie weiterschlafen will.«

Das Gästezimmer war in englischem Landhausstil gehalten, was nicht Luckys Geschmack entsprach. Aber sie musste einräumen, dass Paige eine talentierte Innenarchitektin war.

Lucky ging zu dem großen Panoramafenster und schaute auf den gepflegten Rasen mit den üppig blühenden purpurroten Bougainvillea-Sträuchern hinaus, die den nierenförmigen Swimmingpool mit azurblauem Wasser säumten. Dann zog sie sich aus und begab sich ins Badezimmer. Vor dem hohen Spiegel blieb sie kurz stehen und betrachtete sich kritisch. Jugendlichkeit lag wohl in der Familie: Ihr Körper war auch nach der Geburt von drei Kindern noch immer geschmeidig und schlank, die olivfarbene Haut und die Brüste noch straff.

Alex Woods hatte ihren nackten Körper nicht gesehen. Nach diesem einen leidenschaftlichen Kuss auf dem Parkplatz war alles rasend schnell gegangen. Ein Motel am Freeway. Keine Unterhaltung. Ihre Lust war so groß gewesen, dass sie gierig übereinander hergefallen waren – animalische Begierde, brutaler Sex.

Lucky musste an ihre wilden Jahre denken, als sie ohne Gewissensbisse mit zahllosen Männern geschlafen hatte. Ihr Motto war gewesen: Ruf mich nicht an, ich melde mich.

O Gott, das schien eine Ewigkeit her zu sein. Lange vor Aids.

Und dann hatte sie Lennie kennen gelernt. Ihre wahre Liebe. Ihre verwandte Seele. Und zum ersten Mal war ihr Leben vollkommen gewesen.

Bei dem Gedanken an Lennie kamen ihr endlich die Tränen. Sie sackte zusammen und schluchzte ihre ganze Wut, ihre Qual und ihre Frustration hinaus, bis sie völlig ausgelaugt und erschöpft war.

Der Ausbruch war wie eine innere Reinigung, eine Erneuerung gewesen. Erst jetzt konnte sie endlich um ihn trauern.

Lucky stand auf, nahm eine eiskalte Dusche und zog sich schnell an. Plötzlich hatte sie eine große Sehnsucht nach ihren Kindern. Sie wollte sie an sich drücken und sie mehr lieben als alles andere auf der Welt. Gino würde ihren abrupten Aufbruch verstehen. Sie würde direkt nach L.A. fahren und ein paar Stunden mit ihren Kindern verbringen, ehe sie ins Studio ging.

Die Familie kam zuerst.

Das Geschäft an zweiter Stelle.

Und trotzdem würde sie Panther zum erfolgreichsten Studio dieser Stadt machen.

Lennie würde wollen, dass sie weitermachte.

Lennie würde wollen, dass sie sich nur mit dem Besten zufrieden gab.

Alex kam allmählich zu sich. Licht kroch ins Zimmer und reizte seine Augen. Er legte den Arm übers Gesicht, um die Sonnenstrahlen abzuhalten. Es funktionierte nicht.

Er streckte sich, stöhnte und öffnete langsam die Lider. Es war höchste Zeit, aufzustehen.

Einen Augenblick blieb er noch völlig desorientiert liegen, bis ihm wieder alles einfiel.

Lucky Santangelo. Die Frau mit dem hohlen Bein.

Lucky Santangelo. Eine wunderschöne, aufregende Frau.

Sie hatten sich in diesem schäbigen Motelzimmer leidenschaftlich geliebt. Jetzt war Morgen … und wo war sie?

Er sprang aus dem Bett und stolperte auf dem Weg zum Bad über seine Schuhe.

Im Bad war sie nicht.

Er ging zum Fenster und spähte durch das Rollohinaus. Sein Porsche stand noch da, wo er ihn in der Nacht geparkt hatte. Das war ein gutes Zeichen. Also konnte Lucky nicht weit sein.

Er hoffte, dass sie Kaffee holen gegangen war. O Mann, er würde jetzt wer weiß was für eine Tasse starken schwarzen Kaffee geben.

Er sammelte seine Kleider vom Boden auf und ging ins Bad, doch die Dusche funktionierte nicht.

Ein Blick auf seine Armbanduhr zeigte ihm, dass es kurz

vor neun war. Er stand immer um halb sieben auf. Den Schlaf hatte er wohl dringend nötig gehabt.

Herrgott, wie gut er sich fühlte – er hatte keinen Kater. *Ihr* ging es bestimmt miserabel.

Lucky Santangelo. Er musste lächeln. Auf eine merkwürdige Weise war sie sein Spiegelbild – eine Rebellin, völlig unberechenbar. Und so wild und schön …

Er zog sich schnell an und ging ins Büro hinunter, in dem ein alter verwitterter Mann saß, der Erdnüsse schälte.

»Guten Morgen«, sagte Alex freundlich.

»Auch Ihnen einen guten Morgen«, entgegnete der Alte, ohne den Kopf zu heben.

»Wo kann man denn hier einen Kaffee bekommen?«

»Neben der Tankstelle auf der anderen Straßenseite ist ein Café. Probieren Sie Mabels Brombeerkuchen. Der schmeckt verdammt gut.«

»Danke«, sagte Alex. »Das mache ich. Haben Sie die Lady aus Zimmer vier da rübergehen sehen?«

»Die Lady ist schon vor drei Stunden weggefahren«, antwortete der Alte mit ausdrucksloser Miene. »Hat sich für fünfhundert Dollar das Auto meines Enkels geliehen.« Und kichernd fügte er hinzu: »Der Kleine hat gemeint, ihr seid Dealer, weil sie so mit dem Geld um sich geworfen hat.«

»Sie hat Ihrem Enkel fünfhundert Dollar gegeben und ist weggefahren?«, wiederholte Alex fassungslos.

»Das habe ich doch gerade gesagt.«

»Ich kann es nicht glauben.«

»Weiber«, knurrte der Alte kopfschüttelnd. »Haben sie dich erst mal geschnappt, gibt's ein Leben lang Schwierigkeiten. Das erzähle ich meinem Enkel dauernd. Aber der hört nicht auf mich, ist hinter den Röcken her wie ein Rüde hinter einer läufigen Hündin.«

»Wie kriegt er denn sein Auto wieder?«

»Sie schickt es mit einem Fahrer zurück, hat ihm ihre Visitenkarte gegeben. Als er darauf den Namen eines großen Hollywood-Studios gelesen hat, war er mit allem einverstanden. Wenn er das Auto nicht wiederkriegt, ist es sein verdammter Fehler.«

Alex war schockiert. Wie konnte sich Lucky einfach davonstehlen und ihn allein zurücklassen?

Der Kaffee musste warten. Er würde sofort nach L.A. fahren.

24

Vormittags ging es in Venus' Haus immer geschäftig zu. Anthony, ihr gut aussehender blonder Assistent, kam schon früh. Sven war da, um mit ihr zu joggen und die anstrengende Gymnastik zu machen. Mehrere Dienstmädchen putzten das Haus, und das Telefon hörte nicht auf zu läuten.

Gleich nach dem Aufstehen las Venus das Manuskript von *Gangsters*. Die Lola war ein komplexer Charakter – draufgängerisch, sexy, traurig –, und Venus war überzeugt, die Verzweiflung und das Leid der Frau rüberzubringen.

Venus konnte sich nicht entscheiden, was sie für ihr Vorstellungsgespräch bei Alex tragen sollte. War es besser, sie selbst zu bleiben oder sich als Lola zu präsentieren?

Da sie keinen Ausweg aus diesem Dilemma fand, rief sie Freddie an. »Was meinst *du?*«, fragte sie. »Ich könnte mich wie üblich provokativ und sinnlich präsentieren ... Aber wahrscheinlich kennt er das schon aus meinen Videofilmen. Ich meine, er weiß doch, wer ich bin, oder?«

»Warum, glaubst du wohl, hatte ich solche Schwierigkeiten, dir diese Rolle zuzuschanzen?«, raubte er ihr jede Illusion.

Manchmal fand sie Freddie zum Kotzen. »Oh, wie nett von dir. Du verstehst es wirklich, einen aufzubauen.«

»Es war nicht leicht, Venus. Du hast ein gewisses Image,

und ich musste ihn dazu bringen, seine vorgefasste Meinung aufzugeben.«

»Red nur weiter, Freddie. Du stärkst wirklich mein Ego!«

»Mach dich als Lola zurecht. So wie ich Alex kenne, wird ihn das beeindrucken.«

Nach langem Suchen fand sie schließlich das perfekte Kleid. Dazu trug sie hochhackige Pumps und goldene Ohrringe.

Fertig angezogen, lief sie durchs Haus und fragte jeden nach seiner Meinung. »Wie gefalle ich dir?«, wollte sie von Sven wissen, der noch immer im Fitnessraum war und neue Marterinstrumente bestellte.

»Sehr hübsch«, meinte er nur, ohne genau hinzusehen.

Dann präsentierte sie sich ihrem englischen Assistenten. »Was hältst *du* davon, Anthony?«

Anthony hatte schulterlanges weißblondes Haar, einen muskulösen Körper und ein hinreißendes Lächeln. »Göttlich!«, verkündete er.

Warum waren immer die am besten aussehenden Männer schwul? Was für eine Vergeudung. Venus nahm sich vor, Anthony mit Ron bekannt zu machen. Vielleicht gelang es Anthony mit seinem englischen Akzent und seinen langen Wimpern, Ron diesem Widerling Harris auszuspannen, damit sie alle zusammen glücklich weiterleben könnten.

»Das lag heute Morgen vor Ihrer Tür«, sagte Anthony und reichte ihr einen Umschlag, der an sie persönlich adressiert war.

Venus riss das Kuvert auf. Der Brief war kurz und eindeutig.

Hi, Venus,

Du bist eine heiße Mieze, sexy und scharf. Ich weiß alles über Dich. Deine großen Titten und Deine haarige

Muschi machen mich geil. Sei unbesorgt – niemand wird Dir je schaden, denn Du gehörst mir. Ich werde Dich immer lieben, auch wenn wir verheiratet sind. Du solltest besser auf mich warten – es wird nicht mehr lange dauern.

XXX
Ein Bewunderer

PS: Ich hole mir jeden Tag einen runter, wenn ich an Dich denke. Ich habe nur mit Dir Sex. Hoffentlich geht es Dir genauso.

»O mein Gott!«, rief Venus und schleuderte den Brief angeekelt von sich. »Noch so ein besessener Sex-Freak. Wie gelangen diese Wichser nur an meine Privatadresse?«

Anthony zuckte mit den Schultern. »Der Brief lag schon da, als ich heute Morgen kam.«

»Wie ist es dem Kerl gelungen, mein Grundstück zu betreten? Ist er übers Tor geklettert? Wo war mein Wachmann?«

Anthony zuckte wieder mit den Schultern. »Ich habe keine Ahnung.«

»Ruf den Sicherheitsdienst an. Sie sollen den Brief untersuchen. Und lass niemanden ins Haus, den du nicht kennst.«

»Mach ich, Venus«, sagte Anthony.

Gerade als sie zu ihrer Verabredung mit Alex Woods aufbrechen wollte, tauchte Rodriguez mit einem Strauß weißer Rosen auf. Er hatte sich für diesen Besuch in Schale geworfen und trug ein dunkelbraunes Seidenhemd, maßgeschneiderte beige Hosen, einen schmalen Krokodilledergürtel, der seine schlanke Taille betonte, und flotte zweifarbige Lederschuhe.

»Meine Prinzessin!«, begrüßte er sie überschwänglich.

Venus fuhr auf diesen blumigen Scheiß nicht ab, da sie sich ärgerte, dass er unangemeldet hereinplatzte.

»Was willst du?«, fragte sie barsch.

Er reichte ihr die Rosen. »Ich bin gekommen, weil mein Herz für dich schlägt und ich bei jedem Herzschlag an dich denken muss.«

»Du solltest dir wirklich mal eine andere Anmache ausdenken, Rodriguez«, sagte Venus missbilligend.

»Wie meinst du das, Süße?«

Sie warf die Blumen Anthony zu. »Es gefällt mir nicht, dass du ohne Voranmeldung einfach hier auftauchst. Ich bin auf dem Weg zu einer wichtigen Verabredung.«

»Ich wollte dich zum Lunch einladen.«

»Nicht heute. Ich bin sehr beschäftigt.«

»Hast du deine Besetzungsleute angerufen? Ich freue mich so darauf, mit dir zusammen einen Video-Film zu drehen.«

Das war also der Grund für seinen Enthusiasmus. Jeder wollte ein Star sein.

»Anthony wird das erledigen«, sagte sie kurz angebunden. »Fahr nach Hause und warte auf den Anruf.«

Brigette sprühte vor Energie. Es war großartig, morgens aufzuwachen und sich auf etwas freuen zu können. Am liebsten hätte sie sofort Lucky in L.A. angerufen, doch dafür war es noch zu früh. Stattdessen lief sie in die Küche, wo Anna schreibend am Tisch saß.

»Rate mal, was passiert ist«, sagte sie aufgeregt.

»Was denn?«, fragte Anna und legte den Kugelschreiber nieder.

»Endlich läuft alles an. Ich habe die ersten interessanten Kontakte geknüpft. Habe ich dir nicht immer gesagt, ich würde eines Tages Erfolg haben? Ich bin völlig überdreht.«

»Dann ist die Party gestern also gut für dich gelaufen?«

»Es könnte nicht besser sein. Michel Guy hat mich gebeten, heute in seine Agentur zu kommen. Und nächste Woche habe ich einen Fototermin bei Luke. Ist das nicht *phantastisch?*«

»Du hast es verdient«, sagte Anna.

»Ja, nicht wahr?«, entgegnete Brigette übermütig lachend.

Später traf sie sich mit Nona, die schon einen Plan für ihre weitere Vorgehensweise ausgearbeitet hatte. Zuerst würden sie sich zu Michel Guy begeben und dann Aurora besuchen, um ihr von Rock-'n'-Roll-Jeans zu erzählen und sie zu fragen, ob *Mondo* Brigette als erste Zeitschrift auf das Titelblatt setzen würde.

»Das alles klingt einfach zu gut für mich«, meinte Brigette.

»Hör mal«, sagte Nona. »Zan und ich ziehen zusammen. Sein Vater hat einen Haufen Geld, also ist die Miete kein Problem. Ich kann es kaum erwarten, von zu Hause wegzukommen. Wir haben überlegt, ob du Lust hättest, mit uns eine Wohnung zu teilen.«

Brigette lachte. »Das wäre bestimmt ein Mordsspaß. Zan, du und ich. Glaubst du, das geht gut?«

»Ich halte es für eine tolle Idee«, redete Nona ihrer Freundin zu. »Schließlich werden wir als Team zusammenarbeiten, da können wir doch auch die Wohnung teilen.«

»Ich überleg's mir«, sagte Brigette, noch zögernd. Und dann: »Okay, wann ziehe ich um?«

Alex fuhr in einem Zustand völliger Verwirrung nach L. A. zurück. Er konnte es nicht fassen, dass Lucky ihn hatte sitzen lassen. So was war ihm noch nie passiert. Immer war es umgekehrt gewesen. Wie oft hatte er sich vom Telefondienst zu einer bestimmten Zeit anrufen lassen, damit er eine dringende Verabredung vortäuschen und sagen konnte: »Tut mir Leid, ich muss gehen.« Dann war seine jeweilige Spielgefährtin stets aufgestanden und allein nach Hause gefahren. Verdammt! So etwas passierte ihm einfach nicht. Es musste eine Erklärung dafür geben, eine sehr plausible Erklärung.

Er rief vom Auto aus das Studio an. Kyoko teilte ihm mit, dass Mrs. Santangelo noch nicht im Büro sei. Er kam sich wie ein Idiot vor, weil er Luckys Privatnummer nicht hatte, und wollte ihren Assistenten nicht danach fragen. Natürlich könnte er die Nummer von Freddie bekommen. Hallo, Freddie, ich bin's, Alex. Ich habe letzte Nacht Lucky Santangelo gefickt, habe aber ihre Privatnummer nicht. Und sie hat mich einfach im Motel sitzen lassen. Kannst du mir ihre Nummer geben?

Das kam nicht in Frage.

Er rief in seinem Büro an.

»Wo bist du denn, Alex?«, fragte Lili. »Alle machen sich um dich Sorgen. Deine Mutter hat schon dreimal angerufen.«

»Meine Mutter macht sich um *mich* Sorgen?«, entgegnete er ungläubig.

»Anscheinend ist Tin Lee gestern Abend in Panik geraten, als du nicht wie verabredet gekommen bist. Sie hat drei Stunden in deinem Apartment gewartet und dann Dominique angerufen. Die beiden haben sich anscheinend verbündet. Dominique sprach von Kidnapping, Mord und hatte alle möglichen Horrorvorstellungen.«

»Mir ist etwas dazwischengekommen.«

»Eine Flasche Scotch?«

»Das geht dich nichts an, Lili.«

»Wenn ich deine Produktionsfirma leiten *und* Ausreden für dich erfinden soll, musst du mich schon in deine Geheimnisse einweihen«, entgegnete Lili mit einem giftigen Unterton.

Er hasste es, wenn Lili aufsässig wurde. »Ich musste nach Palm Springs fahren und mit Gino Santangelo über mein Manuskript reden«, erklärte er.

»Das hättest du mir sagen können.«

»Du redest wie eine Ehefrau, Lili. Und dabei bumse ich dich nicht einmal.«

Lili fand das nicht witzig. »Darf ich dich daran erinnern, Alex, dass du heute Morgen drei Termine hast platzen lassen? Und Venus Maria kommt um zwölf. Außerdem hast du heute Nachmittag eine Drehortbesichtigung in Las Vegas. Du nimmst das Flugzeug um drei.«

»Warum habe ich eine Verabredung mit Venus?«

»Sie will für die Rolle der Lola vorsprechen. Du hast mit Freddie vereinbart, sie dir anzusehen.«

»Muss das sein?«, klagte er stöhnend.

»Ja, das muss sein.«

»Na gut, Lili. Mach dir keine Sorgen. Ich komme.«

»Und was soll ich deiner Mutter erzählen?«

»Überhaupt nichts.«

25

Lucky musste während der Rückfahrt von Palm Springs über vieles nachdenken. Irgendwie hatte sie das Gefühl, aus einem dichten Nebel aufzutauchen – Lennie war tot, und so schwer es ihr auch fiel, sie musste anfangen, diese Tatsache zu akzeptieren.

Sie fuhr direkt zu ihrem Haus und verbrachte den Vormittag mit ihren Kindern. Als sie Gino in den Armen hielt und seine tröstliche Wärme und rührende Hilflosigkeit spürte, merkte sie, dass ihre Kinder sie brauchten. Eins war gewiss – sie würde immer für sie da sein.

Maria raste wie gewöhnlich durchs Haus. Sie besaß mehr Energie als ihre Mutter – was wirklich viel über das kleine Mädchen aussagte. Sie hüpfte vor Freude auf und ab, als Lucky ihr mitteilte, dass sie den Vormittag gemeinsam verbringen würden. »Mommy, Mommy, erzähl mir eine Geschichte«, flehte sie.

»Okay«, sagte Lucky, setzte sich und las Maria aus einem Bilderbuch vor.

Maria quiekte vor Vergnügen, als Lucky die verschiedenen Stimmen imitierte. »Jetzt gehen wir schwimmen,

Mommy. Jetzt!, jetzt!«, schrie sie, als Lucky das Buch zuklappte.

Doch Lucky ging mit ihrer Tochter lieber am Strand spazieren und versprach ihr, dass sie am Wochenende einen Ausflug machen und ihr einen kleinen Hund kaufen würden. Maria war begeistert.

CeeCee informierte Lucky, dass Venus Maria angerufen habe. Lucky war sich bewusst, dass sie ihre Freunde auf sträfliche Weise vernachlässigt hatte, und nahm sich vor, das zu ändern.

Kurz nach zwölf kam sie in ihr Büro.

Kyoko saß an seinem Schreibtisch im Vorzimmer.

»Ich möchte mich wegen gestern bei Ihnen entschuldigen, Ky«, sagte Lucky auf dem Weg in ihr Büro. »Ich musste einfach mal raus. Konnten Sie die Termine verschieben, die ich habe platzen lassen?«

»Ja. Ich habe mich um alles gekümmert. Und ich dachte mir schon, dass Sie heute vielleicht später kommen, und habe alle Ihre Vormittagstermine abgesagt.« Er legte ihr die Liste der Anrufer auf den Schreibtisch.

Lucky überflog die Namen. Alex Woods hatte zweimal versucht, sie zu erreichen. Sie hatte nicht die Absicht, ihn zurückzurufen. Es war wahrscheinlich besser, ihm Zeit zum Abkühlen zu lassen. Wenn sie ihn dann wieder sah, würde das auf rein geschäftlicher Ebene geschehen.

Einen Augenblick lang ließ sie ihre Gedanken schweifen … Alex im Bett … heißer, brutaler Sex …

Nein! Alex war ein einmaliger Ausrutscher gewesen. Sex als Rache. Das würde *nie* wieder passieren.

»Sollte Alex Woods noch einmal anrufen«, sagte sie so beiläufig wie möglich zu Ky, »fragen Sie ihn bitte, worum es geht. Ich möchte nur mit ihm sprechen, wenn es etwas mit *Gangsters* zu tun hat. Kümmern Sie sich darum, okay?«

»Ja, Lucky«, antwortete Kyoko, der keine überflüssigen Fragen stellte.

»Verbinden Sie mich jetzt bitte mit Venus.«

Kyoko sprach mit Anthony. »Sie ist nicht zu Hause«, informierte er Lucky. »Soll ich versuchen, sie im Auto zu erreichen?«

»Ja, bitte.«

Kurz darauf war Venus am Apparat und sagte erfreut: »Das ist ja Telepathie. Ich habe gestern Abend versucht, dich zu erreichen.«

»Ich möchte mich mit dir treffen. Wir haben uns so lange nicht gesehen. Wie wär's mit einem gemeinsamen Lunch?«

»Leider habe ich heute Mittag keine Zeit. Machen wir doch was fürs Dinner aus.«

»Ja, das passt mir ausgezeichnet. Ich bitte Kyoko, uns einen Tisch bei Morton's zu reservieren.«

»Fabelhaft! Dann ziehen wir über jeden Kerl in der Stadt her. Ich liebe Klatschgeschichten.« Nach einer kurzen Pause fügte Venus hinzu: »Hm … eigentlich wollte ich nicht darüber reden, weil du den Film ja produzierst, aber ich habe eine Verabredung mit Alex Woods. Ich spreche vor, um die Rolle der Lola in *Gangsters* zu bekommen.«

»Du willst die Lola spielen?«, fragte Lucky verwundert, weil sich Venus für eine so kleine Szene in einem Film interessierte. »Das ist doch keine Hauptrolle.«

»Ich weiß, aber dein Freund und mein Agent Freddie hat mir geraten, die Lola zu spielen, um von meinem gewohnten Image loszukommen.«

»Freddie steckt doch immer voller guter Ideen.«

»Ich habe das Drehbuch gelesen und finde es phantastisch. Jetzt weiß ich, warum du diesen Film unbedingt produzieren willst.«

»Triffst du dich heute mit Alex?«

»Ja. In ungefähr zehn Minuten. Und sollte Alex mit dir über mich sprechen …«

»Alex hat das letzte Wort, was die Besetzung betrifft. Ginge es nach mir, wärst du die Lola – obwohl deine Gage mein Budget sprengen würde. Erst letzte Woche hat Alex Johnny Romano engagiert.«

»Freddie sagte mir, es habe ihn viel Überredungskunst gekostet, überhaupt einen Vorsprechtermin bei Alex Woods für mich zu bekommen. Darüber bin ich natürlich nicht begeistert.«

»Das kann ich mir vorstellen.«

»Du hattest doch schon mit ihm zu tun. Wie ist er denn?«

Lucky griff nach einer Zigarette. Diese Sucht wurde mit jedem Tag schlimmer. »Ich dachte, *du* wüsstest alles über ihn«, sagte sie unverbindlich.

»Bloß den Klatsch, den mir eine seiner Exfreundinnen brühwarm erzählt hat.«

»Und was waren das für Geschichten?«

»Hm … lass mich mal überlegen … ach ja, er bumst nur Asiatinnen und steht nicht auf Cunnilingus.«

»Scheint ja ein toller Kerl zu sein«, sagte Lucky trocken.

»Das müsstest du doch wissen.«

»Wie meinst du das?«

»Komm schon, Lucky«, lockte Venus. »Mir kannst du doch vertrauen. Ist er wirklich so eine Nervensäge, wie alle behaupten?«

»Alex hat auf mich einen guten Eindruck gemacht«, antwortete Lucky, sorgfältig die Worte wählend. »Nur bei der Presse hat er einen schlechten Ruf. Ihr beide solltet gut miteinander auskommen.«

»Wenn du ihn mal wieder triffst, versuch doch rauszukriegen, was er von mir hält.«

»Klar«, sagte Lucky leichthin. »Mach ich.«

Vielleicht auch nicht.

Als Venus ihr Telefonat mit Lucky beendet hatte, war sie auch schon vor Alex' Produktionsbüro angekommen.

Ein Wachmann winkte sie mit einem strahlenden Lächeln und einem begeisterten: »Darf ich Sie um ein Autogramm für meine Schwester bitten? Sie ist Ihr größter Fan!«, durchs Tor.

Wie oft hatte sie diese Ausrede schon gehört? Doch sie tat ihm den Gefallen.

Eine elegant gekleidete Asiatin begrüßte sie am Eingang. »Hallo, ich bin France«, sagte die junge Frau und streckte Venus ihre kleine, gepflegte Hand hin. »Es ist uns eine Ehre, Sie bei uns begrüßen zu dürfen. Bitte, folgen Sie mir.«

Netter Empfang. Vielleicht war Alex Woods doch mehr an ihr interessiert, als es den Anschein hatte.

France führte sie in eine große Empfangshalle, deren Wände mit gerahmten Fotos von Alex' Filmen geschmückt waren. Eine beeindruckende Sammlung.

»Alex hat sich ein paar Minuten verspätet«, entschuldigte sich France. »Darf ich Ihnen etwas anbieten? Tee? Kaffee? Mineralwasser?«

Venus entschied sich für ein Glas Evian und die letzte Ausgabe von *Rolling Stone*. Das war eine neue Erfahrung für sie – seit Jahren hatte man sie nicht mehr warten lassen. Sollte das eine Art Test sein? Um herauszufinden, ob sie sich wie eine Primadonna aufführte?

Nach zwanzig Minuten, die ihre Geduld auf eine harte Probe stellten, erschien eine andere Asiatin, die älter, aber bemerkenswert attraktiv war.

»Ich bin Lili, Alex Woods' Assistentin«, stellte sich die Frau mit einem herzlichen Lächeln vor. »Alex musste gestern Abend ganz plötzlich zu einer Verabredung außerhalb der Stadt. Er lässt sich entschuldigen und bittet um Ihr Verständnis. Er müsste jeden Augenblick da sein.«

»Wie lange wird dieser Augenblick dauern?« Venus hatte keine Lust, noch länger zu warten. Das schadete ihrem Image.

»Bitte gedulden Sie sich noch ein paar Minuten«, versuchte Lili sie zu beschwichtigen und fügte hinzu: »Er freut sich so, Sie endlich kennen zu lernen.«

Darauf gehe ich jede Wette ein, dachte Venus, deren Selbstsicherheit rapide schwand. Freddie hat mich ihm aufgedrängt. Alex hat noch nie was von mir gehört, und wenn doch, liegt ihm nichts an mir.

Warum brachte sie sich unnötig in eine derart peinliche Lage? Sie war ein Star, Herrgott noch mal, und hatte es nicht nötig, auf jemanden zu warten – und schon gar nicht auf Alex Woods, diesen Macho.

»Möchten Sie noch ein Glas Evian?«, fragte Lili.

Venus stand auf. »Hören Sie«, sagte sie freundlich, »ich kann nicht länger warten. Richten Sie bitte Mr. Woods aus, dass es mir ein Vergnügen gewesen ist, ihn *beinahe* kennen gelernt zu haben.«

Lili war sichtlich bekümmert und suchte nach passenden Worten, um Venus zum Bleiben zu überreden. »Er kommt bestimmt gleich«, sagte sie beschwichtigend. »Vor ein paar Minuten habe ich mit ihm über sein Autotelefon gesprochen. Da war er bereits ganz in der Nähe.«

»Ist schon gut«, sagte Venus liebenswürdig. »Wir vereinbaren einen neuen Termin.«

Freddie Leons Gesicht tauchte vor ihren Augen auf. Kein Oscar, sagte er streng. Vergiss deinen Stolz und bleibe.

Tut mir Leid, Freddie. Das mache ich nicht einmal für dich.

Lili begleitete Venus zur Tür, als Alex hereinstürmte. Unrasiert und abgehetzt fegte er an Venus vorbei, ohne sie überhaupt zu sehen. »Scheiße! Dieser verdammte Verkehr. Gib nicht mir die Schuld, dass ich mich verspätet habe.«

»Alex«, sagte Lili, »darf ich dir Venus Maria vorstellen. Sie wollte gerade gehen. Bestimmt kannst *du* sie überreden, den Termin doch noch wahrzunehmen.«

Alex warf einen Blick auf den platinblonden Superstar. Nicht schlecht. Ihre Interpretation der Lola war beinahe geglückt.

»Tut mir Leid, Schätzchen«, sagte er und bedachte sie mit seinem Killerlächeln, das ihn schon aus manchem Dilemma gerettet hatte. »Kommen Sie doch mit in mein Büro, damit wir uns unterhalten können.«

Das »Schätzchen« gefiel ihr nicht. Es klang zu herablassend.

Das Lächeln war hinreißend, wenn auch bewusst eingesetzt. Damit brachte er Frauen wohl dazu, das zu tun, was er wollte.

Er sah nicht so gut aus wie Cooper. Er war größer, ungehobelter, doch auf eine gewisse überwältigende Macho-Art war er recht attraktiv.

Bestimmt lässt du dir gern einen blasen, dachte sie. Ich frage mich nur, warum du Frauen nicht auch auf diese Weise verwöhnst.

»Ich gebe Ihnen fünf Minuten«, sagte sie kühn. »Das reicht bestimmt, um Sie davon zu überzeugen, dass ich Ihre Lola bin.«

26

Donna Landsman wählte für die Studio-Übernahme ein Kostüm von Chanel, marineblau mit weißen Borten und goldenen Knöpfen, und schlichten Diamantschmuck.

Donna Landsman, früher unter dem Namen Donatella Bonnatti bekannt, bewunderte sich in dem hohen Spiegel. Ja, sie verkörperte perfekt ihr neues Image – nichts erinnerte mehr an Donatella. Lucky Santangelo würde nie ihre wahre Identität herausfinden. Und Donna würde sie ihr nicht enthüllen.

Donna fragte sich oft, wie ihr verstorbener Mann reagieren würde, könnte er sie jetzt sehen. So kühl und elegant. So weltgewandt. In ihrer neuen Rolle hätte sie an einen ungehobelten Flegel, wie Santino es gewesen war, keinen zweiten Blick verschwendet. Doch trotz all seiner Fehler hatte sie sich gezwungen, nie zu vergessen, dass er der Vater ihrer Kinder war und als solcher den Respekt verdiente, dass sein Tod gerächt wurde.

Bisher hatte sie exzellente Arbeit geleistet. Lennie Golden war in ihrer Gewalt, und heute würde sie die Leitung der Panther Studios übernehmen. Außerdem hatte sie Brigette Stanislopoulos' Aufenthaltsort ausfindig gemacht und bereits einen Plan entwickelt, um auch ihr zu schaden.

Gestern hatte sie mit ihrem Bruder Bruno in Sizilien telefoniert. Er hatte ihr versichert, dass er alles im Griff habe. Lennie war ihr Gefangener, und nur sie, Bruno und Furio wussten, wo. Die Höhlen waren ein perfektes Versteck.

Es versetzte Donna in Hochstimmung, dass sie Lucky Santangelos Mann in ihrer Gewalt hatte. Niemand würde ihn dort entdecken. Und noch besser – jeder hielt ihn für tot. Was war das für eine meisterlich geplante Entführung gewesen.

Natürlich würde Lucky irgendwann die Wahrheit herausfinden – dafür würde Donna schon sorgen. Doch erst, wenn Lucky einen anderen Mann gefunden hatte – und vielleicht wieder heiraten wollte. *Diesen* Zeitpunkt würde Donna wählen, um Lennie freizulassen, damit er dann zu seiner Frau zurückkehren konnte. *Das* war eine gerechte Strafe für Lucky.

Nach der Übernahme der Panther Studios würde sie anordnen, dass Luckys Vater, der berüchtigte Gino, zur Rechenschaft gezogen wurde. Gino war jetzt ein alter Mann, und es würde leicht sein, mit ihm abzurechnen.

Es erfüllte Donna mit Stolz, dass sie die Verantwortung für

den Niedergang der Santangelo-Familie trug. Die beiden Familien hatten sich jahrzehntelang befehdet, wobei die Santangelos immer den Sieg davongetragen hatten.

Sie, Donna Landsman, würde endlich das Blatt wenden.

Von diesem Gedanken beherrscht, machte sie sich auf den Weg zu den Panther Studios, um Vergeltung zu üben.

»Finden Sie heraus, ob Charlie Dollar im Studio ist, und wenn ja, bitten Sie ihn, mit mir zu Mittag zu essen«, sagte Lucky und dachte, eine Dosis von Charlies Frohnatur würde ihr gut tun.

Nach einer Weile teilte Kyoko Lucky mit, dass Charlie sich freue, sie wieder zu sehen.

Die beiden trafen sich in der Kantine. »Hallo, meine Schöne«, sagte er. »Es wurde aber auch Zeit, dass du mich mal zum Essen und zu einer amüsanten Unterhaltung einlädst.«

»Ich freue mich so, dich zu sehen, Charlie. Wie war's in Europa?«

Er machte eine ausladende Geste. »Der alte Filmstar hat sie alle erschlagen. Mein Film ist ein Riesenerfolg – ich zitiere *Variety.*«

Lucky nickte. »Das weiß ich. Die Einspielergebnisse sind sensationell.«

Charlie presste seine nikotinbefleckten Finger zusammen. »Ich erkläre dir, warum das so ist. Zeig dem Pöbel, was er sehen will, und er stürmt die Kinos.«

»Du unterschätzt dich, Charlie. Du lockst mit deinem zauberhaften Charme das Publikum in die Vorführungen.«

»Nein, meine Liebe«, widersprach er grinsend, »es ist die Szene in der Dusche, wo die Leute meinen nackten Hintern zu sehen kriegen. *Niemand* hat einen so schönen Arsch wie ich!«

»O Charlie, du änderst dich nie«, sagte Lucky und drückte liebevoll seine Hand.

Er sah sie über den Rand seiner dunklen Sonnenbrille hinweg an. »Und was passiert so in deinem Leben?«

»Ich habe heute Morgen Gino besucht.«

»Ist der Alte in der Stadt?«

»Nein. Ich bin gestern Abend nach Palm Springs gefahren.«

»Warum hast du mich nicht angerufen? Ich bin der ideale Beifahrer. Ich singe, gebe die Richtung an, muss mindestens fünfundzwanzigmal pinkeln ...«

»Du bist wirklich ein Witzbold, Charlie.«

»Ja, das sagt mein Urologe auch.«

»Hat dir die Europareise Spaß gemacht? Und hast du endlich *die* Frau gefunden?«

»Mein Liebesleben ist erbärmlich«, sagte er gedehnt. »Die Frauen wollen nur mit mir ficken, weil ich ein Filmstar bin.«

»Bestimmt wartet irgendwo ein nettes Mädchen auf dich.«

Er lachte sarkastisch. »Ein nettes Mädchen? In Hollywood? Auf welchem Planeten lebst du eigentlich? Die sind doch alle Nutten oder Schauspielerinnen. Und zwischen beiden gibt es kaum noch einen Unterschied.«

»Wie wär's mit Venus?«

»Hast du den Verstand verloren?«

»Sie hat sich von Cooper getrennt.«

Mitten im Lunch erschien Kyoko völlig aufgelöst am Tisch der beiden. »Lucky, kommen Sie bitte sofort in Ihr Büro«, sagte er ganz außer Atem.

»Ist was mit den Kindern? Ist ihnen was passiert?«, fragte sie und stellte sich das Schlimmste vor.

»Nein, nein, es geht nicht um Ihre Kinder. Es ist geschäftlich. Bitte, Lucky, kommen Sie sofort.«

»Kann ich dir irgendwie helfen, Lucky?«, fragte Charlie.

Lucky stand auf. »Nein, bleib hier. Ich bin gleich wieder da.« Sie folgte Kyoko nach draußen und fragte ihn erst vor der Tür: »Was, verdammt noch mal, ist denn los?«

»In Ihrem Büro sitzt eine Frau. Sie weigert sich zu gehen.«

»Was für eine Frau?«

»Das weiß ich nicht. Morton Sharkey ist bei ihr. Die beiden sind einfach an mir vorbei in Ihr Büro marschiert. Ich konnte sie nicht aufhalten.«

Lucky hatte eine böse Vorahnung. Erst vor ein paar Tagen hatte sie gespürt, dass mit Morton etwas nicht stimmte. Dass er etwas vorhatte. Aber was?

Lucky ging durchs Vorzimmer in ihr Büro. Hinter ihrem Schreibtisch saß eine Frau. Morton Sharkey, der sich sichtlich unwohl in seiner Haut fühlte, stand davor.

»Ich erwarte von Ihnen eine Erklärung«, sagte Lucky. »Eine sehr gute Erklärung.«

Donna drehte sich mit Luckys Sessel um und begegnete dem Blick ihrer Erzfeindin. »Ich bin Donna Landsman, die neue Chefin der Panther Studios«, erwiderte sie. Ihre Stimme klang noch kälter als Luckys. »Und Sie, meine Liebe, sind gefeuert.«

»Was?« Lucky schnappte nach Luft.

»Ich übernehme ab sofort die Leitung des Studios«, sagte Donna, die zufrieden registriert hatte, dass kein Anflug des Erkennens über Luckys Gesicht gehuscht war. »Ich gebe Ihnen dreißig Minuten, um Ihre persönlichen Dinge zu packen und vom Studiogelände zu verschwinden.«

»Was, verdammt noch mal, geht hier vor?«, fuhr Lucky Morton wütend an.

Morton räusperte sich. »Es stimmt, Lucky«, sagte er gepresst. »Mrs. Landsman ist im Besitz von fünfundfünfzig Prozent des Aktienkapitals von Panther und hat damit die Kontrolle über das Studio.«

»Das ist doch nicht wahr!«, rief Lucky schockiert aus.

»Es ist wahr«, bestätigte Donna voll Häme und genoss diesen Augenblick.

Lucky überkam eine eisige Ruhe. Sie musste die Situation

in den Griff bekommen und herausfinden, was passiert war. »Haben Sie davon gewusst, Morton?«, fragte sie mit mühsam unterdrückter Wut.

Er konnte sie nicht ansehen. »Ich … ich habe gehört, dass was im Gange ist.«

Luckys Blick war plötzlich tödlich. »Lügen Sie mich nicht an, Morton. Sie haben es gewusst. Sie *mussten* es wissen. Ohne Ihre Hilfe wäre diese Übernahme nicht möglich gewesen.«

Er zuckte hilflos mit den Schultern. »Lucky … ich hatte keine Wahl.«

»Keine Wahl? Wie können Sie mir das ins Gesicht sagen? Schämen Sie sich nicht, Sie betrügerischer Heuchler?«

»Jetzt ist nicht der Zeitpunkt für Beschimpfungen«, murmelte Morton beschämt. Doch er wusste, dass er in der Falle saß.

»Ach, nein?«, schrie ihn Lucky an. »Was immer hier geschehen ist … Sie sind dafür verantwortlich, Morton. Sie waren mein Unternehmensberater und haben das Aktienkapital verwaltet. *Sie* haben die Investoren ausgewählt und mir versichert, dass keiner an einer Mitsprache in meiner Studioleitung interessiert ist. Und jetzt kommt diese Frau hier reinmarschiert und sagt mir, dass sie die Leitung des Studios übernimmt.« An Donna gewandt, fügte sie hinzu: »Wer, verdammt noch mal, sind Sie eigentlich?«

»Für eine angeblich smarte Geschäftsfrau vergreifen Sie sich erheblich im Ton«, erwiderte Donna schneidend und schwelgte in ihrem Triumph.

Lucky war außer sich vor Wut. »Ich will Beweise sehen.«

»Ich habe alle Papiere vorbereitet«, erklärte Morton und reichte ihr die Unterlagen. Lucky warf einen flüchtigen Blick darauf. »Sie besitzen noch immer vierzig Prozent …«

»Sie haben mich reingelegt«, unterbrach sie ihn vehement. »Niemand außer Ihnen war dazu in der Lage.«

»Der Aufsichtsrat hat auf einer dringend einberufenen Sitzung beschlossen, dass ihre Position als Leiterin des Studios ab sofort nicht mehr existiert«, teilte ihr Morton mit. »Sie werden gemäß Vertrag ausbezahlt.«

»Ausbezahlt?«, wiederholte Lucky fassungslos. »Der Aufsichtsrat will *mich* auszahlen? Versteht mich hier denn niemand? Das ist *mein* Studio. *Ich* habe es zu dem gemacht, was es heute ist.«

»Sorgen Sie sich nicht um das Studio, meine Liebe«, sagte Donna herablassend. »Mickey Stolli wird wieder die Studioleitung übernehmen.«

»Das kann doch nicht Ihr Ernst sein!«, explodierte Lucky. »Mickey Stolli hat dieses Studio doch heruntergewirtschaftet.«

»Er kann es kaum erwarten, seine alte Position wieder einzunehmen«, entgegnete Donna und weidete sich an Luckys ohnmächtiger Wut.

»Warum tun Sie das?«, wollte Lucky wissen. *»Warum?«*

Donna schaute auf ihre Armbanduhr. »Zehn Minuten sind schon um. Es bleiben Ihnen also noch genau zwanzig, Ihre persönlichen Sachen zu packen und das Büro zu verlassen.«

»Scheren Sie sich zum Teufel!«, sagte Lucky, mörderische Wut im Blick. »Wer immer Sie auch sind, *scheren Sie sich zum Teufel!* Ich hole mir mein Studio zurück. Zweifeln Sie daran keine Minute. Im Gegenteil, darauf können Sie wetten!«

27

Sie haben sich verspätet«, sagte Michel Guy streng. »Um ungefähr acht Wochen.«

»Wie bitte?«, entgegnete Brigette. Eine solche Begrüßung hatte sie nicht erwartet.

»Sie sollten vor zwei Monaten in meine Agentur kommen,

erinnern Sie sich? Nachdem wir uns auf Effies Party kennen gelernt haben.« Er lehnte sich in seinem Stuhl zurück und sah Brigette fragend an. »Wissen Sie, eine Einladung von mir gilt in dieser Stadt als Privileg.«

»Ich konnte Ihr Angebot nicht wahrnehmen, weil mein Stiefvater gestorben ist. Ich war zur Beerdigung in L.A.«, erklärte Brigette.

»Das tut mir Leid«, erwiderte Michel. »Davon hatte ich keine Ahnung.«

»Jedenfalls bin ich jetzt wieder da.«

»Ja«, mischte sich Nona ein. »Sie ist wieder da, und ich bin ihre Managerin.«

»Sie?«, fragte Michel erstaunt.

»Ja, ich«, antwortete Nona trotzig. »Wir hätten zu einer der Topagenturen gehen können, doch Brigette besteht darauf, von Ihnen vertreten zu werden. Wahrscheinlich fährt Sie auf Ihren Akzent ab.«

Michels blassblaue Augen funkelten amüsiert. »Das ist eine völlig neue Masche, einen Agenten zu überreden, ein Model unter Vertrag zu nehmen«, sagte er. »Dabei dachte ich, dass Brigette einen Repräsentanten sucht, und ich ihr einen großen Gefallen tun würde.«

»Ihre Ausgangsposition hat sich grundlegend geändert«, entgegnete Nona. »Brigette hat ein phantastisches Angebot bekommen.«

»Und was ist das für ein Angebot?«

»Wollen Sie mein Agent sein?«, fragte Brigette und fixierte ihn mit ihren blauen Augen.

»Ich hatte es in Erwägung gezogen«, antwortete Michel bedächtig. »Obwohl ich zuerst sehen muss, wie Sie vor der Kamera agieren. Und, Brigette«, fügte er hinzu, »Models brauchen erst einen Manager, wenn sie Superstars sind.«

»Ich habe viel größere Pläne, ich will nicht nur Model sein«, verkündete Brigette selbstbewusst.

»Man braucht Zeit, einen Namen aufzubauen.«

»Das wissen wir«, warf Nona ein. »Wir kommen nicht mit leeren Händen zu Ihnen, sondern haben ein phantastisches Angebot in der Tasche.« Sie machte eine effektvolle Pause. »Rock-'n'-Roll-Jeans will Brigette als Aushängeschild für ihre neue Werbekampagne haben.«

Michel nickte. Seine Gedanken rasten. Deshalb also hatte Rock-'n'-Roll-Jeans den Vertrag mit Robertson und Nature, die er beide vertrat, nicht unterschrieben.

»Wann haben Sie dieses Angebot bekommen?«, fragte er und kritzelte etwas auf einen gelben Notizblock.

»Luke Kasway hat Brigette vor ihrer Abreise nach L.A. fotografiert. Als die Werbefritzen diese Fotos sahen, wurden sie ganz verrückt nach ihr.«

Michel wusste, dass Robertson wütend werden würde, wenn er Brigette unter Vertrag nahm. Was sollte er tun? Doch bei Michel kam das Geld immer zuerst. Er richtete seine nächsten Worte direkt an Brigette. »Wenn das stimmt, setze ich für Sie den besten Vertrag in diesem Metier mit Rock-'n'-Roll-Jeans durch.«

»Genau das ist es, was ich möchte«, sagte Brigette bestimmt.

»Als Nächstes haben wir einen Termin bei Aurora, der Chefin von *Mondo*«, prahlte Nona. »Wenn sie von dieser Jeans-Sache hört, kommt Brigette vielleicht auf die Titelseite.«

»Nein, nein, nein!«, protestierte Michel lautstark. »Das mache *ich*. Und zwar werde ich eine Dinnerparty geben und Aurora, ihren Mann und noch ein paar interessante Leute einladen. Im Verlauf des Abends erzähle ich Aurora, dass *Allure* und *Glamour* miteinander wetteifern, um Brigette auf ihre Titelseiten zu bekommen, weil sie durch diese Jeans-Kampagne weltberühmt werden wird. Ich kann Ihnen versichern, dass Aurora am nächsten Tag zu mir kommen und mich *anflehen* wird, Brigette als Covergirl zu kriegen.«

»Klingt phantastisch«, sagte Brigette mit einem strahlenden Lächeln.

»Ja!« Michel tippte sich an den Kopf. »Das Gehirn muss immer arbeiten. Habe ich Recht, *ma chérie?*«

»Absolut«, stimmte Brigette begeistert zu. Michel hatte sie zutiefst beeindruckt.

»Wie sieht Ihr Werdegang aus?«, fragte Alex. »Wo kommen Sie her?«

Venus merkte, dass Alex überhaupt nichts über sie wusste. Ach, verdammt, sie würde das Spiel mitmachen, um den großen Alex Woods bei Laune zu halten. »Ich bin in Brooklyn aufgewachsen«, antwortete sie. »Die Hälfte aller Hollywood-Karrieren hat dort wohl ihren Anfang genommen.«

»Meine nicht«, entgegnete Alex. »Ich bin hier geboren.«

»Das überrascht mich«, sagte Venus. »Ihre Filme haben so ein New Yorker Flair.«

»Ich habe lange Zeit in New York gelebt. Aber wir weichen vom Thema ab. *Ich* soll doch *Sie* interviewen.«

»Ein Interview würde ich das nicht nennen, Alex. Ich bin zu Ihnen gekommen, weil Sie ein sensationelles Drehbuch geschrieben haben und ich die Lola spielen möchte. Ich weiß, dass ich in dieser Rolle phantastisch wäre.«

»Sie sind sehr von sich überzeugt.«

»Warum sollte ich das nicht sein? Ich habe in meinem Leben viel erreicht.«

»Sie brauchen sich nicht anzupreisen. Ich weiß, wer Sie sind.«

»Da bin ich aber erleichtert!«, sagte sie spöttisch, war jedoch überzeugt, dass er keine Ahnung hatte, mit wem er es zu tun hatte.

Alex stand auf. »Da wir das nun geklärt haben, würden Sie mich bitte kurz entschuldigen? Ich muss schnell mal auf die Toilette.«

O Gott, dachte sie, er schnupft Koks. Kommt nicht mal fünf Minuten ohne das Zeug aus.

»Klar«, sagte sie lässig. »Warum sollte mir das was ausmachen? Ich hänge hier ja schon eine Stunde rum.«

»Seien Sie nachsichtig«, bat er und ließ sein Killerlächeln aufblitzen. »Die Natur verlangt ihr Recht.« Er ging ins Bad, schloss die Tür und drückte auf den Knopf der Sprechanlage.

France meldete sich. »Ja, Alex?«

»Blumen«, sagte er. »Für Lucky Santangelo. Tragen Sie dem Floristen auf, ein besonders schönes Bukett zusammenzustellen. Mit vielen Rosen.«

»Was darf es kosten?«

»Geld spielt keine Rolle. Nein, der Florist soll nur Rosen schicken. Sechs Dutzend rote Rosen. Er soll sie heute Nachmittag liefern, damit der Strauß da ist, wenn sie nach Hause kommt.«

»Was soll auf der Karte stehen?«, fragte France. »Der übliche Text?«

»Nein, nicht das Übliche, France«, erwiderte er gereizt. »Ich schreibe selbst eine Karte.«

»Und was ist mit Tin Lee?«

»Was?«

»Bekommt sie auch Blumen, weil Sie sie versetzt haben?«

»Ja, gut.« Als er in sein Büro zurückkam, rekelte sich Venus in einer typischen Lola-Pose auf dem Sofa. »Hi, Baby«, gurrte sie und zwinkerte verführerisch. »Willst du dich zu mir legen?«

Das war eine Textzeile aus dem Drehbuch, und ihre Darbietung war überzeugend.

»Wir können uns Ihre Gage nicht leisten«, sagte Alex.

»Das weiß ich. Johnny Romano hat schon Ihr Budget gesprengt.«

»Normalerweise arbeite ich nicht mit Stars.«

»Und ich arbeite normalerweise nicht mit Regisseuren, die noch nie was von mir gehört haben.«

»Das stimmt nicht.«

Venus setzte sich auf. »Gestehen Sie's, Alex. Sie wissen überhaupt nichts über mich.«

»Auf Klatsch gebe ich nichts. Dafür lässt mir meine Arbeit keine Zeit.«

»Ach«, entgegnete sie verärgert, »glauben Sie etwa, *mir* geht es darum?«

»Nein, das habe ich nicht gesagt. Kommen Sie, Venus. Erzählen Sie mir mehr von sich. Sie stammen also aus Brooklyn. Wie war Ihre Familie?«

»Was soll das? Wollen Sie meine Biografie schreiben?«

»Warum regen Sie sich so auf?«

»Das tue ich nicht.«

»Dann schießen Sie doch los und erzählen mir was über sich.«

»Na gut«, sagte sie. »Mein Vater war ein charmanter italienischer Chauvi. Meine Mutter starb, als ich noch ziemlich jung war. Ich hatte vier ältere Brüder, also wurde ich deren Haushälterin … waschen, putzen, Pasta kochen, der ganze Haushaltskram eben. O Mann, die haben vielleicht einen Schock gekriegt, als ich mit meinem besten Freund, Ron Machio, abgehauen bin. Wir waren zwei Desperados auf Abenteuersuche und haben uns per Anhalter bis nach L.A. durchgeschlagen. Ich habe alles gemacht, bis hin zum Nacktmodell in Kunstschulen. Dann habe ich einen Plattenproduzenten kennen gelernt, der mit mir ein Video gemacht hat, für das Ron die Choreografie übernommen hat. Dieses Video war so skandalös, dass es über Nacht ein Hit und ich ein Star wurde.«

»Damit haben Sie das erreicht, was Sie erreichen wollten.«

»Ja, ich wollte an die Spitze, Alex«, sagte Venus ernst.

»Und warum bewerben Sie sich bei mir um diese kleine Rolle?«

Venus schob ihr Kinn energisch vor. »Weil ich beweisen will, dass ich eine Schauspielerin bin und nicht nur eine vulgäre Sex-Maschine, die auf der großen Leinwand nichts rüberbringt. Die Kritiker hassen mich. Ich habe vier Filme gedreht, und jedes Mal haben sie mir den Arsch aufgerissen.«

»Das machen sie mit mir die ganze Zeit«, sagte Alex.

»Aber Sie werden nicht persönlich angegriffen und als vulgäre, untalentierte Hure beschimpft!«

»Ignorieren Sie die Kritiken einfach – so wie ich das tue.«

»Es ist nicht leicht, aber ich komme schon damit zurecht. Hinter mir steht eine riesige Armee treuer Fans.«

»Wollen Sie mir eine Textstelle vorlesen?«, fragte Alex. Es könnte ja sein, dass Venus wirklich Talent besaß. Außerdem war sie ihm sympathisch, und er mochte ihre direkte Art.

Venus nickte. »Ja, wenn *Sie* den Dialog mit mir sprechen.«

»Meine Besetzungsleute warten auf uns. Lindy wird mit Ihnen proben. Sie kann das sehr gut.«

»Das glaube ich Ihnen gern. Aber sie ist kein Mann«, sagte Venus entschieden. »Ich brauche Interaktion und sexuelle Spannung. Wir müssen das jetzt gleich und hier machen, Alex.«

Er musterte sie, da er unter Venus' glamourösem Schein ihre Verletzbarkeit spürte. Wenn er diese Eigenschaft im Film rüberbringen könnte, wäre sie die ideale Lola. »Welche Szene wollen Sie sprechen?«

»Ich versuch's mit der Textstelle, wo Lola den Nervenzusammenbruch hat, weil sie in großen Schwierigkeiten steckt und nicht weiß, wer ihr da raushilft.«

Alex nahm das Drehbuch vom Schreibtisch. »Eine gute Wahl«, sagte er. »Okay, Venus. Schießen Sie los, und überzeugen Sie mich.«

28

Lennie versuchte wieder einmal, sich mühsam von einem Alptraum zu befreien, denn er glaubte das Lachen einer Frau zu hören.

Er setzte sich auf und lauschte angestrengt.

Nichts – nur das permanente Tosen des Meeres.

Er hatte jedes Zeitgefühl verloren. Ein Lichtstrahl fiel schräg in die Höhle, und er vermutete, dass es früher Morgen war.

Er erhob sich und streckte seine schmerzenden Glieder. Vor kurzem hatte er trotz der hinderlichen Fußfessel angefangen, Gymnastikübungen zu machen, um seinen geschwächten Körper zu kräftigen.

Wo Ordnung war, gab es Hoffnung.

Ohne Hoffnung blieb nur die Verzweiflung.

Seine Gedanken wanderten zu Lucky, und er fragte sich, was sie wohl gerade machte. Hatten seine Kidnapper Kontakt zu ihr aufgenommen? War die Lösegeldforderung so hoch, dass sie nicht zahlen konnte?

Unmöglich. Er kannte seine Lucky. Sie würde einen Weg finden, um das Geld aufzutreiben – sogar eine Milliarde Dollar.

Jetzt hörte er wieder dieses Geräusch – das Lachen einer Frau. Dieses Mal war er sich sicher, dass er es sich nicht einbildete.

»Ist da jemand?«, schrie er. »Hallo, ist da jemand?« Nur das Echo seiner Stimme hallte von den Wänden wider. Sonst herrschte Schweigen.

Oder spielte seine Phantasie doch üble Tricks mit ihm? Wurde er allmählich wahnsinnig?

Wenn er sich nur von dieser verdammten Fußfessel befreien könnte! Sein Knöchel war von den vergeblichen Versuchen, sie abzustreifen, schon ganz wund gescheuert.

Er ließ sich auf sein Lager fallen, legte den Arm über sein Gesicht und bedeckte seine Augen. Verzweiflung senkte sich über ihn wie ein schwerer Mantel aus undurchdringlicher Dunkelheit.

Lucky, Lucky, Lucky. Ach … meine Liebste … Warum rettest du mich nicht?

Er versank in einen leichten Schlummer und träumte, auf einem Rennboot übers Meer zu rasen. Das schnelle Boot ritt die Welle auf dem Weg in die Freiheit.

Ein Schrei riss ihn aus seinem Traum. Er fuhr hoch. Im Eingang zur Höhle stand eine junge Frau, anfang zwanzig, mit lockigem braunem Haar, das ein madonnenhaftes Gesicht umrahmte.

Bestimmt träumte er noch. Das konnte nur eine Vision sein.

Die junge Frau schlug sich erschrocken die Hände vor den Mund und rief etwas auf Italienisch. Er verstand diese Sprache nicht.

Mein Gott, sie ist keine Vision, dachte er. Dieses Mädchen ist aus Fleisch und Blut. MEINE RETTERIN!

»Gott sei Dank, dass du gekommen bist!«, schrie er. »Gott sei Dank!«

Die junge Frau starrte ihn nur an. Ihr Blick drückte Angst und Erstaunen aus. Dann drehte sie sich um und lief weg.

»Komm zurück!«, brüllte er hinter ihr her. »Komm zurück. Ich tu dir nichts. Verdammt noch mal – KOMM ZURÜCK!«

Aber sie war fort.

Lennie hoffte und betete, dass sie Hilfe holte, denn ohne sie war er verloren.

29

Lucky nahm nur die in Silber gerahmten Fotos von ihren Kindern und Lennie von ihrem Schreibtisch und marschierte wortlos aus ihrem Büro.

Kyoko lief neben ihr zu ihrem Wagen. »Was ist denn passiert?«, fragte er verstört.

»Dieser betrügerische, verlogene Hurensohn hat mich verkauft!«, wütete Lucky. »Den bringe ich ins Grab. Haben Sie verstanden, Kyoko? Diesen Mann bringe ich ins Grab!«

»Kann ich Ihnen irgendwie helfen?«

»Ja. Lassen Sie sofort meine Sachen aus meinem Büro schaffen – meinen Schreibtisch, meinen Ledersessel, jedes Möbelstück, das mir gehört. Und sollte dieses Weib Schwierigkeiten machen, rufen Sie meinen Anwalt an.«

»Wie konnte das nur passieren?«, jammerte Kyoko.

»Ganz einfach«, antwortete Lucky resolut. »Mein Vertrauter und Finanzberater Mr. Morton Sharkey hat mich reingelegt. Machen Sie sich keine Sorgen, Kyoko, ich finde heraus, warum er das getan hat, und dann reiße ich ihm den Arsch auf.«

»Soll ich Charlie Dollar sagen, dass Sie plötzlich wegmussten?«

»Ja, tun Sie das bitte«, antwortete Lucky und versuchte ihrer Wut Herr zu werden, damit sie wieder klar denken konnte. »Ich will nicht, dass sich diese Neuigkeit im Studio verbreitet. Sagen Sie Charlie, ich hätte etwas Dringendes zu erledigen.«

»Natürlich, Lucky.«

»Bis diese Sache geregelt ist, können Sie für mich zu Hause arbeiten, Kyoko. Sind Sie damit einverstanden?«

»Es ist mir eine Ehre.«

Lucky stieg in ihren Wagen und legte die Fotos auf den Beifahrersitz. Lennie blickte zu ihr hoch. Spontan griff sie nach dem Foto und küsste Lennies Gesicht. »Ich vermisse dich so sehr, mein Liebster«, flüsterte sie zärtlich.

O Gott, was geschah mit ihrem Leben? Zuerst wurde ihr Lennie genommen, und jetzt das. Alles brach auseinander.

Lucky kämpfte gegen die Tränen an. Nachdem sie ihre Fassung einigermaßen wiedergewonnen hatte, rief sie ihren persönlichen Anwalt Bruce Grey an und setzte ihn ins Bild.

Bruce war ebenso schockiert wie sie. »Wie konnte Morton das zulassen?«, fragte er.

»*Zulassen?*«, wütete sie. »Er steckt dahinter. Irgendwie hat er das arrangiert.«

»Aber warum denn?«, fragte Bruce entgeistert.

»Keine Ahnung«, sagte Lucky verbittert. »Doch das finde ich raus. Ich schicke Ihnen die Unterlagen gleich in Ihre Kanzlei. Machen Sie mir bitte eine Aufstellung aller Anteilseigner, und finden Sie bitte heraus, ob die Investoren verkauft oder nur für diese Frau gestimmt haben.«

»Das lässt sich leicht feststellen.«

»Ihr Name ist Donna Landsman. Sagt Ihnen das etwas?«

»Nein, ich habe noch nie von ihr gehört.«

»Erstellen Sie mir ein komplettes Persönlichkeitsprofil. Und, Bruce, ich brauche diese Informationen bis heute Abend.«

Es war still im Haus, da die Kinder nicht da waren. Lucky trat zum Fenster und gab sich kurz dem spektakulären Ausblick aufs Meer hin.

Einem Impuls folgend, lief sie dann in ihr Schlafzimmer hinauf und zog sich um. Nur mit Shorts und einem T-Shirt bekleidet, ging sie zum Strand hinunter. Sie liebte das Meer – am Ufer entlangzuspazieren half ihr, wieder einen klaren Kopf zu bekommen.

Warum passierte ihr das?

Was hatte sie getan, um diese Schicksalsschläge herauszufordern?

Reichte es nicht, dass sie Lennie verloren hatte?

Ihr kam es vor, als hätte sich alles gegen sie verschworen. Aber war es in ihrem Leben nicht immer so gewesen?

Ja.

Und hatte sie nicht alle Schwierigkeiten gemeistert?

Ja.

Okay. Auch diesmal würde sie kämpfen und gewinnen. Ohne Frage. Als sie nach Hause zurückkehrte, ging es ihr besser. Sie konnte damit fertig werden. Sie *würde* damit fertig werden. Es musste eine Möglichkeit geben.

Sie wünschte, Boogie wäre hier. Er war im Urlaub, würde aber glücklicherweise morgen zurückkommen. In Zeiten wie diesen brauchte sie die Unterstützung alter Vertrauter – und es gab keinen loyaleren Freund als Boogie.

Die Kinder und CeeCee waren noch nicht daheim. Lucky begab sich in ihr Arbeitszimmer und rief Abe Panther an. »Hoffentlich sitzen Sie bequem«, sagte Lucky und fragte sich, ob er die Neuigkeit schon gehört hatte.

»Hast du Probleme, mein Mädchen?«

»Wie oft habe ich Ihnen schon gesagt, Sie sollen mich nicht so nennen«, konterte Lucky automatisch. Es folgte eine kurze Pause. »Die Panther Studios sind übernommen worden. Und – jetzt kommt der größte Hammer – Ihr liebster grandson-in-law, Mickey Stolli, wird wieder Studioleiter.«

Abe hatte sich vor Schreck verschluckt und musste husten.

»Da ist eine ganz fiese Sache gelaufen«, redete Lucky weiter. »Darf ich zu Ihnen kommen, um mir Ihren Rat zu holen?«

»Den scheinst du bitter nötig zu haben.«

»Jemand hat ein falsches Spiel mit mir getrieben. Ich erzähle Ihnen alles.«

Sie eilte nach oben und zog sich schnell um.

Als sie aus dem Haus ging, hielt der Lieferwagen eines Blumengeschäfts vor der Tür. Der Fahrer stieg aus und übergab ihr ein kleines Bukett.

Sie zog die darin steckende Karte heraus und las die darauf hingekritzelten Worte:

Tut mir Leid wegen
gestern Abend.
Ich rufe Dich an.
Alex.

Was sollte *das* denn? Ich wette zehn zu eins, dass er kein romantischer Typ ist.

Sie warf die Karte auf den Tisch in der Halle und marschierte aus dem Haus.

Alex hörte die Neuigkeit im Flugzeug nach Las Vegas. Lili hatte ihn angerufen und ihm gesagt, es kursiere das Gerücht, dass die Panther Studios übernommen und Lucky Santangelo gefeuert worden sei.

»Das gibt's doch nicht! Wer würde so was tun?«

»Es wird von einer Geschäftsfrau gesprochen, die niemand zu kennen scheint.«

»Wie konnte das so plötzlich passieren?«

»Angeblich hat diese Frau Lucky heute Nachmittag vom Studiogelände gewiesen.«

»*Was* hat sie getan?«

»Mittlerweile wird nur noch darüber geredet.«

»Sieh zu, dass du Näheres erfährst, Lili, und ruf mich in meinem Hotel an.«

»Tin Lee hat sich gemeldet.«

»Was wollte sie?«

»Sie sagte, sie würde sich freuen, dich später zu sehen, und ich soll dir für die wunderschönen Rosen *und* die Einladung danken.«

»Was für eine Einladung?«

»Das weiß ich doch nicht, Alex. Ich kann nicht mit deinem Liebesleben auf dem Laufenden bleiben *und* deine Produktionsfirma leiten.«

Alex legte verwirrt auf. Die Einladung hatte er zusammen

mit Rosen an Lucky geschickt. – Können wir uns heute Abend treffen? Ruf mich an.

O verdammt! Offensichtlich war da ein Irrtum passiert. Tin Lee hatte die Blumen und die Einladung bekommen, die für Lucky bestimmt gewesen waren, und Lucky hatte das für Tin Lee bestimmte Bukett samt Karte erhalten.

Er griff wieder zum Hörer und versuchte Lili zu erreichen, doch die Leitungen waren offensichtlich überlastet.

Russell, sein Drehort-Manager, ein fröhlicher Mann, setzte sich neben ihn.

»Wie ist die Textprobe mit Venus Maria gelaufen?«

»Verdammt gut«, entgegnete Alex kurz angebunden. Ihm stand nicht der Sinn nach einer Unterhaltung.

»Wird sie engagiert?«

»Ich bin mir noch nicht sicher.«

»Du solltest sie dir schnappen«, sagte Russell. »Meine Kinder kaufen jede CD von ihr und stehen für Eintrittskarten zu ihren Konzerten Schlange. Die jungen Leute mögen sie.«

Russell hatte schon bei seinen letzten drei Filmen mitgearbeitet, und Alex schätzte seine Meinung. »Wie, glaubst du, wird sie mit Johnny Romano zurechtkommen?«

»Die beiden werden eine Menge Hitze erzeugen«, antwortete Russell grinsend.

»Da könntest du Recht haben«, meinte Alex nachdenklich. »Ich rufe Freddie von Las Vegas aus an und schlage ihm einen Termin für Probeaufnahmen vor.«

»Wird Venus einer Probe zustimmen?«

»Sie ist ja auch zur Textprobe gekommen, nicht wahr?«

Ron Machio, Venus' bester Freund, erschien ein paar Minuten zu spät zur Verabredung im Orso's, einem italienischen Restaurant in der Third Street. Er war groß und schlaksig, hatte ein knochiges Gesicht und trug sein glattes braunes Haar zu einem Pferdeschwanz gebunden. »Na, Madam«, sagte er und musterte Venus, die auf der Terrasse saß. »Der Stil der fünfziger Jahre steht dir gut.«

Venus freute sich, dass er sofort erkannt hatte, welchen Stil sie repräsentierte. »Setz dich. Ich habe schon für dich bestellt. Wein und Pasta. Das Essen geht auf meine Rechnung.«

»Legst du dir ein neues Image zu?«, fragte er, ließ sich auf einen Stuhl nieder und streckte seine langen Beine aus.

»Nein, Ron«, antwortete sie, »so habe ich mich für eine Rolle in Alex Woods' nächstem Film beworben. Und damit werde ich einen Oscar gewinnen.«

Rons Brauen schossen in die Höhe. »Ach, wirklich?«

»Ja, wirklich. Ich glaube, wenn man sich etwas fest genug wünscht, kriegt man es auch. Du brauchst doch nur uns anzusehen – wir sind ein perfektes Beispiel dafür. Wir sind mit Null nach L.A. gekommen, und jetzt bin ich Miss Superstar Big Deal und du ein erfolgreicher Regisseur.«

Der Kellner brachte zwei Teller mit Linguini und Muschelsoße.

»Jedenfalls war ich heute zur Textprobe bei Alex, und ich scheine ihm gefallen zu haben. Er ruft Freddie an.«

»Freddie?«, fragte Ron und griff nach seiner Gabel.

»Ja. Freddie Leon ist jetzt mein Agent.«

»Ach du lieber Gott! Wir wollen aber hoch hinaus.«

»Es war höchste Zeit, den Agenten zu wechseln«, entgegnete Venus und kostete von ihrer Pasta.

»Und da ist der Beste gerade gut genug, wie?«

»Aber natürlich! Habe ich dir schon von meinem neuen Assistenten Anthony erzählt?«

»Nein.«

»Ein entzückender blonder Junge«, neckte sie ihn. »Hast du nicht eine Schwäche für entzückende blonde Jungs?«

»Willst du mich in Versuchung führen?«

»Wie käme ich dazu?«, fragte sie mit gespielter Naivität.

»Ja«, sagte Ron und rollte Nudeln um seine Gabel. *»Genau* das würdest du tun.«

»Aber, Ron!« tat sie empört.

»Was macht übrigens dein Masseur?«

»Ach ... Rodriguez.« Venus seufzte und spielte mit den schmalen Silberreifen an ihrem Handgelenk.

»Entspricht er deinen Erwartungen?«

»Niemand ist das, was man in ihm sieht«, entgegnete sie wehmütig. »Na ja, er ist schon okay.«

»Nur okay?«

»Weißt du, Ron, nach Cooper ... Cooper ist der beste Liebhaber, den ich je hatte. Ich muss wohl lange suchen, bis ich einen Mann treffe, der ihm das Wasser reichen kann.«

»Oh!«, seufzte Ron. »Hätte er ihn nur in seiner Hose behalten können.«

»Jedes Mal, wenn er den Reißverschluss aufgemacht hat, ist sein Hirn rausgefallen.«

Die beiden brachen in schallendes Gelächter aus.

»Was diesen Anthony betrifft ...«, hakte Ron nach.

Venus grinste. »Was bist du doch für eine Schlampe.«

»Gleich und Gleich gesellt sich gern.«

»Den Kaffee trinken wir bei mir zu Hause, okay?«

»Wenn du darauf bestehst.«

30

Abe Panther hatte sein altes, verwahrlostes Herrenhaus seit zehn Jahren, seit ihn ein schwerer Herzinfarkt gezwungen hatte, aus der täglichen Arbeitsroutine des Filmgeschäfts auszusteigen, nicht mehr verlassen. Als er sein Studio an Lucky verkauft hatte, war er überzeugt gewesen, dass es ihr bis zu seinem Tod und darüber hinaus gehören würde. Deshalb machte es ihn besonders wütend, dass Panther durch eine feindliche Übernahme in andere Hände übergegangen war und dass ausgerechnet Mickey Stolli, der nichtsnutzige Mann seiner Enkelin, wieder die Leitung des Studios übernehmen würde.

Vor Luckys Ankunft hatte er seine Enkelin Abigaile angerufen, um herauszufinden, was da im Gange war. Abigaile war eine echte Hollywood-Prinzessin, penetrant und habgierig. Ihr einziger Lebensinhalt bestand im Inszenieren großer Partys für die VIPs Hollywoods.

Nachdem Abe sein Studio an Lucky verkauft hatte, hatte Abigaile in ihrer Verbitterung den Kontakt zu ihrem Großvater abgebrochen. Erst als Mickey Studioleiter bei Orpheus wurde, hatte sie sich wieder mit Abe versöhnt.

Jetzt war er am Telefon und wollte ihr Informationen entlocken.

Abigaile gab sich zugeknöpft. »Warte doch die Pressemitteilung ab«, erklärte sie kurz angebunden.

»Ich will aber jetzt und von dir wissen, was da passiert ist.«

»Das sind vertrauliche Informationen«, sagte Abigaile, die ihrem Großvater noch immer nicht verziehen hatte, dass er seine langjährige Lebensgefährtin, die obskure schwedische Schauspielerin Inga Irving, geheiratet hatte. »Mickey würde mich umbringen, wenn ich etwas verlauten ließe.«

»Mir kannst du doch vertrauen«, erwiderte Abe barsch. »Schließlich bin ich dein Großvater.«

»Ich spreche mit Mickey und rufe dich zurück.«

Abe saß, eine dicke Havanna rauchend, auf der Terrasse, als Lucky kam. Sie küsste ihn auf beide Wangen und wunderte sich mal wieder über die Zähigkeit des alten Mannes.

»Setz dich, Mädchen«, sagte er und erzählte Lucky von seinem Gespräch mit Abigaile.

»Typisch«, meinte Lucky nur und zündete sich eine Zigarette an.

»Wer hat dich hintergangen?«, fragte Abe und beugte sich wissbegierig vor.

»Morton Sharkey«, antwortete Lucky. »Ich werde herausfinden, warum er das getan hat.«

»Es ist mir unbegreiflich, wie diese Übernahme ohne dein Wissen stattfinden konnte.«

»Alles wurde hinter meinem Rücken arrangiert«, erklärte Lucky. »Zu der Aufsichtsratssitzung wurde ich nicht einmal eingeladen.«

»Hat dich denn niemand vorgewarnt?«

»Nein. Die wollten mich raushaben, Abe«, sagte Lucky vehement. »Da durfte niemand plaudern.«

»Richtig, richtig«, murmelte er.

»Warum habe ich mich nur von Morton dazu überreden lassen, so viele meiner Anteile zu verkaufen?«, ärgerte sich Lucky. »Was war nur mit mir los? Ich hätte zu meinem Schutz einundfünfzig Prozent behalten müssen.«

»Und warum hast du das nicht getan?«, fragte Abe und sah sie mit zusammengekniffenen Augen an.

»Weil ich Kapital gebraucht und Morton vertraut habe.«

»Und was hast du jetzt vor, Mädchen?«

Lucky stand auf und ging rastlos umher. »Ich hole mir Panther zurück, Abe. Vertrauen Sie mir. Das tue ich für uns beide.«

Abe lachte gackernd. »Das nenne ich Schneid«, lobte er.

»Und dir wird das auch gelingen. Darauf gehe ich jede Wette ein.«

Inga kam aus dem Haus und grüßte Lucky kurz angebunden. Inga, die früher eine Schönheit gewesen war, hatte sich zu einer knochigen Frau mit einem verkniffenen Gesicht entwickelt. Sie war jetzt Ende fünfzig. Abe hatte Inga aus Schweden nach Hollywood geholt, um sie zu einem Filmstar zu machen. Doch das war missglückt. Inga war über ihre gescheiterte Karriere nie hinweggekommen und zu einer verbitterten Frau geworden. Vor zwei Jahren hatte Abe sie endlich geheiratet, was an ihrer Lebenseinstellung jedoch nichts geändert hatte.

»Lucky«, sagte Inga nur mit einem Nicken.

»Inga«, entgegnete Lucky, die das hochmütige Verhalten der Schwedin gewohnt war.

»Es ist Zeit für dein Nickerchen, Abe«, verkündete Inga streng.

»Ich möchte mich noch eine Weile mit Lucky unterhalten«, erwiderte Abe gereizt.

»Diese Unterhaltung müsst ihr eben ein andermal fortsetzen«, sagte Inga unnachgiebig. Abe stand fraglos unter dem Pantoffel seiner Frau. »Ist schon okay, Abe.« Lucky küsste ihn auf die Wange. »Ich muss sowieso gehen.«

Ingas Augen leuchteten triumphierend auf. Endlich hatte sie eine Rolle gefunden, in der sie brillieren konnte – Wärterin des einst so großen und mächtigen Abe Panther.

Lucky stieg in ihren Wagen und fuhr nach Hause. Auf sie wartete viel Arbeit.

»Wie konntest du nur so blöd sein!«, schrie Alex ins Telefon.

»Es tut mir Leid«, entschuldigte sich France zum dritten Mal.

Alex fragte sich, ob France diese Verwechslung absichtlich arrangiert hatte. Obwohl ihre Affäre längst vorbei war, wusste Alex, dass sich sowohl France als auch Lili ihm gegenüber sehr Besitz ergreifend verhielten. Die zwei hatten offensichtlich vermutet, dass er die Nacht mit Lucky verbracht hatte, und den Plan ausgeheckt, den beiden Frauen die jeweils falsche Nachricht zukommen zu lassen.

»Was soll ich denn jetzt tun?«, jammerte France.

»Sag meine angebliche Verabredung mit Tin Lee ab. Erzähl ihr, ich müsse über Nacht in Las Vegas bleiben. Lucky Santangelo rufe ich selbst an. Gib mir ihre Privatnummer.«

Ein paar Sekunden später meldete sich Lili. »Wir haben Lucky Santangelos Privatnummer nicht in unseren Unterlagen, Alex.«

»Dann ruf Freddies Sekretärin an.«

»Mach ich, Alex. Kann ich dich über dein Handy erreichen?«

»Ja. Wir fahren jetzt los.«

»Ich rufe dich gleich zurück.«

»Augenblick mal, ich bin noch nicht fertig. Sag Freddie, er möchte mich anrufen.«

»Soll ich ihm eine Nachricht hinterlassen, falls er nicht erreichbar ist?«

»Ja. Arrangiere für morgen Nachmittag einen Termin für Probeaufnahmen mit Venus Maria und Johnny Romano.«

»Wird erledigt, Alex.«

Er knallte den Hörer auf die Gabel und marschierte durchs Hotelfoyer nach draußen, wo Russell und die Crew auf ihn warteten.

Russell machte Alex mit dem örtlichen Drehort-Scout Clyde Lomas, einem rotgesichtigen Bewohner von Las Vegas, bekannt.

»Wir haben ein paar tolle Drehorte für Sie ausgewählt«, verkündete Clyde mit lauter, dröhnender Stimme. »Fünf Häuser und drei Hotels.«

Alex warf einen Blick auf seine Armbanduhr. »Haben wir Zeit genug, die alle zu besichtigen?«, fragte er Russell.

»Hoffentlich. Wir haben den Rückflug nach L.A. für die Acht-Uhr-Maschine gebucht. Natürlich können wir hier auch über Nacht bleiben.«

»Das passt nicht in meinen Terminplan«, sagte Alex, der – sollte es ihm gelingen, Lucky telefonisch zu erreichen – den Abend mit ihr verbringen wollte.

»Ich richte mich ganz nach dir«, erwiderte Russell.

Die Männer stiegen in einen großen Van mit Klimaanlage und fuhren los.

Lucky spielte mit dem Gedanken, ihre Dinner-Verabredung mit Venus abzusagen, entschied sich dann aber anders. Warum sollte sie die Öffentlichkeit meiden? Genau das würde jeder von ihr erwarten – dass sie sich irgendwo verkroch.

Hollywood – eine Stadt ohne Gewissen, eine einzige große glückliche Vetternwirtschaft, ein Sumpf. Wie viel Schadenfreude würde die Neuigkeit wecken, dass Lucky Santangelo ausgebootet worden war.

Dieses Vergnügen gönnte sie niemandem. Sie würde da hoch erhobenen Hauptes rausgehen und sich stolz den hämischen Blicken präsentieren. Diese Niederlage war nur ein vorübergehender Rückschlag in ihrer erfolgreichen Karriere.

Als sie nach Hause kam, waren CeeCee und die Kinder da. Sie spielte eine Weile mit Maria und gab Gino die Flasche. Danach brachte die stets fröhliche CeeCee die Kinder zu Bett.

Kurz nach sechs übergab ihr ein Bote einen großen Umschlag von ihrem Anwalt. Sie ging damit in ihr Arbeitszimmer, riss ihn auf und sah die Unterlagen durch.

Donna Landsman. Geschäftsfrau. Meisterin in der Kunst feindlicher Übernahmen. Räuberin mit einer Gier nach kleinen Firmen, deren Vermögenswerte ausgeschlachtet und dann mit Profit weiterverkauft wurden.

Lucky wurde noch immer nicht schlau aus der ganzen Sache. Wenn Donna Landsman eine so mächtige Magnatin war, welches Interesse hatte sie an Panther? Das Studio war hoch verschuldet, und es würde lange dauern, bis es Gewinn abwarf. Es gab keine Vermögenswerte, es sei denn, Donna Landsman war gar nicht an dem Studio, sondern an dem Verkauf des wertvollen Grundstücks interessiert. Ja! Das war der Plan dieser gerissenen Geschäftsfrau.

Was die anderen Investoren betraf, so zeigte die Aufstellung, dass ihre Anteile zum doppelten Wert aufgekauft worden waren. Lucky vermutete, dass diese Investoren, die Morton in die Firma eingebracht hatte, auch auf seinen Rat hin ihre Anteile wieder verkauft hatten.

Nimm das Geld und verschwinde. Warum nicht? Schließlich hatten sie ein gutes Geschäft gemacht.

Donna Landsman besaß neununddreißig Prozent der Firmenanteile. Die noch verbliebenen Aktionäre waren Conquest Investments, eine Firma mit Sitz auf den Bahamas, die zehn Prozent behalten hatte, und eine Mrs. I. Smorg, als deren Adresse eine Anwaltskanzlei in Pasadena angegeben war – sie besaß sechs Prozent. Und dann war da noch Morton Sharkey mit seinen fünf Prozent. Es stand außer Zweifel, dass er die beiden verbliebenen Aktionäre dazu gebracht hatte, ihre Stimme Donna Landsman zu geben.

Scher dich zum Teufel, Morton Sharkey! Das wirst du mir büßen!

Luckys Gedanken rasten.

Es musste einen Grund für Mortons Verrat geben. Es gab immer einen Grund.

Morgen, wenn Boogie aus dem Urlaub zurückkam, würde sie ihn auf Morton ansetzen. Boogie arbeitete seit Jahren als ihr privater Ermittler und Beschützer. Wenn an der Sache etwas faul war, würde er es herausfinden. Kein Problem.

31

Robertson hatte veilchenblaue Augen, und ihr böser Blick, der auf Michel Guys Dinnerparty Brigette überallhin folgte, drückte aus: Verschwinde aus meiner Nähe, und komm nie zurück.

»Sie hasst mich«, flüsterte Brigette Nona zu.

»Natürlich hasst sie dich«, erwiderte Nona. »Dazu hat sie auch allen Grund, denn du bist jetzt der Star.«

»Aber sie ist doch so berühmt. Warum sollte sie mich fürchten?«

»Modelkarrieren sind kurz«, lautete Nonas kluge Antwort. »Dessen ist sie sich bewusst. Du bist jetzt auf dem Weg nach oben.«

»Meinst du?«

»Mit mir musst du nicht kokettieren. Du weißt sehr wohl, dass du der kommende Star bist. *Alle* wissen es.«

Die beiden hatten zwei sehr interessante Tage hinter sich. Michel hatte Wort gehalten und mit Rock-'n'-Roll-Jeans einen lukrativen Vertrag ausgehandelt. Gleich nach der Vertragsunterzeichnung hatte Brigette einen Fototermin bei Luke Kasway gehabt. Die Werbeagentur hatte Zandino als Partner haben wollen, doch Nona war damit nicht einverstanden gewesen, da ihr die Vorstellung von einem Model als zukünftigem Ehemann nicht gefiel. In gewisser Weise war Nona ein Snob. Statt Zandino war Isaac, ein junger Schwarzer mit Zottelhaar und dem Auftreten eines Rappers, als Model engagiert worden. Brigette fand ihn cool, und die beiden hatten ihre Telefonnummern ausgetauscht. Bisher hatte Isaac jedoch noch nicht angerufen. Sie spielte mit dem Gedanken, sich bei ihm zu melden.

Der Fototermin hatte den ganzen Tag gedauert, und als Brigette am Abend völlig erschöpft die Fotos angesehen hatte, hatte sie ihren Augen kaum getraut. Luke Kasway war ein

Genie. Auf den Fotos war sie von einer faszinierenden Schönheit.

»Laß dir das bloß nicht in den Kopf steigen. Alles hängt von der Beleuchtung ab. Vergiss nicht, wie du morgens aussiehst!«, hatte Nona gesagt.

Doch beide hatten wie auch Michel und Luke erkannt, dass Brigette ein Star werden würde.

Nona hatte Glück gehabt und eine geräumige Wohnung über zwei Etagen mit Blick auf den Central Park gefunden. Sie gehörte Freunden ihrer Mutter, die für ein Jahr nach Europa gereist waren. Die drei zogen sofort dort ein.

Irgendwie tat es Brigette Leid, Anna zu verlassen, denn sie hatte sich daran gewöhnt, immer jemanden um sich zu haben, was ihr ein Gefühl der Sicherheit verliehen hatte. Ihr war jedoch klar, dass die Zeit gekommen war, ihren eigenen Weg zu gehen und nicht mehr über die Vergangenheit nachzugrübeln.

Brigette Stanislopoulos war tot.

Brigette Brown fing ein ganz neues Leben an.

Sie hatte Lucky angerufen und ihr von dem Umzug erzählt.

»Hauptsache, du lebst nicht allein«, hatte Lucky gesagt. »Und pass auf dich auf! Es ist leichter, in Schwierigkeiten zu geraten, als wieder herauszukommen.«

»Gefällt Ihnen die Party?«, fragte Michel, der plötzlich hinter ihr stand.

»O ja«, sagte Brigette und fühlte sich geschmeichelt, dass er ihr so viel Aufmerksamkeit schenkte. »Es ist toll.«

»*Sie* sind eine tolle junge Lady«, murmelte er. »*Formidable.*«

»Wirklich, Michel?«, fragte sie und sah ihn schwärmerisch an.

Er flüsterte ihr ins Ohr: »Aurora will Ihr Bild auf die Titelseite der nächsten *Mondo*-Ausgabe setzen. Morgen haben Sie einen Termin bei Antonio, dem Starfotografen. Nähere Einzelheiten gebe ich Nona.«

»Wie clever Sie sind!«

Er lächelte. »Mir müssen Sie nicht schmeicheln, *ma chérie.*«

Brigette liebte es, wenn Michel französisch sprach. Es klang so sexy. »Leben Sie und Robertson wirklich zusammen?«

»Warum fragen Sie das?«

Da sie nicht aufdringlich erscheinen wollte, antwortete sie vage: »Es interessiert mich einfach nur.«

»Manchmal leben wir zusammen, manchmal nicht«, antwortete er vieldeutig. »Unsere Beziehung ist sehr freizügig.«

Brigette sah, dass Robertson sie noch immer beobachtete. Vielleicht war ihr Verständnis von Freizügigkeit anders als Michels.

»Sind Sie glücklich darüber, wie Ihre Karriere ins Rollen kommt?«, fragte Michel und berührte leicht ihren Arm.

»Sehr glücklich.«

»Sie sind nicht wie eines dieser hübschen amerikanischen Mädchen aus dem Mittelwesten. Sie kommen mir eher wie eine Europäerin vor.«

»Ich *bin* Europäerin. Meine Mutter war Griechin – sie ist vor ein paar Jahren gestorben. Und mein Vater war Italiener.«

»Oh, eine interessante Mischung. Das erklärt Ihre für eine so junge Frau sehr sinnliche Ausstrahlung.«

»Sie finden mich sinnlich, Michel?«, fragte Brigette begierig.

»Ja, *ma petite.* Ganz Amerika wird sich in Sie verlieben.«

Brigette hatte seit langem mit keinem Mann mehr geflirtet. Es war ein berauschendes Gefühl. Dass Michel älter war, fand sie faszinierend. Vielleicht brauchte sie einen Mann in reiferem Alter. Mit den jungen hatte sie wirklich kein Glück gehabt.

Michel drückte sanft ihre Hand. »Bleiben Sie noch, wenn

die anderen Gäste gegangen sind«, sagte er beschwörend. »Wir haben viel zu besprechen.«

»Und was ist mit Robertson?«

»Sie hat eine eigene Wohnung und wird heute Abend nach Hause gehen.«

Brigette machte sich sofort auf die Suche nach Nona. »Ich bleibe noch, wenn die Party vorbei ist«, verkündete sie. »Michel will mit mir reden.«

»Oh, ich *verstehe«,* sagte Nona unbeeindruckt. »Macht er sich endlich an dich ran?«

»Nein«, protestierte Brigette entrüstet. »Es ist eine rein geschäftliche Besprechung.«

»Ich warne dich. Er ist ein Casanova. Für ihn bist du nur frisches Fleisch, mehr nicht.«

»Wie nett von dir!«

»Und was ist mit Robertson? Wird sie einfach dabeisitzen und zuhören, während ihr beide übers Geschäft redet?«

»Michel und Robertson haben eine sehr freizügige Beziehung.«

»Ha! Du fällst auf den ältesten Trick der Welt herein. Wenn er deiner überdrüssig ist, wird er sagen: Tut mir Leid, die Zeit mit dir war phantastisch, aber ich muss jetzt zu meiner Freundin zurück, weil sie stocksauer ist.«

»Du hast wohl nicht viel Vertrauen zu mir, wie?«

»Ich mache mir Sorgen um dich«, entgegnete Nona. »Deine Erfahrungen mit Männern sind sehr beschränkt. Da war Tim Wealth, dieser verkrachte Filmstar, mein Bruder, der verrückte Hippie, und dieser reiche Koks-Freak, mit dem du verlobt warst. Das war's wohl, oder habe ich einen ausgelassen?«

»Ich habe kein normales Leben gehabt«, gab Brigette zu. »Aber das heißt nicht, dass meine Zukunft genauso aussieht.«

»Michel Guy ist *nicht* normal«, sagte Nona stirnrunzelnd. »Wer mit ihm ins Bett geht, findet sich schnell auf dem Abstellgleis wieder, und …«

Brigette wollte sich nicht länger von Nona belehren lassen. »Wir sehen uns morgen«, schnitt sie ihr das Wort ab. »Warte nicht auf mich.«

»Freddie Leon hat angerufen«, sagte Anthony und musterte Ron. Ihm gefiel, was er sah.

»Was wollte er?«, fragte Venus.

»Einen Termin für Probeaufnahmen morgen Nachmittag, mit Ihnen und Johnny Romano.«

»Probeaufnahmen!«, empörte sich Venus und verzog das Gesicht. »Ich mache keine Probeaufnahmen.«

»Du sprichst ja auch keinen Text zur Probe«, sagte Ron spöttisch. »Aber für Alex Woods hast du es getan.«

»Warum dreht er die Szenen mit mir nicht einfach?«

»Du hast doch die Kritiken über deine Auftritte gelesen. Du kannst dich glücklich schätzen, dass er überhaupt Probeaufnahmen mit dir machen will.«

Venus sah ihn wütend an. »Vergiss nicht, dass einer dieser Filme unter deiner Regie gedreht wurde.«

»Ich bin ein großer Fan von Ihnen«, mischte sich Anthony ein, um einen Streit zwischen den beiden zu verhindern. »Als Choreograf und Regisseur von *Summer Startime* waren Sie großartig.«

»Oh, vielen Dank.« Erst jetzt nahm Ron von Anthony Notiz.

»Entschuldige bitte, Ron«, sagte Venus und genoss den Augenblick. »Ich habe dir noch gar nicht meinen sehr englischen Assistenten Anthony Redigio vorgestellt.«

»Redigio ist doch ein italienischer Name, oder?«, fragte Ron mit einem charmanten Lächeln.

»Mein Vater ist Italiener«, antwortete Anthony.

»Meiner auch«, sagte Ron. »Unsere Venus mag Italiener.«

»Ich ebenfalls«, erwiderte Anthony kühn.

Die beiden Männer sahen sich an. Venus unterdrückte ein triumphierendes Lächeln.

»Hast du diesen Brief überprüfen lassen, Anthony?«, fragte sie.

»Ich habe ihn dem Sicherheitsdienst geschickt«, antwortete er und stapelte Papiere auf den Schreibtisch.

»Gut. Verbinde mich bitte mit Freddie, und bring Ron dann einen Kaffee. Ich bin im Nebenzimmer.«

Ron schüttelte leicht grinsend den Kopf und flüsterte ihr zu: »Was bist du doch für ein kleines Biest.«

»Gleich und Gleich gesellt sich gern«, entgegnete sie fröhlich.

»Du musst die Probeaufnahmen machen«, erklärte Freddie ihr unumwunden.

»Und wenn die Presse Wind davon kriegt?«, fragte Venus beunruhigt. »Sieht das nicht aus, als hätte ich die Rolle dringend nötig?«

»Überhaupt nicht. Übrigens glaube ich, dass du die Rolle bekommst. Du gefällst Alex.«

»Hat er das gesagt?«

»Er hat gesagt, er könnte Dinge aus dir rausholen, die bisher noch niemand entdeckt hat.«

»Hält er mich für sexy, unwiderstehlich?«, fragte sie scherzhaft.

»Was macht das für einen Unterschied, ob er dich sexy findet oder nicht. Du wirst Alex nicht ficken, sondern für ihn arbeiten.«

»O Freddie!«, gab sich Venus schockiert. »Du hast das F-Wort benutzt!«

»Das kommt von deinem schlechten Einfluss, Venus.«

»Okay, ich mache die Probeaufnahmen. Aber nur, weil du darauf bestehst.«

Mittlerweile kamen Ron und Anthony im Büro gut miteinander aus. »Ich liebe Ihre Filme«, sagte Anthony bewundernd. »Ich habe mir keinen entgehen lassen.«

Ron genoss dieses Lob sichtlich. »Wo kommen Sie her, Anthony?«, fragte er und nahm einen Schluck Kaffee aus dem Becher, der mit Venus' Foto verziert war.

»Ich wurde in Neapel geboren«, erzählte Anthony. »Als ich zwei Jahre alt war, sind meine Eltern nach London gezogen. Nach L.A. bin ich vor einem Jahr gekommen. Die Stelle bei Venus ist mein zweiter Job.« Er warf einen Blick in ihre Richtung. »Es ist göttlich, für sie zu arbeiten.«

»Wie könnten Sie auch etwas anderes sagen, nicht wahr?«, meinte Ron grinsend.

»Ich bin doch kein Dummkopf«, entgegnete Anthony verschmitzt. »Und wo wohnen Sie?«, fragte Ron.

Venus konnte förmlich Rons Gedanken lesen. – Sag mir, wo du wohnst, Anthony, damit ich dich nachmittags mal besuchen und mich an deinem schönen, muskulösen Körper ergötzen kann.

»In West Hollywood«, antwortete Anthony. Er schwieg kurz und fügte dann hinzu: »Ich teilte das Apartment mit einem Freund. Doch der wurde krank und ist nach England zurückgekehrt.«

»Das tut mir Leid«, sagte Ron mitfühlend. »Haben Sie ...«

»Oh, ich bin gesund«, unterbrach ihn Anthony hastig. »Ich lasse mich zweimal im Jahr testen.«

Ron nickte. »Nichts ist mehr so wie früher.«

»Ron war der König der wilden Zeiten, nicht wahr, Süßer?«, sagte Venus.

»Wenn mich die Erinnerung nicht täuscht, war ich der *König,* und du warst die *Königin.*«

»Wir hatten früher eine gemeinsame Wohnung«, erklärte Venus und musste grinsen. »Was war das für ein Spaß! Jedes Mal, wenn ein gut aussehender Kerl zu Besuch kam, fragte der Portier automatisch: ›Wollen Sie zu Ron oder zu Venus?‹«

»Leider war ich noch zu jung, um in den Genuss dieser wilden Zeit zu kommen«, sagte Anthony bedauernd.

»Wie alt sind Sie denn?«, fragte Ron.

»Einundzwanzig.«

»Noch ein Schnösel.«

»Aber ein Schnösel mit Erfahrung.«

»Freut mich zu hören«, sagte Ron und setzte sich auf die Kante von Anthonys Schreibtisch. »Und hat der Schnösel einen Freund?«

»Nein, im Augenblick nicht«, antwortete Anthony und klimperte mit den Wimpern. »Und Sie?«

»Ich lebe in einer festen Beziehung«, räumte Ron widerstrebend ein. Anthony warf ihm einen dreisten Blick zu. »Wie schade.«

»Komm mit, Ron«, sagte Venus, die fand, dass die beiden einander lange genug beschnuppert hatten. »Ich zeige dir jetzt meinen Fitnessraum. Eine unglaubliche Folterkammer. Du wirst Scheiße schreien!«

»Was bist du doch für eine Lady!« Ron seufzte.

»Sind wir nicht gerade deswegen so gute Freunde?«, neckte sie ihn, griff nach seiner Hand und zog ihn hinter sich her.

Clyde Lomas machte Alex allmählich verrückt. Dieser Mann mit seiner lauten Stimme war eine unerträgliche Nervensäge. Jedes Haus, das sie besichtigten, pries Clyde marktschreierisch an.

»Ich will diese verdammten Häuser nicht *kaufen!*«, fiel ihm Alex bei der Besichtigung des dritten Gebäudes schließlich ins Wort. »Mir reicht ein Rundgang, dann weiß ich, ob es sich für meinen Film eignet.«

Clyde entschuldigte sich geknickt: »Tut mir Leid, Alex. Ich wollte nur behilflich sein.«

»Das bist du auch« mischte sich Russell beschwichtigend ein. »Aber Alex hat eben seine eigene Arbeitsmethode.«

Alex schlenderte, von seiner Crew gefolgt, durch das dritte Haus auf ihrer Besichtigungstour. Kaum hatte er den Fuß auf ein Grundstück gesetzt, wusste er instinktiv, ob das Haus sich als Drehort eignen würde oder nicht. Er brauchte keine Instruktionen.

Dieses dritte Haus – eine weitläufige Villa am Rand eines Golfplatzes – entsprach genau seinen Vorstellungen. »Mach den Mietvertrag perfekt«, sagte er zu Russell.

»Für wie viele Tage?«, fragte Russell.

»Wie sieht der Drehplan aus?«

»Wir haben vier Tage angesetzt, aber ich gebe sicherheitshalber noch einen Tag zu.«

Alex ging zu dem großen Swimmingpool hinaus und rief Lili über sein Handy an. »Du wolltest mich zurückrufen und mir Luckys Privatnummer sagen.«

»Niemand gibt mir ihre Nummer«, klagte Lili.

»Wie bitte?«

»Freddies Sekretärin darf die Nummer nicht bekannt geben.«

»Vergiss die Sekretärin. Sag Freddie, er soll mir die Nummer geben.«

»Das habe ich schon versucht, Alex. Er weigert sich.«

Alex wollte Lili nicht noch mehr bedrängen. Er kam sich sowieso schon wie ein verliebter Halbwüchsiger vor. »Was gibt's Neues von Panther?«, wechselte er abrupt das Thema.

»Ich habe herausgefunden, dass eine in der Filmbranche völlig unbekannte Geschäftsfrau das Studio übernommen hat. Sie ist einfach ins Büro marschiert und hat Lucky gefeuert.«

»Hat das irgendeinen Einfluss auf die Produktion von *Gangsters?*«

»Freddie hat gesagt, alles gehe weiter wie bisher.«

»Kennt er diese Frau?«

»Anscheinend nicht.«

»Verdammt!«, fluchte Alex. »Ich muss unbedingt mit Lucky sprechen. Wie heißt dieser Typ, der für sie arbeitet?«

»Kyoko.«

»Lass dir von ihm ihre Nummer geben.«

»Ich konnte ihn im Studio nicht erreichen.«

»Dann ruf ihn doch zu Hause an, Lili.«

»Mach ich, Alex. Wie läuft's denn bei dir?«

»Gut. Was ist mit den Probeaufnahmen?«

»Es ist alles für morgen Nachmittag arrangiert. Der Maskenbildner wurde ebenfalls verständigt. Venus kommt um eins, Johnny um zwei. Beide können um drei vor die Kamera. Ist das in deinem Sinn?«

»Perfekt organisiert wie immer, Lili. Hat France Tin Lee gesagt, dass ich heute Abend nicht nach L.A. zurückkomme?«

»Ja. Und deine Mutter hat zweimal angerufen.«

»Was will *die* denn?«

»Solltest du das nicht lieber selbst rausfinden?«

»Ruf sie an, und sage ihr, ich sei nicht in der Stadt.«

»Fliegst du heute noch zurück?«

»Beschaff mir Luckys Nummer, dann verrate ich es dir.« Er beendete das Gespräch, steckte das Handy in seine Tasche und ging zur Crew zurück.

»Willst du noch einen Drehort besichtigen?«, fragte Russell.

»Bringen wir's hinter uns«, sagte Alex. »Ich will unbedingt heute Abend nach L.A. zurückfliegen.«

32

Morton's war *der* Treffpunkt der Filmindustrie. Hierher kamen die Macher und Schmarotzer Hollywoods, um gesehen zu werden. Als Lucky das Restaurant betrat, wandten sich alle Blicke ihr zu. Heute war sie die Sensation des Tages.

Venus war noch nicht da, doch sie ließ sich gleich zu ihrem Tisch führen, statt an der Bar zu warten. Unterwegs begrüßte sie alte Bekannte.

Kaum hatte sie Platz genommen, kam Charlie Dollar zu ihr herüber. »Das Wort ›versetzen‹ gibt es nicht in meinem Vokabular.«

Lucky lächelte matt. »Tut mir Leid, Charlie. Mir ist was dazwischengekommen.«

»Ja ... die Neuigkeit ist auch schon bis zu mir gedrungen«, sagte er und setzte sich unaufgefordert an ihren Tisch.

Lucky seufzte. »Wie wohl bis zu allen Leuten in diesem Restaurant.«

»Du hättest mich holen sollen. Ich bin Experte im Packen.«

»Mein Ausstieg ist nur vorübergehend, Charlie. Ich kehre zurück.«

Er beugte sich über den Tisch. »Das sind doch Gaunermethoden. Was steckt wirklich hinter dieser sogenannten Übernahme?«

»Ich bin reingelegt worden. Das wird mir nie wieder passieren.«

»Denk dran, Lucky«, sagte Charlie mit ungewohntem Ernst, »ich bin immer für dich da.«

»Danke, Charlie. Ich weiß deine Fürsorge zu schätzen.«

»Mit wem bist du zum Dinner verabredet?«

»Mit Venus.«

»Ach ja, Venus. Wolltest du mich nicht mit ihr verkuppeln?«

»Trink doch den Kaffee mit uns.«

»Vielleicht«, sagte er und stand auf.

»Seit wann lässt du dich bitten, wenn es um eine schöne Frau geht?«

Mit einem Grinsen antwortete er: »Mittlerweile ist das einzig Harte an mir mein Kopf. Alt zu werden ist was Scheußliches!«

Ein paar Minuten später hatte Venus ihren Auftritt. Sie blieb so lange im Eingang stehen, bis alle Augen auf sie gerichtet waren. In ihrem weißen Kostüm von Thierry Mugler und den Schnürstiefeln sah sie sehr sexy aus.

Wie eine Diva rauschte sie durchs Restaurant, ohne an einem der Tische stehen zu bleiben. Venus genoss diese Auftritte sichtlich.

Lucky erhob sich und umarmte und küsste ihre Freundin.

»Wie ich mich freue, dich endlich mal wieder zu sehen«, sagte Venus. »Du hast mir so gefehlt.«

»Du mir auch«, entgegnete Lucky. »Ehe du es von jemand anderem hörst, sollst du gleich erfahren, dass ich heute keinen Grund zum Feiern habe.«

Lucky bestellte ein Perrier und Venus eine Margarita.

»Was ist denn passiert?«, fragte Venus, als der Kellner außer Hörweite war.

»Panther wurde heute übernommen«, berichtete Lucky und trommelte mit den Fingern auf den Tisch. »Und ich wurde als Studioleiterin gefeuert.«

»Das darf doch nicht wahr sein!«, rief Venus fassungslos.

»Ist aber leider so. Kein Grund zur Aufregung. Ich hole mir das Studio zurück, darauf kannst du Gift nehmen.«

»Das bezweifle ich keinen Augenblick. Wer hat das Studio übernommen?«

»Das ist ja das Verrückte an der Sache. Es ist keines der Konglomerate, sondern eine Frau, die die Königin feindlicher Übernahmen genannt wird. Sie wollte Panther unbedingt haben und hat das Studio auch bekommen.«

»Wird sie das Studio leiten?«

Lucky lachte freudlos. »Mach dich auf noch etwas gefasst! Rate mal, wem diese Frau die Leitung überträgt. *Deinem* und *meinem* Liebling – Mickey Stolli.«

»Soll das ein Witz sein?«

»Nein, leider nicht. Diese Frau muss verrückt sein. Jeder vernünftige Mensch weiß, dass Mickey alles stiehlt, was nicht niet- und nagelfest ist.« Und mit einem spröden Lachen fügte sie hinzu: »Geschieht ihr recht, wenn er sie nach Strich und Faden betrügt.«

»Ich bin völlig durcheinander. Wie konnte das nur passieren?«

»Das muss ich noch herausfinden.«

Der Ober brachte die Getränke. »Mit Komplimenten von Mr. Dollar.«

»Danken Sie Mr. Dollar, und sagen Sie ihm, das nächste Mal soll er eine Flasche Cristal spendieren oder gar nichts.« Der Kellner nickte und ging. »Ich habe so oft versucht, dich zu erreichen, Lucky. Warum hast du dich von deinen Freunden zurückgezogen?«

»Lennies Tod war ein entsetzlicher Schock für mich«, sagte Lucky traurig. »Ich war wie gelähmt … und habe mich in die Arbeit gestürzt. Indem ich meine Freunde mied, konnte ich meine wahren Gefühle verdrängen.«

»Das verstehe ich gut«, erwiderte Venus leise.

»Willst du die Wahrheit wissen? Ich vermisse Lennie jede Sekunde.«

»Das glaube ich dir«, murmelte Venus.

»Wie auch immer«, wechselte Lucky schnell das Thema. »Erzähl mir, wie es mit Alex gelaufen ist.«

»Ich mache morgen mit Johnny Romano Probeaufnahmen.«

»Alex lässt dich Probeaufnahmen machen?«

»Freddie meint, ich solle es tun.«

»Das ist Macho-Gehabe. Mr. Woods will dir zeigen, wer der Boss ist.«

»O Gott!«, jammerte Venus plötzlich. »Du bist ja nicht mehr Studioleiterin. Was wird aus *Gangsters?*«

»Diese Frau ist bestimmt blöd genug, um den Produktionsplan umzuwerfen.«

»Und Mickey hasst mich«, sagte Venus bedrückt. »Erinnerst du dich noch an den Film, in dem er mich gezwungen hat, mich auszuziehen, während meine Partner nichts herzeigen mussten? Damals gab's zwischen uns einen Mordskrach.«

Lucky konnte sich gut daran erinnern. »Aber du bist doch jetzt ein großer Star«, ermutigte sie ihre Freundin. »Mickey wird dir keine Schwierigkeiten machen.«

Da kam ein Agent an ihren Tisch und bat Venus, einen Blick in ein Manuskript zu werfen. Er grüßte Lucky nur flüchtig – schließlich war sie ja keine Studioleiterin mehr.

Lucky ließ ihre Gedanken zu Alex Woods schweifen. Sie hatte eine aufregende Nacht mit ihm verbracht, und damit hatte es sich. Er hatte seinen Zweck erfüllt. Und die Nachricht, die er ihr zusammen mit den Blumen geschickt hatte, bewies, dass sie ihm nichts bedeutete. Das war ihr nur recht. Aus und vorbei.

Jack Python, der Talkmaster, blieb an ihrem Tisch stehen. »Lucky«, sagte er mit einem durchdringenden Blick. »Das war ein übler Deal.«

»Was für ein Deal?«, fragte sie gelassen.

»Es stimmt doch, dass Ihnen Panther weggenommen worden ist, oder?«

»Ist das nicht merkwürdig? Gute Nachrichten reisen langsam, doch schlechte verbreiten sich wie ein Lauffeuer.«

»Kommen Sie in meine Talkshow«, sagte Jack. »Dann können wir ausführlich über die Machenschaften in der Filmindustrie reden.«

»Warum wollen Sie das ausgerechnet mit *mir* diskutieren?«

»Weil Sie die einzige Frau sind, die ein Studio geleitet und besessen hat. Das ist eine interessante Geschichte.«

»Warum haben Sie mich nicht gebeten, in Ihrer Show aufzutreten, als ich noch mein Studio hatte?«

»Weil mich Ihr PR-Mann nicht einmal in Ihre Nähe gelassen hat.«

Lucky war nicht böse auf Jack Python. Er war ein guter Talkmaster und führte in seiner Show intelligente und ausgezeichnet recherchierte Diskussionen.

Jack verabschiedete sich, und Venus beendete ihre Unterhaltung mit dem Agenten. Die beiden bestellten Steaks und eine Flasche Rotwein. Während des Essens ergötzte Venus Lucky mit haarsträubenden Geschichten über Rodriguez, imitierte seinen Akzent und beschrieb ausführlich seine Sextechniken.

Lucky entspannte sich zusehends in der Gesellschaft ihrer besten Freundin.

»Rodriguez ist wirklich süß, aber er strengt sich so an, dass es mich nervt!«

»Und was ist mit Cooper?«, fragte Lucky. »Vermisst du ihn?«

»Was gibt's da zu vermissen?«, sagte Venus wegwerfend, weil sie sich die Tatsache nicht eingestehen wollte, dass er ihr fehlte. Aber es gab kein Zurück

Lucky ließ den Blick durchs Restaurant schweifen. Charlie bezahlte gerade seine Rechnung, was bedeutete, dass er gleich an ihren Tisch kommen würde. »Was hältst du von Charlie Dollar?«, fragte sie beiläufig.

»Der alte Charlie ist der Größte«, antwortete Venus. »Leider ist er dauernd stoned.«

»Macht das nicht einen Teil seines Charmes aus?«

»Koks und Charme sind keine gute Mischung«, sagte Venus

entschieden. »Obwohl es heißt, dass er ein guter Liebhaber ist.«

»Wirklich?«

»Ich habe allerdings nicht vor, das herauszufinden«, fügte Venus schnell hinzu.

»Würdest du mit ihm ausgehen?«, fragte Lucky.

Venus schüttelte heftig den Kopf. »Dieses Terrain ist mir zu gefährlich. Charlie eignet sich nicht für eine feste Beziehung. Dafür ist er schon zu lange ein Star. Frauen sind für ihn leichte Beute, und Gefühle interessieren ihn nicht. Er nimmt sie und wirft sie wieder weg.«

Lucky stimmte ihr zu. »Ja, an festen Beziehungen liegt ihm nichts. Auch ich habe damit nichts mehr im Sinn. Für mich zählen nur noch meine Kinder. Und der Kampf um mein Studio.«

Lucky verlangte gerade die Rechnung, als Charlie an ihren Tisch trat. »Hier kommt dein Lieblingsstar«, erklärte er mit dem üblichen irren Grinsen. »Der Freudenspender und amüsante Unterhalter.«

»Gib dir keine Mühe«, sagte Lucky leichthin. »Wir amüsieren uns selbst.«

Er schoss sich auf Venus ein. »Wie wär's mit einem Zug durch die Clubs? Einen schwungvollen Tango legt der klapprige alte Charlie immer noch aufs Parkett.«

»Ich muss früh ins Bett, Charlie«, wehrte Venus ab. »Ich habe morgen einen Aufnahmetermin. Außerdem«, fügte sie mit einem anzüglichen Grinsen hinzu, »was würdest du mit mir anfangen? Ich bin über achtzehn.«

»Ich könnte dir Ringe unter den Augen verpassen, die du nie vergessen würdest.«

»O nein, vielen Dank.«

Sehr zu Charlies Verdruss verabschiedeten sich die beiden. Vor dem Restaurant warteten sie auf ihre Autos.

»Das müssen wir bald wiederholen«, sagte Venus.

»Ja. Ruf mich nach den Probeaufnahmen an.«

»Mach ich«, versprach Venus und stieg in ihre schwarze Limousine, die von einem bewaffneten Leibwächter vorgefahren wurde.

Der Parkwächter brachte Luckys roten Ferrari.

Nach einem letzten Winken fuhren die beiden davon.

Lucky nahm die direkte Strecke über die San-Vicente-/Pacific-Coast-Highway-Route nach Hause. Sie hatte vierundzwanzig anstrengende Stunden hinter sich und wollte nur noch in ihr Bett und schlafen, damit sie morgen einen klaren Kopf hatte, um einen Plan auszuarbeiten, wie sie diese Niederlage in einen Sieg verwandeln könnte.

Sobald sie Boogie instruiert und auf den Fall angesetzt hatte, würde sie mit den Kindern zu Gino nach Palm Springs fahren und dort ein langes Wochenende verbringen.

Sie griff nach dem Autotelefon und rief Gino an.

»Du schon wieder«, seufzte Gino. »Da ist doch was im Busch, Kleines. Heute Morgen der Überraschungsbesuch und jetzt dieser späte Anruf.«

»Habe ich dich etwa geweckt?«

»Nein. Paige und ich sehen uns den *Paten* an. Einmal im Jahr gönne ich mir dieses Vergnügen. Den ersten und den zweiten Teil, den dritten kannst du vergessen.«

»Wärmst Erinnerungen an alte Freunde auf, wie?«, scherzte Lucky.

»Eines Tages erzähle ich dir meine wahre Lebensgeschichte, Kleines.« Er kicherte. »Ginos frühe Jahre. Das wäre ein Film!«

»Daran zweifle ich keine Sekunde. Mir haben mehr Leute, als dir recht wäre, haarsträubende Geschichten erzählt.«

»Also, was gibt's?«, fragte er. »Brauchst du meine Hilfe?«

Lucky beschloss, ihm die Wahrheit zu verschweigen. Sie wollte ihn nicht mit ihren Problemen belasten. »Ich möchte gern mit den Kindern für ein langes Wochenende zu dir nach Palm Springs kommen.«

»Was? Ich soll endlich mal wieder meine Enkel zu Gesicht kriegen?«

»Du siehst die beiden mehr als ich.«

»Ich habe doch nur Spaß gemacht. Paige wird alles vorbereiten.«

Gino klang so zufrieden. Er schien das Großstadtleben überhaupt nicht zu vermissen. Offensichtlich lebte er gern in Palm Springs und fühlte sich in Paiges Gesellschaft wohl.

Lucky fragte sich, ob auch sie ihr Leben ändern sollte. Sie könnte ein Haus in Santa Barbara kaufen und das Filmgeschäft aufgeben. Einfach aussteigen und sich ganz den Kindern widmen.

Unmöglich! Sie würde sich innerhalb weniger Tage zu Tode langweilen. Sie brauchte Action, und zwar jede Menge.

Lucky gab Gas und brach auf dem Pacific Coast Highway leichtsinnig alle Geschwindigkeitsbeschränkungen.

Schwungvoll bog sie in die Zufahrt zu ihrem Haus ein, bremste so heftig, dass der Ferrari leicht ins Schleudern kam, und stieg aus. Nirgends brannte Licht. Alle schliefen. Zuerst sah sie nach den Kindern, dann ging sie in ihr Schlafzimmer im zweiten Stock und trat auf die kleine Terrasse hinaus. Wie oft hatten Lennie und sie sich unten auf dem Strand im Tosen der Brandung geliebt.

Da läutete das Telefon. Sie griff nach dem Handy.

»Weißt du eigentlich, wie schwierig es ist, dich zu erreichen?«, sagte Alex Woods stocksauer.

Irgendwie war er an ihre Privatnummer gekommen, worüber sie nicht erfreut war.

»Ich war beschäftigt«, erwiderte sie und hatte keine Lust, sich mit ihm zu streiten.

»Ich habe heute Morgen in deinem Studio angerufen und

mehrmals um deinen Rückruf gebeten«, sagte er vorwurfsvoll.

»Sicherlich hast du erfahren, was passiert ist. Ich war wirklich nicht in der Stimmung, irgendwelche Rückrufe zu machen.«

»Ja, ich hab's gehört.« Es folgte eine lange Pause. »Wie geht es dir?«

»Ganz gut, danke.«

»Hm … was die Karte betrifft, die in den Blumen steckte … du hast sie doch bekommen, oder?«

»Die Mühe hättest du dir sparen können.«

»Falscher Strauß. Falsche Nachricht.«

»Ach, tatsächlich?«

»Obwohl ich nicht kapiere, warum ich dir überhaupt Blumen schicke, nachdem du mich heute Morgen so schnöde verlassen hast.«

Lucky holte tief Luft. »Hör mal, Alex, lass uns ehrlich sein. Diese Nacht war ein einmaliger Ausrutscher. Ich habe einen Mann gebraucht, und du warst zufällig verfügbar.«

»Oh, wie nett. Und was glaubst du denn, wie ich mich fühle?«

»Es bedeutet uns beiden nichts. Ich hab's getan, um mich an Lennie zu rächen. Entschuldige bitte.«

Langes Schweigen.

»Nachdem ich von dir nichts mehr gehört habe, bin ich in Las Vegas geblieben«, sagte er schließlich.

»Was machst du denn dort?«

»Ich habe Drehorte besichtigt. Morgen komme ich zurück.« Wieder eine lange Pause. »Können wir uns morgen Abend treffen?«

Lucky seufzte. »Hast du mir nicht zugehört?«

»Lucky«, sagte er eindringlich, »gerade jetzt brauchst du mich.«

»Was könntest du denn tun, Alex?«, fragte sie müde. »Willst

du mir die Hand halten, während mir mein Studio weggenommen wird?«

»Ich habe nicht angerufen, um mich mit dir zu streiten.«

»Warum hast du denn angerufen?«

»Um dir zu sagen, dass die letzte Nacht etwas ... ganz Besonderes war.«

»Nein, Alex«, entgegnete Lucky bestimmt. »Bitte, hör mir zu. Es war für uns beide nur ein einmaliges Abenteuer.«

»Du irrst dich, Lucky. Ich hatte zu viele einmalige Liebesnächte, um nicht zu wissen, dass diese Nacht etwas Besonderes war.«

Warum konnte er sie nicht einfach in Ruhe lassen? Ihr Leben war kompliziert genug. »Es tut mir Leid, wenn du einen falschen Eindruck bekommen hast.«

Er konnte es nicht glauben, dass sie ihm den Laufpass gab, dass er, Alex Woods, tatsächlich von einer Frau eine Abfuhr erteilt bekam. »Ich merke schon, dass du keine Lust zu einem Gespräch hast«, sagte er schroff. »Ich rufe dich morgen wieder an.«

»Du vergeudest deine Zeit.«

»Das ist mein Problem.«

Lucky unterbrach die Verbindung. Es würde nicht leicht sein, sich Alex Woods vom Hals zu halten.

Venus' lange schwarze Limousine glitt durch das Portal ihres Besitzes. Der Wachmann gab dem Chauffeur mit einem Winken zu verstehen, dass er anhalten sollte.

Der Fahrer ließ die Fensterscheibe runter. »Was gibt's denn?«

»Miss Venus' Bruder ist da.«

»Mein *was?*«, rief Venus vom Rücksitz her.

»Ihr Bruder Emilio«, sagte der Wachmann und spähte ins Wageninnere.

»Und Sie haben ihn ins Haus gelassen!«, explodierte Venus.

»Nun, ja. Er hatte Beweise dafür, dass er Ihr Bruder ist«, verteidigte sich der Wachmann und trat einen Schritt zurück.

»*Was* für Beweise?«, wollte Venus wissen.

»Fotos von Ihnen beiden, seinen Pass. Mir ist bekannt, dass Ihr richtiger Name Sierra ist, also dachte ich, es wäre in Ordnung, ihn reinzulassen.«

»Ist es eben *nicht*«, wütete Venus. »Wie oft muss ich euch noch sagen, dass *niemand* ohne meine Erlaubnis mein Haus betritt.«

»Ich habe nur meine Pflicht getan«, entgegnete der Wachmann beleidigt.

»Ihre Pflicht ist, *niemanden* reinzulassen, es sei denn, ich gebe präzise Anweisungen.«

Venus war so wütend, dass es ihr den Atem verschlug. Emilio Sierra, ihr Bruder, dieses Dreckschwein. Wie oft hatte er sie an die Boulevardpresse verkauft. Dann hatte er sich nach Europa abgesetzt, und sie hatte gehofft und gebetet, dass er nie zurückkommen würde. Erst neulich hatte sie gehört, er sei wieder da, und gewusst, dass er über kurz oder lang bei ihr auftauchen würde.

Verdammt noch mal! Warum musste das ausgerechnet heute Abend sein?

Sie befahl dem Chauffeur, nicht weiterzufahren, und rief Rodriguez übers Autotelefon an.

»Oh, Darling«, sagte Rodriguez erfreut. »Ich habe den ganzen Tag auf deinen Anruf gewartet. Von deinen Besetzungsleuten habe ich noch nichts gehört.«

Musste er ihr so deutlich zeigen, dass er nur begierig darauf war, in ihrem Video mitzuspielen?

»Was machst du gerade, Rodriguez?«

»Ich warte immer nur auf dich.«

»Ich habe Lust auf eine lange, sinnliche Massage«, gurrte sie verführerisch. »Kannst du jetzt gleich zu mir kommen?«

»Natürlich!«

»Fahren Sie weiter«, instruierte sie den Chauffeur.

Die Limousine glitt beinahe lautlos die Zufahrt entlang und hielt vor dem Portal. Venus stieg aus und marschierte ins Haus.

Ihr lieber Bruder saß in ihrem Wohnzimmer, hatte die Füße auf ihren Couchtisch gelegt, trank ihr Bier aus der Flasche und sah sich ein Porno-Video auf ihrem Fernseher mit dem großen Bildschirm an.

Déjà vu. Wie oft hatte sie ähnliche Szenen erlebt?

»Du bist hier nicht willkommen, Emilio«, sagte sie mit mühsam beherrschter Wut über seine Frechheit. »Wie kannst du es wagen, wieder bei mir aufzukreuzen? Nach allem, was du mir angetan hast.«

»Was habe ich dir denn getan?«, fragte er, ohne den Blick vom Bildschirm zu wenden.

Venus schnappte sich die Fernbedienung und schaltete den Fernseher aus. »Du hast mich an die Boulevardpresse verkauft! Immer wieder!«, fuhr sie ihn wütend an.

Emilio stand auf und stellte die Bierflasche auf den Marmortisch. Dann versuchte er seinen Charme anzuknipsen, was misslang, weil er keinen besaß.

»Ich habe in der Klemme gesteckt«, jammerte er. »Ich hatte hohe Schulden. Aber jetzt bin ich clean. Ich war bei den Anonymen Alkoholikern und habe einen Drogenentzug gemacht. Du musst mir noch eine Chance geben.«

»Ich muss dir gar nichts geben«, entgegnete sie aufgebracht über seine Dreistigkeit.

»Sieh dich doch mal um. Du lebst im Reichtum. Und ich … ich habe nichts.«

»Wofür ich auch hart gearbeitet habe, während du dich nur auf deinem fetten Arsch ausgeruht hast.«

Emilios Blick wurde verschlagen. »Wäre unsere Mom noch am Leben, würde sie bestimmt wollen, dass du mich unterstützt.«

»Vergiss es, Emilio. Der Trick mit den Schuldgefühlen zieht bei mir nicht mehr.«

»Ich bin dein Bruder«, winselte er. »Wir sind vom selben Fleisch und Blut. Außer mir hast du doch niemanden, der sich um dich kümmert.«

Jetzt ging er zu weit. »Verschwinde auf der Stelle!«, schrie sie ihn an.

»Nein«, murrte er beleidigt. »Wenn du mich loswerden willst, musst du schon die Cops holen.«

»Was ich auch tun werde«, sagte sie drohend, warf einen Blick zur Tür und hoffte, Rodriguez würde bald auftauchen. »Was ist denn aus deiner großen Romanze in Europa geworden?«

Emilio schnitt eine Grimasse. »Ich wollte nicht zwanzig Jahre rumsitzen und darauf warten, dass die alte Schachtel endlich abkratzt.«

»Was bist du doch für ein Fiesling. Hat sie dich rausgeworfen, als sie gemerkt hat, dass du ein Versager bist?«

»Nein, ich habe sie verlassen.«

»Und jetzt willst du bei mir wieder schmarotzen?«

Glücklicherweise kam Rodriguez in diesem Augenblick. Als er Emilio sah, blieb er in der Tür stehen.

»Ah, Rodriguez. Das ist mein Bruder Emilio. Er wollte gerade gehen.«

»Nein, wollte ich nicht«, widersprach Emilio.

»Doch, du verschwindest jetzt«, beharrte Venus.

Die beiden starrten einander an.

Rodriguez hielt es für besser, sich nicht einzumischen.

Doch Venus sagte zu ihm: »Ich will nichts mit meinem Bruder zu tun haben. Ich *mag* ihn nicht einmal. Er hat sich in mein Haus geschlichen. Wie werde ich ihn jetzt wieder los?«

Rodriguez zuckte mit den Schultern.

»Könntest du ihn bitte rauswerfen?«, fragte Venus hoffnungsvoll. »Der Wachmann wird dir dabei helfen.«

»Wenn du mich rauswirfst, wirst du das bereuen, kleine Schwester«, drohte Emilio. »Ich habe noch ein paar Geheimnisse in petto, die ein gefundenes Fressen für die Presse wären. Damit würden sie dich in der Luft zerreißen, und es wäre mit deinem Leben im Luxus vorbei.«

Venus merkte, dass sie so nicht weiterkam. »Na gut. Ich gebe dir fünfzig Dollar, damit du dir für die Nacht ein Hotelzimmer nehmen kannst. Und morgen suchst du dir einen Job.«

Emilios Blick wurde wieder verschlagen. »Mach tausend daraus, und ich verschwinde.«

»Ich lasse nicht mit mir handeln«, sagte Venus kalt.

»Ich kapier das einfach nicht. Tausend Dollar sind doch nichts für dich – du kaufst dir dafür ein Paar Schuhe.«

Rodriguez nahm sie beiseite. »Gib ihm das Geld«, riet er ihr. »Dann verschwindet er vielleicht.«

»Emilio wird mich nie in Ruhe lassen«, stöhnte Venus.

»Du willst ihn doch erst mal aus dem Haus haben, oder?« Rodriguez hatte Recht.

Venus ging nach oben zu dem Safe in ihrem Schlafzimmer und schloss sorgfältig die Tür hinter sich. Emilio hatte es einmal geschafft, die Safe-Kombination herauszufinden, und Fotos gestohlen, die sie zusammen mit Martin Swanson gezeigt hatten. Damit hatte er sie erpresst.

Sie nahm tausend Dollar in bar heraus und ging wieder nach unten. Emilio stand praktisch mit ausgestreckter Hand da.

Sie gab ihm das Bündel Geldscheine. »Leb wohl«, sagte sie. »Und lass dich nie wieder hier blicken.«

Er stopfte sich das Geld in die Tasche und schüttelte traurig den Kopf. »Kannst du dich denn gar nicht mehr erinnern?«

»Woran denn?«

»An unsere Kindheit. An die schönen Zeiten damals.«

Das konnte doch nicht sein Ernst sein! Sie hatte sich um

vier Brüder und ihren Vater kümmern müssen. Sie hatte geschuftet wie eine Sklavin und war zum Dank dafür wie ein Stück Scheiße behandelt worden.

»Leb wohl«, wiederholte sie und drängte ihn zur Tür.

Sie brauchte dringend Ruhe und Schlaf. Morgen musste sie zusammen mit Johnny Romano Probeaufnahmen machen, und sie wollte Alex Woods unbedingt beeindrucken. Doch Rodriguez würde sie nicht gleich fortschicken. Sex verlieh ihr immer ein viel blühenderes Aussehen als Make-up.

33

Noch etwas Champagner?«, fragte Michel.

»Ja, bitte«, antwortete Brigette und ließ sich ihr Glas füllen.

Die beiden waren allein in der Wohnung. Alle Gäste, auch Robertson, waren gegangen. Brigette hatte den heftigen Streit an der Tür zwischen Michel und Robertson gehört.

»Du machst mich krank«, hatte Robertson gefaucht. »Du benimmst dich wie ein alter geiler Bock.«

»Sag nichts Dummes, was du später vielleicht bereuen könntest«, hatte Michel gelassen erwidert.

»Ich bereue nur, dass ich mit dir zusammengezogen bin«, war Robertsons wütende Entgegnung gewesen. Dann hatte sie die Tür hinter sich zugeknallt.

Brigette wusste, dass es gefährlich war, in das Terrain einer anderen Frau einzudringen, doch Michel übte eine so hypnotische Anziehungskraft auf sie aus, dass sie ihre Bedenken verdrängte. Vielleicht fand sie gerade sein Alter – er könnte ihr Vater sein – so attraktiv.

Sie saß auf der Couch im Wohnzimmer und wartete gespannt, welche Annäherungsversuche ein erfahrener älterer Mann machen würde.

Ein Kellner räumte noch Gläser vom Couchtisch und zog sich dann diskret zurück.

»Ich trinke auf Sie, Brigette«, sagte Michel und hob sein Glas. »Wir tun es auf die französische Art«, fügte er hinzu. »Die Arme ineinander verschlungen – so.«

Sein Arm berührte dabei wie zufällig ihre Brust. Sie kicherte.

»Was finden Sie so amüsant?«, fragte Michel.

»Ich weiß nicht«, antwortete Brigette, die vom Wein und dem Champagner beschwipst war. »Sie, mich, wir beide hier. Noch vor ein paar Wochen habe ich nicht einmal einen Termin bei Ihnen bekommen. Jetzt sind Sie mein Agent, und ich bin in Ihrer Wohnung.«

»Wissen Sie, was ich an Ihnen besonders mag, Brigette?«, sagte Michel und berührte mit den Fingern leicht ihre Wange. »Ihre Naivität. Sie ist so erfrischend.«

Sie erzählte ihm nicht, dass ihre Mutter eine berühmte Erbin und Lennie Golden ihr Stiefvater gewesen war. Sie erzählte ihm nicht, dass sie im Luxus aufgewachsen war und mit einundzwanzig über viele Millionen verfügen würde. Und natürlich erzählte sie ihm nichts von Tim Wealth oder Santino Bonnatti. Das waren ihre Geheimnisse, die sie niemandem enthüllen würde.

»Ich bin nicht naiv«, widersprach sie. »Ich bin schon ganz schön rumgekommen.«

»Mein liebes Mädchen, Sie wissen überhaupt nichts vom Leben. Sie haben keine Ahnung, was passieren wird, wenn Sie berühmt sind und Ihr Gesicht überall zu sehen ist.«

Bingo! Michel war der Mann ihrer Träume. Er würde sie beschützen.

»Sind Sie noch Jungfrau, Brigette?«, fragte er mit väterlicher Fürsorge in der Stimme.

Er wollte, so vermutete sie, dass sie diese Frage bejahte. Obwohl ihn das eigentlich nichts anging.

»Wie man's nimmt ...«, log sie. Tim Wealth hatte sie entjungfert, als sie fünfzehn gewesen war. Vielleicht würde sie Michel eines Tages, wenn sie ihn besser kannte, ihre Lebensgeschichte erzählen.

»Wie bezaubernd Sie sind«, sagte Michel und rückte näher. »So charmant und so süß. Noch nicht verdorben von den dunklen Seiten dieses Metiers.«

»Was für dunkle Seiten?«, fragte Brigette neugierig.

»Viele Models nehmen Drogen – Aufputschmittel, Beruhigungspillen, Kokain ... sogar Heroin.«

Großes Geheimnis. Sie wusste alles über Drogen – ihr kokssüchtiger Verlobter war ein guter Lehrmeister gewesen. Allerdings hatte sie nie Drogen genommen, denn ihre Mutter war an einer Überdosis gestorben.

»Nimmt Robertson Drogen? Ist sie deshalb so dünn?«

»Zu dünn«, sagte Michel, ohne auf ihre Frage einzugehen.

»Ich wäre gern dünner.«

»Nein!«, protestierte er vehement. »Sie sind ein Pfirsich, reif und bereit für den richtigen Mann, der sich an Ihrem jungfräulichen Nektar laben will.«

Sie erschauderte, als er den Arm um ihre Schultern legte.

In ihrer plötzlich aufwallenden Lust konnte sie es kaum noch erwarten, dass er ihre Brüste streichelte. Seit der Auflösung ihrer Verlobung vor achtzehn Monaten hatte kein Mann sie mehr berührt.

Leicht schwindlig lehnte sie sich zurück. Michel küsste ihren Hals.

»Wie schön«, murmelte sie ermutigend.

Er knipste die Lampe auf dem Beistelltisch aus. Dann rollte er sich auf sie und versuchte ihr den Rock über die Taille zu schieben.

»Nein!«, protestierte sie scharf und setzte sich auf. Er war doch Franzose. Galten Franzosen nicht als unglaublich erfahrene Liebhaber? Vor allem *ältere* Franzosen. Michel benahm sich nicht anders als andere Männer. Fünf Minuten romantisches Gesäusel, und dann bingo – er wollte nur noch ans Ziel kommen. Sie hatte nicht achtzehn Monate gewartet, um sich mit einem Quickie auf seiner Couch zufrieden zu geben.

»Was ist denn los?«, fragte er gereizt.

»Ich ... ich will das nicht«, antwortete sie und entzog sich ihm.

Er stand auf und stellte sich direkt vor sie hin. Sie sah die Ausbuchtung in seiner dunkelgrauen Hose. Er hielt ihr seine Erektion praktisch vor die Nase.

»Habe ich dich überrumpelt?«, fragte er nüchtern, als ginge es um eine Prozedur, die zu befolgen wäre.

»Ja«, sagte Brigette und wandte den Blick ab.

»Dann entschuldige ich mich.« Er griff nach der Champagnerflasche und füllte ihr Glas.

Sie wartete geduldig. Die Küsse auf den Hals waren angenehm gewesen. Gegen mehr Zärtlichkeit dieser Art hätte sie nichts einzuwenden. Er rieb seinen erigierten Penis, als er sich wieder neben sie setzte. »Trink aus«, sagte er.

»Nein, danke. Ich möchte nichts mehr trinken«, entgegnete sie und überlegte, ob es vielleicht besser wäre zu gehen.

»Ich mache dir Angst, nicht wahr?«, fragte er heiser.

»Nein. Wovor sollte ich Angst haben?«

»Vor Sex ... vor dem Erwachsenwerden ... vor dem Unbekannten ... das alles ist beängstigend. Ich könnte dich vieles lehren ...«

In Brigettes Kopf schrillte eine Alarmglocke. Michel war doch nicht der Mann, den sie in ihm gesehen hatte. Es war höchste Zeit zu verschwinden. »Ich möchte jetzt gehen«, sagte sie so beiläufig wie möglich.

Als sie aufstehen wollte, packte er ihre Handgelenke und riss ihr die Arme über den Kopf. Dann warf er sich auf sie und presste ihren Körper auf die Couch.

»Was soll das?«, schrie sie und versuchte ihn wegzustoßen.

Er griff über die Armlehne der Couch und band ihr mit einem langen Seidenschal die Handgelenke zusammen.

»Aufhören!«, schrie sie erschrocken.

»Der Initiationsritus ist brutal«, sagte er mehr zu sich. »Später, wenn du begreifst, welchen Grad der Befriedigung du durch das erreichst, was ich dich jetzt lehre, wirst du mir dankbar sein.«

O Gott! Dieser Mann war ein verrückter Sex-Freak, genau wie Santino Bonnatti.

Bleib ruhig.

Gerate nicht in Panik.

»Runter ... von ... mir ...«, keuchte sie und versuchte ihn wegzustoßen. »Wenn Sie mich jetzt gehen lassen, erzähle ich niemandem etwas.«

»Du bist doch bestimmt ganz versessen darauf«, sagte er freundlich, »von mir etwas zu lernen?«

»Hören Sie sofort damit auf, Michel. Ich warne Sie ...«

»Wovor willst du mich warnen, *ma chérie?*«, fragte er und riss ihr das Oberteil des Kleides herunter, so dass ihre Brüste entblößt waren. »Ahhh ...«, seufzte er. »Genauso schön, wie ich sie mir vorgestellt habe.«

Dann hob er sie hoch, trug sie ins Schlafzimmer und warf sie auf sein übergroßes Himmelbett. Ehe sie auch nur die Chance hatte, sich zu wehren, riss er ihr den Schlüpfer runter.

Sie trat nach ihm, aber er wich geschickt aus. Er packte ihren linken Knöchel und band ihn am Bettpfosten fest. Dasselbe machte er mit ihrem rechten Fuß.

Brigette fing an zu schreien.

»Du bist in einem Penthouse, *ma petite coquette.* Die Dienstboten sind fort. Niemand hört dich.«

O Gott! Er würde sie vergewaltigen. Sie war ihm völlig hilflos ausgeliefert. Tränen stiegen ihr in die Augen und rollten über ihre Wangen.

»Weine doch nicht«, sagte er sanft. »Ich verspreche dir, dich nicht zu berühren.«

»Warum ... tun ... Sie ... mir ... das ... an?«, schluchzte sie.

»Auf diese Weise ist es viel schöner«, erklärte er. »Du siehst so süß aus ...«

»Lassen Sie mich bitte gehen«, flehte Brigette. »Bitte ... es ist noch nicht zu spät.«

Er ging zur Tür und riss sie auf. Robertson kam herein. Sie trug nur eine kurze römische Toga, sonst nichts.

»Gott sei Dank!«, keuchte Brigette, die dachte, ihre Retterin sei gekommen.

»Jetzt«, sagte Michel und setzte sich in einen Sessel, der so stand, dass er das Bett voll im Blick hatte, »jetzt wirst du die wahre und einzige Lust kennen lernen.«

34

Boogie erschien am frühen Morgen. Lucky wartete schon auf ihn. »Wir müssen sofort etwas besprechen«, sagte sie ohne Umschweife.

Boogie folgte ihr wortlos ins Arbeitszimmer.

Maria kam aus der Küche gelaufen und trottete hinter den beiden her. »Ich auch, Mommy! Ich auch!«, plapperte sie.

»Nein, Schätzchen, du bleibst bei CeeCee in der Küche. Mommy hat zu tun.«

»Zu tun, zu tun«, wiederholte Maria kichernd. »Ich auch.«

»CeeCee!«, rief Lucky.

CeeCee kam und nahm Maria hoch. Die Kleine fing an zu strampeln und schrie: »Will bei Mommy sein. *Will bei Mommy sein!*«

»Wir fahren nachher zu Grandpa«, sagte Lucky. »Aber nur, wenn du brav bist und dein Frühstück aufisst.«

CeeCee ging mit der noch immer heftig protestierenden Maria in die Küche zurück.

»Sie ist wie ich. Wenn sie etwas will, muss es sofort sein.« Boogie nickte. »Hattest du einen schönen Urlaub, Boog?« Er nickte wieder. »Okay, kommen wir zur Sache. Hier ist die große Neuigkeit: Panther ist von einer mir bisher völlig unbekannten Geschäftsfrau übernommen worden.«

Boogie stieß einen langen leisen Pfiff aus.

»Ja, das war auch für mich ein ganz schöner Schock.« Lucky zündete sich eine Zigarette an und inhalierte tief. »Ich brauche einen vollständigen Bericht über diese Frau – Familie, wo sie herkommt, Informationen über jede Firma, an der sie beteiligt ist, wer ihre Geschäftspartner sind, einfach alles, was mit ihr zu tun hat. Wenn du andere Leute für die Ermittlungen einsetzen musst, ist das okay. Aber behandle die Sache strikt vertraulich. Und ich will alles möglichst bald haben.«

»In Ordnung«, sagte Boogie und sah sie aufmerksam an.

»Und lass Morton Sharkey überwachen. Mit dem stimmt was nicht. Er steckt tief in dieser Sache drin. Beschaff mir Informationen über seine Frau und seine Kinder. Vielleicht hat sein Verhalten etwas mit seiner Familie zu tun.«

»Kein Problem.«

»Dann ist da diese Mrs. Smorg, deren Adresse die Anschrift einer Anwaltskanzlei in Pasadena ist. Finde heraus, wer sie ist und wo sie lebt. Und ich brauche auch alle Informationen über Conquest Investments, eine Firma mit Sitz auf den Bahamas. Ich bin dieser Sache völlig hilflos ausgeliefert, bis ich mir ein genaues Bild davon machen kann.«

»Ich tue mein Bestes. Ein paar Informationen sind vielleicht erst Anfang der Woche zu beschaffen.«

»Okay. Ich bin übers Wochenende mit den Kindern bei Gino.« Sie gab ihm einen Umschlag mit den Fotokopien der relevanten Unterlagen. »Ruf mich dort an, sobald du etwas in Erfahrung gebracht hast.«

Als Boogie fort war, ging Lucky in die Küche. Maria saß glücklich am Tisch und aß ihre Frühstücksflocken. Mit großen Augen verfolgte sie einen Zeichentrickfilm mit Bugs Bunny auf dem Fernsehschirm. »Hi, Mommy«, krähte sie fröhlich.

Lucky runzelte die Stirn. »Wer war denn dieses Mädchen, das vorhin so schrecklich geschrien hat?«, fragte sie streng.

»Weiß nicht, Mommy«, sagte Maria und sah ihre Mutter unschuldig an.

»Hm …«, machte Lucky und tat so, als wäre sie noch immer böse. »Ich glaube, das warst … *du!*« Sie stupste ihre Tochter an und kitzelte sie am Bauch.

»Nein, Mommy!«, schrie Maria.

»O ja! Ich glaube, es war ein garstiges kleines Mädchen mit großen Augen und einem großen Mund«, scherzte Lucky.

»Will Daddy haben«, sagte Maria mit zitternder Unterlippe, da sie nicht wusste, ob Lucky mit ihr böse war oder nicht. »Will Daddy haben.«

»Daddy kann im Augenblick nicht kommen, Schätzchen«, sagte Lucky sanft und dachte: Wie mache ich einem zweijährigen Mädchen klar, dass sein Daddy tot ist und nie wiederkommen wird? »Er ist nicht da … er dreht einen Film.«

»Will Daddy haben«, wiederholte Maria und verzog weinerlich das Gesicht. Tränen rollten über ihre Wangen. »Will Daddy *jetzt* haben.«

Lucky hob sie hoch und drückte sie an sich. »Hör mal zu, mein Engel. Wir fahren zu Grandpa nach Palm Springs.«

»Okay, Mommy«, sagte Maria und hörte auf zu weinen. Sie streichelte Luckys Gesicht. »Hab dich lieb, Mommy.«

Lucky drückte ihre Tochter noch fester an sich. »Und ich liebe dich, mein Baby. Mehr als die ganze weite Welt.«

Alex saß mit einem fürchterlichen Kater im Flugzeug nach L.A. Er hatte die Nacht mit Russell durchgezecht und war mit ihm durch alle Striplokale von Las Vegas gezogen.

In seinem Büro erwartete ihn ein Stapel Notizzettel mit Bitten um Rückruf. Lili erledigte zwar in seiner Abwesenheit alles Nötige, doch es gab Dinge, um die er sich persönlich kümmern musste.

»Johnny Romano hat um eine Manuskriptbesprechung gebeten«, informierte ihn Lili. »Und er besteht darauf, dass Armani seine Garderobe entwirft, obwohl es Armani doch damals noch gar nicht gegeben hat.«

Alex hatte gewusst, dass ihm der Superstar Schwierigkeiten machen würde, als er sich von Freddie dazu überreden ließ, ihn zu engagieren. Doch Johnny war einfach die Idealbesetzung für diese Rolle. Gott sei Dank hatte er die andere Hauptrolle einem unbekannten Schauspieler gegeben.

»Ich kümmere mich darum«, sagte er kurz angebunden. »Er kommt doch heute Nachmittag zu den Probeaufnahmen mit Venus, oder?«

»Ich soll dir ausrichten, dass er die Probeaufnahmen nur macht, um dir einen Gefallen zu tun.«

Alex lachte trocken. »Der Umgang mit Stars ist wirklich aufregend, wie?«

»Du biegst ihn dir schon zurecht«, erwiderte Lili, wie immer unerschütterlich.

»Begleitest du mich heute ins Studio?«, fragte Alex, der sich nach mitfühlender weiblicher Gesellschaft sehnte.

»Wenn du willst«, antwortete Lili. Es gefiel ihr, wenn Alex hilfsbedürftig war.

»Was würde ich nur ohne dich tun, Lili?« Er seufzte und schenkte ihr eine schwache Version seines Killerlächelns.

»Du würdest es auch allein schaffen«, sagte sie forsch, vom Gegenteil überzeugt. Ohne ihr organisatorisches Talent würde er im Chaos versinken. Es war nicht leicht, mit Alex zu arbeiten, doch sie hatte gelernt, mit ihm auszukommen. Sie befriedigte alle seine Bedürfnisse – bis auf die sexuellen. Lili war froh, dass diese Seite ihrer Beziehung vorbei war. Alex war ein egoistischer Liebhaber gewesen. Aber das war okay, da sie begriffen hatte, dass er kaputt war. Alex konnte nicht geben, weil das nie von ihm verlangt worden war. Diese Seite seines Wesens war von seiner dominanten Mutter zerstört worden.

»Okay, gehen wir«, sagte Alex. »Und nimm Aspirin mit – ich bin halb tot.«

Leslie Kane las jeden Tag die Zeitungen von vorne bis hinten, um über alle Neuigkeiten in der Stadt informiert zu sein – das gab ihr ein Gefühl der Überlegenheit.

Heute las sie, dass Lucky Santangelo die Leitung der Panther Studios hatte abgeben müssen. Interessant. Dann las sie, dass Mickey Stolli wieder die Position des Studioleiters übernehmen würde. Sehr interessant, denn es war Mickeys Frau Abigaile gewesen, die sie entdeckt und Mickey überredet hatte, ihr zum Durchbruch zu verhelfen.

Als Nächstes las sie, dass Venus Probeaufnahmen für die Lola in Alex Woods' Film *Gangsters* machen würde. Leslie griff sofort zum Telefon und rief ihren Agenten an.

»Warum bekomme ich diese Rolle nicht?«, fragte sie gereizt.

»Weil es nur eine winzige Nebenrolle ist«, antwortete ihr Agent.

»Das ist mir egal. Es ist eine Nebenrolle in Alex Woods' Film. Besorg mir ein Drehbuch.«

»Ich rede heute mit Alex.«

»Tu das. Oh, und Quinne, in Zukunft informierst du mich über alle Rollen, die zu besetzen sind. *Ich* treffe die Entscheidung, welche mir zusagen und welche nicht, okay?«

Mit wem glaubt er eigentlich, es zu tun zu haben? Mit demselben naiven Mädchen, das in einem Schönheitssalon entdeckt worden war? Nein, sie war jetzt Leslie Kane, der Lieblingsstar des amerikanischen Publikums, und verlangte deshalb, mit dem nötigen Respekt behandelt zu werden.

Leslie beschloss, was diese Rolle betraf, nicht ihre Beziehungen zu Mickey und Abigaile auszuspielen. Die beiden waren ihre Rückversicherung. Sie wusste, wenn sie Druck ausübte, würde sie die Rolle bekommen.

Manchmal fragte sich Leslie, wie Abigaile reagieren würde, wüsste sie von ihrer halbseidenen Vergangenheit. Mickey erinnerte sich nicht an sie – obwohl er einmal in ihren Callgirl-Tagen an einer Junggesellenparty für einen großen Produzenten teilgenommen hatte. Er und seine Freunde hatten sich entsetzlich aufgeführt und waren nur daran interessiert gewesen, die Frauen mit perversen Sexspielen zu demütigen und zu entwürdigen.

Jeff Stoner kam ins Schlafzimmer. Er hatte sich ein Handtuch lässig um die Hüften geschlungen und rieb sich grinsend das nasse Haar trocken. Er sah glücklich aus, wozu er auch allen Grund hatte – schließlich lebte er mit einer der erfolgreichsten jungen Schauspielerinnen Hollywoods zusammen.

»Sehen wir uns heute den Mercedes an?«, fragte er.

Sie hatte ihm erzählt, dass sie einen neuen Wagen kaufen wolle, und Jeff dachte wohl, wenn er sie bei der Auswahl berate, dürfe er ihn auch fahren.

»Vielleicht«, antwortete sie, ihn hinhaltend.

Jeff war ein netter Junge, doch niemand konnte Cooper das Wasser reichen.

Seit über zwei Monaten schmiedete sie jetzt schon Pläne und ließ nichts unversucht, um Cooper wieder für sich zu gewinnen. Er wohnte in seinem früheren Apartment und weigerte sich, ihre Anrufe entgegenzunehmen.

Was hatte sie ihm getan? Nichts, außer dass sie ihn liebte. Es war nicht ihre Schuld gewesen, dass ihre Affäre aufgeflogen war, doch er machte sie dafür verantwortlich, und das gefiel ihr gar nicht.

Sie hatte ihn geliebt. Jetzt fing sie an, ihn zu hassen.

Johnny Romano verkörperte mit seinen vollen sinnlichen Lippen, dem charmanten Lächeln und den tief liegenden, verlockenden braunen Augen den Traum-Filmstar. Er war Spanier, einsachtzig groß und schlank, hatte jedoch einen muskulösen Oberkörper.

Frauen konnten nicht genug von Johnny Romano bekommen.

Johnny Romano konnte von Frauen nicht genug bekommen.

Frauen zu erobern war bei ihm eine Sucht. Johnnys Gier nach Sex war unersättlich, und es war für ihn nicht ungewöhnlich, jeden Tag mit einer oder sogar mit zwei Frauen zu schlafen. Da er sich der Gefahr von Aids bewusst war, schützte er sich mit zwei Kondomen, obwohl er der Überzeugung war, dass er nie an Aids erkranken würde. Schließlich war er ein Mega-Star, und vor allem ein *heterosexueller* Mega-Star. Die Kondome betrachtete er mehr als ein Zeichen guten Willens und des Respekts vor Gott, denn er war auch ein frommer Katholik.

Johnny freute sich auf die Probeaufnahmen mit Venus Maria. Er hatte immer ein Faible für sie gehabt, obwohl sie in der Vergangenheit seine Einladungen, mit ihm auszugehen, stets abgelehnt hatte. Jetzt, da sie die Rolle in *Gangsters* haben wollte, erhielt er vielleicht eine Chance, ans Ziel zu gelangen.

Er stolzierte, von seinem Gefolge umgeben, ins Studio. Die Leibwächter sorgten dafür, dass kein Sterblicher ihrem Star ohne ausdrückliche Erlaubnis zu nahe kam.

Alex ging Johnny entgegen, um ihn zu begrüßen. »Ich weiß es zu schätzen, Johnny, dass du dich bereit erklärt hast, zusammen mit Venus Probeaufnahmen zu machen.«

»Ist schon okay, Mann«, sagte Johnny großmütig. »Für dich tue ich doch alles.«

Na klar. Wenn es dir in den Kram passt.

»Aber was höre ich da für einen Unsinn, dass du Armani

als Designer für deine Garderobe haben willst? Wir alle wissen doch, dass es zu der Zeit, in der der Film spielt, Armani noch gar nicht gegeben hat. So etwas kann sich doch nur ein Dummkopf ausdenken.«

Schon die leiseste Andeutung, dass man ihn für dumm halten könnte, brachte Johnny zum Rotieren. »Klar, Alex«, stimmte er zu. »Armani – ha! Wer ist denn auf diese Idee gekommen?«

»Wusste ich doch, dass sie nicht von dir stammt«, sagte Alex.

»Natürlich nicht, Mann.«

»Unsere Kostümbildner haben eine phantastische Garderobe für dich entworfen. Du wirst begeistert sein. Diese Rolle ist dir auf den Leib geschrieben.«

»Ich weiß«, sagte Johnny selbstgefällig. »Und, Alex, wir müssen über das Drehbuch sprechen. Ich möchte ein paar Szenen geändert haben.«

»Natürlich«, erwiderte Alex freundlich und dachte: Scher dich zum Teufel, du Arschloch. Ich ändere kein Wort an meinem Drehbuch.

»Wo ist die Lady?«, fragte Johnny und schlenderte zur Kamera.

»Auf dem Weg hierher.«

»Ich habe Venus schon eine Weile nicht mehr gesehen«, meinte er beiläufig. »Tolles Weib … aber auch dumm – sie hat den Fehler gemacht, Cooper zu heiraten, obwohl sie doch mich hätte haben können.«

O Gott! dachte Alex. Venus hat nie mit ihm gebumst, und darüber ist er stocksauer.

»Guten Morgen, Johnny«, sagte Lili und schüttelte ihm herzlich die Hand.

Johnny schenkte ihr ein träges Lächeln. »Hallo, meine Schöne. Wie kann Alex nur erlauben, dass du das Büro verlässt?«

»Weil ich dich unbedingt sehen wollte, Johnny«, antwortete Lili.

Alex lächelte in sich hinein. Lili fand immer die passenden Worte, um einen Superstar glücklich zu machen.

Ein paar Minuten später betrat Venus das Studio. Sie trug ein tief ausgeschnittenes, enganliegendes purpurrotes Kleid, und ihr Haar war noch blonder als gewöhnlich. Ihr Gefolge bestand nur aus drei Leuten: dem Friseur, der Kosmetikerin und Anthony.

Johnny stieß einen bewundernden Pfiff aus. »Du siehst toll aus, Venus.«

»Hi, Johnny«, sagte Venus gelassen, da sie wusste, dass er scharf auf sie war.

»Weißt du was, Baby«, sagte er nach einer stürmischen Umarmung, »ich habe da so eine Ahnung, dass wir beide endlich zusammenkommen. Wird aber auch Zeit.«

»Fangen wir an«, drängte Alex, um zu verhindern, dass sich Venus und Johnny in die Haare kriegten.

»Ich bin bereit«, sagte Venus und entzog sich Johnnys Armen.

Wegen Emilio war sie nicht bester Laune. Ihr Bruder hatte heute Morgen angerufen und mehr Geld verlangt. Und dann hatte ihr derselbe Idiot von einem Wachmann, der Emilio ins Haus gelassen hatte, einen Brief übergeben, den jemand ins Wärterhäuschen gelegt hatte, als der Blödmann seinen Posten verlassen hatte, um mal zu pinkeln. Und dieser Brief war wieder von diesem Porno-Freak. Das beunruhigte Venus.

Da Rodriguez sich jedoch gestern Abend als gar kein so schlechter Liebhaber erwiesen hatte – er wurde wirklich jedes Mal besser –, fühlte sich Venus gut. Sie hatte beschlossen, Rodriguez doch eine Rolle in ihrem Video-Film zu geben. Er verdiente eine Belohnung.

Alex war im Studio ein Energiebündel. Er bewegte sich schnell und behände wie ein schwarzer Panther und kümmerte sich um alles. Niemand wagte unter Alex' Regie einen Fehler zu machen.

Die Probeaufnahmen verliefen glatt. Johnny war gut drauf, und Venus gab ihr Bestes.

Nach den Aufnahmen sagte Alex: »Ihr beide habt euren Job super gemacht. Danke.« Er war von Venus' Vorstellung beeindruckt. Wenn ihr Auftritt auf der Leinwand rüberkam, hatte sie die Rolle.

»Wann sprechen wir über das Drehbuch?«, fragte Johnny Alex.

»Lass deine Notizen dazu abtippen, und ich schaue sie mir an. Im Augenblick stecke ich bis zum Hals in den Vorbereitungen für die Dreharbeiten und habe keine Zeit.«

Venus wusste, dass Alex Johnny auflaufen ließ. Es überraschte sie nicht, dass Johnny zu dumm war, um das zu bemerken. Er war ausschließlich mit sich selbst – Mr. Big Movie Star – beschäftigt. Wie schade, dass er nicht so selbstironisch wie Charlie Dollar ist, dachte sie. Johnny nahm den ganzen Starkult viel zu ernst.

Venus ließ die beiden Männer stehen. Sie war stolz auf ihre Vorstellung und überzeugt, dass sie gut gewesen war.

Anthony strahlte vor Aufregung. Er war zum ersten Mal in einem Studio und fand Johnny Romano fabelhaft.

»Sie waren *wundervoll!*«, versicherte er Venus auf dem Weg nach draußen. »Ich bin total beeindruckt.«

Venus fand, dass Anthony auch eine Belohnung verdient hatte. Sie würde Ron wieder in ihr Haus locken. Die beiden brauchten nur ein bisschen Ermutigung.

Lächelnd ging sie zu ihrer Limousine. Ihrer Meinung nach hatte sie die Rolle in der Tasche.

35

Brigette erwachte in ihrem eigenen Bett in dem Apartment, das sie mit Nona und Zandino teilte. Einen Augenblick lang lag sie sehr still da und starrte ausdruckslos zur Decke. Ihre Tränen waren längst versiegt. Alles, was letzte Nacht geschehen war, kam ihr wie ein vager, verworrener Alptraum vor. Sie erinnerte sich daran, dass Michel sie in ein Taxi verfrachtet und gesagt hatte: »Was immer du auch tust, Brigette, dies bleibt unser Geheimnis. Es wird dir nur schaden, wenn du Geschichten erzählst. Ich weiß, du willst nicht, dass unsere sehr privaten Fotos veröffentlicht werden, nicht wahr?«

Michel und Robertson hatten sie mehrere endlose Stunden zu ihrem Spielzeug gemacht. Michel hatte zwar zu seinem Wort gestanden und sie nicht angerührt, aber er hatte alles beobachtet. Und Robertson hatte trotz Brigettes Protesten alles mit ihr getan.

Warum hatte sie nicht auf Nona gehört? Dabei hatte Nona keine Ahnung, was Michel für ein perverser Mann war. Sie hatte ihn nur für einen weiteren schmierigen Playboy gehalten.

Die traurige Wahrheit war jedoch, dass Michel darauf abfuhr, zwei Frauen beim Liebesspiel zuzusehen, vor allem, wenn eine das unwillige, gefesselte und hilflose Opfer war.

Als Santino Bonnatti sie hatte missbrauchen wollen, war eine Waffe griffbereit gewesen, und sie hatte sie benutzt, ohne deswegen einen Augenblick der Reue zu empfinden.

Doch Michel war sie wehrlos ausgeliefert gewesen. Ihr war nichts anderes übrig geblieben, als dazuliegen und alles über sich ergehen zu lassen.

Als sie nach Hause gekommen war, hatten Zan und Nona geschlafen. Sie war leise ins Bad gegangen und hatte eine lange, reinigende Dusche genommen, ehe sie elend in ihr Bett gekrochen war – wo sie stundenlang wach gelegen hatte, bis sie in einen unruhigen Schlaf gesunken war.

Jetzt war Morgen, und sie konnte Nona und Zan in der Küche hören. Ihr war klar, dass es wohl besser wäre, aufzustehen. Tu ganz cool, sagte sie sich. Erzähl den beiden nicht, was passiert ist. Das könnte alles verderben.

Sie stieg aus ihrem Bett, griff nach dem Morgenmantel und entdeckte purpurne Flecken an ihren Handgelenken. Als sie an sich hinunterblickte, stellte sie bestürzt fest, dass sie auch Male an den Fußknöcheln und an den Innenseiten ihrer Oberschenkel hatte. Sie schlüpfte in ihren Morgenrock und wickelte ihn fest um ihren Körper.

Nona blickte auf, als Brigette in die Küche kam. »Was ist denn gestern Nacht mit dir passiert?«

Hatte Nona einen Verdacht? Nein. Es war nur ihre Art, jemandem Informationen zu entlocken.

»Nicht viel«, sagte Brigette vage, öffnete den Kühlschrank und nahm eine Tüte Milch heraus.

»Nicht viel? Das kannst du mir doch nicht weismachen. Hat er dich besprungen? War der große Liebhaber scharf auf dich?«

»Nein, er hat sich wie ein Gentleman benommen.«

»Michel, ein *Gentleman?*« Nona schnaubte und glaubte ihr kein Wort. »Hat man so was schon gehört.«

Brigette goss sich Kaffee in eine Tasse. Äußerlich wirkte sie zwar ruhig, doch innerlich zitterte sie.

Sie setzte sich an den Tisch und griff nach der Zeitung. Zan strahlte sie an. Ihn kümmerte nie etwas.

»Okay, du willst also nicht darüber reden«, sagte Nona ein bisschen verärgert. »Komm schon, Zan, wir müssen heute Morgen zu meinen Eltern.« An Brigette gewandt, fügte sie hinzu: »Vergiss nicht, in Antonios Studio zu gehen. Du musst die Stylisten kennen lernen. Ich habe alles arrangiert.«

Brigette nickte. »Okay.«

»Hier ist die Adresse«, sagte Nona und gab ihr einen Zettel. »Soll ich mich dort mit dir treffen?«

»Nein, das schaffe ich schon allein.«

»Wir sehen uns heute Abend den neuen Al-Pacino-Film an. Kommst du mit?«

»Ich … ich glaube nicht.«

»Triffst du dich wieder mit Michel?«, fragte Nona missbilligend.

»Nein. Morgen habe ich doch das Shooting, da will ich früh ins Bett …« Ihre Stimme verlor sich, und sie wünschte, Nona würde endlich gehen.

»Gute Idee«, sagte Nona forsch und packte Zans Hand. »Ach, übrigens, meine Eltern planen für nächsten Freitag wieder mal eine kleine Party. Halt dir den Abend frei.«

Sobald Nona und Zan weg waren, griff Brigette zum Telefon und rief Isaac an, mit dem sie das Shooting für Rock-'n'-Roll-Jeans gemacht hatte.

Seine Stimme klang ganz verschlafen. Pech für ihn. »Erinnerst du dich an mich? Brigette Brown, deine Partnerin in Jeans.«

»He, Baby.«

»Du musst mir einen Gefallen tun«, sagte sie ohne Umschweife.

»Und das wäre?«

»Das lässt sich nicht am Telefon besprechen. Können wir uns zum Lunch treffen?«

»Klar«, antwortete Isaac und schlug ein kleines Restaurant in der Second Avenue vor.

Brigette kam vor ihm zum vereinbarten Treffpunkt und marschierte ungeduldig auf dem Bürgersteig auf und ab.

Isaac fuhr fünf Minuten später auf einer gebraucht gekauften Harley-Davidson vor. Er parkte die Maschine auf der Straße und umarmte sie so innig, als wären sie bereits seit Jahren befreundet. »Ich wollte dich sowieso mal anrufen«, sagte er. »Doch du bist mir zuvorgekommen.«

»Darin bin ich besonders gut«, erwiderte sie und brachte ein Lächeln zu Stande.

Eine hübsche junge Schwarze begrüßte Isaac am Eingang mit den vertraulichen Worten: »Wie geht's denn, Mann?«

»Alles cool, Sadie«, antwortete er.

Sadie ignorierte Brigette völlig und führte die beiden zu einem Fenstertisch, wo sie Isaac die Speisekarten reichte.

»Sie ist scharf auf mich«, sagte Isaac, als Sadie wegging. »Was eine blöde Scheiße ist, weil sie mit dem Besitzer des Restaurants verheiratet ist, mit dem ich es mir nicht verderben will, weil er die beste Pasta in der Stadt macht. Ich fahre völlig auf Spaghetti mit Muschelsoße ab. Willst du die mal probieren?«

Allein beim Gedanken an Essen drehte sich Brigette der Magen um. Sie studierte trotzdem die Speisekarte. »Ich nehme nur einen Salat.«

Er lehnte sich zurück. »Hast du die Fotos gesehen?«

»Ja. Du schaust gut darauf aus.«

»Nur gut?«, protestierte er. »Wie wär's mit prima, Baby? Wirklich hervorragend und prima.«

Brigette lächelte wieder. Sie musste lächeln, sonst würde sie zusammenbrechen und weinen.

»He«, sagte er, »ich habe gehört, das Foto kommt auf die große Reklametafel am Times Square.«

»Ja, das habe ich auch gehört.«

Sadie kam mit gezücktem Bleistift zurück und fragte. »Das Übliche, Isaac?«

Er zwinkerte ihr zu. »Du hast's erfasst. Und meine Freundin nimmt einen Caesar.« Sobald Sadie wieder gegangen war, fragte er: »So, und was für einen Gefallen soll ich dir nun tun?«

Brigette beugte sich über den Tisch und sah ihn mit ihren großen blauen Augen flehend an. »Kannst du mir eine Waffe besorgen?«

»He!«, rief er aus und hob abwehrend die Hände. »Wie kommst du denn auf die Idee, *ich* könnte dir eine Waffe besorgen?«

»Du hast mir doch neulich gesagt, dass du, sollte ich in dieser Stadt einmal etwas brauchen, der Typ seist, an den ich mich wenden kann.«

»Was willst du denn mit einer Waffe anfangen?«, fragte er mit gesenkter Stimme.

»Ich brauche sie zu meinem Schutz.«

»Wenn du eine Waffe mit dir rumschleppst, Baby, musst du auch wissen, wie man sie benutzt.«

»Vielleicht könntest du mir das beibringen.«

Sein Blick schoss zu einem in der Nähe gelegenen Tisch, an dem ein Mann und eine Frau saßen. Beruhigt, dass die beiden nicht lauschten, murmelte er: »Mal sehen, was ich liefern kann.«

Sadie kam mit ihren Bestellungen zurück und knallte mit mürrischer Miene den Salatteller vor Brigette auf den Tisch.

Isaac schaufelte sich eine Gabel voll Pasta in den Mund. »Schmeckt gut«, sagte er. »Wie ist dein Salat?«

Brigette zwang sich, ein Salatblatt hinunterzuschlucken. »Prima.«

Nach dem Lunch fuhr sie mit dem Taxi zu Antonios Studio. Antonio war ein berühmter italienischer Fotograf.

Ein geschäftsmäßig auftretender junger Mann führte sie in eine Garderobe und sagte in ehrfürchtigem Ton: »Psst, wir dürfen Antonio nicht stören. Er macht gerade Aufnahmen. Ich sage den anderen, dass Sie hier sind.«

Brigette setzte sich an einen Schminktisch mit einem großen Spiegel, der von winzigen Theaterlämpchen umrahmt war, und starrte ihr Spiegelbild an. Sie sah überhaupt nicht verändert aus. Und sie sah ganz bestimmt nicht so erniedrigt und verdorben aus, wie sie sich fühlte.

Nach ein paar Minuten kam Antonios Visagist Raoul in die Garderobe und musterte sie. Raoul war Puertoricaner, trug sein Haar in einem fettigen Wulst hoch getürmt und hatte gewölbte Brauen. »Antonio findet Gefallen am Retro-Look«, sagte Raoul und studierte ihr Spiegelbild. »Ich bin für schmale Brauen. Wir zupfen deine aus und stricheln dir mit dem Stift hohe, spitze auf. Dann verpasse ich dir wunderschöne Wangenknochen und volle rubinrote Lippen.«

Sami, der Haar-Stylist, betrat als nächster die Garderobe. Er war groß, hatte einen blassen Teint und langes blondes Haar, das ihm in einem Zopf über den Rücken fiel. »Vielleicht schneiden wir dein Haar kurz und färben es schwarz«, meinte er und musterte gemeinsam mit Raoul eingehend ihr Spiegelbild.

Brigette kam sich wie ein Objekt vor. »Vielleicht auch nicht«, erwiderte sie schnell.

»Wie bitte?«, sagte Sami verblüfft und stemmte die Hände in die Hüften, da er von einem unbekannten Mädchen keinen Widerspruch gewohnt war.

»Ich weigere mich, mir die Haare schneiden zu lassen«, sagte Brigette eigensinnig.

»Darf ich erfahren, warum?«, fragte Sami.

»Ich habe einen Vertrag mit Rock-'n'-Roll-Jeans. Die wollen mich mit langem Haar.«

»Wenn das so ist, Süße, muss ich dir eine schwarze Perücke verpassen.«

»Ich komme zum ersten Mal auf die Titelseite, und da ist es wichtig, dass ich mein eigenes Image präsentiere und nicht das, was du dir darunter vorstellst«, entgegnete Brigette zu ihrer eigenen Überraschung.

Beide Männer starrten sie an. Wie konnte sie es wagen,

eine eigene Meinung zu haben? Sie war ein Model. Models hatten gut auszusehen, den Mund zu halten und auf die Experten zu hören.

»Weiß Michel, wie du dazu stehst?«, fragte Raoul mit einem gehässigen Unterton in der Stimme.

»Michel ist mein Agent, nicht mein Aufpasser«, schnauzte sie ihn an.

Raoul und Sami wechselten indignierte Blicke und stolzierten aus der Garderobe, wohl um dem großen Antonio zu berichten, dass sie ein schwieriges kleines Miststück sei.

Parker, die Stylistin, kam als Nächste herein. Sie war eine große Frau mit kurz geschnittenem grauem Haar und einem gelangweilten Lächeln. »Wie ich höre, machst du den beiden Jungs Schwierigkeiten.«

»Ich habe denen nur meine Meinung gesagt«, entgegnete Brigette, die die ganze Prozedur bereits anödete.

»Ignoriere sie einfach. Das Wichtigste ist sowieso, was du anziehen wirst.« Sie kniff die Augen zusammen und trat zurück. »Mir schwebt ein modernes Aussehen vor. Wie wär's damit?« Sie zerrte von einem mit Kleidern voll gepackten Ständer ein kurzes weißes Kleid von Ungaro. »Und dazu diese Schuhe aus falscher Tigerhaut«, fügte sie hinzu und griff in einen Karton voller Schuhe. »Kein Schmuck. Einfach und schlicht.«

»Das gefällt mir«, sagte Brigette.

»Gut. Ich dachte schon, du würdest mich auch rauswerfen.«

»Ich will keine Schwierigkeiten machen«, erklärte Brigette. »Ich finde nur, ich sollte bei alldem auch ein Wörtchen mitzureden haben.«

»Du hast absolut Recht«, entgegnete Parker. »Ich warne dich jedoch. Antonio hat sehr bestimmte Vorstellungen, wie seine Models aussehen sollen. Werde also nicht nervös, wenn er dir morgen genau sagt, wie *er* dich sieht. Er macht gerade ein Shooting mit Robertson. Möchtest du einen Blick ins Studio werfen?«

Brigette überlief ein Schauder des Ekels. Sie wollte Robertson nie wieder zu Gesicht bekommen. »Nein, danke«, antwortete sie. »Ich habe noch eine Verabredung.«

»Ich sage Antonio, dass du da bist. Sobald er eine Pause einlegt, wird er dich in Augenschein nehmen.«

»Muss ich warten?«

»Wenn du willst, dass Antonio morgen das Shooting für dein Titelbild macht, bleibt dir wohl nichts anderes übrig. Er ist sehr launenhaft.«

»Ich auch«, murmelte Brigette.

»Was hast du gesagt?«, fragte Parker, die ihren Ohren nicht traute.

»Nichts.«

Antonio kam fünf Minuten später, mit Raoul und Sami im Gefolge. Er war ein kleiner, extravaganter Italiener, dessen Spezialgebiet das Fotografieren von Superstars war. Brigette fiel ein, dass sie als Zehnjährige zusammen mit ihrer Mutter in seinem Studio gewesen war. Er hatte von ihnen ein Mutter-Tochter-Foto gemacht, das in *Harper's Bazaar* veröffentlicht worden war. Dabei war Antonio nur um Olympia herumscharwenzelt und hatte Brigette völlig ignoriert. Sie hatte nicht vor, ihn daran zu erinnern.

»Gibt's Probleme?«, fragte er und starrte sie mit seinen kleinen glänzenden Augen an.

Brigette starrte zurück. »Nur, wenn Sie es für ein Problem halten, dass ich auf meinem ersten Titelbild wie ich aussehen will.«

Antonio zuckte mit den Schultern. Was kümmerte es ihn? Wegen eines einzigen popeligen Titelbildes würde er sich nicht aufregen. Und dieses Mädchen besaß eine natürliche Schönheit, die seinen Ansprüchen genügte.

»Ist alles okay«, sagte er und trieb Raoul und Sami an den

Rand eines hysterischen Anfalls. »Morgen um zehn. Du kommst pünktlich.«

»Er mag dich«, meinte Parker, als Antonio gegangen war.

»Das ist mir egal«, entgegnete Brigette. Und es stimmte – in einer Nacht waren all ihre Träume in tausend Stücke zerplatzt. Sie hatte es satt, das hilflose Opfer zu sein. Von jetzt an musste sie sich zwingen, ebenso hart und gefühllos zu sein wie alle anderen in ihrem Milieu, das wurde ihr klar. Sie war auf dem besten Weg, ihre Selbstachtung wiederzugewinnen.

36

Palm Springs war ein angenehmer Aufenthaltsort. Gino war ganz verrückt nach seinen Enkeln und verbrachte jede freie Minute mit den Kindern, wobei ihn Paige, seine Frau, mit nachsichtigem Lächeln beobachtete.

Am Sonntag saßen sie und Lucky am Pool und sahen Gino und Maria zu, die am flachen Ende des Beckens im Wasser planschten, während der kleine Gino unter einem gestreiften Strandschirm auf einer Decke mit den Beinen strampelte.

»Du solltest die Kinder öfter herbringen, Lucky«, sagte Paige und schlürfte eine Piña-colada durch einen Strohhalm. »Gino liebt es, mit seinen Enkeln zusammen zu sein.«

»Du hast Recht, das mache ich. Weißt du, Paige«, sagte Lucky nachdenklich, »ich fühle mich wohl, wenn ich dich und Gino zusammen sehe. Du bist großartig für ihn. Du sorgst dafür, dass er nicht aus der Reihe tanzt, und das ist wahrhaftig nicht leicht!«

Paige lächelte sanft. »Gino ist die große Liebe meines Lebens.«

»Neulich hat er gesagt, ich solle einen Film über sein Leben machen. Und ich habe erwidert, dass der nie die Zensur passieren würde.«

Beide lachten.

Gino kam mit Maria an der Hand zu ihnen. »Mein kleines Mädchen und ich, wir gehen einkaufen«, verkündete er.

»Einkaufen? Wir haben über dreißig Grad im Schatten«, erklärte Paige. »Warum wartest du nicht, bis es kühler wird?«

»Maria und ich kaufen einen kleinen Hund«, sagte Gino und bedachte Lucky mit einem vorwurfsvollen Blick. »Anscheinend hast du ihr einen versprochen.«

»Ich habe es vergessen«, gestand Lucky.

»Wir kaufen ein Hündchen«, trällerte Maria.

»Soll ich mitkommen?«, fragte Lucky.

»Nein, Kleines, bleib du bei Paige. Bestimmt habt ihr viel zu erzählen. So wie Maria und ich.«

Maria kicherte.

»Okay. Lass dir von CeeCee Shorts und ein T-Shirt anziehen, Schätzchen, dann darfst du mit Grandpa losgehen.«

»Hündchen!«, rief Maria und hüpfte aufgeregt auf und ab. »Wir kaufen ein Hündchen!«

Lucky sah Maria nach, die ins Haus lief. Sie bemühte sich sehr, sich zu entspannen. Es war schwierig, die Probleme zu verdrängen, aber sie war fest entschlossen, diese paar friedlichen Tage zu genießen, ehe der Kampf begann. Und es würde einen Kampf geben, denn sie hatte nicht die Absicht, die Übernahme ihres Studios kampflos hinzunehmen.

Vor ihrer Abreise aus Los Angeles hatte sie versucht, Morton Sharkey telefonisch zu Hause und in seinem Büro zu erreichen. Er hatte sich eine neue Privatnummer besorgt, und die ziemlich verlegen wirkende Sekretärin in seinem Büro hatte ihr gesagt, Mr. Sharkey sei nicht zu erreichen.

Ja. Na klar. Morton Sharkey benahm sich wie ein unartiger Junge. Und unartige Jungs verdienten eine Strafe. Eine saftige Strafe.

Als Maria angezogen war, begleitete Lucky sie und Gino

zum Auto. »Kauft bloß keinen großen Hund«, warnte sie Gino, als er Maria in seinen blauen Kombi hob und sie mit dem Sicherheitsgurt in ihrem Kindersitz festzurrte. »Ich will mein Haus nicht mit einem riesigen Monster teilen.«

»He, Kleines, traust du mir etwa nicht?«

Lucky umarmte ihn lachend. »Natürlich tue ich das.«

»Dann überlass die Entscheidung ruhig uns. Wir beide sind sehr vernünftig.«

Als Lucky zum Pool zurückkam, fragte Paige, ob sie mit zum Lunch in den Golf-Club kommen wolle. Sie lehnte ab. Sosehr sie Paige auch mochte und ihre Gesellschaft genoss, so wenig verlockend fand sie den Gedanken, mit den Ladys in einem Golf-Club herumzusitzen. Außerdem hatte sie zu viele andere Gedanken im Kopf.

Niemand nahm ihr die Panther Studios weg und kam ungeschoren davon. Niemand.

Venus probte für ihr neues Video. In ihrem weißen Trikot, das Haar aufgesteckt und ohne Make-up, schwitzte sie gemeinsam mit ihrer Truppe talentierter Tänzer. Sie liebte es, ihre Videos einzustudieren, passende Bewegungen zu entdecken, ein Mini-Szenario zu schaffen. Für Venus waren diese Videos Dreiminutenfilme. Es war immer wieder eine Herausforderung, sich etwas Neues und Aufregendes auszudenken.

Für dieses Video hatte sie Dorian Loui, einen jungen chinesischen Choreografen, engagiert, den ihr Ron empfohlen hatte. Dorian benutzte als Bühnenbild eine verräucherte, geheimnisvolle Bar, in der Venus verführerisch an einer Reihe Männer, die an der Theke saßen, vorbeitänzeln und bei jedem ein Kleidungsstück fallen lassen würde. Diese Show war ihr exakt auf den Leib geschneidert. Sündiger Sex, glänzend verpackt. Das Geheimnis ihrer brillanten Karriere.

Venus hatte ihr Versprechen gehalten und Rodriguez einen Part in ihrem Video gegeben. Er war der achte Mann an der

Theke, der Letzte in der Reihe. Zur Probe war er so elegant gekleidet erschienen, als wollte er zum Lunch ins Bistro Gardens gehen. Sie hatte nur einen Blick auf ihn geworfen und ihn fortgeschickt, damit er sich was Passendes anzog. Jetzt, in Hemd und Shorts, war er ganz bei der Sache. Und Dorian fuhr völlig auf ihn ab.

»Vergiss es«, flüsterte Venus während einer Pause Dorian ins Ohr. »Dieser Kerl ist definitiv hetero.«

»Verdammt!«, fluchte Dorian.

Sie hatte noch nichts bezüglich ihrer Probeaufnahmen erfahren. Freddie hatte gesagt, er hoffe bis Montag auf eine Benachrichtigung.

Dass sie Cooper rausgeworfen hatte, schien sich beruflich vorteilhaft für sie auszuwirken. Und sollte sie die Rolle in *Gangsters* bekommen, würde ihre Karriere eine ganz neue Dimension annehmen. Damit würde sie definitiv einen Coup landen, denn mit Alex Woods zu arbeiten bedeutete, dass sie auch für jeden anderen Regisseur talentiert genug war.

Sie hatte Ron zum Lunch eingeladen. Er tauchte fünf Minuten nach Anthony, der ihr die Post und die telefonischen Nachrichten gebracht hatte, auf der Bühne auf.

»Ich glaube, ihr beide kennt euch«, sagte sie, schlang sich ein Handtuch um den Hals und marschierte von der Bühne.

Ron holte sie auf dem Weg nach draußen ein. »Du bist ein ungezogenes kleines Mädchens«, schalt er sie. »Was bezweckst du damit?«

»Das weißt du genau, Ron. Harris von Stepp ist alt, langweilig und herrschsüchtig. Du bist zu jung, um dich mit dieser abgetakelten Gang rumzutreiben.«

»Harris ist ein äußerst mächtiger Mann«, erwiderte Ron.

Venus blieb stehen und sah ihn herausfordernd an. »Du machst doch großartig Karriere. Warum glaubst du einen mächtigen Mann hinter dir haben zu müssen?«

»Hm ...«, sagte Ron, da ihm keine passende Antwort einfiel.

»Hör mal, Ron«, redete Venus weiter auf ihn ein. »Ich habe meine Lektion gelernt, als ich Cooper rausgeschmissen habe. Ich hätte ihn behalten und weiter seine Seitensprünge dulden können. Stattdessen habe ich beschlossen, mir selbst treu zu bleiben. Und es funktioniert.«

»Vermisst du Cooper denn nicht?«

»Nein«, log sie. »Anthony kommt mit zum Lunch. Lade ihn doch danach auf einen Drink ein. Was hast du denn schon zu verlieren?«

In dem Einkaufszentrum unter dem Studio gab es eine Pizzeria, wo sich die meisten Mitglieder des Ensembles zum Essen trafen.

Venus setzte sich zusammen mit Ron, Anthony und Dorian an einen Ecktisch. »Drei Schwule und ein Superstar«, scherzte sie. »Wer ist hier überflüssig?«

»Du natürlich, wie immer«, antwortete Ron prompt.

»Bei überflüssig fällt mir ein, dass ich gestern Abend überraschend Besuch bekam. Ratet mal, von wem?«

»Pacino? Stallone? De Niro? Unterbrich mich, wenn es wärmer wird«, sagte Ron.

»Wie wär's mit Emilio?«

»Er ist wieder da?«

»Ja, leider. Ich musste ihm tausend Dollar geben, um ihn loszuwerden.«

»Das war ein Fehler.«

»Sonst wäre er nicht gegangen. Ich habe ihm gedroht, die Polizei zu rufen, und er meinte nur: ›Lass dich nicht aufhalten.‹ Ich wusste einfach nicht, was ich tun sollte. Vielleicht bringt ihn mein Anwalt dazu, eine Vereinbarung zu unterschreiben, dass er nichts mehr an die Presse verkauft, wenn ich ihm monatlich ein paar tausend Dollar zahle. Was hältst du davon?«, fragte Venus hoffnungsvoll.

»Für mich ist Emilio so vertrauenswürdig wie ein tollwütiger Hund«, antwortete Ron.

Rodriguez tauchte in der Tür des Restaurants auf und blieb um des Effekts willen kurz im Rahmen stehen.

»Seht euch *das* mal an«, sagte Ron bewundernd.

»*Das* mein Lieber«, erklärte Venus mit einem Besitz ergreifenden Lächeln, »ist Rodriguez. *Mein* Rodriguez.«

Lucky schreckte aus dem Schlaf hoch. Sie war am Pool eingenickt. Gino war noch immer mit Maria unterwegs, CeeCee war mit dem Baby ins Haus gegangen, und Paige war zum Lunch in den Golf-Club gefahren.

O Gott! Mitten am Tag einzuschlafen! Was war nur mit ihr los?

Es war unerträglich heiß in der Sonne. Lucky stand auf und sprang in den Pool, um ein paar Längen zu schwimmen.

Das war absoluter Wahnsinn! Ihr Leben ging in die Brüche, und sie sonnte sich an einem Pool in Palm Springs. Wenn Gino nach Hause kam, würde sie ihm sagen, sie sei zu einer dringenden Besprechung nach L.A. gerufen worden und müsse sofort fahren. Die Kinder konnten hier bleiben. Es war nicht nötig, sie zu einer überstürzten Abreise zu zwingen.

Boogie hatte noch nicht angerufen. Verzögerungen bei der Ausführung eines Auftrags sahen ihm gar nicht ähnlich. Seinetwegen hoffte sie, dass er ihr morgen eine Menge zu berichten haben würde, denn ihre Ungeduld wuchs ständig.

Sie stieg aus dem Pool und ging zur Bar, wo sie sich einen Scotch mit Eis zubereitete.

Na großartig! Jetzt trank sie schon mitten am Tag. Schlimmer konnte es wohl nicht werden.

Sie griff nach ihrer Handtasche, nahm eine Zigarette aus der Schachtel und öffnete, ohne eigentlich darüber nachzudenken, den Reißverschluss des Seitenfachs, in dem sie die

Fotos von Lennie aufbewahrte, die sie in seinem Hotelzimmer gefunden hatte.

Sie nahm sie heraus und starrte sie an.

Warum quälst du dich?, schrie eine Stimme in ihrem Kopf. Warum zerreißt du die Fotos nicht und wirfst sie weg?

Nein. Irgendetwas störte sie an den Bildern. Irgendetwas stimmte nicht … Was fand sie daran störend? War es die Blondine? Die Art, wie Lennie dastand? Er wirkte beinahe entsetzt über den nackten Körper, der sich an ihn presste.

Es war höchste Zeit, festzustellen, was Lennie an dem Tag vor seinem Unfall getan hatte. Sie hatte das Gefühl, es könnte wichtig sein, das herauszufinden.

Alex saß zusammen mit Dominique und Tin Lee an einem Tisch im Patio des Four Seasons. Er wusste gar nicht, wie es zu diesem Treffen gekommen war. Irgendwie schien alles über seinen Kopf hinweg arrangiert worden zu sein. »Du triffst dich am Sonntag mit deiner Mutter zum Lunch«, hatte Lili ihn informiert. »Zusammen mit Tin Lee.«

Wenn er sich schon mit Dominique treffen musste, konnte auch Tin Lee dabei sein, hatte er sich gesagt und der Verabredung zugestimmt.

Bei seiner Ankunft hatten beide Frauen schon angeregt plaudernd am Tisch gesessen. Seine Mutter wirkte zur Abwechslung einmal recht vergnügt.

Und Tin Lee strahlte förmlich. »Alex«, sagte sie, sprang auf und küsste ihn auf die Wange.

»Du siehst müde aus.« Dominique musterte ihn.

»Ich stecke mitten in den Vorbereitungen für meinen Film«, erklärte er. »Da gibt es immer zu viel zu tun. Ich könnte zehn Stunden mehr am Tag gebrauchen.« Er winkte dem Kellner und bestellte einen Wodka-Martini.

»Es ist erst Mittag«, rügte Dominique und presste missbilligend ihre purpurroten Lippen zusammen.

»He, was schätzt du?«, fragte er trocken. »Bin ich schon über einundzwanzig?«

»Das sieht man dir auch an«, antwortete sie.

Tin Lee legte ihm die Hand auf den Arm. »Alex, es ist so schön, hier mit dir zusammen zu sein. Ich habe dich vermisst.«

»Siehst du«, meinte Dominique, als wäre sie für Tin Lees Gefühle verantwortlich. »Das arme Mädchen hat dich vermisst.«

»Danke für die wunderschönen Rosen«, sagte Tin Lee. »Und deinen netten Gruß. Es tut mir Leid, dass du in Las Vegas bleiben musstest. Hättest du mich benachrichtigt, wäre ich hingeflogen, um dir Gesellschaft zu leisten.«

Es beeindruckte ihn nicht, dass sich seine Mutter und seine vorübergehende Freundin offensichtlich verbündet hatten.

»Tin Lee und ich, wir haben uns unterhalten«, berichtete Dominique. »Wusstest du, Alex, dass sie aus einer sehr guten Familie in Saigon stammt? Ihr Vater war Chirurg.«

Der Kellner brachte die Speisekarten. Alex bestellte Eier, Kartoffelpuffer und geräucherten Lachs.

»Macht dick«, äußerte Dominique missbilligend. »Du hast zugenommen, Alex, und solltest Diät halten. In deinem Alter sind Männer besonders anfällig für Herzkrankheiten.«

Herrgott noch mal! Warum musste er sich diesen Scheiß anhören? Irgendwie gelang es ihm, das Mittagessen durchzustehen.

Als der Kellner den Kaffee brachte, erhob sich Tin Lee und sagte: »Ich muss mal für kleine Mädchen.«

Kaum hatte sie den Tisch verlassen, fing seine Mutter mit ihren Tiraden an, beklagte sich jedoch nicht wie gewöhnlich, sondern meinte: »Endlich hast du eine exzellente Wahl getroffen.«

»Wie bitte?«, sagte er verblüfft.

Dominique betupfte sich die Lippen mit der Serviette, auf

der sie einen dunkelroten Fleck hinterließ. »Tin Lee ist ein nettes Mädchen und kommt aus einer guten Familie.«

Hörte er richtig? »Was?«

»Es wird Zeit, dass du heiratest. Dieses Mädchen ist goldrichtig für dich.«

War seine Mutter *verrückt* geworden?

»Ich habe nicht die Absicht zu heiraten«, erwiderte er und verschluckte sich beinahe an seinem Martini.

»Du bist siebenundvierzig«, ermahnte ihn Dominique. »Die Leute fangen schon an zu reden.«

»Ach ja? Worüber reden sie denn?«

»Eine Frau in meinem Bridge-Club hat mich neulich gefragt, ob du schwul seist.«

»Schwul!«, rief er. »Verdammt noch mal, hast du den Verstand verloren?«

»Gebrauche in meiner Gegenwart freundlicherweise keine unflätigen Ausdrücke«, sagte sie hochmütig. »Das gefällt mir nicht.«

»Außerdem warst du doch immer der Ansicht, alle Asiatinnen seien Nutten. Wie kommt es, dass du deine Meinung geändert hast?«

»Tin Lee ist ein sehr nettes Mädchen«, wiederholte Dominique. »Du könntest es viel schlimmer treffen.«

»Ich habe eine Amerikanerin kennen gelernt, die mich interessiert.«

Warum hatte er ihr das nur erzählt? Sie verdiente es nicht, irgendetwas über sein Leben zu erfahren.

»Wer ist sie?«, fragte Dominique und stürzte sich sofort auf diese Information.

»Niemand, den du kennst«, antwortete er ausweichend.

»Ich mag Tin Lee. Sie ist jung und hübsch. Sie wäre eine gute Mutter für deine Kinder. Ich möchte schon lange Enkel haben, Alex. Diese Freude hast du mir all die Jahre vorenthalten.«

Es ging immer nur um sie. »He, Ma, ich habe eine Neuigkeit für dich. Tin Lee ist nicht mehr im Rennen.«

Dominique warf ihm einen niederschmetternden Blick zu. »Es wird Zeit, dass du erwachsen wirst, Alex.«

»Nein!«, explodierte er. »Es wird Zeit, dass du dich um deine Scheißangelegenheiten kümmerst und mich in Ruhe lässt!«

Er stand auf und ging.

Lucky war auf dem Weg vom Pool ins Haus, als Inca, die Haushälterin, aufgeregt mit den Händen wedelnd herausgelaufen kam.

»Miss Lucky! Miss Lucky!«, schrie sie hysterisch. »Telefon! Ein wichtiger Anruf!«

»Beruhige dich, Inca. Was ist denn?«

»Miss Lucky – kommen Sie schnell! Beeilen Sie sich! Der Mann am Telefon … er sagt, Mr. Gino … ist erschossen worden.«

37

Seit jener Nacht in Michels Apartment hatte es Brigette geschafft, weder ihm noch Robertson zu begegnen. Das war nicht leicht gewesen, aber irgendwie war es ihr gelungen.

Die Foto-Session für das Titelblatt von *Mondo* war gut verlaufen. Antonio hatte sich ihr gegenüber von seiner angenehmen Seite gezeigt.

Parker war sehr beeindruckt gewesen. »Er sieht in deiner Zukunft Starruhm«, hatte sie ihr mitgeteilt. »Sonst hätte er dich mit seiner Feinschmeckerzunge zerfetzt – diese hinreißende kleine Tunte.«

Nach der Session bei Antonio war sie mehrere Tage damit beschäftigt gewesen, zusammen mit Luke eine Serie von Fotos für die Rock-'n'-Roll-Jeans-Werbekampagne zu machen.

Es war ein Vergnügen, mit ihm zu arbeiten; je näher sie ihn kennen lernte, um so wohler fühlte sie sich in seiner Gegenwart.

Nona erwähnte immer wieder, dass sich Michel mit ihr treffen wolle. Jedes Mal hatte Brigette genickt und gesagt: »Ja, klar. Machen wir.« Aber sie hatte Nona nie erlaubt, einen festen Termin zu vereinbaren.

Sie weigerte sich auch, zur Party von Nonas Eltern zu gehen. Stattdessen besuchte sie ihre Großmutter Charlotte und blieb ein paar Tage in deren Apartment in der Park Avenue.

Das war nicht gerade angenehm. Charlotte war ein Society-Hai. Ihre einzige Beschäftigung bestand darin, an zahlreichen Partys und Lunchtreffen teilzunehmen. Den Rest der Zeit verbrachte sie mit Einkäufen, um ihre schon umfangreiche Garderobe zu ergänzen. Das war nicht Brigettes Szene.

Ohne jemandem etwas zu sagen, suchte sie einen Immobilienmakler auf und mietete ein Apartment. »Ich ziehe aus«, informierte sie Nona beim Frühstück am nächsten Tag.

Nona legte die *New York Times* nieder. »Du tust *was?*«

»Unser Zusammenleben – du, ich und Zan – funktioniert einfach nicht.«

»Was hast du daran auszusetzen?«

»Ich muss allein sein.«

»Wenn du meinst …«, sagte Nona unsicher und dachte, dass sich Brigette seit der Unterzeichnung des tollen Vertrags mit der Jeans-Firma verändert hatte.

Brigette war enttäuscht, dass Isaac sich noch immer nicht gerührt hatte. Sie rief ihn an. »Na, was passiert in der Sache?«

»He, bleib cool. Ich versuche …«

»Kannst du mir eine Waffe besorgen oder nicht?«, unterbrach sie ihn.

»Vielleicht habe ich heute Abend etwas für dich. Wollen wir uns treffen?«

»Okay«, stimmte sie zu ihrer eigenen Überraschung zu.

Es gab keinen Grund, allein im Apartment rumzusitzen, wenn sie ausgehen und sich amüsieren konnte.

Sie war sowieso verdorbene Ware, und es spielte keine Rolle mehr, wie sie ihr Leben gestaltete.

Die Schule machte Santo physisch krank. Er hasste alles daran – die Schüler, die Lehrer, das ganze Drum und Dran. Für ihn war jeder Scheiße. Er schwänzte so oft wie möglich den Unterricht und trieb sich in Westwood herum, ging in die Kinos und sah sich die neuesten Filme an. Noten waren ihm egal. Er hatte eine Menge Geld. Eines Tages, wenn seine Mutter starb, würde er alles erben.

Manchmal erging er sich in Phantasievorstellungen, wie sein Leben nach Donnas Tod aussehen würde. Ihm würden das große Haus, die Autos und das Geld gehören. Endlich könnte er tun, was ihm gefiel.

Sollte George dann noch leben, würde der allerdings ein Problem darstellen. Die ideale Lösung wäre, wenn beide gemeinsam sterben würden. Es würde ihm sogar nichts ausmachen, die beiden mit einer Schrotflinte ins Jenseits zu befördern.

Er hatte eine Waffe, eine Luger-Pistole, die er einem in Geldnot geratenen Mitschüler abgekauft hatte. Zusammen mit einer Schachtel Patronen hatte er sie unter seiner Matratze versteckt. In der Schule war alles erhältlich – in der Pause verwandelte sich der Schulhof quasi in einen Basar für Drogen, Waffen, Pornohefte und Videos.

Mohammed, der Neffe eines arabischen Potentaten, betrieb eine Ein-Mann-Apotheke. Ein anderer Junge, der Sohn eines Schauspielers, war im Waffengeschäft.

»Ich möchte eine Schrotflinte kaufen«, sagte Santo zu ihm.

»Wird erledigt«, erwiderte der Junge. »Gib mir ein paar Tage Zeit.«

Eine Schrotflinte könnte sich als nützlich erweisen. Vielleicht würde er eines Abends, wenn George spät von einer seiner Geschäftsreisen zurückkehrte, nach unten gehen und den widerlichen alten Bastard wegpusten.

Herrje, Ma, tut mir Leid. Ich habe ihn für einen Einbrecher gehalten. Damit wäre das Problem George erledigt und der Störenfried für immer aus dem Weg geräumt.

Mohammed war damit beschäftigt, in einer Ecke des Schulhofs Drogen zu verteilen. Santo machte sich an ihn ran, um sich seine wöchentliche Ration Grass zu beschaffen. »Gib mir auch ein bisschen Koks«, verlangte er.

»Wusste nicht, dass du Koks nimmst«, sagte Mohammed mit ausdruckslosem Gesicht. Er selbst nahm keine Drogen.

»Will mal was Stärkeres probieren.«

»Was Stärkeres?« Mohammed strich sich übers Kinn. »Rauch Heroin, das ist besser als Crack.«

»Hab noch keins von beidem probiert.«

»Dann wird's Zeit. Die Mädchen fahren voll drauf ab.«

»Ich kaufe mir einen Ferrari«, prahlte Santo, um Eindruck zu schinden.

Mohammed nickte. »Nettes Gefährt. Hab selber einen.«

»Der macht meiner Corvette Feuer unterm Arsch.«

»Wir müssen mal ein Wettrennen veranstalten«, sagte Mohammed.

»Ja«, stimmte Santo zu.

Er hatte seinen ersten Freund gewonnen. Und das tat gut.

Donnas Bruder Bruno rief einmal die Woche zu einer vorher vereinbarten Zeit an, um ihr zu versichern, dass alles in Ordnung sei. Diese Woche hatte er sich noch nicht gemeldet, und Donna wurde allmählich nervös.

Der Gedanke, Lennie könnte entkommen, lauerte immer in ihrem Hinterkopf, obwohl sie wusste, dass eine Flucht höchst unwahrscheinlich war, da die Höhlen ein unterirdisches Labyrinth bildeten, in dem sich nur ein Ortskundiger zurechtfand. Selbst wenn ihm die Flucht gelang, konnte er in dieser abgelegenen Gegend keine Hilfe herbeiholen.

Trotzdem ... Es war beunruhigend, dass Bruno nicht anrief.

Donna war kurz davor, in Panik zu geraten, als Furio ihr mitteilte, Bruno habe einen Autounfall gehabt und liege mit gebrochenem Arm und Bein im Krankenhaus. Furio versicherte ihr, sie müsse sich keine Sorgen machen, da er sich um alles kümmere.

Mit ihrer Jugendliebe zu sprechen kam ihr merkwürdig vor. Sie hatte Furio noch lebhaft in Erinnerung, und doch gab es zwischen diesem Mann und der Frau, die sie heute war, keine Verbindung mehr.

Sie besaß ein Imperium, Furio besaß nichts. Die Liebe, die sie einst verbunden hatte, existierte nicht mehr.

Und Donna schwelgte wegen ihres Triumphs über Lucky Santangelo noch immer in einem Hochgefühl. Lucky zu feuern und am Schreibtisch ihrer Erzfeindin zu sitzen war einer der schönsten Augenblicke ihres Lebens gewesen.

Lucky, die sich für eine so großartige Siegerin hielt, war keine Siegerin mehr. Donna hatte sie in jeder Beziehung zu einer Verliererin reduziert.

Sie hatte ihr den Mann genommen.

Sie hatte ihr das Studio genommen.

Und heute nahm sie ihr den Vater.

Ja. Rache – in sizilianischem Stil – war sehr süß.

38

Es war unglaublich. Auf Gino war geschossen worden. Sobald Lucky begriffen hatte, was passiert war, und herausgefunden hatte, dass Maria unverletzt und sicher in

Polizeigewahrsam war, raste sie zum Krankenhaus und versuchte unterwegs verzweifelt, Paige übers Autotelefon zu erreichen. Als sie ihre Stiefmutter endlich am Apparat hatte, sagte sie ihr, sie solle so schnell wie möglich ins Krankenhaus kommen.

Als Lucky dort eintraf, wurde Gino gerade in den Operationssaal gefahren. »O mein Gott!«, flüsterte sie und beugte sich über die Bahre. »Daddy ... Daddy ...«

Gino, der die Konstitution eines Pferdes hatte, lebte noch und stammelte keuchend: »Diese Bastarde ... haben ... mich ... doch ... noch ... erwischt.«

Lucky umklammerte seine Hand und ging neben der Bahre her. »*Wer* hat dich erwischt?«, fragte sie eindringlich. »Sag mir, wer.«

»Weiß nicht«, murmelte er. »Ich bin ein alter Mann. Dachte, die Kriege wären längst vorbei ...« Seine Stimme verlor sich. Er konnte nicht weitersprechen. Blut tröpfelte aus einem Mundwinkel und lief ihm übers Kinn.

Lucky zwang sich, ruhig zu bleiben. »Wo wurde er getroffen?«, fragte sie den Arzt.

»Eine Kugel verfehlte das Herz um Haaresbreite«, antwortete er. »Die andere steckt in seinem Oberschenkel.«

Die Angst, ihn zu verlieren, schnürte ihr die Kehle zu, aber sie stellte trotzdem die Frage: »Wird er es schaffen?«

»Wir tun unser Bestes.«

Und wenn dieses Beste nicht gut genug war?

Wenn ihr Vater starb?

Das war unvorstellbar.

Lucky verließ das Krankenhaus und brach auf der Fahrt zum Polizeirevier, wo sie Maria abholen wollte, alle Geschwindigkeitsrekorde. Ihre kleine Tochter saß einsam und verlassen in einer Ecke, lutschte am Daumen und umklammerte mit vor Angst geweiteten Augen die Leine eines schwanzwedelnden Labrador-Welpen. »Mommy! Mommy!«, schrie sie und sprang auf, als sie Lucky entdeckte. »Böser Mann hat auf Grandpa geschossen.«

»Ich weiß, Schätzchen, ich weiß«, sagte Lucky, hob Maria hoch und drückte sie fest an sich. »Wie und wo ist es passiert?«, fragte sie den Dienst habenden Beamten.

»Im Bericht steht, dass Mr. Santangelo auf dem Parkplatz des Einkaufszentrums zu seinem Auto ging. Gemäß der Aussage von Augenzeugen tauchte plötzlich ein Mann auf und feuerte zweimal auf ihn. Dann floh der Täter in einem Auto ohne Kennzeichen, und ein Ladeninhaber hat die Polizei angerufen.«

»War es ein Raubüberfall?«

»Es sieht nicht danach aus.«

Sie wandte sich zum Gehen.

»Ach, Ma'am«, rief ihr der Cop hinterher. »Detective Rollins möchte Sie sprechen.«

»Jetzt nicht«, erwiderte sie. »Ich fahre zum Krankenhaus zurück. Sagen Sie ihm, er soll mich morgen anrufen.«

In Gedanken spielte sie alle Möglichkeiten durch und versuchte einen Zusammenhang zwischen den Ereignissen zu erkennen. Erst war Lennie Opfer eines Unfalls geworden, dann hatte sie ihr Studio verloren, und jetzt war auf Gino geschossen worden. Dahinter steckte mehr als nur eine Pechsträhne.

Sie brachte Maria nach Hause und vergewisserte sich, dass ihr nichts fehlte. Dann überließ sie ihre Tochter und den kleinen Hund der Obhut von CeeCee und fuhr zum Krankenhaus zurück. Gino war noch immer im Operationssaal.

Paige kauerte mit tränenüberströmtem Gesicht auf einem Stuhl im Korridor. Als Lucky zu ihr kam, fragte sie schluchzend: »Warum hat man auf meinen Gino geschossen?«

»Niemand scheint das zu wissen, Paige.« Nach einem kurzen Zögern fügte sie hinzu: »War er in irgendwelche neuen Geschäfte verwickelt?«

Paige schüttelte den Kopf.

»Weißt du, ob er Feinde hat?«

»Die Polizei hat mir dieselben Fragen gestellt.«

»Was hast du ihr erzählt?«

»Dass Gino ein alter Mann ist, der seinen Garten liebt.«

»Stimmt.« Gino würde in dieser Situation sagen: Du weißt, was ich vom Strafrecht halte. Du weißt, wie das Strafrecht aussieht. Recht für die verdammten Verbrecher. Du musst die Polizei raushalten. Das nehmen wir selbst in die Hand.

O ja, Gino war ein guter Lehrer gewesen. Die Polizei würde den Mann, der auf ihn geschossen hatte, nie finden. Deshalb war es ihre Aufgabe, ihn zur Strecke zu bringen.

Wenn Gino den Anschlag überlebte, würde sie die Kraft dazu haben. Wenn er nicht überlebte ...

Nach einer, wie ihr schien, Ewigkeit kam der Chirurg aus dem Operationssaal.

Lucky versuchte an der Miene des Mannes zu erkennen, ob er schlechte oder gute Neuigkeiten brachte. Es gelang ihr nicht. Bemüht, Haltung zu bewahren, holte sie tief Luft und stand auf, um dem Arzt entgegenzutreten, denn Paige blieb wie gelähmt sitzen.

»Wir konnten beide Kugeln entfernen«, sagte er mit tiefer Stimme. »Ihr Vater hat jedoch viel Blut verloren, und auf Grund seines Alters ...«

Ihr Magen zog sich zusammen. Ihr war eiskalt vor Angst, Gino zu verlieren.

Da wurde Paige plötzlich aktiv. Sie sprang auf und schrie: »Lebt er?«

»Ja«, antwortete der Arzt. »Jetzt kommt es auf Mr. Santangelos Konstitution an, ob er es schafft. Er hat durchaus eine reelle Chance. Ich rate Ihnen jedoch, Ihre Hoffnungen nicht zu hoch zu schrauben. Wir tun unser Bestes.«

»Er wird es schaffen«, erklärte Lucky mit energisch vorgestrecktem Kinn. »Gino ist stark.«

»Ich hoffe es«, sagte der Arzt, dessen Augen jedoch verrieten, dass er von seinen Worten nicht überzeugt war.

»Wann darf ich ihn sehen?«, fragte Lucky.

»Er ist jetzt auf der Wachstation. Dort bleibt er ein paar Stunden. Wenn alles gut geht, kommt er später auf die Intensivstation. Dort können Sie ihn besuchen.«

Lucky nahm den Arm ihrer Stiefmutter. »Komm«, sagte sie fürsorglich, denn Paige war ganz blass. »Ich bringe dich nach Hause, damit du dich etwas ausruhen kannst.«

Paige schüttelte den Kopf. »Nein, ich bleibe hier. Ich muss in Ginos Nähe sein, falls er mich braucht.«

Lucky nickte verständnisvoll. »Okay. Ich bin bald wieder da. Kann ich dir irgendetwas mitbringen?«

»Nein, nichts.«

Lucky eilte aus dem Krankenhaus. Ihre Gedanken rasten. Im Auto griff sie sofort zum Telefon und rief CeeCee an. »Ich bin auf dem Weg nach Hause«, sagte sie. »Versuch bitte, Boogie über seinen Piepser zu erreichen. Wenn er zurückruft, soll er in der Leitung bleiben, bis ich da bin.«

Ginos Worte gingen ihr nicht aus dem Kopf. »Dachte, die Kriege wären längst vorbei ...«

Was meinte er damit? Welche Kriege? Er hatte sich im Verlauf der Jahre ein paar Feinde gemacht, aber das war vor langer Zeit gewesen. Gino war seit mindestens dreißig Jahren ein seriöser Geschäftsmann, der sich an die Gesetze hielt. Zwischen den Santangelos und den Bonnattis hatte es ein Leben lang Krieg gegeben, der jedoch mit Carlos Bonnattis Sturz aus dem neunzehnten Stockwerk seines Penthouse zu Ende war, denn Carlos war der letzte Bonnatti gewesen.

Lucky bekam die Sache einfach nicht in den Griff. Wer könnte es darauf abgesehen haben, einen alten Mann zu erschießen? Vielleicht war es ein Raubüberfall, der schiefgegangen war.

Nur – was hatte der Täter Gino rauben wollen, einem alten

Mann, der einen Kombi fuhr und in Begleitung eines Kindes und eines jungen Hundes gewesen war? Und die Kleidung, die er getragen hatte – Shorts und ein Hemd –, hatte ihn bestimmt nicht zu einem potenziellen Opfer für einen Räuber gemacht. Er hatte nicht mal eine Uhr an.

Während der Fahrt nach Hause kam Lucky der Gedanke, dass Gino im Krankenhaus vielleicht nicht sicher war. Sollte sie ihn bewachen lassen? Wenn es kein x-beliebiges Verbrechen gewesen war, sondern jemand es tatsächlich auf ihn abgesehen hatte, dann würden der Täter oder die Drahtzieher Ginos Genesung verfolgen. Ja, es wäre wohl eine umsichtige und kluge Entscheidung, einen Leibwächter im Krankenhaus und einen weiteren bewaffneten Mann im Haus zu postieren, da ihre Kinder nur in der Obhut von CeeCee und Inca waren, die im Notfall wohl nicht genügend Schutz boten.

Lucky schauderte bei dem Gedanken, was hätte geschehen können. Wenn Maria in die Schusslinie geraten wäre … Wenn die Kugel ihr kleines Mädchen zerfetzt hätte …

CeeCee begrüßte sie an der Tür. »Ich habe Maria ein leichtes Beruhigungsmittel gegeben und sie ins Bett gesteckt.«

»Wie ist es ihr ergangen?«

»Der kleine Hund hat sie abgelenkt.«

Lucky seufzte. »Ich glaube, sie ist noch zu jung, um zu begreifen, was wirklich geschehen ist.« CeeCee stimmte ihr zu. »Hat sich Boogie gemeldet?«

»Ja. Er ist in der Leitung.«

Lucky eilte in die Bibliothek, setzte sich hinter Ginos Schreibtisch und griff nach dem Telefonhörer.

»Ich musste mir erst Klarheit über bestimmte Fakten verschaffen, ehe ich dich anrufen konnte«, sagte Boogie.

»Vergiss es, Boogie. Auf Gino ist geschossen worden.«

»*Was?*«

»Er liegt auf der Intensivstation. Die Ärzte haben zwei Kugeln aus seinem Körper entfernt. Ich möchte Leibwächter im Krankenhaus und in seinem Haus. Regle das bitte sofort.«

»Schon erledigt, Lucky. Ich bin auf dem Weg zu dir. Ich habe dir eine Menge zu erzählen.«

»Alles andere kann warten«, sagte sie. Was kümmerte sie der Verlust ihres Studios, wenn ihr Vater im Krankenhaus um sein Leben kämpfte?

Sie legte den Hörer auf und begann systematisch die Schubladen von Ginos Schreibtisch zu durchsuchen, um vielleicht einen Hinweis darauf zu finden, dass er in irgendwelche dubiosen Geschäfte verstrickt war.

Bis auf einen Stapel Wettscheine konnte sie jedoch nichts entdecken. Sie blätterte den Stapel durch. Gino hatte offensichtlich gern Basketball-Wetten abgeschlossen. Mal zweihundert, mal dreihundert Dollar. Er war nie ein großer Spieler gewesen. Schließlich hatte er Hotels in Las Vegas besessen und erlebt, wie leichtfertig Menschen ihr Geld verspielten.

Die Möglichkeit, dass Gino das Opfer von Eintreibern von Spielschulden geworden war, war also auszuschließen.

Inca klopfte an die Tür. »Miss Lucky«, sagte sie zögernd, »ein Detective Rollins möchte Sie sprechen.«

»Bitte ihn herein.«

Detective Rollins war ein Mann in mittleren Jahren mit beginnender Glatze und einem unangenehmen Grinsen. In barschem Ton erklärte er: »Tut mir Leid wegen Ihres Vaters«, was überhaupt nicht bedauernd klang. »Sie sind doch Lucky Santangelo, nicht wahr?«

»Ganz recht«, antwortete sie und fragte sich, woher er ihren Namen kannte.

»Ich habe in Ihrer Familiengeschichte geblättert«, sagte er und grinste selbstgefällig. »Vielleicht möchten Sie mir dazu etwas mitteilen?«

»Was denn?«, fragte Lucky verständnislos und trommelte mit den Fingern auf den Schreibtisch.

Detective Rollins zuckte mit den Schultern. »Sie wissen schon …«

»*Was?*«, wiederholte sie und verlor schnell die Geduld mit diesem Blödmann.

Rollins verkniff sich sein Grinsen lange genug, um zu sagen: »Wenn dieser Mordanschlag auf das Konto der Mafia geht, wollen wir hier nichts damit zu tun haben. Palm Springs ist eine ruhige Stadt, in der anständige Bürger leben.«

»Wovon zum Teufel reden Sie eigentlich?«, entgegnete sie scharf und funkelte ihn mit ihren schwarzen Augen an.

Er kam näher, beugte sich über den Schreibtisch und legte seine Hände mit den fetten Fingern auf die Holzplatte.

»Ich rede von dem Ruf Ihrer Familie. Das FBI hat mir eine Akte über die Santangelos zugeschickt.«

Lucky war empört. »Mein Vater liegt im Krankenhaus, und Ihnen fällt nichts Besseres ein, als sich eine Akte vom FBI zu besorgen. Warum suchen Sie nicht den Mann, der auf meinen Vater geschossen hat?«

Rollins grinste wieder höhnisch. »Ich hatte gehofft, Sie könnten mir vielleicht sagen, wer der Täter ist.«

Lucky sprang auf. »Das ist nicht zu fassen!«, rief sie wütend. »Mein Vater hat nichts mit der Mafia zu tun, falls Ihre Andeutungen darauf hinauslaufen sollten.«

»Ach, kommen Sie schon, Lucky«, sagte er, als hätte er es mit der größten Lügnerin zu tun, die ihm je begegnet war.

»Für Sie immer noch Mrs. Santangelo«, entgegnete sie eisig.

»Okay. Über Ihren Vater existiert ein ellenlanges Strafregister, Mrs. Santangelo. Er musste wegen Steuerhinterziehung aus dem Land fliehen. Er hat wegen Mordes im Gefängnis gesessen. Und Sie wollen mir weismachen, dass er nichts mit dem Mob zu tun hatte?«

Lucky hasste diesen Mann. »Eigentlich ist es Ihr Job, *mir* zu sagen, wer den Mordanschlag auf meinen Vater verübt hat. Stattdessen ergehen Sie sich in idiotischen Mutmaßungen.«

Rollins wich einen Schritt zurück. »Okay, okay. Ich weiß, dass Ihre Familie seit Jahren nur noch legitime Geschäfte macht. Das heißt aber nicht, dass Sie keine Feinde haben.«

Damit hatte er wohl Recht, aber darüber würde sie bestimmt nicht mit ihm reden. »Detective Rollins, wenn das alles war, was Sie mir zu sagen haben, darf ich Sie jetzt wohl bitten zu gehen.«

Er trat zur Tür und blieb dort stehen. »Wenn Gino diesen Anschlag überlebt, werden wir ihn im Auge behalten«, sagte er und drohte ihr warnend mit dem Finger.

»Lecken Sie mich am Arsch!«

»Ja, Sie sind eine echte Santangelo«, höhnte er.

Lucky schlug die Tür hinter ihm zu. Das hatte ihr gerade noch gefehlt, dass ein idiotischer Detective seine Nase in ihre Angelegenheiten steckte.

»Ich fahre wieder ins Krankenhaus«, informierte sie Cee-Cee. »Wenn Boogie kommt, schickst du ihn dorthin.«

Aus dem Schlafzimmer von Gino und Paige holte sie einen Sweater für Paige, dann ging sie zur Bar und trank einen Schluck Scotch aus der Flasche. Sie brauchte eine Stärkung.

Im Krankenhaus teilte man ihr mit, dass sich Ginos Zustand nicht verändert habe. »Er kämpft«, sagte Paige, deren Augen geschwollen und gerötet waren.

»Er wird gewinnen«, versicherte Lucky ihr und legte tröstend den Arm um die Schultern ihrer Stiefmutter. »Da. Ich habe dir einen Sweater mitgebracht. Zieh ihn an. Du frierst.«

Lucky nutzte ihren Einfluss und ließ sich im Krankenhaus ein kleines Büro mit Telefon zur Verfügung stellen. Dann ließ sie Essen kommen und zwang Paige, etwas zu sich zu nehmen. Gegen sieben Uhr traf Boogie in Begleitung von zwei Männern ein, die beide Anfang dreißig waren.

»Das sind Dean und Enrico«, sagte Boogie. »Dean bleibt

hier im Krankenhaus, und Enrico bezieht Posten in Ginos Haus. Beide sind sich der Gefährlichkeit der Situation bewusst.«

Lucky nickte anerkennend.

»Wir müssen miteinander reden«, sagte Boogie.

»Fahr zuerst Enrico zum Haus. Wenn du zurückkommst, setzen wir uns zusammen.«

»Was sind das für Männer, die Boogie mitgebracht hat?«, fragte Paige, als die drei gegangen waren.

»Ich sorge nur für unseren persönlichen Schutz«, erklärte Lucky beschwichtigend, um Paige nicht zu erschrecken. »Wir beide kennen doch Ginos bewegte Vergangenheit. Ich ergreife nur Vorsichtsmaßnahmen.«

Als Boogie zurückkam, fuhren er und Lucky mit dem Aufzug zur Cafeteria hinunter. »Ich bin gespannt zu erfahren, was du über Donna Landsman herausgefunden hast«, sagte sie, »bin mir aber nicht sicher, ob jetzt der richtige Zeitpunkt für deinen Bericht ist. Im Augenblick ist mir wichtiger, dass du rauskriegst, wer auf Gino geschossen hat und warum.«

»Da könnte es eine Verbindung geben«, sagte Boogie.

Lucky fragte stirnrunzelnd: »Eine Verbindung? Welche denn?«

»Ich habe Nachforschungen über Donna Landsman angestellt und über die Firmen, an denen sie beteiligt ist, die gescheiterten und die erfolgreichen Übernahmen. Ich habe auch Informationen über ihr Privatleben ausgegraben.«

»Und?«

»Sie ist mit George Landsman verheiratet.«

»Ist er ein aktiver Geschäftspartner?«

»Sehr aktiv sogar. Er verwaltet das Geld. Früher war er Buchhalter mit einer erstaunlichen Karriere.«

Lucky beugte sich über den Tisch. »Erzähl schon.«

»Er war Santino Bonnattis Buchhalter.« Es folgte eine lange, bedeutsame Pause. »Lucky, Donna Landsman ist Santino Bonnattis Witwe Donatella.«

Ein eisiges Gefühl durchströmte Lucky. »O mein Gott!«

Und plötzlich bekam alles Geschehene eine erschreckende Klarheit.

39

Nach dem abrupten Abschied von seiner Mutter fuhr Alex direkt zu seinem Strandhaus, seiner privaten Domäne. Kein Besucher hatte je einen Fuß über diese Schwelle gesetzt – Frauen nahm er in sein Apartment mit; geschäftliche Treffen fanden im Büro statt.

Ein japanisches Ehepaar, das auf dem Grundstück lebte, kümmerte sich um das Haus und trat nur in Erscheinung, wenn er dessen Dienste benötigte.

Es stand auf einem hohen Kliff mit Blick aufs Meer. Es war sehr geräumig, und in die große, halbkreisförmige Terrasse waren zwei Wasserfälle, eine üppige Grünanlage und ein Teich mit exotischen Fischen integriert. Wenn er Zeit zum Meditieren hatte – was nicht oft vorkam –, hielt er sich hier auf.

Für Alex war dieses Haus der friedlichste Platz auf der Welt, sein Zufluchtsort.

Er hatte sich geschworen, im Strandhaus nie zu trinken, doch heute machte er eine Ausnahme und goss sich einen großen Wodka ein. Dann nahm er eine Kopie seines Drehbuchs und schlenderte auf die Terrasse hinaus.

Erst als er Luckys Privatnummer in Erfahrung gebracht hatte, war ihm aufgefallen, dass auch sie am Strand wohnte. Das machte die beiden zwar nicht zu Nachbarn, denn ihr Haus stand in Malibu, während er weiter die Küste entlang am Point Dume lebte, doch es war schön zu wissen, dass auch sie den Ausblick aufs Meer genießen konnte.

Er hatte mehrere Nachrichten auf ihrem Anrufbeantworter hinterlassen, aber bisher hatte sie noch nicht zurückgerufen.

Er setzte sich in einen Lehnstuhl, zog sein Hemd aus und begann sein *Gangsters*-Skript mit einem roten Stift zu redigieren. Damit trieb er seine Produzenten in den Wahnsinn, weil er jeden Tag Veränderungen im Text vornahm und das während der ganzen Dreharbeiten tun würde.

Gegen fünf Uhr läutete es an der Haustür. Erst nach dem dritten Läuten zog er sein Hemd an und ging hin.

Vor ihm stand Tin Lee.

»Was zum Teufel machst du denn hier?«, fragte er wütend.

»Deine Mutter sorgt sich um dich. Sie hat mich hergeschickt.«

»Was soll denn der Scheiß?«, brüllte er. »Diese Frau bestimmt doch nicht mein Leben! Sie hatte kein Recht, dir die Adresse meines Hauses zu verraten, verdammt noch mal.«

»Was meinst du damit, Alex, dass sie *kein Recht* dazu hatte? Wir waren doch mal ein Liebespaar. Wie kannst du so kalt zu mir sein?«

Herrgott! Das hatte ihm gerade noch gefehlt!

»Entschuldige«, murmelte er, da ihm klar wurde, dass er Tin Lee nicht die Schuld an dieser verfahrenen Situation geben konnte. »Meine Mutter macht mich wahnsinnig, das weißt du doch. Du hast sie erlebt, wenn sie erst einmal loslegt.«

Tin Lee streckte die Hand aus. »Du stehst zurzeit sehr unter Druck, Alex. Die Vorbereitungen für deinen Film laufen, und alles passiert gleichzeitig. Bitte … darf ich einen Augenblick reinkommen?«

Er wollte nicht, dass jemand in seine Privatsphäre eindrang, aber er konnte Tin Lee nicht einfach wegschicken. Schließlich war sie über eine Stunde gefahren. »Klar, komm rein«, sagte er widerstrebend.

Tin Lee, die hübsch und zierlich in ihrem weißen Sonnenkleid mit den Riemchensandalen aussah, trat in die Halle und sah sich um. »Was für ein schönes Haus!«, rief sie begeistert. »Warum wohnst du nicht immer hier?«

»Das ist mein Zufluchtsort fürs Wochenende«, antwortete er. »Hierher komme ich, um nachzudenken und um zu arbeiten.«

»Es tut mir Leid, wenn ich dich störe.«

»Du darfst meine Verärgerung nicht persönlich nehmen. Es geht gar nicht um dich. Ich bin stinksauer, weil mich Dominique einfach wahnsinnig macht.«

Tin Lee war voller Mitgefühl. »Warum lässt du dich von ihr so verrückt machen, Alex?«

»Weil sie meine Mutter ist. Kannst du das nicht verstehen? Unsere Beziehung ist mir ein Rätsel – ohne Sinn und Zweck.«

Er ging auf die Terrasse. Tin Lee folgte ihm.

»Möchtest du etwas trinken?«, fragte er und hatte Lust, sich noch einen Wodka zu genehmigen.

»Nein, Alex«, sagte sie forsch, »ich möchte, dass du mit mir schläfst.« Das war nun das Letzte, wozu er Lust hatte.

Ehe er sie davon abhalten konnte, öffnete sie den Reißverschluss ihres Kleides und ließ es zu Boden gleiten.

»Nein!«, protestierte er.

»Doch, Alex«, sagte sie eindringlich. »Warum schließt du mich aus deinem Leben aus, wenn du *weißt*, dass du mich haben willst?«

Sie ging zu ihm – ein perfekt geformtes, exquisites Wesen, das nur ein weißes Bikinihöschen trug. Die kleinen Brüste mit den harten Brustwarzen wippten leicht.

Er hätte nicht so viel trinken sollen. Er fühlte, wie er erregt wurde.

Sie griff nach dem Reißverschluss seiner Hose und zog ihn schnell nach unten.

Wie lautete doch noch dieser Spruch? Ach, ja … Wenn der Schwanz steht, ist der Verstand im Arsch.

He, er war ungebunden, weiß und über einundzwanzig. Er konnte tun und lassen, was er wollte. Er musste niemandem treu sein.

Tin Lee ging in die Knie, öffnete seinen Gürtel und zog ihm Hose und Unterhose bis auf die Knöchel runter.

Er legte ihr die Hände in den Nacken und stieß ihr seinen Penis tief in den Mund.

Sie unterdrückte ein Würgen, wich zurück und sagte: »Bitte, Alex, lass uns ins Schlafzimmer gehen.«

»Nein. Mir gefällt es hier draußen.«

Sie war zu ihm gekommen. Er hatte sie nicht eingeladen. Jetzt musste sie die Konsequenzen tragen.

Die Musik war laut, dröhnend und sinnlich, der Szenenaufbau rauchig und düster. Die schummrige Beleuchtung schuf genau die richtige dekadente Atmosphäre.

Venus war wie immer bei Filmaufnahmen in Hochstimmung. Sie liebte ihre Auftritte. Es gab nur ein Problem – die Szene war schon achtmal wiederholt worden, da Rodriguez sie jedes Mal verpatzt hatte. Er war einfach kein Profi.

Es war ein Fehler gewesen, ihm diese kleine Rolle zuzuschanzen. Diese frustrierenden Wiederholungen gingen allein auf ihr Konto.

Sie nahm ihn beiseite. »Du musst dich entspannen. Du brauchst doch nur an der Bar zu stehen, während ich mich an dir reibe, dir das Hemd vom Leib reiße und dich küsse. Das haben wir im wirklichen Leben doch oft genug getan. Warum stellst du dich hier so an?«

Rodriguez war die ganze Sache sehr peinlich. Er glänzte gern in allem, was er tat, doch das hier lief nicht gut für ihn. »Es tut mir Leid«, sagte er mit niedergeschlagenen Augen.

»Denk an mich, Baby«, gurrte Venus verführerisch. »Vergiss die Kameras, und konzentriere dich auf mich.«

»Mach ich«, versprach er.

»Noch eins, Rodriguez. Ganz gleich, was du tust, starr nie in die Kamera. Okay?«

»Ja, Darling. Der nächste Take wird perfekt.«

»Das hoffe ich doch sehr, sonst verliere ich die Geduld mit dir«, murmelte sie vor sich hin und ging zu Dorian.

»Wir können ihn jetzt nicht mehr ersetzen«, sagte Dorian. »Wir müssen diese Szene heute in den Kasten kriegen.«

»Das weiß ich.«

»Wann lernt ihr Girls es endlich?«, seufzte Dorian und schürzte die Lippen. »Für einen steifen Schwanz gibt es nur einen Platz, und der ist zu Hause.«

Venus musste kichern. »Vielleicht sollte ich ihn mit in meinen Trailer nehmen und mit ihm ficken«, überlegte sie laut. »Das würde ihn entspannen.«

Dorian hob die Brauen und sagte: »Du hast vielleicht ein loses Mundwerk!«

»Na, du etwa nicht?«, schoß Venus zurück.

Nach weiteren zwei Stunden hatte es Rodriguez endlich geschafft, seine Minirolle überzeugend zu spielen. Alle stießen Seufzer der Erleichterung aus.

Gleich nach dem Abdrehen der Szene eilte Venus ans Telefon und rief Freddie an. »Du wolltest mir doch heute Bescheid geben, wie meine Chancen stehen«, sagte sie vorwurfsvoll.

»Ich warte noch immer auf einen Anruf von Alex«, erwiderte er. »Durch die Managementveränderung bei Panther herrscht absolutes Chaos.«

»Das weiß ich, Freddie. Aber die Aufnahmen für *Gangsters* fangen doch jeden Tag an. Auch ich muss meine Termine planen.«

»Sobald ich Alex erreicht habe, rufe ich dich an.«

»Hat die Verzögerung etwas mit Mickey Stolli zu tun?«, wollte sie wissen. »Ist er dagegen, dass ich diese Rolle bekomme?«

»Darüber habe ich nicht mit Mickey gesprochen.«

Venus war sich nicht sicher, ob sie ihm glauben sollte. »Okay, okay. Ruf mich an, sobald du etwas erfährst.«

Sie verließ das Studio, stieg in ihr Auto, sank erschöpft in den Sitz und befahl dem Chauffeur: »Nach Hause!« Sie war weder für eine Unterhaltung noch für Sex in Stimmung. Jeder Muskel in ihrem Körper schmerzte. Sie sehnte sich nur noch nach einem heißen Bad.

Als der Wagen in ihre Auffahrt einbog, hielt sie derselbe Wachposten, der sie schon einmal gestoppt hatte, erneut an.

Venus kurbelte ihr Fenster runter. »Was ist denn jetzt schon wieder?«, fragte sie unwirsch.

»Ihr Mann, Cooper Turner, ist hier.«

»Wo?«

»Da er Ihr Mann ist, dachte ich, es wäre in Ordnung, ihn ins Haus zu lassen.«

Venus' grüne Augen wurden vor Wut zu schmalen Schlitzen. War dieser Kerl der größte Idiot des Jahrhunderts, oder was? »Sie sind gefeuert«, fauchte sie.

»Amüsierst du dich?«, fragte Isaac.

»Ich amüsiere mich großartig«, antwortete Brigette kichernd.

Ja, es machte ihr riesigen Spaß, mit Isaac und seinen Freunden in einem überfüllten Restaurant zu sitzen. Sie hatte ein paar Wodka getrunken und mit einem der Mädchen auf der Damentoilette einen Joint geraucht.

Zu Beginn des Abends war sie ziemlich nervös und verkrampft gewesen, doch die Drinks hatten sie entspannt, und der Joint bewirkte, dass sie sich in dieser Gruppe neuer Freunde unbefangener und wohler fühlte.

»He, du musst das alles viel lockerer sehen«, sagte Isaac. »Du bist völlig verklemmt.«

»Das kommt davon, weil ich gewöhnlich nur mit verklemmten Typen rumhänge.«

»Lass dich fallen. Du weißt schon, was ich meine.«

Eine Stunde später verließ die ganze Clique das Restaurant und fuhr zu einem Privatclub. Brigette war schon in einigen der schickeren Discotheken Manhattans gewesen, doch die, zu der Isaac sie jetzt brachte, lag im Village und war düster und rauchig, mit irrer Musik. Isaac hatte ihr noch keine Waffe besorgt. »Ich bleib dran«, hatte er ihr versichert.

Aber inzwischen war es ihr egal geworden.

Die Clique bestand aus Isaac, zwei magersüchtigen schwarzen Models, einem mit Drogen zugedröhnten weißen Kerl, einem überdrehten Puertoricaner und einem schwulen chinesischen Tänzer in Frauenkleidung. Nona würde ihre Gesellschaft nicht gutheißen. Nona verkehrte lieber mit der Clique der Erfolgreichen. Doch diese hier lebte am Abgrund – und Brigette fand, dass sie genau in dieses Milieu passte.

In der ersten Discothek blieben sie bis drei Uhr früh und fuhren dann zu einem anderen Nachtclub in Manhattan, der erst im Morgengrauen aufmachte. Auf dem Weg dorthin hielten sie an einer Imbissstube und stopften sich mit Pastrami-Sandwiches und Käsekuchen voll. »Wir müssen bei Kräften bleiben«, scherzte Isaac. »Wir tanzen die Nacht durch, und dann wird's erst richtig lustig.«

Er war sehr nett, und als er sie auf der Tanzfläche küsste, kam ihr das ganz normal vor. Sie erwiderte den Kuss voller Leidenschaft.

»Möchtest du mit zu mir kommen?«, flüsterte er ihr ins Ohr.

Brigette wusste nicht, wie spät es war, und auch das war ihr egal. »Ja«, sagte sie.

Sie fuhren mit einem Taxi zu seinem Einzimmerapartment im Village. Kaum hatte er die Tür geschlossen, stürzte er sich auf sie und bedeckte zuerst ihren Mund und dann ihren Hals mit Küssen. Er ließ seine Hände über ihren Körper gleiten, und sie spürte seine drängende Begierde.

Sie reagierte gierig.

Sie wollte mit einem Mann schlafen.

Sie wollte mit Isaac schlafen.

Das war die einzige Möglichkeit, um alle Erinnerungen an Michel und die demütigenden Dinge, zu denen er sie gezwungen hatte, zu verdrängen.

Sie fielen aufs Bett, er lag auf ihr, streichelte ihre Brüste und brachte sie zum Punkt ohne Wiederkehr.

Gerade als er in sie eindringen wollte, kam ihr ganz verschwommen ein Gedanke. »Schützt du dich?«, fragte sie keuchend.

»Klar, Baby«, antwortete er und machte weiter. »Hier in der Gegend steht an jeder Straßenecke ein Kerl mit einer Waffe.«

Er lachte. Sie kicherte.

Wen kümmerte das schließlich?

Sie gab sich ganz der Nacht hin.

40

Eine Woche nach dem Attentat wurde Gino aus dem Krankenhaus entlassen. Sein behandelnder Arzt hatte ihm gesagt, er besitze die Konstitution eines Ochsen.

Lucky hatte Gino während seines Krankenhausaufenthalts nicht mit den Tatsachen konfrontieren wollen, doch sobald er zu Hause und in seinem Bett war, setzte sie ihn über alles ins Bild.

»Santino Bonnatti hat eine Witwe hinterlassen«, berichtete sie und ging ruhelos neben dem Bett auf und ab. »Ihr Name ist Donatella.«

»Na und?«, sagte Gino.

»Und«, fuhr Lucky fort, »Donatella hat ein neues Leben angefangen. Nach Santinos Tod hat sie dessen Buchhalter geheiratet, sich ein umfassendes Wissen angeeignet, ihren Stil und ihr Äußeres verändert und ist heute eine erfolgreiche Geschäftsfrau – Donna Landsman.«

»Was erzählst du mir da?«, fragte Gino und richtete sich mühsam auf.

»Donna übt Vendetta an der Familie Santangelo.«

»Eine gottverdammte *Frau?*«, bellte Gino mit grimmigem Gesicht.

»Ja, Gino, eine Frau.«

»Willst du damit sagen, dieses Miststück hat einen Killer auf mich angesetzt?«

»Davon bin ich überzeugt«, antwortete Lucky. »Sie hat das Komplott zur Übernahme meines Studios geschmiedet. Und irgendwie hat sie auch Lennies Tod arrangiert.« Nach einer kurzen Pause fügte Lucky hinzu: »Dass er mit dem Auto verunglückte, war kein Unfall.«

»Das dürfen wir nicht auf sich beruhen lassen«, entgegnete Gino wütend. »Was, verdammt noch mal, können wir unternehmen?«

»Da gibt es kein wir, Gino. Du bist einundachtzig und hast gerade ein traumatisches Erlebnis überstanden. Du hast mit der Sache nichts zu tun.«

Gino presste die Kiefer zusammen. »Wer sagt das?«, wollte er dann wissen.

»Ich sage das.«

Die beiden starrten sich an. Früher hätte er versucht, die Herrschaft über seine eigensinnige Tochter zurückzugewinnen. Jetzt hatte er dazu keine Chance mehr.

»Ich habe Maria, das Baby und CeeCee zu Bobby und seinen Verwandten nach Griechenland geschickt. Diesmal kümmere ich mich um die Sache auf *meine* Weise.«

»Und wie sehen deine Pläne aus?«, fragte er misstrauisch, da er das Temperament seiner Tochter kannte.

Lucky lachte freudlos. »Du weißt doch, wie das Motto unserer Familie lautet: Leg dich nie mit einem Familienmitglied der Santangelos an.«

Er schüttelte den Kopf. »Willst du dieses verdammte Miststück erschießen?«

»Nein … jedenfalls nicht gleich. Im Augenblick setze ich alles daran, wieder so viele Anteile am Studio in meinen Besitz zu bekommen, dass ich sie rausschmeißen kann. So wie sie es mit mir gemacht hat.«

»Hör mir zu, Lucky«, sagte Gino warnend. »Heutzutage sind die Dinge nicht mehr so wie früher. Die Zeiten der Gewalt sind vorbei.«

»Das weiß ich«, erwiderte sie und dachte: Jetzt wird er alt.

»Paige hat mir erzählt, dass ein Detective seine Nase in unsere Geschäfte steckt und versucht, mir was anzuhängen. Da musst du in deiner Position sehr vorsichtig sein.«

»Ja, dieser Detective Rollins. Mach dir um den keine Sorgen. Der ist ein Arschloch, glaubt, dass der Mordanschlag auf dich auf das Konto der Mafia geht.«

»Womit er nicht ganz Unrecht hat, wie?« Gino schüttelte ungläubig den Kopf. »Wer hätte das gedacht.«

»Hauptsache, für deinen Schutz ist gesorgt. Ich lasse dich rund um die Uhr bewachen. Da du jetzt zu Hause und in Sicherheit bist, fahre ich heute Nachmittag nach Los Angeles zurück. Du hast doch noch deine Waffe, oder?«

»Hat der Papst eine Bibel?«

Lucky musste trotz allem lächeln. »Und du schonst dich, Gino. Vergiss nicht, dass du nicht mehr so jung wie früher bist, obwohl du dich dafür hältst.«

Er lachte wehmütig. »Im Kopf bin ich irgendwo bei fünfunddreißig stehen geblieben. He, Kleines, mit fünfunddreißig war ich umwerfend.«

»Das bist du heute auch noch«, entgegnete sie, ging zum Bett und küsste ihn.

Sie trat vom Bett zurück und wiederholte einen Satz aus ihrer Kindheit: »Bis später also, Gino.«

Er erinnerte sich grinsend daran. Dann maßen sich die beiden mit Blicken, die in jeder Hinsicht ebenbürtig waren, und er erwiderte: »Also, bis später, Kleines. Tue nichts, was *ich* nicht tun würde.«

Ebenfalls grinsend sagte sie: »Genau das brauche ich – jede Menge Spielraum.«

Boogie wartete unten. Er hatte ihr Gepäck schon im Kofferraum verstaut und war zur Abreise bereit. Lucky setzte sich auf den Beifahrersitz. »Du fährst«, sagte sie und konnte es nicht erwarten, nach Los Angeles zu kommen.

Boogie hatte ein ausgezeichnetes Sicherheitsteam zusammengestellt. Zwei bewaffnete Männer wechselten sich beim Schutz des Hauses in Palm Springs ab, Enrico hatte die Kinder und CeeCee nach Griechenland begleitet, und Dean überwachte ihr Strandhaus.

Während der Fahrt versuchte Lucky zu schlafen – ein sinnloses Unterfangen, da ihr zu viele Gedanken im Kopf herumgingen.

Donna Landsman – Donatella Bonnatti. Diese Frau hatte vier Jahre gewartet, um Rache für den Tod ihres fiesen, kinderschänderischen Mannes zu üben, und sie hatte es auf eine clevere und hinterhältige Weise getan. Lucky hielt Donna für eine weitaus gefährlichere Widersacherin, als es je einer der Bonnattis gewesen war.

Donna mochte jedoch noch so clever sein, sie hatte keine Ahnung, wie tödlich die Rache einer Santangelo sein konnte.

Lucky ging in Gedanken noch einmal die Szene in ihrem Büro durch. Sie hätte es wissen müssen. Sie hätte den Hass in Donnas Augen sehen müssen.

Sie hat Lennie getötet. Meinen Lennie. Meine Liebe.

Donna Landsman hat ihr Recht auf Leben verwirkt.

Zuerst würde sie ihr Studio zurückgewinnen, und dann würde sie angemessen Rache für den Mordanschlag auf Gino und Lennies Tod üben.

Boogie fuhr schnell und respektierte Luckys Schweigen. Sie dachte darüber nach, wie ihr Boogie in schwierigen Zeiten immer beigestanden und sich viele Male in der Vergangenheit bewährt hatte. Außerdem war er der beste Ermittler in der Branche – innerhalb von achtundvierzig Stunden hatte er alles Wissenswerte über Donna Landsman herausgefunden. Und außerdem hatte er rausgekriegt, dass Morton Sharkey eine blutjunge Freundin hatte. Sie hieß Sara Durbon und wohnte in einem Apartment, das Morton bezahlte.

Der Anwalt in Pasadena, der Mrs. Smorgs Anteile verwaltete, hatte sich geweigert, die Adresse seiner Mandantin herauszurücken. »Zerbrich dir darüber nicht den Kopf«, hatte Boogie Lucky beruhigt. »Ich habe jemanden darauf angesetzt. Wir bekommen bald Einblick in seine Akten.«

Was Conquest Investments betraf, so wühlten sich Boogies Kontaktleute noch durch Berge von Unterlagen, um herauszufinden, wer eigentlich die Kontrolle über die Gesellschaft besaß.

Zur Mittagszeit kamen die beiden in Malibu an. Boogie folgte Lucky in die Eingangshalle. »Wie sieht dein erster Schachzug aus?«

»Ich schlage zu, sobald ich alle Informationen habe«, antwortete Lucky. »Heute muss ich mich um eine persönliche Angelegenheit kümmern. Morgen besuche ich Sara Durbon. Mal sehen, was sie mir über ihren verheirateten Liebhaber erzählen kann.« Sie machte eine kurze Pause und zündete sich eine Zigarette an. »Weißt du, Boog, Morton Sharkey ist der Schlüssel, mit dem ich mein Studio zurückbekommen kann.«

»Da ist jemand, den ich dir später gern vorstellen würde«, sagte Boogie. »Er kann gegen sechs hier sein.«

»Wer ist das?«, fragte sie neugierig.

»Eine Person, die du interessant finden wirst.«

Lucky hatte gelernt, Boogies Entscheidungen nie anzuzweifeln.

Sie war froh, wieder zu Hause zu sein, obwohl ihr Briefkasten überquoll und ihr Anrufbeantworter mit Nachrichten – darunter einige von Alex Woods – vollgepfropft war.

Lucky zitierte Kyoko zu sich, der es kaum erwarten konnte, wieder an die Arbeit zu gehen. Obwohl er zusammen mit Lucky Panther verlassen hatte, war er über alles informiert, was dort vor sich ging, denn ein enger Freund von ihm arbeitete noch im Studio. Den Berichten zufolge wütete Mickey Stolli wie ein verrückt gewordener Despot und feuerte die meisten Leute, um sie durch sein eigenes Team zu ersetzen.

»Ändert er auch den Drehplan?«, fragte sie.

»Nicht für die aktuellen Produktionen«, antwortete Kyoko.

»Was ist mit *Gangsters?*«

»Liegt noch im Rennen.«

»Und diese Landsman ... ist sie oft im Studio?«

»Die nimmt jeden Tag den Lunch an Ihrem Tisch in der Kantine ein.«

Lucky kochte vor Wut, als sie sich Donna dort in Schadenfreude schwelgend vorstellte, überzeugt davon, gewonnen und Lucky Santangelo ausgetrickst zu haben.

Nicht mehr lange. *O nein, nicht mehr lange.* Und meine Vergeltung wird für dich wie ein Vorgeschmack auf die Hölle sein.

Leg dich nie mit einem Familienmitglied der Santangelos an.

41

Wann würde diese Tortur ein Ende haben? Lennie wusste nicht, wie lange er diese Qual noch ertragen konnte.

Beim letzten Mal, als einer seiner Kidnapper mit Essen in die Höhle gekommen war, hatte er es ihm ins Gesicht geschleudert.

Der Mann hatte einen Schwall Flüche in einer fremden Sprache losgelassen und war geflohen.

Lennie hatte ihm hinterhergeschrien: »LECK MICH AM ARSCH! MIR IST ALLES SCHEISSEGAL! HÖRST DU MICH, DU ARSCHLOCH? MIR IST EGAL, OB ICH ESSE. MIR IST EGAL, OB ICH SCHLAFE. ICH WÄRE LIEBER TOT, ALS NOCH LÄNGER IN DIESER HÖLLEN-HÖHLE GEFANGEN ZU SEIN.«

Er wusste, dass er mit seinem langen zottligen Bart, dem verfilzten Haar und der dreckigen, zerrissenen Kleidung wie ein Wahnsinniger aussah.

Aber was spielte das schon für eine Rolle?

Vor einer Woche hatte er in der Höhlenwand ein zackiges Felsstück entdeckt, und es war ihm mit großer Mühe gelungen, den Brocken herauszubrechen. Seitdem bearbeitete er damit die Kette an seinem Knöchel und versuchte sie durchzuscheuern. Jeden Tag schleifte er an der rostigen Kette herum und hoffte inständig, das dünner werdende Glied irgendwann sprengen zu können.

Wem machte er eigentlich etwas vor? Vielleicht würde es ihm in sechs Monaten gelingen, sich zu befreien.

In den letzten Tagen war immer nur einer der Männer mit dem Essen gekommen. Niemand hatte ihm den Grund dafür genannt, niemand sprach mit ihm.

Was würde passieren, wenn die beiden plötzlich tot umfielen? Würde er dann verhungern? Wusste sonst noch jemand, dass er in dieser Höhle gefangen gehalten wurde?

Während der Wochen und Monate seiner Gefangenschaft

hatte er immer wieder versucht, mit den beiden ein Gespräch anzufangen. Die Männer hatten weder zugehört noch geantwortet. Sie waren Roboter, verdammte Roboter.

Heute wollte er einen Plan ausführen, den er schon vor einer Weile gefasst hatte. Wenn der Mann mit dem Essen in die Höhle kam, würde er ihn packen, ihm den zackigen Felsbrocken an den Hals drücken und dem Bastard drohen, ihm die Kehle durchzuschneiden, wenn er ihn nicht sofort freiließ.

Verzweifelte Menschen ersinnen Verzweiflungstaten.

»He, Lucky!«, schrie er. »Wie geht's dir heute, Kleines?«

Nein, Kleines durfte er nicht zu ihr sagen – Gino nannte sie so. Er durfte sich nicht zwischen Lucky und ihren Daddy stellen.

Lucky hatte eine sehr starke Beziehung zu ihrem Vater. Doch Lennie war nicht eifersüchtig, weil er wusste, wie viel die beiden gemeinsam durchgemacht hatten.

»Aber mich liebst du mehr, nicht wahr, Baby«, murmelte er. »Du und ich – wir sind Seelenfreunde.«

Irgendwann am späten Nachmittag hörte er jemanden näher kommen. Das Hallen der Schritte seiner Kidnapper konnte er eher hören, bevor einer von beiden in der Höhle auftauchte. Er wappnete sich, war zu allem bereit. Jetzt oder nie. Heute war der Tag, an dem er entweder entkommen oder sterben würde.

Verdammt! Er fühlte sein Herz wie irrsinnig schlagen, während er wartete.

Lennie drückte sich in den Schatten, lauschte auf die sich nähernden Schritte. Die Muskeln angespannt, stand er sprungbereit da. Nun kam ihm das intensive Training zugute, das er während seiner Gefangenschaft eisern durchgezogen hatte. Trotz seiner kärglichen Ernährung war er jetzt kräftiger als zuvor. Stärker und fest entschlossen zu überleben.

Als der Mann in die Höhle trat, stürzte er sich auf ihn, überrumpelte den Bastard und schlang ihm mit einem markerschütternden Schrei den Arm um den Hals.

Nur dass es kein Mann war, sondern ein Mädchen, das auch zu schreien anfing. »Aiuto! Aiuto!« Das Tablett mit dem Essen war zu Boden gefallen. »Aiuto!«, schrie es noch einmal.

Lennie verstand nur so viel Italienisch, um zu begreifen, dass das Mädchen um Hilfe rief. Noch immer hielt er seine Kehle umklammert. »Wer bist du? Wer, verdammt noch mal, bist du?«

Das Mädchen wehrte sich, trat mit den Füßen und versuchte ihn aus dem Gleichgewicht zu bringen, was ihm auch gelang. Beide stürzten und stießen den Eimer mit seinem Waschwasser um.

Jetzt rollten sie sich im Matsch, jeder darauf aus, die Oberhand zu gewinnen.

Schließlich schaffte er es, sich auf sie zu setzen und ihr die Arme über den Kopf zu drücken. Aus dieser Position starrte er ihr ins Gesicht. Er hatte dieses Mädchen schon einmal gesehen.

Sie schrie etwas auf Italienisch.

»Sprich Englisch!«, sagte er barsch. »Parli inglese.«

»Wer … wer bist du?«, flüsterte sie, das hübsche Gesicht vor Panik verzerrt.

»Wer bist *du?*«, fragte er zurück.

»Furio f-f-fort«, stammelte sie. »Er sagt, ich bringe Essen.«

»Du bringst mir das Scheißessen, wie? Und wer ist Furio?«

Tränen stiegen ihr in die Augen.

»Wer ist Furio?«, wiederholte er.

»Mein Poppa«, flüsterte sie.

»Bist du allein gekommen?«, fragte er.

Sie nickte.

»Ich bin ein Gefangener hier, wusstest du das? Prigione.«

Sie versuchte sich unter ihm hervorzuwinden.

»Hast du einen Schlüssel für meine Fußfessel?«, fragte er.

Sie schüttelte den Kopf.

»Du musst mir helfen«, sagte er sehr langsam, damit sie ihn verstand. »Ich bin verzweifelt.«

»Mein Poppa sagt, du böser Mann«, erwiderte sie in gebrochenem Englisch.

»Nein. Nicht ich. Dein Vater ist ein böser Mann. Er hat mich gekidnappt. *Gekidnappt.* Capisce?«

Das Mädchen nickte stumm.

»Ich kann dich erst gehen lassen, wenn du dir überlegt hast, wie du mich hier rausholst. Schaffst du das?«

Sie starrte ihn nur an.

»Schaffst du das?«, wiederholte er.

»Ich versuche ...«, antwortete sie endlich.

Wie konnte er ihr trauen?

Leider hatte er keine Wahl.

42

Alex war sich der Tatsache bewusst, dass Mickey Stolli ein Scheißkerl war. In Hollywood trieben sich dutzende Männer wie Mickey herum. Kleine, unattraktive Kerle mit verdammt viel Macht. Kerle, die während der High-School nie eine Nummer geschoben hatten. Kerle, die sich wie Kletten an die wahren Filmemacher hängten und den Ruhm für alle erfolgreichen Filme, die gedreht wurden, einstrichen.

Alex nannte diese Männer die Hollywood-Exekutive, die ihren Arsch nicht von einem Loch im Boden unterscheiden konnten.

Wenn diese Typen an die Macht kamen, setzten sie ihren Einfluss ein, um alles Versäumte nachzuholen. Die Filme, für die sie grünes Licht gaben, handelten stets von Nutten, Stripperinnen und schönen Mädchen, die nur darauf warteten, dem richtigen Mann zu begegnen, der sie aus ihrem Elend retten würde.

Phantasiezeit in Hollywood. Projiziere alle Komplexe auf die Leinwand, damit sich jeder arme Wichser damit identifizieren kann.

Alex wusste, dass er, um als Filmemacher in Hollywood überleben zu können, mit diesen Typen freundschaftliche Beziehungen pflegen musste. Und als Mickey Stolli ihn aufsuchte und verkündete, wie erfreut er sei, dass Panther *Gangsters* produziere, war Alex überzeugt, einen Preis dafür zahlen zu müssen.

»Ihnen steht – grob geschätzt – ein Budget von zweiundzwanzig Millionen Dollar zur Verfügung«, teilte ihm Mickey mit. »Das ist ein Haufen Geld, Alex.«

»Sie werden jedes Zehncentstück dieser Summe als Resultat auf der Leinwand sehen«, erwiderte Alex.

»Davon bin ich überzeugt. Sie sind ein großartiger Filmemacher, Alex. Nicht nur gut, sondern großartig. Ich bin stolz darauf, mit Ihnen zusammenarbeiten zu dürfen.«

Verdammt noch mal, was wollte dieser kleine Wichser von ihm?

»Danke, Mickey.«

»Hm, ich möchte Sie um einen Gefallen bitten.«

Jetzt kommt's. »Und der wäre?«

»Es geht um die Rolle der Lola. Besetzen Sie sie mit Leslie Kane.«

»Leslie *wer?*«, fragte Alex.

»Sie war der Star in ein paar Filmen, die Kassenknüller wurden. Amerika liebt sie. Leslie ist das Mädchen, das jeder Mann gern mit nach Hause nehmen und seinem Dad vorstellen möchte.«

»Ich wollte die Rolle mit Venus Maria besetzen.«

»Venus?« Mickey schnaubte verächtlich. »Sie ist Gift für

den Film. Glauben Sie mir. Schließlich muss ich es wissen, da ich mit ihr ein paar Flops gedreht habe.«

»In den Probeaufnahmen mit Johnny war Venus Dynamit. Diese Rolle könnte für sie der Durchbruch beim Film sein.«

Mickey strich sich mit der fleischigen Hand über den kahlen Kopf. »Durchbruch – wen kümmert's? Tun Sie mir den Gefallen mit Leslie, und Sie bekommen keinen Ärger mit dem Budget. Verstehen wir uns?«

Alex gab Mickey nicht sofort sein Okay, sondern sagte ihm, er wolle darüber nachdenken.

Lili regte sich über diese Forderung sehr auf. »Mit Mickey Stolli bekommen wir nur Ärger«, sagte sie. »Nimm lieber Leslie Kane, schließlich ist es keine große Rolle.«

»Hast du sie je spielen sehen?«, fragte Alex.

»Es wird schon klappen. Außerdem ist es zu spät, um *Gangsters* einem anderen Studio anzubieten. Die Vorbereitungen sind fast abgeschlossen, und der Drehbeginn steht unmittelbar bevor.«

Alex stimmte schließlich widerstrebend zu. Jetzt musste er sich nur noch Leslie Kane ansehen, um festzustellen, was für einen großen Fehler er gemacht hatte.

»*Was?*«, schrie Venus. »Das kann mir Alex Woods nicht antun. Damit kommt dieser Mistkerl nicht durch.«

Sie saß in Freddies Büro. Ihre Wangen glühten vor Zorn. Freddie hatte ihr gerade mitgeteilt, dass Leslie Kane die Rolle der Lola in *Gangsters* spielen würde.

»Es tut mir Leid«, sagte Freddie mit völlig ausdrucksloser Miene. »Alex wollte dich haben, doch das Studio besteht darauf, dass Leslie die Rolle bekommt. Da kann er nichts machen.«

»Da kann er nichts machen!«, schrie Venus völlig frustriert. »Es ist *sein* Film, Freddie. *Er* ist der Regisseur. Leslie ist eine absolute Fehlbesetzung für diese Rolle. Sie ist das langweilige Mädchen von nebenan, Herrgott noch mal!«

Freddie zuckte mit den Schultern und sagte: »Ich habe drei andere Drehbücher für dich. Vielleicht findest du darin eine Rolle, die dir besser gefällt.«

»Ach ja? Was denn?«, höhnte sie. »In einem Film von Scorsese? Eine Rolle bei Oliver Stone? Die können es bestimmt kaum erwarten, mir ein Angebot zu machen. Nein, ich wollte *diese* Rolle haben.«

Venus stürmte in einem Zustand höchster Empörung aus Freddies Büro. Dabei murmelte sie vor sich hin: »Ausgerechnet Leslie Kane. Zuerst hat sie sich an Cooper rangemacht, und jetzt nimmt sie mir die Rolle in *Gangsters*. Das ist nicht fair. Bestimmt hat Mickey Stolli wieder mit ihr gebumst.«

Es war keine gute Woche für sie gewesen: Emilio hatte sie mit seinen irrsinnigen Forderungen wahnsinnig gemacht und mehrmals täglich angerufen. Dann war Cooper bei ihr zu Hause aufgetaucht und hatte um Vergebung gefleht. Glücklicherweise war gerade, als sie schwach zu werden drohte, Rodriguez aufgetaucht. Also hatte sie Cooper schnell verabschiedet. Cooper war keine Konkurrenz gewohnt, vor allem keinen jüngeren Konkurrenten, der ebenso gut aussah wie er. Wutschnaubend hatte er das Feld geräumt.

Venus ließ sich auf den Rücksitz ihrer Limousine fallen und traf eine spontane Entscheidung. »Fahr mich zu den Panther Studios«, sagte sie zu ihrem Chauffeur.

Mickey Stolli telefonierte, als sie in sein Büro platzte. »Erinnerst du dich noch an mich?«, fragte sie, stellte sich vor seinen Schreibtisch, stemmte die Hände in die Hüften und sah ihn wütend an.

Eine aufgeregte Sekretärin folgte ihr auf den Fersen. »Es tut mir Leid, Mr. Stolli«, entschuldigte sie sich. »Ich konnte sie nicht aufhalten.«

»Ist schon gut, Marguerite. Wir sind alte Freunde«, sagte Mickey ausnahmsweise einmal liebenswürdig.

Mickey war fünfzig, klein, kahl, ständig gebräunt und hatte noch keine falschen Zähne. Er war durchtrainiert, weil er täglich Tennis spielte. Bis vor kurzem hatte er die Orpheus Studios geleitet, war aber mit den japanischen Eigentümern nicht zurechtgekommen und hatte sofort gekündigt, als ihm Donna Landsman die Rückkehr zu Panther angeboten hatte. Panther war seine Trophäe. Der Wechsel zurück war wie eine Heimkehr.

»Ich ruf dich später wieder an, Charlie«, sagte er ins Telefon, knallte den Hörer auf und widmete Venus seine ganze Aufmerksamkeit. »Was kann ich für dich tun, Süße?«

»Alex Woods will *mich* für *Gangsters* haben«, fauchte sie ihn an. »Ich will die Rolle der Lola spielen. Meine Probeaufnahmen waren großartig. Und du setzt mir diese miese kleine Leslie Kane vor die Nase. Was ist bloß mit dir los, Mickey?«

»Leslie Kane bringt Leute in die Kinos. Alex Woods hat mit manchem seiner Filme das Publikum vergrault.«

»Red keinen Unsinn«, fuhr sie ihn wieder an. »Alex ist ein brillanter Filmemacher, das weißt du genau.«

»Er will Leslie haben. Was soll ich dir dazu sagen?«

»Du lügst, Mickey. Nur weil wir uns überworfen …«

»Weiß Freddie, dass du hier bist?«, unterbrach Mickey sie.

»Nein«, antwortete Venus. »Und wegen unserer in der Vergangenheit oftmals verschlungenen Wege hielt ich es für besser, direkt zu dir zu kommen.« Sie beugte sich über den Schreibtisch, und ihm quollen fast die Augen über, als er in ihr Dekolleté starrte. »Diese Rolle bedeutet mir sehr viel, Mickey. Wie wär's, wenn du deine Entscheidung noch einmal überdenken würdest?«

»Was springt dabei für mich heraus?«, fragte er. Schweißtropfen bildeten sich auf seiner Glatze.

Venus leckte sich über ihre vollen pinkfarbenen Lippen. »Was soll denn für dich rausspringen?«

»Du bläst mir einen.«

Venus lachte spöttisch. »Ich soll dir einen blasen, Mickey? Mehr nicht?«

Er spürte, dass er einen Ständer kriegte. »Höre ich da ein Ja?«, fragte er hoffnungsvoll.

»Zeig mir einen unterschriebenen Vertrag, dann sehen wir weiter.«

Mickeys Blick folgte Venus, die, ihren appetitlichen Hintern schwingend, zur Tür hinausging.

Venus Maria war wirklich große Klasse. Er war immer scharf auf sie gewesen, auch in der Zeit, als er Warner Franklin, den schwarzen Cop, gebumst hatte. Und sie war auf Draht, wenn es darum ging, Männer geil zu machen.

Mickey schwelgte in Phantasien über Venus, sah sie auf Knien vor seinen gespreizten Beinen, die Bewegungen ihres blonden Kopfes, während sie leckte und lutschte – all die Dinge tat, in denen sie unübertrefflich war.

Von Leslie hatte er nichts zu erwarten. Sie war Abigailes Freundin, und obwohl ihm Gerüchte zu Ohren gekommen waren, dass sie früher eine Nutte gewesen war, glaubte er nicht recht daran. Leslie war einfach zu anständig.

Venus hatte Recht. Leslie war die absolute Fehlbesetzung für Alex' Film. Er hatte Alex die Daumenschrauben angelegt, um ihr die Rolle zuzuschieben, doch jetzt würde er die Sache rückgängig machen.

He, als neuer Chef von Panther besaß er alle Entscheidungsfreiheit und konnte Venus Maria die Rolle geben, wenn ihm danach war.

Und wenn sie wirklich die Nummer mit ihm schob … dann könnte sie vielleicht Glück haben.

Abigaile Stolli und Leslie saßen beim Lunch im Ivy. Leslie sah wie immer blendend aus. Abigaile, Anfang vierzig, war keine schöne Frau, aber das hatte sie auch nicht nötig, da sie eine der mächtigsten Frauen Hollywoods war und aus einer alteingesessenen Familie stammte. Abigaile gehörte zum echten Adel Hollywoods.

Um Leslie wurde viel Wirbel gemacht, und sie genoss das. Warum auch nicht? Schließlich hatte sie hart genug gekämpft, um dorthin zu kommen, wo sie heute war.

»Vielen Dank für deine Hilfe, Abbey«, sagte sie und hob das Glas mit frisch gepresstem Orangensaft.

»Trinken wir auf *Gangsters«,* entgegnete Abigaile. »Du wirst wundervoll in dieser Rolle sein, meine Liebe.«

»Hoffentlich komme ich mit Alex Woods zurecht«, sagte Leslie besorgt. »Er hat einen ziemlich schlechten Ruf.«

»Sollte es Probleme geben, wende dich an Mickey«, riet ihr Abigaile. Sie genoss es, in Gesellschaft eines Stars gesehen zu werden. »Er wird sich um Mr. Woods kümmern. Mickey führt das Studio mit eiserner Hand.«

»Freut mich, das zu hören«, sagte Leslie. »Bestimmt wird es mir gefallen, wieder für ihn zu arbeiten.«

»Mickey ist vor allen Dingen ein Profi.«

Ein Profi worin, fragte sich Leslie. Als sie noch mit Eddie verheiratet gewesen war, hatte der ihr eine Menge über Mickey Stolli, der damals sein Boss bei Panther gewesen war, erzählt. »Dieser Kerl ist ein räuberischer Taugenichts, ein betrügerisches Schwein«, hatte Eddie oft gewütet.

»Übrigens, meine Liebe«, sagte Abigaile, »wir geben morgen Abend ein kleines Dinner für Donna und George Landsman. Es kommen nur ein paar Gäste. Alex Woods, Cooper Turner und Johnny Romano. Wir würden uns freuen, dich zu sehen. Und bring ...« Ihre Stimme verlor sich, da ihr der Name von Leslies gegenwärtigem Liebhaber, der bei ihr wohnte, nicht einfiel, obwohl sie ihm schon ein paarmal begegnet war.

»Jeff«, half ihr Leslie.

»Ja, natürlich ... Jeff. Habt ihr Zeit?«

Um nichts in der Welt hätte sie diese Einladung versäumt. »Wir kommen gerne«, sagte Leslie.

Jeff holte sie mit ihrem neuen bronzefarbenen Mercedes vom Restaurant ab. Er war in der Rolle des Liebhabers und Chauffeurs glücklich. Dieses Leben war immerhin besser als das ewige Vorsprechen für Pilotfilme, die nie gedreht wurden.

»Morgen Abend sind wir zum Dinner bei Mickey Stolli eingeladen«, informierte sie ihn.

»Mir ist's recht«, entgegnete er.

Ganz bestimmt, dachte sie und überlegte, was sie anziehen sollte, um Cooper wieder für sich zu gewinnen.

Mickey rief Alex noch spät am Montagabend an. »Ich habe meine Meinung geändert. Wenn Sie Venus für die Rolle haben wollen, bin ich einverstanden.«

»Was ist denn passiert?«

»Das ist eine ziemlich verzwickte Angelegenheit – es geht dabei um meine Frau und ihre Freundschaft mit Leslie. Erwähnen Sie bitte weder Venus noch Freddie gegenüber, dass sie die Rolle hat, bis ich Ihnen in ein paar Tagen grünes Licht gebe. Ich habe für Leslie ein Drehbuch, das ihr besser gefallen wird. Auf diese Weise wird ihr der Verzicht auf die Rolle in *Gangsters* leichter fallen, und wir kriegen keine Probleme mit ihr.«

Alex wollte sich diesen Scheiß nicht länger gefallen lassen. »Das ist nicht mein Arbeitsstil, Mickey«, sagte er schroff.

»Ach, kommen Sie, Alex«, beschwichtigte Mickey ihn. »Schließlich kriegen Sie, was Sie haben wollen.«

»Na gut«, sagte Alex und hasste sich für seine Arschkriecherei. Das war überhaupt nicht sein Stil.

»Prima. Abigaile hat mich gebeten, Sie an das Dinner morgen Abend bei uns zu Hause zu erinnern. Leslie kommt auch. Lassen Sie sie in dem Glauben, dass sie die Rolle in *Gangsters* kriegt, okay?«

Alex begutachtete jeden Tag dutzende von Schauspielern für Nebenrollen. Ihm blieben noch ein paar Minuten, bis der erste Schauspieler hereingeschickt wurde, und er nutzte die Zeit, um Lucky anzurufen. Er hatte in den letzten Tagen regelmäßig ihre Nummer gewählt, aber da war immer nur der Anrufbeantworter. Er hatte von dem Mordanschlag auf Gino gehört und wollte Näheres darüber erfahren sowie sich vergewissern, dass es ihr gut ging.

Diesmal meldete sich keine Stimme vom Band, sondern ein menschliches Wesen.

»Hier ist Alex Woods. Ich möchte Lucky Santangelo sprechen«, sagte er.

»Tut mir Leid, Mr. Woods. Lucky ist nicht zu Hause.«

»Wer spricht da?«

»Kyoko, ihr Assistent.«

Er räusperte sich und kam sich ziemlich albern vor. »Hallo, Kyoko. Ich versuche schon seit einer Woche Lucky zu erreichen. Bitten Sie sie, mich zurückzurufen.«

»Ja, Mr. Woods.«

Er legte den Hörer auf. Was fand er an Lucky nur so attraktiv?

Ihren Charakter und ihren Geist. Lucky war wild und unbändig. Wie er.

Und er sehnte sich danach, sie näher kennen zu lernen.

Nona war völlig unerwartet bei Brigette in der Wohnung aufgetaucht, worüber diese nicht gerade erfreut war. Und jetzt stritten sich die beiden.

»Was willst du von mir?«, fragte Brigette gereizt.

»Ich möchte wissen, was mit dir los ist«, sagte Nona. »Du bist ein absoluter Kotzbrocken geworden.«

»Warum bin ich für dich ein Kotzbrocken? Nur, weil ich nicht alles tue, was du von mir verlangst?«

»Du lehnst *alles* ab, was ich dir vorschlage. Angeblich bin ich doch deine Managerin, und Michel ist dein Agent. Aber du weigerst dich, mit einem von uns beiden zusammenzuarbeiten.«

»Dafür habe ich meine Gründe«, entgegnete Brigette ausweichend, da sie sich wegen ihres Katers auf keine längere Diskussion einlassen mochte.

»Was für Gründe?«, wollte Nona wissen. »Ist einer dieser mysteriösen Gründe vielleicht Isaac, ohne den du anscheinend nicht mehr leben kannst? Du treibst dich jede Nacht bis vier oder fünf Uhr morgens herum und schläfst dann den ganzen Tag. Du stehst doch erst am Anfang deiner Karriere, Brigette. Jetzt musst du daran arbeiten.«

»Ich kann tun und lassen, was ich will. Niemand bestimmt über mich.«

»Was soll *das* nun wieder heißen?«

»Ich muss diesen Model-Scheiß nicht machen, wenn ich keine Lust dazu habe.«

»Ach, wie finde ich denn das? Einfach reizend. Und das sagst ausgerechnet du, die mit glänzenden Augen davon geschwärmt hat, auf der Titelseite von *Mondo* zu sein, und alles dafür getan hätte. Jetzt kommst du mir plötzlich mit diesem ›Ich brauche diesen Model-Scheiß nicht‹. He, ich kann aus dieser Sache auch aussteigen, wenn du das willst.«

»Okay, steig aus«, sagte Brigette. Ihr einziger Wunsch war, sich im Bett zu verkriechen und eine Woche lang zu schlafen – oder vielleicht für immer.

»Ich kapier's einfach nicht«, erwiderte Nona kopfschüttelnd. »Ist was passiert, das ich nicht mitgekriegt habe?«

Brigette wandte sich von ihr ab und ging in die Küche.

»Ich habe Recht, nicht wahr?«, hakte Nona nach, die ihr gefolgt war.

Brigette war seit dieser abscheulichen Sache mit Michel und Robertson von Tag zu Tag unglücklicher geworden. Jetzt konnte sie sie nicht länger für sich behalten.

»Hat es etwas mit Isaac zu tun?«

»Nein, mit Michel«, murmelte Brigette.

»Was hat er dir angetan?«

»Das kann ich dir nicht sagen.«

Nona ging zu ihr und legte ihr den Arm um die Schultern. »Komm schon, Brig, so schlimm kann es doch nicht gewesen sein.«

»Du hast mich vor diesem schmierigen Kerl gewarnt.«

»Hat er einen Annäherungsversuch gemacht? Na und? Du hast ihn doch sicher abfahren lassen.«

»Es ist was viel Schlimmeres passiert«, sagte Brigette mit niedergeschlagenen Augen. »Er hat mich mit ausgestreckten Armen und gespreizten Beinen ans Bett gefesselt. Dann hat Robertson die widerlichsten Sachen mit mir gemacht, während er zugesehen und fotografiert hat. Noch nie in meinem Leben wurde ich so erniedrigt. Warum, glaubst du wohl, will ich nichts mehr mit ihm zu tun haben?«

»O Gott, Brigette. Warum hast du mir das nicht gleich erzählt? Wir hätten ihn anzeigen können.«

»O ja! Ich sehe die Schlagzeilen förmlich: ›Millionenerbin als gefesselte Gespielin einer Lesbierin‹. Verstehst du denn nicht? Hätte die Presse davon Wind bekommen, wäre mein Leben ruiniert gewesen.«

»Das tut mir Leid … Hätte ich nur eine Ahnung …«

»Wahrscheinlich habe ich kein Glück mit Männern.«

»Dieser verdammte Bastard!«

»Nona«, sagte Brigette eindringlich, »du musst mir versprechen, dass du niemandem davon erzählst. Nicht einmal Zan.«

»Ich bin doch deine Freundin. Aber *irgendetwas* müssen wir unternehmen. Das können wir dem Kerl doch nicht durchgehen lassen.«

»Was denn?«, fragte Brigette verzweifelt. »Er hat die Fotos ...«

»Weißt du, wem wir die Geschichte erzählen sollten?«

»Wem?«

»Lucky. Du hast immer gesagt, dass sie mit allem und jedem fertig wird. Sie weiß, was zu tun ist.«

»Ich kann damit nicht zu Lucky gehen.«

»Warum denn nicht?«

»Lucky hat gerade jetzt genug eigene Probleme – auf Gino wurde geschossen, und sie hat ihr Studio verloren. Ich kann ihr nicht auch noch meine Probleme aufhalsen.«

»Lennie hätte dir geraten, zu Lucky zu gehen. Hör mal, wir fliegen sofort nach Los Angeles.«

»Es ist so demütigend für mich.«

»Jetzt nachdem du mir alles erzählt hast, fühlst du dich doch schon besser, oder?«

»Ja ...«

»Na, stell dir vor, wie du dich fühlen wirst, wenn du Lucky davon erzählst und sie etwas in dieser Sache unternimmt.«

»Mein Gott, Nona, warum hat er mir das angetan?«

»Weil der Kerl pervers ist. Er darf nicht ungestraft davonkommen. Du musst auf mich hören, Brigette. Vertraue dich Lucky an. Wir fliegen nach Los Angeles.«

Brigette nickte. »Vielleicht hast du Recht.«

»Ich *weiß*, dass ich Recht habe. Wir nehmen morgen früh das erste Flugzeug nach L.A.«

43

Während Kyoko die Post erledigte, ging Lucky die Besetzungsliste des Films durch, den Lennie nicht mehr hatte zu Ende drehen können, und hakte die Namen der Personen ab, mit denen sie sprechen wollte. Nachforschungen über Lennies Tod anzustellen war eine Angelegenheit, um die sie sich persönlich kümmern musste.

Zuerst rief sie Ross Vendors, den australischen Regisseur, in seinem Haus in Bel Air an. Ross drückte ihr sein Beileid aus und meinte, Lennie sei in diesem Film phantastisch gewesen und sie könne jederzeit die halbfertige Kopie des Films sehen, wenn sie wolle.

Lucky bedankte sich und sagte beiläufig: »Ich möchte gern wissen, wie Lennie den Tag vor seinem Unfall verbracht hat.«

»Er war großartig in Form, Lucky. Dauernd hat er davon gesprochen, dass Sie am folgenden Tag kommen würden und er es kaum noch erwarten könne, Sie wieder zu sehen. Er hat uns damit völlig verrückt gemacht. ›Morgen ist Lucky hier … ich liebe sie so sehr … ich habe nie geglaubt, dass man in einer Ehe so glücklich sein kann …‹ So ging das in einem fort.«

Lucky lächelte. »Oh, wirklich?«

»Ich hätte Ihnen das schon längst erzählt, wollte Sie aber in Ihrer Trauer nicht stören.«

»Das war sehr rücksichtsvoll von Ihnen, Ross.« Nach einer kurzen Pause fügte Lucky hinzu: »Können Sie mir vielleicht sagen, mit wem sich Lennie während der Dreharbeiten herumgetrieben hat?«

»Lennie hat sich mit niemandem herumgetrieben. Nach den Aufnahmen kam er manchmal in die Hotelbar, aber meistens ging er auf sein Zimmer und hat seinen Text gelernt. Jennifer ist die Einzige, mit der er sehr viel zusammen war.«

»Jennifer?«, fragte Lucky wie nebenbei, obwohl sie Herzklopfen bekam.

»Unsere zweite Produktionsassistentin«, sagte Ross. »Ein großartiges Mädchen. Sie hat viel Wirbel um Lennie gemacht und dafür gesorgt, dass er rechtzeitig zu den Aufnahmen am Drehort war und dass sein Auto zur Verfügung stand, wenn er es brauchte, und so weiter. Am Tag vor Ihrer Ankunft hat sie sogar sein Erscheinen beim Set verlegt, damit er Sie vom Flughafen abholen konnte.«

»Jennifer. Ich glaube, ich kenne sie. Die hübsche Blondine, nicht wahr?«

»Ja, das ist unsere Jennifer. Süßes Mädchen.«

Ja. Vor allem nackt in den Armen meines Mannes. Lucky überflog die Crew-Liste, bis sie auf den Namen Jennifer Barron stieß. Dann wählte sie die dahinter aufgeführte Telefonnummer.

Die Ansage eines Anrufbeantworters ertönte: »Hi, hier ist Jennifer. Wenn Sie mich dringend sprechen wollen, können Sie mich während der nächsten sechs Wochen in den Star Studios bei den Aufnahmen für *The Marriage* erreichen. Hinterlassen Sie dort eine Nachricht, damit ich Sie zurückrufen kann.«

Lucky rief in den Star Studios an, wurde zum Produktionsbüro von *The Marriage* durchgestellt und sprach mit einer Assistentin.

»Die ganze Crew ist am Drehort«, teilte diese ihr mit. »Unten an der Paradise Cove.«

Paradise Cove lag zehn Minuten von ihrem Haus entfernt. Sie sagte Kyoko, sie müsse schnell mal weg, informierte den Leibwächter, dass sie ihn nicht brauche, sprang in ihr Auto und fuhr los.

Der Parkplatz von Paradise Cove war mit riesigen Aufnahmetrucks und luxuriösen Wohnwagen voll gestellt. Lucky parkte, stieg aus und schlenderte umher. »Wo sind denn alle?«, fragte sie einen vorbeigehenden Statisten.

»Am Strand. Dort wird gerade die Hochzeitsszene gedreht.«

Wenn nun Jennifer die Blonde von dem Foto war? Was würde sie zu ihr sagen? Was würde sie tun?

Du Schlampe, du hast meinen Mann gefickt!

Nein. Ihr ging es nur darum, das Warum zu erfahren – nicht mehr.

Die ganze Crew lief hektisch am Strand durcheinander und bereitete die nächste Szene vor – bis auf die Schauspieler, die in ihren Regiestühlen saßen und von Make-up-Leuten, Friseuren und verschiedenen Assistenten umschwirrt wurden.

»Entschuldigen Sie bitte«, sprach Lucky einen Arbeiter an. »Können Sie mir sagen, wer Jennifer Barron ist? Ich glaube, sie ist eine der Produktionsassistentinnen.«

Der Mann deutete zu den in einer Reihe aufgestellten Regiestühlen. »Da drüben. Sie spricht gerade mit Sammy Albert.«

»Danke.«

Dreizehn Jahre zuvor war Sammy Albert einer der berühmtesten und begehrtesten Schauspieler der Stadt gewesen. Jetzt war er nur noch der König zweitklassiger Spielfilme – ein verblasster Star mit einem schlecht sitzenden Haarteil und gebleichten Zähnen. Lucky hatte ihn nie kennen gelernt, obwohl sie natürlich wusste, wer er war.

Ihr Interesse galt jedoch der Blondine, die neben seinem Stuhl stand. Sie hatte sich offensichtlich verkleidet. Sie trug eine Baseball-Mütze, eine dunkle Sonnenbrille, Shorts und ein T-Shirt. Lucky hatte keine Ahnung, ob dieses Mädchen die Frau auf dem Foto war oder nicht.

Zielstrebig ging sie hin, tippte ihr auf die Schulter und fragte: »Jennifer?«

»Ja.«

»Ich bin Lucky Santangelo. Sie haben zusammen mit meinem Mann Lennie Golden den Film auf Korsika gedreht.«

»Ja, das stimmt.«

»Können wir uns irgendwo ungestört unterhalten?«

»Klar. Kommen Sie.«

Die beiden setzten sich in den Schatten einer Palme. Lucky wählte ihre Worte mit Bedacht. »Mir wurde gesagt, dass Sie und Lennie sich während der Dreharbeiten sehr nahe standen. Nun, ich möchte gerne wissen, wie nahe.«

Auf diese Frage reagierte Jennifer bestürzt und entgegnete empört: »Sie glauben also, dass Lennie und ich etwas miteinander hatten? Aber er hat doch nur von Ihnen gesprochen, Lucky. Ich darf Sie doch Lucky nennen?«

»Ja.«

Die junge Frau war ganz durcheinander. »Wie kommen Sie nur auf die Idee, Lennie und ich hätten etwas miteinander gehabt?«

»Ich ... ich habe die Fotos gesehen«, antwortete Lucky.

»Welche Fotos?«, fragte Jennifer verwirrt.

Lucky griff in ihre Handtasche, zog den Reißverschluss der Seitentasche auf und holte das Foto heraus, das Lennie zusammen mit der Blondine am Drehort zeigte. »Das sind doch Sie – ohne Mütze und Sonnenbrille, nicht wahr?«, fragte Lucky und gab Jennifer die Aufnahme.

Jennifer warf einen Blick darauf und brach in Gelächter aus. »Dieses Silicon-Baby soll ich sein? Wollen Sie mich auf den Arm nehmen?«

»Sie sind das nicht?«

»Nein, bestimmt nicht. Das ist irgend so ein Flittchen, das während der Dreharbeiten ständig um Lennie herumschwirrte.«

»Hat sie in dem Film mitgespielt?«

»Sie war eine Statistin«, sagte Jennifer und fügte nachdenklich hinzu: »Da fällt mir was Komisches ein. Lennie hat mich an dem Abend vor seinem Unfall angerufen und nach ihrem Namen gefragt.«

»Warum wollte er wissen, wie sie heißt?«

»Keine Ahnung. Ich habe noch Witze mit ihm darüber gemacht und gefragt: ›Willst du etwa auch ihre Maße?‹«

»Was hat er geantwortet?«

»Soweit ich mich erinnern kann, hat er gesagt: ›Es ist nicht so, wie du denkst.‹« Jennifer betrachtete wieder das Foto. »Wo ist denn ihr Freund? Der war dabei, als dieses Foto gemacht wurde. Jemand hat ihn herausgeschnitten.« Kopfschüttelnd fügte sie hinzu: »Ich will Ihnen eins sagen, Lucky, Lennie hat dieses Flittchen nicht einmal gekannt.«

»Warum hat er sie nach ihrem Namen gefragt?«

»Sie war Statistin bei seinen Szenen«, antwortete Jennifer. »Ehe er mich nach ihrem Namen fragte, hat er mir erzählt, sie habe ihn in seinem Zimmer angerufen.«

»Und?«

»Und nichts. Er hat sie abgewimmelt.«

»Könnte er vielleicht später seine Meinung geändert haben?«

»Das bezweifle ich. Sie kannten doch Ihren Mann – ihn hat keine andere Frau interessiert. Nur Sie. Und sollte er vorgehabt haben, die Nacht mit dieser Blondine zu verbringen, hätte er mich wohl kaum nach ihrem Namen und ihrer Zimmernummer gefragt. Dafür muss es einen anderen Grund gegeben haben.«

Lucky holte die übrigen Fotos aus ihrer Handtasche. »Die wurden in seinem Zimmer aufgenommen«, sagte sie und reichte sie Jennifer. »Ich habe sie dort gefunden. Es sieht doch ganz danach aus, als hätte diese Frau die Nacht bei ihm verbracht.«

Jennifer sah die Fotos kurz an. »Das begreife ich nicht«, sagte sie dann verwirrt. »Warum hätte Lennie mit einer nackten Frau in der Tür seines Zimmers stehen sollen? Mir kommt es eher so vor, als hätte sie versucht, sich an ihm vorbeizudrängen.«

»Meinen Sie?«

»Schauen Sie sich die Fotos doch einmal genau an.«

Jennifer hatte Recht. Lennies Miene und Körperhaltung drückten Unbehagen aus. Warum ist mir das nicht schon früher aufgefallen?, fragte sich Lucky.

Weil du nichts Besseres zu tun hattest, als voreilige Schlüsse zu ziehen.

»Wie kann ich herausfinden, wer diese Frau ist?«

»Mein Freund Ricco ist für die Einstellung von Statisten zuständig. Er arbeitet jetzt an einem Film in Rom. Ich rufe ihn an. Vielleicht kann er Ihnen weiterhelfen.« Nach einer kurzen Pause fügte Jennifer hinzu: »Wissen Sie, Lucky, Ihr Mann war mein Lieblingsschauspieler. Ich bin so daran gewöhnt, dass mich Schauspieler anmachen. Dauernd heißt es: ›He, Baby, komm schon. Wie wär's, wenn du mir einen blasen würdest?‹ Mit Lennie habe ich Witze darüber gemacht und ihm gesagt, dass er der einzige Mann sei, der mir kein widerliches Angebot gemacht habe.«

»Sie waren mir eine große Hilfe, Jennifer. Hier ist meine Privatnummer. Rufen Sie mich bitte an, sobald Sie etwas in Erfahrung gebracht haben.«

»Ja, das tue ich.« Sie blickte auf. »O Gott! Sehen Sie sich vor. Da kommt Sammy Albert. Er wurde ganz aufgeregt, als er Ihren Namen hörte.«

»Sicher weiß er, dass ich nicht mehr der Boss eines Studios bin«, meinte Lucky trocken.

»Das glaube ich nicht«, erwiderte Jennifer mit einem boshaften Lächeln. »Und *ich* werde es ihm nicht sagen.«

»Lucky Santangelo!«, rief Sammy und klatschte ihr die Hand auf die Schulter. »Was sind Sie doch für ein couragiertes Mädchen. Ich war schon immer scharf darauf, Sie einmal kennen zu lernen.«

»Sammy Albert«, imitierte Lucky seinen Tonfall. »Ich bin einer Ihrer größten Fans.«

»Natürlich sind Sie das«, scherzte er. »Was verschafft uns die Ehre Ihres Besuchs?«

»Ich wohne ganz in der Nähe.«

»Darf ich das als Einladung zum Lunch verstehen?«, sagte er mit einem anzüglichen Zwinkern.

»Sie müssen mich entschuldigen, Sammy. Ich komme schon zu spät zu einer Verabredung.«

»Wie schade.«

»Es war mir ein Vergnügen, Sie kennen gelernt zu haben.«

»Das Vergnügen ist ganz auf meiner Seite, Baby«, sagte er und zwinkerte wieder anzüglich.

Lucky fuhr nach Hause und rief Gino in Palm Springs an. »Was machst du gerade?«, fragte sie.

»Ich schließe Wetten auf alle Ballspiele ab, was denn sonst?«

»Langweilst du dich etwa?«

»Langeweile ist was für junges Gemüse«, sagte er und lachte. »Was passiert denn bei dir? Hast du Neuigkeiten für mich?«

»Ich warte noch, bis mir Boogie alle Informationen geliefert hat.«

»Vergiss nicht, was ich dir gesagt habe, Kleines. Du musst vorsichtig sein.«

Boogie erschien pünktlich um sechs. »Komm mit zur Garage raus, Lucky«, sagte er.

»Was soll ich dort, Boog?«

»Das wirst du schon sehen.«

Sie folgte ihm durch eine Seitentür in die Garage.

An einen Sessel festgebunden, Arme und Beine gefesselt, einen Knebel im Mund, saß da ein kleiner Mann, der stark schwitzte. Er trug einen schmutzig braunen Anzug, schwarze Schuhe und ein schmuddliges gelbes T-Shirt. Das schüttere Haar fiel ihm in fettigen Locken auf die Schultern.

»Darf ich dir Sami vorstellen?«, sagte Boogie. »Dieser Scheißkerl hat Gino mit zwei Kugeln durchlöchert. Da.« Boogie zog eine Waffe aus seinem Gürtel und reichte sie Lucky. »Vielleicht willst du sie benutzen.«

Sami quollen fast die Augen aus dem Kopf.

Lucky kannte das Spiel, das Boogie inszenierte. Sie wog die

Waffe in der Hand und sah Sami drohend an. »Vielleicht sollte ich dir eine Kugel in deine verschrumpelten Eier schießen«, sagte sie eiskalt. »Was hältst du davon, Sami? Als Vergeltung für den Mordanschlag auf meinen Vater?«

Sami wand sich auf dem Stuhl und stieß in Panik gurgelnde Töne aus.

Boogie ging zu ihm, nahm ein Messer aus seiner Tasche und entfernte den Knebel aus Samis Mund.

»Ich habe nur einen Job erledigt ... ich wurde dafür bezahlt, einen Job zu erledigen«, stammelte Sami hastig. »Hätte ich gewusst, dass es sich dabei um Gino Santangelo handelt, wäre ich ausgestiegen.«

Lucky sah den Dreckskerl unverwandt an, durchbohrte ihn förmlich mit tödlichen Blicken. »Wer hat dich beauftragt?«, zischte sie.

»Ich weiß nicht ... Irgendein Typ in einer Bar gab mir Geld. Ich hatte keine Ahnung, dass es um Gino Santangelo ging.«

»Du bist voller Scheiße«, sagte Lucky. »Du kanntest den Kerl. Du bist losgezogen und hast für ein paar Dollar auf meinen Vater geschossen. Was bist du doch für ein blödes Arschloch!« Sie hob die Waffe und zielte auf Samis Unterleib.

Er pinkelte in die Hose.

»Jetzt bist du nicht mehr der große Macker, hm?«, sagte Lucky. »Wie viel hat dir der Kerl gezahlt?«

»Viertausend – bar auf die Hand«, murmelte Sami und ließ den Kopf hängen.

»Und wer, sagtest du, hat dir den Auftrag gegeben?«, wiederholte Lucky, ohne die Waffe zu senken.

»So 'n Typ in einer Bar.«

»In L.A.?«, warf Boogie ein.

»Ja. In diesem Striplokal in der Nähe des Flughafens. Dieser Typ kommt da manchmal hin.«

»Wie heißt er?«

»Weiß nicht.« Er warf Boogie einen flehenden Blick zu. »Sag ihr doch, sie soll die Waffe wegstecken.«

»Ich schlage vor, du findest heraus, wie dieser Typ heißt«, sagte Lucky betont ruhig. »Wenn ich bis morgen seinen Namen nicht habe, schieße ich dir deine mickrigen Eier ab. Ich rate dir, mir zu glauben, denn das habe ich schon einmal getan.«

»Wir beide gehen jetzt.« Boogie legte Sami eine Augenbinde an. »Mrs. Santangelo gibt dir vierundzwanzig Stunden, um den Namen herauszufinden. Ich bringe dich in die Stadt zurück und lass dich frei. Morgen kommen wir um dieselbe Zeit wieder hierher. Dann hast du den Namen für sie.«

Lucky ging ins Haus zurück. Ihr war übel. So viele Erinnerungen spukten in ihrem Kopf herum. Erinnerungen an ihre Kindheit – Männer, die ins Haus kamen; Gino, in leise Gespräche verwickelt; das Wissen, anders als andere kleine Mädchen zu sein, da ihr Daddy die Hälfte der Zeit in einem Flugzeug nach und von Las Vegas verbrachte. Und dann die brutale Ermordung ihrer Mutter. Gino hielt sich gerade in Vegas auf, als es passierte. Sie war da gewesen.

Jahre später hatte sie den Tod ihrer Mutter gerächt.

Jetzt musste sie wieder Rache üben.

44

Abigaile liebte es, Stars um sich zu versammeln. Eine Dinnerparty für Donna und George Landsman zu geben war eine passende Gelegenheit, Mickeys neue Chefin kennen zu lernen. Sie hatte zwar noch nie etwas von den Landsmans gehört, aber das war unerheblich. In Hollywood konnte jeder, der Geld hatte, schnell Karriere machen.

Zu ihren Gästen zählten so illustre Persönlichkeiten wie Cooper Turner, der nicht verraten hatte, wen er als Begleiterin mitbringen würde, und Johnny Romano, der ihrer Sekretärin gesagt hatte, er komme mit einer Freundin, ohne jedoch ihren Namen zu nennen.

Was taten diese Männer? Riefen sie eine halbe Stunde vor einer Verabredung eine Frau an und sagten ihr, sie solle sich schick anziehen? Was war nur aus den gesellschaftlichen Formen geworden?

Alex Woods brachte jemanden namens Tin Lee mit, und Leslie Kane kam zusammen mit ihrem Liebhaber.

Donna Landsmans Sekretärin hatte gestern angerufen und angekündigt, dass Donna ihren sechzehnjährigen Sohn mitbringen würde. Das hatte Abigaile verärgert, denn sie wollte an ihrem Tisch keinen unbedeutenden Teenager haben. Außerdem störte er ihre Sitzordnung.

Liebenswürdig wie immer, hatte sie natürlich gesagt, der Junge sei ihr willkommen, und dann ihre eigene Tochter Tabitha, die auch sechzehn war, wissen lassen, dass sie an dem Dinner teilnehmen müsse.

Tabitha, die ein Internat in der Schweiz besuchte, verbrachte gerade ihre Ferien zu Hause. Bei dieser Ankündigung verzog sie angewidert ihr Gesicht. »O Mom«, klagte sie, »muss ich mich wirklich einen Abend lang mit einem Haufen alter Knacker langweilen?«

»Cooper Turner, Alex Woods und Johnny Romano kann man wohl kaum als langweilige alte Knacker bezeichnen«, entgegnete Abigaile frostig und verärgert über den mangelnden Respekt ihrer Tochter.

»Ich schon«, stöhnte sie.

Tabitha war ein schwieriges Mädchen. Mit vierzehn war sie mit einem achtzehnjährigen spanischen Kellner abgehauen, mit fünfzehn hatte sie während einer wilden Party in Abwesenheit ihrer Eltern aus Versehen das Haus in Brand gesteckt, mit sechzehn hatte sie sich die Nase korrigieren, knallrote Strähnen in ihr Haar färben und ihren Körper an mehreren Stellen durchbohren lassen, um ihn mit irgendwelchen Schmuckstücken zu behängen.

Obwohl es erst zehn Uhr morgens war, hatte Abigaile von den Dienstmädchen schon alles vorbereiten lassen, um sicherzugehen, dass jedes Detail perfekt arrangiert war. Sie inspizierte den Esszimmertisch – ein vollkommenes Gedicht aus beigefarbenem Leinen, kostbarem Kristall und altem Silber.

Abigaile hielt sich für eine der großartigsten Gastgeberinnen Hollywoods. Ihre Dinnerpartys waren legendär, und eine Einladung zu den Stollis war in der Gesellschaft sehr begehrt.

»Hast du Lust, heute Abend mit mir auszugehen?«

»Wer spricht denn da?«, murmelte Venus verschlafen ins Telefon. Sie würde Anthony umbringen, weil er ihr so früh einen Anruf durchgestellt hatte.

»Hier ist Johnny.«

Ihr Gehirn war noch immer benebelt und wollte nicht funktionieren. »Johnny?«

»Johnny Romano. Auf welchem Planeten schwirrst du denn heute rum?«

»Ach, Johnny, entschuldige bitte. Es ist noch so früh. Ich habe geschlafen.«

»Es ist schon nach Mittag, Baby.«

»Unmöglich!«

»Schau doch auf die Uhr.«

Sie tastete nach dem Wecker auf ihrem Nachttisch und stellte verblüfft fest, dass es tatsächlich bereits Viertel nach zwölf war. Wahrscheinlich hatte sie den Schlaf dringend nötig gehabt. Gewöhnlich stand sie um sieben Uhr auf.

»Also, kommst du mit zum Dinner bei Mickey Stolli? Es gibt niemanden, den ich lieber als meine Begleiterin hätte.«

»Wer ist denn sonst noch eingeladen?«, fragte sie schläfrig.

»Die Stollis geben das Dinner für diese Frau, die Panther Studios übernommen hat«, sagte Johnny. »Ich habe keine Ahnung, wer sonst noch kommt. Vielleicht Alex.«

Venus hatte den Eindruck, dass Johnny noch nicht wusste, dass sie die Rolle der Lola nicht spielen würde. Von ihr sollte er es nicht erfahren, auch wenn es vielleicht von Vorteil wäre, seine Unterstützung zu bekommen. Darüber konnte sie später immer noch mit ihm sprechen, sollte sie seine Einladung annehmen.

»Ich bin mir nicht sicher, ob ich das schaffe«, sagte sie, um Zeit zum Nachdenken zu gewinnen.

»Na komm schon, Schätzchen«, drängte er. »Du und ich – wir beide sind Dynamit. Das gibt eine Explosion. Lass uns zusammen hingehen.«

»Vielleicht. Ruf mich in einer Stunde noch mal an.«

»Venus, Venus«, seufzte er. »Du bist eine komplizierte Frau.«

Warum zog sie es überhaupt in Erwägung, zu diesem Dinner zu gehen?

Weil sie Mickey wieder sehen wollte, und sollte sie dort auch Alex begegnen, wäre das noch besser.

Diese Einladung würde ihr die Gelegenheit geben, den beiden die Stirn zu bieten, damit diese Kleingeister ihre Meinung ändern konnten.

Sie rief Anthony über die Sprechanlage zu sich. »Warum hat mich niemand geweckt?«

»Sie haben gestern Abend eine Nachricht hinterlassen, dass Sie nicht vor Mittag geweckt werden wollen«, antwortete Anthony.

»Ach, tatsächlich?«

»Ja. Rodriguez hat schon dreimal angerufen. Er will wissen, wann Sie sich Ihr Video ansehen. Er möchte gern dabei sein.«

»Kann ich mir vorstellen«, entgegnete sie. Rodriguez wurde ihr allmählich lästig. »Habe ich irgendwelche Verabredungen, Anthony?«

»Ja, mehrere.«

»Sag alle Termine ab. Ich nehme mir heute frei. Ich will den Nachmittag am Pool verbringen, mich mit Leckereien verwöhnen lassen und einmal überhaupt nichts tun. Warte ein paar Stunden, und ruf dann Johnny Romano an und sag ihm, dass ich heute Abend mit ihm zum Dinner bei den Stollis gehe. Frag ihn, wann er mich abholt.«

Ja, es war richtig, Alex Woods und Mickey Stolli direkt zu konfrontieren, um ihnen klar zu machen, dass sie die Lola war. Und dass es ein großer Fehler wäre, diese Rolle mit jemand anderem zu besetzen.

45

Hallo«, sagte Lucky.

»Hallo«, antwortete das Mädchen in den zerschlissenen Jeansshorts und warf ihr einen flüchtigen Blick zu.

Die beiden standen Seite an Seite in der Make-up-Abteilung des Dart Drugstores am La Cienega Boulevard.

»Haben Sie diese Farbe schon mal ausprobiert?«, fragte Lucky und hielt einen bronzefarbenen Lippenstift hoch.

Sara betrachtete ihn kurz und sagte dann: »Nein, aber die Farbe sieht ganz interessant aus.«

»Das finde ich auch«, entgegnete Lucky und legte den Lippenstift wieder hin. »He«, fragte sie dann scheinbar überrascht, »sind Sie nicht Sara Durbon?«

Damit weckte sie Saras Aufmerksamkeit. »Ja, die bin ich«, antwortete sie und zerrte an ihren Shorts, die sich zwischen ihren Pobacken eingeklemmt hatten. »Kenne ich Sie?«

»Nicht direkt«, sagte Lucky und griff nach einem anderen Lippenstift. »Aber wir haben einen gemeinsamen Freund.«

»Einen gemeinsamen Freund?«, fragte Sara und rieb sich mit ihrem dünnen Zeigefinger übers Kinn. »Wen denn?«

»Morton Sharkey.«

»Morton ist ein Freund von Ihnen?«

»Ganz recht.«

»Und woher kennen Sie mich?«

»Er spricht viel von Ihnen, und ich habe Ihr Foto gesehen.«

»Er redet über *mich?*«, sagte Sara erstaunt. »Ich dachte, ich sei sein schmutziges kleines Geheimnis. Sie wissen schon, weil er doch verheiratet ist.«

»Er muss Sie wirklich sehr mögen.«

»Das kapier ich nicht.« Sara runzelte die Stirn. »Ich soll doch um Gottes willen kein Wort zu irgendjemandem sagen.«

»Was machen Sie denn beruflich, Sara?«, fragte Lucky. »Sind Sie Schauspielerin, ein Model oder was?«

»Ach, jetzt begreife ich«, sagte Sara und nickte verständnisvoll. »Seine Frau schickt Sie, nicht wahr? Die alte Schlampe ist dahinter gekommen, dass er mit mir … und jetzt wollen Sie mir sagen, dass ich aus seinem Leben verschwinden soll, indem Sie mich mit irgendwas bestechen wollen.«

»*Könnte* ich Sie denn bestechen?«, hakte Lucky nach und fragte sich, was zum Teufel Morton in diesem abgerissenen Teenager sah.

»*Hat* die alte Hexe, seine Frau, Sie geschickt?«

»Nein, hat sie nicht. Allerdings bin ich daran interessiert, gewisse Informationen von Ihnen zu kaufen. Was halten Sie davon?«

Sara kniff die Augen zusammen. »Was ist nur mit Morton Sharkey? Zuerst kriege ich das ganze Geld …«

»Was für Geld?«, fragte Lucky.

»Ach, ist doch egal«, sagte Sara schnell, ehe ihr lockeres Mundwerk sie in Schwierigkeiten brachte.

»Sara, wir müssen miteinander reden. Ich könnte Ihnen sehr nützlich sein.«

»Wie denn?«, fragte Sara argwöhnisch.

»Na ja, wenn Sie Schauspielerin sind, könnte ich Sie beim Film unterbringen. Das Gleiche gilt für einen Job als Model.«

Saras Augen waren voller Misstrauen. »Warum wollen Sie das für mich tun? Ich bin doch ein Niemand.«

»Dafür habe ich meine Gründe. Wie alt sind Sie?«

»Einundzwanzig«, log Sara.

»Wirklich?«

»Na gut, ich bin siebzehn«, gab sie achselzuckend zu.

»Ich will ehrlich mit Ihnen sein, Sara. Ich habe eine persönliche Rechnung mit Morton Sharkey zu begleichen und bin bereit, dafür jede Summe zu zahlen. Sagen Sie mir, was Sie haben wollen, und ich verspreche Ihnen, dass Sie es bekommen.«

»Ganz gleich, was?«, fragte Sara mit einem Anflug von Gier in der Stimme, als sie die Möglichkeiten bedachte.

»Nennen Sie mir Ihren Preis.«

»Lady, Sie haben gerade ein gutes Geschäft gemacht.«

»Lucky hat nicht zurückgerufen, Kyoko.«

»Das tut mir Leid, Mr. Woods. Ich habe ihr gesagt, dass Sie sich bei Ihnen melden soll.«

Alex kam sich allmählich wie ein Narr vor. »Ist Lucky in der Stadt?«

»Ja, Mr. Woods.«

»Ich rufe später noch einmal an.«

»Sie kommt gegen vier zurück«, verriet ihm Kyoko, dem Alex allmählich Leid tat.

Alex legte auf. Er war kurz davor, mit den Dreharbeiten für seinen Zweiundzwanzigmillionendollarfilm zu beginnen, und er hatte nur Lucky Santangelo im Kopf. War sie denn nicht einmal daran interessiert, was in ihrem früheren Studio passierte?

Lilis Stimme ertönte aus der Gegensprechanlage. »Alex!«

»Was ist denn?«

»Du wirst unten erwartet.«

»Ich komme gleich.«

»Vergiss nicht das Dinner bei Mickey Stolli. Tin Lee ist um halb acht bei dir in der Wohnung.«

»O verdammt! Warum habe ich nur zugesagt?«

»Das weiß ich nicht, Alex. Aber du hast die Einladung angenommen.«

»Okay, okay.« Wütend auf sich selbst, marschierte er aus seinem Büro; gesellschaftliche Verpflichtungen waren nicht seine Sache.

Lili stoppte ihn an der Tür. »Johnny Romano hat wieder wegen der Drehbuchänderungen angerufen.«

»Halte ihn hin, Lili. Du kannst das besser als ich.«

Unten begrüßte ihn Russell. Bis auf einen hatten sie alle Drehorte für die Außenaufnahmen gefunden. Und heute musste er sich endgültig für diesen letzten Drehort entscheiden.

»Hast du ein paar interessante Stellen entdeckt?«, fragte er.

»Du wirst nicht enttäuscht sein«, antwortete Russell.

Die beiden stiegen zu den anderen Crew-Mitgliedern in den Van und fuhren los.

Das Glück war auf seiner Seite. Der zweite Drehort, den sie besichtigten, entsprach genau seinen Vorstellungen. »Die Sache ist perfekt«, sagte er zu Russell. »Wir brauchen uns nichts mehr anzusehen.«

Er ließ sich zu seinem Auto zurückfahren. Ein Blick auf die Uhr zeigte ihm, dass es erst halb vier war. Einen Moment zog er in Erwägung, ins Büro zurückzukehren, wo jede Menge Arbeit auf ihn wartete. Doch dann stieg er in seinen Porsche und fuhr direkt zu Luckys Haus am Strand.

Wenn Lucky Santangelo am Telefon nicht mit ihm reden wollte, würde er vor ihrem Haus auf sie warten.

Ihr Pech, wenn ihr das nicht gefiel.

Lucky saß mit Sara an einem Ecktisch im Hard-Rock-Café. Laute Rockmusik dröhnte aus den Lautsprechern. Lucky hatte instinktiv gewusst, dass sich Sara bei diesem Lärm wohler fühlen und die Atmosphäre sie redseliger stimmen würde.

Sie hatte ihr bereits zweitausend Dollar in bar gegeben und wartete nun auf die Gegenleistung.

»Okay, Sara«, sagte Lucky und sah dem Mädchen zu, wie es einen doppelten Cheeseburger verschlang. »Erzähl mir jetzt alles. Und wenn deine Informationen interessant genug sind, kriegst du noch einmal zweitausend Dollar.«

Sara, die nichts so sehr wie Geld liebte, zögerte nicht, alles auszuplaudern, während sie ihren Cheeseburger vertilgte. »Ich habe Morty kennen gelernt, als ich in einem Massagesalon am Hollywood Boulevard gearbeitet habe. Er kam eines Tages rein, so ganz verstohlen, und hat mich gleich angemacht. Aber ich war clever und habe ihm gesagt, dass bei mir solche Sachen nicht drin sind.« Sara grinste verschlagen. »Natürlich gehörte das auch zu meinem Service, aber in diesem Gewerbe lernt man schnell, auf welchem Trip so ein Kerl ist. Da merkt man gleich, ob Geld rüberkommt oder ob man Schwierigkeiten kriegt. Ich habe bei Morton auf Geld getippt und auf naiv gemacht. Und ehe ich mich versah, hat er mir fünfhundert Dollar zugesteckt und gewollt, dass ich ihm einen blase.« Sie verdrehte die Augen, um anzudeuten, wie dumm die Männer doch sein können. »Fünfhundert Dollar für eine Sechzigsekundennummer! Dann kam er immer wieder. Schließlich wollte er mich außerhalb der Geschäftsstunden sehen, also habe ich ihn mit zu mir genommen. Gleich beim ersten Mal hat er mir gesagt, er würde mir ein eigenes Apartment finanzieren. Der verarscht dich, dachte ich zuerst. Aber nein, Morty meinte es ernst. Und dann bekam ich Besuch von dieser Frau.«

»Was für eine Frau?«, fragte Lucky angespannt.

»Na ja, so eine elegant gekleidete Frau eben. Eines Tages

stand sie zusammen mit 'nem Typen vor meiner Tür. Die beiden boten mir einen Haufen Geld, wenn ich sie eine versteckte Videokamera installieren ließ. War ein verdammt gutes Angebot, was ich natürlich nicht abgelehnt habe.«

»Wie hieß die Frau?«

»Keine Ahnung.«

Es konnte nur Donna gewesen sein. »Was ist dann passiert?«

»Der Typ hat die Kamera in meinem Schlafzimmerschrank installiert und mir gesagt, wie ich mich hinlegen soll, damit sie ein paar heiße Aufnahmen von Morty in Action bekämen.« Sara kicherte. »Morty war immer in Action. Schätze, bei seiner Frau hat er nicht gekriegt, was er haben wollte. Er ist der geilste alte Bock, mit dem ich je zusammen gewesen bin.«

Lucky unterdrückte einen Seufzer. Es gab kein besseres Erpressungsopfer als einen geilen alten Mann. Der schreckte auch vor Verrat nicht zurück. »Wusste Morton von der Kamera?«

»Natürlich nicht«, sagte Sara abfällig und biss noch einmal in ihren Cheeseburger. »Wir machen also diesen Videofilm, ich gebe den beiden das Band und kriege dafür mucho Dollars, wie versprochen. Und dann ist mir Morty auf die Schliche gekommen.«

»Und wie?«

»Die Frau hat angefangen, ihn zu erpressen. O Mann, war der sauer! Er hat mich nach Strich und Faden verprügelt – hätte ich ihm gar nicht zugetraut.«

»Er hat dich geschlagen?«

»Ich hab die Prügel wohl verdient. Aber ich habe ihm gesagt, dass ich das Geld brauche.«

»Was ist dann passiert?«

»Nach ein paar Tagen hat er mir verziehen. Weil er mir aber nicht mehr traute, musste ich in dieses teure Apartment umziehen, und er hält mich aus. Ehrlich gesagt, würde mir jemand einen besseren Handel anbieten, würde ich sofort zugreifen.«

»Ich biete dir einen besseren Handel an.«

»Und wie sieht der aus?«

Lucky lehnte sich zurück und stellte ihre Bedingungen. »Erstens: Diese Unterhaltung ist absolut vertraulich. Du darfst mit niemandem darüber reden. Zweitens: Du gibst mir eine Kopie des Videofilms.«

»Ich habe keine.«

»Hör auf zu lügen!«

Sara kicherte. Lügen war für sie die normalste Sache der Welt. »Wie kommen Sie nur darauf, dass ich eine Kopie haben könnte?«

»Du hast doch eine anfertigen lassen, oder?«

»Dafür müssen Sie aber einen Haufen Geld ausspucken«, erwiderte Sara mit einem verschlagenen Lächeln.

»Wie viel?«

»Zehntausend«, sagte sie spontan. »Ja, zehntausend in bar. Das dürfte reichen.«

Als Alex Luckys roten Ferrari die Privatstraße entlangkommen sah, sprang er aus seinem Auto und stellte sich mit ausgebreiteten Armen mitten auf die Fahrbahn.

»Was zum Teufel machst du da?«, schrie Lucky, nachdem sie abrupt gebremst hatte. »Ich hätte dich überfahren können.«

»Wonach schaut das denn aus?«, fragte er und schlenderte zur Fahrerseite. »Mir blieb nichts anderes übrig, als drastische Maßnahmen zu ergreifen, da du dich ja weigerst, meine Anrufe zu erwidern.«

»Du bist verrückt«, sagte sie kopfschüttelnd.

»Ja, ja. Wusstest du, dass wir fast Nachbarn sind? Ich wohne gleich um die Ecke.«

»Ach ja?«, sagte sie unbeeindruckt.

»Wie wär's mit einem Drink in meinem Haus?«

»Ich dachte, Alex«, sagte sie geduldig, »ich hätte dir am Telefon erklärt, wie ich die Sache mit uns sehe.«

»Ich weiß«, erwiderte er. »Du hast nur mit mir geschlafen, um dich an Lennie zu rächen. Das hat mir richtig gut getan und mein Selbstbewusstsein ungemein gestärkt. Aber okay, wenn du es so haben willst … ich kann damit leben. Komm und schau dir mein Haus an.«

»Warum?«, fragte Lucky, die in Gedanken noch immer bei ihrem Gespräch mit Sara war.

»Weil ich es möchte.«

Lucky wollte ihn nicht ermutigen, musste sich jedoch eingestehen, dass sie ihn mochte. Gegen ein freundschaftliches Verhältnis mit ihm hatte sie nichts einzuwenden, solange er sich keine Hoffnungen auf eine Liebesaffäre machte. »Ich kann aber nur zehn Minuten bleiben«, sagte sie in entschiedenem Ton. »Ich folge deinem Auto.«

Er stieg in seinen Porsche und fuhr los. Im Rückspiegel sah er, dass der rote Ferrari hinter ihm herfuhr.

Fünfzehn Minuten später hielten sie vor seinem Haus.

»Von wegen gleich um die Ecke!«, rügte sie ihn mit hoch gezogenen Brauen.

»Wir teilen uns einen Ozean«, sagte er grinsend.

Lucky stieg aus und betrachtete sein Haus. »Sehr hübsch«, meinte sie schließlich und bewunderte die strenge Architektur.

»Ich habe es gebaut«, sagte er stolz.

»In deiner Freizeit?«

»Sehr komisch.«

Die beiden gingen zum Haus. »Wann fängst du mit den Dreharbeiten an?«, fragte sie.

»Nächste Woche.«

»Und du hast nichts Besseres zu tun, als dich in Malibu herumzutreiben und dich mir in den Weg zu stellen?«

»Unerledigte Angelegenheiten lassen mir keine Ruhe.« Er blickte sie eine Weile schweigend an. »Ich musste dich einfach sehen, Lucky.«

»Na, jetzt siehst du mich doch«, sagte sie.

Er öffnete die Haustür und ließ sie eintreten.

In der weitläufigen Halle mit den riesigen Oberlichtern blieb sie stehen und stieß einen leisen Pfiff aus. »Großartig. Und ich dachte, du könntest nur Regie führen.«

»Dieses Haus ist für mich etwas ganz Besonderes. Es gehört mir ganz allein. Ich bringe nie jemanden hierher.«

Lucky schlenderte durch die Halle in den Salon und auf die Terrasse hinaus. »Atemberaubend«, sagte sie begeistert. »Im Vergleich dazu ist mein Haus eine armselige Hütte.« Sie drehte sich zu ihm um und fragte lächelnd: »Möchtest du es mir verkaufen?«

Er erwiderte ihr Lächeln. »Nein.«

»Das kann ich dir nicht verdenken.«

»Was möchtest du trinken?«

»Wasser.«

»Mit Scotch?«

»Nur Wasser«, sagte sie und dachte an ihre letzte Begegnung.

Er ging ins Haus, goss sich einen Wodka ein und ihr ein Glas eiskaltes Perrier. Als er wieder auf die Terrasse kam, saß sie in einem Sessel. »Ich freue mich sehr, dass du gekommen bist«, sagte er und reichte ihr das Glas.

»Wahrscheinlich hast du Recht, Alex«, meinte sie nachdenklich. »Die Sache zwischen uns ist noch nicht erledigt.«

»Ich bin froh, dass du das auch so siehst.«

»Weißt du«, sagte sie versonnen, »wenn wir Freunde sein wollen, musst du meinen Lebensstil akzeptieren.«

»Das fällt mir nicht schwer.«

»Es wird noch lange dauern, ehe ich Lennies Tod überwunden habe.«

»Das kann ich verstehen.«

»Um ehrlich zu sein, ich bedaure sehr, was zwischen uns in jener Nacht passiert ist.«

»War es so schlimm?«

»Du weißt genau, was ich meine, Alex. Unsere Affäre war leidenschaftlich und aufregend, und wir waren beide in der Stimmung dafür. Aber ich habe mich aus einem falschen Grund darauf eingelassen. Ich kann Lennie so schnell nicht vergessen.«

»Willst du damit sagen, dass sich die Dinge ändern könnten, wenn ich mich auf die Rolle eines guten Freundes einlasse und lange genug warte?«

»Ich habe keine Ahnung, was die Zukunft bringen wird, Alex.«

Sie wechselten einen langen Blick. »Ich finde es schrecklich, was deinem Vater zugestoßen ist«, brach Alex schließlich das Schweigen. »Wie ist das passiert?«

»Ich bin dabei, die Hintergründe herauszufinden«, antwortete sie. »Die Sache ist komplizierter, als ich dachte.«

»Wie geht es ihm?«

»Gino ist stark. Er wird sich bald von seinen Verletzungen erholt haben.«

Alex fühlte sich in Luckys Gesellschaft wohl und völlig unbefangen. »Hättest du Lust, zum Dinner zu bleiben?«, schlug er vor. »Meine Köchin kann dir jedes Gericht zubereiten, worauf du Appetit hast. Wir könnten auf der Terrasse sitzen und den Sonnenuntergang bewundern …«

»Klingt verlockend, aber ich bin für heute Abend schon verabredet«, sagte sie und stand auf.

Er hatte plötzlich das irre Verlangen, sie in die Arme zu nehmen und zu küssen. Noch nie zuvor hatte eine Frau diese Gefühle in ihm geweckt. Ehe er Lucky kennen gelernt hatte, waren Frauen für ihn nur Objekte der Lust gewesen. Und jetzt war er verliebt wie ein Jüngling.

Auf dem Weg hinaus fragte sie ihn wie nebenbei: »Ach, übrigens, gibt's was Neues in meinem Studio, das ich wissen sollte?«

Ihm gefiel, dass sie noch immer von *ihrem* Studio sprach.

»Ich bin Donna Landsman noch nicht begegnet«, sagte er. »Dieses Vergnügen steht mir heute Abend bevor.«

Sie warf ihm einen verwunderten Blick zu. »Hast du mich nicht eben für heute Abend zum Dinner eingeladen?«

»He, begleite mich doch.«

»Wohin?«

»Mickey Stolli gibt in seinem Haus ein Dinner für Donna.«

»O Mann!«, sagte Lucky. »Diese Arschkriecherei sieht Mickey ähnlich.«

»Und, begleitest du mich?«

Lucky überdachte den Vorschlag und welche Möglichkeiten er ihr bot. Donna Landsman von Angesicht zu Angesicht bei einem gesellschaftlichen Ereignis gegenüberzutreten war verlockend, da Donna nicht wusste, dass Lucky ihre wahre Identität kannte. Mickey würde sich vor Angst in die Hosen scheißen, wenn sie plötzlich in seinem Haus auftauchte. Eine verlockende Vorstellung. »Wer kommt sonst noch?«

»Das kann meine Sekretärin feststellen.« Jetzt war es an ihm, sie verwundert anzusehen. »Ich dachte, du hättest andere Pläne.«

»Ich kann doch meine Meinung ändern.«

Ich auch, dachte er. Tin Lee würde wieder einmal das Nachsehen haben. »Das heißt also«, sagte er, »dass dir ein Dinner hier mit einem romantischen Sonnenuntergang nicht verlockend genug ist. Aber du überlegst dir, ob du zu Mickey mitkommst?«

Lucky lachte. »Der einzige Grund, warum ich mit dem Gedanken spiele, ist die Vorstellung, Donna Landsman gegenübersitzen zu können. Es würde mich schon interessieren, wie sie reagiert. Und was Mickey betrifft, wir beide sind Erzfeinde. Nur sein Gesicht zu sehen, wenn ich in sein Haus marschiere ... der Kick dabei ist, dass er mich nicht rauswerfen kann, weil ich in deiner Begleitung bin.«

»Weißt du, Lucky, du hast eine Art, das Selbstwertgefühl eines Mannes zu stärken ... Als Erstes schläfst du mit mir, um mir dann zu sagen, dass es nichts zu bedeuten hatte. Jetzt willst du mit mir zu einer Dinnerparty gehen, nur um dich an den Leuten zu rächen, die du dort antreffen wirst. Danke, Baby. Mein Ego strotzt vor Stolz.«

»Willst du nun, dass ich mitkomme, oder nicht?«

Er sah ihr in die Augen. Zwischen beiden herrschte eine elektrisierende Atmosphäre. »Ja, ich möchte, dass du mitkommst.«

»Dann ruf mich in einer halben Stunde an.« Mit einem sanften Lächeln fügte sie hinzu: »Ich verspreche dir, den Anruf entgegenzunehmen.«

Er brachte sie zu ihrem Auto. Sie stieg ein und fuhr nach Hause.

Die Sache entwickelte sich allmählich vielversprechend.

46

Die Mehrheit der Aktien eines Filmstudios zu besitzen und somit dessen Chefin zu sein brachte viel mehr Vorteile, als sich Donna Landsman vorgestellt hatte. An dem Tag, als ihre Übernahme der Panther Studios im Wirtschaftsteil der Zeitungen bekannt gegeben wurde, bekam sie Blumen von dutzenden ihr fremden Leuten, darunter von mehreren Filmstars und vielen wichtigen Persönlichkeiten der Filmindustrie.

Als Abigaile Stolli sie anrief und ihr mitteilte, sie werde ihr zu Ehren ein Dinner mit illustren Gästen geben, hatte sie das besonders gefreut.

Dass er an dem Dinner teilnehmen musste, passte Santo gar nicht.

»Du kommst mit«, befahl Donna. »Dort wirst du berühmte Leute kennen lernen, von denen du in Zukunft vielleicht profitieren kannst. Beziehungen sind heutzutage alles.«

»Kommt George mit?«, fragte er.

»Natürlich«, antwortete Donna. »Ich wünschte, du würdest dich besser mit George verstehen. Du gibst dir überhaupt keine Mühe.«

»Vielleicht kämen wir besser miteinander zurecht, wenn er aufhören würde so zu tun, als wäre er mein Vater«, sagte Santo mit verdrießlicher Miene. »Das kotzt mich an.«

»George hat *nie* versucht, den Platz deines Vaters einzunehmen«, wies ihn Donna zurecht.

»Doch, das hat er«, murmelte Santo. »Er mischt sich dauernd in meine Angelegenheiten ein.«

Santo hielt George für einen unfähigen Wurm. Donna kommandierte ihn nur herum. Santo konnte nicht verstehen, warum sich seine Mutter nicht von diesem rückgratlosen Schleimer scheiden ließ. Da sie jetzt offensichtlich mit Filmstars verkehrte, könnte sie doch einen *richtigen* Mann kennen lernen.

»Zu dem Dinner musst du Anzug und Krawatte tragen«, informierte ihn Donna.

»Warum? Gehen wir etwa in die Kirche?«, maulte Santo.

»Das gehört sich eben so«, sagte Donna, die sich Gedanken um ihre eigene Garderobe machte. Den Umgang mit Filmstars war sie nicht gewohnt, und das verunsicherte sie.

Santo verzog sich schmollend auf sein Zimmer. Er sperrte die Tür hinter sich ab, ging zu seinem Kleiderschrank und öffnete ihn. In der hintersten Ecke hatte er die Schrotflinte versteckt, die er kürzlich in der Schule von dem Sohn des Filmstars gekauft hatte. Ja! Er hatte sich eine Schrotflinte und zwei Schachteln Patronen beschafft. Scheiße! Dieses Gerede von einem Power-Trip! Er konnte die beiden jederzeit wegpusten.

Zuerst Donna.

Dann George.

Die Tatsache, dass er eine Waffe besaß, putschte ihn so auf, dass er beschloss, Venus noch einen Brief zu schreiben. In seiner Phantasie kamen sie sich jeden Tag näher und lernten sich intimer kennen, wie es zwischen zwei Menschen, die sich liebten, sein sollte.

Die letzten Briefe hatte er ihr selbst gebracht. In den frühen Morgenstunden war er den Hang oberhalb ihres Grundstücks hinuntergeschlichen und hatte sich mühelos durchs Gebüsch gezwängt. Dann war er über die Mauer geklettert und hatte ihr seine Gabe vor die Tür gelegt. Ihr Sicherheitsdienst war der reinste Beschiss.

Venus verbrachte einen herrlichen Tag mit Nichtstun. Am Nachmittag kam Ron vorbei und setzte sich zu ihr an den Pool. Ihr war nicht entgangen, dass er in letzter Zeit immer häufiger in ihrem Haus auftauchte.

»Hast du dich endlich mit Anthony arrangiert?«, erkundigte sie sich mit einem verschmitzten Lächeln.

»Stell nicht solche Fragen«, entgegnete Ron gereizt.

»Warum? Weil ich möchte, dass du aus dem Mausoleum, in dem du lebst, ausziehst?«

»Nein, weil es dich nichts angeht. Sag mal, hast du einen neuen Wachposten?«

»Ja. Der andere war ein Trottel. Jedes Mal, wenn ich heimkam, wartete irgendjemand in meinem Haus auf mich. Der Neue scheint mehr Grips zu haben. Hoffentlich erwischt er den Verrückten, der mir dauernd Briefe vor die Tür legt.«

»Was für Briefe?«

»Habe ich dir das noch nicht erzählt? Irgend so ein Spinner, der sich einbildet, wir würden heiraten und in den Sonnenuntergang entschwinden, bringt mir diesen Porno-Scheiß. Ich glaube, dieser Typ treibt sich wirklich da draußen rum.«

»Du hast das doch hoffentlich der Polizei gemeldet?«

»Das mache ich, sobald ich dazu komme. Anthony sammelt die Briefe.«

»Ein geistesgestörter Fan könnte dich einfach abknallen.«

»Danke, Ron. Dein Zuspruch ist wirklich tröstlich. Jetzt fühle ich mich viel sicherer!«

Später am Nachmittag, nachdem Ron gegangen war, teilte ihr Anthony über die Gegensprechanlage mit, dass Rodriguez, praktisch in Tränen aufgelöst, vor dem Tor stehe.

»Okay«, gab sie nach, »schick ihn zum Haus rüber.«

Rodriguez kam mit einem Blumenstrauß zum Pool. »Habe ich dich irgendwie beleidigt, meine Prinzessin?«, fragte er mit vor Liebe glasigen Augen.

»Nein, Rodriguez«, entgegnete sie entschieden, »du musst dir nur klar machen, dass wir nicht zusammenleben. Du bist nicht mal mein Freund, und ich bin nicht deine Freundin.«

»Wie stehen wir denn zueinander?«, fragte er gekränkt.

»Du bist mein Masseur«, sagte sie, da sie es für das Beste hielt, ihm reinen Wein einzuschenken. »Und ich bezahle dich für deine Dienstleistungen.«

Rodriguez war völlig geknickt. »Mehr bin ich nicht für dich?«, fragte er traurig.

Venus hielt es für angebracht, ihm schonungslos die Flügel zu stutzen. »Nein, mehr bist du nicht für mich.«

Ihr war klar, dass ihre Worte kalt und gefühllos klangen, aber es war wohl besser, die Affäre auf diese Weise zu beenden, ehe er sich zu sehr in die ganze Sache hineinsteigerte.

»Entschuldige bitte, dass ich dich gestört habe«, sagte er schroff.

»Ist schon okay«, entgegnete sie und warf einen Blick auf

ihre Armbanduhr. Es war kurz vor fünf. »Hast du Zeit, mich jetzt zu massieren?«, fragte sie, um den Schlag etwas zu dämpfen.

»Natürlich«, antwortete er steif.

»Gehen wir ins Haus.«

Venus duschte, wickelte sich ein Badetuch wie eine Toga um den Körper, schlenderte in den Massageraum und legte sich bäuchlings auf den Massagetisch.

»Nimm heute das Zitronenöl« sagte sie. »Ich liebe diesen Duft.«

»Ja«, sagte Rodriguez, goss etwas Öl auf ihren Rücken und verrieb es mit seinen sehnigen Fingern. Dazu summte er leise ein Latino-Lied. Das war ein gutes Zeichen – wenigstens hatte sie nicht sein Herz gebrochen.

Venus schloss die Augen und entspannte sich völlig. Ihre Gedanken schweiften träge zu Cooper. Wie überzeugend er bei seinem letzten Besuch geklungen hatte, als er versucht hatte, sie zurückzugewinnen. »Wenn du es möchtest, können wir jederzeit wieder zusammenleben. Ich verspreche dir, nie wieder fremdzugehen. Das ist es einfach nicht wert.«

Klar, Coop, hatte sie gedacht. Du hast es dreißig Jahre lang getan. Warum solltest du dich meinetwegen ändern?

Glücklicherweise war sie nicht naiv.

Rodriguez' Hände kneteten jetzt ihren Po, bewegten sich kreisförmig, krochen näher und näher zur Spalte.

»Vergiss nicht, Rodriguez«, murmelte sie schläfrig, »das ist ein rein geschäftliches Arrangement. Ich kann nicht deine Freundin sein.«

»Das verstehe ich«, sagte er und liebkoste sie mit der Zunge.

»Nein, lass das«, protestierte sie nicht allzu überzeugend.

»Wenn in Argentinien eine Frau Nein sagt«, erzählte er, »ist es manchmal besser, anzunehmen, dass sie Ja meint.«

Sie spürte, wie seine Zunge in sie drang.

O mein Gott! Noch einmal. Danach würde sie ihn nie wieder ermutigen.

47

Er ist da«, sagte Boogie.

»Wie hast du es geschafft, ihn wieder hierher zu bringen?«, fragte Lucky.

»Er hat versucht, aus der Stadt zu fliehen. Ich habe ihn überredet zu bleiben.«

»Hat er Informationen für uns?«

»Hör sie dir selbst an.«

Sie folgte Boogie in die Garage. Die gleiche Szene. Sami saß gefesselt auf einem Stuhl. Gehetzt wanderten seine geröteten Augen umher und suchten wie ein gefangenes Tier nach einem Fluchtweg.

Diesmal hatte Lucky ihre eigene Waffe dabei, eine kleine silberne Automatik, die sie schon seit ein paar Jahren besaß. Es war nicht ihre Absicht, diesen jämmerlichen Kerl zu erschießen. Es konnte aber nicht schaden, ihm eine Scheißangst einzujagen. Er hatte auf ihren Vater geschossen und dabei die kleine Maria nur um ein paar Zentimeter verfehlt. Er hatte Gino für Geld ermorden wollen. Wäre es ihm gelungen, hätte sie ihn ohne zu zögern getötet – dieses wertlose Stück menschliche Scheiße.

Lucky stellte sich mit leicht gesenkter Waffe vor ihn. »Hast du einen Namen für mich, Sami?«, fragte sie, und ihre Stimme hallte durch die leere Garage. »Was ich doch sehr hoffe, denn heute bin ich nicht in der Stimmung, mich von dir verarschen zu lassen.«

Samis Blick wanderte von der Waffe zu Boogie, der an der Wand lehnte. »Na los«, meinte Boogie gelassen. »Sag's ihr.«

»John Fardo hat mich beauftragt«, stammelte Sami mit schweißbedeckter Stirn.

»Sag ihr, wer das ist«, ermutigte ihn Boogie.

»John ist Chauffeur. Er fährt die großen Limousinen eines Autoverleihs. Einer seiner Kunden hat ihm den Auftrag gegeben.«

»Wie heißt der Kunde?«, fragte Lucky, die schwarzen Augen mit dem tödlichen Blick auf Sami gerichtet.

»Weiß nicht«, antwortete Sami mit gepresster Stimme. »John arbeitet für die Galaxy Star Limo am Sepulveda Boulevard.« Schweiß tropfte ihm über sein Rattengesicht. »Lassen Sie mich jetzt gehen?«

»Schaff dieses Stück Scheiße raus, Boogie«, sagte Lucky. »Und sorge dafür, dass er das Killergeld der Wohlfahrt stiftet. Jeden Cent.«

Während sie ins Haus zurückging, dachte sie, dass die Killer auch nicht mehr das waren, was sie früher gewesen waren. Zum Glück für Gino war Sami ein amateurhafter Pfuscher ohne Mumm.

Sie ging in ihr Arbeitszimmer, ließ sich von der Auskunft die Telefonnummer des Autovermieters geben und rief dort an. »Für Sie arbeitet ein gewisser John Fardo«, sagte sie sehr geschäftsmäßig. »Er chauffiert gewöhnlich Mrs. Landsman. Mrs. Donna Landsman … Trifft das zu?«

Die Telefonistin bat sie, einen Augenblick zu warten, und sagte dann: »Ja, das stimmt, Ma'am.«

»Schön. Ich treffe Mrs. Landsman später. Ist John heute Abend ihr Chauffeur?«

»Ja, Ma'am. Er fährt sie jeden Abend.«

Große Überraschung.

Alex freute sich sehr, als Lucky ihm sagte, sie könne ihn zum Dinner bei den Stollis begleiten. Er vereinbarte mit ihr, sie um sieben Uhr abzuholen, und versuchte dann sofort, Tin Lee zu erreichen, um ihre Verabredung abzusagen. Doch sie war nicht daheim.

Das machte ihn sehr nervös, denn Tin Lee wusste, dass das Dinner bei Mickey Stolli stattfand. Er rief Lili zu Hause an.

»Wie war's bei der Drehortbesichtigung?«, fragte Lili.

Er hörte den Fernseher im Hintergrund laufen. »Wir haben den idealen Ort gefunden«, sagte er. »Hör mal«, fügte er dann hinzu, »ich musste meine Pläne ändern und kann Tin Lee nicht mit zu den Stollis nehmen.«

»Hast du sie schon angerufen?«

»Ich habe gerade versucht, sie zu erreichen, aber sie ist nicht zu Hause. Was soll ich jetzt machen?«

Lili stellte den Fernseher leiser. »Du fährst wie vereinbart zu deiner Wohnung und sagst es ihr, wenn sie kommt.«

»Ich wollte eigentlich im Strandhaus bleiben.«

»Soll ich die Stollis anrufen und dich entschuldigen?«

»Nein, ich gehe ja hin.«

»Du gehst hin«, wiederholte Lili geduldig. »Aber du nimmst Tin Lee nicht mit.«

»Du hast es erfasst.«

»Bist du mit einer anderen Frau verabredet?«

»Aber ja doch.«

»Dann solltest du versuchen, Tin Lee so schnell wie möglich zu erreichen.«

»Ein schlauer Rat, Lili. Ich habe dir doch gerade gesagt, dass sie nicht zu Hause ist.«

»Das tut mir aber Leid, Alex«, entgegnete Lili. »Da kann ich dir nicht helfen.«

Er hatte den heimlichen Verdacht, dass sich Lili über seine verkorksten Affären amüsierte. »Okay, okay«, sagte er und fand es zum Kotzen, dass sie ihm nicht helfen wollte. »Lass dir bloß keine Lösung für dieses Problem einfallen.«

Dann rief er den Portier seines Apartmenthauses am Wilshire Boulevard an. »Ich erwarte heute Abend um sieben eine Freundin. Sagen Sie ihr bitte, dass ich geschäftlich zu tun habe und nicht an dem Dinner teilnehmen kann. Sie soll nach Hause gehen und dort auf meinen Anruf warten. Haben Sie sich das alles gemerkt?«

»Ja, Mr. Woods«, antwortete der Portier.

»Ganz bestimmt?«

»Sie können sich auf mich verlassen, Mr. Woods.«

Alex blieb wohl nichts anderes übrig. Wenn er in die Stadt fuhr, um Tin Lee abzufangen, käme er zu spät zu seiner Verabredung mit Lucky. Es war am klügsten, im Strandhaus zu bleiben.

Mickey stieg in seinen Wagen und fuhr vom Studiogelände. Seit Venus ihm einen Überraschungsbesuch abgestattet hatte, hatte er nichts mehr von ihr gehört und wusste nicht, ob er das als gutes oder als schlechtes Zeichen deuten sollte. Ach, verdammt noch mal! Sie würde schon wieder zur Vernunft kommen. Jetzt, da er der Boss von Panther war, konnte alles Mögliche passieren. Und er sehnte sich verzweifelt danach, dass es passierte, denn Venus war eine heiße Puppe, und es war höchste Zeit, dass er mal wieder eine heiße Nummer schob.

Er war froh, erneut bei Panther zu sein. Die Leitung der Orpheus Studios war nicht sein Fall gewesen – er hatte den Japanern gegenüber Rechenschaft ablegen müssen und war so gezwungen gewesen, alle Geschäfte korrekt abzuwickeln. Mickey war es gewohnt, die Dinge auf seine Weise zu erledigen, und es gefiel ihm nicht, vor jemandem katzbuckeln zu müssen.

Er rief Abigaile übers Autotelefon an, um sich zu erkundigen, ob die Vorbereitungen für ihr Dinner nach Plan verliefen. Sie fing sofort an zu meckern, weil sie die Namen der Begleiterinnen von Cooper Turner und Johnny Romano nicht hatte.

»Das ist doch scheißegal«, entgegnete Mickey.

»Und was soll ich auf die Tischkarten schreiben?«, jammerte Abigaile.

»Schreib die Namen doch drauf, wenn die beiden da sind.«

»Schönschreibkunst zählt nicht zu meinen Begabungen«, fauchte ihn Abigaile an. »Ich lasse meine Karten beschriften.«

Seine Frau konnte eine richtige Nervensäge sein, obwohl er zugeben musste, dass sie seit ihrer Versöhnung besser miteinander auskamen als vor der Trennung. Vor zwei Jahren hatte sie ihn rausgeworfen, nachdem sie ihn mit Warner erwischt hatte. Es hatte keinen Spaß gemacht, allein zu leben. Das Leben im Hotel hatte ihn bald angeödet, und er hatte sich nach der Bequemlichkeit seines Zuhauses gesehnt. Zu seinem Erstaunen hatte er Abigaile sogar vermisst.

Ja, Abigaile, die sein gesellschaftliches Leben organisierte, war für ihn ein absolutes Plus.

Das bedeutete jedoch nicht, dass er nicht nach Lust und Laune herumhuren konnte.

Nachdem Abigaile, wütend über Mickeys Verständnislosigkeit, den Telefonhörer auf die Gabel geknallt hatte, rief sie Consuela, ihre Haushälterin, zu sich. »Uns fehlen noch die Namen für diese beiden Tischkarten. Kannst du diese Schönschrift kopieren?«

»Klar«, antwortete Consuela.

»Sag dem Butler, er soll dir die Namen der Ladys geben, die in Begleitung von Mr. Turner und Mr. Romano kommen. Die schreibst du dann auf die Karten.«

»Ja.«

»Und achte auf die richtige Schreibweise.«

Nachdem dieses Problem gelöst war, musste sie sich nun für ihre Garderobe entscheiden. Zur Wahl standen ein mit Perlen besticktes Abendkostüm von Nolan Miller und ein blaues Kleid von Valentino. Sie würde warten, bis Mickey kam, und ihn um Rat fragen.

Was ihr jetzt noch Sorgen bereitete, war ihre Tochter. Mit welcher bizarren Kreation würde Tabitha sie heute Abend überraschen? Letzte Woche waren sie zu dritt ins Trader Vic's zum Dinner gegangen. Tabitha hatte einen zerschlissenen Satinunterrock und klobige DocMarten-Stiefel getragen und sich die Arme mit Tätowierungen voll geklebt. Kein schöner Anblick. Mickey hatte geschworen, sich nie wieder mit ihr in der Öffentlichkeit zu zeigen.

Abigaile hielt es für besser, nach ihrer Tochter zu sehen, und ging zu deren Zimmer hinauf.

Tabitha lag auf dem Bett. Sie trug ein T-Shirt und gestreifte Männerunterhosen und schaute sich Axl Rose auf MTV an. Bon Jovi dröhnte aus dem CD-Player. Der Lärm war ohrenbetäubend.

»Es ist höchste Zeit, dass du dich fertig machst«, brüllte Abigaile über das Getöse hinweg.

»Is schon okay«, näselte Tabitha und winkte ihrer Mutter vage zu.

»Ich hoffe, du ziehst das Kleid an, das ich dir bei Neiman's gekauft habe«, schrie Abigaile.

»Ja, ja«, erwiderte Tabitha und spielte mit dem Goldring, den sie sich erst kürzlich in ihren Nabel hatte bohren lassen.

Abigaile erschauderte und floh aus diesem unbeschreiblich chaotischen Zimmer.

Obwohl sie das nie jemandem anvertrauen würde, konnte sie es kaum erwarten, bis Tabitha endlich auszog.

Venus entschied sich für die Farbe Rot – ein atemberaubendes Kleid von Alaïa mit einem tiefen Rückenausschnitt und einem gewagten Dekolleté. Sie hoffte, ihr Anblick würde Mickey wahnsinnig geil machen. Vielleicht beeindruckte sie sogar Alex – er musste doch auch Gefühle haben.

Anthony machte Überstunden. Sie hatte ihn in ihr Schlafzimmer gerufen, damit er sein Urteil über ihr Aussehen abgab.

»Göttlich!«, rief er mit dem genau richtigen Ausdruck echter Bewunderung in der Stimme.

»Göttlich genug, um die Rolle der Lola zu bekommen?«

Anthony nickte respektvoll. »Für diese Rolle gibt es keine andere Schauspielerin.«

Er fand wirklich immer die passenden Worte.

Johnnys Limousine fuhr kurz darauf vor. Johnny stieß bei ihrem Anblick einen bewundernden Pfiff aus. Sie machte ihm Komplimente zu seinem grauen Anzug aus Haifischhaut und dem schwarzen Gangsterhemd. Er half ihr beim Einsteigen und streifte dabei wie zufällig mit der Hand ihren Busen. Venus tat so, als hätte sie nichts bemerkt.

Johnnys Chauffeur war eine wunderschöne Schwarze. Zwei weibliche Leibwächter saßen kerzengerade auf den Vordersitzen.

»Brauchst du wirklich diesen ganzen Aufwand?«, fragte Venus und ließ sich in die weichen Polster sinken.

»Klar, Baby. Und diesen Luxus solltest du dir auch gönnen«, antwortete er und fügte mit einem Grinsen hinzu: »Die Kosten kannst du von der Steuer absetzen.«

Du meine Güte, was hast du nur für große Zähne, dachte sie, als er nach der Flasche Cristal griff und ein Glas füllte. Leise Rap-Musik unterstrich die intime Atmosphäre.

Venus nahm das Glas Champagner und musste unwillkürlich an die Briefe denken, die sie in letzter Zeit erhalten hatte. »Wer kümmert sich um deine Fanpost?«, fragte sie.

»Das Geschreibsel lese ich nie«, entgegnete er und stürzte den Champagner wie Wasser hinunter. »Ich bekomme einen Haufen verrückter Briefe.«

»Ich auch. Seit einer Weile erhalte ich obszöne Briefe. Die liegen immer vor meiner Tür.«

Er füllte noch einmal sein Glas. »Wie kann das passieren? An deinem Eingangstor ist doch ein Wachposten.«

»Das Ganze ist mir ein Rätsel.«

»Du musst was dagegen tun. Verstärke dein Sicherheitssystem und postiere ein paar Wachleute mehr auf deinem Grundstück.«

»Ja, du hast Recht.«

»Ich empfehle dir ein paar Leute«, sagte Johnny und ließ seine Hand wie beiläufig über ihren Oberschenkel gleiten. »Wenn wir in Zukunft zusammenarbeiten, müssen wir rund um die Uhr von Leibwächtern beschützt werden.«

»Darüber wollte ich gerade mit dir reden«, sagte sie und schob seine Hand beiseite. »Alex hat die Rolle mit Leslie Kane besetzt. Ich bin draußen.«

»Kommt überhaupt nicht in Frage!«, empörte sich Johnny.

»Es ist aber leider so.«

»Das ist doch unmöglich! Wer hat dir das gesagt?«

»Freddie Leon.«

»Soll ich mich für dich einsetzen?«

»Wenn du willst. Erwarte aber keine Gegenleistung dafür.«

»Sei ganz unbesorgt, Baby. Wenn Johnny sagt, dass er was tun wird, kannst du die Sache als erledigt betrachten.«

»Es ist schon spät«, sagte Leslie, als Jeff ins Haus gestürzt kam. »Wo warst du denn?«

»O Mann! Ich wurde im Fitnesscenter aufgehalten und habe gar nicht auf die Zeit geachtet«, keuchte er völlig außer Atem.

»Wir müssen um Viertel nach sieben fahren.«

»Entschuldige bitte. Ich dusche schnell und bin im Handumdrehen fertig.« Er rannte ins Badezimmer.

Wofür hielt er sie eigentlich? Für beschränkt? Er war bei einer Frau gewesen, das hatte sie am Geruch erkannt. Außerdem hatte seine Frau voll Häme angerufen. Ja, Jeff war verheiratet. In einem leichten Anfall von Amnesie hatte er wohl vergessen, ihr das zu erzählen. »Ich bin Amber«, hatte die Frau am Telefon gesagt. »Jeffs Frau. Wenn Sie mir nicht glauben, schauen Sie in seiner Brieftasche nach. Hinter dem letzten Foto steckt unsere Heiratsurkunde.«

»Warum rufen Sie mich an?«, hatte Leslie verblüfft gefragt.

»Ich dachte, Sie sollten das wissen.«

»Danke. Jetzt weiß ich es.«

Das war vor ein paar Tagen gewesen. Sie hatte keine Ahnung, warum Jeffs Frau angerufen hatte, und es war ihr, ehrlich gesagt, ziemlich egal, denn Jeff wohnte nur vorübergehend bei ihr. Er war bloß ein Lückenbüßer, bis sie Cooper wieder zurückgewonnen hatte.

Leslie folgte ihm ins Bad. Er stand schon unter der Dusche.

»Wer war sonst noch im Fitnesscenter?«, fragte sie. »Jemand, den ich kenne?«

»Nein. Heute war's dort ziemlich leer«, schrie er, um das Rauschen des Wassers zu übertönen.

Mein Gott, ist er ein schlechter Schauspieler. Kein Wunder, dass er beim Film noch keine Chance hatte.

Leslie nahm eine Parfümflasche von der Ablage und besprühte sich verschwenderisch. Cooper liebte Parfüm – der Duft machte ihn scharf.

Sie fragte sich, wen Cooper heute Abend wohl mitbringen würde. In den Klatschspalten hatte sie gelesen, dass er in Gesellschaft verschiedener Frauen gesehen worden war.

Jeff trat aus der Dusche.

»Deine Haare sind nass«, sagte Leslie.

»Ich brauche nur zwei Minuten, um sie zu trocknen ... wenn du mir deinen Föhn leihst.«

»Du weißt doch, wo er liegt.«

Sie ging aus dem Bad. Er war dämlich, einfach nur dämlich.

Was war bloß mit den Männern los?

Offensichtlich schlossen Verstand und Potenz einander aus.

Coopers Begleiterin zur Dinnerparty bei Mickey Stolli war Veronica, ein berühmtes Mannequin und Katalog-Model, deren Spezialität die Präsentation von sexy, aber doch dezenter Unterwäsche war. Er hatte Veronica im Flugzeug kennen gelernt, war ein paarmal mit ihr ausgegangen und fand sie für ein attraktives Model ziemlich intelligent. Und sie klammerte sich nicht an ihn. Das mochte er bei einer Frau. Nur ihre tiefe, kehlige Stimme gefiel ihm nicht – sie klang wie ein Mann.

»Hi, Cooper«, kam es aus der Sprechanlage, nachdem er bei ihr geläutet hatte. »Ich bin sofort unten.«

Veronica reiste sehr viel und war ständig zwischen New York, Paris und London unterwegs. Sie hatte Apartments in L.A. und New York.

»Soll ich wirklich nicht hochkommen?«, fragte er und spielte mit dem Gedanken an einen Quickie. Bisher hatte er sich Veronica gegenüber wie ein Gentleman benommen, doch heute Abend wollte er's wissen.

»Okay«, stimmte sie nicht sehr begeistert zu.

Er nahm den Aufzug in den vierzehnten Stock.

»Du bist unverbesserlich!«, sagte Veronica, als sie ihn hereinließ, denn ihr war die Wölbung nicht entgangen. »Ich habe noch nie einen Mann wie dich kennen gelernt.«

»Ich kann nichts dafür, dass ich mich freue, dich zu sehen«, erwiderte er und drückte ihre Hand auf seine Erektion.

»Spar sie dir für später auf.«

Hätte ich das mit Venus Maria gemacht, dachte er, hätte sie sofort zugegriffen und mir gegeben, wonach ich mich sehne. Veronica war für seinen Geschmack ein bisschen zu cool. Sie war ein Star in ihrer Branche, vielleicht ein zu großer Star, der sich Allüren zugelegt hatte. Obgleich sie wie jedes erfolgreiche Model den Traum hegte, eines Tages eine berühmte Filmschauspielerin zu werden. Das war ihr schwacher Punkt.

Seine Taktik ändernd, schob er seine Hand in ihr Dekolleté,

was sie völlig überraschte. Sie trug keinen Büstenhalter. »Wundervolle Titten«, sagte er.

»Ich weiß«, entgegnete sie, zufrieden lächelnd. »Wollen wir jetzt gehen?«

Tee mit Dominique war für Tin Lee eine erstaunlich erfreuliche Angelegenheit. Sie saß steif auf der mit Damast bezogenen Couch und betrachtete die Fotoalben, die Dominique ihr gegeben hatte. Die ersten Aufnahmen von Alex zeigten ihn zusammen mit seinem Dad, beim Spielen am Strand, beim Reiten und beim Schwimmen. Dann kamen die Geburtstagsfotos, auf denen alle drei unbekümmert lachten. Anschließend folgten drei Seiten, die Dominique mit Fotos von der Beerdigung von Alex' Vater voll geklebt hatte, was Tin Lee ein bisschen morbide fand. Die Aufnahmen von Alex waren herzzerreißend – mit einem vor Kummer erstarrten Kindergesicht stand er neben dem Sarg. Danach lächelte Alex auf keinem Foto mehr. Eines zeigte ihn zusammen mit seinen Großeltern, ein anderes, wie er zu einem Fenster hinausstarrte, und auf einem dritten stand er linkisch in einem Garten. Die letzten Seiten des Albums enthielten Aufnahmen von Alex in der Uniform der Militärakademie – eine verlorene Gestalt mit traurigem Gesicht.

»Alex hatte Disziplin nötig«, sagte Dominique, als wollte sie sich rechtfertigen. »*Ich* konnte mich nicht um ihn kümmern. Als mein Mann starb, war ich noch eine junge Frau und hatte gewisse … Bedürfnisse. Niemand konnte von mir erwarten, dass ich alles aufgab.«

»Ich verstehe«, entgegnete Tin Lee leise, obwohl ihr jedes Verständnis dafür fehlte.

»Alex nicht«, sagte Dominique bitter. »Er gibt mir die Schuld an allem.«

»Was wirft er Ihnen denn vor?«, fragte Tin Lee neugierig.

»Er behauptet, ich sei am frühen Tod seines Vaters schuld,

glaubt, ich hätte Gordon mit meinen Nörgeleien in den Tod getrieben. Er kennt die wahre Geschichte nicht. Gordon war Alkoholiker und ein nichtsnutziger Schürzenjäger. Ich hatte allen Grund, ihn zu kritisieren.«

»Haben Sie beide je miteinander darüber gesprochen?«, fragte Tin Lee.

Dominique schüttelte den Kopf. »Nein. Alex weigert sich, über persönliche Dinge zu reden. Er trifft sich nur ab und zu mit mir, weil er sich dazu verpflichtet fühlt.«

»Wenn ich dazu etwas sagen darf«, warf Tin Lee ein. »Vielleicht kommen Sie beide nicht gut miteinander aus, weil Sie ihn ständig kritisieren.«

»Ich kritisiere ihn, um seine Aufmerksamkeit auf mich zu lenken«, entgegnete Dominique schroff. »Würde *ich* ihm nicht die Meinung sagen, wer täte es sonst?«

»Ich glaube, darüber ist Alex sehr unglücklich«, wagte sich Tin Lee vorsichtig ein Stückchen weiter vor.

»Bilden Sie sich etwa ein, Alex zu kennen?«, konterte Dominique bissig. »Wie es zwischen Alex und mir steht, geht Sie gar nichts an.«

Tin Lee nahm die Rüge zur Kenntnis und stand auf. »Ich muss mich jetzt verabschieden«, sagte sie. »Alex hasst es, wenn man ihn warten lässt.«

»Ehe Sie gehen, möchte ich Ihnen etwas zeigen. Kommen Sie mit«, befahl Dominique und führte Tin Lee in ihr Schlafzimmer.

Sie ging zu einer Kommode und entnahm einer alten Schmuckschatulle ein exquisites, mit Diamanten besetztes Kreuz, das an einer dünnen Kette aus Platin befestigt war. »Sehen Sie sich das an«, sagte sie und hielt das Schmuckstück Tin Lee hin. »Es hat Alex' Großmutter gehört. Ich möchte, dass Sie es heute Abend tragen.«

»O nein! Das kann ich nicht annehmen«, protestierte Tin Lee erschrocken. »Es ist viel zu kostbar.«

»Nehmen Sie es, meine Liebe«, sagte Dominique und gab Tin Lee das Schmuckstück. »Es ist mir ein großer Trost, dass Alex eine Frau hat, die sich um ihn kümmert … eine junge Frau, die es nicht auf sein Geld abgesehen hat.«

Tin Lee trat vor den Spiegel und legte sich das Diamantkreuz um den schlanken Hals. »Wie schön!«, hauchte sie.

»Erfreuen Sie sich daran, und genießen Sie den heutigen Abend. Dass Alex Sie zu so einem illustren Dinner mitnimmt, ist ein gutes Zeichen.«

»Ich würde mich freuen, wenn wir drei nächste Woche gemeinsam zu Abend essen würden«, sagte Tin Lee.

»Ja«, stimmte Dominique zu, »das würde mir auch gefallen. Ich habe nicht viele Freunde und fühle mich oft einsam.«

»Ich spreche mit Alex darüber.«

Dann eilte Tin Lee nach unten und wartete ungeduldig, bis der Chauffeur ihr Auto vorfuhr.

Ein ängstlicher Blick auf ihre Armbanduhr zeigte ihr, dass die Zeit knapp wurde.

48

Alex pflückte in seinem Garten eine gelbe Rose für Lucky. Als er vor ihrem Haus aus dem Auto stieg, hielt er die Blume vorsichtig und linkisch am dornigen Stiel. Er war romantische Gesten nicht gewöhnt.

Lucky kam selbst an die Tür. In dem schwarzen Abendkostüm von Yves Saint Laurent mit tief ausgeschnittener weißer Bluse, den großen Diamantohrringen, den pechschwarzen Locken, die ihr schönes Gesicht umrahmten, sah sie atemberaubend aus.

»Komm rein«, sagte sie. »Im Vergleich zu deinem Haus ist meins, wie ich schon bemerkte, eine bescheidene Hütte.«

»Du untertreibst gewaltig«, erwiderte er und blickte sich um. »Ich finde es sehr komfortabel.«

»Deins ist die *Architectural-Digest-Version* von meinem. Ja, schließlich habe ich Kinder und du nicht. Weil du nie geheiratet hast, stimmt's?«

»Du kannst dich noch daran erinnern, worüber wir an jenem Abend gesprochen haben?«

Lucky nickte: »Aber natürlich.«

»Du hattest ganz schön was intus, wenn ich das so sagen darf.«

»Oh, ich vertrage eine ganze Menge. Auch wenn ich voll bin, weiß ich genau, was passiert.« Sie lachte leise. »Erinnerst du dich noch an ... wie hieß sie doch gleich? Ach ja, Driving Miss Daisy.«

»Wie könnte ich die je vergessen?«

»Gibst du ihr eine Rolle in *Gangsters?*«

»Kann sein«, antwortete er und reichte ihr die gelbe Rose. »Übrigens ... du siehst wunderschön aus.«

»Danke.« Sie legte die Rose auf einen Tisch. »Ich wusste gar nicht, dass du auch Gartenbauexperte bist.«

»Das macht alles mein Gärtner. Ich gehe nur raus und pflücke die Blumen.«

»Haben wir noch Zeit für einen Drink?«

»Ja, ich denke schon.«

»Was möchtest du?«

»Einen Wodka-Martini, bitte.«

Da läutete das Telefon.

»Geh nur ran. Ich mixe die Drinks«, sagte er.

Lucky nahm den Hörer ab. Jennifer meldete sich.

»Mein Freund Ricco, von dem ich Ihnen erzählt habe und der zurzeit in Rom arbeitet, ist in L.A. und wohnt im Château Marmont«, sagte Jennifer ziemlich außer Atem. »Sie sollten sich anhören, was er zu berichten hat. Wir könnten uns mit ihm in einer halben Stunde treffen.«

»Geht's auch später?«, fragte Lucky.

»Nein. Er ist zum Dinner verabredet und fliegt um Mitternacht nach Italien zurück. Es muss jetzt sein.«

Lucky warf Alex, der damit beschäftigt war, Martinis zu mixen, einen Blick zu. »Okay, dann jetzt«, traf sie spontan ihre Entscheidung.

»Wir treffen uns so bald wie möglich im Foyer des Hotels.«

»Ja, ich komme«, sagte Lucky und legte auf.

Alex reichte ihr ein Glas. »Darin bin ich gut. Ich war mal Barkeeper.«

»Wärst du damit einverstanden, dass ich dich bei den Stollis treffe?«, fragte Lucky. »Ich habe gerade eine wichtige Nachricht erhalten und muss vorher noch wohin.«

Lucky Santangelo war wirklich eine schwierige Frau. »Das soll wohl ein Scherz sein, oder?«

»Leider nicht.«

»Dann begleite ich dich.«

Lucky überlegte kurz, ob sie ihn dabei haben wollte. »In dem Fall kommen wir beide zu spät zu den Stollis«, sagte sie schließlich.

»Na und?«, entgegnete er.

»Okay. Gehen wir. Näheres erzähle ich dir während der Fahrt.«

Er kippte seinen Martini hinunter.

Warum wurde nur jede Begegnung mit Lucky zu einem Abenteuer?

Das Flugzeug der American Airline hob pünktlich vom Kennedy-Airport ab.

»Bist du dir sicher, dass wir das Richtige tun?«, fragte Brigette.

»Ja«, sagte Nona mit Nachdruck. »Keine von uns beiden ist in der Lage, mit Michel fertig zu werden. Er ist ein Psychopath. Lucky weiß, wie man mit solchen Typen umgeht.«

»Ich fühle mich beschissen, weil ich wieder etwas verkorkst habe«, sagte Brigette. »Jedes Mal, wenn ich was vermassle, muss Lucky kommen und für mich den Karren aus dem Dreck ziehen.«

»Was soll das denn heißen?«

»Na ja, das letzte Mal ging's um Kidnapping und so …« Ihre Stimme verlor sich. »Lucky hat die Schuld auf sich genommen, als ich Santino Bonnatti erschoss.«

»Ja, aber beim Prozess hast du die Wahrheit gesagt. Es passiert immer wieder Scheiße, Brigette. Du musst lernen, damit umzugehen.«

»Warum renne ich dann zu Lucky?«

»Weil du ausgepowert bist. Du treibst dich jede Nacht mit Isaac rum und dröhnst dich mit Drogen und Alkohol zu. Soll so dein Leben aussehen?«

»Nein.«

»Also wird es Zeit, dass du aufhörst, davonzulaufen. Außerdem will ich, dass du wieder zu dir kommst, damit du mir bei den Vorbereitungen für meine Hochzeit helfen kannst.«

»Ich habe Isaac gebeten, mir eine Waffe zu besorgen.«

»Das kann doch nicht wahr sein.«

»Doch.«

»Und was hättest du damit gemacht, wenn er dir eine besorgt hätte?«

»Weiß nicht. Vielleicht hätte ich Michel erschossen.«

»Das solltest du schön bleiben lassen. Du hast schon genug Schwierigkeiten am Hals.«

»Das kann man wohl sagen.«

»Es ist noch nicht zu spät, alles in Ordnung zu bringen«, tröstete Nona ihre Freundin. »Wenn wir erst mal Michel los sind, suchen wir uns einen anständigen Agenten. Du stehst doch erst am Anfang deiner Karriere.«

»Du hast Recht, Lucky ist meine einzige Chance, da rauszukommen.«

Nach dem Abendessen sahen sich die beiden noch einen Film an und schliefen dann, bis der Steward die bevorstehende Landung ankündigte.

»Toller Flug«, sagte Nona, legte den Sicherheitsgurt an und weckte Brigette. »Ich habe für uns Zimmer im Hilton reserviert, da ich es nicht für klug halte, unangekündigt bei Lucky aufzutauchen.«

»Ich möchte, dass du dabei bist, wenn ich ihr alles erzähle«, sagte Brigette ängstlich.

»Natürlich komme ich mit.«

Brigette legte ihre Hand auf Nonas. »Danke, dass du mir eine so gute Freundin bist.«

»Ach«, wehrte Nona leichthin ab, »ich sorge doch nur dafür, dass mir meine zehn Prozent nicht flöten gehen!«

Leslie und Jeff waren die ersten Gäste, die bei den Stollis eintrafen.

Abigaile begrüßte die beiden an der Tür. Die Frauen tauschten Wangenküsse und Komplimente. Jeff strahlte übers ganze Gesicht. Er konnte sein Glück nicht fassen. In dieser Gesellschaft zu verkehren war ein absolutes Plus. Gott sei Dank hatte er eine verständnisvolle Frau, die es ihm überließ, auf welche Weise er für ihre gemeinsame Zukunft sorgte.

»Mickey kommt gleich runter«, sagte Abigaile und führte sie durch die weitläufige Halle zur Bar.

Ein gut aussehender Barkeeper erkundigte sich nach ihren Wünschen.

»Ein Glas Weißwein, bitte.« Leslie glättete nervös den Rock ihres Kleides.

»Tequila on the rocks«, sagte Jeff unsicher.

Leslie warf ihm einen warnenden Blick zu. Beide wussten, dass er nicht viel Alkohol vertrug.

»Nur einen«, versprach Jeff, dem ihr Blick nicht entgangen war.

Abigaile sehnte die Ankunft der anderen Gäste herbei und wünschte, Mickey würde bald seinen Arsch hier runter bewegen, denn ihr lag nicht viel daran, allein ihre Gäste zu unterhalten. Jetzt musste sie sich um diese beiden kümmern und konnte nicht nach dem Rechten sehen, ganz zu schweigen von Tabitha, die sich geweigert hatte, ihr Zimmer zu verlassen. Daher wusste Abigaile noch immer nicht, in welch gewagtem Outfit sich ihre Tochter präsentieren würde.

Die Türglocke läutete, und gleich darauf schlenderte Johnny Romano in Begleitung von Venus Maria herein.

Abigaile runzelte verärgert die Stirn. Wie konnte es Johnny wagen, ihr nicht den Namen seiner Begleiterin zu nennen, wenn es sich dabei um jemanden handelte, der so berühmt wie Venus war? Dieser Mann hatte keine Manieren.

»Abbey, Baby«, gurrte Johnny und beglückte sie mit einem anzüglichen Grinsen und einem Klaps auf den Po. »Wer ist mir wohl die liebste Frau in Hollywood?« Er bückte sich, um sie zu küssen.

»Johnny, mein Lieber«, säuselte Abigaile. »Du schaust fabelhaft aus. Und Venus, wir haben uns eine Ewigkeit nicht gesehen. Ich freue mich so, dass du da bist.«

»Danke, Abbey«, entgegnete Venus gelassen, obwohl sie innerlich vor Wut kochte, denn sie hatte Leslie entdeckt. Johnny hatte ihr nicht gesagt, dass sie kommen würde.

Abigaile führte die beiden zur Bar. »Kennst du Leslie und …« Wieder fiel ihr der Name von Leslies Begleiter nicht ein.

Leslie riss schockiert die Augen auf und stammelte: »J-Jeff.« Sie war Venus seit jenem schrecklichen Abend in ihrem Haus nicht mehr begegnet. Eine Katastrophe bahnte sich an.

»Hi, Leslie«, sagte Venus kühl.

Leslie spielte kurz mit dem Gedanken, dieses Flittchen zu ignorieren, dann murmelte sie doch: »Hallo.«

Jeff schien vergessen zu haben, wem er Loyalität schuldete. »Venus!«, rief er begeistert. »Wir haben uns bei Leslie kennen gelernt. Was war das für ein Abend!«

Beide Frauen hatten den gleichen Gedanken: So ein Arschloch!

Johnny, der sich nicht erinnern konnte, Leslie je begegnet zu sein, hielt ihre Hand ein paar Sekunden zu lang. »Ich habe schon viele gute Kritiken über Sie gelesen«, sagte er. »Willkommen in der Stratosphäre.«

Leslie erwiderte mit einem verkniffenen Lächeln: »Danke.«

Nein, er erinnerte sich nicht an die eine Nacht voll ungehemmter Lust in einem Bungalow des Beverly Hills Hotels mit ihr und zwei anderen Mädchen. Er hatte für das Trio zehntausend Dollar gezahlt und sich wie ein gieriges Schwein aufgeführt.

»Nein, ich danke *Ihnen*«, entgegnete Johnny und sah ihr tief in die Augen. Sollte er bei Venus nicht landen, wäre dieser Rotschopf ein vollwertiger Ersatz.

In diesem Moment erschien Mickey. »Herzlich willkommen«, sagte er, strahlte seine Gäste an und musste zweimal hinsehen, als er Venus entdeckte. »Guten Abend, meine Liebe«, sagte er mit aalglattem Charme. »Mit dir hatten wir nicht gerechnet.«

»Ich weiß doch, wie sehr du Überraschungen liebst, Mickey«, gurrte Venus, wie immer für einen Flirt bereit. »Hier bin ich also.«

»Ja«, fügte Johnny hinzu. »Ich und Venus, wir sind eine Nummer.«

»Eine Nummer?«, fragte Abigaile, die das tiefe Dekolleté von Venus' Kleid schamlos fand.

Johnny drückte Venus' Arm. »He, Mickey, wir dachten, da wir *Gangsters* zusammen drehen, geben wir dir ein bisschen zusätzliche PR. Die Boulevardpresse wird sich auf diese Story stürzen.«

Mickey sah schnell zu Leslie hin. Sie unterhielt sich mit Jeff und schien die Bemerkung nicht gehört zu haben. Gott sei Dank.

Abigaile jedoch hatte sie gehört. Sie nahm Mickey am Arm und sagte: »Entschuldigt uns einen Augenblick.« Dann zog sie ihn zum anderen Ende des Raums und zischte ihm zu: »Wovon redet Johnny überhaupt? Hat denn noch niemand Venus gesagt, dass sie die Rolle in *Gangsters* nicht bekommt?«

Mickey nickte. »Es ist alles in Ordnung, Liebes. Zerbrich dir darüber nicht deinen kleinen Kopf.«

»Meinen *kleinen Kopf?*«, entgegnete sie hochmütig. »Was glaubst du eigentlich, mit wem du sprichst – mit einem deiner hirnlosen Starlets?«

»Es hat eine Änderung im Besetzungsplan gegeben«, sagte Mickey missmutig. Er konnte es nicht ausstehen, wenn Abigaile anmaßend wurde.

»Was soll das heißen?«, fauchte Abigaile ihn an.

»Ich habe für Leslie eine bessere Rolle in einem anderen Film vorgesehen. Damit sie anbeißt, will ich ihr zuerst das Drehbuch schicken. Sie spielt darin neben Gere die Hauptrolle.«

»Richard Gere?«

»Nein, Maxie«, entgegnete er spöttisch. »Was glaubst du denn? Natürlich mit Richard.«

Abigailes Verhalten änderte sich sofort. Sie sah bereits Richard Gere unter ihren Gästen. »Oh, das finde ich großartig. Leslie wird begeistert sein.«

»Sage ich doch. Alex ist für Leslie ein zu knallharter Bursche. Er wird ihr nichts als Ärger machen. Ich tue ihr damit nur einen Gefallen. Aber das wollen wir heute Abend nicht verkünden.«

»Warum nicht?«

»Weil ich nicht möchte, dass Venus es erfährt. Lass uns das

alles jetzt vergessen und den Abend genießen. Wenn du deinen Mund hältst, gibt's keinen Ärger.«

»Nein, Mickey«, sagte Abigaile hochmütig. »Du hältst *deinen* großen Mund.«

Sie eilte zu ihren Gästen zurück. Venus und Johnny waren zum Pool hinausgeschlendert. Leslie und Jeff stritten sich an der Bar temperamentvoll. Und dann hatten Cooper Turner und seine Begleiterin ihren Auftritt.

»Liebste Abigaile«, sagte Cooper und küsste sie auf beide Wangen. »Darf ich dir Veronica vorstellen?«

»Hallo, meine Liebe«, begrüßte Abigaile sie.

Leslie drehte sich um und sah Cooper näher kommen. Sofort änderte sie ihre Pose. »Cooper«, säuselte sie mit einem strahlenden Lächeln. »Wie schön, dich zu sehen.«

»Hi, Leslie«, sagte er lächelnd. »Darf ich dir Veronica vorstellen?«

Leslie nickte, noch immer lächelnd, und dachte: O mein Gott, er geht mit diesem billigen Model, das in diesen sexistischen Katalogen für Damenunterwäsche abgebildet ist, die einem in den Briefkasten gesteckt werden, ob man sie nun haben will oder nicht.

»Veronica, das sind Leslie Kane und ihr Freund Jeff.«

»Hallo, Cooper«, grüßte Jeff und streckte ihm die Hand hin. Es machte ihm überhaupt nichts aus, dass Leslie und Cooper mal ein Paar gewesen waren.

Venus und Johnny kamen in dem Augenblick ins Haus, als die Ehrengäste – Donna und George Landsman – eintrafen. Santo trottete schmollend hinter den beiden her.

Abigaile spielte die entzückte Gastgeberin. »Donna«, grüßte sie überschwänglich, »welch eine Freude, Sie endlich kennen zu lernen. Mickey hat mir schon so viel von Ihnen erzählt. Willkommen in Hollywood! Wir sind so froh, dass er wieder bei Panther ist.«

Mickey mischte sich lebhaft in die Unterhaltung ein. »Donna«, sagte er und ignorierte George völlig. »Herzlich willkommen in meinem Haus.«

Donna, die schon Cooper Turner, Johnny Romano und Venus Maria entdeckt hatte, war völlig eingeschüchtert. In geschäftlichen Dingen wurde sie mit jeder Situation fertig, doch mit diesen berühmten Leuten zu verkehren war für sie ein beunruhigendes Erlebnis. Sie packte Santo, der hinter ihr herumlungerte, und schob ihn vor. »Das ist mein Sohn Santo.«

»Hallo, Santo«, sagte Abigaile und fragte sich, warum Donna Landsman es zugelassen hatte, dass ihr Sohn so fett wurde.

Santo entdeckte am anderen Ende des Raums Venus, und sein Herz fing an zu hämmern.

Venus. *Seine* Venus. In Fleisch und Blut. Nur ein paar Meter von ihm entfernt. Er wurde knallrot im Gesicht.

»Ich muss schnell auf die Toilette«, murmelte er.

»Jetzt?«, zischte Donna ihn missbilligend an.

»Ja, jetzt.«

»Es ist die erste Tür links auf dem Korridor«, teilte ihm Abigaile, die liebenswürdige Gastgeberin, mit.

Santo stürzte aus dem Raum. Hatte Venus ihn gesehen? O mein Gott! Er hatte sich ihre erste Begegnung anders vorgestellt.

Santo schoss förmlich in die Toilette und knallte die Tür hinter sich zu. Glücklicherweise hatte er einen Joint dabei. Er kramte ihn aus seiner Tasche, zündete ihn an und inhalierte tief. Ich muss ganz cool bleiben, redete er sich ein.

Auf ihrem Weg nach unten sah Tabitha den fetten Kerl in der Gästetoilette verschwinden. Leise kichernd dachte sie: Den Spaß lass ich mir nicht entgehen. Mal sehen, ob ich den Fettsack nicht in Verlegenheit bringen kann. Eine kleine Rache dafür, dass mich meine Mutter zwingt, an dieser idiotischen Dinnerparty teilzunehmen.

Vor der Gästetoilette angekommen, riss sie mit einem

Ruck die Tür auf. Santo, der vergessen hatte, abzuschließen, machte vor Schreck beinahe einen Luftsprung. Er war mit einem Joint in der Hand ertappt worden.

Tabitha erfasste die Situation sofort. Blitzschnell schloss sie die Tür. »Du musst der Sohn dieser … dieser Donna sein«, konstatierte sie.

»Ja«, murmelte er. »Santo.«

»Ich bin Tabitha, die Tochter der Stollis. Wie ich sehe, hast du da einen hübschen fetten Joint in der Hand. Lass mich mal ziehen, dann verrate ich dich nicht.«

Aaron Kolinsky, der Portier von Alex' Apartmenthaus, hatte schlimme Magenbeschwerden. Einige der Bewohner konnten einen mit ihren dummen Ansprüchen wirklich krank machen.

»Gehen Sie doch mit meinem Hund spazieren.«

»Lassen Sie meinen Wagen wachsen.«

»Holen Sie mir etwas vom Markt.«

Wofür hielten diese Leute ihn? War er ein Einmannserviceunternehmen? Für die andere Schicht war ein junger Punker eingeteilt, der von nichts eine Ahnung hatte. Aaron musste sich um alles kümmern.

Um sieben Uhr abends beendete er seinen Dienst. Er hatte genug. Von sieben Uhr morgens bis sieben Uhr abends diesen reichen Leuten mit ihren unaufhörlichen Wünschen zur Verfügung zu stehen schaffte jeden Mann.

Er war schon lange gegangen, als Tin Lee eintraf. Doch es spielte sowieso keine Rolle, denn er hatte Alex' Anweisungen völlig vergessen.

Tin Lee sagte dem Portier, dass sie zu Alex Woods' Apartment hinauffahre, stieg in den Aufzug und läutete an Alex' Tür.

Keine Reaktion.

Sie war eine halbe Stunde zu spät dran. Alex war wahrscheinlich wütend geworden und schon zu den Stollis vorausgefahren.

»Hat Mr. Woods eine Nachricht für mich hinterlassen?«, fragte sie, als sie wieder unten war, den Portier.

»Nein, Ma'am«, antwortete der Punker.

»Ganz bestimmt nicht?«, hakte Tin Lee nach.

»Nein. Keine Nachricht.«

»Haben Sie ein Telefonbuch?«

Er schob ihr das dicke Telefonbuch von L.A. hin. Glücklicherweise war Mickey Stollis Privatnummer mit Adresse angegeben. Sie notierte sich beides und ließ sich ihren Wagen bringen. Wenn sie noch rechtzeitig zum Dinner kam, würde sich Alex bestimmt über ihren Einfallsreichtum freuen.

Irgendwie hatte sie das Gefühl, dass ihre Beziehung zu Alex ein neues Stadium erreicht hatte. Und das keinen Augenblick zu früh. Tin Lee hielt es für an der Zeit, ihre Position zu behaupten.

49

Während der Fahrt in Alex' Porsche zum Château Marmont fing Lucky an zu reden und konnte zu ihrem Erstaunen nicht mehr damit aufhören. »Ich weiß gar nicht, warum ich dir das alles erzähle«, sagte sie schließlich. »Es ist die Geschichte meiner Familie.«

»Das Resümee ist also, dass die Bonnattis immer einen Groll gegen die Santangelos hegten und dass Donna in dieser Tradition weitermacht?«, fasste Alex zusammen.

Lucky nickte. »Diese Rivalität begann mit Gino und Enzio Bonnatti in den zwanziger Jahren. Am Anfang waren die beiden Geschäftspartner – Alkoholschmuggel und Flüsterkneipen – und machten damit einen Haufen Geld. Dann fing Enzio mit Prostitution und Drogenhandel an, womit Gino nichts zu tun haben wollte. Da trennten sich ihre Wege. Gino ging nach Vegas und baute dort Hotels.« Sie schwieg kurz und zündete sich eine Zigarette an. »Enzio war mein Patenonkel. Ich verbrachte viel Zeit in seinem Haus. Irgendwie stand ich Enzio sogar näher als Gino. Bis ich eines Tages die Wahrheit herausfand. Enzio hatte meine Mutter, Marco und meinen Bruder ermorden lassen. Das war eine niederschmetternde Erkenntnis.«

»O Gott!«

»Ich war am Boden zerstört. Aber es gab für mich keinen Zweifel, dass ich etwas unternehmen musste.«

»Warum du?«, fragte Alex und hielt den Blick auf die Straße gerichtet.

»Gino lag zu dieser Zeit nach einem Herzanfall im Krankenhaus.« Lucky strich sich das lange schwarze Haar aus dem Gesicht. Sie hatte die damalige Situation noch lebhaft in Erinnerung. »Ich bin in Enzios Haus gegangen, habe ihn nach oben gelockt und … ich habe ihn erschossen.« Sie holte tief Luft. »Jeder hielt es für Notwehr. Ich habe den Cops erzählt, Enzio habe versucht, mich zu vergewaltigen.« Es folgte eine Pause. »Doch es war keine Notwehr, Alex. Es war reine Rache.«

»Und du bist nicht verhaftet worden?«

»Nein. Gino ließ seine Verbindungen spielen. Und ich habe es wirklich so dargestellt, als hätte ich mich selbst verteidigt.«

Alex schwieg eine ganze Weile. »Na, das ist ja eine schöne Geschichte«, meinte er schließlich.

»Weißt du, Alex«, sagte Lucky, »wenn du darauf wartest, dass die Polizei etwas unternimmt, kannst du die Sache gleich vergessen. Wenn jemand, der dir nahe steht, ermordet wird, würdest du dann tatenlos zusehen, wie sich die Anwälte jahrelang vor Gericht streiten? Oder würdest du die Angelegenheit selbst regeln und der Gerechtigkeit zu ihrem Sieg verhelfen?«

An einer roten Ampel musste er halten und wandte ihr das Gesicht zu. »Ich weiß nicht, was ich tun würde, Lucky.«

»Die Araber haben Recht – Auge um Auge.«

»Vielleicht …«

»He, willst du etwa, dass der Mörder im Gefängnis auf seine Revision hinarbeitet, während wir die Rechnungen bezahlen?«

»Nein.«

»Um dir dann anhören zu müssen, wie er zu Gott gefunden und sich von Grund auf geändert hat, und diesen ganzen Scheiß. Wir beide wissen, dass es in den meisten Fällen darauf hinausläuft. Glaube mir, Alex, wenn jemand mir oder meiner Familie etwas antut, zahle ich es ihm mit gleicher Münze heim.«

»Ich finde, die Todesstrafe ist ein gutes Abschreckungsmittel. Die Justiz sollte öfter darauf zurückgreifen. Aber das Gesetz in die eigenen Hände zu nehmen …«

»Warum denn nicht?«, fragte sie wütend. »Hältst du das Gesetz für unfehlbar? Ich nicht.«

Den Rest der Strecke zum Hotel legten sie schweigend zurück. Das Château Marmont konnte auf eine lange Geschichte voller Hollywood-Skandale zurückblicken und war bei Schauspielern und der Künstlergemeinde nach wie vor beliebt.

»Ich bin ganz vernarrt in dieses Hotel«, sagte Lucky, als sie durch das Portal gingen. »Jedes Mal, wenn ich hierher komme, erwarte ich Errol Flynn oder Clark Gable im Foyer zu sehen.«

»Ich wusste gar nicht, dass du ein Fan alter Filme bist«, sagte Alex erstaunt.

»Ich liebe alte Filme. Sonst sehe ich mir nichts im Fernsehen an. Alte Filme und Soul sind meine Leidenschaften.«

»Du magst Soul?«

»Ich bin ganz verrückt danach. Marvin Gaye, Smokey Robinson …«

»David Ruffin, Otis Redding …«

»He, du stehst ja auch drauf«, sagte sie lächelnd.

»Ich besitze eine umfangreiche Sammlung von Originalplatten.«

»Ich auch!«

»Also«, sagte Alex, »was wollen wir hier eigentlich rausfinden?«

»Dieser Ricco war für die Komparsen zuständig. Jennifer hat mir erzählt, dass sich die Blondine auf dem Foto ständig am Drehort rumgetrieben habe. Es besteht die Möglichkeit, dass sie nur engagiert wurde, um Lennie in eine Falle zu locken.«

»Und du glaubst, Ricco kann dir da weiterhelfen?«

»Er hat die Komparsen engagiert. Mit den Gewerkschaften und dem ganzen Drumherum ist es nicht leicht, eine Rolle in einem Film zu kriegen.«

»Auch nicht, wenn dieser Film auf Korsika gedreht wurde?«

»Es war eine amerikanische Produktion.«

»Und wenn du herausfindest, dass Donna Landsman etwas mit dem Unfall zu tun hatte, was dann?«

Sie warf ihm einen langen, spöttischen Blick zu. »Sag mal, Alex, willst du etwa mein Helfershelfer werden?«

Er kam sich wie ein Schauspieler in einer Szene in einem seiner eigenen Filme vor. Doch Lucky spielte nach anderen Regeln.

Jennifer erwartete die beiden im Foyer. »Ich bin froh, dass Sie gekommen sind«, begrüßte sie Lucky.

»Darf ich Ihnen Alex Woods vorstellen?«

»Es ist mir ein Vergnügen, Sie kennen zu lernen. Ricco erwartet uns oben in seinem Zimmer. Ich ruf an und sag ihm, dass Sie hier sind.«

Kurz darauf kam Jennifer zurück, und die drei bestiegen den Aufzug.

Irgendwie war Lucky froh, dass Alex sie begleitete. Dass Lennie in eine Falle gelockt worden war, und da war sie sich ziemlich sicher, hatte sie schwer getroffen. Ihr war nicht nur Lennie weggenommen worden, sondern sie sollte auch noch glauben, er habe sie betrogen. Donna Landsman war ein eiskaltes und hinterhältiges Miststück.

Ricco riss die Tür auf. Er war ein kleiner, dunkelhäutiger Spanier mit einem bleistiftdünnen Schnurrbart und einer lebhaften Mimik. Er sprach sehr schnell und wedelte dabei heftig mit den Händen.

»Jennifer, meine Jennifer«, begrüßte er sie enthusiastisch und umarmte sie. »Ist sie nicht das entzückendste Mädchen der Welt?«

»Ricco«, wehrte Jennifer verlegen das Kompliment ab. »Das sind Lucky Santangelo und Alex Woods.«

»Bin ich etwa gestorben und im Himmel der Filmemacher wieder auferstanden?«, rief er und rollte ausdrucksvoll die Augen. »Mr. Woods, es ist mir eine Ehre, Sie kennen zu lernen. Ich habe jeden Ihrer Filme abgöttisch geliebt. Vielleicht geben Sie mir eines Tages die Chance, in Ihrer Crew mitzuarbeiten. Und Mrs. Santangelo. Ihr Studio hat ein paar sehr gute Filme produziert.«

»Danke«, sagte Lucky. »Jennifer hat Ihnen erklärt, worum es geht?«

»Ja, natürlich«, antwortete Ricco. »Jennifer hat mich ins Bild gesetzt, und ich erinnere mich sehr gut an diese Blondine. Eine Schönheit. Sie ist zu mir gekommen und hat gesagt: ›Ricco, bring mich in diesem Film unter.‹ Ich habe erwidert: ›Eine Sprechrolle kann ich dir aber nicht zuschanzen.‹ Und ihr war das recht. Ich verstand nicht, warum eine so schöne Frau wie sie nur Komparsin sein wollte. Aber ich habe ihr den Gefallen getan.«

»Wo kann ich diese Frau erreichen?«, fragte Lucky.

»Mein Assistent hat in den Unterlagen nachgesehen. Ich habe hier eine Adresse in Paris.« Er gab Lucky einen Zettel.

»Das weiß ich wirklich sehr zu schätzen«, sagte Lucky.

»Für Sie, Madam, würde ich alles tun.«

Die drei verließen Riccos Zimmer.

»Ich hielt es für wichtig, dass Sie selbst mit Ricco sprechen«, meinte Jennifer.

Lucky nickte. »Und ich bin froh, dass ich es getan habe.«

»Mir scheint, jemand wollte Sie glauben lassen, dass Lennie Sie betrügt«, sagte Jennifer. »Obwohl niemand wissen konnte, dass er am nächsten Tag diesen entsetzlichen Unfall haben würde.«

»Seien Sie sich da mal nicht so sicher.«

»Wie meinen Sie das?«

»Ich meine, dass dieser Unfall geplant war«, antwortete Lucky bedächtig. »Eins kann ich Ihnen versichern, Jennifer, Lennies Tod war kein Unfall.«

Tin Lee fuhr direkt zum Haus der Stollis. Bei ihrer Ankunft übergab sie ihren Wagen einem Dienstboten. An der Haustür wurde sie von einem Butler gemustert. »Kann ich Ihnen helfen, Madam?«

»Ich bin Mr. Woods' Begleiterin«, sagte sie und nannte ihren Namen. Der Butler konsultierte die Gästeliste. »Ah ja. Bitte treten Sie ein.«

Tin Lee schlenderte durch die geräumige Halle in den Salon. Abigaile entdeckte und begrüßte sie. »Meine Liebe, Sie müssen Alex' Begleiterin sein. Ich bin Abigaile Stolli.«

»Ja, Mrs. Stolli«, antwortete Tin Lee, die sich sehr unwohl fühlte, weil sie allein gekommen war.

»Wo ist Alex denn?«, fragte Abigaile und warf einen Blick über Tin Lees Schulter.

»Ist er noch nicht hier?«

»Ach, ich verstehe ... Er hat Sie gebeten, ihn hier zu treffen. Machen Sie sich keine Sorgen, meine Liebe. Bestimmt kommt er jeden Augenblick. Gehen Sie doch inzwischen zur Bar, und lassen Sie sich einen Drink geben.«

Tin Lee begab sich zur Bar, wo sich sofort ein ziemlich angetrunkener Jeff auf sie stürzte.

»Tin Lee!«, rief er mit einem schiefen Grinsen. »Wie geht's denn so?«

Tin Lee war erleichtert, ein bekanntes Gesicht zu erblicken. Jeff und sie hatten dieselbe Klasse in der Schauspielschule besucht. »Mir geht's gut, Jeff. Und dir? Wir haben uns ja über ein Jahr lang nicht gesehen.«

»Du bist so hübsch wie immer«, nuschelte er und betatschte ihren Arm.

»Mit wem bist du denn hier?«, fragte Tin Lee und wich zurück.

»Ich lebe mit Leslie Kane zusammen«, verkündete er stolz.

»*Die* Leslie Kane?«

»Darauf kannst du deinen süßen kleinen japanischen Arsch verwetten.«

»Ich bin keine Japanerin, Jeff«, entgegnete Tin Lee steif.

»Was auch immer«, überging er großspurig seine beleidigende Bemerkung. »Und mit wem bist du hier?«

»Mit Alex Woods.«

»Ach du Scheiße!« Er lachte zu laut. »Haben wir's nicht weit gebracht?«

Leslie war zu Cooper geschlendert und versuchte ihn in ein Gespräch zu verwickeln. Leider klebte Veronica an seiner Seite, und außerdem behielt er Venus ständig im Auge, die mit Mickey redete.

»Ich wurde gebeten, eine Werbetour für unseren Film zu machen«, sagte Leslie. »Dafür ist ein Flug nach London und Paris eingeplant. Kommst du mit?«

»Darüber habe ich mir noch keine Gedanken gemacht«, antwortete Cooper, der weiterhin Venus beobachtete.

»Unser gemeinsames Auftreten würde bestimmt die Popularität des Films steigern.«

»Das schaffst du auch allein.«

»Darf man in diesem Haus rauchen?«, fragte Veronica, offensichtlich gelangweilt.

»Rauchen schadet dir«, sagte Cooper missbilligend.

»Ich tue nur Dinge, die mir schaden«, konterte Veronica.

Cooper lachte.

»Ich rauche am Pool eine Zigarette«, verkündete Veronica.

»Ich komme mit.« Cooper erhob sich.

»Augenblick mal.« Leslie hielt ihn am Arm zurück. »Ich muss mit dir reden.«

»Mach dir um mich keine Sorgen, Cooper«, sagte Veronica gehässig und schlenderte hinaus.

Cooper sah Leslie an, als wären sie nicht mehr als flüchtige Bekannte. »Was ist denn?«

»Ich muss dich etwas fragen«, sagte sie.

»Schieß los.«

»Was habe ich dir getan, dass du dich mir gegenüber jetzt so kalt und abweisend verhältst?«

»Nichts«, antwortete Cooper, der sich in die Enge getrieben fühlte.

»Wir haben uns jeden Tag geliebt, bis deine Frau unsere Affäre publik gemacht hat. Und jetzt tust du so, als würdest du mich kaum kennen. Dabei bist du doch gar nicht mehr mit ihr zusammen.«

Cooper schwieg eine Weile. Er wusste, dass er Leslie nicht fair behandelt hatte, aber das bedeutete nicht, dass sie sich ewig an ihn klammern konnte. Schließlich war Leslie früher eine Nutte und keine süße kleine Jungfrau gewesen. »Hör mal«, sagte er und hoffte sie endgültig loszuwerden. »Betrachte unsere Affäre einfach als einen Film-Fick.«

Leslie schossen die Tränen in die Augen. »Als was?«

»Als einen Film-Fick, der nicht länger dauert als die Dreharbeiten. So was passiert in dieser Branche doch dauernd.«

»Willst du mir damit sagen, dass ich dir überhaupt nichts bedeutet habe?«

»Solange wir zusammen waren, schon. Aber jetzt nicht mehr.«

In Leslie brodelte ein Gefühlsaufruhr. Sie hasste ihn. Sie liebte ihn. Die Kehle war ihr wie zugeschnürt, und gleichzeitig wollte sie schreien.

»Mach bloß keine große Sache daraus«, warnte Cooper sie. »Du hast meine Ehe zerstört, Leslie. Deshalb gibt es für uns keine Zukunft. Auch wenn es unfair klingt – ich gebe dir die Schuld daran.«

»Du gibst *mir* die Schuld, dass deine Ehe gescheitert ist?«, keuchte sie.

»Ja«, antwortete er. »Also halte dich von mir fern, Leslie. Das ist für alle besser.«

»Ich brauche einen Drink, ehe wir zu den Stollis fahren«, sagte Lucky. »Können wir irgendwo unterwegs halten?«

»Da wir sowieso schon zu spät dran sind, kommt es darauf auch nicht mehr an«, entgegnete Alex.

»Nur einen Drink, mehr nicht. Ich habe nicht die Absicht, wieder so zu versacken wie neulich.«

»Warum nicht?«, fragte er leichthin. »Ich habe jeden Augenblick unseres gemeinsamen Abenteuers genossen.«

Die beiden gingen in eine Bar in Le Dôme. Er bestellte einen Wodka und Lucky einen Pernod mit Wasser.

»Du glaubst also, dass Donna Landsman Lennies Tod inszeniert hat?«, sagte Alex, nachdem die Drinks gebracht worden waren.

Lucky nickte. Sie war davon überzeugt. »Ja, genau das glaube ich.«

»Obwohl du keine Beweise für deine Theorie hast?«

»Ach, komm schon, Alex. Wozu brauche ich die? Ich weiß aus sicherer Quelle, dass Donna einen Killer auf Gino angesetzt hat. Ihr Chauffeur war der Mittelsmann.«

»Wie hast du das in Erfahrung gebracht?«

»Der Kerl saß, an einen Stuhl gefesselt, in meiner Garage und hat mir die nötigen Informationen geliefert. Glücklicherweise war der Blödmann kein Profi. Er hat alles gestanden. Donna mag zwar eine gewiefte Geschäftsfrau sein, aber sie hat keine Ahnung, wie und wo man Muskelmänner anheuert.«

Alex war sichtlich schockiert. »Du hattest den Killer in deinem Haus?«

»Ganz recht.«

»Warum hast du ihn nicht der Polizei übergeben?«

»Im Ernst, Alex, was hätte ich der Polizei sagen sollen? Oh, hallo, Mr. Detective. Bitte nehmen Sie diesen Killer fest. Ach, und außerdem glaube ich, dass Donna Landsman einen Unfall arrangiert hat, in dem mein Mann getötet wurde. Sie hat auch einen Kerl auf meinen Vater angesetzt – diesen Killer hier. Donna Landsman ist eine sehr böse Frau und gehört hinter Gitter. Ich hätte mich doch nur lächerlich gemacht.«

»Da hast du wohl Recht.«

»Ich *weiß*, dass ich Recht habe.«

»Herrgott, du nimmst wirklich kein Blatt vor den Mund.«

»Das machst du doch auch in deinen Filmen.«

Er kippte den Wodka runter und schnippte mit den Fingern nach einem zweiten. »Ja, ich projiziere die Gefühle, die ich im richtigen Leben nicht ausdrücken kann, auf die Leinwand. Meine Filme sind ein Ventil für meine Wut. Ich bin der Ansicht, dass ich deswegen noch keinen Oscar bekommen habe. Meine Filme werden zwar nominiert, aber die Wut, die dahinter steckt, schreckt einige Mitglieder der Jury ab, was zur Folge hat, dass sie nicht für mich stimmen.«

»Bist du erst kürzlich zu dieser Erkenntnis gekommen, oder machst du eine Therapie?«

»Ich war mal beim Psychiater. Da ist mir vieles klar geworden. Doch dir zuzuhören ist aufschlussreicher. Ich *weiß,* dass ich über mein Leben bestimmen muss. Das ist der Schlüssel zum inneren Frieden.«

»Das siehst du völlig richtig. Schau mich an. Ich hatte nicht gerade ein friedliches Leben, aber ich habe gelernt, damit fertig zu werden. Du kannst dich darauf verlassen, dass ich nie Magengeschwüre bekomme.«

»Du bist eine glückliche Frau, Lucky. Du warst mit einem Mann verheiratet, den du geliebt hast, und du hast drei wundervolle Kinder.« Nach einer kurzen Pause fügte er hinzu: »Weißt du, ich habe noch nie jemanden geliebt, hatte nie eine wirkliche Beziehung und wollte auch keine. Die einzige enge Beziehung, die ich habe, ist die zu meiner Mutter, und die ist so beschissen, schlimmer geht es gar nicht.«

»Nimm dein Leben selbst in die Hand«, sagte Lucky. »Die Kraft dafür hast du in dir. Nutze sie.«

Er sah sie lange an. Und sie fühlte sich ihm plötzlich sehr nahe.

Ihr war bewusst, dass Alex Recht hatte. Ihre Beziehung war noch völlig offen. Aber jetzt war nicht der Zeitpunkt für eine Vertiefung.

50

Ich bin high«, sagte Tabitha kichernd. »Das ist wirklich starker Shit. Wo hast du dir den besorgt?«

»In der Schule«, antwortete Santo und dachte: Die sieht wirklich verrückt aus in ihrem orangefarbenen Spandex-Minirock, der kaum ihren Hintern bedeckt, und dem abgeschnittenen Top, das ihre Taille entblößt. Sein Blick blieb auf dem Goldring in Tabithas Bauchnabel hängen. Er unterdrückte mit Mühe den wahnsinnigen Impuls, den Ring herauszureißen. Würde sie schreien? Würde das zerfetzte Fleisch bluten? Er hätte es zu gern getan.

»He, in welche Schule gehst du?«, fragte sie und fuhr sich mit der Hand durch ihre stachligen knallroten Haare.

»Warum interessiert dich das?«

»Es ist nicht höflich, eine Frage mit einer Gegenfrage zu beantworten.«

»Wo gehst *du* denn zur Schule?«, wollte er wissen und sah, dass ihre Fingernägel schwarz lackiert waren – gruselig wie in einem Vampirfilm.

»Meine Eltern haben mich in ein Internat in der Schweiz gesteckt. Gib her!« Sie riss ihm den Joint aus der Hand. »Der Rest gehört mir, sonst erzähle ich allen, dass du dir hier drin einen runtergeholt hast.«

»Das kannst du nicht tun«, entgegnete Santo, der sich noch immer nicht von dem Schock erholt hatte, Venus in Fleisch und Blut gesehen zu haben.

»Ich kann tun und lassen, was ich will«, prahlte Tabitha. »Schließlich bin ich die Tochter des Hauses.« Sie zog gierig an dem Joint und sagte dann: »Deine Mom ist also diejenige, die Lucky Santangelo aus den Panther Studios rausgeschmissen hat. Stimmt's?«

»Ich glaube schon«, murmelte er.

»Mein Dad hasst Lucky Santangelo. Sie hat *ihn* aus den Panther Studios rausgeschmissen. Ich habe sie nie kennen gelernt, aber *ich* halte sie für eine coole Type. Und für meinen Urgroßvater ist sie die Beste.«

»Du hast einen Urgroßvater?«

»Ja. Hat denn nicht jeder einen? Weißt du, wer er ist?«

»Wer denn?«

»Abe Panther«, prahlte sie. »Er hat die Panther Studios gegründet.«

»Na ja … *mein* Vater wurde ermordet«, sagte Santo, um mithalten zu können.

Tabitha ignorierte diese nicht relevante Information. »Warum bist du so fett?«, wollte sie wissen.

»Warum bist *du* so unverschämt?«, konterte er.

»Wir müssen uns wohl ins Partygetümmel stürzen. Okay, Fettsack. Gehen wir.«

»Sag das nicht noch mal zu mir!«, drohte er.

Tabitha erwiderte kichernd: »Gib mir noch einen Joint, dann tue ich es nicht mehr.«

Erleichtert stellte Abigaile fest, dass sich ihre Gäste offensichtlich gut amüsierten. Es war jetzt halb acht. Wo blieb Alex Woods nur? Er war der einzige Gast, der noch fehlte. Sie hielt es nicht für höflich, die anderen Gäste zu Tisch zu bitten, solange Alex nicht da war.

»Tin Lee, meine Liebe«, sagte sie, nachdem sie zur Bar geschlendert war. »Hat Alex irgendeine Andeutung gemacht, wann er kommen wird?«

»Ich hatte angenommen, er wäre schon vor mir da«, entgegnete Tin Lee. »Er ist wohl aufgehalten worden. Wie Sie wissen, beginnen die Dreharbeiten am Montag. Er ist zurzeit sehr beschäftigt.«

»Er hätte doch anrufen können, um mir Bescheid zu geben, dass er später kommt«, sagte Abigaile mit kaum verhohlener Verärgerung.

»Sicher hätte er nichts dagegen, wenn Sie ohne ihn anfangen.«

»Hm …«

Abigaile war auf dem Weg zur Küche, als sie Tabitha entdeckte, die Santo hinter sich herzog. O Gott! Mickey würde der Schlag treffen, wenn er seine Tochter so sah. Sie stellte sich ihr in den Weg, innerlich kochend. »Tabitha! Ich muss dich kurz sprechen.«

»Mom«, sagte Tabitha, deren Minirock noch ein Stück höher gerutscht war. »Kennst du Santo schon?«

»Ja, ich kenne ihn bereits«, antwortete Abigaile mit zusammengebissenen Zähnen. »Komm jetzt mit, ich muss mit dir reden.«

Tabitha, die die Wirkung des Joints spürte, kicherte dümmlich. »Worüber wollen wir denn reden, Mom? Über Sex? Treibt ihr es noch, du und Dad?«

Abigaile packte ihre Tochter am Arm und wollte sie gerade in die Halle hinausschieben, als Alex Woods in Begleitung von Lucky Santangelo hereinkam.

Abigaile blieb abrupt stehen. Tabitha nutzte die Gelegenheit, entwand sich dem Griff ihrer Mutter und floh.

»Bitte entschuldige, Abbey«, sagte Alex, aber es klang nicht so, als ob ihm die Verspätung wirklich Leid tue. »Ich hatte noch eine Besprechung und wurde aufgehalten.« Noch ehe sie ein Wort erwidern konnte, waren er und Lucky schon unterwegs in den Salon.

Abigaile eilte den beiden nach und versuchte verzweifelt Mickeys Aufmerksamkeit auf sich zu lenken. Der war jedoch in eine Unterhaltung mit Venus vertieft.

Tin Lee sprang vom Barhocker und lief Alex entgegen. »Ich bin ein bisschen zu spät zu deinem Apartment gekommen«, begann sie zu erklären und verstummte, als sie Lucky erblickte.

Alex' schlimmster Alptraum war Wirklichkeit geworden. »Was machst *du* denn hier?«, stammelte er völlig verzweifelt. »Hast du meine Nachricht nicht bekommen?«

»Was für eine Nachricht?«

»Sie waren wohl mit Alex verabredet«, sagte Lucky, die die Situation erfasst hatte. »Es tut mir Leid, dass ich Alex aufgehalten habe. Wir beide hatten eine geschäftliche Besprechung. Dann hat er mich gebeten, auf einen Drink mit hierher zu kommen.«

»Abigaile hat bestimmt nichts dagegen, wenn du zum Dinner bleibst«, warf Alex schnell ein. »Ich gebe ihr gleich Bescheid.« Er machte sich auf den Weg zu Abigaile, die noch immer vergeblich Mickeys Aufmerksamkeit zu erregen versuchte. »Abbey«, sagte er, »Lucky bleibt zum Dinner.«

»Mickey ist auf Lucky Santangelo nicht gut zu sprechen«, entgegnete Abigaile scharf. »Die beiden sind – milde ausgedrückt – Kontrahenten.«

»Heute Abend ist sie zufällig meine Begleiterin.«

»Nein, Alex«, widersprach Abigaile, »du warst mit Tin Lee verabredet, die, wenn ich dich darauf hinweisen darf, bereits eine halbe Stunde auf dich wartet.«

»Meine Begleiterin ist Lucky Santangelo«, wiederholte Alex unnachgiebig. »Tin Lee wirst du als zusätzlichen Gast unterbringen.«

»An meinem Tisch ist kein Platz mehr frei.«

»Stell einfach noch einen Stuhl dazu, und lege ein weiteres Gedeck auf.«

Die beiden starrten sich an.

»Mal sehen, was sich machen lässt«, lenkte Abigaile schließlich wütend ein.

Lucky machte sich mit der Situation vertraut. Sie kannte alle Schauspieler, nur George, Donna Landsmans Mann, war sie noch nicht begegnet. Zielstrebig marschierte sie auf Donna zu und sagte: »So treffen wir uns also wieder.«

Donna reagierte schockiert. Mühsam bewahrte sie Haltung, da ihr sehr wohl bewusst war, wie unklug es wäre, jetzt eine Szene zu machen. Dass Mickey Lucky zu diesem Dinner eingeladen hatte, war ein großer Fehler, für den er büßen würde. »Wie geht es Ihnen?«, fragte sie kalt.

»Ziemlich gut, wenn ich die Umstände bedenke«, antwortete Lucky und musterte Donna. Es gelang ihr nicht, eine Ähnlichkeit zwischen dieser gestylten Frau und der alten Donatella festzustellen. »Ich hatte viel Zeit zum Nachdenken, konnte gewisse Vorbereitungen treffen und mir überlegen, wie es zu dieser Situation gekommen ist.«

Cooper schlich sich von hinten an Lucky heran und legte die Arme um sie. »Hallo, meine Schöne. Wie ich mich freue, dich zu sehen.«

»Cooper! Hast du Donna Landsman schon kennen gelernt?«

»Klar.«

»Ist es nicht schön zu wissen, dass eine so *erfahrene* Frau die Panther Studios leitet? Sie *haben* doch Erfahrung im Filmgeschäft, nicht wahr, Donna?«

George antwortete an ihrer Stelle. »Mickey Stolli leistet exzellente Arbeit.«

Lucky schätzte George sofort richtig ein. Er betet seine Frau an, hat wahrscheinlich vorher noch nie gebumst, ist ein Finanzgenie und hat keine Ahnung, was Donna wirklich vorhat.

Zu Cooper sagte sie: »Hast du einen Vertrag mit Panther?«

»Da musst du meinen Agenten fragen«, entgegnete Cooper aalglatt.

»Oh, Donna wird dir bestimmt nachlaufen. Wahrscheinlich kriechen ihr jetzt schon alle Agenten und Manager in den Arsch und *betteln* um Verträge. Und ich muss schon sagen, Donna, er sieht aus, als hätten viele darin Platz.«

Ehe Donna etwas erwidern konnte, wandte sich Lucky ab und ließ eine vor Wut kochende Donna einfach stehen. Sie war nicht fett. Wie konnte dieses Miststück es wagen, eine so beleidigende Bemerkung zu machen? Und wieso stolzierte Lucky derart cool und gelassen umher? Reichte es ihr noch nicht, dass sie ihren Mann, ihr Studio und beinahe auch ihren Vater verloren hatte? Was musste noch geschehen, um dieses Weib zu zerstören?

»Hast du das gehört?«, sagte Donna zu George. Ihr Gesicht war vor Wut rot angelaufen.

George versuchte seine Frau zu beruhigen. »Mach bitte keine Szene. Du darfst dir vor diesen Leuten nichts anmerken lassen. Vor allem nicht, dass du dich ihretwegen aufregst.«

»Warum ist sie überhaupt hier?«, murmelte Donna. »Ich dachte, Mickey hasst sie.«

»Das finde ich schon raus.«

»Das will ich dir auch geraten haben«, fauchte Donna ihn an. Ihr triumphaler Einzug in die Gesellschaft Hollywoods war durch Luckys Auftritt völlig ruiniert worden.

Abigaile gelang es schließlich, Mickey von Venus loszueisen. »Hast du gesehen, wer gekommen ist?«, herrschte sie ihn wütend an.

»Alles läuft doch großartig«, sagte er und lächelte dümmlich. »Was hast du für ein Problem?«

»Mein *Problem* ist Lucky Santangelo.«

»Was ist mit ihr?«

»Sie steht da drüben! Alex hat sie mitgebracht. Und er hat noch eine Freundin angeschleppt.« Sie starrte ihren Mann an, als wäre das sein Fehler. »Was willst du jetzt tun?«

Mickey zuckte mit den Schultern. »Da gibt es nichts, was wir tun können. Was sagt Alex dazu?«

»Er meint, ich soll ein zusätzliches Gedeck auflegen.«

»Dann tu's doch.«

»Ich will diese Frau nicht in meinem Haus haben. Sie hat dich bei Panther rausgeschmissen.«

»Stimmt. Aber in dieser Stadt musst du zusehen, dass du mit allen Leuten auskommst. Man weiß nie, wann man jemanden noch mal braucht. Also, Abbey, sag dem Dienstmädchen, es soll ein zusätzliches Gedeck auflegen. Was regst du dich so auf?«

»Ich rege mich auf, weil diese Person meine Tischordnung zerstört.«

Nach einem letzten wütenden Blick zog sich Abigaile zurück.

Mickey ging direkt auf Lucky zu. »Wie ich sehe, hat sich Lucky Santangelo entschieden, uns mit ihrer Gegenwart zu beehren.«

»Hi, Mickey«, sagte Lucky kühl. »Wie geht's denn?«

»Verdammt gut. Endlich bin ich wieder bei den Panther Studios, wo ich hingehöre. Jetzt muss ich bloß noch die beschissenen Filme loswerden, die in deinem Produktionsplan vorgesehen sind. Nur mit *Gangsters* hast du einen Volltreffer gelandet.«

»Bestimmt schaffst du die große Wende, Mickey. Nur *du* kannst die Panther Studios wieder dorthin bringen, wo sie schon einmal waren.« Lucky machte eine Pause. »Ins Scheißhaus.«

Johnny kam zu ihnen und mischte sich in die Unterhaltung ein. »Lucky, Baby«, sagte er. »Ohne Scheiß – du bist meine Favoritin.«

»*Jede* ist deine Favoritin, Johnny«, entgegnete Lucky. »Tu dir selbst einen Gefallen, und überleg dir eine neue Anmache.«

»Warum?«, fragte er grinsend. »Die Masche hat bisher immer funktioniert.«

Jeff rutschte vom Barhocker und gesellte sich leicht schwankend zu der illustren Gruppe. Diese Gelegenheit durfte er sich nicht entgehen lassen. »Ich habe mir immer gewünscht, Sie einmal kennen zu lernen«, sagte er ziemlich nuschelnd zu Lucky. »Sie sind schön, reich und mächtig. In Hollywood sollte es mehr Frauen wie Sie geben. Ich heiße Jeff, und ich bin Schauspieler.«

»Was Sie nicht sagen, Jeff.«

Leicht schwankend grinste er sie an. »Und Sie sind noch viel schöner, als ich gehört habe.«

Plötzlich war Alex da und nahm Luckys Arm. »Bitte, komm mit, Lucky. Tu mir einen Gefallen und rede mit Venus.«

»Was … jetzt?«

»Es geht um Folgendes«, sagte er leise zu ihr. »Mickey wollte Leslie die Rolle der Lola zuschanzen und hat dann seine Meinung geändert. Jetzt will er wieder Venus haben, aber sie glaubt, er habe sie ausgebootet. Bring ihr bitte bei, dass sie die Rolle hat, aber sie soll heute Abend nichts darüber verlauten lassen.«

»Wofür hältst du mich eigentlich? Bin ich hier so was wie eine Friedensstifterin?«

»Tu's für mich, Lucky. Bitte.«

Sie seufzte. »Na klar. Als hätte ich nichts anderes im Kopf.«

Tabitha setzte sich mit Santo auf ein Sofa und gab ihm einen kurzen Überblick über die anwesenden Schauspieler.

»Siehst du die Frau dort, die mit dem langen roten Haar? Das ist Leslie Kane. War früher mal 'ne Nutte. Weder mein Vater noch meine Mutter glauben das. Aber ich *weiß* es.«

»Und woher?«

»Die Maniküre meiner Mutter hat es mir erzählt, die ist über alles bestens informiert. Und der Typ bei ihr, das ist ein Schmarotzer, ein Schauspieler ohne Engagement, der bei ihr lebt. Die mit dem schwarzen Haar, das ist Lucky Santangelo. Und der Dandy neben ihr ist Alex Woods. Du weißt doch, wer das ist?«

»Natürlich«, antwortete Santo.

»Okay. Ihm wird nachgesagt, dass er nur Schlitzaugen mag. Die da drüben ist wohl seine Freundin, die mit dem komischen Namen.«

»Woher weißt du das alles?«

»Ich beobachte die Leute«, sagte Tabitha und spielte mit dem Goldring in ihrem Nabel. »Das da ist Cooper Turner – er fickt alles, was sich bewegt. Und Venus Maria – sie tut dasselbe.«

»Was hast du gesagt?«, fragte Santo errötend.

»Dass Venus eine Riesenschlampe ist. Sie fickt jeden.«

»Sag so was nicht über Venus«, protestierte Santo wütend.

»Warum nicht? Kennst du sie etwa?«

»Ja. Sie ist eine wundervolle Frau.«

»Ha! Du hast ja keine Ahnung. Im Augenblick fickt sie ihren Masseur, weil sie keinen anderen gefunden hat, seit sie Cooper Turner rausgeschmissen hat. Heute Abend hat sie es auf Johnny Romano abgesehen. Er bumst alle seine Freundinnen auf dem Rücksitz seiner Limousine. Wetten, dass er Venus heute Nacht flachlegt?«

»Du hast ein dreckiges Maul«, sagte Santo.

»Ach ja?«, höhnte Tabitha. »Und ich wette, du würdest alles dafür geben, wenn ich es über deinen winzigen Pimmel stülpen würde.«

»Was haben wir hier eigentlich zu suchen?«, fragte Lucky Venus. »Und *was* hast du mit Johnny Romano vor?«

»Okay, okay, du hast mich erwischt. Das ist ziemlich ordinär«, räumte Venus verlegen lachend ein. »Aber ich wollte unbedingt heute Abend herkommen, um Mickeys Gesicht zu sehen, wenn ich in sein Haus spaziere. Er bildet sich ein, ich würde ihm einen blasen, wenn er mir die Rolle in *Gangsters* gibt. Ich halte ihn sozusagen am Gängelband, und dann hänge ich ihm ein Verfahren wegen sexueller Nötigung an.«

»Großartige Idee«, sagte Lucky. »Die Story kommt bestimmt auf die Titelseite von *Newsweek*.«

Venus lachte. »Ja, aber niemand wird sie glauben. Jeder wird denken, dass *ich* ihn genötigt habe.«

»Ich habe eine gute Nachricht für dich«, sagte Lucky. »Hier ist eine komplizierte Sache im Gange, in die Mickey verwickelt ist. Wie auch immer, ich soll dir von Alex ausrichten, dass *du* die Lola spielst. Leslie ist draußen. Aber du sollst heute Abend nicht darüber sprechen.«

»Bist du dir sicher?«, fragte Venus.

»Ja, ganz sicher.«

»O mein Gott, mir fällt ein Stein vom Herzen. Jetzt muss ich Mickey keinen blasen.«

»Hast du etwa ernsthaft daran gedacht?«

Venus lachte. »Was glaubst du denn? Ach, übrigens, wie kommt es, dass du mit Alex Woods hier bist?«

»Er ist … ein Freund.«

»Ach, hör doch auf, Lucky. Du redest mit *mir*. Alex folgt dir überallhin mit diesem gewissen Blick. Du weißt schon, was ich meine.«

»Darf ich dich etwas fragen?«

»Was denn?«

»Bin ich ein Alex-Woods-Typ?«

»Du bist so kühl, dass du jedermanns Typ wärst.«

Und beide lachten.

Alex kam zu ihnen.

»Erledigt«, sagte Lucky zu ihm.

Er lächelte Venus an. »Wie geht es dir?«

»Besser, seit ich die Neuigkeit erfahren habe.«

»Das soll unter uns bleiben. Wir reden morgen darüber.«

»Ich muss Johnny einen Maulkorb anlegen. Er will meine Ehre verteidigen und mir die Rolle verschaffen.«

»Sag ihm aber nicht, warum.«

»Natürlich nicht.«

»Da wir gerade von Maulkörben reden«, sagte Lucky. »Was beabsichtigst du mit ihm während der Heimfahrt anzustellen?«

»Überhaupt nichts«, antwortete Venus lächelnd.

Abigaile tat, was Mickey ihr aufgetragen hatte, und ließ das Dienstmädchen ein zusätzliches Gedeck auflegen. Sie hasste es, wenn die Dinge nicht so liefen, wie sie es geplant hatte. Ihre Tochter sah aus, als wäre sie einem schlechten Madonna-Video entsprungen, der Sohn der Landsmans war fett und unattraktiv, Lucky Santangelo verbreitete Unbehagen, und Mickey führte sich auf wie ein geiler Schuljunge und verschlang Venus mit lüsternen Blicken, als hätte er noch nie zuvor Titten gesehen.

Abigaile weigerte sich jedoch strikt, sich ihren perfekten Abend durch irgendetwas ruinieren zu lassen. Sie setzte ein angemessenes Lächeln auf, klatschte in die Hände und trällerte: »Das Dinner ist serviert. Wollen wir ins Esszimmer gehen?«

51

Sie hieß Claudia, und für Lennie war sie ein Engel. Sie hatte ihm seinen Lebenswillen wiedergegeben, und das war das Wichtigste. Er hatte wieder Hoffnung, dass es für ihn doch noch eine Zukunft gab.

Er hatte erfahren, dass er in Sizilien war. Wie er hierher gekommen war und aus welchem Grund, blieb ihm weiterhin ein Rätsel. Claudia hatte ihm alles erzählt, was ihr darüber bekannt war. Und sie hatte herausgefunden, dass ihr Vater Furio und dessen Freund Bruno dafür bezahlt wurden, dass sie Lennie in dieser Höhle gefangen hielten.

Irgendjemand in Amerika hatte sie damit beauftragt – Claudia vermutete, dass es sich um Brunos Schwester handelte und dass niemand außer Bruno und Furio wusste, dass er noch lebte. Vor kurzem, berichtete sie, habe Bruno einen Autounfall gehabt und liege jetzt mit einem gebrochenen Bein im Krankenhaus. Furio habe geschäftlich verreisen müssen und Claudia deshalb damit betraut, Lennie das Essen zu bringen.

Claudia war einundzwanzig und arbeitete als Näherin in einem Nachbardorf. In der Schule hatte sie Englisch gelernt und lebte mit ihren fünf Geschwistern zu Hause bei den Eltern.

»Mein Vater ... er vertraut mir«, sagte sie. »Er nicht traut anderen. Jetzt ich höre deine Geschichte ... ich nicht wissen, was ich denken soll.«

Nachdem Lennie Claudia an dem Tag, als sie ihm zum ersten Mal das Essen gebracht hatte, überwältigt und mehrere Stunden festgehalten hatte, musste er sie wohl oder übel wieder gehen lassen. Doch während dieser Zeit hatten sie sich ausführlich unterhalten. Lennie hatte versucht, ihr zu erklären, wer er sei, dass er gekidnappt worden sei und wen sie in Amerika kontaktieren solle. Er hatte ihr sogar Luckys Telefonnummer gegeben.

»Nicht möglich«, hatte sie gesagt.

»Warum nicht«, hatte er wissen wollen.

»Nicht möglich«, hatte sie nur wiederholt.

Ehe er Claudia freigelassen hatte, hatte sie ihm versprechen müssen, wiederzukommen und ihm zu helfen. »Du musst eine Möglichkeit finden, mir diese Fußfessel abzunehmen. Du musst das tun, Claudia, sonst lassen sie mich hier sterben.«

Am nächsten Tag war sie mit zwei Zigaretten, einem Apfel und Streichhölzern wiedergekommen. Kostbare Schätze.

Jetzt besuchte sie ihn jeden Tag, brachte ihm, was immer ihr möglich war, und redete mit ihm. Er erfuhr Einzelheiten über ihr Leben in dem winzigen Dorf, das nicht einmal ein Kino hatte, über ihren Freund, den ihr Vater hasste, und ihren gewalttätigen Bruder, den angeblich jeder hasste.

»Du musst irgendwie zu einem Telefon kommen«, flehte er. »Hilfe holen ...«

»Nein«, sagte sie kopfschüttelnd. »Mein Poppa würde wissen, dass ich es war. Ich muss dir auf meine Weise helfen.«

»Und wann wird das sein? Ich werde in dieser Höhle wahnsinnig.«

»Hab Geduld, Lennie. Ich helfe dir. Das ist ein Versprechen.«

»Wann, Claudia, *wann?*«

»Eines Tages ich möchte nach Amerika«, sagte sie mit glänzenden Augen.

»Hilf mir, und ich sorge dafür, dass du hinkommst.«

Schon am nächsten Tag brachte sie ihm eine grob gezeichnete Landkarte.

»Ich versuche an Schlüssel zu kommen. Dann verschwindest du sofort. Ich lege Schlüssel zurück, ehe Poppa ihn vermisst. Du folgst Karte.«

»Warum kannst du mich nicht hier rausbringen?«

»Nein.« Sie schüttelte den Kopf. »Ich gehe in mein Dorf. Du gehst andere Richtung. Sie verfolgen dich.«

»Wann ist es so weit?«

»Am Wochenende Poppa trinkt Bier … dann er schläft. Ich versuche Schlüssel zu kriegen.«

Nur noch ein paar Tage. Er konnte es nicht fassen.

Nur noch ein paar Tage, und er kam vielleicht frei.

52

Als die Gäste in das Esszimmer der Stollis schlenderten, hielt Mickey Abigaile am Arm zurück. »Die Sache ist geregelt«, sagte er selbstgefällig. »Ich habe diesem Santo hundert Dollar in die Hand gedrückt und ihm gesagt, er soll Tabitha ins Kino und zu einem Hamburger einladen.«

Abigaile runzelte missbilligend die Stirn. »Ob das Donna gefallen wird?«

»Das ist mir doch egal. Jedenfalls setzt sich meine Tochter in diesem Aufzug nicht an unseren Tisch.«

»Dann entferne ich jetzt wohl besser die beiden Gedecke.«

»Das hat das Dienstmädchen bereits erledigt.«

»Danke, Mickey.«

Abigaile überdachte noch einmal die Tischordnung. Sie saß zwischen Cooper und Johnny Romano, Mickey wurde von

Leslie und Donna Landsman flankiert, Lucky hatte sie zwischen Venus und Alex platziert und Tin Lee an dessen andere Seite – sollte er doch zusehen, wie er damit zurechtkam. Neben Leslie saß Jeff und daneben Veronica.

Alles in allem betrachtet, dachte Abigaile, habe ich die Problematik meisterhaft gelöst. Eine passende Tischordnung zu erstellen war nie leicht, doch Abigaile sah sich gern als exzellente Gastgeberin.

Auf dem Weg ins Esszimmer nahm Alex Luckys Arm. Tin Lee folgte den beiden.

»Mir gefällt das gar nicht«, flüsterte Lucky ihm zu. »Am liebsten würde ich verschwinden.«

»Da du schon mal hier bist, finde dich mit der Situation ab. Betrachte es als einen Gefallen, den du mir tust«, sagte er beschwichtigend. »Immerhin habe ich dich zu Ricco begleitet.«

»Niemand hat dich mit vorgehaltener Waffe dazu gezwungen«, konterte sie bissig, »Du *wolltest* mitkommen.«

Alex wechselte das Thema. »Was gedenkst du in dieser Sache zu unternehmen?«

»Vielleicht fliege ich nach Paris. Und du, Alex, kommst *nicht* mit.«

»Du würdest diese weite Reise nur auf einen Verdacht hin machen?«

»Nein, natürlich nicht. Ich habe Boogie angerufen. Er hat ein paar Leute auf den Fall angesetzt.«

»Und wer ist Boogie?«

»Mein Privatdetektiv. Er ist sehr gewieft und kann Informationen über jeden Menschen beschaffen, für den er sich interessiert.«

Mickey trat nahe an Lucky heran, ehe sie am Tisch Platz nahm. »Du hast vielleicht Nerven, hierher zu kommen«, zischte er ihr zu.

»Im Gegensatz zu dir habe ich eben Mumm.«

»Blöde Fotze!«

»Wirf mich doch raus«, provozierte sie ihn. »Das gibt ein spannendes Gesprächsthema für die Tischrunde.«

»Nichts würde ich lieber tun.«

Ihre schwarzen Augen verengten sich zu schmalen Schlitzen. »Glaubst du etwa, ich bin *gern* hier? Ich verrate dir eins, Mickey: Ich bin nur geblieben, damit du stinksauer wirst.«

Tabitha und Santo saßen bei laufendem Motor in Tabithas BMW vor dem Haus der Stollis.

»Ich hasse meine beschissenen Eltern«, murrte Tabitha.

»Ich hasse meine auch«, stimmte Santo zu.

Tabitha knabberte an einem abgebrochenen Fingernagel. »Wenigstens haben wir eins gemeinsam.«

»Dein Dad hat mir hundert Dollar gegeben. Als ob ich *sein* Geld nötig hätte – ich habe selbst genug.«

»Ich muss diesen langweiligen Schlitten fahren, weil Mommy auf meine Sicherheit bedacht ist«, höhnte Tabitha. »Was fährst du für einen Wagen?«

»Ich bekomme einen Ferrari«, prahlte er.

»Nicht schlecht.«

»Meine Mutter kauft mir alles, was ich haben will, weil sie Schuldgefühle hat.«

»Weswegen?«

»Weil sie diesen Trottel George geheiratet hat, nachdem mein Vater ermordet worden ist.«

Endlich war es ihm gelungen, ihre Aufmerksamkeit zu wecken.

»Was? Er ist tatsächlich ermordet worden?«, fragte sie aufgeregt. »Wie ist das passiert?«

»Er wurde erschossen«, antwortete Santo betont cool.

»Aus dem Hinterhalt?«

»Nein. Die Polizei behauptet, er habe irgendwelche Kinder belästigt. Eins davon hat ihm eine Kugel verpasst.«

»Was für eine verrückte Geschichte.«

»Die aber nicht wahr ist.«

»Und wie ist es wirklich passiert?«

»Es hat was damit zu tun, dass meine Mutter meinen Dad mit einer anderen Frau erwischt hat.«

»Und wer hat ihn erschossen? Deine Mom?«

»Wundern würde mich das nicht. Die beiden haben sich ständig angeschrien. Ja, ich glaube, die alte Kuh könnte es getan haben.«

»Wow!«, rief Tabitha aus, jetzt völlig überwältigt.

»Du hast ja gesehen, wie meine Mutter ausschaut.«

»Wie jede andere alte Schachtel in Hollywood – ein Gesicht aus Plastik.«

»Früher war sie fett.«

»So wie du?«

»Spar dir die Beleidigungen.«

»Du könntest Sport treiben. Sieh mich an. Ich bin so mager, weil ich dauernd kotze. Wenn du willst, bringe ich dir bei, wie das geht. Am Anfang ist es ziemlich widerlich, aber man gewöhnt sich daran.«

»Nachdem sie meinen Dad losgeworden war, hat sie eine Schlankheitskur und so Zeug gemacht. Und dann hat sie diesen Clown geheiratet. Ich hasse beide.«

»Das glaub ich dir.«

»Wir könnten zu mir nach Hause fahren und meine Corvette holen«, schlug Santo vor, um ihre Aufmerksamkeit nicht zu verlieren.

»Hast du da noch mehr Stoff?«, fragte sie hoffnungsvoll.

Er nickte.

»Worauf warten wir dann noch?«

»Wir sollten doch ins Kino gehen und dann Hamburger essen.«

Tabitha warf ihm einen verächtlichen Blick zu. »Genieß das Leben, Santo. Wir rauchen ein bisschen Grass und kommen später wieder hierher zurück. Denen ist es doch scheißegal, *was* wir machen.«

Cooper warf einen Blick auf Venus, die sich angeregt mit Lucky unterhielt. Er versuchte ihre Aufmerksamkeit zu gewinnen. Sie ignorierte einfach jeden seiner Annäherungsversuche. Was war er doch für ein Narr gewesen, eine so loyale Frau wie Venus zu betrügen. Er vermisste sie schrecklich und würde alles tun, um sie zurückzuerobern.

Donna beugte sich vor und sagte zu Alex: »Es freut mich sehr, dass Sie Ihren Film in meinem Studio produzieren.«

Alex sah sie durchdringend an und fragte sich, ob alles, was Lucky vermutete, der Wahrheit entsprach. »Aus welchem Land kommen Sie?«

»Aus Italien«, antwortete Donna verblüfft. »Warum wollen Sie das wissen?«

»Mir fiel Ihr leichter Akzent auf.«

»Sie täuschen sich, ich habe keinen Akzent.«

George mischte sich in die Unterhaltung ein. »Deine *Eltern* stammen doch aus Italien, Donna. *Du* wurdest in Amerika geboren.«

»Ja, ganz recht«, log sie.

»Ach, tatsächlich?«, warf Lucky ein, die die enervierende Fähigkeit besaß, mehreren Gesprächen gleichzeitig folgen zu können. »Aus welchem Teil Italiens stammen denn Ihre Eltern?«

»Aus Mailand«, log Donna wieder.

Lucky fixierte sie mit einem stählernen Blick. »Meine Großeltern stammen aus Bari. Die Familie Santangelo.« Es folgte eine bedeutungsvolle Pause. »Vielleicht ist Ihnen der Name geläufig?«

»Nein«, murmelte Donna, wütend darüber, dass sie sich

diese Befragung gefallen lassen musste. Sie hasste es, eine Situation nicht zu beherrschen, und vor allem hasste sie es, direkt mit Lucky Santangelo konfrontiert worden zu sein. Das war nicht Teil ihres Plans gewesen.

Es hatte den Anschein, als wäre Lucky Santangelo unzerstörbar. Welche Möglichkeit blieb ihr denn noch, um dieses Miststück endgültig in die Knie zu zwingen?

Und sie begann verschiedene Möglichkeiten in Erwägung zu ziehen.

53

Lucky stand unter dem Vorwand, zur Toilette gehen zu müssen, vom Tisch auf. In der Eingangshalle marschierte sie direkt auf die Haustür zu, gab dem Dienstboten, der die Autos geparkt hatte, zwanzig Dollar, damit er sie zum Beverly Hills Hotel fuhr, und nahm von dort ein Taxi nach Hause.

Sie wusste, dass sie Alex über ihre Absicht, die Dinnerparty zu verlassen, hätte informieren müssen, aber er hätte nur darauf bestanden, dass sie blieb, und sie war nicht in der Stimmung gewesen, mit ihm zu streiten. Zusammen mit Donna Landsman in einem Raum sitzen zu müssen war ihr unerträglich geworden.

Donna Landsman hatte Lennie getötet.

Sie verdiente es nicht weiterzuleben.

Boogie hatte ihr erzählt, dass er Informationen über die Aktionäre habe. Sie hatte sich mit ihm in ihrem Haus verabredet.

Während der Fahrt über den Highway schweiften ihre Gedanken zu Alex. Er war interessant, talentiert, attraktiv und stellte für sie eine Herausforderung dar. Je mehr Zeit sie mit ihm verbrachte, umso mehr geriet sie in seinen Bann.

Das war nicht gut. Sie war noch nicht für eine neue Beziehung bereit. Lucky fragte sich, was ihre Kinder wohl gerade taten. Es brach ihr das Herz, dass sie ihren Vater verloren hatten.

Boogie war schon da und saß in der Küche vor dem Fernseher.

»Gehen wir ins Wohnzimmer«, sagte Lucky, die es kaum erwarten konnte, seine Neuigkeiten zu erfahren.

Die beiden setzten sich aufs Sofa, und Boogie fing an zu erzählen. »Es hat zwar eine Weile gedauert, aber wir haben endlich herausgefunden, wer Mrs. Smorg ist.«

»Ja und?« Lucky trommelte ungeduldig mit den Fingern auf die Platte des Couchtisches.

»Inga Smorg – alias Inga Irving – ist die jetzige Mrs. Abe Panther.«

Lucky war schockiert. Inga. Abes Frau. Das war eine große Überraschung.

Abe würde einen Wutanfall bekommen, erführe er, dass Inga geholfen hatte, sie bei den Panther Studios auszubooten. Inga hatte sich das Aktienpaket wohl hinter Abes Rücken als eine Art Lebensversicherung gekauft. Die Schwedin war immer auf Luckys enge Beziehung zu Abe eifersüchtig gewesen.

»Was ist mit Conquest Investments?«, fragte sie und griff nach der Zigarettenpackung auf dem Tisch.

»Diese Firma ist auch eines von Mrs. Smorgs kleinen Geheimnissen«, entgegnete Boogie. »Sie und Morton Sharkey sind Partner. Conquest gehört ihnen zu je fünfzig Prozent Anteilen.«

»Soll das heißen, die beiden haben eine Firma im Ausland, von der Abe nichts weiß?«

»Genau. Die Teilhaberschaft läuft unter ihrem früheren Namen.«

»Wenn es mir also gelingt, Inga und Morton auf meine Seite zu ziehen, kann ich mit dem Aktienpaket der beiden wieder die Mehrheit erlangen und die Kontrolle über die Panther Studios zurückgewinnen?«, meinte Lucky nachdenklich.

»So ist es.«

»Das sollte nicht schwierig sein, Boogie. Ich muss nur Abe erzählen, was sich da abspielt.«

»Sei vorsichtig, Lucky. Abe ist ein alter Mann. Du solltest ihm jede Aufregung ersparen.«

»Ja. Ich rede zuerst mit Inga. Vielleicht reicht es, wenn ich ihr nur damit *drohe,* das alles Abe zu erzählen.« Lucky stand auf und ging zum Fenster. »Und was hast du über diese Blondine in Paris rausgekriegt?«

»Sie heißt Daniella Dion und ist ein sehr teures Callgirl, das für eine berüchtigte französische Madame – Madame Pomeranz – arbeitet. Diese Madame versorgt Politiker und prominente Besucher von Paris mit schönen Mädchen.«

»Das passt.«

»Daniella ist ein absoluter Profi, und sie arbeitet seit ihrem fünfzehnten Lebensjahr in diesem Gewerbe – also acht Jahre. Eine Weile war sie die Mätresse eines achtzigjährigen Industriellen, bis er starb. Er vererbte ihr Geld, woraufhin die Witwe das Testament angefochten hat und Daniella dann mit leeren Händen dastand. Vor zwei Jahren hat sie ihren Beruf wieder aufgenommen.«

»Wann kann ich mich mit ihr treffen?«

»Für zwanzigtausend Dollar pro Tag plus Spesen ist sie bereit, nach Los Angeles zu kommen.«

»Gut. Arrangiere das.«

»Ist bereits geschehen. In zwei Tagen ist sie hier. Sie ist der Meinung, ein Freund engagiert sie als Geburtstagsgeschenk für Johnny Romano.«

»Das ist ein sehr guter Einfall, Boogie.«

»Ich wollte nur sichergehen, dass sie kommt.«

Lucky lachte trocken. »Es ist sehr unwahrscheinlich, dass sie sich zwanzigtausend Dollar pro Tag entgehen lässt. Das wird der teuerste Fick, von dem ich je gehört habe.«

»Es gibt Frauen, die noch mehr fordern«, sagte Boogie mit einem wissenden Blick.

Lucky blies Rauch an die Decke. »Seit wann bist du auch auf diesem Gebiet ein Experte?«

Nona und Brigette berieten in ihrem Hotelzimmer, ob sie einen Wagen mieten und zu Lucky fahren, um sie mit ihrem Besuch zu überraschen, oder ob sie zuerst anrufen sollten.

»Ich bin fürs Telefonieren«, sagte Brigette. »Es ist schon zu spät, um einfach so reinzuplatzen.«

In Wahrheit wollte sie nur Zeit gewinnen, da es ihr peinlich war, Lucky ihre verfahrene Geschichte zu erzählen.

Nona reichte ihr den Telefonhörer. »Mach schon«, drängte sie. »Bestimmt ist Lucky noch auf.«

Brigette wählte widerstrebend Luckys Nummer. »Rate mal, wo ich bin«, sagte sie fröhlich, als Lucky sich meldete.

»Hier in Los Angeles.«

»Woher weißt du das?«

»Wenn jemand sagt: ›Rate mal, wo ich bin‹, kann man jede Wette darauf eingehen, dass er in unmittelbarer Nähe ist. Was machst du denn hier?«

»Hm … ich musste wegen eines Model-Engagements nach L.A. Ich wohne mit Nona im Hilton.«

»Warum seid ihr in einem Hotel abgestiegen und nicht zu mir gekommen?«

»Wir wollten dir keine Umstände machen. Außerdem hast du mit den Kindern und allem anderen genug am Hals.«

»Die Kinder sind bei Bobby in Griechenland.«

»Das wusste ich nicht.«

»Wenn du öfter von dir hören ließest, wüsstest du es.«

»Lucky … Nona und ich, wir haben uns überlegt … können wir uns morgen zum Lunch treffen?«

»Das passt mir nicht so. Wie wär's mit Dinner morgen Abend bei mir?«

»Ja, geht klar.«

»Und solltest du deine Meinung ändern, kannst du gern bei mir wohnen und das Wochenende hier verbringen.«

»Eigentlich wollten wir nur einen Tag bleiben.«

»Ich lasse euch um halb sechs vor dem Hotel abholen.«

»Übrigens ... ich nenne mich jetzt Brigette Brown.«

»Aha«, sagte Lucky und fragte sich, warum Brigette so nervös klang. »Bis morgen, Liebes.«

»Lucky möchte, dass wir ein paar Tage bei ihr wohnen«, sagte Brigette, nachdem sie aufgelegt hatte.

»Warum hast du ihre Einladung nicht angenommen?«, fragte Nona. »Wir hätten morgen den Tag am Strand verbringen können.«

»Ich möchte lieber einkaufen gehen, Geld ausgeben. Einkaufen ist für mich wie eine Therapie.«

»Okay.«

»Was meinst du, soll ich Isaac anrufen?«, fragte Brigette, die sich nach ihrem Gespräch mit Lucky wohler fühlte. »Er wird sich wundern, wo ich geblieben bin.«

»Was findest du bloß an einem Kerl, der nur daran interessiert ist, sich Drogen reinzuziehen?«

»Was ist daran verkehrt?«

»Du stehst am Beginn einer großen Karriere. Vermassle sie dir nicht.«

»Du klingst wie meine Mutter.«

»Na großartig! Ich versuche nur, die Vernünftigere von uns beiden zu sein.«

»Nein, du hast Recht. Meine Mutter hätte so was nie gesagt. Sie war viel zu sehr damit beschäftigt, es mit einem Rockstar zu treiben.«

»Wir alle wissen, dass du keine normale Kindheit gehabt hast«, seufzte Nona. »Ich auch nicht.«

»Wahrscheinlich können wir uns glücklich schätzen, dass wir die Erziehungsversuche unserer Eltern überlebt haben«, sagte Brigette.

»Richtig«, stimmte Nona zu. »Gehen wir ins Bett.«

»Ins Bett?«, entrüstete sich Brigette. »Es ist erst Viertel nach elf.«

»Brigette ...«

»Okay, okay.«

Alex behielt die Esszimmertür im Auge und wartete auf Luckys Rückkehr. Nach fünf Minuten wusste er, dass sie gegangen war. »Entschuldigt mich bitte«, sagte er und stand vom Tisch auf. In der Halle fragte er einen Kellner: »Wo ist Mrs. Santangelo?«

»Ich habe keine Ahnung, Mr. Woods.«

Er trat vors Haus und fragte den Dienstboten, der die Wagen parkte: »Ist Mrs. Santangelo weggefahren? Hat sie mein Auto genommen?«

»Nein, Mr. Woods. Ich habe sie zum Beverly Hills Hotel gebracht. Dort hat sie ein Taxi genommen.«

Er spielte mit dem Gedanken, sich ebenfalls davonzustehlen, doch Abigaile und Mickey würden ihm das nie verzeihen, ganz zu schweigen von Tin Lee. Mein Gott, wie war er nur in diese verfahrene Situation geraten?

Er kehrte ins Esszimmer zurück. »Lucky hat sich nicht wohl gefühlt, Abigaile«, sagte er. »Sie ist nach Hause gefahren.«

Abigaile wechselte einen bedeutungsvollen Blick mit Mickey.

Donna lächelte. Es war ein bitteres Lächeln des Triumphs. Sie hatte gewonnen. Sie hatte dieses Miststück vertrieben.

Jetzt musste sie nur einen Weg finden, sich ihrer auf Dauer zu entledigen.

54

Das Dinner bei den Stollis zog sich in die Länge. Jeff wurde immer betrunkener, Leslie reagierte eingeschnappt und schmollte, Mickey wurde dreister, in Alex wuchs die Wut, Tin Lee wirkte von Minute zu Minute verkrampfter, Johnny wurde geiler, Venus koketter, George stiller, Donna bedrückter, Veronica lauter und Cooper distanzierter.

Kaum war der Kaffee serviert, stand Alex auf. »Komm«, sagte er zu Tin Lee und zog sie grob vom Stuhl. »Verabschiede dich.«

Draußen standen die beiden dann vor ihren Autos.

»Soll ich mit zu dir nach Hause kommen?«, fragte Tin Lee und legte vorsichtig ihre Hand auf seinen Arm.

»Weißt du, Tin Lee«, antwortete er, da er es nicht fair fand, sie noch länger hinzuhalten, »uns beiden tut diese Beziehung nicht gut.«

»Wie bitte, Alex?« Sie zog hastig ihre Hand zurück.

»Ich kann dich nicht glücklich machen.«

Ihre Augen füllten sich mit Tränen. Im Verlauf der Monate war ihre Zuneigung zu Alex gewachsen, und obwohl er nicht der großartigste Liebhaber der Welt war, hatte sie das Bedürfnis, bei ihm zu sein. Zutiefst spürte sie, dass auch er sie brauchte, weil sie einen beruhigenden Einfluss auf sein ziemlich turbulentes Leben ausübte. Das musste er doch gemerkt haben.

»Alex …«, fing sie an.

»Ich möchte jetzt nicht darüber reden«, fuhr er ihr schroff ins Wort.

»Wenn wir jetzt nicht miteinander reden, wann dann?«

»Sieh mal, die Dreharbeiten zu meinem neuen Film beginnen. Ich bin sehr beschäftigt und hätte heute Abend gar nicht ausgehen sollen.«

»Ich habe heute Nachmittag deine Mutter besucht«, sagte

Tin Lee leise. »Wir hatten eine interessante Unterhaltung. Sie hat mir die Familienalben gezeigt. Du warst ein niedlicher kleiner Junge, Alex.«

»Warum hast du das getan?«, fragte er und war auf Dominique wütend, weil sie Tin Lee Einblick in seine Intimsphäre gewährt hatte.

»Deine Mutter ist eine einsame Frau, Alex. Und sie liebt dich sehr.«

»Es interessiert mich nicht, was du über mich und meine Mutter denkst«, entgegnete er wütend.

Tin Lee seufzte. »Was erwartest du von einer Frau, Alex?«, fragte sie. »Was würde dich glücklich machen?«

Er antwortete nicht sofort, sondern dachte kurz darüber nach. »Frieden«, sagte er schließlich. »Ja, das will ich haben. Frieden.«

Venus und Johnny Romano verabschiedeten sich kurz nach Alex. Johnny ließ sich zufrieden in die bequemen Polster seiner Limousine sinken, streckte die langen Beine aus und goss Venus Champagner in ein Glas. »Was für ein langweiliger Abend. Diese Leute verstehen nicht zu feiern.«

»Vielleicht ist das ihre Vorstellung von einer gelungenen Party«, meinte Venus.

»So ein Leben würde mich anöden.«

»Abigaile ist da wohl anderer Meinung.«

Er trank einen Schluck Champagner aus der Flasche. »Warum hast du mir verboten, über *Gangsters* zu reden?«

Venus verkündete mit einem triumphierenden Lächeln: »Weil … ich die Rolle habe.«

Er grinste breit. »Es hat also doch genützt, dass ich hier und da ein Wörtchen habe einfließen lassen.«

»Natürlich, Johnny.«

»Das müssen wir feiern«, sagte er. »Kommst du mit zu mir?«

»Was wird das wohl für eine Feier?«

»Wart's doch erst mal ab. Willst du's sehen?«

»Was?«, fragte sie mit gespielter Naivität.

Mit einem lüsternen Grinsen tätschelte er seinen erigierten Penis, der sich unter der engen schwarzen Hose deutlich abzeichnete.

Venus wandte den Blick ab und gähnte. »Ich bin mehr an Schlaf interessiert ... allein in meinem Bett.«

»He, Baby! Johnny Romano hat sich noch nie einer Frau aufgedrängt. Das hat er nicht nötig. Aber du hast keine Ahnung«, fügte er prahlerisch hinzu, »was dir für ein Vergnügen entgeht.«

»Du meine Güte, dein Egotrip kennt wohl keine Grenzen, wie?«

»Nein. Ich könnte dich mit meinem Ego auffressen.«

Venus musste einfach lachen. Johnny fielen tatsächlich immer nur diese abgedroschenen Phrasen ein.

»He«, sagte er und griff nach der Champagnerflasche. »Ist dir das Gesicht dieses fetten Jungen aufgefallen, als er dich gesehen hat?«

»Was für ein fetter Junge?«

»Der Sohn der Landsmans. Er hat einen Blick auf dich geworfen und hätte beinahe in seiner Hose abgespritzt.«

»Johnny!«

»Vielleicht ist er ein fanatischer Fan von dir.«

»Mir ist er nicht aufgefallen.«

»Mann, was bist du cool. Er wird noch monatelang von dir erzählen, und du hast den Jungen nicht einmal bemerkt.«

»Ich habe gesehen, dass die Tochter der Stollis den Ring in ihrem Nabel in deine Richtung geschwenkt hat.«

»Sie ist sechzehn, nicht wahr? Zu jung für mich.«

»Was, um drei Monate zu jung?«

Er lachte. »Du bist witzig. Wir beide werden bei diesem Film viel Spaß haben.«

»Ganz bestimmt, Johnny. Zuerst arbeiten wir hart, und danach amüsieren wir uns.«

»Ich miete mir ein Haus in Vegas. Darin ist auch Platz für dich.«

»Danke, Johnny. Ich miete mir selbst ein Haus. Das ist einer der Vorzüge, ein Star zu sein – ich kann es mir leisten zu tun, was ich will. Und im Augenblick will ich meine Ruhe haben.«

»Ich habe morgen ganz früh einen Shooting-Termin«, sagte Veronica und warf Cooper einen bedeutungsvollen Blick zu.

Er verstand den Hinweis und erhob sich.

»Mir gefallen die Kataloge, in denen Sie abgebildet sind«, sagte Mickey und rieb sich geistesabwesend über seinen kahlen Schädel. »Sehr sexy, Veronica. Wirklich sehr sexy.«

»Danke, Mickey«, entgegnete Veronica.

»Haben Sie je daran gedacht, eine Rolle in einem Film zu übernehmen?«, fragte er.

»Ja, das habe ich. Letzte Woche habe ich mit William Morris einen Vertrag für Film- und Werbeaufnahmen unterschrieben.«

»Ein guter Einstieg.«

Veronica schenkte ihm ein Lächeln. »Es freut mich, dass Sie auch dieser Meinung sind.«

Cooper küsste Abigaile auf beide Wangen. »Vielen Dank für den reizenden Abend, Abbey«, sagte er, ohne es zu meinen.

»Wir müssen das bald mal wiederholen«, erklärte sie überschwänglich. Cooper war ihr immer ein gern gesehener Gast.

»Unbedingt«, entgegnete Cooper und dachte: Auf keinen Fall! Er nahm Veronicas Arm und führte sie hinaus. »Tut mir Leid«, sagte er leise zu ihr, während der Wagen vorgefahren wurde.

»Du wirst mich doch sicher für diesen langweiligen Abend entschädigen«, säuselte sie.

»Worauf du dich verlassen kannst«, erwiderte er automatisch, obwohl seine Gedanken bei Venus waren. Sie in Begleitung von Johnny Romano zu sehen hatte ihn wirklich schockiert.

Er fuhr zu Veronicas Apartmenthaus, stieg aus und begleitete sie hinein.

Im Fahrstuhl fiel sie plötzlich über ihn her, drückte seine Schultern gegen die Wand und küsste ihn leidenschaftlich.

Er befand sich in einer Situation mit vertauschten Rollen. Normalerweise gab er den Ton an.

»He«, protestierte er, als ihre Hand über seinen Körper glitt und seinen Penis rieb. »Übertreib's nur nicht.«

»Zier dich doch nicht, Cooper«, murmelte sie und erforschte mit der Zunge sein linkes Ohr. »Ich kenne deinen Ruf. Die Mädchen sind ganz scharf auf dich.«

»Was für Mädchen?«

»Wir haben einen kleinen Supermodel-Club gegründet und wetteifern, wer die meisten Millionäre und Filmstars fickt.«

»Das ist ja wirklich beeindruckend«, sagte er sarkastisch.

»Nein«, gurrte sie und presste ihre Hand auf seinen Schwanz. »*Das* nenne ich beeindruckend.«

Im gleichen Moment drückte sie auf den Haltknopf, und als der Aufzug ruckartig zum Stehen kam, zerrte sie ungeduldig an seinem Gürtel.

Cooper kam sich wie ein Mädchen vor, das zu heftig von seinem Kerl bedrängt wurde. Artete das in eine Vergewaltigung aus? Herrgott, Venus! Wo bist du, wenn ich dich brauche?

Veronica schob ihm die Hose über die Hüften und machte sich an seiner Unterhose zu schaffen.

Ihm kam der schreckliche Gedanke, dass jemand den Lift holte, sich die Türen öffneten und er entblößt dastehen würde.

»Gehen wir doch in deine Wohnung«, sagte er.

»Ich will's im Aufzug tun.« Sie öffnete den Reißverschluss ihres Kleides und ließ es über ihren großen schlanken Körper zu Boden gleiten.

Das weltberühmte Model für Dessous trug nur nackte Haut.

»Soll ich auf deine Liste der Millionäre und Filmstars kommen«, stöhnte er.

»Vielleicht schaffst du den Sprung an die Spitze«, murmelte sie, legte ihm ihr Bein um die Hüfte und schob seinen Penis in ihre Vagina.

Ein Fick im Stehen. Genau darauf hatte er Lust. Er fühlte, wie seine Erektion nachließ.

Er fragte sich, was Venus wohl im Augenblick tat. War sie in Johnnys berüchtigter Limousine? Verwöhnte er sie mit Champagner und sagte ihr, sie sei die betörendste Frau der Welt?

Nein, Venus würde nicht auf Johnnys plumpe Annäherungsversuche und seine abgedroschenen Phrasen hereinfallen.

Der Gedanke an Venus ließ seinen Penis völlig erschlaffen, worüber Veronica nicht erfreut war. »Was ist denn los?«, fragte sie barsch.

»In einem Lift bring ich's einfach nicht«, erklärte er. »Ich brauche eine intime Atmosphäre.«

»*Ich* finde Sex in der Öffentlichkeit erregend«, entgegnete Veronica. »Mal sehen, ob ich dir die Angst vor Sex in einem Lift nehmen kann.« Sie ging in die Knie, und sein Penis verschwand in ihrem Mund.

Das machte ihn nur noch nervöser. Sie hatte den größten Mund, den er je gesehen hatte, und er geriet in Panik, als er sich vorstellte, sie könnte ihm die Eier abbeißen.

»Das hat keinen Sinn«, protestierte er und entzog sich ihr.

»Mach ich dich nicht an, Cooper?«, fragte sie. »Jeder Mann in Amerika will mich ficken. Sie blättern die Kataloge durch, werfen dann einen Blick auf ihre fetten Frauen und wollen mich.«

»Ich habe aber keine fette Frau zu Hause«, entgegnete Cooper und zog sich die Hosen wieder an. »Ich brauche jetzt einen Drink.«

»Oh, du brauchst einen Drink, um ihn hochzukriegen?«, spottete Veronica.

»Ich war mit Venus Maria verheiratet«, sagte er. »Tatsächlich bin ich es immer noch. Wir leben nur getrennt.«

»Sie ist kleiner, als ich dachte.«

»Sie ist eine außergewöhnliche Frau.«

»Warum lebt ihr dann getrennt?«

Eine gute Frage.

Jemand schrie den Aufzugsschacht hinunter: »Seid ihr stecken geblieben?«

Veronica streifte sich gelassen ihr Kleid über. »Mach mir den Reißverschluss zu«, befahl sie.

Er tat es und setzte dann den Lift wieder in Gang. »Wie alt bist du, Cooper?«, fragte sie.

»Das ist ein offenes Geheimnis«, sagte er mit einem Lächeln, obwohl er sich über ihre Frage ärgerte.

»Vielleicht brauchst du einen Schuss Testosteron«, meinte sie anzüglich.

Miststück! »Nicht, wenn ich mit meiner Frau zusammen bin.«

Nur noch Abigaile und Mickey, Donna und George, der betrunkene Jeff und die stocksaure Leslie waren von der Dinnerparty übrig geblieben. Leslie wünschte sich schon seit einer halben Stunde nichts sehnlicher, als endlich zu gehen, doch Jeff reagierte nicht auf ihre versteckten Anspielungen. Er lümmelte auf dem Sofa herum und grinste dümmlich. »Wissen Sie, Mickey«, nuschelte er, »eines Tages werde ich einen Film produzieren.«

Du solltest zuerst mal ein besserer Schauspieler werden, dachte Mickey verdrießlich. Er hasste nichts mehr als diese gut aussehenden Typen, die nach Hollywood kamen und sich einbildeten, Schauspieler, Produzent und Regisseur gleichzeitig sein zu können. Dieser Jeff war ein absoluter Versager. Jemand musste Leslie den Kopf zurechtsetzen.

»Wo die Kinder wohl sind?«, sagte Donna mit einem missbilligenden Lächeln.

»Vielleicht hat der Film Überlänge«, erwiderte Mickey, der sich keine allzu großen Sorgen machte.

»Ich bin ziemlich enttäuscht«, erklärte Donna, Georges warnenden Blick ignorierend.

»Worüber?«, fragte Mickey.

»Sie haben Santo zum Dinner eingeladen und ihn dann einfach ins Kino geschickt. Ich finde das nicht sehr höflich.«

»Die Kinder wollten den Abend nicht mit einem Haufen alter Leute verbringen«, meinte Mickey großspurig. »Tabitha kümmert sich schon um Ihren Jungen.«

»Er braucht niemanden, der sich um ihn kümmert«, entgegnete Donna frostig. »Er soll auch nicht vom rechten Weg abkommen.«

»Was wollen Sie denn damit sagen?«, mischte sich Abigaile ein. Niemand durfte ihre Tochter kritisieren.

»Santo ist ein guter Junge.«

»Wollen Sie damit andeuten, Tabitha könnte einen schlechten Einfluss auf ihn haben?«, sagte Abigaile empört.

»Vielleicht sollte ich zu Hause anrufen«, schlug George vor.

»Ja«, stimmte Donna zu und bemühte sich, ihre Verärgerung nicht zu zeigen.

»Benutzen Sie das Telefon an der Bar«, sagte Mickey.

Leslie stand auf, um zur Gästetoilette zu gehen.

»Kann ich mal kurz mit dir sprechen?«, fragte Mickey, der ihr in die Eingangshalle gefolgt war.

»Klar, Mickey.«

»Du siehst müde aus«, sagte er.

»Findest du?«

»Weißt du, Leslie, Hauptdarstellerinnen müssen immer glitzern. Was für einen beknackten Typen hast du da angeschleppt?«

»Meinst du Jeff?«

»Was willst du von einem Versager wie ihm? Ist er ein guter Liebhaber? Ich kann dir jederzeit einen Kerl besorgen, der gut im Bett ist *und* Köpfchen hat.«

»Es wäre mir wirklich sehr lieb, wenn du dich nicht in mein Privatleben einmischen würdest, Mickey«, sagte Leslie beleidigt. »Ich spiele zwar in einem deiner Filme mit, aber das gibt dir nicht das Recht, mir vorzuschreiben, mit wem ich verkehre.«

»Schätzchen«, sagte er nachsichtig, »ich versuche nur, dir ein paar Straßentricks zum Überleben beizubringen. Lass dich nie auf einen Schauspieler ein. Das sind alles aufgeblasene Arschlöcher. Das müsstest du doch mittlerweile kapiert haben.«

»Hör mal, ich gebe zu, dass Jeff heute Abend ein bisschen … überdreht ist. Mit diesen illustren Gästen zusammen zu sein ist ihm zu Kopf gestiegen.«

»Was du nicht sagst«, schnaubte Mickey.

»Mach dir keine Sorgen, Mickey. Jeff wird nicht mein ständiger Begleiter. Ich benutze ihn so, wie Männer Frauen benutzen.«

»Ich habe noch nie in meinem Leben eine Frau benutzt«, protestierte Mickey pikiert.

»Wie auch immer. Ich bringe Jeff jetzt nach Hause«, sagte Leslie. »Übrigens habe ich eine tolle Idee, Mickey.«

»Und die wäre?«

»Cooper würde sich doch großartig für die Hauptrolle in *Gangsters* eignen.«

»Die Besetzungsliste ist komplett, Leslie.«

»Das weiß ich«, sagte sie mit glänzenden Augen, »Aber stell dir doch mal vor, Cooper Turner zusammen mit Johnny

Romano und mir in *Gangsters* – das wäre die Idealbesetzung!«

»Du hast doch gerade einen Film mit Cooper zu Ende gedreht.«

»Ja, und der wird ein Knüller. Hast du nicht ein Drehbuch, das Cooper und mir auf den Leib geschrieben wäre? Zwischen uns knisterte es nur so auf der Leinwand.«

»Ja«, antwortete er begeistert, denn Leslie hatte ihm gerade das Stichwort gegeben, wie er sie dazu bringen konnte, auf ihre Rolle in *Gangsters* zu verzichten. »Das ist eine großartige Idee. Wenn mir ein passendes Drehbuch in die Hände fällt, würdest du dann lieber einen anderen Film mit mir drehen?«

»Ja«, stimmte sie zu. »Aber nur, wenn Cooper die Hauptrolle bekommt.«

»In einem hübschen romantischen Film, richtig?«

»Genau.«

»Mal sehen, was sich machen lässt, Baby. Komm doch morgen zu mir ins Studio zum Lunch.«

»Mit Vergnügen, Mickey.«

»Und schaff mir jetzt diesen Versager vom Hals. Ich will nicht, dass er mir die Couch vollkotzt.«

»Ich höre ein Telefon läuten«, trällerte Tabitha. Santo und sie lagen völlig zugedröhnt mitten auf seinem Bett.

Nach ihrer Ankunft im Haus seiner Eltern hatten die beiden einen Joint geraucht, und dann hatte Tabitha sein Zimmer erkundet und ihn um stärkeren Stoff gebeten.

Santo fiel das Marihuana ein, das Mohammed ihm verkauft hatte. »Die Mädchen fahren voll darauf ab«, hatte Mohammed gesagt. Tabitha war ein Mädchen. Sie hatte kecke kleine Brüste, die ihr knappes Top kaum verhüllte. Er hätte sie gern berührt – er hatte noch nie ein Mädchen berührt. Nachdem sie das Marihuana geraucht hatten, schwebten beide auf einer wunderschönen blauen Wolke und sahen auf die Welt hinab.

Santo wurde von einem Gefühl der Güte überwältigt. Alles war schön, und er war voller Freude. Wow! Tabitha hatte ähnliche Gefühle.

Beide waren so sanft und friedlich, dass es ihnen nur natürlich vorkam, die Kleider auszuziehen und sich gegenseitig unter brüllendem Gelächter damit zu bewerfen.

Santo musste dauernd an Venus denken.

Als er nackt war, schaute er an sich hinunter und traute seinen Augen nicht. Sein Schwanz ähnelte einer Rakete kurz vor dem Start.

Und schon saß Tabitha auf ihm und ritt ihn mit heftigen Bewegungen. Er konnte nur ihre spitzen Titten sehen und den Goldring in ihrem Nabel, der bei jeder Bewegung auf und ab hüpfte. Es war ein irrsinnig erregendes Erlebnis.

Als Tabitha von ihm runterglitt, fingen beide unbeherrscht zu lachen an und rollten im Bett herum.

»Du bist nicht schlecht, Santo«, musste Tabitha widerwillig zugeben. »Das sollten wir noch mal machen.«

»Jederzeit.«

»Ich sterbe vor Hunger«, sagte sie und sprang geschmeidig vom Bett.

Nackt liefen sie nach unten und fielen über den Kühlschrank her. Glücklicherweise hatten sich die Dienstboten schon in ihre Unterkünfte hinter dem Poolhaus zurückgezogen.

»Wo ist das Schlafzimmer deiner Eltern?«

Santo führte sie in Donnas Zimmer. Tabitha sprang auf das riesige altmodische Himmelbett, bewarf Santo mit den bestickten Samtkissen und kreischte vor Lachen.

»Wie sollen wir hier wieder Ordnung kriegen?«, fragte er in einem Anflug der Besorgnis. »Meine Mom wird merken, dass wir in ihrem Zimmer waren.«

»Wen schert das schon?«, antwortete Tabitha. »Komm her. Wir machen's noch mal auf ihrem Bett.«

Er war leicht zu überreden.

Jetzt waren sie wieder in seinem Zimmer. Und das Telefon läutete.

»Ignorier's einfach«, sagte er und kniff ihr in die spitzen kleinen Brüste.

»Meinst du?«

»Ich will dir was zeigen.«

»Was denn?«

Er glitt vom Bett, ging zu seinem zugesperrten Kleiderschrank, schloss ihn auf, griff in die hinterste Ecke und holte seinen neuen wertvollen Besitz heraus.

»Ach du Scheiße!«, rief sie. »Was für ein Ballermann.«

»Bestens geeignet, um sie zu töten«, entgegnete Santo mit einem irren Lachen.

»Hä?«, machte Tabitha und zwinkerte heftig.

»Eines Tages«, prahlte Santo, »puste ich ihnen ihre verdammten Köpfe weg!«

55

Johnny Romano war nicht so penetrant, wie Venus befürchtet hatte. Er hatte ihre Ablehnung, zu ihm nach Hause zu kommen, akzeptiert. Jetzt stand seine Limousine vor ihrer Villa. »Ich freue mich riesig, dass du die Rolle in *Gangsters* erhalten hast.«

»Und ich mich erst«, sagte sie. »Das Drehbuch ist phantastisch. Du wirst in deiner Rolle großartig sein.«

Trotz seines Starruhms genoss Johnny noch immer jedes Wort des Lobes. »Meinst du wirklich?«, fragte er.

»Unbedingt.«

»Ich habe einen Schauspiellehrer engagiert«, sagte er mit

jungenhafter Begeisterung. »Lach bloß nicht. Er kommt zweimal die Woche zu mir nach Hause. Früher hat er mit De Niro zusammengearbeitet.«

»Das finde ich sehr klug von dir. Man kann nie genug für seinen Beruf tun.«

»Ich muss Lucky noch dafür danken, dass sie mich wieder auf den richtigen Weg gebracht hat.«

»Wie denn das?«

»Kannst du dich noch daran erinnern, als sie die Leitung der Panther Studios übernommen hat?«

»Wie könnte ich das je vergessen? Insgeheim hat sie als Sekretärin gearbeitet und war dann plötzlich der Boss des Studios.«

»Damals habe ich einen Haufen beschissener Filme gedreht. Gewalt. Sex. Lucky nannte sie arschlöchige Filme, weil sich meine Dialoge auf Kraftausdrücke beschränkten. Diese Filme haben mir zwar ein Vermögen eingebracht, aber Lucky hat mir klar gemacht, dass ich darin nie der Held war. Spiel einen Helden, hat sie mir geraten. Dein Publikum will dich in einer Heldenrolle sehen. Und, verdammt noch mal, sie hatte Recht.«

»Wie schön für dich, Johnny. Man muss sich immer weiterentwickeln.«

Er rutschte auf dem Rücksitz näher zu ihr. »Hat dir der heutige Abend gefallen?«

»War schon okay.«

»Hat es dir nichts ausgemacht, Cooper zusammen mit diesem sinnlichen Weib zu sehen?«

»Er und ich, das war mal.«

»Pech für ihn.« Er drückte seinen Oberschenkel gegen ihren. »Glück für mich.«

»Verlass dich bloß nicht darauf, Johnny«, sagte sie und rutschte von ihm weg.

»Ich muss dir was Lustiges erzählen.«

»Was denn?«

»Veronica war früher mal ein Mann.«

»Du machst Witze!«

»Nein. Ich habe sie vor Jahren in Schweden kennen gelernt, als ich dort als Kellner gearbeitet habe. Das war kurz nach ihrer Geschlechtsumwandlung.«

»Na, so was.«

Er lachte. »Cooper wird keinen Unterschied merken.«

»Du bist unmöglich. Warum hast du ihm das nicht gesagt?«

»Soll ich ihm etwa eine wunderschöne Romanze verderben? Auf keinen Fall.« Er lachte wieder. »Und ich habe gesehen, dass Mickey heute Abend nur Augen und Ohren für dich hatte.«

»Was soll ich machen, er ist scharf auf mich.«

»O Baby, du hast wirklich eine Art, die Dinge beim Namen zu nennen.«

»Das ist das Geheimnis meines Erfolgs«, sagte Venus mit einem selbstgefälligen Lächeln. »Und jetzt würde ich gern aussteigen.«

Er verabschiedete sich herzlich von ihr, ohne noch einmal zudringlich zu werden.

Im Haus angekommen, hörte sie als Erstes ihren Anrufbeantworter ab. Rodriguez bat in wehleidigem Ton um ein Wiedersehen. Dann ertönte Rons Stimme, die sehr glücklich klang.

»Ich habe deinen Rat beherzigt, Süße«, sagte er. »Ich ziehe aus.«

Er hatte seine neue Adresse nicht angegeben, sonst hätte sie ihn sofort angerufen.

Auf dem Weg in ihr Ankleidezimmer schlüpfte sie aus ihrem Kleid.

Da läutete das Telefon. Sie lief schnell ins Schlafzimmer und hoffte, dass Ron der Anrufer war.

»Hi. Ich bin's, Cooper.«

»Oh … hi.«

»Du hast heute Abend unheimlich sexy ausgesehen.«

»Was willst du von mir, Coop?«, entgegnete sie kurz angebunden, setzte sich auf die Bettkante und fragte sich, ob er schon hinter Veronicas Geheimnis gekommen war.

»Ich wollte nur mal Hallo sagen.«

»Das ist nicht sehr originell.«

»Mir fällt nichts Besseres ein.«

»Dir? Das gibt's doch nicht!«

»Ich dachte …«

»Was denn?«

»Was für eine phantastische Ehe wir doch geführt haben.«

»Wie kannst du das sagen, da du es doch für deine Aufgabe gehalten hast, so viele Frauen wie möglich zu bumsen.«

»Ich weiß«, sagte er reumütig. »Ich habe mein Leben lang nur getan, was ich wollte, und die Frauen haben mitgemacht. Dann habe ich dich kennen gelernt, habe mich in dich verliebt und dich geheiratet. Es ist mir gar nicht in den Sinn gekommen, dass ich mich ändern müsste. Ich war sehr egoistisch und unglaublich dumm. Erst jetzt wird mir klar, dass ich einen großen Fehler gemacht habe.«

»Was ist denn passiert? Bist du bei deinem Model nicht gelandet? War sie nicht scharf auf dich?«

»Veronica hätte mich beinahe vergewaltigt. Aber ich hatte keine Lust.«

»Ach, wirklich?«, entgegnete sie und widerstand dem Impuls, ihm den Abend mit Johnnys Geschichte zu verderben.

»Und was ist mit dir? Ist Romano in seinem Wagen über dich hergefallen? Weißt du, dass er seinen Freunden gegenüber damit Witze reißt? Er erzählt allen, dass ihm jedes Mädchen, das auf dem Rücksitz seiner Limousine landet, einen blasen muss.«

»Du solltest mich besser kennen.«

»Kann ich zu dir kommen?«

»Wozu?«

»Um zu reden … mehr nicht. Das ist ein Versprechen.«

Venus wusste, dass sie Nein sagen sollte, fühlte jedoch, wie sie schwach wurde.

Er nutzte ihr kurzes Schweigen. »Ist es nicht ein seltsamer Zufall, dass ich gerade in deiner Straße bin?«

»Okay«, sagte Venus wider besseres Wissen. »Komm her.«

Johnny Romanos Limousine fuhr den Sunset Boulevard entlang. Er saß bequem auf dem Rücksitz und plauderte übers Autotelefon mit Leslie.

Leslie hielt ihr Handy dicht vor ihren Mund und warf einen Blick auf Jeff. Er lag voll bekleidet ausgestreckt mitten auf ihrem Bett und schnarchte wie ein vollgefressenes Schwein. Mr. Romanze schlägt wieder zu.

»Du hast mir deine Nummer gegeben, also rufe ich dich an«, sagte Johnny. »Und ich frage mich, was du im Augenblick gerade tust.«

»Wo ist Venus?«

»Was interessiert mich das, wenn ich *deine* Nummer habe, Baby?«, sagte er mit der sexy Macho-Stimme, die er für unwiderstehlich hielt. »Wie wär's mit einem Drink?«

Jeff rülpste und drehte sich um. Er stank nach Alkohol.

Leslie dachte an Cooper. Er hatte es sich wahrscheinlich mit seinem Model gemütlich gemacht. Leslie war traurig. Sie hatte Cooper ihr Leben lang geliebt, und für ein paar zauberhafte Wochen hatte er ihr ganz allein gehört. Jetzt wollte er nichts mehr von ihr wissen. Das war nicht fair.

»Ich bin in fünf Minuten bei dir«, sagte Johnny.

Alex fuhr direkt zu Luckys Haus am Strand.

Ein Wachmann stoppte ihn an der Haustür. »Guten Abend, Mr. Woods. Miss Santangelo hat mir gesagt, dass Sie vielleicht vorbeikommen.«

»Ach, tatsächlich? Na gut.«

»Sie hat auch gesagt, dass sie nicht gestört werden möchte.«

»Hat sie eine Nachricht für mich hinterlassen?«

»Ja, sie spreche morgen mit Ihnen. Und Sie möchten sie heute Abend bitte nicht anrufen.«

»Oh ... na gut ... okay.«

Alex stieg wieder in seinen Wagen. Er war über Luckys Spielchen wütend. Einerseits vertraute sie ihm, und andererseits behandelte sie ihn wie einen völlig Fremden. Er konnte verstehen, dass sie Probleme hatte, aber warum ließ sie sich von ihm nicht helfen?

Während der Fahrt nach Hause musste er sich mit einem Aufruhr an Gefühlen auseinander setzen. War das Liebe? Wenn ja, dann war Liebe ein Haufen Scheiße.

Er beschloss, sich zusammenzureißen, Lucky Santangelo zu vergessen und sich auf das zu konzentrieren, was er am besten konnte – Filme machen.

Der Wachmann wartete, bis Alex weggefahren war, und rief dann Lucky über das Haustelefon an. »Mr. Woods war da. Ich habe ihm gesagt, dass Sie morgen mit ihm sprechen würden.«

»Danke, Enrico.«

Es ist völlig richtig, was du machst, redete sie sich ein. Du darfst ihn nicht ermutigen. Alex kommt dir zu nahe, und das ist dir nicht recht.

Sie setzte sich aufs Bett und nahm Lennies Foto in dem Silberrahmen in die Hand. Sie vermisste ihn so sehr.

»Es nimmt niemand ab«, sagte George und legte den Hörer auf. »Ich halte es für besser, wenn wir zu Hause auf Santo warten.«

»Du hast Recht«, entgegnete Donna und warf Mickey einen

wütenden Blick zu. »Ich wünschte, Sie hätten meine Einwilligung eingeholt, ehe Sie meinen Sohn zusammen mit Ihrer Tochter losgeschickt haben.«

Mickey zuckte mit den Schultern. »Ich dachte, ich würde den beiden einen Gefallen tun. Wie konnte ich wissen, dass sie länger ausbleiben?«

»Sie kommen bestimmt bald zurück«, sagte Abigaile. »Tabitha ist ein sehr zuverlässiges Mädchen.«

»Ja, ihrem Aussehen nach zu schließen ist sie *wirklich* zuverlässig«, erwiderte Donna sarkastisch.

»Wie bitte?«, sagte Abigaile, der Donnas Ton missfiel.

»Lassen Sie Ihre Tochter immer so herumlaufen?«, fragte Donna.

»Wenigstens ist sie nicht aufgedunsen und übergewichtig«, konterte Abigaile, der es egal war, ob Mickey böse werden würde.

Mickey stupste Abigaile an, um sie zum Schweigen zu bringen, und erklärte: »Bestimmt kommen die beiden bald. Dann fahre ich Santo nach Hause. Es ist sicher nichts passiert.«

Donna sah ihn verärgert an. Wie konnte er es wagen, ihren Sohn wegzuschicken, nur weil er ihn nicht an ihrem langweiligen Dinner hatte teilnehmen lassen wollen? Sie hasste die Stollis. Sie nahm sich vor, Mickey zu feuern, sobald sie einen Ersatz für ihn gefunden hatte. Eigentlich war der ganze Abend eine einzige Katastrophe gewesen.

Nach einem frostigen Abschied marschierte Donna zu ihrer in der Einfahrt geparkten Limousine und wartete darauf, dass der Chauffeur ausstieg und ihr die Tür aufmachte.

Der Mann bewegte sich jedoch nicht, sondern saß, offensichtlich schlafend, zusammengesunken über dem Lenkrad. Donna schnalzte missbilligend mit der Zunge. George klopfte an die Scheibe.

Keine Reaktion. Er öffnete die Fahrertür, und John Fardo, ihr Chauffeur, rutschte seitwärts heraus und plumpste auf den Asphalt.

»O mein Gott!«, schrie Donna hysterisch.

George beugte sich über den Mann und fühlte ihm den Puls. »Hol Hilfe«, sagte er nur.

Donna ging schnell zur Haustür und läutete. Mickey öffnete. »Unser Fahrer ist krank. Rufen Sie die Ambulanz.«

Mickey folgte Donna zum Wagen. »Ich halte ihn für betrunken«, sagte er.

John Fardo stöhnte und erlangte allmählich wieder das Bewusstsein.

»Was ist mit ihnen, John?«, fragte Donna besorgt.

»Es ... es geht mir gut«, stammelte er, über den Vorfall peinlich berührt.

Er konnte sich nur daran erinnern, dass ihn jemand aus dem Wagen gezerrt, ihn fürchterlich verprügelt und dann wieder mit der knappen Warnung »Lass dich nie wieder mit den Santangelos ein!« auf den Fahrersitz geschoben hatte. Danach war er bewusstlos geworden.

Unter größter Anstrengung riss sich John zusammen und kam taumelnd auf die Beine. »Es tut mir Leid, Mrs. Landsman. Ich weiß nicht, was passiert ist. Ich bin wohl ... hingefallen.«

»Hingefallen?«, herrschte Donna ihn an.

John hoffte, dass sie sein Gesicht in dem trüben Licht nicht sehen konnten. »Jetzt geht's mir wieder gut. Ich fahre Sie nach Hause.«

Die Landsmans stiegen in ihre Limousine.

Mickey zuckte mit den Schultern und kehrte ins Haus zurück. »Der Fahrer war betrunken«, informierte er Abigaile, die sich schon auf dem Weg nach oben befand.

»Wie hat dir die Party gefallen?«, fragte sie über die Schulter.

»Sie war wie alle deine Partys ein voller Erfolg«, antwortete er und ging hinter ihr die Treppe hinauf.

Donna sah sofort Tabithas BMW in ihrer Einfahrt stehen. »Gott sei Dank! Die beiden sind zu Hause«, sagte sie zu George. »Ich habe mir schon Sorgen gemacht.«

»Santo ist sechzehn, Donna. Du bemutterst ihn zu sehr. Der Junge ist viel zu verhätschelt. Er braucht eine strenge Hand.«

»Warum hat er Tabitha ins Haus gebracht?«, überlegte sie laut. »Wahrscheinlich hat er sich geärgert, weil er den Stollis nicht willkommen war. Das hat ihm bestimmt gestunken.«

Die beiden gingen ins Haus.

»Santo!«, rief Donna in der dunklen Eingangshalle und tastete nach dem Lichtschalter.

»Sie sind bestimmt oben in seinem Zimmer«, sagte George.

»Warum sollte er Tabitha mit nach oben nehmen?«, fragte Donna verwundert.

Ja, warum wohl?, dachte George und folgte seiner Frau hinauf.

»Ich kann es noch immer nicht fassen, dass die Stollis Lucky zum Dinner eingeladen haben«, empörte sich Donna. »Diesen Fauxpas wird mir Mickey büßen. In Zukunft werde ich ihn sehr genau im Auge behalten.«

»Ja, meine Liebe.«

Die Tür zu Santos Zimmer war geschlossen.

»Klopf erst mal an«, sagte George.

»Wozu?«, entgegnete Donna. »Schließlich befinde ich mich in meinem Haus.«

Santo lag ausgestreckt auf seinem Bett – und quer über ihm lag die halbnackte Tabitha. Beide waren völlig zugedröhnt. Laute Rap-Musik kam aus den Lautsprechern der CD-Anlage. Auf dem Nachttisch befanden sich der Rest von einer Pizza, eine umgekippte Schale mit Popcorn und eine leere Flasche Scotch.

»O mein Gott!«, jammerte Donna. »Was hat dieses Mädchen meinem Baby angetan?«

56

Lucky nahm Boogie mit zu ihrem Treffen mit Sara im Hard-Rock-Café. Dort schien sich Sara bei ihrer letzten Verabredung wohl gefühlt zu haben. Sara kam herein, setzte sich und bestellte sofort einen doppelten Cheeseburger.

»Isst du sonst nie?«, fragte Lucky.

»Ich habe eben einen gesunden Appetit«, antwortete Sara, stürzte sich auf den Burger und stopfte sich riesige Bissen in den Mund. »Okay, wie soll die Sache ablaufen? Zuerst kriege ich das Geld, dann gebe ich Ihnen das Video.«

»Nein, du musst mit zu meinem Wagen kommen, wo ich ein Videogerät habe«, erklärte Lucky. »Wir spielen das Band ab, und wenn die Aufzeichnungen dem entsprechen, was du gesagt hast, kriegst du dein Geld. So einfach ist das.«

»O ja, so einfach«, höhnte Sara und sah Lucky argwöhnisch an. »Wie kann ich wissen, dass Sie mich nicht kidnappen und in ein Bordell abschieben? Oder sonst irgend 'nen Scheiß mit mir anstellen?«

»Du musst mir eben vertrauen«, entgegnete Lucky gelassen und fragte sich, ob Sara mit Drogen vollgepumpt war – irrsinnig genug wirkte sie.

»Ich, ich traue niemandem«, sagte Sara störrisch. »Jeder ist nur auf seinen eigenen Vorteil aus.«

»Wenn du das Geld haben willst, *musst* du mir vertrauen«, erwiderte Lucky kühl.

»Wer ist der denn?«, fragte Sara und zeigte auf Boogie.

»Mein Partner.«

Sara kniff die Augen zusammen. »Wie soll ich wissen, dass *er* mir nichts antut?«

Lucky verlor allmählich die Geduld. »Willst du nun das Geld, oder nicht?«, fragte sie kurz angebunden.

»Okay, okay«, lenkte Sara schnell ein, die sich diesen unverhofften Glücksfall nicht durch die Lappen gehen lassen wollte. »Wo steht Ihr Wagen?«

»Vor der Tür.«

»Ich will Ihnen nur sagen«, warnte Sara mit einem gerissenen Lächeln, »ich habe meiner Freundin erzählt, dass ich mich mit Ihnen hier treffe. Sollte ich in einer Stunde nicht zurück sein, ruft sie die Polizei.«

»Sehr vernünftig«, erwiderte Lucky trocken. »Wie schön, dass du dich zu schützen weißt.«

Die drei gingen zu der am Randstein geparkten Limousine.

»Cool«, sagte Sara bewundernd und stieg ein.

Lucky schob die Kassette in das Videogerät. Auf dem Schirm war zunächst nur ein Flimmern zu sehen, bis das Bild scharf wurde.

Morton, im dreiteiligen Anzug, saß in einem Schlafzimmer auf der Bettkante. Sara kam in den Raum. Sie war wie ein Schulmädchen gekleidet.

Sara: »Hi, Daddy.«

Morton: »Warst du heute in der Schule ein braves Mädchen?«

Sara: »*Sehr* brav, Daddy.«

Morton: »Wirklich?«

Sara: »Ja, Daddy.«

Morton: »Komm, setz dich auf meine Knie und erzähl mir alles.«

Sara: »Ich habe was Schlimmes getan ...«

Morton: »Muss ich dir dafür den Hintern versohlen?«

Sara: »Ich weiß nicht, Daddy. Warst du denn heute im Büro ein braver Junge?«

Morton: »Nein. Ich habe auch was Schlimmes getan.«

Sara: »Dann muss *ich* wohl *dir* den Hintern versohlen.«

Und auf diese Tour ging es weiter. Lucky sah sich den Film in einem tranceartigen Zustand an. Sie wusste, dass es Menschen gibt, die ihre Sexualität nur mit Hilfe ihrer Phantasien ausleben können, doch sie fand diese Besessenheit krankhaft. Ihr genügte normaler Sex.

Als Morton die ersten Kleidungsstücke ablegte, stoppte sie den Film. »Okay, wir haben genug gesehen.« Sie ließ die Scheibe heruntergleiten und sagte zu Boogie, der vor dem Wagen stand: »Gib ihr das Geld.«

Sara stieg aus. Boogie reichte ihr eine Einkaufstüte. »Da«, sagte er. »Willst du es zählen?«

Sara riss die Tüte an sich und spähte mit unverhohlener Gier hinein. »Muss ich sonst noch was tun?«, fragte sie.

»Nein, das war's«, antwortete Lucky. »Leg das Geld in einen Banksafe, und geh nach Hause. Und kein Wort zu Morton!«

»Wird er nicht dahinter kommen?«

»Vielleicht«, sagte Lucky. »Das hat euch beide doch beim letzten Mal nicht gestört, oder? Immerhin bezahlt er noch deine Miete.«

»Ich verschwinde mit dem Geld und meiner Freundin aus der Stadt«, vertraute Sara ihr an. »Ich habe die Nase voll von L.A. Wenn ich an die verrückten Typen denke, die in den Massagesalon gekommen sind … die waren nur scharf auf perverse Spielchen. Die meisten hätten es am liebsten gehabt, wenn ich erst zehn gewesen wäre.«

»Erspar mir die Details«, sagte Lucky.

»Ich und meine Freundin, wir versuchen unser Glück in Vegas. Wenn ich sonst noch was für Sie tun kann … geben Sie mir Ihre Telefonnummer.«

»Du kannst ganz unbesorgt sein, Sara. Sollte ich etwas von dir brauchen, finde ich dich schon.«

Boogie stieg ein und fuhr los.

Santo gab George an allem die Schuld. Seine Mutter hätte ihn nie auf so brutale Weise bestraft, wenn George sie nicht dazu gedrängt hätte. Herrgott noch mal, er war sechzehn! Was war so schlimm daran, dass er es mit einem Mädchen in seinem Zimmer getrieben hatte?

George verordnete ihm eine Reihe von Strafen, denen Donna widerspruchslos zustimmte. Santo hatte seine Mutter noch nie so wütend gesehen.

Erstens: kein Ferrari.

Zweitens: kein Taschengeld für sechs Wochen.

Drittens: Hausarrest nach der Schule.

Viertens: Einzug der Kreditkarten.

Scheiße! Er war schließlich nur beim Sex erwischt worden und hatte nicht den Präsidenten ermordet.

Donna hatte kein Wort gesagt, als George ihm die Strafen auferlegte. »Bitte, Mom«, winselte er. »So schlimm war das doch gar nicht.«

»Drogen sind gefährlich«, wies George ihn zurecht. »Deine Mutter und ich tolerieren keine Drogen in unserem Haus.«

»In *ihrem* Haus«, murrte Santo.

»Nein«, widersprach Donna, über Santos Verhalten entsetzt. »Dies ist auch Georges Haus. Und er wird dafür sorgen, dass du dich an die Regeln hältst.«

Santo konnte es nicht fassen, dass sich seine Mutter auf Georges Seite stellte. Er war zutiefst enttäuscht. Diese verdammte Kuh!

Er fragte sich, wie Tabitha wohl bestraft worden war, nachdem ihr Vater sie abgeholt hatte. »Ich will Ihre Tochter nie mehr in der Nähe meines Sohnes sehen«, hatte Donna zu Mickey gesagt.

Nachdem George Santo mit Einverständnis seiner Mutter die Leviten gelesen hatte, ging Santo auf sein Zimmer, setzte sich vor seinen Computer und starrte niedergeschlagen den leeren Bildschirm an.

Er war verwirrt. Er hatte sich doch für Venus aufsparen wollen. Und jetzt hatte ihm diese blöde Tabitha alles verdorben.

Und wenn die Sachen, die sie über Venus gesagt hatte, stimmten? Wenn Venus wirklich nichts als eine Schlampe und Hure war?

Plötzlich kam ihm der Gedanke, dass das alles gar nicht Tabithas, sondern Venus' Schuld gewesen war. Hätte er Venus nicht bei den Stollis gesehen und hätte Tabitha ihm nicht diese ganzen Sachen über sie erzählt, hätte er sich nicht so vollgedröhnt, dass er nicht mehr wusste, was er tat.

Ja, *Venus* war schuld daran, dass er keinen Ferrari bekam. Alles war einzig und allein *ihre* Schuld. Und dafür würde er sie büßen lassen.

»Das ist alles für dich«, sagte Cooper und beugte sich über Venus.

Sie rollte sich im Bett herum und rekelte sich wollüstig. »Was?«, murmelte sie schlaftrunken.

»Orangensaft, Rosinentoast, Kaffee und das ...«

Venus richtete sich auf. Cooper hielt ihr ein Tablett hin, auf dem sich all die Dinge befanden, die er aufgezählt hatte. Er war splitternackt und sein Penis erigiert.

Sie brach in hysterisches Gelächter aus. »Was machst du denn da?«, fragte sie kichernd.

»Nichts«, antwortete er trocken.

»Was habe ich bloß angestellt?«, stöhnte Venus. Sie hatte die Nacht mit dem Mann verbracht, von dem sie sich scheiden lassen wollte.

»Hast du dich vielleicht noch mal in deinen Mann verliebt?«, fragte er mit seinem charmantesten Lächeln.

»O nein! Einmal genügt mir völlig. Mit dir kann man sehr viel Spaß haben, aber du eignest dich nicht zum Ehemann.«

»Wie viele Männer bringen dir das Frühstück ans Bett?«, wandte er ein. »Wo kriegst du sonst diesen Service?«

»Hm …«, meinte sie lächelnd. »Orangensaft, Rosinentoast, Kaffee, einen Steifen … Vielleicht sollte ich es mir noch mal überlegen.«

»Ich weiß«, sagte Cooper, stellte das Tablett ab und setzte sich auf die Bettkante, »dass ich etwas Unverzeihliches getan habe. Wärst du fremdgegangen, hätte ich dich wahrscheinlich verlassen. Glaube mir, ich habe meine Lektion gelernt und möchte, dass wir wieder zusammenleben. Gestern Abend habe ich die begehrteste Frau Amerikas nach Hause gebracht. Und weißt du was? Ich habe mich davongemacht und bin schnurstracks zu dir gekommen.«

»Ha!«, spottete Venus und setzte sich ganz auf.

»Was bedeutet dieses ›Ha‹?«

»Mr. Romano hat mir erzählt, dass Veronica ein Transsexueller ist.«

»Du meine Güte, Venus! Das ist absurd. Und stimmt nicht.«

Sie kicherte. »Ich schätze, du hast die richtige Entscheidung getroffen, Cooper.«

Er runzelte die Stirn. War das die Erklärung für sein mangelndes Interesse?

»Wir gehören zusammen, Venus«, beschwor er sie, um nicht vom Thema abzukommen. »Das weißt du doch.«

»Cooper«, entgegnete sie mit ernstem Gesicht. »Die Rolle in *Gangsters* ist mir sehr wichtig, und …«

»War letzte Nacht nicht etwas ganz Besonderes?«, unterbrach er sie. »War es nicht großartig? Jeder sagt, dass wir ein ideales Paar sind.«

Venus erinnerte sich genüsslich lächelnd an ihre Liebesnacht. »Ich muss zugeben, Coop, du hast eine unvergleichbare Technik …«

»Und ich verspreche dir, dass ab sofort nur du in den Genuss dieser Fähigkeiten kommst.«

Sie wollte ihm glauben. Doch dieses Versprechen kam von Cooper Turner, dem unverbesserlichen Schürzenjäger. Sie hatte es einmal mit ihm versucht. War sie dumm genug, es noch einmal zu probieren?

Er hakte sofort nach. »Ich bitte dich doch nur, mir noch eine einzige Chance zu geben. Komm schon, Liebes.«

Venus wurde schwach. »Nun ... vielleicht könnten wir uns hin und wieder treffen ... uns sozusagen neu kennen lernen.«

»Ich dachte, das hätten wir schon letzte Nacht getan.«

Sie kicherte wieder. »O ja! Und davon hätte ich gern mehr heute Abend, morgen, und falls es funktioniert, können wir eventuell wieder zusammenziehen.«

»Abgemacht!«

»Jetzt muss ich aber mit meinem Agenten telefonieren«, sagte sie und sprang aus dem Bett.

Lucky trat hinter der Marmorsäule des Century-City-Bürogebäudes hervor und sprach Morton Sharkey an. »Hi, Morton«, sagte sie, nahm ihre Sonnenbrille ab und fixierte ihn mit ihren schwarzen Augen.

Er wich erschrocken ein paar Schritte zurück.

»Sind Sie überrascht, mich zu sehen?«

»Oh ... Lucky«, stammelte er. »Das ist ... wirklich eine Überraschung. Haben Sie geschäftlich hier zu tun?«

»Ich bin gekommen, um Sie zu sehen.«

»Ach, tatsächlich?«, sagte er nervös.

Lucky trat ganz nahe an ihn heran. »Seit Sie diese fiese Nummer bei Panther abgezogen haben, waren Sie für mich nicht mehr zu erreichen, obwohl ich Ihnen jeden Tag eine Nachricht zukommen ließ, Ihrer Sekretärin gesagt habe, es sei dringend, und Ihnen mehrere Faxe geschickt habe. Hat Ihnen Ihre Mutter nicht beigebracht, dass es sehr unhöflich ist, jemandem eine Antwort schuldig zu bleiben?«

»Es tut mir Leid, Lucky. Ich war sehr beschäftigt.«

»Sie haben mich verschachert, Morton. Und das gefällt mir nicht.«

Er flüchtete sich in die Defensive. »Ich habe getan, was ich für das Beste hielt.«

»Für wen?«, sagte sie kalt. »Sie waren mein Finanzberater. Mit Ihrer Hilfe habe ich die Kontrolle über die Panther Studios erlangt, und dann sind Sie mir in den Rücken gefallen und haben mich hintergangen.« Sie machte eine Pause. »Das verstehe ich nicht, Morton. Es sei denn, jemand hat Sie gezwungen, auf diese unehrenhafte Weise zu handeln.«

Er ging ein paar Schritte in Richtung Lift, um Distanz zu gewinnen. »Sie halten doch immer noch vierzig Prozent der Stimmanteile bei Panther. Unter Mickeys Leitung wird das Studio sicher bald Gewinn abwerfen ...«

Lucky versperrte ihm den Weg. »So wie früher, hm? Sie wissen doch besser als jeder andere, dass Mickey das Studio in den Ruin getrieben hat.«

»Solche Dinge passieren eben«, murmelte er und wich beschämt ihrem Blick aus. »Geschäft ist Geschäft.«

»Fehler Nummer eins, Morton: Sie haben mit Donna Landsman gemeinsame Sache gemacht.«

»Mrs. Landsman ist eine sehr geachtete Geschäftsfrau.«

»Nein. Zu Ihrer Information, Mrs. Landsman ist die Witwe von Santino Bonnatti.«

Auf Mortons Gesicht breitete sich Entsetzen aus. »Was sagen Sie da?«

»Erinnern Sie sich an die Bonnattis? Bestimmt habe ich Ihnen diese Geschichte oft erzählt.«

Morton starrte Lucky an und dachte: Deshalb wollte Donna Landsman also unbedingt die Kontrolle über die Panther Studios haben.

»Es ist Ihr Glück, dass ich guter Laune bin«, fuhr Lucky freundlich fort. »Ich gebe Ihnen noch eine Chance, Ihren Fehler gutzumachen. Mein Anwalt hat einen Vertrag vorbereitet, in dem Sie sich verpflichten, mir Ihre fünf Prozent Anteile an Panther plus die Hälfte der Anteile, die Conquest Investments für Sie hält, zu verkaufen. Damit bekomme ich wieder die Aktienmehrheit und somit die Kontrolle über Panther. Anschließend werden Sie für mich dasselbe Szenario vorbereiten, wie Sie es für Donna getan haben. Ich werde in meinem Büro sitzen, Sie führen Donna herein, und dann sage *ich* Ihr, dass *sie* gefeuert ist. Und sorgen Sie dafür, dass Mickey Stolli ebenfalls anwesend ist. Ich will diesen Fettsack persönlich rausschmeißen.«

Morton stammelte mit versagender Stimme: »Das ... das kann ich nicht tun.«

»O doch, Morton, Sie können.« Es folgte eine lange Pause. »Übrigens, wie geht's Ihrer Frau? Und Ihren Kindern?« Noch eine Pause. »Ich nehme an, Donna hat ihnen das Video noch nicht gezeigt.«

Morton wurde kreidebleich. »Was für ein Video?«

»Sie sind zwar ein guter Geschäftsmann, Morton, aber im Umgang mit Donna – oder, was das betrifft, auch mit mir – haben Sie nicht genügend Format. Donna hat nicht nur Ihre Eier im Schraubstock, sondern jetzt besitze auch ich eine Kopie des Videos.«

»O mein Gott!«, stöhnte er. »Bitte, tun Sie mir das nicht an.«

»Wenn Sie mit mir kooperieren, Morton«, sagte Lucky kühl, »sorge ich dafür, dass sowohl das Original als auch alle Kopien vernichtet werden. Wenn nicht ... Nun, dann bekommt Ihre Frau das Video zu sehen, weil Sie ein *sehr* böser Junge gewesen sind und Strafe verdient haben.«

Morton stand mit hängenden Schultern da und drohte zusammenzubrechen. »Herrgott noch mal! Was habe ich bloß getan?«, murmelte er.

Lucky schüttelte seufzend den Kopf. »Haben Sie es noch immer nicht kapiert? Nette Männer sollten Ihre Frauen nicht betrügen – vor allem nicht mit einer Teenager-Nutte. Das verstößt gegen die Regeln des Anstands. Die Ehe ist ein Vertrag. Und in meiner Welt zählt jeder Vertrag.«

Damit wandte sich Lucky ab und ließ den völlig verstörten Morton einfach stehen.

Leslie verbrachte die Nacht mit Johnny Romano und kam erst am frühen Morgen in ihr Haus zurück. Als sie ihr Schlafzimmer betrat, fand sie Jeff noch so vor, wie sie ihn verlassen hatte – völlig bekleidet und schnarchend auf ihrem Bett. Dieser Idiot hatte nicht einmal gemerkt, dass sie die ganze Nacht weg gewesen war.

Sie duschte, zog sich an und schminkte sich. Dann ging sie in Jeffs Ankleidezimmer und stopfte alle seine Kleidungsstücke in einen Koffer, den sie zur Haustür schleppte.

Anschließend setzte sie sich hin und schrieb ihm eine kurze Nachricht.

> Lieber Jeff,
> so geht es nicht weiter. Unsere Beziehung klappt nicht. Ich bin bis drei Uhr außer Haus und möchte, dass du bis dahin verschwunden bist.
> Leg die Hausschlüssel bitte auf den Küchentisch.
> Leslie

Anschließend fuhr sie zum Four Seasons Hotel, wo sie sich für den Tag ein Zimmer nahm.

Denn Leslie hasste nichts mehr als Auseinandersetzungen.

Alex stürmte voller Energie und Tatendrang in sein Büro. Er war früh wach geworden und hatte beschlossen, Lucky für den Augenblick zu vergessen und sich voll auf seinen Film zu konzentrieren. Nachdem er diese Entscheidung getroffen hatte, fühlte er sich viel wohler.

»Was gibt's Neues?«, fragte er aufgeräumt und bedachte France mit einem Klaps auf den Po.

»Alex!«, rief France in gespielter Empörung, obwohl sie sich geschmeichelt fühlte.

Lili freute sich, ihn in so guter Verfassung zu sehen. »Haben wir es endlich wieder mit dem alten Alex zu tun?«, fragte sie und folgte ihm in sein Büro.

»Was heißt das?«

»Du warst in letzter Zeit nicht mehr du selbst«, entgegnete Lili spitz.

»Red keinen Unsinn!«, wehrte Alex ab.

»Das ist nur die Wahrheit.«

»Okay«, sagte er und wandte sich wichtigeren Themen zu. »Die Rolle der Lola ist jetzt endgültig besetzt. Leslie steigt aus, und Venus kriegt den Vertrag. Ruf ihren Agenten an, hol dir von Mickey die Bestätigung, und bitte Venus, um vier zu mir ins Büro zu kommen. Ich will heute Johnnys Garderobe überprüfen. Und setze für Donnerstag eine Leseprobe mit vollständiger Besetzung an. Hast du alles mitbekommen?«

»Ja«, antwortete Lili mit einem glücklichen Lächeln. »Schicken wir heute jemandem Blumen?«

»Nein«, sagte Alex bestimmt. »Jetzt geht's nur noch ums Geschäft, Lili. Wir machen einen Film. Na los, an die Arbeit.«

Nachdem Lucky Morton zur Rede und ihm ein Ultimatum gestellt hatte, traf sie sich mit Inga, die sie am frühen Morgen angerufen und der sie eine Aussprache vorgeschlagen hatte.

»Worüber willst du mit mir sprechen?«, hatte Inga argwöhnisch gefragt.

»Über eine Sache, von der du bestimmt nicht möchtest, dass sie Abe zu Ohren kommt.«

Dieser versteckte Hinweis hatte genügt, um Inga aktiv werden zu lassen. Sie hatte sich mit Lucky zum Lunch im Beverly Wilshire Hotel verabredet.

Als Lucky den Speisesaal betrat, saß Inga schon an einem Tisch. »Hi«, begrüßte sie Lucky und setzte sich mit dem Rücken zum Fenster, damit sie den Raum überblicken konnte.

Inga nickte nur.

»Ich hätte auch zu dir nach Hause kommen können«, sagte Lucky, »aber ich dachte, dass es dir vielleicht lieber ist, wenn Abe nichts von unserer Unterredung erfährt.«

»Geht es denn um Abe?«, fragte Inga.

»Nein«, antwortete Lucky, »das heißt, irgendwie hat es schon mit ihm zu tun.«

»Inwiefern?«

»Sollen wir bestellen?«, fragte Lucky und winkte dem Oberkellner, der sofort die Speisekarten brachte.

»Ich esse gewöhnlich nicht zu Mittag«, sagte Inga. »Mir reichen ein Apfel und ein Stück Käse.«

»Wie genügsam du bist.« Lucky bestellte ein Steak mit Pommes frites. »Ich brauche Kraft«, erklärte sie mit einem angedeuteten Lächeln. »In letzter Zeit sind mir so viele Leute in den Rücken gefallen, dass ich mich ganz schwach fühle. Heute Nachmittag trainiere ich mit Hanteln – Gewichtheben ist eine großartige Therapie. Hast du das je probiert?«

»Nein«, antwortete Inga. »Ich schwimme jeden Tag zehn Längen im Pool, um fit zu bleiben.«

»Sehr gut«, lobte Lucky.

Inga bestellte sich einen Salat und wartete ungeduldig darauf, dass Lucky endlich zur Sache kam.

»Wie gut kennst du Morton Sharkey?«, fragte Lucky schließlich und stützte ihre Ellbogen auf den Tisch.

Inga zuckte mit den Schultern und sagte vorsichtig: »Nicht sehr gut.«

»Wie hast du ihn kennen gelernt? Durch Abe?«

»Ja«, bestätigte Inga.

Lucky nickte. »Kurz bevor ich die Leitung der Panther Studios übernahm, hat Abe mir Morton als Finanzberater empfohlen. Er hatte ihn mit der Ausarbeitung verschiedener Verträge beauftragt und vertraute ihm. Und ich habe ihm auch vertraut. Wie dumm von mir. Ich habe sogar auf ihn gehört, als er mir riet, einen Großteil meines Aktienpakets zu verkaufen. Er hat mich dazu überredet, sechzig Prozent meiner Anteile an Panther zu verkaufen und das Geld anderweitig zu investieren. Natürlich hätte ich klug genug sein müssen, einen Anteil von einundfünfzig Prozent zu behalten, aber ... ich befolgte Mortons Rat. Er hat mir versichert, meine Anteile würden an Investoren gehen, die nur an einer guten Geldanlage und nicht an der Leitung des Studios interessiert seien. Es könne überhaupt nichts passieren ...«

Inga fühlte sich sichtlich unwohl. »Warum erzählst du mir das alles, Lucky? Worauf willst du hinaus?«

»Du weißt genau, worauf ich hinauswill«, sagte Lucky in scharfem Ton. »Du bist keine dumme Frau, Mrs. Panther. Oder sollte ich dich lieber Mrs. Smorg nennen?«

»Abe ist neunzig«, sagte Inga brüsk. »Die letzten dreißig Jahre habe ich mit ihm gelebt. Der Anteil an den Panther Studios, die ich gekauft habe, ist meine Vorsorge für die Zukunft.«

»Dagegen ist nichts einzuwenden«, erwiderte Lucky gelassen. »Aber warum hast du dein Stimmrecht Donna Landsman zur Verfügung gestellt?«

»Morton hat mir dazu geraten.«

»Ach, du meinst deinen *Partner* Morton Sharkey. Ihre beide seid doch gleichberechtigte Teilhaber der Conquest Investments, nicht wahr?«

»Abe hat nie dafür gesorgt, dass ich finanziell abgesichert bin. Ich besitze weder Geld noch irgendwelche materiellen Werte. Wenn Abe stirbt, erben seine Urenkel alles.«

»Du bist mit Abe verheiratet, Inga. Nach kalifornischem Recht steht dir die Hälfte seines Vermögens zu.«

Inga starrte ins Leere und erklärte schließlich: »Abe hat vor unserer Heirat mehrere Trusts angelegt. In unserem Ehevertrag musste ich auf jeden Anspruch auf sein Vermögen verzichten. In seinem Testament hat er verfügt, dass ich nach seinem Tod hunderttausend Dollar bekomme. Mehr nicht.« Und mit einem tiefen Seufzer fügte sie hinzu: »Ich bin keine junge Frau mehr und will mir einen gewissen Lebensstil erhalten.«

»Du hast für deine Zukunft vorgesorgt, indem du mich reingelegt hast. Du hast dich auf Mortons Seite geschlagen und mir keine Chance gelassen.«

»Ich musste tun, was er sagte – er kümmert sich um meine Investitionen.«

Lucky konfrontierte Inga mit ihren Bedingungen. »Wenn du nicht willst, dass Abe von deinen geheimen Aktivitäten erfährt, verkaufst du mir sofort deine Anteile. Du hältst sechs Prozent als Privataktionärin und weitere fünf Prozent als Teilhaberin von Conquest – das macht zusammen elf Prozent.« Lucky holte tief Luft. »Mein Anwalt hat den Vertrag schon vorbereitet. Ich zahle dir einen hohen Kurs für deine Aktien. Sei klug und kaufe dir für das Geld IBM-Aktien.«

Inga merkte, dass ihr keine andere Wahl blieb. »Na gut, du kriegst meine Anteile.«

»Ich habe entsetzliche Kopfschmerzen«, jammerte Mickey.

»Das tut mir Leid«, entgegnete Leslie mitfühlend.

Die beiden saßen in der Kantine der Panther Studios.

»Ich habe wohl einen mordsmäßigen Kater, obwohl ich gar nicht so viel getrunken habe«, jammerte Mickey weiter.

»Es war eine sehr nette Party«, heuchelte Leslie, nur um Mickeys Laune ein bisschen zu heben.

»Für dich war es vielleicht eine nette Party«, entgegnete Mickey heftig. »Aber *ich* geriet in eine Situation, die einfach katastrophal war. Meine Tochter hat diesen Santo in Donna Landsmans Haus verführt. Die beiden waren völlig zugedröhnt, und ich musste Tabitha da rausholen.«

»Nein!«, rief Leslie schockiert.

»Was ist heutzutage nur mit den Jugendlichen los?«, fragte Mickey betrübt. »Für die sind Sex und Drogen die natürlichste Sache der Welt. Als ich sechzehn war, war schon der Kauf von Kondomen eine Riesensache.«

»Es tut mir Leid, dass du Schwierigkeiten mit Tabitha hast«, erwiderte Leslie. Das Mädchen schlug offenbar seinem Vater nach. »Übrigens, es wird dich freuen zu hören, dass ich deinen Rat beherzigt habe.«

»Was für einen Rat, Süße?«

»Ich habe Jeff den Laufpass gegeben.«

Mickey nickte zufrieden. »Ein kluger Entschluss. Ein Mädchen wie du kann jeden haben.« Er deutete mit dem Finger auf sie. »Du bist eine berühmte Schauspielerin, Leslie, und musst an deinem Ruhm arbeiten.«

»Du hast ja Recht, Mickey«, murmelte sie.

»Da wir gerade von arbeiten sprechen, ich habe ein Drehbuch für dich gefunden.«

»Tatsächlich?«

»Ich habe mir Gedanken über deine Karriere gemacht. *Gangsters* ist kein Film für dich – diese schlüpfrige Rolle der Lola ist nichts für ein nettes Mädchen wie dich.«

»Was ist das für ein Drehbuch?«, hakte Leslie begierig nach.

»Darin geht es um einen Mann und ein Mädchen, die sich in Paris kennen lernen, sich ineinander verlieben, sich entlieben und wieder verlieben. Eine romantische Schnulze – das Publikum wird dahinschmelzen.«

»Das klingt wundervoll. Schickst du Cooper eine Kopie des Drehbuchs?«

»Ja, ja, er kriegt eine Kopie. Du musst dir aber allmählich klar machen, dass Cooper wie eine alte Hure ist – für Geld tut er alles. Ihm geht's bei jeder Rolle nur um den Zaster.«

»Es ist nicht sehr nett von dir, so über Cooper zu reden«, verteidigte Leslie ihren Exgeliebten.

»Ich sage dir noch einmal, du sollst die Finger von Schauspielern lassen. Die taugen alle nichts.«

»Ich lese das Drehbuch«, wechselte sie das Thema, seine Bemerkung ignorierend. »Wenn es mir gefällt, nehme ich die Rolle an.«

»*Mir* gefällt das Drehbuch, und *du* spielst die Rolle. Habe ich dir je einen schlechten Rat gegeben?«

Leslie wagte nicht, ihm zu widersprechen. Es war besser, ihn auf ihrer Seite zu haben. »Nein, Mickey. Du und Abigaile wart immer gut zu mir.«

»Okay, Süße – vergiss das nie«, sagte er und zwinkerte ihr zu. »Du siehst heute viel besser aus, nicht mehr so verkniffen. Die Trennung von Jeff tut dir gut.«

»Danke, Mickey.«

Ihr nächtliches Abenteuer mit Johnny Romano verschwieg sie ihm. Es war ein einmaliger Ausrutscher gewesen, um ihre Enttäuschung über Cooper zu überwinden. Und es war kein aufregendes Erlebnis gewesen.

»Outfit – sensationell. Haltung – genau richtig«, sagte Alex.

»Danke.« Venus lächelte. Sie saß in seinem Büro und genoss die Besprechung mit ihm. »Aus deinem Mund ist das ein großes Kompliment.«

»Ich habe mit Freddie geredet.«

»Ich auch.«

»Alles ist geregelt«, fügte Alex hinzu. »Die Verträge sind unterwegs.«

»Ich kann dir gar nicht sagen, wie aufregend ich es finde, in *Gangsters* mitzuspielen. Wie ich schon erwähnt habe – die Kritiker hassen mich. In diesem Film sollen sie nicht Venus auf der Leinwand sehen … ich will die Lola sein.« Sie warf ihm einen eindringlichen Blick zu. »Ich *weiß,* du wirst das Beste aus mir herausholen, und ich werde spielen wie nie zuvor.«

»Wenn *ich* das nicht schaffe, dann niemand«, erwiderte Alex nicht unbescheiden, da er sich seiner Sache sicher war. »Ich werde selbst mit dir deine Rolle durcharbeiten. Heute stehen für dich Anprobe und Styling auf dem Programm. Morgen trifft sich die gesamte Besetzung zu einer Leseprobe.«

»Das ist ein ganz besonderer Tag für mich«, sagte Venus und sprudelte vor Begeisterung über. »Ich habe nicht nur *die* Rolle meines Lebens ergattert, sondern auch beschlossen, meinem Mann noch einmal eine Chance zu geben.«

»Cooper?«, fragte Alex und hob eine Braue.

Venus lachte glücklich. »Er ist der einzige Ehemann, den ich habe.«

»Du hast dich mit ihm versöhnt und nimmst ihn wieder auf?«

Mit einem verlegenen Lächeln gestand sie Alex: »Er ist einfach unwiderstehlich.«

»Das wirst *du* in *Gangsters* sein, unwiderstehlich.«

Während der Fahrt nach Hause hatte Lucky Zeit zum Nachdenken. Endlich hielt sie alle Fäden in der Hand und konnte die Sache zum Abschluss bringen.

Sie würde ihr Studio zurückbekommen.

Sie würde Lennie nicht zurückbekommen.

Wenn sie die Leitung der Panther Studios wieder übernommen hatte, musste sie sich um Donna Landsman kümmern. Sie durfte es auf keinen Fall zulassen, dass Donna ungestraft mit dem Mord an Lennie davonkam.

Diesen Gedanken hatte sie bisher verdrängt. Bald würde sie sich damit auseinander setzen müssen.

Sie seufzte – es war ein tiefer Seufzer. Wann würden die Bonnattis endlich ihre Lektion lernen?

57

Mein Poppa ist wieder zu Hause«, teilte Claudia Lennie mit. »Er sagt, ich nicht wieder hierher kommen.«

»Wann bringst du mir den Schlüssel?«, fragte Lennie und unterdrückte mühsam seine Frustration.

»Dieses Wochenende … wenn mein Poppa schläft.«

»Kannst du mich nicht irgendwie heute hier rausbringen? Was ist mit deinem Freund? Kann er mir nicht helfen?«

»Nein!«, antwortete sie heftig.

Er hatte sie aufgeregt. Er musste vorsichtig sein, denn der Zwiespalt, in dem sie steckte, da sie ihren Vater hintergehen musste, war stark. Und ihm wurde klar, dass ihr Freund von der ganzen Sache hier keine Ahnung hatte.

»Okay, okay«, sagte er beschwichtigend. »Sei mir nicht böse, dass ich so ungeduldig bin.«

»Wo ist die Karte, die ich dir gegeben habe?«, fragte sie. »Wenn mein Poppa sie sieht …«

»Mach dir keine Sorgen. Ich habe sie gut versteckt.«

Claudia war heute sehr nervös und ängstlich. Und wenn sie ihre Meinung änderte und ihn hier verrotten ließ? Nein. Das würde sie nicht tun. Zwischen ihnen war eine Beziehung entstanden, hatte sich ein starkes Band gebildet. Sie war ein bisschen in ihn verliebt, und er fühlte sich auch zu ihr hingezogen. Dieses Gefühl beeinträchtigte keineswegs seine Liebe zu Lucky, sondern war nur den Umständen zuzuschreiben. »Claudia«, sagte er und breitete die Arme aus. »Komm zu mir.«

Zögernd machte sie ein paar Schritte und stand jetzt dicht bei ihm. Er konnte sehen, dass sie den Tränen nahe war, und fragte, was sie bedrücke.

Ihre Unterlippe zitterte. »Ich … ich bin verwirrt …«, stammelte sie.

»Ich weiß, wie schwierig diese Situation für dich ist. Du

hast das Gefühl, deinen Vater zu hintergehen, obwohl du weißt, dass er etwas Falsches tut. Etwas Kriminelles sogar.«

Sie nickte nur.

Er berührte ihren Arm. »Wenn ich frei bin, Claudia, werde ich dich nicht vergessen. Ich möchte, dass du mich in Amerika besuchst.«

»Nicht möglich«, erwiderte sie kopfschüttelnd. »Niemand darf wissen, dass ich dir geholfen habe.«

»Hör zu«, sagte er, »wenn du mir Papier und Bleistift bringst, schreibe ich dir meine Adresse und Telefonnummer auf. Solltest du je irgendetwas brauchen, bin ich für dich da, oder ich schicke dir Geld. Was immer du willst.«

»Ich weiß, dass Poppa was Schlimmes getan hat. Deswegen helfe ich.«

»Ist das der einzige Grund?«

»Ich fühle … mich dir nahe, Lennie. Sehr nahe.«

Er zog sie an sich und küsste sie leidenschaftlich. Sie wehrte sich, aber nur ein paar Sekunden. Dann gab sie sich seinem Kuss hin.

Verzeih mir, Lucky, aber ich muss sichergehen, dass sie zurückkommt, und ich weiß keine andere Möglichkeit.

Außerdem erfüllte ihn die Berührung eines anderen menschlichen Wesens, die Wärme ihres Körpers mit Hoffnung. Es gab eine Zukunft für ihn. Noch war er nicht tot.

Claudia erforschte mit den Fingern sein Gesicht, streichelte und liebkoste es. »Mein amerikanischer Gefangener«, murmelte sie liebevoll. »Ich befreie dich. Ich tu's.«

Er knöpfte behutsam ihr Kleid auf und entblößte ihre vollen Brüste.

Sie war eine sehr sinnliche Frau. Er küsste ihre Brustwarzen, die so süß schmeckten, dass er nicht aufhören konnte.

Sie ließ sich auf den feuchten Boden sinken und warf die Arme in einer Geste absoluter Hingabe über ihren Kopf.

»Dieses Wochenende ... kommst du zurück. Du hilfst mir«, sagte er und drang in sie ein.

»O ja, Lennie. O ja ... ich verspreche es.«

58

So«, sagte Brigette und zupfte nervös an ihrem Haar. »Das ist die ganze Geschichte. Es tut mir Leid. Ich weiß wirklich nicht, wie ich in diese Sache reingeraten bin.« Sie biss sich auf die Lippe und wartete ängstlich auf Luckys Reaktion.

Lucky stand vom Tisch auf der Terrasse auf, wo sie zu Abend gegessen hatten. »Du brauchst dich nicht zu entschuldigen. Du hattest einfach Pech. Nicht alle Männer sind wie Santino Bonnatti und Michel Guy. Du scheinst jedoch die schlimmsten Elemente anzuziehen.«

»Michel kam mir so nett vor«, sagte Brigette kläglich. »Ich habe ihm irgendwie vertraut. Er ist älter und war so freundlich zu mir ... Vielleicht habe ich ihn sogar ermutigt.«

»Er hat dich benutzt, Brigette«, widersprach Lucky vehement. »Jeder Mann, der eine Frau fesselt und sie zum Sex mit einer anderen Frau zwingt, ist ein mieser Typ.«

»Ich habe Brigette vor ihm gewarnt«, warf Nona ein. »Obwohl ich natürlich auch keine Ahnung hatte, dass er pervers ist.«

»Und Robertson? Hat sie freiwillig mitgemacht?«, fragte Lucky.

Brigette zuckte mit den Schultern. »Er hat ihr gesagt, was sie tun soll, und sie hat seine Anweisungen befolgt. Wahrscheinlich war sie völlig zugedröhnt.«

»Ja«, stimmte Nona zu. »Viele Models denken an nichts anderes als an Drogen und Sex. Für die ist das alles ein riesiger Kick.«

»Vielleicht ist es ein Kick«, meinte Lucky, »aber Michel Guy lasse ich das nicht durchgehen. Darauf könnt ihr euch verlassen.«

»Habe ich's dir nicht gesagt?«, triumphierte Nona.

»Was wirst du gegen ihn unternehmen?«, fragte Brigette.

»Ich werde Mr. Guy einen Besuch in New York abstatten.«

»Er wird alles leugnen«, wandte Brigette ein. »Er wird sagen, ich hätte ihn ermutigt.«

»Was meinst du wohl, wem ich glaube?«, fragte Lucky. »Dir oder ihm?«

»Mir?«

»Natürlich dir.«

Brigette sprang auf und umarmte Lucky. »Danke«, sagte sie. »Du bist die Größte.«

Früh am nächsten Morgen charterte Lucky ein Flugzeug und flog nach New York.

Sie hatte Brigette und Nona angewiesen, bis zu ihrer Rückkehr, die sie für denselben Abend geplant hatte, in ihrem Haus in L.A. zu bleiben. Daniella Dion, die auf Luckys Liste die Nächste war, mit der sie abrechnen musste, wurde in Los Angeles erwartet.

Luckys Anwalt bereitete mittlerweile die Verträge vor, die es ihr ermöglichen würden, wieder die Kontrolle über die Panther Studios zu gewinnen.

Morton hatte am Abend zuvor, einer Panik nahe, angerufen. »Und wenn Donna Landsman meiner Frau das Video zeigt?«, hatte er gefragt. »Wie kann ich sie davon abhalten?«

»Das müssen Sie mit Donna regeln«, hatte sie geantwortet, denn Mortons Probleme interessierten sie nach allem, was er ihr angetan hatte, nicht mehr.

»Herrgott, Lucky! Wenn das rauskommt, bin ich ruiniert.«

»Sie hätten gleich beim ersten Erpressungsversuch zu mir

kommen müssen«, hatte sie ihm entgegnet, irgendwie tat Morton ihr Leid. »Dann hätte ich mich um die Sache gekümmert.«

»Ich habe einen Fehler gemacht«, räumte er kläglich ein.

Einen großen Fehler, Morton.

Heute fühlte sie sich stark und unbesiegbar. Manchmal war die Kraft, die sie in sich spürte, so überwältigend, dass ihr einfach alles möglich schien.

Das Flugzeug landete sanft in New York. Ein Mietwagen wartete am Flughafen. Der Chauffeur nahm den Freeway in die City und mied dann geschickt die Schlaglöcher in den Straßen zum Zentrum von Manhattan, wo Michel Guy sein Büro hatte. Lucky marschierte einfach an den beiden Sekretärinnen am Empfang vorbei.

»Sie können nicht ohne Termin zu Mr. Guy hineingehen«, protestierte eine von ihnen empört und folgte ihr.

»Darf ich Sie korrigieren?«, sagte Lucky. »Ich kann tun und lassen, was mir gefällt.«

Michel Guy saß in seinem Büro, hatte die Füße auf den Schreibtisch gelegt und rauchte eine dicke Havanna.

Luckys Auftritt war für ihn ein Schock. Er nahm hastig die Füße vom Tisch, die Zigarre aus dem Mund und fragte erschrocken: »*Oui?* Was kann ich für Sie tun?«

»Wissen Sie, wer ich bin?«, fragte Lucky zurück und sah ihn wütend an.

Er wich ihrem Blick nicht aus. Ein Model war diese Frau sicher nicht, obwohl sie eine Schönheit war. Ihr Gesicht kam ihm vage bekannt vor. »Nein«, antwortete er schließlich. »Sollte ich?«

»Vielleicht sagt Ihnen mein Name etwas. Lucky Santangelo.«

Jetzt wusste er, wer sie war. Erst kürzlich hatte er ein Interview mit ihr in *Newstime* gelesen. »Ihnen gehört ein Studio in Hollywood«, sagte er und fragte sich, was, verdammt noch mal, sie in seinem Büro zu suchen hatte. »Kann ich Ihnen irgendwie behilflich sein?«

»Ich dachte, es würde Sie vielleicht interessieren, wer meine Stieftochter ist.«

»Ihre Stieftochter?«, entgegnete er verständnislos.

Die Sekretärin stand noch immer in der Tür.

»Okay, Monica. Lass uns bitte allein«, sagte Michel.

Lucky setzte sich unaufgefordert und zündete sich eine Zigarette an. »Mir scheint, sie hat es Ihnen nicht erzählt.«

»Wer hat mir was nicht erzählt?«, fragte Michel verärgert und gleichzeitig fasziniert.

Lucky stand auf, beugte sich über seinen Schreibtisch und sagte mit eisiger Stimme: »Wissen Sie was, Michel? Sie sind ein ganz mieser kleiner Wichser!«

»Wie bitte?«, stammelte er. Luckys Verhalten machte ihm Angst. »Was wollen Sie eigentlich von mir?«

»Ich möchte Ihnen eine hübsche kleine Geschichte erzählen«, sagte Lucky und setzte sich wieder. »Passen Sie gut auf, Michel. Es ist eine kurze und einfache Geschichte.«

Jetzt reichte es ihm. »Ich bin im Augenblick sehr beschäftigt«, entgegnete er. »Lassen Sie sich von meiner Sekretärin einen Termin geben. Dann können wir uns ausführlich unterhalten.«

»Ich habe in Las Vegas zwei Hotels gebaut«, sagte sie und ignorierte seinen Einwand einfach. »Während der Bauarbeiten hielt einer meiner Investoren Geld zurück, das er zugesagt hatte. Noch in derselben Nacht bin ich zusammen mit ein paar Freunden in seine Wohnung eingebrochen. Ich habe ihm ein hübsches scharfes Messer an die Eier gedrückt und ihn wach gekitzelt. Nun ... was glauben Sie, was der Typ getan hat?«

»Das weiß ich nicht«, antwortete Michel, der Lucky für eine Wahnsinnige hielt.

»Er hat das Geld rausgerückt ... seinen heiß geliebten

Schwanz behalten und ich mein Hotel.« Nach einem kurzen Schweigen fügte Lucky hinzu: »Am Ende waren wir alle glücklich.«

Michel stand auf und warf einen ängstlichen Blick zur Tür. »Was hat das mit mir zu tun? Was wollen Sie eigentlich von mir?«

»Meine Stieftochter heißt Brigette Stanislopoulos. Vielleicht kommt Ihnen der Name Brigette Brown bekannt vor?«

Michel wurde aschfahl. »Oh«, meinte er, »ich hatte keine Ahnung, wer sie ist.«

»Davon bin ich überzeugt. Für Sie war Brigette nur ein kleines Mädchen. Ein Spielzeug für Sie und Ihre Freundin.« Luckys Stimme war schneidend. »Sie ist erst neunzehn, Michel. Schämen Sie sich überhaupt nicht?«

Er hatte alles über Lucky Santangelo gelesen. Sie war eine mächtige Frau mit einflussreichen Freunden. Er wollte sich nicht plötzlich mit abgeschnittenen Eiern in einem Flugzeug zurück nach Paris wiederfinden.

»Ich erzähle Ihnen alles«, erklärte er hastig. »Ich hatte keine Ahnung, worum es ging. Als diese Frau mich darum bat, ein paar Fotos zu schießen …«

»Was für eine Frau?«, warf Lucky ein, der sofort klar war, um wen es sich handelte.

»Sie hat mir ein Vermögen dafür gezahlt«, stammelte Michel. »Hätte ich gewusst, dass Brigette mit Ihnen verwandt ist, hätte ich mich niemals darauf eingelassen.«

»Was für eine Frau?«, wiederholte Lucky eisig.

»Donna Landsman. Sie hat mich dafür bezahlt, dass ich kompromittierende Fotos von Brigette mache. Es tut mir Leid, dass ich mich darauf eingelassen habe.«

»Ach, tatsächlich?«, sagte Lucky ruhig und nahm ein Vergrößerungsglas mit Elfenbeingriff von seinem Schreibtisch. »Sehen Sie sich das genau an, Sie verdammter perverser Wichser. Ich sollte ihnen dieses Ding in Ihren fiesen französischen Arsch stecken, weil Sie genau das verdienen. Oder gehen wir lieber die Fotos holen?«

»Ich habe sie Mrs. Landsman geschickt«, sagte er schnell.

»Bestimmt haben Sie die Negative und Abzüge behalten.«

»Nein.«

Lucky spielte mit dem Vergrößerungsglas und strich beinahe zärtlich über den Elfenbeingriff. »Haben Sie gut zugehört, als ich Ihnen die kleine Geschichte erzählt habe? Glauben Sie mir, Michel, ein Messer an Ihrem Schwanz ist nichts im Vergleich zu der Tortur, die Sie erwartet, wenn ich nicht sofort alles bekomme, was ich haben will. Los, gehen wir in Ihre Wohnung oder wohin auch immer und holen das Zeug.«

Der Blick ihrer tödlichen schwarzen Augen überzeugte ihn.

Lucky vergeudete keine Zeit. Nachdem Michel ihr die Fotos *und* die Negative ausgehändigt hatte, flog sie nach L.A. zurück. Sie hatte ihn auch gezwungen, eine Erklärung zu unterschreiben, in der er auf alle Rechte und Ansprüche als Brigettes Agent verzichtete. »Glauben Sie mir, Michel«, hatte Lucky ihm versichert, »damit kommen Sie noch mit einem blauen Auge davon.«

Er hatte ihr geglaubt. Lucky zu hintergehen wäre ein verheerender Fehler, und Michel war zu gerissen, um dieses Risiko einzugehen.

Boogie holte sie vom Flughafen ab. Die Fahrt zu ihrem Haus legten sie schweigend zurück. Brigette schlief bei ihrer Ankunft schon. Lucky schob den Umschlag mit den diskriminierenden Fotos und Negativen unter ihrer Tür durch und ging dann zu Bett.

Am nächsten Morgen stand sie früh auf und verfolgte während des Ankleidens die Nachrichten im Fernsehen.

Morton Sharkey hatte am Abend zuvor zuerst Sara Durbon und dann sich eine Kugel durch den Kopf gejagt.

59

Die Nachricht vom Tod Morton Sharkeys war für Lucky ein großer Schock. Ihr war nicht bewusst gewesen, dass er völlig aus dem Gleichgewicht geraten war. Laut Polizeibericht hatte Morton Sara bei den Reisevorbereitungen für ihre Flucht nach Las Vegas überrascht. Es hatte einen lautstarken Streit gegeben, den eine Frau im angrenzenden Apartment mitbekommen hatte. Dann waren zwei Schüsse gefallen. Die Nachbarin hatte die Polizei verständigt. Noch vor dem Eintreffen der Beamten war Saras Freundin gekommen, um Sara abzuholen, und hatte die beiden Leichen entdeckt. Das Mädchen war schreiend aus dem Apartmenthaus gelaufen.

Lucky versuchte sofort mit Mortons Frau Kontakt aufzunehmen. Candice war jedoch zu verzweifelt, um ans Telefon zu kommen. Lucky drückte stattdessen der erwachsenen Tochter ihr Beileid aus.

Es gab nur einen Menschen, der schuld an Mortons Tod war – Donna Landsman. Hätte sie Morton nicht erpresst, wäre er nie in diese für ihn ausweglose Lage geraten, die ihn zu dieser Verzweiflungstat getrieben hatte.

Lucky musste unbedingt an die Fotos von Brigette und das diskriminierende Videoband von Morton kommen, die sich in Donnas Besitz befanden. Morton sollte nicht posthum noch in einen Skandal hineingezogen werden. Schließlich hatte er noch den Anstand besessen, seine Anteile an Panther auf Lucky zu übertragen. Und ihr Anwalt versicherte ihr, dass der Rückkauf von Ingas Aktien noch am selben Tag erfolgen würde. Morgen würde Panther wieder ihr gehören.

Durch Kyokos Verbindungen zum Studio fand Lucky Mickeys Termine für den folgenden Tag heraus. Unter anderem war er zum Lunch mit Freddie Leon im The Palm verabredet.

»Sobald Mickey das Studiogelände verlassen hat«, instruierte Lucky Boogie, »sorgst du dafür, dass seine Möbel aus dem Büro entfernt und meine reingebracht werden. Wenn er vom Lunch zurückkommt, werde ich ihn gebührend in Empfang nehmen. Und ich möchte, dass auch Donna Landsman anwesend ist.«

Boogie nickte. »Das sollte kein Problem sein.«

Brigette war außer sich vor Freude gewesen, als sie den Umschlag mit den Fotos entdeckt hatte. »Ich verspreche dir, nie wieder etwas zu tun, dessen du dich schämen musst. Ich werde nur noch arbeiten, arbeiten, arbeiten. Du sollst stolz auf mich sein.«

»Es war nicht deine Schuld«, sagte Lucky. »Das darfst du nicht einmal denken.«

»Hast du … die Fotos angeschaut?«

»Nein«, log Lucky.

Doch sie hatte die Echtheit der Aufnahmen prüfen müssen und verschwieg Brigette, dass noch ein Satz Abzüge existierte. Boogie hatte bereits einen professionellen Safeknacker damit beauftragt, in Donnas Haus einzubrechen.

»Wie hat Michel reagiert?«, fragte Brigette.

»Vergiss diesen zwielichtigen Typ«, antwortete Lucky. »Die gute Nachricht lautet, dass dein Vertrag mit ihm null und nichtig ist und er keine Provision aus deinem Jeans-Vertrag bekommt. Außerdem bringe ich dich bei einer Topagentur unter.«

»Danke, Lucky«, sagte Brigette erleichtert und überglücklich. »Niemand außer dir hätte das für mich tun können.«

Später am Tag rief Lucky Johnny Romano an. »Hast du zehn Minuten Zeit für mich, wenn ich gleich zu dir komme?«

»Baby, du kannst alles von mir haben.«

Lucky fuhr zu Johnnys Haus, einem Herrenhaus im neoklassizistischen Stil in Bel Air, das mit mehr Marmor ausgestattet war als ein Mausoleum. Ein phantastisch aussehendes schwarzes Mädchen in einem engen weißen Kostüm brachte sie ins Spielzimmer, wo Johnny mit ein paar Laufburschen Billard spielte. Er umarmte Lucky und gab ihr einen Begrüßungskuss.

»Du musst mir einen Gefallen tun«, kam sie ohne Umschweife zur Sache. »Es ist ein bisschen verrückt.«

»Für mich kann gar nichts verrückt genug sein«, entgegnete Johnny und führte sie zu einem Flipper.

»Also ...«, sagte Lucky, während Johnny mit seinem neuen Spielzeug spielte. »Es gibt da ein verdammt teures französisches Callgirl.«

»Erzähl mir mehr von ihr.«

»Sie fliegt von Paris nach L.A., weil sie glaubt, als Geburtstagsgeschenk für dich engagiert worden zu sein.«

Er lachte. »Für mich?«

»Ganz recht.«

»Baby, ich habe doch gar nicht Geburtstag.«

»Das weiß ich.«

Sein schläfriger Blick wurde hellwach. »Geht's dabei um irgendwelche abartigen Sexspielchen? Wenn du mitmachst, bin ich natürlich dabei.«

»Es geht dabei um eine viel kompliziertere Geschichte, die mit Lennie zu tun hat«, erklärte Lucky und berichtete ihm von ihrem Verdacht. »Während du mit ihr zusammen bist, werde ich im Nebenzimmer eure Unterhaltung mit einem Abhörgerät aufnehmen.«

»Detektivarbeit«, sagte Johnny und nickte. »Das gefällt mir. Wann soll das ablaufen?«

»Sie kommt heute Abend an. Ich habe für sie einen Bungalow im Beverly Hills Hotel gebucht. Boogie holt sie vom Flughafen ab und bringt sie direkt dorthin. Tust du mir diesen Gefallen?«

»Baby, auf Johnny Romano kannst du dich verlassen. Ich bin dein Mann!«

Daniella Dion passierte die Zollkontrolle und entdeckte den Chauffeur, der ein Pappschild mit ihrem Namen hochhielt.

»Folgen Sie mir bitte, Miss Dion«, sagte Boogie höflich und nahm ihre Reisetasche. »Ist das Ihr einziges Gepäckstück?«

Sie nickte.

»Dann können wir uns direkt zum Wagen begeben.« Boogie ging zur Rolltreppe voraus, die zum Parkplatz führte.

Er öffnete die Tür der Limousine und beobachtete, wie Daniella anmutig auf das glänzende Leder des Rücksitzes glitt. Sogar Boogie war von dieser atemberaubenden Schönheit beeindruckt.

Er setzte sich ans Steuer und fuhr los. »Ich bringe Sie direkt zum Beverly Hills Hotel. Es sei denn, Sie möchten unterwegs Halt machen.«

»Nein«, entgegnete sie. »Fahren Sie mich gleich zum Hotel.«

»In der Minibar finden Sie Evian, Scotch und Wodka. Bitte, bedienen Sie sich.«

»Danke. Ich möchte nichts.«

»Ist das Ihre erste Reise nach L.A.?«, fragte er im Plauderton.

»Ich bin müde«, erwiderte sie leicht pikiert. »Ich möchte mich nicht unterhalten. Schließen Sie bitte die Trennscheibe.«

Das tat Boogie, und dann rief er Lucky im Hotel an. »Wir sind auf dem Weg zu dir«, teilte er ihr mit.

»He, Baby, weißt du, dass ich heute Abend eine Verabredung abgesagt habe, um dir diesen Gefallen zu tun«, erklärte Johnny und schlenderte durch den luxuriösen Bungalow des Beverly Hills Hotels.

»Also bin ich dir einen Gefallen schuldig«, entgegnete Lucky. »Wenn mir die Panther Studios wieder gehören, kannst du mit jedem Drehbuch, das dir gefällt, zu mir kommen, und wir sind im Geschäft. Das ist ein Versprechen.«

»Du schuldest mir gar nichts, Lucky. Du hast die entscheidende Wende in meiner Karriere angeregt.«

»Darauf wärst du irgendwann auch von selbst gekommen.«

»Ja, aber du hast dafür gesorgt, dass ich mich ändere.«

»Nein. Ich habe dir nur die Augen geöffnet. Warum, glaubst du wohl, ist Clint Eastwood nach so vielen Jahren noch immer im Geschäft? Und Robert Redford. Die haben keine Rollen angenommen, in denen Gewalt gegen Frauen vorkommt. Jetzt sind sie Helden. Jeder mag sie. Und ich wusste, dass dieser Typ auch in dir steckt. Können wir jetzt die Fragen noch einmal durchgehen?«, bat sie.

»Schieß los, Baby.«

»Okay. Wenn du sie im Bett hast, sagst du: ›Ich kenne die Geschichte von dir und Lennie auf Korsika.‹ Darauf wird sie wahrscheinlich erwidern: ›Wovon redest du?‹ Dann sagst du: ›Du wurdest bezahlt, um ihn in eine Falle zu locken.‹«

»Und weiter?«

»Na, du hast sie nackt im Bett – sie ist verletzbar, allein in einem fremden Land. Je nachdem, was sie entgegnet, komme ich ins Zimmer und frage sie selbst.«

Daniella saß im Fond der Limousine und starrte mit leerem Blick durch das Fenster. Sie reiste nicht gern. Der Flug war lang und ermüdend gewesen. Eigentlich sollte sie an lange Stunden in einem Flugzeug gewöhnt sein, denn ihre Geschäfte erforderten oft Reisen ins Ausland.

Daniella hatte sich vorgenommen, ihren Beruf aufzugeben und einfach zu verschwinden, sobald ihr Bankkonto ein gewisses Guthaben aufwies. Sie würde ein altes Bauernhaus in der Toskana kaufen und dort zusammen mit ihrer kleinen Tochter ein zurückgezogenes, friedliches Leben führen.

Sie konnte ohne weiteres auf Männer verzichten. Die waren alle wie Tiere. Sie bezahlten für Sex und bildeten sich ein, sie zu besitzen. Diese Idioten! Keiner hatte sie je besessen, sondern sich nur ihren Körper für eine gewisse Zeit geliehen.

Sie öffnete ihre Handtasche, nahm eine Puderdose aus solidem Gold heraus und betrachtete prüfend ihr Gesicht in dem kleinen Spiegel. Ich bin schön, dachte sie, aber sehen Männer nicht mehr in mir? Nein, sagte sie sich, mehr sehen sie nicht in mir.

Dann nahm sie ein Valium aus einem Pillendöschen und spülte die Tablette mit Evian hinunter. Anschließend schob sie ihre Hand unter ihre Bluse und streichelte ihre Brustwarzen, bis sie hart wurden.

Als ihre Erregung wuchs, griff sie sich unter den Rock.

Sie war in dieser Form der Selbstbefriedigung so geübt, dass es nur Sekunden dauerte, bis sie einen Orgasmus hatte.

Laut keuchend fiel sie mit geschlossenen Augen in den Sitz zurück und ließ sich von dem wohligen Gefühl davontragen.

Schon zu Beginn ihrer Karriere als Callgirl hatte sie sich vorgenommen, nie einem Mann die Genugtuung zu gewähren, ihr Lust zu bereiten. Sie wollte Macht über die Männer haben und nicht umgekehrt. Seitdem hatte sie sich vor jeder Verabredung selbst befriedigt. Auf diese Weise verlor sie nie, ganz gleich, was die Männer mit ihr anstellten, die Kontrolle über ihre Gefühle.

Daniella rückte ihren Rock zurecht, setzte sich aufrecht hin und bereitete sich innerlich auf den Abend mit Johnny Romano vor.

60

Daniella trank Pernod mit Wasser.

Johnny trank Cristal-Champagner.

Daniella rauchte starke französische Zigaretten.

Johnny rauchte einen Joint.

Und starrte sie an … und konnte nicht aufhören, sie anzustarren, da er so eine Klassefrau noch nie gesehen hatte. Wie eine jüngere Ausgabe von Catherine Deneuve saß sie ihm gegenüber, kühl und gelassen, die Beine übereinander geschlagen, der Gesichtsausdruck aufmerksam, alles an ihr war perfekt.

Nachdem sie ein paar Höflichkeitsfloskeln ausgetauscht hatten – Wie war der Flug? Das ist ein sehr schönes Hotel, nicht wahr? –, wartete sie jetzt geduldig darauf, dass er die Initiative ergriff. Und obwohl Johnny wusste, dass Lucky nebenan mit einem Abhörgerät jedes Geräusch mithörte und bestimmt ungeduldig darauf wartete, dass er zur Sache kam, wollte er nichts überstürzen und das Vorspiel möglichst in die Länge ziehen.

Daniella merkte, dass sie das Ganze in die Hand nehmen musste. »Wie hast du's gern, Johnny?«, fragte sie mit leiser, kehliger Stimme.

Doch Johnny war noch immer verwirrt. Er konnte nicht glauben, dass diese Frau eine Nutte war. Da musste ein Irrtum vorliegen. »Hast du einen von meinen Filmen gesehen, Baby?«, wollte er wissen, statt auf ihre Frage eine Antwort zu geben. »Bin ich in Paris bekannt?«

»O ja, Johnny«, antwortete sie. »Sehr bekannt.«

In Wahrheit hatte sie kaum etwas von ihm gehört und gewiss keinen seiner Filme gesehen.

»In Frankreich werden meine Texte wohl synchronisiert, wie?«, fragte er, um Eindruck zu schinden.

»Natürlich«, murmelte sie.

»Hoffentlich haben sie dafür einen guten Schauspieler engagiert. Gefällt *dir* meine Synchronstimme?«

»O ja, sehr.«

Lucky, die im zweiten, angrenzenden Schlafzimmer saß, traute ihren Ohren nicht. Worauf hatte Johnny es abgesehen – wollte er Daniellas Meinung über seine Filme erfahren?

Vielleicht wäre es besser gewesen, sie hätte sich mit Daniella getroffen und ihr die entsprechenden Fragen gestellt. Aber dafür war es jetzt zu spät.

Während sie hier im Hotel war, organisierte Boogie einen Einbruch in Donnas Haus. Er hatte einen der Dienstboten der Landsmans bestochen und einen Lageplan mit der genauen Position des Safes bekommen. Die Landsmans waren zum Dinner ausgegangen, und der Mann, den Boogie engagiert hatte, war ein Experte auf seinem Gebiet und konnte den Safe öffnen, die Unterlagen herausnehmen und ihn wieder schließen, ohne Spuren zu hinterlassen. Erst wenn Donna den Inhalt prüfte, würde sie merken, dass etwas fehlte.

Lucky holte tief Luft. Morgen wäre sie wieder im Besitz der Panther Studios. Sie konnte es kaum erwarten, Donnas Gesicht zu sehen. Und Mickeys. Diese beiden hatten einander verdient.

Johnny redete noch immer über seine Filmkarriere in Frankreich. Was war nur mit ihm los? Sie hatte Johnny gewählt, weil er angeblich der Sexprotz des Jahrhunderts war. Offenbar war er ein Langsamstarter – oder diese Frau turnte ihn nicht an.

Daniella stand auf und schlüpfte mit sinnlichen Bewegungen aus der Jacke ihres rosafarbenen Chanel-Kostüms. Darunter trug sie eine weiße, ärmellose Bluse. »Mir ist heiß«, sagte sie und fächelte sich mit der Hand Luft zu.

»Ja, hier drin ist es wirklich heiß«, pflichtete Johnny ihr bei. »Soll ich die Klimaanlage einschalten?«

Amerikanischer Idiot, dachte Daniella. Er mag zwar ein Filmstar sein, aber er ist ein Idiot. Warum ergriff er nicht endlich die Initiative?

Nun ja, offensichtlich blieb es ihr überlassen, ihn zu verführen.

Hoffentlich ist er nicht wie der andere amerikanische

Filmstar, den sie versucht hatte zu verführen … dieser Lennie Golden. Lennie war für ihren Charme völlig unempfänglich gewesen.

Daniella hatte noch nie zuvor eine so demütigende Abfuhr erteilt bekommen. Zuerst war sie darüber schockiert und dann davon beeindruckt gewesen. Es gab nichts Attraktiveres als einen charakterstarken Mann.

Sie knöpfte langsam ihre Bluse auf, streifte sie über die Schultern und enthüllte ihren weißen Spitzenbüstenhalter, der ihre Brüste umschloss, die Brustwarzen aber frei ließ. Johnny stöhnte vor Bewunderung. Dann öffnete sie den Reißverschluss ihres Rocks, ließ ihn zu Boden gleiten und schob ihn beiseite. Darunter trug sie altmodische weiße Strapse, Seidenstrümpfe und einen weißen Tangaslip.

Mit aufreizenden Bewegungen näherte sie sich Johnny, blieb vor ihm stehen und spreizte die Beine. »Jetzt bist du dran«, schnurrte sie provokativ.

Er war sofort erregt. »Wolltest du nie ein Filmstar werden?«, fragte er und streichelte die Innenseiten ihrer seidenweichen Oberschenkel.

»Daran habe ich nie gedacht.«

»Du könntest Karriere machen. Du bist hinreißend, Baby.«

»Danke«, sagte sie, schob seine Finger unter ihren Minislip und streifte ihn hinunter.

Herrgott noch mal! Was zu viel ist, ist zu viel. Er trug sie ins Schlafzimmer und legte sie aufs Bett.

Sie sah erwartungsvoll zu ihm auf. Er packte ihre Knöchel und spreizte ihre Beine.

»Soll ich dich ausziehen?«, fragte sie.

»Später«, antwortete er. »Jetzt will ich deine Muschi lecken.«

»Nein!«, sagte sie schnell, obwohl sie wusste, dass es töricht war, dem Wunsch eines Kunden zu widersprechen. »*Ich* möchte lieber *dich* oral befriedigen.«

»Du bist *mein* Geburtstagsgeschenk – *ich* darf wählen. Mach die Augen zu und lass dich verwöhnen.«

Johnny hatte völlig vergessen, dass Lucky im Nebenzimmer wartete. Doch auch wenn er daran gedacht hätte, würde das keine Rolle spielen. Er konnte nicht anders, er musste das *jetzt* tun.

Lucky hatte den Eindruck, dass sie sich den falschen Mann ausgesucht hatte. Wollte Johnny Daniella etwa anmachen? Was war nur mit ihm los?

Ihr Handy läutete. Sie griff hastig danach.

»Auftrag ausgeführt«, sagte Boogie.

»Hast du beide Unterlagen?«

»Alles.«

»Sperr sie in deinen Safe. Ich will die Sachen nicht in meinem Haus haben. Wenn Donna dahinter kommt, könnte sie einen Gegenschlag planen. Gute Arbeit, Boog.«

Lucky unterbrach die Verbindung und lauschte weiter den Geräuschen aus dem Nebenzimmer.

Das war ein einziges Stöhnen und Seufzen, Keuchen und Ächzen. Da amüsierte man sich großartig auf ihre Kosten.

Nach etwa zwanzig Minuten verstummten die Geräusche, und Johnny kam endlich zur Sache. »He, Daniella«, hörte sie ihn sagen.

»Ja?«

»Ich weiß, was zwischen dir und Lennie Golden war.«

Lucky hielt den Atem an. Jetzt kommt's, dachte sie. Jetzt erfahre ich endlich die Wahrheit.

»Wie bitte?«

»Lennie war mein bester Freund«, sagte Johnny. »Er hat auf Korsika einen Film gedreht, du hast dich an ihn rangemacht und ihn in eine Falle gelockt.«

Es folgte eine lange Pause. »Woher weißt du davon?«, fragte Daniella schließlich.

»Ich habe die Fotos gesehen.«

»Ich tue, wofür ich bezahlt werde. Bei Lennie lautete mein Auftrag, ihn zu verführen. Es hat nicht geklappt.«

»Heißt das, du hast nicht mit ihm gefickt?«

»Nein. Er hat immer nur von seiner Frau gesprochen.«

»Kein Scheiß?«

»Er wollte nichts mit mir zu tun haben.«

Lucky lauschte angestrengt. Lennie ... ihr Lennie ... oh, wie konnte ich ihn nur so falsch einschätzen.

Johnny war jetzt voll dabei. »Wer hat dich bezahlt?«, fragte er.

»Das kann ich nicht verraten.«

»Natürlich kannst du.«

Daniella wollte aufstehen, doch Johnny packte sie am Arm und hielt sie im Bett fest. »Ich mag dich wirklich.«

»Regel Nummer eins«, sagte Daniella. »Sei nie nett zu der Hure, die dich bedient.«

»Du bist keine Hure. Du bist eine schöne Frau, die einen Preis für etwas verlangt, was die meisten Puppen in dieser Stadt umsonst geben. In meinen Augen hast du moralische Skrupel. Und du hast auch die schönsten Titten, die ich je gesehen habe.«

»Sie gehören dir, Johnny – für heute Nacht. Morgen fliege ich nach Paris zurück.«

»Würdest du länger bleiben, wenn ich dich dafür bezahlen würde?«

»Warum solltest du das tun?«

»Weil ich irgendwie gern mit dir zusammen bin. Du könntest eine Woche in meinem Haus verbringen.«

»Ich bin mir sicher, dass du es dir leisten kannst, aber ich bin mir nicht sicher, ob du so viel Vergnügen an mir haben würdest, wie du dir versprichst.«

»Warum nicht?«

Sie zuckte nur mit den Schultern.

»Also ... du willst keine Rolle in einem Film haben, und du

fährst nicht auf meine Berühmtheit ab. Das heißt, du bist nicht hier, weil ich Johnny Romano bin. Du bist hier, weil du dafür bezahlt wirst. Das ist okay. Ein hübsches, sauberes geschäftliches Arrangement. Weißt du was? Du bist die erste Frau, die ich für Geld gefickt habe. Allerdings ist es nicht mein Geld.«

»Wie interessant«, sagte sie und unterdrückte ein gelangweiltes Gähnen.

Er sprang aus dem Bett. »Du musst eine Freundin von mir kennen lernen.«

»Für einen Dreier verlange ich einen Aufpreis.«

»Es geht nicht um Sex, Baby. Meine Freundin will sich nur mit dir unterhalten. Warte hier.«

»Herrgott!«, schimpfte Lucky, als er in ihr Zimmer kam. »Du hast dir vielleicht Zeit gelassen.«

»Sagtest du nicht, ich sollte für das viele Geld etwas bekommen?«

»Du hattest ja deinen Spaß im Gegensatz zu mir, die sich euer Gestöhn anhören musste.«

»Aber es hat dir doch gefallen, was Daniella über Lennie gesagt hat – er hat sie nicht gebumst.«

»Kannst du dir etwas über deine Boxershorts ziehen, Johnny? Ich weiß, dass du gut bestückt bist. Das musst du mir nicht vor Augen führen.«

»Daniella ist wirklich was Besonderes«, sagte er verträumt. »Du wirst schon sehen. Lennie muss dich sehr geliebt haben, um *ihr* widerstehen zu können.«

»Wir haben einander geliebt, Johnny«, erwiderte Lucky leise.

»Hast du eine Ahnung, wie es an einem Drehort zugeht? Spätestens in der dritten Woche langweilst du dich so, dass du sogar ein Schaf ficken würdest.«

»Was für ein treffender Vergleich«, spottete Lucky und folgte ihm in das andere Schlafzimmer.

Daniella saß im Bett. Ein Laken bedeckte ihren nackten Körper.

»Das ist Lucky Santangelo«, sagte Johnny. »Lennie Goldens Frau. Erzähl ihr, was du mir schon gesagt hast. Ich lasse euch jetzt allein.« Er ging aus dem Zimmer.

Lucky starrte das französische Callgirl an. Sie war sehr schön – viel schöner als auf den Fotos. »Sie wissen bestimmt, Daniella, dass Lennie nach der Nacht, die er angeblich mit Ihnen verbracht hat, einen Autounfall hatte«, begann Lucky.

»Das tut mir sehr Leid«, entgegnete Daniella und senkte den Blick. »Es gibt zwei Dinge, die ich Ihnen bestätigen kann. Erstens: Lennie hat die Nacht nicht mit mir verbracht. Zweitens: Ich hatte keine Ahnung, dass er ermordet werden sollte.«

»Sie wissen also, dass er ermordet wurde?«, hakte Lucky mit wild pochendem Herzen nach.

»Ich bin doch kein Dummkopf«, antwortete Daniella. »Mir war klar, dass ihm eine Falle gestellt wurde. Meine Aufgabe war, ihn zu verführen. Der Fotograf sollte uns im Bett erwischen. Ihr Mann hatte jedoch keine Lust, mit mir zu schlafen.« Sie machte eine kurze Pause. »Mich hat noch nie ein Mann abgewiesen, wenn die Situation gestimmt hat. Und die Situation mit Ihrem Mann hätte nicht passender sein können.« Daniella schob das Laken runter und entblößte ihre perfekt geformten Brüste. »Schauen Sie mich an, Lucky. Ich habe nur meine Schönheit. Ich lebe, um Männern zu dienen.«

Lucky holte tief Luft. »Wer hat Sie engagiert, Daniella?«

»Meine Madame in Paris hat alles arrangiert. Den Auftrag dafür hat sie von einer Frau in Amerika erhalten. Ich sollte nach Korsika fliegen, diesen Mann kontaktieren, von dem ich eine Komparsenrolle in dem Film bekommen konnte, und Ihren Mann verführen.«

»Was ist mit den Fotos, auf denen Sie zusammen mit Lennie abgebildet sind?«

»Mein sogenannter Freund wurde von den Fotos, die am Drehort gemacht worden waren, wegretuschiert. Ich habe mich Lennie in der Rolle eines naiven Fans genähert. Er war sehr liebenswürdig zu mir.«

»Und wie ist das andere Foto zu erklären?«

»An jenem Abend bin ich zu seinem Hotelzimmer gegangen, stand in der offenen Tür, ließ meinen Bademantel fallen und bat ihn, mich reinzulassen. Der Fotograf hat uns im Flur fotografiert.«

»Warum sind Sie so ehrlich zu mir?«

Daniella zuckte mit den Schultern. »Es gibt keinen Grund, warum ich es nicht sein sollte. Es hat Sie einen Haufen Geld gekostet, mich nach Los Angeles zu holen, also muss Ihnen sehr viel daran liegen, die Wahrheit zu erfahren. Es ist Ihnen bestimmt ein Trost zu wissen, dass Ihr Mann Sie nicht betrogen hat.«

»Ich danke Ihnen für Ihre Ehrlichkeit.«

»Manchmal bleibt uns nichts als die Ehrlichkeit.«

Lucky ging ins Wohnzimmer. Johnny rauchte einen Zigarillo und sah fern.

»Ich gehe jetzt«, sagte sie. »Du hast was gut bei mir.«

Sie stieg in ihr Auto und fuhr nach Hause.

Lennie, mein liebster Lennie, was habe ich dir angetan? Ich habe mit Alex geschlafen, um mich an dir zu rächen. Jetzt weiß ich, dass ich keinen Grund zur Rache hatte.

Verzeih mir, Liebling. Ich werde dich immer lieben.

61

Heute bekomme ich mein Studio zurück«, verkündete Lucky.

»Das ist ja toll«, sagte Brigette begeistert. »Wie hast du das nur geschafft?«

»Weißt du denn nicht, dass mir alles gelingt?«, entgegnete Lucky grinsend.

»Allmählich wird mir das auch klar«, antwortete Brigette kichernd.

Sie und Nona standen neben ihrem Reisegepäck in der Eingangshalle.

»Ich wünschte, ihr würdet länger bleiben«, sagte Lucky.

»Das würden wir nur zu gern«, erwiderte Nona, »aber Brigettes Werbekampagne startet bald, und es sind alle möglichen Presseauftritte geplant. Außerdem haben wir einen Termin mit dem neuen Agenten, den du Brigette vermittelt hast.«

Lucky zog Brigette beiseite. »Was ist mit diesem Typen, mit dem du liiert warst?«

»Mit Isaac kann man sich hervorragend amüsieren«, antwortete Brigette. »Doch ich habe begriffen, dass er mir nicht gut tut.«

»Verlier nicht das Interesse an Männern, nur weil du das Pech hattest, auf ein paar schlimme Typen reinzufallen«, warnte Lucky.

»Nein, das tue ich nicht. Versprochen.«

»Lennie passt auf dich auf – er wird dafür sorgen, dass dir der Richtige begegnet.«

Brigette umarmte sie. »Danke, Lucky. Ich werde dich so vermissen.«

»Ich dich auch«, entgegnete Lucky und drückte Brigette fest an sich. »Besuch mich bald mal wieder.«

Sie brachte die beiden zum Wagen, kehrte ins Haus zurück und rief Gino an. Er war wieder ganz der Alte. Nichts konnte Gino für längere Zeit umwerfen.

Wann würde ihr Leben wieder einen normalen Verlauf nehmen? Traurig musste sie sich eingestehen, dass es ohne Lennie nie mehr so wie früher sein würde.

Um halb zwei saß sie in ihrem Büro der Panther Studios

hinter ihrem Schreibtisch, von ihren Möbeln umgeben, und Kyoko nahm wieder seinen Platz im Vorzimmer ein.

»Donna Landsman kommt um halb drei«, teilte ihr Boogie mit. »Sie glaubt an einer Produktionsbesprechung teilzunehmen.«

»Gut«, sagte Lucky. »Genauso habe ich es mir vorgestellt.«

»Mickey hat um halb drei einen Termin mit dem Repräsentanten eines Auslandsverleihs. Das Timing sollte klappen.«

Boogie hatte Recht. Mickey fuhr genau eine Minute nach Donna Landsman aufs Gelände. Die beiden betraten gemeinsam das Gebäude. Es hätte nicht besser arrangiert sein können.

Mickey sah Kyoko im Vorzimmer und fragte gereizt: »Wo ist Isabel?«

»Sie kommt gleich zurück, Mr. Stolli.«

Er murrte etwas über die Unzuverlässigkeit von Sekretärinnen und führte Donna Landsman in sein Büro. Auf der Schwelle blieb er abrupt stehen.

Lucky drehte sich mit ihrem Stuhl um und begrüßte sie: »Was für eine Überraschung! Ist es nicht wie in alten Zeiten?«

Mickey fiel die Kinnlade runter.

Donna Landsmans Gesicht erstarrte.

»Was soll das?«, rief Mickey empört. »Was zum Teufel geht hier vor?«

»Ich bin wieder da«, antwortete Lucky ruhig und genoss die ohnmächtige Wut der beiden. »Genau, wie ich es vorhergesagt habe.«

»Wie ist das möglich?«, fragte Donna, deren verkniffenes Gesicht vor Zorn weiß war.

»Ganz einfach«, antwortete Lucky lässig. »Ich habe sechzehn Prozent Panther-Aktien gekauft und mich mit dieser Stimmenmehrheit wieder gewählt. Soll ich Ihnen was sagen, Donna? Sie werden *nie* wieder die Kontrolle über Panther bekommen, also können Sie Ihre Aktien genauso gut an mich zurückverkaufen.« Sie ließ Donna einen Augenblick Zeit, um diese niederschmetternde Neuigkeit zu verdauen. »Natürlich«, fuhr Lucky dann fort, »wird das für Sie mit einem beträchtlichen Verlust verbunden sein. Aber, was soll's. Es geht schließlich nur um Geld.«

»Verdammt noch mal«, wütete Mickey, »ich habe einen Vertrag.«

»Verklag mich«, sagte Lucky gleichmütig. »Ich würde dich liebend gern vor Gericht wieder sehen.«

»Wo sind meine Möbel? Meine Akten? Meine Preise?«, schrie er.

»Ich habe alles zu deinem Haus bringen lassen, Mickey. Der Transporter steht bestimmt schon in deiner Auffahrt. Abigaile wird *sehr* glücklich darüber sein.«

»Damit kommst du mir nicht davon«, drohte Mickey, dem die Zornesader anschwoll.

»Wer gewinnt, hat Recht, stimmt's? Tut mir Leid, Mickey. Du hast auf einen Verlierer gesetzt.«

Donna warf Lucky, ihrer Erzfeindin, einen vernichtenden Blick zu. »Das werden Sie bereuen«, sagte sie mit zusammengebissenen Zähnen. »Niemand kommt mir in die Quere. Niemand.«

»Oh«, erwiderte Lucky, »ich zittere vor Angst.«

Donna drehte sich auf dem Absatz um und rauschte hinaus. Mickey folgte ihr.

»Kyoko«, rief Lucky übermütig. »Bringen Sie den Champagner. Wir feiern.«

»Wer ist die Frau an Johnnys Seite?«, fragte Alex France, als Johnny Romano den großen Bankettsaal betrat, in dem die Sprechprobe stattfinden sollte.

»Keine Ahnung«, antwortete France. »Vielleicht seine Freundin.«

»Ich wusste gar nicht, dass er eine hat.«

»Glaubt man den Gerüchten, so hat er jeden Tag eine neue«, entgegnete France verschmitzt.

Kurz darauf betrat Venus den Saal und setzte sich neben Johnny.

»Darf ich dir eine sehr gute Freundin aus Paris vorstellen?«, sagte Johnny. »Daniella, das ist Venus.«

»Hi, Daniella«, begrüßte Venus sie freundlich lächelnd.

Daniella nickte nur leicht. Zu ihrem Job gehörte es normalerweise nicht, dass sie an einer Filmsprechprobe teilnahm, doch da Johnny ihre Zeit gekauft hatte, konnte es ihr eigentlich egal sein. Sie hatte in Paris angerufen und ihrer Babysitterin gesagt, dass sie erst ein paar Tage später zurückkehren würde. Während dieses Telefonats war Johnny ins Zimmer gekommen. »Mit wem hast du gesprochen?«, hatte er gefragt.

»Ich habe meiner Babysitterin gesagt, dass ich nicht wie vereinbart zurück sein werde.«

Er hatte sie überrascht angesehen. »Du hast ein Kind?«

»Ja. Eine Tochter. Sie ist es gewohnt, dass ich manchmal ein paar Tage fort bin.«

»Wie alt ist sie?«

»Acht.«

»Du musst ja selbst noch ein Kind gewesen sein, als du sie bekommen hast.«

»Ich war sechzehn.«

»Ich nehme an, du hattest damals niemanden, der sich um dich und das Kind gekümmert hat. Hast du deswegen … in dieser Branche angefangen?«

»Stimmt genau.«

Alex nahm am Kopfende des langen Tisches Platz. Neben ihm saßen sein erster Assistent und der Texter. Nach ein paar Minuten stand er auf und sprach zu den Schauspielern. »Ich erwarte heute von niemandem eine brillante Vorstellung«, sagte er. »Denkt daran, wir halten heute nur eine Sprechprobe ab, um zu sehen, wie die Dialoge rüberkommen und welche Interaktion daraus entsteht. Es geht um eine Arbeitserfahrung, die euch allen Spaß machen sollte.« Er strich sich eine Locke aus der Stirn und ließ sein Killerlächeln aufblitzen. »Sollte jemand mit seinem Text nicht einverstanden sein, macht euch Notizen und kommt zu mir. Ich habe immer ein offenes Ohr für Anregungen. Okay. Irgendwelche Fragen? Wenn nicht, lasst uns anfangen. Ich wünsche euch viel Spaß, denn den sollte man beim Filmemachen haben.«

Venus stieß Johnny mit dem Ellbogen an. Ihr Gesicht strahlte vor Begeisterung. »Ich mache das zum ersten Mal mit. Bei den Videoaufnahmen beschränken sich die Vorbereitungen aufs Schminken und Frisieren. Dann wird man einfach vor die Kamera geschubst.«

»Ja«, entgegnete Johnny. »Es ist toll.« Er drehte den Kopf und warf Daniella, die hinter ihm saß, einen Blick zu. Dann sagte er zu Venus: »Hast du schon mal so was Ähnliches wie Seelenfreundschaft kennen gelernt? Du triffst jemanden und weißt plötzlich, das ist der Mensch, auf den du dein Leben lang gewartet hast?«

Venus fragte lächelnd: »Ist sie dieser Mensch?«

»Könnte sein.«

»Herzlichen Glückwunsch.« Venus drückte seinen Arm. »Noch ein Sexprotz, der aus dem Verkehr gezogen wird.«

»Ich bedaure nur eins«, sagte er breit grinsend.

»Was?«

»Dass es mit uns beiden nie geklappt hat.«

»Dafür ist es jetzt zu spät.«

»Baby, es ist *nie* zu spät.«

Innerlich vor Wut kochend, saß Donna in ihrer Limousine. Lucky Santangelo hatte wieder gewonnen. Das war unfassbar. Und Morton, dieser Feigling, hatte sich erschossen. Wäre er noch da gewesen, hätte Lucky nie die Stimmenmehrheit an sich reißen können.

Warum waren alle ihre Versuche, Lucky zu bestrafen, fehlgeschlagen?

Sogar der Killer, den sie auf Gino angesetzt hatte, hatte versagt und Gino nur verwundet.

In ihrem ursprünglichen Plan hatte sie vorgesehen, Lennie irgendwann zu Lucky zurückkehren zu lassen. Doch jetzt fing sie an, dieses Drehbuch umzuschreiben. Warum sollte Lucky ihren Mann wiederhaben? Warum bringe ich ihn nicht um und schicke diesem Miststück jeden seiner Finger einzeln? Dann würde ihr das hämische Grinsen für immer vergehen.

Sie fragte sich, ob Bruno oder Furio Manns genug waren, um das zu tun. Oder würden die beiden von ihr erwarten, dass sie jemand anderen damit beauftragte?

Diesen Plan musste sie gründlich überdenken. Sie durfte keine leichtfertige Entscheidung treffen.

Und dann kam ihr die Erleuchtung. Sie würde es selbst tun. *Sie* würde in die Höhle gehen und Lennie erschießen. Sie würde seine Leiche fotografieren und die Fotos Lucky schicken.

Ja, dieses Miststück soll wissen, dass ihr Mann die ganze Zeit am Leben gewesen war, und hätte sie Verstand genug gehabt, wäre sie darauf gekommen und hätte ihn retten können, anstatt ihre ganze Kraft darauf zu konzentrieren, ihr verdammtes Studio zurückzuholen.

Donna war mit dieser Lösung sehr zufrieden. Mit George konnte sie darüber nicht sprechen, denn er wusste nichts von Lennie. Sie würde ihm sagen, dass ihr Vater krank geworden sei und sie deswegen ein paar Tage nach Sizilien reisen müsse. Dort würde sie in einem Hotel wohnen, einen Mietwagen nehmen, zu den Höhlen fahren und die Tat ausführen.

Schon bald trafen Glückwünsche ein – Neuigkeiten verbreiten sich in Hollywood schnell.

Freddie rief als einer der Ersten an. »Ich freue mich sehr für dich«, sagte er. »Wie ist es dir gelungen, das Studio zurückzubekommen?«

»Das Ganze war das Machtspiel einer Frau, die nichts vom Filmgeschäft versteht.«

»Weiß Alex es schon?«

»Ich glaube nicht.«

»Er hält gerade eine Sprechprobe für seinen Film ab. Sag's ihm doch selbst.«

»Das tue ich vielleicht«, meinte Lucky nachdenklich.

Alex war mit dem Verlauf der Sprechprobe sehr zufrieden. Manchmal endeten diese Proben in einer Katastrophe. Es war ihm schon ein paarmal passiert, dass er sich hatte eingestehen müssen, Rollen mit falschen Schauspielern besetzt zu haben, und es hatten kurzfristig neue Darsteller verpflichtet werden müssen. Doch diesmal klappte alles perfekt. Venus war als Lola wundervoll. Und Johnny ging in seiner Rolle völlig auf. Die anderen Darsteller, hauptsächlich unbekannte Schauspieler, waren ebenfalls exzellent.

In der Mittagspause setzte sich Alex zu Venus und Johnny und dessen neuer Freundin Daniella, die nett zu sein schien, aber sehr ruhig war. Alex bewunderte ihre Schönheit.

Er hatte das vage Gefühl, sie schon einmal gesehen zu haben.

Um halb drei versammelten sich alle wieder im Saal, und die Sprechprobe ging weiter. Kurz darauf flüsterte ihm Lili ins Ohr, sie habe gerade erfahren, dass Lucky wieder die Chefin der Panther Studios sei.

»Im Ernst? Wer hat dir das gesagt?«

»Diese Neuigkeit kommt aus einer sehr zuverlässigen Quelle«, versicherte ihm Lili.

»So, wir sind also wieder mit Lucky Santangelo im Geschäft.«

Er hatte beschlossen, Lucky die von ihr erbetene Zeit zu lassen und sich von ihr fern zu halten. Jetzt war er mit seinem Film beschäftigt, und diese Arbeit erforderte seine ganze Kraft und Konzentration.

Um halb fünf war die Sprechprobe zu Ende. Johnny verließ zusammen mit Daniella sofort den Saal.

Venus kam zu Alex und umarmte ihn. »Das ist die großartigste Woche meines Lebens«, sagte sie glücklich. »Ich habe mich wieder mit Cooper versöhnt und weiß, dass er nicht mehr fremdgehen wird. Und dass du mir die Rolle in *Gangsters* gegeben hast, ist der Durchbruch, von dem ich immer geträumt habe.«

»Du bist eine gute Schauspielerin. Ich kann nicht verstehen, dass bisher niemand die Talente entdeckt hat, die in dir schlummern.«

»Danke«, sagte Venus und freute sich über dieses Lob.

»Hast du schon gehört, dass Lucky ihr Studio wiederhat?«, fragte er.

»Das ist ja phantastisch!«, jubelte Venus. »Seit wann?«

»Seit heute. Lili hat es mir vorhin erzählt.«

»Wow! Das ist toll. Rate mal, wer da gerade zur Tür reinmarschiert.«

Alex drehte sich um und entdeckte Lucky.

»He«, sagte er, wie immer von ihrer Schönheit hingerissen. »Wir reden gerade über dich.«

Lucky lächelte. »Gutes oder Schlechtes?«

»Immer nur Gutes«, entgegnete er ebenfalls lächelnd.

»Da ich jetzt dein neuer Boss bin, dachte ich mir, ich besuche dich mal.«

»He«, warf Venus grinsend ein, »du schießt doch immer wieder den Vogel ab. Jeder andere hätte sich in einem Mauseloch verkrochen. Aber du drehst den Spieß einfach um. Wie machst du das nur?«

»Ich habe da so meine Tricks«, sagte Lucky geheimnisvoll.

»Okay. Ich verschwinde jetzt«, antwortete Venus. »Zu Hause wartet ein Ehemann auf mich.«

Lucky hob eine Braue. »Ein Ehemann?«

»Ich habe ihm noch einmal eine Chance gegeben. Bis später!« Und schon war sie weg.

Alex räusperte sich.

»Da ich jetzt wieder die Kontrolle übers Studio habe, muss ich ein ernstes Wörtchen mit dir reden, Alex. Ich habe festgestellt, dass dein Budget völlig außer Kontrolle geraten ist. Können wir darüber sprechen?«

Er lachte. »Mir fällt niemand ein, mit dem ich lieber sprechen würde. Es ist nur ziemlich schwierig, an dich ranzukommen.«

»Hm … verlass dich darauf, dass ich in Zukunft dein Budget sehr genau überwachen werde.«

»Ich hoffe, du erscheinst auch manchmal am Drehort.«

»Immerhin bin ich gleich hergekommen.«

»Vielleicht verbringst du mal ein Wochenende in Vegas?«

»Wer weiß? Wann reist du ab?«

»Wir drehen drei Tage in Malibu und Ende nächster Woche in Vegas.«

»Sei nicht überrascht, wenn ich plötzlich auftauche.«

»Das wäre die schönste Überraschung, die ich mir vorstellen kann«, sagte er und sah sie bedeutungsvoll an.

»Nun«, erwiderte sie leicht verlegen, »ich wollte nur kurz hier reinschauen. Ich muss jetzt gehen.«

Er nahm ihren Arm und begleitete sie zur Tür. »Gefällt dir meine neue Einstellung dir gegenüber?«

»Was für eine Einstellung?«, fragte sie verwirrt.

Er lächelte. »Ich konzentriere mich ausschließlich auf meinen Film. Das heißt, du hast während der nächsten sechs Monate Ruhe vor mir.«

»Ist das eine Drohung oder ein Versprechen?«

»Das kannst du halten, wie du willst.«

Die beiden verabschiedeten sich lächelnd voneinander. Lucky stieg in ihr Auto und fuhr davon. Ihre Gedanken waren bei den Ereignissen der vergangenen Wochen.

Donna Landsman.

Kein Aufschub mehr.

Die Zeit war reif.

62

Du bist drei Tage lang nicht gekommen. Ich dachte, du hättest mich aufgegeben«, sagte Lennie, unendlich erleichtert, Claudia wieder zu sehen.

»Tut mir Leid, mein Poppa – er zurück«, entschuldigte sich Claudia.

»Ja, das habe ich gemerkt«, entgegnete Lennie bitter. »Mr. Fröhlich ist wieder da. Er schmeißt mir das Essen vor die Füße wie einem Hund. Ich hasse deinen Vater, Claudia. Du solltest ihn verlassen, er hat ein schlechtes Karma.«

»Was ist … Karma?«

»Hoffentlich findest du das nie heraus.«

»Heute Abend mein Poppa trinkt zu viel *vino*. Wenn er schläft, ich stehle den Schlüssel und bringe dir. Hast du die Karte?«

Er klopfte auf seine Hosentasche. »Sicher verstaut.«

Claudia gab ihm eine kleine Taschenlampe. »Da, die brauchen wir.«

»Danke«, sagte er.

»Wenn sie entdecken, dass du fort, sie werden dir folgen«, sagte sie besorgt. »Aber nicht vor morgen, wenn Furio dir Essen bringt.«

»Wie willst du mitten in der Nacht hierherkommen?«

»Ich sein vorsichtig.«

»Sollte dein Freund nicht mitkommen?«

»Nein!«, protestierte sie scharf. »Wenn er wüsste, er mir würde nicht erlauben, dir zu helfen.« Verzweifelt fügte sie hinzu: »Wenn er herausfindet das mit uns …«

»Da gibt es nichts herauszufinden, Claudia«, beruhigte er sie. »Du hast mir das Essen gebracht. Nie wird jemand von mir erfahren, was zwischen uns gewesen ist.«

Sie glaubte ihm. Lennie würde sie nicht verraten. »Sobald ich Schlüssel habe, ich komme her. Dann musst du sofort fliehen.«

Lennie wusste nicht, wie er die nächsten Stunden bis zu ihrer Rückkehr überstehen sollte. Aber irgendwie musste er die Kraft dafür finden.

63

Noch immer vor Wut schäumend, kam Donna vom Studio nach Hause. Sie schrie das Dienstmädchen an, das prompt kündigte. Sie marschierte in die Küche und brüllte die Köchin an, die auch gern gekündigt hätte, die Stelle aber brauchte.

George war noch im Büro. Sie rief ihn an und spuckte Gift und Galle. »Ist dir klar, dass unsere Anwälte inkompetente Idioten sind?«, schrie sie. »Auf irgendeine Weise ist es Lucky Santangelo gelungen, die Panther Studios wieder unter ihre Kontrolle zu bekommen. Ich möchte wissen, wie das passieren konnte, George.«

»Diese Beteiligung war nie eine gute Geldanlage«, entgegnete George gleichmütig. »Du musst doch zugeben, Donna, dass du keine Ahnung vom Filmgeschäft hast. Die Sache hat auch ihr Gutes.«

»Gutes!«, schrie Donna, außer sich vor Wut über Georges Dummheit. »Gutes! Was bist du doch für ein Trottel! *Stupido!*«

»Wie bitte?«

»Unsere Anwälte sind Idioten«, lenkte sie schnell ein, da es ihr peinlich war, in ihre frühere Ausdrucksweise zurückgefallen zu sein.

»Ich kümmere mich darum«, sagte George.

»Tu das.«

Donna fielen plötzlich die Fotos von Brigette Stanislopoulos ein, der eigentlichen Mörderin ihres Mannes. Es hatte sehr viel Zeit und Geld gekostet, das Mädchen aufzuspüren. Aber es war ihr gelungen, herauszufinden dass Brigette mit einer Modelagentur einen Vertrag abgeschlossen hatte. Ermittlungen hatten ergeben, dass Michel Guy wegen seiner sexuellen Vorlieben erpressbar war, und für einen größeren Betrag hatte er sich bereit erklärt, mit ihr zu kooperieren.

Was für ein genialer Streich! Die Fotos von Brigette würde sie jedem Porno-Verlag auf der Welt verkaufen. Und wie würde Lucky Santangelo *das* gefallen? Ihre Stieftochter den lüsternen Blicken der Öffentlichkeit preisgegeben.

Donna lächelte böse. Du kannst nicht alles kontrollieren, Lucky. Du bist nicht unbesiegbar.

Sie war auf dem Weg zu ihrem Safe, um die Fotos herauszuholen, als Santo von der Schule nach Hause kam.

»Warum bist du so früh zurück?«, fragte sie ihn, als er ihr in der Eingangshalle über den Weg lief.

»Warum bist *du* schon da?«, entgegnete er. Seit dem Zwischenfall mit Tabitha war er noch aufsässiger geworden.

Die beiden hatten in letzter Zeit kaum noch miteinander geredet. Donna wollte ihren kleinen, unschuldigen Jungen wiederhaben, den sie verwöhnt und verhätschelt hatte. Doch jetzt war aus Santo ein fetter, grobschlächtiger Rüpel mit einem frechen Mundwerk geworden, der schmutzige Dinge mit einem schmutzigen Mädchen trieb. Ihr Sohn hatte sie zutiefst enttäuscht.

»Wo gehst du hin?«, fragte sie, als er sich an ihr vorbeidrücken wollte.

»Nach oben«, antwortete er mürrisch. »Ich sperr mich in meinem Zimmer ein, so wie du es mir befohlen hast.«

»Das hast du dir selbst zuzuschreiben, Santo«, schrie sie ihn an. »Du hast dich skandalös benommen.«

»Das stimmt nicht. Was ich getan habe, ist völlig normal.«

Es erboste Donna, dass er noch immer versuchte, sein Verhalten zu rechtfertigen. »Wenn dein Vater wüsste, dass aus dir ein sexbesessener Drogen-Freak geworden ist, würde er dich eher umbringen, als weiter seinen Sohn in dir zu sehen«, sagte sie verbittert.

»Ich bin nicht drogensüchtig. Wo lebst du denn, Mom? Heutzutage raucht jeder Grass.«

Sie behielt das letzte Wort. »*Mein* Sohn nimmt keine Drogen. Nie mehr!«

Santo lief nach oben und knallte die Tür hinter sich zu. Für ihn war seine Mutter die unausstehlichste und abscheulichste Frau der Welt.

Donna wartete, bis er in seinem Zimmer verschwunden war, und ging dann in die Bibliothek. Sie schloss die Tür hinter sich und nahm das Gemälde von Picasso von dem in der Wand versteckten Safe. Er enthielt wichtige Dokumente und etwas Schmuck – die wertvollsten Stücke lagen in einem Banksafe.

Sie stellte die Kombination ein und zog die Tür auf. Dann suchte sie zwischen Dokumenten und Schmuckschatullen nach dem Videofilm von Morton Sharkey und den Fotos von Brigette.

Es war lächerlich – sie hatte die Sachen selbst in den Safe gelegt, konnte sie aber nicht finden. War sie dabei, den Verstand zu verlieren?

Dann ging sie methodisch vor und nahm jedes Stück einzeln heraus. Kein Video. Keine Fotos.

War es möglich, dass George irgendwie die Kombination herausgefunden hatte?

Nein. George würde es nicht wagen, ihren Privatsafe zu öffnen.

Sie musste ruhig bleiben und rational an die Sache herangehen. Bestimmt hatte sie das Video und die Fotos nur verlegt und würde sie an einem anderen Ort wieder finden.

Santo setzte sich sofort an seinen Computer. Er hatte die Schule einfach früher verlassen, ohne dass jemand versucht hätte, ihn aufzuhalten. Was interessierten ihn schon Mathematik oder Geschichte? Er musste diesen Scheiß nicht lernen, weil *er* eines Tages das Vermögen der Bonnattis erben würde. Das Geld, das sein Vater ihm hinterlassen hatte, war in einem Trust angelegt, und wenn seine Mutter starb, würde er auch ihr Vermögen erben. Scheiß auf die Schule. Im Augenblick ging es ihm nur darum, seine Rechnung mit diesem Flittchen Venus Maria zu begleichen.

Er schrieb einen neuen Brief. Einen Brief des Hasses.

Sie konnte sich auf was gefasst machen.

64

Das Warten zerrte an Lennies Nerven. Die Stunden verstrichen unendlich langsam.

Er fragte sich, ob Claudia wirklich zurückkommen würde. Der Gedanke an die so lange ersehnte Freiheit war berauschend, und er konnte kaum stillhalten, obwohl er wusste, dass er für die Flucht seine ganze Kraft brauchen würde – falls es je dazu kam.

Der Mann, von dem er jetzt wusste, dass er Claudias Vater war, brachte ihm das Essen.

Lennie stopfte sich einen Brocken Brot für unterwegs in

die Tasche und sah sich die Karte an, die Claudia ihm gegeben hatte. Sie hatte versprochen, ihn aus dem Gewirr der Höhlen und Gänge hinauszuführen. Danach war er auf sich allein gestellt – beide würden verschiedene Richtungen einschlagen.

Freiheit – was für ein wundervolles Wort. Er sprach es ein paarmal laut aus, um sich zu beruhigen.

Er dachte an seine Kinder. Seine Filmkarriere konnte ihm gestohlen bleiben, denn in Zukunft würde er seine Familie nie mehr verlassen. Nichts und niemand würde ihn je wieder von Lucky trennen.

Nach Stunden vergeblichen Wartens begann er sich mit der Tatsache abzufinden, dass irgendetwas schief gelaufen war. Claudia würde nicht kommen.

Er bekam so starke Kopfschmerzen, dass er fürchtete, der Kopf würde ihm platzen. In tiefster Verzweiflung und Enttäuschung sank er auf sein Lager.

Irgendwann war er wohl eingeschlafen, denn Claudia musste ihn wachschütteln. »Lennie«, sagte sie nervös. »Steh auf. Beeil dich!«

Er öffnete benommen die Augen. Träumte er? Nein. Claudia beugte sich über ihn.

»Wir müssen sofort los«, sagte sie und gab ihm den Schlüssel. »Wenn Poppa wach wird …«

Jedes weitere Wort erübrigte sich. Er setzte sich auf und steckte mit zitternder Hand den Schlüssel in das rostige Loch der Fessel um seinen geschwollenen Knöchel.

Das Schloss war so verrostet, dass es sich nicht öffnen ließ. »Herrgott!«, rief er in Panik. »Das ist nicht der richtige Schlüssel.«

»Doch«, entgegnete sie und bückte sich, um ihm zu helfen.

Beide stocherten mit dem Schlüssel umher, bis es ihm irgendwie gelang, ihn umzudrehen und die Fessel abzunehmen.

Endlich war er frei. Er schleuderte die Kette mit aller Kraft in die Höhle.

Claudia steckte den Schlüssel in ihre Tasche. »Komm, wir müssen gehen«, drängte sie. »Es ist schon spät.«

Plötzlich wurde ihm Angst und Bange. Er war so lange in dieser Höhle gefangen gewesen, dass er sich jetzt vor der Freiheit fürchtete.

Claudia packte seine Hand. »Folge mir«, sagte sie. »Wenn wir aus der Höhle raus sind, wir müssen über Klippe klettern.«

»Eine Klippe?«, fragte er erschrocken.

»Ist nicht gefährlich«, beruhigte sie ihn. »Ich mache immer bei Tag. Jetzt ist dunkel und ein bisschen schwieriger.«

»Ich soll in diesem Zustand in der Dunkelheit über Klippen klettern?«, fragte er fassungslos.

»Ja, Lennie«, sagte sie bestimmt. »Wenn ich kann, du auch. Komm.« Sie nahm ihm die Taschenlampe aus der Hand und bewegte sich flink durch das stockfinstere Labyrinth.

Er hielt sich dicht hinter ihr. Je weiter sie vorankamen, um so lauter wurde das Tosen der Wellen. Wie nahe er dem Meer gewesen war!

»Die Flut kommt«, sagte Claudia. »Wir müssen durch Wasser gehen. Nicht gefährlich.«

Am Höhlenausgang liefen sie in helles Mondlicht, das ihnen den Weg wies. Schon plätscherten Wellen in den Eingang. Der Nachtwind heulte.

Jetzt wateten die beiden in knietiefem Wasser. Es war bitterkalt.

»Halt dich an mir fest«, überschrie Claudia den Wind.

»Ja«, schrie er zurück.

Sie richtete den Lichtstrahl der Taschenlampe auf steil aufsteigende Felsen.

»Dort hinauf«, rief sie. »Schnell, die Flut steigt.«

Der Anblick war Furcht erregend. Fast wünschte sich Lennie wieder in seinen Kerker zurück.

Mühsam wateten sie durch das Wasser zu den Felsen. Bis auf die Haut durchnässt und gefühllos vor Kälte, stemmten sie sich gegen Wellen und Wind.

Claudia war behände wie eine Gazelle. Sie sprang auf die Felsen, beugte sich dann hinunter, reichte Lennie die Hand und zog ihn hoch.

Während der mühsamen Kletterei riss er sich an einem scharfkantigen Stein den Fuß auf. »Scheiße!«, rief er. Blut tropfte aus der Wunde.

»Komm schon!«, ermutigte ihn Claudia.

Endlich gelangten sie zum Fuß der zerklüfteten Klippe.

Lennie blickte hoch und bekam Magenkrämpfe. Das schaffe ich nicht, dachte er verzagt.

»Folge mir«, drängte Claudia.

Die beiden machten sich langsam an den Aufstieg. Nach ein paar Metern gelangten sie zu einem Trampelpfad.

Lennie stolperte öfter, rappelte sich aber mühsam jedes Mal wieder hoch. Der Alptraum wurde immer schlimmer. Ohne Claudias Kraft und Mut hätte er die Kletterei nicht geschafft.

Oben angekommen, brachen beide völlig erschöpft zusammen.

Nach einer Weile stand Lennie auf, nahm die Taschenlampe und leuchtete hinunter.

Die Erkenntnis traf ihn wie ein Schlag. Er war tief im Erdinnern, vom Meer umschlossen, in einer Höhle, die nie jemand entdeckt hätte, versteckt gewesen. Es war ein Wunder, dass er überlebt hatte, und das auch nur dank Claudias Hilfe.

»Du musst dich beeilen, Lennie. Sei vorsichtig. Folge diesem Pfad, und gehe so schnell du kannst.«

»Wie soll ich dir je danken, Claudia?«

»Nicht nötig«, sagte sie. »Geh heim zu deiner Frau und deinen Kindern. Viel Glück, Lennie.«

Noch ehe er etwas entgegnen konnte, küsste sie ihn zärtlich auf den Mund, drehte sich um und verschwand in der Nacht.

Wieder war er allein.

65

Der Samstagmorgen war einer dieser wunderschönen Tage, die den Menschen bewusst machen, warum sie in Los Angeles leben – trotz Erdbeben, Überschwemmungen, Bränden und Krawallen. An diesem Tag zeigte sich L.A. von der schönsten Seite. Über der Stadt mit den Palmen, den grünen Hügeln, der üppigen Vegetation spannte sich ein kristallblauer Himmel, und die Luft wurde von einer milden Sonne erwärmt. Da Lucky schlecht geschlafen hatte, stand sie früh auf, schlenderte auf die Terrasse und blickte aufs Meer. Nach einer Weile beschloss sie, am Strand entlangzujoggen.

Eine halbe Stunde später befand sie sich unterhalb von Alex' Haus. Sie blieb stehen, trat auf der Stelle und fragte sich, was er gerade machte.

Eine steile Steintreppe führte zu dem Kliff hinauf, auf dem sein Haus erbaut war. Sie spielte mit dem Gedanken, ihn zu besuchen. Doch es war noch früh am Morgen. Vielleicht schlief er, oder Tin Lee war über Nacht geblieben.

Was soll's! Das Tor zur Treppe war nicht abgeschlossen – bestimmt ein Hinweis darauf, dass er nichts gegen Besucher hatte.

Lucky lief, zwei Stufen auf einmal nehmend, die steile Treppe hinauf, bis sie ganz außer Atem war.

Dann blieb sie stehen. Was machst du nur?, dachte sie. Warum ermutigst du ihn? Du hast ihn weggeschickt, und er ist gegangen. Was hast du jetzt vor? Willst du ihn zurückholen?

Auf keinen Fall. Ich mag einfach seine Gesellschaft und unsere Gespräche. Es muss doch nicht immer Sex sein. Was ist verkehrt daran, eine platonische Freundschaft mit einem Mann zu haben?

Platonisch. Quatsch. Du magst ihn.

Am oberen Treppenabsatz befand sich noch ein Tor. Sie schob den Riegel zurück und betrat sein Grundstück.

Alex saß auf der Terrasse. Auf dem Tisch verteilt waren ein Laptop, ein Drehbuch und Zeitungen. Dazwischen standen eine Kanne Kaffee, ein Glas Orangensaft und eine Schale mit Frühstücksflocken.

»Hallo!«, rief sie, winkte und überquerte die Terrasse. »Ein Überraschungsbesuch.«

Er blickte erstaunt hoch. »Lucky«, sagte er dann mit einem breiten Lächeln. »Das ist wirklich eine Überraschung.«

»Ich habe ein bisschen gejoggt und bin zufällig unterhalb deines Hauses gelandet«, erklärte sie beiläufig. »Reicht der Kaffee nur für einen, oder kann ich auch eine Tasse haben?«

»Setz dich. Ich rufe meine Haushälterin.« Er drückte auf einen Summer, und eine verdrossen aussehende Japanerin tauchte auf. »Bring noch eine Tasse, Yuki.«

Lucky ließ sich in einen Sessel neben ihm fallen und streckte ihre langen, gebräunten Beine aus.

»Ich wusste gar nicht, dass du so sportlich bist«, scherzte er. Die Freude über ihren Besuch war ihm anzusehen. Kaum hatte er sich von ihr zurückgezogen, war sie zu ihm gekommen.

Sie lachte. »Das bin ich nicht. Ich musste nur einen Haufen aufgestaute Spannungen loswerden.«

»Da wüsste ich bessere Möglichkeiten«, meinte er anzüglich.

Yuki brachte eine zweite Tasse und goss Kaffee ein. Lucky trank einen Schluck. »Ich kann es kaum erwarten, am Montag wieder ins Studio zu gehen«, sagte sie.

»Und ich kann es kaum erwarten, mit den Dreharbeiten für *Gangsters* zu beginnen«, entgegnete Alex. »Filme zu drehen macht mir von allen Tätigkeiten am meisten Spaß.«

»Weil du in die Arbeit fliehst.«

»Stimmt«, meinte er trocken. »Manchmal frage ich mich allerdings, wovor ich eigentlich fliehe. Ich habe keine enge Beziehung zu meiner Mutter, keine Frau, keine Kinder – tatsächlich überhaupt keine Bindungen.«

»Das Filmemachen ist dein Leben«, konstatierte Lucky. »Die Schauspieler und die Crew sind deine Familie.«

»Ja, stimmt auch«, gab er zu und biss in eine dünne Scheibe Toast. »Weißt du, ich bin einer der wenigen Regisseure, die Schauspieler wirklich mögen. Ich hatte mal einen Produzenten, der mich nach einem Mittagessen zusammen mit den Schauspielern angesprochen und gesagt hat: ›Sie setzen sich mit diesen Typen an einen Tisch?‹ Als wären Schauspieler Ungeziefer.«

»Ich mag Schauspieler auch. Ich war ja sogar mit einem verheiratet. Allerdings halte ich sie alle für leicht gestört und unglaublich anspruchsvoll.«

»Du hältst jeden Menschen für gestört«, wandte er ein. »Du hättest Psychoanalytikerin werden sollen.«

»Ich wäre bestimmt eine gute geworden«, sagte sie ironisch und nahm sich eine Scheibe Toast. »Wie geht's deiner Mutter?«, fragte sie dann übergangslos.

»Ich hatte in letzter Zeit keinen Kontakt zu ihr.«

»Warum nicht?«

»Als wir beide neulich darüber sprachen, hast du mir einiges klar gemacht. Du hast Recht – wenn ich keine Lust habe, sie zu sehen, sollte ich deswegen keine Schuldgefühle haben.«

»Endlich kapierst du es.«

»Dominique war nicht gerade die beste Mutter der Welt«, fügte er hinzu.

»Die Schwächen der Menschen verstehen zu lernen ist der Schlüssel zu einer gesunden Beziehung«, lautete Luckys kluge Entgegnung. »Nimm sie, wie sie ist, und sie wird aufhören, dich zu quälen.«

»Ihr letzter Trick war, mir Tin Lee aufzudrängen – mit dem Ergebnis, dass ich sie völlig aus meinem Leben verbannt habe.«

»Tin Lee machte einen netten Eindruck auf mich«, sagte Lucky. »Und sie war offensichtlich in dich verliebt.«

»Ja, Tin Lee ist sehr süß und geduldig. Mein Seelenklempner, den ich seit sechs Monaten nicht mehr aufgesucht habe, hat mir erklärt, dass es einen Grund dafür gibt, dass ich nur Beziehungen mit Asiatinnen anknüpfen konnte.«

»Ach ja? Und was ist das für ein Grund?«

»Das spielt jetzt keine Rolle mehr, da du in mein Leben getreten bist und mir klar gemacht hast, dass auch eine gute alte Amerikanerin anziehend sein kann.«

Sie warf ihm einen indignierten Blick zu. »Alt?«

Er lachte. »Du weißt schon, wie das gemeint ist.«

»Wie schmeichelhaft für mich.«

Dann saßen sie ein paar Minuten in freundschaftlichem Schweigen da. »Und was ist mit dir, Lucky? Wie fühlst du dich?«, fragte er schließlich.

»Ziemlich mies, was uns beide betrifft. Ich habe mit dir geschlafen, um mich an Lennie zu rächen. Und jetzt habe ich herausgefunden, dass es nichts gab, wofür ich mich hätte rächen müssen.«

Ihm gingen ihre Entschuldigungen auf die Nerven. Sie nagten an seinem Selbstwertgefühl. »Du hattest doch nicht vor, das Leben einer Nonne zu führen, oder?«, fragte er barsch.

Lucky war ihm nicht böse. »Es war einfach zu früh, Alex«, antwortete sie leise.

Er stand auf und wechselte das Thema. »Was hast du heute vor?«

»Ich habe nichts Bestimmtes geplant. Und du?«

»Ich arbeite an meinem Drehbuch und gehe anschließend vielleicht ins Fitnessstudio und trainiere eine paar Runden Thai-Boxen. Ich habe das mal regelmäßig gemacht.«

»Das würde ich gern probieren.«

»Dann komm doch mit.«

»Ich hätte nichts dagegen.«

»Ich hole dich in einer Stunde ab.«

Lucky stand auf. »Ich habe eine viel bessere Idee. Du fährst mich nach Hause und wartest, bis ich mich umgezogen habe. Ich habe nämlich keine Lust mehr zu joggen.«

Er schüttelte missbilligend den Kopf. »Keine Ausdauer.«

»Das behauptest du.«

Die beiden sahen sich an und brachen in Lachen aus.

Venus wachte auf, streckte die Hand aus und freute sich auf geradezu lächerliche Weise, dass Cooper neben ihr schlief. Sie rollte sich herum und kuschelte sich an seinen breiten Rücken. »Weißt du«, murmelte sie, »du bist ein großartiger Liebhaber … aber hat dir schon mal jemand gesagt, dass du auch ein großer Schmuser bist?«

»Es ist nicht zu fassen«, meinte er schläfrig, drehte sich um und drückte ihren warmen Körper fest an sich.

»Was?«, murmelte Venus wohlig.

»Du hast mir völlig die Lust auf andere Frauen genommen. Ich bin geheilt! Wie ein Trinker, der dem Alkohol abgeschworen hat.«

»Ein Drink, und ich schieße dir die Eier ab«, drohte sie ihm scherzhaft.

Er setzte sich auf. »Du verbringst zu viel Zeit mit Lucky«, sagte er missbilligend. »Du redest schon wie sie.«

»Das macht mir nichts aus. Ich finde Lucky großartig.«

»Ich auch. Nur ihre Ausdrucksweise stört mich manchmal.«

»Coop! Für einen weltberühmten Schürzenjäger kannst du ganz schön prüde sein.«

»Frauen sollten schön aussehen und nicht fluchen.«

»Sehr komisch.« Sie legte ihm ein Bein über die Hüfte und

kuschelte sich noch enger an ihn. »Weißt du, was ich gern hätte?«

»Was denn, Baby?«, fragte er und streichelte ihr platinblondes Haar.

»Ich hab's«, sagte sie triumphierend. »Ich möchte gern ein Kind – *unser* Kind.«

»Du warst es doch, die immer ...«

»Ja, ich weiß«, unterbrach sie ihn. »Ich wollte keine Kinder haben. Aber ich habe darüber nachgedacht. Wenn ich mit den Dreharbeiten für *Gangsters* fertig bin, könnten wir doch schwanger werden.«

»Wäre vielleicht ganz nett«, meinte er unsicher.

»Nett!«, empörte sie sich und setzte sich auf. »Du und ich, Cooper, wir würden die niedlichsten Babys der Welt haben.«

»Sprechen wir von einem Baby oder von Babys?«, fragte er.

»Ich denke, dass eins oder zwei reichen würden.«

»Eins oder zwei, hm?«, sagte er und griff spielerisch nach ihrer Brust. »Und wenn das Baby *daran* nuckelt, was mach ich dann?«

»Ihr wechselt euch ab.«

»Jetzt bin ich an der Reihe!«

Die Gegensprechanlage summte. »Geh ran, Coop«, sagte Venus und entzog sich ihm.

»Wir sind in deinem Haus.«

»In *unserem* Haus«, korrigierte sie ihn und griff nach ihrem Morgenmantel. »So wie ich das sehe, bist du wieder eingezogen.«

»Kluge Frau.« Er griff nach dem Hörer. »Ja?«

»Oh ... hm, Mr. Turner ... der Bruder Ihrer Frau ist hier. Er sagt, es sei dringend.«

»Es ist dein Bruder«, teilte ihr Cooper mit, während er die Hand über die Sprechmuschel hielt. »Seit wann ist Emilio wieder in der Stadt?«

»Was will er?«, fragte Venus stirnrunzelnd.

»Der Wachmann sagte, es sei dringend.«

»Bleibst du bei mir, wenn ich ihn reinlasse?«

»Mach dich auf einiges gefasst. Wahrscheinlich werfe ich ihn hochkant hinaus.«

»Genau das braucht Emilio – einen Tritt in den Hintern, damit er endlich aus meinem Leben verschwindet.«

Santo wachte mit pochenden Zahnschmerzen auf. Er klagte seiner Mutter sein Leid und erhoffte sich ein bisschen Mitgefühl. Vergeblich. »Ich leide Höllenqualen«, wimmerte er und rieb sich die Backe.

Donna rief den Zahnarzt an und vereinbarte einen Termin.

»Fahr mich hin, Mom.«

»Nein«, entgegnete sie brüsk. »Es wird Zeit, dass du lernst, was Strafe ist. Wenn du *mich* mit Respekt behandelst, behandle ich *dich* auch mit Respekt.«

Blöde Kuh. Wie konnte er für sie Respekt empfinden, wenn sie mit einem Versager wie George verheiratet war?

»Du fährst mich also nicht hin?«, jammerte er vorwurfsvoll.

»Nein, Santo«, antwortete sie, ohne ihn anzusehen.

Leck mich, dachte er. Wenigstens gibt mir das die Möglichkeit, aus dem Haus zu kommen.

Er lief nach oben, nahm seine Jacke und den Ausdruck des Briefes an Venus, den er am Abend zuvor verfasst hatte. Er hatte drei Stunden vor seinem Computer gehockt und an dem Text gefeilt.

Die Gegensprechanlage summte, und seine Mutter drängte ihn zur Eile, da der Zahnarzt extra seinetwegen in die Praxis fuhr.

Er vergewisserte sich, dass sein Schrank abgesperrt war, und lief hinunter.

»Bye!«, rief er, als er an der offenen Tür zum Frühstückszimmer vorbeikam.

Keine Erwiderung.

Leckt mich doch. Eines Tages würde er die beiden *zwingen,* ihm Aufmerksamkeit zu schenken.

George nahm seine Brille ab, schaute zum Fenster hinaus und sah Santo nach, der mit quietschenden Reifen davonraste. »Was macht der Junge eigentlich den ganzen Tag?«, fragte er.

»Er arbeitet an seinem Computer«, antwortete Donna.

»Woran arbeitet er?«

»Ich habe ihn nie gefragt.«

»Er braucht Hilfe.«

»Ich weiß.«

George nickte nachdenklich und meinte: »Ich erkundige mich nach einem guten Psychiater.«

Donna war sich nicht sicher, ob ihr diese Idee gefiel – Santo im Gespräch mit einem Fremden, wobei sicher intime Familienangelegenheiten enthüllt werden würden. Sie beschloss, einstweilen diesem Vorschlag zuzustimmen. Nach ihrer Rückkehr aus Sizilien würde sie die Sache in die Hand nehmen.

»Ach«, sagte sie, »ich hätte beinahe vergessen, es dir zu erzählen. Mein Bruder hat angerufen. Mein Vater ist krank ... sein Herz. Ich muss unbedingt nach Sizilien. Ich fliege am Montag.«

»Soll ich dich begleiten?«

»Nein. Du bleibst hier und kümmerst dich ums Geschäft.«

»Bist du dir sicher?«

»Ja, ich bin mir sicher. Übrigens«, fügte sie beiläufig hinzu, »hast du was aus meinem Safe genommen?«

»Es würde mir nicht im Traum einfallen, an deinen Safe zu gehen, Donna. Warum? Fehlt was?«

»Nicht direkt ... ich habe es wohl verlegt. Bestimmt taucht es bald wieder auf.«

George griff nach der Zeitung und begann zu lesen.

»Ich gehe nach oben«, sagte Donna.

Wenn George ihren Safe nicht geöffnet hatte, wer dann? Könnte sich Santo daran zu schaffen gemacht haben? Hatte *er* die Fotos und das Video an sich genommen?

Nein. Er wusste nicht einmal, dass sie einen Safe besaß.

Trotzdem ... es konnte nicht schaden, einen Blick in sein Zimmer zu werfen.

Santo begab sich nach der Behandlung beim Zahnarzt direkt zu Venus' Haus und fuhr ein paarmal daran vorbei, ehe er auf der gegenüberliegenden Straßenseite parkte. Er blieb im Auto sitzen und beobachtete einige Minuten das Grundstück.

Der Wachmann saß in einem kleinen hölzernen Häuschen am Tor. Er blätterte in einer Zeitschrift und aß einen Apfel.

Ein sehr aufmerksamer Wächter, dachte Santo. Venus sollte sich zuverlässigeren Schutz besorgen.

Da er an der Rückseite des Grundstücks über die Mauer klettern konnte, wollte er zum Haus schleichen, ohne von jemandem gesehen zu werden. Tagsüber war das zwar riskant, aber diese Hure sollte endlich erfahren, mit wem sie es zu tun hatte. Wenn sie seinen Brief gelesen hatte, würde sie wissen, dass er ihr auf die Schliche gekommen war.

Venus verdiente es, bestraft zu werden, so wie er bestraft worden war.

Und wer konnte das besser tun als er?

Santos Zimmer war in einem ordentlicheren Zustand als in jener Nacht, in der er zusammen mit Tabitha hier ertappt worden war. Für einen Halbwüchsigen war es wirklich ziemlich ordentlich.

Donna setzte sich auf die Bettkante und dachte an ihre drei anderen Kinder, die schon aus dem Haus waren. Sie wollte nicht, dass auch Santo ging. Zutiefst war er noch immer ihr

Baby, ihr süßer kleiner Junge. Er war ihr Ein und Alles, und sie liebte ihn.

Sie fragte sich, ob es richtig war, dass sie auf George hörte und Santo jetzt härter anfasste. Er war der Meinung, dass der Junge eine strenge Erziehung brauche, aber mit diesen Maßnahmen wollte sie ihn nicht vertreiben. Sie wollte ihren Sohn auf keinen Fall verlieren.

Als sie sah, dass der Computer noch eingeschaltet war, ging sie hin, um ihn auszumachen. Auf dem Bildschirm stand ein Text.

HURE
FOTZE
DU LECKST JEDEN SCHWANZ
ICH HASSE DICH.

O mein Gott! Für wen waren diese Worte bestimmt?

War sie damit gemeint?

Ein Schauder lief ihr über den Rücken.

Santo, ihr Fleisch und Blut, hatte sich gegen sie gewandt.

66

Warum lässt du mich nicht endlich in Ruhe«, wollte Venus wissen.

Emilio sah sie vorwurfsvoll an. »Du könntest ein bisschen netter zu mir sein«, sagte er abwehrend. »Schließlich bin ich dein Bruder.«

Kapierte er es denn *nie?* »Nein, Emilio, das bist du nicht mehr«, entgegnete sie. »Seit du mich an die Medien verkauft hast, betrachte ich dich nicht mehr als meinen Bruder.«

»Dann bleibt mir wohl nichts anderes übrig, als ein Buch über dein Leben zu schreiben.«

»Lass dich nicht aufhalten, und schreib dein Buch. Es gibt

keine Geheimnisse mehr, die du nicht schon an die Presse verkauft hättest.«

»Wie wär's, wenn du deine Schwester endlich in Ruhe ließest«, sagte Cooper.

»Was mischst du dich da ein?«, fragte Emilio gehässig.

»Leg dich mit mir an, Emilio, und ich schlage dir die Fresse ein.«

»Du drohst mir, Cooper?«, höhnte Emilio. »Na, das wäre eine gute Story für die Presse.«

»Bei deinem letzten Besuch habe ich dir tausend Dollar gegeben. Was willst du jetzt schon wieder von mir?«, fauchte Venus ihn an.

»Ich bin überfallen worden.«

»Überfallen, von wegen.«

»In L.A. werden dauernd Leute ausgeraubt.«

»Hätte ich dir bloß das Geld nicht gegeben«, sagte Venus. »Du hast mir Leid getan, aber du bist ein Fass ohne Boden. In Zukunft wird dich der Wachmann nicht mehr reinlassen.«

»Hör auf deine Schwester«, riet ihm Cooper. »Tu dir selbst einen Gefallen und halte dich von ihr fern.«

»Ihr reichen Scheißtypen seid zum Kotzen. Ihr habt nicht den leisesten Schimmer, was es heißt, so wie ich zu leben.«

»Kümmere dich um ihn, Cooper. Mir reicht's«, sagte Venus .

Cooper packte Emilios Arm.

Emilio riss sich los. »Verdammt noch mal, rühr mich nicht an, Mann!«, knurrte er. »Ich gehe schon.« Er marschierte aus dem Haus und knallte die Tür hinter sich zu.

»Mein Gott!«, stöhnte Cooper. »Habt ihr beide wirklich dieselben Eltern?«

»Leider ja.«

»Er ist ein widerlicher Kerl.«

»Einer von der schlimmsten Sorte.«

»Lassen wir uns von dem doch nicht den schönen Tag verderben. Komm her.«

»Das musst du mir nicht zweimal sagen.«

Emilio kochte vor Wut. Er stand vor der Haustür. Warum sollte er verschwinden – nur um den beiden, die ihn wie ein Stück Scheiße behandelten, einen Gefallen zu tun? Das hatte er als Venus' Bruder nicht verdient.

Er warf einen wütenden Blick auf seinen ramponierten alten Mietwagen. In Venus' Garage waren drei Autos, ein Mercedes, eine Corvette und ein Jeep. Würde es sie umbringen, ihm einen zu schenken?

Er ging ums Haus herum und spielte mit dem Gedanken, in ihr Schlafzimmer einzusteigen und ein paar ihrer Schmuckstücke mitgehen zu lassen. Sie würde den Verlust von einem oder zwei Diamantarmreifen nicht einmal bemerken.

Als er vorsichtig um die Ecke zur Rückseite des Hauses schlich, entdeckte er im Gebüsch einen fetten Kerl, der sich sehr auffällig benahm. »He!«, schrie Emilio. »Was machst du da?«

Santo lief davon.

Emilio sah seine Chance, sich als Held aufzuspielen. Er rannte Santo nach, holte ihn kurz vor der Mauer ein und warf ihn zu Boden.

Santo kämpfte verzweifelt, doch Emilio setzte sich rittlings auf den fetten Kerl und schrie um Hilfe.

Der Hund des Nachbarn fing an zu bellen. Ein Dienstmädchen kam aus der Küche gelaufen, erfasste die Situation und eilte ins Haus, um jemanden zu holen. Ein paar Sekunden später tauchte Cooper, gefolgt von Venus, auf.

»Was ist denn da los?«, schrie Venus.

»Dieses Arschloch hat sich auf deinem Grundstück rumgetrieben«, keuchte Emilio außer Atem. »Wie du siehst, passe ich auf dich auf, kleine Schwester.«

Cooper rief übers Handy den Wachmann. »Was hast du hier zu suchen?«, fragte er dann Santo.

»Ich habe mich verlaufen«, stammelte Santo. »Ich wusste nicht, dass das ein Privatgrundstück ist.«

»Verlaufen? Du musstest über die Mauer klettern, um hier reinzukommen«, sagte Venus wütend. Dann sah sie den Umschlag in der Hand des Jungen. Sie trat näher und erkannte die krakelige Handschrift. »O mein Gott!«, rief sie entsetzt. »Du bist das? Du bist der kranke kleine Scheißkerl, der mir diese widerlichen Briefe geschrieben hat.«

»Was für Briefe?«, fragte Cooper.

»Pornobriefe«, antwortete Venus und riss Santo den Umschlag aus der Hand.

Der Wachmann lief mit gezogener Waffe zu ihnen.

»Du kommst zu spät«, spottete Emilio und warf seiner Schwester einen Blick zu, der bedeutete: Ich habe deinen Arsch gerettet. »Wie gut, dass ich in der Nähe war.«

Venus riss den Umschlag auf und überflog den Text auf dem Blatt Papier. »Lies das!«, sagte sie entgeistert und gab Cooper den Brief.

Der warf einen Blick darauf und sah sich dann Santo genauer an. »Moment mal. Bist du nicht der Sohn der Landsmans? Du warst doch in Stollis Haus? Was, verdammt noch mal, hast du hier zu suchen?«

Lucky und Alex trainierten im Fitnessstudio Thai-Boxen. »Wo hast du das gelernt?«, fragte Lucky mit hochrotem Gesicht und glänzenden Augen.

»Ist das nicht eine phantastische Sache?«, begeisterte sich Alex. »In Vietnam gelernt – eine der besseren Erfahrungen, die ich dort gemacht habe.«

»Wow!«, keuchte Lucky. »Nach ein paar Runden vergisst man die Tretmühle.«

»Deshalb trainiere ich regelmäßig.«

»Ich bin völlig verschwitzt.«

»Lass uns nach Hause fahren und duschen.«

»Alex«, ermahnte sie ihn, »vergiss bitte nicht, wir sind nur Freunde.«

»Ich habe dir doch nicht vorgeschlagen, gemeinsam zu duschen, oder? Du hast eine schmutzige Phantasie.«

Lucky lachte. Sie fühlte sich in Alex' Gesellschaft wohl. »Bring mich nach Hause. Auf mich wartet eine Tonne Papierkram.«

»Wie wär's mit einem platonischen Dinner heute Abend?«

»Nein.«

»Ein gemeinsamer Lunch? Ich kaufe dir einen Hot Dog.«

»Ich esse keine Hot Dogs.«

»Aber du bist doch Amerikanerin.«

»Hast du eine Ahnung, was die da reintun?«

»Sag's mir lieber nicht.«

»Einigen wir uns auf einen Teller Spaghetti Bolognese. Dann fahren wir nach Hause und arbeiten. Einverstanden?«

»Du bei dir und ich bei mir?«

»Was ist daran verkehrt?«

»Darf ich dich etwas fragen?«

»Ja.«

Er sah ihr in die Augen. »Wann wirst du für eine neue Beziehung bereit sein?«

Es dauerte eine ganze Weile, ehe Lucky sagte: »Diese Frage kann ich dir jetzt nicht beantworten, aber du wirst es als Erster erfahren.«

»Wie bitte?«, sagte George. Röte stieg ihm ins Gesicht.

»Mit wem sprichst du?«, fragte Donna ungehalten.

»Wir kommen sofort.« George knallte den Hörer auf die Gabel. Diese unbeherrschte Geste war für ihn ganz ungewöhnlich. »Dieser Brief auf Santos Computerbildschirm, von dem du mir erzählt hast … er war nicht an dich gerichtet.«

»Wie willst du das wissen?«

»Anscheinend schreibt er schon eine Weile Pornobriefe an Venus Maria. Er wurde auf ihrem Grundstück erwischt, als er sein neuestes Machwerk abliefern wollte.«

»Nein!«, rief Donna schockiert.

»O doch«, entgegnete George. »Wir sollten lieber hinfahren, ehe Venus Maria die Polizei ruft.«

»Ich habe eine Überraschung für dich«, verkündete Nona. »Wir nehmen ein Taxi zum Times Square.«

»Dort hängt ja mein Werbeplakat!«, sagte Brigette aufgeregt.

»Ja.«

»Weiß Isaac das schon?«

»Wahrscheinlich steht er davor und gafft es an.«

»Soll ich ihn anrufen?«, fragte Brigette.

»Fang bloß nicht wieder damit an«, warnte Nona. »Isaac passt nicht zu dir.«

»Okay, okay. Die Geschichte ist vorbei.«

Die beiden gingen nach unten, hielten ein Taxi an und waren fünfzehn Minuten später auf dem Times Square.

Nona bezahlte den Taxifahrer, während Brigette schon ausstieg und einen Freudenschrei ausstieß. »O mein Gott! Es ist phantastisch!«

»Du siehst einfach toll aus!«, stimmte Nona zu. »O Mann, was wird sich dieses Arschloch Michel Guy ärgern, dass er dich nicht mehr unter Vertrag hat.«

Die beiden schauten zu der riesigen Werbetafel hoch, auf der Brigette und Zandino nur mit Jeans bekleidet und breit lächelnd abgebildet waren.

Ein Kamerateam von *Entertainment Tonight* postierte sich auf dem Bürgersteig und filmte die Reklametafel.

Nona stieß Brigette an. »Wenn die wüssten, dass du hier bist … Ich sollte es dem Kameramann sagen.«

»Auf keinen Fall«, protestierte Brigette. »Ich sehe schrecklich aus.«

»Nein, du siehst phantastisch aus. Setzen wir die Publicity-Maschinerie in Gang. Mach dich auf was gefasst – du wirst die Größte.« Nona schlenderte zu dem Team. »Entschuldigen Sie bitte«, sagte sie. »Filmen Sie etwa die Jeansreklame?«

Der Kameramann drehte sich zu ihr um. »Ja. Das ist eine ganz heiße Kampagne. Die wird bestimmt zum Stadtgespräch.«

»Was halten Sie von dem Model?«

»Das Mädchen ist eine Schönheit.«

»Ich bin Nona, ihre Managerin. Und das Model steht gleich da drüben. Sie heißt Brigette Brown. Vergessen Sie den Namen nicht, denn sie ist das angehende Supermodel.«

Der Kameramann konnte sein Glück nicht fassen. »Dürfen wir sie interviewen?«

»Natürlich«, antwortete Nona. »Kommen Sie mit.«

Alex und Lucky fuhren zu einem kleinen italienischen Restaurant am Strand. Lucky bestellte Spaghetti, auf die sie Heißhunger hatte, und Alex entschied sich für ein Steak. Sie teilten sich eine Flasche Rotwein.

»Ich bin wirklich froh, dass für dich alles gut ausgegangen ist«, sagte Alex und goss Wein nach. »Von Donna Landsman hast du keine Schwierigkeiten mehr zu erwarten.«

»Komisch«, meinte Lucky nachdenklich, »für mich ist sie nicht Donna Landsman. Für mich bleibt sie immer eine Bonnatti.«

»Du musst darüber hinwegkommen, Lucky.«

Sie warf ihm einen durchdringenden Blick zu. »Nein, Alex. Das verstehst du nicht. Sie wird mich nie in Ruhe lassen, außer ich treffe meine Maßnahmen.«

»Du hast doch schon etwas gegen sie unternommen – du hast dir dein Studio zurückgeholt.«

»Donna ist Sizilianerin. Sie wird nie aufgeben.«

»Wie kann sie dir denn sonst noch schaden?«

»Auf jede nur erdenkliche Weise«, entgegnete Lucky.

»Und was willst du tun?«

Lucky schaute eine Weile aufs Meer hinaus und beobachtete einen blonden Jungen beim Surfen. »Die Santangelos lösen ihre Probleme auf ihre Weise«, sagte sie schließlich. »Das mussten wir immer tun.«

»Denk bloß nicht daran, das Gesetz in die eigenen Hände zu nehmen«, warnte Alex. »Einmal bist du damit davongekommen, ein zweites Mal wäre eine Herausforderung des Glücks.«

»Vertrau mir. Ich weiß, was ich tue.«

»Lucky«, sagte er ernst, »versprich mir, dass du zuerst mit mir redest, ehe du eine Entscheidung triffst und einen unbedachten Schritt machst.«

»Mein Grundsatz lautet, nie ein Versprechen zu geben, das ich vielleicht nicht halten kann.«

Er sah sie lange an und fragte sich, wie weit sie wohl gehen würde.

»Vergiss nie«, fuhr er fort, »dass du drei Kinder hast. Wenn du eine Dummheit machst, könnte dich das für den Rest deines Lebens ins Gefängnis bringen. Ich glaube nicht, dass du das deinen Kindern antun willst – nicht, nachdem sie schon Lennie verloren haben.«

Lucky seufzte: »Bring mich nach Hause, Alex. Ich brauche Zeit zum Nachdenken.«

Er fuhr sie heim und begleitete sie zur Tür. Dort fragte er: »Joggst du morgen früh wieder?«

»Vielleicht«, antwortete sie vage.

»Komm doch zum Kaffee. Dieselbe Zeit, derselbe Ort.« Er küsste sie leicht auf die Wange und wäre gern mit ihr reingegangen.

Sie lud ihn nicht ein, sondern marschierte ins Haus, ohne sich noch einmal umzusehen.

Lucky hörte ihren Anrufbeantworter ab. Ein paar Anrufer hatten einfach wieder aufgelegt. Venus und Boogie hatten eine Nachricht hinterlassen, doch sie hatte keine Lust zu telefonieren.

Sie ging nach oben in ihr Schlafzimmer und öffnete weit die Terrassentür, um das Meer riechen und hören zu können.

Dieses Zimmer erinnerte sie so sehr an Lennie.

Lennie … Ihre Liebe … Ihr Leben …

Doch solange Donna Landsman lebte, würde dieser Schmerz nicht nachlassen.

67

Donna und George stiegen in ihren Rolls und fuhren so schnell wie möglich zu Venus' Haus.

»Gott sei Dank, dass sie uns und nicht die Polizei angerufen haben«, sagte Donna, der bei der Vorstellung, welche Konsequenzen das gehabt hätte, schauderte.

George stimmte ihr zu. »Du musst etwas wegen Santo unternehmen. Er gehört in eine andere Umgebung. Dahin, wo er Disziplin lernt.«

»Ich weiß«, räumte Donna widerstrebend ein.

Der Wachmann erwartete die beiden am Tor. Venus und Cooper gingen vor der Pförtnerloge auf und ab.

»Wo ist er?«, wollte Donna wissen.

»Da drin«, sagte Cooper.

Donna spähte durch die Fensterscheibe. Santo kauerte, den Kopf auf den Knien, in einer Ecke.

Venus nahm den ganzen Vorfall sehr gelassen hin und sagte: »Ich bin nur froh, dass es nicht irgendein Freak ist. Tun Sie mir einen Gefallen, sorgen Sie dafür, dass ich keine widerlichen Briefe mehr bekomme.«

»Ich gebe Ihnen mein Wort, dass Santino Sie nie wieder belästigen wird.«

»Schaffen Sie ihn von hier fort, und wir vergessen die ganze Sache«, sagte Cooper, der diese unangenehme Situation so schnell wie möglich beenden wollte.

Santo konnte hören, wie draußen über ihn gesprochen wurde; so als würde er überhaupt nicht existieren. Eine ohnmächtige Wut stieg in ihm auf.

Dann ließ Venus ihren Assistenten holen, der die in einem Umschlag gesammelten Kopien aller Briefe mitbrachte. Scheiße! Seine Mutter würde diese Briefe lesen.

»Sehen Sie sich das an«, sagte Cooper und reichte George den Umschlag. »Ich kann Ihnen nur raten, den Jungen so schnell wie möglich in psychiatrische Behandlung zu geben. Er braucht dringend Hilfe.«

»Wir wissen es sehr zu schätzen, dass Sie nicht die Polizei gerufen haben«, entgegnete George.

»Ich wollte auf keinen Fall Aufsehen erregen. Wenn die Presse davon Wind bekommen hätte …« Venus verdrehte die Augen.

Der Wachmann brachte Santo zur Limousine und schob ihn in den Fond. Santo fläzte sich auf den Rücksitz.

Donna und George stiegen ein. Donna drehte sich um und warf ihrem Sohn einen wütenden Blick zu. Sie war angewidert. Zum ersten Mal sah sie ihn, wie er wirklich war – ein Spiegelbild von Santino.

»Du machst mich krank«, sagte sie zu ihm. »Du bist ein abscheulicher, perverser Mistkerl. Genau wie dein Vater. Du siehst sogar aus wie er.«

»Mein Vater war ein toller Mann«, protestierte Santo. »George ist nicht einmal gut genug, um ihm den Arsch abzuwischen.«

»Halt deine dreckige Schnauze«, fauchte Donna. »Um dich kümmere ich mich, wenn wir zu Hause sind.«

Venus holte eine Tüte Orangensaft aus dem Kühlschrank. »Was für ein perverser Typ.« Sie schüttelte fassungslos den Kopf. »Hast du die Briefe gelesen?«

»Ich habe nur einen Blick darauf geworfen«, antwortete Cooper. »Gieß mir auch ein Glas ein.«

»Wie gut, dass ich den Kerl erwischt habe«, brachte sich Emilio in Erinnerung.

»Ja … wirklich«, stimmte Venus zu und reichte Cooper ein Glas Saft.

»Es war nicht leicht, ihn zu kriegen«, prahlte Emilio. »Ich hätte ihn auch laufen lassen können.«

»Wir wissen deine spontane Reaktion zu schätzen, Emilio«, erklärte Cooper.

»Er hätte eine Waffe bei sich haben können.«

»Ja. Daran haben wir auch schon gedacht.«

Emilio schwelgte in seinem Ruhm. »Siehst du, kleine Schwester. Ich passe immer auf dich auf.«

»Mach dir keine Sorgen«, sagte Venus schroff. »Du bekommst einen Scheck. Diesmal hast du ihn dir verdient.« Dann griff sie zum Telefon. »Ich rufe Johnny Romano an. Er hat den besten Sicherheitsdienst der Stadt.«

»Das ist eine gute Idee«, meinte Emilio, stolzierte in der Küche umher und überlegte, wie großzügig seine Schwester wohl sein wurde.

»Mir kommt das so vor, als wolltest du das Tor schließen, nachdem der tollwütige Hund geflohen ist«, meinte Cooper ironisch.

Venus seufzte. »Es wird mir ein Gefühl der Sicherheit geben.«

Sie redete mit Johnny und erzählte ihm, was passiert war.

»Daniella und ich fliegen nach Vegas«, sagte Johnny. »Ich schicke dir ein paar von meinen Männern. Sie werden ein neues Sicherheitsteam für dich zusammenstellen. Und sie bringen die Hunde mit.«

»Danke, Johnny. Ich weiß deine Hilfe sehr zu schätzen.«

»Ich habe in meiner ganzen Karriere noch nie Leibwächter gebraucht«, meinte Cooper nachdenklich.

»Weil du einfach schneller laufen kannst als ich«, scherzte Venus. »Wir leben jetzt wohl in einer anderen Zeit.«

»Und es gibt zu viele Irre in der Stadt«, warf Emilio ein, der sich wieder als Teil der Familie fühlte.

»Er hat Recht«, stimmte Venus schaudernd zu. »Santo ist der Sohn der Landsmans, aber es hätte auch irgendein übergeschnappter Freak sein können ...«

»Der eine Waffe bei sich hat«, fügte Emilio schnell hinzu.

»Mach dir keine Sorgen, Venus«, sagte Cooper beschwichtigend. »Ich bin hier, um dich zu beschützen.«

Sie legte ihm die Arme um den Hals und drückte ihn fest an sich. »Wow, Cooper, ich wusste gar nicht, was für ein Macho du bist!«

Johnny legte den Hörer auf. »Das war Venus.«

»Wer?«, fragte Daniella.

Johnny sah sie erstaunt an. »Du hast doch bestimmt schon von Venus Maria gehört.«

»Nein.«

»Sie ist ein großer Star und spielt mit mir in *Gangsters*. Ich habe sie dir gestern vorgestellt.«

»Ach ja, ich erinnere mich.«

»Wir sollten uns jetzt lieber auf den Weg machen. In Vegas wartet eine kleine Überraschung auf dich. Du wirst begeistert sein.«

Lucky saß in ihrem Arbeitszimmer und versuchte sich zu konzentrieren. Erfreut stellte sie fest, dass Mickey in der kurzen Zeit, in der er das Studio geleitet hatte, keinen größeren Schaden angerichtet hatte. Er hatte einige ihrer Filmprojekte abgeblasen und Verhandlungen mit ein paar

Produzenten geführt, von denen sie nichts hielt. Alles konnte rückgängig gemacht werden. Am Montag würde sie ihr altes Team zusammentrommeln und alle Unterlagen sorgfältig prüfen. Es war einfach großartig, wieder Chefin ihres Studios zu sein.

Und was wirst du wegen Donna unternehmen?, schrie eine Stimme in ihrem Kopf. Was wirst du tun?

Konnte sie es riskieren, ihre Erzfeindin ungeschoren davonkommen zu lassen?

Unmöglich. Donna war eine zu gefährliche Feindin. Sie war ebenso böse wie Santino, ihr verstorbener Mann. Sie musste eine Möglichkeit finden, diese Frau ein für alle Mal auszuschalten.

Sie hat Lennie ermordet, fuhr die Stimme in ihrem Kopf fort. Sie hat ihm eine Falle gestellt und ihn dann umbringen lassen. Sie hat einen Killer auf Gino angesetzt und versucht, Brigettes Leben zu zerstören. Und als wäre das alles noch nicht genug, hat sie dir auch noch dein Studio weggenommen. Morton Sharkey und Sara Durbon mussten ihretwegen sterben.

Lucky stand auf und marschierte rastlos umher. Ihr drehte sich der Kopf. Sie wusste nicht, was sie tun sollte. Es wäre einfach, einen Killer auf Donna anzusetzen. Boogie könnte das im Handumdrehen arrangieren. Aber das war nicht die Art der Santangelos. Die Santangelos suchten Vergeltung.

Doch irgendetwas ließ sie zögern. Alex hatte Recht. Sie durfte nichts unternehmen, das katastrophale Folgen für sie und ihre Familie haben könnte.

Sie saßen auf der Terrasse des Ivy. »Was für eine nette Überraschung«, sagte Dominique und zupfte ihre schwarze Kurzhaarperücke zurecht. »Wir beide bei einem gemeinsamen Dinner. Wo ist Tin Lee heute Abend?«

»Dräng mir doch nicht dauernd Tin Lee auf«, entgegnete

Alex gereizt. »Sie ist einer der Gründe, weshalb ich dich allein treffen wollte.«

»Warum?«

»Es ist Zeit, dass wir einmal ernsthaft miteinander reden.«

»Worüber denn, Alex?«

»Über die Art und Weise, wie du mich behandelst.«

»Ich bin immer sehr nett zu dir.«

»Nein, das stimmt nicht. Ich bin jetzt siebenundvierzig, woran du mich ständig erinnerst, und habe nicht die Absicht, mir noch länger deine permanente Kritik anzuhören. Wenn du weiterhin an mir rumnörgelst, breche ich jeden Kontakt mit dir ab.«

Ihr Blick drückte Empörung und Missfallen aus. »Alex! Ich bin deine Mutter. Wie kannst du nur so grausam zu mir sein?«

»Als mein Vater starb, hast du dich von mir abgewandt und mich in die Militärakademie gesteckt.«

»Du hattest Disziplin dringend nötig, Alex.«

»Nein!«, protestierte er lautstark. »Ich hätte eine liebende Mutter gebraucht, die sich um mich kümmert.«

»Ich habe mich um dich gekümmert.«

»Blödsinn!«, sagte er schroff. »Du bist jeden Abend mit einem anderen Mann ausgegangen.«

»Nein, Alex, ich …«

»Als ich in Vietnam stationiert war«, unterbrach er sie, »hast du mir nicht ein einziges Mal geschrieben. Und während der vielen Jahre, die ich in New York gelebt habe – hast du da je versucht, mich zu finden?«

»Es war nicht einfach …«

»Nein«, fuhr er fort, da es ihn erleichterte, endlich das auszusprechen, was ihn schon seit langem quälte. »Erst seitdem ich erfolgreich bin, behandelst du mich halbwegs zivil.«

»Unsinn!«

»Wäre aus mir ein Penner geworden, hättest du mich völlig abgeschrieben.«

»Das ist nicht wahr!«

»Jedenfalls bin ich nicht mehr bereit, mir deinen Scheiß länger anzuhören«, erklärte er wütend. »Du solltest allmählich begreifen, dass ich *mein* Leben lebe. Du kannst mir keine Schuldgefühle mehr einflößen.«

Er wartete auf ihr Protestgeschrei und ihre Anklagen.

Nichts. Sie sah ihn nur an und sagte: »Heute erinnerst du mich zum ersten Mal an deinen Vater. Gordons Mutter war ein Miststück, aber er hatte Charakter, und ich habe ihn trotz seiner Fehler geliebt.«

»Kann ich davon ausgehen«, fragte Alex vorsichtig, da er eine Chance sah, mit seiner Mutter Frieden zu schließen, »dass unsere Abmachung gilt? Du mischst dich nicht mehr in mein Leben ein.«

Dominique nickte. »Ich tue mein Möglichstes.«

Venus und Cooper hatten im Spago einen Starauftritt. Schweigen senkte sich plötzlich über den Raum, als sich alle Blicke ihnen zuwandten.

Venus drückte die Hand ihres Mannes. Es war so schön, wieder mit Cooper versöhnt zu sein, sie gehörten einfach zusammen. »Wir erregen ziemlich viel Aufsehen«, flüsterte sie ihm triumphierend zu.

»Du erregst *immer* Aufsehen«, entgegnete er.

»Jetzt hat die Boulevardpresse wieder was zu schreiben«, sagte sie. »Erinnerst du dich an die letzten Schlagzeilen?«

»Hieß es nicht, dass ich eine Außerirdische bumse?«, erwiderte er spöttisch. »Und du hattest gleichzeitig ein Verhältnis mit drei NBA-Spielern.«

Venus kicherte. »Es ist schon erstaunlich, wie erfinderisch die Presseleute sind. Und diese Geschichten werden auch noch geglaubt.«

»Weil niemand sich die Zeit nimmt, diese Schmierblätter zu verklagen.«

Sie drückte wieder seine Hand. »Ich liebe dich so sehr.«

»Ich dich auch, Baby.«

Die beiden setzten sich an einen Ecktisch und bestellten Enten-Pizza, Spagos Spezialität.

Der Kellner brachte eine Flasche Champagner, ein Geschenk des Hauses. Sie stießen an.

»Sieh dich nicht um«, flüsterte Venus Cooper zu. »Rate mal, mit wem Charlie Dollar gerade hereingekommen ist.«

»Gibst du mir einen kleinen Hinweis?«

»Mit einer deiner abgelegten Freundinnen.«

»Die waren alle nichts im Vergleich zu dir. Ich habe eine Midlife-Crisis durchgemacht. Ein sterbender Mann musste sich beweisen, dass er noch einen hochkriegt.«

»Du unverbesserlicher Süßholzraspler.«

»Sagst du mir endlich, wer Charlies Begleiterin ist?«

»Da es dich anscheinend sehr interessiert – es ist Leslie Kane.«

»Leslie und Charlie, hm?«

»Bist du eifersüchtig?«

»Ich bin wahnsinnig vor Eifersucht«, scherzte er und warf einen verstohlenen Blick über die Schulter. »Charlie ist immerhin besser als dieser Versager, mit dem sie auf Stollis Party erschienen ist.«

»Weckt sie etwa den Beschützerinstinkt in dir?«

»Ich habe sie nicht sehr nett behandelt.«

»Mir bricht das Herz.«

»Wo bleibt dein Mitgefühl? Leslie ist doch kein übles Mädchen.«

»Übertreib's nicht, Cooper«, sagte Venus, die ihren Sinn für Humor verlor. »Leslie ist eine ehemalige Nutte, die mit meinem Mann gebumst hat.«

Er hob die Hände. »Okay, okay, ich hab's kapiert.«

Venus winkte Charlie zu, dann nippte sie an ihrem Champagner. »Lucky hat mich nicht zurückgerufen«, sagte sie. »Ich wollte ihr von meinem Fan, diesem süßen kleinen Santo Landsman, erzählen. Wenn sie das hört, flippt sie aus.«

»Vielleicht ist es keine gute Idee, über die Sache zu tratschen«, wandte Cooper ein, der an mögliche Auswirkungen dachte.

»Die Geschichte Lucky zu erzählen, würde ich nicht als *tratschen* bezeichnen«, entgegnete Venus indigniert.

»Denk darüber nach.«

»Wie du meinst, Liebling.«

68

Donna und George hatten den Computer aus seinem Zimmer entfernt, aber an die Sachen in seinem abgesperrten Schrank waren sie nicht rangekommen.

»Was versteckst du da drin?«, wollte Donna wissen und klopfte wütend gegen die Tür. »Noch mehr Schund?«

Santo war klar, dass es nur eine Frage der Zeit war, bis sich seine blöde Mutter Zugang zu seinem Versteck verschaffte. Sein Zimmer hatte sie bereits durchsucht und ein paar Joints in der Schublade zwischen seinen Unterhosen entdeckt. Natürlich hatte sie die Zigaretten konfisziert. Jetzt verlangte sie den Schlüssel zum Schrank von ihm.

Er sagte, er habe ihn verloren.

Sie glaubte ihm nicht. »Morgen früh lasse ich den Schlüsseldienst kommen«, drohte sie ihm.

Sollte seine Mutter je die Sammlung von Venus-Fotos und die Pornohefte finden, würde sie endgültig durchdrehen. Er musste den Koffer aus dem Haus schaffen und verstecken, bis sich die Lage etwas beruhigt hatte.

»Ich weiß gar nicht, worüber du dich so aufregst«, sagte er. »Die Briefe an Venus Maria waren ein Scherz. Ein Junge aus meiner Schule hat mit mir gewettet, dass ich es nicht wage, ihr zu schreiben.«

Donna sah ihn an, als wäre er das letzte Stück Scheiße auf der Welt. »Bei dieser Wette ging es doch sicher nicht um abscheuliche pornografische Briefe.«

Er zuckte nur mit den Schultern und wünschte, die beiden würden sich endlich aus seinem Zimmer verpissen. »Was machst du so einen Wirbel darum? Es ist doch nichts passiert.«

»Es ist sehr wohl etwas passiert«, mischte sich jetzt George ein. Er kam sich so wichtig vor, dass er wie ein aufgeblasener Frosch aussah. »Und du musst lernen, die Verantwortung für deine Taten zu übernehmen. Du erwartest immer, dass dir alles leicht gemacht wird. Diesmal bist du jedoch zu weit gegangen.«

Wie konnte sich dieser Wichser anmaßen, über sein Leben zu bestimmen? Hätte sich George nicht derart aufgespielt, wäre die ganze Sache längst wieder eingerenkt.

»Du bleibst in deinem Zimmer, bis wir uns entschieden haben, was mit dir geschehen soll«, sagte Donna und bedachte ihren Sohn mit einem verächtlichen Blick.

Wir? Warum zum Teufel zog sie George da mit rein? Er hatte nichts zu bestimmen.

Die beiden marschierten endlich hinaus. Diese blöden alten Narren.

Santo ging in sein Badezimmer. Er hatte es satt, herumkommandiert zu werden.

Er stellte sich vor den Spiegel und kämmte mit Gel sein Haar nach hinten. Ja, wenn er das Haar glatt an den Kopf klatschte, sah er tatsächlich wie sein Vater aus. Er war stolz auf seine Ähnlichkeit mit Santino. *Er* war ein echter Bonnatti.

Dann kehrte er in sein Zimmer zurück, zog eine Schublade seines Schreibtisches auf und nahm das Hochzeitsfoto seiner Eltern heraus. Santino und Donatella. Der Prinz und das Bauernmädchen. Sie hatte nicht einmal Englisch gekonnt, als sein Dad sie heiratete.

Santino Bonnatti war ein feiner Mann gewesen. Santo konnte sich noch gut an ihn erinnern. Sein Dad hatte ihm teure Kleidung gekauft, war mit ihm zu Ballspielen und ins Kino gegangen und hatte ihn manchmal in schicke Restaurants mitgenommen.

Ab und zu wollte Donatella sie begleiten, doch Santino hatte es ihr nicht erlaubt. »Du musst eins über Frauen wissen«, hatte ihn sein Vater gelehrt. »Ihr Platz ist zu Hause, in der Küche.«

Nun, seine Mutter war nicht zu Hause geblieben. Sie hatte mit Hilfe von Schönheitsoperationen ihr Aussehen verändert, mit strenger Diät ihr Übergewicht abgebaut und sich zu einem Monster entwickelt. Es war, als hätte sie nur darauf gewartet, dass Santino starb, um sich von Grund auf zu wandeln, damit sie diesen dümmlichen Buchhalter heiraten konnte.

Jetzt verstand er, warum sein Vater immer Freundinnen gehabt hatte. O ja, er wusste über die Freundinnen Bescheid.

Würde Santino noch leben, säße er jetzt nicht hier in seinem Zimmer.

Hätte Santino ihn mit einem Mädchen im Bett erwischt, wäre er nicht bestraft worden.

Hätte Santino das mit den Briefen herausgefunden, hätte er die ganze Sache nicht als widerliche Schweinerei aufgebauscht.

Nein. Santino hätte darüber gelacht. »Lass doch den Jungen in Ruhe«, hätte er zu Donna gesagt. »Kümmere dich um deinen eigenen Kram.«

Warum war sein Vater tot und nicht seine Mutter? Das war nicht richtig. Es hätte anders kommen müssen.

Santo sperrte den Schrank auf und zog den Koffer mit seiner Venus-Kollektion heraus. Er musste ihn aus dem Haus schaffen, aber jetzt würde er ihn erst mal unter dem Bett verstecken, wo seine Mutter bereits nachgesehen hatte.

Als er das getan hatte, fiel ihm plötzlich die Waffe ein, seine Magnum-Schrotflinte. Scheiße! Wenn sie die fand, würde sie einen Nervenzusammenbruch kriegen.

Die Schrotflinte lehnte in einer Ecke hinter Wintersachen. Vielleicht sollte er, sobald die beiden schliefen, die Schrotflinte und den Koffer im Kofferraum seines Autos verstecken. Ja, das war bestimmt ein sicherer Ort.

Er holte die Schrotflinte aus dem Schrank und legte sie zu dem Koffer unter dem Bett.

Jetzt musste er nur noch warten, bis sich die beiden in ihre Schlafzimmer zurückzogen.

Donna trank nie Alkohol, um ja nicht die Kontrolle über sich zu verlieren. Heute Abend war sie jedoch so enttäuscht über Santos Verhalten und die Ereignisse der vergangenen Tage, dass sie dem Diener befahl, ihr einen Wodka-Martini zu mixen.

Aus einem wurden zwei und dann drei.

Als sie sich mit George zum Abendessen an den Tisch setzte, schwankte sie ein bisschen und war ziemlich streitlustig.

»Warum trinkst du?«, fragte George mit einem missbilligenden Unterton in der Stimme.

Ha! Als wäre sie George eine Erklärung schuldig. Er maßte sich entschieden zu viele Rechte an. Es war Zeit, ihn wieder auf den Platz zu verweisen, auf den er gehörte. »Das geht dich nichts an«, keifte sie.

»Ich weiß, wie dich die ganze Sache aufregt, meine Liebe«, sagte George beschwichtigend.

»Du hast keine Ahnung, wie sehr ich mich wirklich darüber aufrege«, entgegnete Donna bitter und leerte ein Glas Rotwein, um ihn zu ärgern. »Keine Ahnung«, wiederholte sie nuschelnd.

Nach dem Abendessen zog sich George in sein Arbeitszimmer zurück. »Du musst vor deiner Abreise nach Sizilien noch ein paar Unterlagen unterschreiben«, erklärte er.

War das der Inhalt ihres Lebens? Männer legten ihr Dokumente vor, die sie unterschrieb.

Sie ließ sich vom Diener noch einen Martini mixen und nahm das Glas mit nach oben in ihr Schlafzimmer. Seit zwei Jahren hatten sie und George getrennte Schlafzimmer. Dieses Arrangement gefiel ihr. Wenn sie Lust auf Sex hatte – was immer seltener vorkam –, rief sie ihn zu sich. Er hatte in dieser Sache keine Wahl.

Donna ging ins Bad, zog sich aus und betrachtete sich im Spiegel. Seit sie ihre Idealfigur erreicht hatte, tat sie das gern. Ihr gutes Aussehen war jedoch an George vergeudet – er war nicht mehr der leidenschaftliche Liebhaber, der er kurz nach ihrer Heirat gewesen war. Ein Filmstar als Liebhaber wäre nicht schlecht. Lucky hatte einen Filmstar, warum nicht auch sie?

Das Badezimmer drehte sich. Sie war es nicht gewohnt, Alkohol zu trinken. Und sie war es auch nicht gewohnt zu verlieren.

Sie ließ heißes Wasser in die Wanne laufen, setzte sich hinein, stellte den Martini auf den Rand, reckte sich genüsslich und griff zum Telefon.

Das Telefon läutete. Lucky nahm ab. Die kaum verstellte, sehr betrunkene Stimme einer Frau tönte aus dem Hörer. »Bist du das, du *Miststück?*«

»Wer spricht da?«

»Du ... hältst ... dich wohl für verdammt ... clever.«

Lucky bemühte sich, ruhig zu bleiben. »Donna?«

»Du hältst dich für ...«

»Was wollen Sie von mir?«, unterbrach Lucky sie.

»Dein heiß geliebter Lennie ist jetzt so gut wie tot. Du hattest die Chance, ihn zu retten, aber nein ... Du warst zu sehr damit beschäftigt, dir das Studio zurückzuholen, und hast gar nicht daran gedacht, dass er vielleicht noch am Leben sein könnte. Ha! Jetzt gehört Panther wieder dir. Hoffentlich wirst du damit glücklich. Das ist noch nicht das Ende ... Es ist erst der Anfang.«

Die Leitung war tot.

Was hatte Donna da geschwafelt? Eine Chance, Lennie zu retten? Da hatte es keine Chance gegeben – er war bei einem Autounfall gestorben. Niemand hätte diesen Unfall überlebt.

Es sei denn, er war überhaupt nicht in diesem Auto gewesen ...

Aber er *hatte* darin gesessen. Der Portier hatte ihn wegfahren sehen.

Die Leiche des Chauffeurs war geborgen worden. Warum hatte man Lennie nicht gefunden?

Luckys Gedanken fingen an zu rasen. Hatte sie irgendetwas übersehen?

Zum Teufel mit Donna Landsman. Jetzt versuchte diese Frau, sie um den Verstand zu bringen.

Lucky begab sich nach oben in ihr Schlafzimmer, sperrte die Schublade ihres Nachttisches auf und nahm ihre Waffe heraus. Dann ging sie wieder hinunter.

Noch einen Joint.

Nach ein paar tiefen Zügen trat sie auf die Terrasse hinaus, setzte sich und legte die Waffe in ihren Schoß.

Sehr bald würde sie eine Entscheidung treffen müssen.

Sehr bald ...

69

Donna schnarchte laut. Santo drückte den Kopf fest gegen ihre Schlafzimmertür und lauschte angestrengt. Dem Geräusch nach zu urteilen, würde seine Mutter bis zum Morgen durchschlafen. Er musste also nur noch George aus dem Weg gehen.

Er schlich die Treppe runter und spähte um die Ecke. George saß in der Bibliothek über einem Stapel Akten. Wenn er sich beeilte, konnte er den Koffer und die Schrotflinte aus dem Haus und in sein Auto bringen, ehe George irgendwas merkte.

Er ging leise wieder nach oben und zerrte den Koffer unter seinem Bett hervor. Er war schwer, da er nicht nur dieses ganze Zeug über Venus enthielt, sondern auch noch seine Pornoheftesammlung.

Er schob sich an der Tür seiner Mutter vorbei, die noch laut und deutlich schnarchte.

Vorsichtig schleppte er den Koffer die Treppe hinunter. Es schmerzte ihn, dass er seine Schätze wegbringen musste, aber die alte Kuh hatte ihm keine Wahl gelassen.

Doch was kümmerte ihn eigentlich noch Venus? Sie war eine Schlampe, die ihn bloßgestellt, seine Briefe anderen Leuten gezeigt und ihn gedemütigt hatte. Hatte sie nicht gemerkt, dass das ganz persönliche Briefe gewesen waren? Dass die intimen Liebesbekenntnisse nur für sie beide bestimmt gewesen waren?

Venus hatte ihre Liebe der Öffentlichkeit preisgegeben und in den Schmutz gezogen. Dafür hasste er sie jetzt.

Auf halbem Weg die Treppe runter stolperte er und stürzte. Der Koffer platzte auf, und die Videos, Poster, Fotos und Magazine fielen alle heraus.

George kam aus der Bibliothek zum unteren Treppenabsatz. »Was glaubst du wohl, wo du hingehst?«, fragte er.

»Wohin ich will, verdammt noch mal«, knurrte Santo und rappelte sich auf.

Donna tauchte am oberen Treppenabsatz auf und schaltete das Licht ein. »Was is ’n hier los?«, schrie sie. »Was machst du da?«

Sie klang wie die alte Donatella. Und sie sah aus wie eine Wahnsinnige mit ihrem abstehenden Haar und dem verschmierten Make-up. Unter ihrem durchsichtigen Nachthemd war sie nackt. Wahrhaftig kein schöner Anblick.

»Was hast du da in diesem Koffer?«, wollte sie wissen und schwankte leicht. »Du läufst davon? Wie deine Schwestern? Diese Huren, *puttane.*«

»Meine Schwestern sind keine Huren«, protestierte Santo. »Sie sind vor dir weggelaufen. Du willst alle beherrschen. Mir hast du jedenfalls nichts mehr zu sagen.«

»O doch!«, schrie Donna und stakste auf unsicheren Beinen die Treppe herunter. »Du bist erst sechzehn. Und du gehörst mir!«

Er versuchte wegzusehen, da ihm der Anblick ihres nackten Körpers unter dem Nachthemd peinlich war.

Donna bückte sich, hob eines der Pornohefte auf und schleuderte es ihm ins Gesicht. »Du bist krank!«, schrie sie. »Das bist du, krank! Genau wie dein Vater.«

»Ich bin froh, dass ich wie er bin!«, schrie Santo zurück. »Ich *möchte* wie er sein.«

»Du kannst verschwinden«, brüllte ihn Donna an und hielt sich am Geländer fest. »Mir ist es vollkommen egal, was aus dir wird. VERSCHWINDE!«

»Ja, ich gehe«, sagte Santo, klaubte hastig sein Zeug zusammen und versuchte alles in den Koffer zu stopfen.

»Hau ab!«, schrie sie. »Und glaub bloß nicht, dass du ein Auto nehmen kannst. Du gehst in den Kleidern, die du am Leib hast, und nimmst nichts mit. Ich habe dich lange genug ertragen.«

»Du hast *mich* ertragen?«, entgegnete er, wütend über ihre Ungerechtigkeit. »*Ich* musste *dich* ertragen.«

»Du bist hier nicht mehr willkommen, Santo«, keifte Donna. »Du bist ein fetter und hässlicher Kerl. Du bist Abschaum wie dein Vater. Du verschwindest noch heute Abend.«

Santo sah George an, der schweigend dastand. Ein Ausdruck unverhohlenen Triumphs lag auf dem Gesicht seines Stiefvaters. »Du hast gehört, was deine Mutter gesagt hat. Pack deine Sachen und verschwinde.«

Lucky war von innerer Ruhe erfüllt. Sie ging wieder nach oben, duschte, band ihr Haar zu einem Pferdeschwanz und zog einen schwarzen Rollkragenpullover, schwarze Jeans und Stiefel an. Dann steckte sie sich die Waffe in den Bund ihrer Jeans und ging aus dem Haus.

Donna hatte es darauf abgesehen, sie um den Verstand zu bringen, und sie wollte sich von dieser Frau nichts mehr gefallen lassen.

Sie stieg in ihren Ferrari und schlug die Richtung zu Donnas Haus ein.

Sie machte sich auf den Weg, um Rache zu üben.

Santo schleppte den Koffer in sein Zimmer zurück. Ein roter Film der Wut flimmerte vor seinen Augen, kleine tanzende Teufel stachelten böse Gedanken in ihm an.

Fett. Seine Mutter hatte ihn noch nie fett genannt. Hässlich. Auf keinen Fall. Sie hatte ihm immer gesagt, er sehe gut aus.

Ohne darüber nachzudenken, holte er die geladene Schrotflinte unterm Bett hervor.

Zur Hölle mit den beiden. Sie hatten genau das verdient, was sie bekommen würden.

Er lief über den Flur und stürmte ins Schlafzimmer seiner Mutter.

Sie stand mitten im Raum und drehte sich um, als er die Tür aufriss. »Was willst du ...«

Ehe sie den Satz beenden konnte, hob er die Schrotflinte und zielte auf ihren Bauch. Dann drückte er ab.

Die Ladung zerfetzte Donna. Blut spritzte, als sie zu Boden stürzte.

Über Santo senkte sich ein glückseliges Gefühl des Friedens. Wie in Trance ging er zu ihr, setzte ihr die Flinte an den Kopf und drückte noch einmal ab.

Dann verließ er das Zimmer.

George stand wie erstarrt am unteren Treppenabsatz – mit entsetzter Miene und zu schockiert, um sich zu bewegen.

Er war eine leichte Beute.

Eine sehr leichte.

70

Lennie marschierte die ganze Nacht am Klippenrand entlang. Schließlich kam er zu einer Küstenstraße, die zu abgeschiedenen Stränden führte.

Nach einer Weile wurde das Land sehr flach. Ohne auf seinen schmerzenden Knöchel und die zerschnittene Fußsohle zu achten, strebte er unbeirrt einem sicheren Hafen entgegen.

Es war bereits Morgen, als er am Fuß eines hohen Baums Rast machte. Er leerte seine Taschen. Neben Claudias Taschenlampe und die Karte, nach der er sich immer wieder gerichtet hatte, legte er ein zerknittertes Bündel Dollarnoten. Er besaß sechshundert Dollar, eine Kreditkarte, die wahrscheinlich inzwischen ungültig war, seinen Pass und mehrere tausend Dollar in Travellerschecks. Glücklicherweise hatte er im Ausland immer Pass und Geld bei sich gehabt. Und er hatte noch mehr Glück gehabt, da seine Kidnapper das Versteck in der Höhle nicht entdeckt hatten.

Lennie hatte sein Vorhaben, Zuflucht in der amerikanischen Botschaft zu suchen, aufgegeben. Das hätte nur bedeutet, dass seine Geschichte publik würde, und er wollte Claudia aus allem heraushalten.

Sein einziger Gedanke war, so schnell wie möglich nach Hause zu kommen – nach Amerika und zu Lucky und den Kindern.

Im Licht der ersten Sonnenstrahlen näherte er sich einem malerischen Tal. Verdammt noch mal, jetzt musste er doch in Sicherheit sein. Er war die ganze Nacht marschiert.

Du bist frei, sagte er sich und schleppte sich weiter. Frei, frei, frei. Der Gedanke machte ihn schwindlig.

Bald darauf erreichte er die Außenbezirke einer Stadt und begegnete erstmals Menschen.

Ein Kind deutete auf ihn, ein räudiger Hund kam näher und knurrte ihn an, eine ganz in Schwarz gekleidete alte Frau bekreuzigte sich, als er an ihr vorbeiging. Menschliche Wesen – ein seltsam tröstlicher Anblick.

Schließlich erreichte er einen kleinen Bahnhof. Der alte Mann hinter dem Fahrkartenschalter musterte ihn und sagte ihm, der nächste Zug komme in einer Stunde. Er kaufte eine Fahrkarte nach Palermo, ging dann zu einem kleinen Markt in der Nähe und deckte sich mit Proviant ein – Brot, Käse und irgendeine gekochte Wurst. Er breitete alles auf einer Bank in der Sonne aus und zwang sich, langsam zu essen. Er genoss jeden Bissen.

Als der Zug endlich kam, setzte er sich völlig erschöpft auf einen Fensterplatz und schlief unruhig, bis sie in den Bahnhof der großen Stadt einfuhren.

In Palermo kaufte er sich in einem Kaufhaus Unterwäsche, Socken, Hemd, Hose, Jacke und ein Paar Schuhe. Er zog die Sachen in einem kleinen Hinterzimmer an. Es war ein Schock, zum ersten Mal seit seiner Gefangennahme sein Spiegelbild zu sehen. Er war nur noch Haut und Knochen, hatte einen verfilzten Bart und langes, strähniges Haar. Das hatte sein Gutes – niemand würde ihn erkennen. Die Anonymität würde ihn schützen, bis er sicher zu Hause angekommen war.

Die Verkäuferin sprach ein paar Brocken Englisch. Er erkundigte sich nach einem Friseur, und sie erklärte ihm den Weg.

Er ließ sich den Bart abnehmen und das Haar schneiden. Das verbesserte sein Aussehen erheblich, obwohl er noch immer einen erbärmlichen Anblick bot.

Mit der Fähre fuhr er nach Neapel und von dort mit dem Zug nach Rom. Auf dem Flughafen kaufte er mit seinen Travellerschecks ein Ticket nach Los Angeles. Die nächste Maschine startete eine Stunde später. Er besorgte sich ein paar Zeitschriften und eine Sonnenbrille, weil er noch immer Angst hatte, erkannt zu werden.

Erst als er im Flugzeug in Richtung Heimat saß, fühlte er sich völlig sicher.

71

In Santos Kopf lief ein Film ab, in dem er der Macho-Actionheld war.

Er hatte sie getötet. George und Donna. Er hatte die Bösen eliminiert, und das war gut so. Wie viele Menschen konnten schon ihre Träume verwirklichen?

Jetzt, nachdem er die Tat begangen hatte, wusste er nicht, was er als Nächstes tun sollte. Alles war voller Blut, auch seine Kleidung. Sollte er die Schweinerei wegputzen? Donna würde es nicht gefallen, dass überall in ihrem Haus Blut war.

Jemand hat meine Mutter erschossen. Ein Einbrecher. Ja. Das war passiert. Ein Einbrecher hat den armen George und Donna getötet.

So ein Pech.

Nun stellte sich die Frage, warum die beiden auf so brutale Art getötet worden waren.

Ganz einfach. Venus Maria war daran schuld. Jetzt musste auch sie bestraft werden.

Er ging ins Schlafzimmer seiner Mutter und starrte eine Weile auf ihren unansehnlichen Körper hinunter, der in einer

Lache aus dunkelrotem Blut lag. Ihr Nachthemd war zerknautscht und blutig. Kein schöner Anblick.

Er nahm von ihrer Frisierkommode eine Schere, schnitt ihr vorsichtig das anstößige Nachthemd vom Leib und legte ihre Glieder zurecht.

Mit seinem Werk zufrieden, begab er sich nach unten und betrachtete Georges Leiche.

Santo ging ein paarmal um sie herum, wobei er darauf achtete, seine Turnschuhe nicht mit Blut zu beschmieren.

George lag mit offenem Mund und weit aufgerissenen Augen da.

Schade, dass die beiden nicht zusammen sein konnten. Mutter und Stiefvater Seite an Seite.

Das Leben war eben nicht perfekt.

Nach einer Weile nahm Santo seine Schrotflinte und ging nach draußen zu seinem Auto.

Er legte die Flinte auf den Boden und fuhr in Richtung von Venus Marias Haus. Diesmal würde sich ihm niemand in den Weg stellen.

Sie war schon fast bei den Landsmans, da kam Lucky ein Auto entgegengerast. Sie riss das Steuer herum und konnte nur mit knapper Not einen Zusammenstoß vermeiden. Sie erhaschte einen flüchtigen Blick auf den Fahrer und erkannte den Sohn der Landsmans.

Nachdem sie vor dem Tor geparkt hatte, blieb sie noch einen Augenblick in ihrem Wagen sitzen. Sollte sie nicht doch lieber daran glauben, dass es eine gerechte Strafe für alle Untaten gab? Nein, denn das entsprach nicht der Realität. Im Endeffekt blieb ihr keine Wahl. Wenn sie die Sache nicht in die Hand nahm, würden die Santangelos nie Frieden vor Donna haben.

Lucky stieg aus und folgte der Mauer, bis sie ein nicht verschlossenes Tor fand. Das war ein Zeichen.

Sie schlüpfte in den Garten. Das große Haus lag im Dunkeln.

Sie schlich ums Haus herum und stellte überrascht fest, dass die Haustür offen stand. Noch ein Zeichen?

Vorsichtig betrat sie die Eingangshalle.

Am unteren Treppenabsatz lag George Landsman – ihm war praktisch der Kopf weggepustet worden.

Luckys Herz fing an, heftiger zu pochen. Der Mann war tot. O Gott, jemand war ihr zuvorgekommen.

Sie wich ein paar Schritte zurück und tastete nervös nach der Waffe in ihrem Hosenbund. Dann schob sie sich an Georges Leiche vorbei und ging nach oben. Es herrschte ein unheimliches Schweigen. Vor ihr tauchte das Bild des vorbeirasenden Santo auf. Sein Gesicht war nur ein weißer, verschwommener Fleck gewesen. War er vor dem Mörder geflohen? Oder hatte er das Blutbad angerichtet?

Ihr schauderte. Die Tür zum großen Schlafzimmer stand offen. Lucky hielt die Luft an und trat ein.

Da lag Donna mitten im Zimmer, nackt und mit ausgestreckten Armen und Beinen. Der Öffentlichkeit preisgegeben.

Poetische Gerechtigkeit.

Lucky wich erneut langsam zurück, lief den Flur entlang, die Treppe hinunter und aus dem Haus.

Am ganzen Körper zitternd, kam sie zu ihrem Auto.

Donna Landsman würde sie nie wieder belästigen.

Santo befand sich auf einer Mission. Niemand konnte ihn jetzt mehr aufhalten. Er wusste, dass Venus Maria an allem schuld war. Daran bestand kein Zweifel mehr.

Sie hatte seine Mutter getötet.

Sie hatte Donna ermordet.

Ihretwegen war George tot.

Sie war eine Schlampe, die den Tod verdient hatte.

Von ihrem Wachmann hatte er nichts zu befürchten, und ihr Bruder war inzwischen bestimmt nicht mehr da.

Jetzt würde er gründlich mit ihr abrechnen. Keine Liebesbriefe mehr. Sie hatte ihn verraten. Mal sehen, ob ihr die Schrotflinte besser gefiel als seine Briefe.

Seine Waffe gab ihm Macht.

Seine Waffe ermöglichte es ihm, sich einen Weg aus jeder Situation freizuschießen.

Er war Sylvester Stallone, Clint Eastwood, Chuck Norris. Er war der Inbegriff des amerikanischen Helden.

Santo hielt vor der Portiersloge.

»Ja?« Der Mann öffnete das Fenster und warf ihm einen argwöhnischen Blick zu. »Was kann ich für Sie tun?«

Santo hob wortlos die Waffe und schoß dem Mann ins Gesicht.

Peng! Der Wachmann verschwand lautlos hinter dem Fenster, das jetzt voll Blut war.

In sich hineinlachend, fuhr Santo zum Haus.

Venus seufzte genießerisch – ein langer Seufzer reiner Wollust. Cooper liebte sie wie kein anderer. Von den Fingerspitzen bis zu seiner behänden Zunge war er ein meisterhafter Liebhaber, führte sie ins Land der Ekstase und zu nie erlebten orgastischen Höhepunkten.

Nach dem zweiten Orgasmus sagte er: »Dreh dich um.«

»Ich kann nicht mehr.«

»Dreh dich um.«

»Das halte ich nicht mehr aus.«

»Mach schon!«

Sie rollte sich auf den Bauch. Er spreizte ihre Beine und begann, die Innenseiten ihrer Oberschenkel zu lecken. Ihr Kopf war in den Laken vergraben. Sie konnte ihn nicht sehen, spürte nur das brennende Verlangen, das seine Berührungen in ihr auslösten. Es war unmöglich, dass er ihre Erregung noch einmal zu einem Höhepunkt steigerte. Völlig unmöglich.

Und doch … ihre Erregung staute sich auf wie ein Orkan kurz vor dem Ausbruch, und dann schlugen die Wogen einer nie gekannten Ekstase über ihr zusammen …

Diese Mission würde ihm die Anerkennung verschaffen, nach der er sich ein Leben lang gesehnt hatte.

Er war nicht mehr der sechzehnjährige fette Junge. Er war Santo Bonnatti. Er war ein großer Mann, genau wie sein Dad. UND NIEMAND KONNTE IHN AUFHALTEN.

Er stieg aus und blieb vor dem Haus der Schlampe stehen. Dann hob er die Waffe und schoss das verdammte Schloss aus der verdammten Tür.

Venus glaubte einen Schuss gehört zu haben, achtete in ihrer Glückseligkeit jedoch nicht darauf.

»Liebling …«, murmelte sie, und schon verlor sich der Gedanke in einem erdbebenartigen Schauder reinster sinnlicher Lust.

Ihre Lustschreie waren laut, hemmungslos und durchdringend.

Santo stieß die Tür auf und sah nicht die drei Hunde, die auf ihn zurasten.

Erst als die Tiere ihre Zähne in sein Fleisch schlugen und es von den Knochen rissen, fing er an zu schreien – laut, hemmungslos und durchdringend.

Er schrie, bis alles um ihn herum in Dunkelheit versank.

Und dann war es vorbei.

72

Alex schlief zum ersten Mal seit Monaten gut – ohne Schlaftabletten, ohne Valium.

Am nächsten Morgen wachte er erfrischt auf, drehte sich um und griff wie immer nach der Fernbedienung des Fernsehers.

Der Sender, den er am Abend zuvor eingestellt hatte, zeigte einen miesen Film über einen fehlgeschlagenen Drogendeal.

Alex hatte das positive Gefühl, sein Leben endlich in die richtige Bahn zu bekommen. Er hätte sich schon vor Jahren zu einer unverblümten Aussprache mit seiner Mutter aufraffen sollen.

Er zappte zum nächsten Sender. Ein ernster schwarzer Sprecher verkündete gerade: »Heute früh wurden die Millionärin und Geschäftsfrau Donna Landsman, die sich vor allem durch Firmenübernahmen einen Namen gemacht hat, und ihr Finanzberater und Ehemann George Landsman in deren Dreimillionendollarvilla in Bel Air erschossen aufgefunden. Diese grässliche Entdeckung machte ein Dienstmädchen, das sofort die Polizei verständigte.«

Alex setzte sich kerzengerade hin. O Gott, Lucky, was hast du getan?

Er griff nach dem Telefon. Sie meldete sich sofort. »O Lucky«, sagte er verzweifelt. »Ich habe soeben die Nachrichten gehört.«

»Guten Morgen, Alex«, erwiderte sie fröhlich, als wäre nichts geschehen.

»*Warum*, Lucky? *Warum* hast du es getan?«, fragte er eindringlich.

»Ich habe es nicht getan«, antwortete sie ruhig. »Ich war es nicht.«

»Ach komm schon.«

»Ich schwör's, Alex. Ich habe nichts damit zu tun.«

»Willst du etwa behaupten, es handelt sich um einen Zufall, der dir zupass kommt? Dass jemand anders Donna den Tod gewünscht hat?«

»Lass mich in Ruhe, Alex«, entgegnete sie scharf. »Wenn du mir nicht glaubst, dann ist das dein Problem, nicht meins.«

»Ich komme zu dir.«

»Nein, lass das bitte.«

»Doch, ich komme«, beharrte er.

»Hör mal«, sagte sie geduldig, »ich rufe dich dann später an.«

»Wir müssen unbedingt miteinander reden.«

»Ja, gut.«

Alex stand auf und ging ins Bad. Herrgott noch mal! Was hatte Lucky nur getan? Seine Gedanken rasten. Sie würde Hilfe brauchen, die besten Anwälte …

Ganz gleich, was passiert war, er würde für sie da sein.

Lucky ging nach unten in die Küche und schaltete die Kaffeemaschine ein. Im Leben gibt es seltsame Wendungen, die oft unverständlich sind. Waren die Santangelos endlich frei von den Bonnattis?

O Gott, wie sehr sie das hoffte. Diese Familienfehde hatte schon zu viele Menschenleben gekostet.

Als sie gestern Abend nach Hause gekommen war, hatte sie sofort Gino in Palm Springs angerufen und ihn gefragt, ob er etwas mit den Morden zu tun habe. Er hatte ihr versichert, dass dem nicht so sei. Gino würde sie nicht belügen. Außerdem hatte sie den Mörder gesehen, diesen Santo, Donnas Sohn, als er vom Tatort geflohen war und beinahe mit ihr zusammengestoßen wäre. Sie fragte sich, wie lange es dauerte, bis die Cops den Täter ermittelt hatten.

Alex glaubte nicht, dass sie mit den Morden nichts zu tun

hatte. Das konnte sie ihm nicht verübeln, hatte sie doch zu ihm gesagt, dass sie etwas gegen Donna Landsman unternehmen würde. Und jetzt war es passiert. Warum sollte er an ihre Unschuld glauben?

Endlich konnte sie ihre Kinder nach Hause holen. Es erfüllte sie mit großer Erleichterung, dass ihnen keine Gefahr mehr drohte und dass sie bald wieder zusammen sein würden.

Der Kaffee blubberte in der Maschine. Sie nahm einen Becher vom Regal und füllte ihn.

»He ...«

Ihre Phantasie spielte ihr einen Streich. Sie glaubte Lennies Stimme gehört zu haben.

»He ... *du.*«

Sie drehte sich um. Lennie stand lächelnd hinter ihr. »Hast du mich vermisst?«, fragte er. »Jedenfalls hast du mir verdammt gefehlt.«

Sie starrte ihn sprachlos und völlig fassungslos an. »O ... mein ... Gott! Lennie ...«, stammelte sie schließlich.

»Ja, ich bin's«, sagte er schnoddrig.

Lucky drehte sich der Kopf. Ihr schwindelte. Sie war völlig verwirrt. Das konnte doch nicht sein. Aber es war so. Lennie war hier ... ihr Lennie ... ihre Liebe ...

»Du lebst!«, schrie sie. »Wo kommst du her? O ... mein ... Gott! LENNIE!«

Er riss sie in die Arme und drückte sie so fest an sich, als wollte er sie nie wieder loslassen. »Lucky ... Lucky ... von diesem Augenblick habe ich geträumt. Nur der Gedanke daran hat mich nicht den Verstand verlieren lassen.«

Sie lehnte sich in seinen Armen zurück, berührte sanft sein Gesicht und versuchte das Wunder zu begreifen. Er war tatsächlich wieder bei ihr. »Lennie ...«, murmelte sie mit Tränen in den Augen. »O Gott, Lennie ... Was ist passiert?«

»Das ist eine lange Geschichte, Liebste, eine sehr lange Geschichte. Im Augenblick brauchst du nur zu wissen, dass ich dich liebe, dass ich bei dir bin, und ich verspreche dir eins – wir werden uns *nie* wieder trennen.«

Epilog

Ein Jahr später

Die extravagante Premiere von Alex Woods' Film *Gangsters* war *das* Ereignis Hollywoods. Jeder, der etwas in der Stadt galt, war eingeladen, und die, die keine Einladung bekommen hatten, verließen die Stadt oder taten zumindest so.

Die Premiere fand in Mann's Chinese Theater am Hollywood Boulevard statt. Ein roter Teppich bedeckte den Eingang bis zum Randstein, über den die Berühmtheiten schreiten würden. Scheinwerfer erhellten den Himmel in einem Umkreis von mehreren Meilen.

Eine aufgeregte Menge umlagerte den Eingang und wurde von Polizeibarrikaden in Schach gehalten, damit die Stars bei ihrer Ankunft nicht von aufdringlichen Fans belästigt wurden.

Eine lange Reihe Limousinen wand sich an mindestens zehn Häuserblocks vorbei. Fernsehteams standen bereit und natürlich auch die Paparazzi.

Es war wirklich ein großes Ereignis.

Abe Panther saß bequem in seiner Limousine und blinzelte Inga Irving zu. »Heute verlasse ich zum ersten Mal seit Jahren mein Haus«, erklärte er und paffte eine dicke Zigarre.

»Für Lucky würdest du alles tun«, sagte Inga nachsichtig. »Sie braucht nur zu rufen, dann kommst du gelaufen.«

»Lucky ist für mich wie eine Enkelin. Sie ist eine Frau mit Mumm. Früher gab es davon mehr in Hollywood. Das mag ich an Frauen.«

Inga nickte nur. Sie hatte mittlerweile Abes Vorliebe für Lucky akzeptiert.

Ingas extravagante Kleidung entsprach dem Ereignis. Lucky hatte sie großzügig für ihren Aktienanteil bezahlt, und sie hatte das Geld in ein paar kostbare Schmuckstücke investiert und Abe erzählt, es handle sich um falschen Schmuck. Abe war mittlerweile über neunzig und klammerte sich noch immer an sein Geld wie eine Nutte in einer schlechten Nacht an einen Freier.

Er beugte sich keuchend vor. »Ich habe was für dich«, sagte er und griff in die Tasche seines Smokings aus dem Jahre 1945, der ihm immer noch passte. »Da wir jetzt ein oder zwei Jahre verheiratet sind, fange ich an zu glauben, dass ich dich nie wieder los werde.« Er gab ihr ein Schmuckkästchen.

Inga öffnete es und schnappte nach Luft. Ein prachtvoller, achtkarätiger Diamantring funkelte auf dem Samtpolster.

»Nein, Abe«, sagte sie, und über ihr normalerweise stoisches Gesicht huschte ein Lächeln. »Jetzt wirst du mich sicher nicht mehr los.«

Abe lachte gackernd. »Hab ich's mir doch gedacht.«

Abigaile und Mickey Stolli saßen zusammen mit Tabitha und deren Freund Risk Mace, einem langhaarigen, tätowierten Rocker, in der Limousine hinter Abes Wagen.

Tabitha hatte sich von der ausgerasteten Punkerin in eine Hollywoodprinzessin verwandelt. Nach ihrem Abgang von dem exklusiven Schweizer Internat hatte sie ihrem Vater verkündet, sie wolle Schauspielerin werden. Mickey hatte ihr einen Agenten besorgt, der für sie einen Vorsprechtermin bei einer Comedy-Serie fürs Fernsehen arrangiert hatte. Zur Überraschung aller hatte Tabitha die Rolle bekommen, das Publikum hatte sie sympathisch gefunden, und innerhalb von sechs Monaten war sie ein Fernsehstar geworden.

Mickey war stolz. Wer hätte gedacht, dass seine Tochter ein Vorbild für alle Mädchen im Teenageralter in Amerika werden würde?

Er paffte seine Zigarre und dachte: Ich habe mein Kind ganz gut erzogen. Wenigstens verdient sie ihr eigenes Geld.

Abigaile lehnte sich zurück und dachte: Warum vergeudet Tabitha ihre Zeit mit diesem seltsam aussehenden Rocker? Warum sucht sie sich nicht einen anständigen Studio-Angestellten, der die Chance hat, an die Spitze aufzusteigen und eine Menge Geld zu verdienen?

Abigaile hatte keine Ahnung, dass Risk mehrfacher Millionär war. Hätte sie es gewusst, hätte sie ihn wohl in einem anderen Licht gesehen.

Tabitha langweilte sich. Warum hatte sie nur eingewilligt, ihre Eltern zu dieser Premiere zu begleiten? Was für ein anödendes Ereignis. Risk hält mich bestimmt für eine schreckliche Spießerin. Ihr Vater hatte darauf bestanden, dass sie mitkam – er wollte sich im Glanz seiner berühmten Tochter sonnen, wenn er mit ihr am Arm bei der Premiere erschien. Mickey musste an der Premiere teilnehmen, weil Johnny Romano eine Starrolle in seinem ersten eigenen Film übernehmen sollte. Ja, Mickey Stolli, Exstudioleiter, wagte den Sprung in die Eigenproduktion – der letzte Ausweg für erfolglose Studioleiter.

Tabitha hoffte eine Rolle in diesem Film zu bekommen. Sie wollte auch beim Film den Durchbruch schaffen.

Leslie Kane stieg vor dem Theater aus der langen weißen Limousine, und die Menge geriet außer Rand und Band. Dann folgte ihr Begleiter, und als die Zuschauer sahen, wer er war, kannte der Jubel keine Grenzen mehr.

Die Paparazzi und die Fernsehteams stürzten sich auf die beiden Stars. Charlie Dollar und Leslie Kane – das brave Mädchen und der Schurke. Was für eine hochexplosive Kombination!

Beide beherrschten ihren Auftritt aus dem Effeff. Charlie

trug wie immer eine dunkle Sonnenbrille und zeigte sein verrücktes Grinsen; Leslie achtete darauf, dass sie sich den Fotografen nur von ihrer schönsten Seite präsentierte.

Sie hakte sich bei Charlie ein und lächelte.

Er winkte der Menge zu.

Leslie Kane und Charlie Dollar – die Sensation für die Titelseiten.

Ron Machio hatte die Rohschnittfassung von *Gangsters* gesehen und wusste, wie sensationell Venus darin war – sie hatte die beste Leistung ihrer bisherigen Karriere gebracht.

Anthony öffnete die schwarz getönte Scheibe. »Lass das«, sagte Ron gereizt. »Die Fans können reinschauen.«

»Ich *will*, dass mich alle Leute in einer Limousine sehen. Wenn die Premiere im englischen Fernsehen gezeigt wird, glauben meine Freunde, auch ich sei ein Star.«

»Du bist kein Star«, entgegnete Ron. »Du bist nur Venus' Assistent.«

»Aber ich lebe mit *dir*. Das allein macht mich schon zum Star.«

Über Rons Gesicht breitete sich ein Lächeln aus. »Du sagst immer so nette Dinge.«

Emilio saß den beiden mit finsterer Miene gegenüber. Warum musste er ausgerechnet mit diesen Schwulen zur Premiere fahren?

Immerhin war es besser, als überhaupt nicht an dem Ereignis teilzunehmen.

Seit er den verrückten Eindringling auf Venus' Grundstück geschnappt hatte, behandelte ihn seine Schwester ganz gut. Als Gegenleistung verzichtete er darauf, intime Details über ihr Leben an die Presse zu verkaufen, und arbeitete als Teilzeitassistent für sie. Gott sei Dank hatte er Santo damals erwischt, sonst hätte Venus nicht Johnny Romano angerufen, und damit wären auch seine Bluthunde nicht auf ihrem

Grundstück gewesen. Wer weiß, ob sie ohne diese Hunde heute hier wäre …

Also hatte Venus eigentlich alles nur ihm zu verdanken. Doch niemand wusste das zu würdigen.

Manchmal, wenn Venus und Cooper mit ihm zum Abendessen ins *Hamburger Hamlet* gingen, benahmen sie sich, als würden sie ihm damit einen großen Gefallen erweisen. Das kotzte ihn an. War er ihnen nicht gut genug, um sie in eines der schicken Restaurants zu begleiten, in denen die beiden Stammgäste waren?

Als Venus ihn zur Premiere eingeladen hatte, hatte er gefragt: »Und wie komme ich da hin?«

»Du fährst mit Anthony und Ron«, hatte sie geantwortet. »Die sorgen dafür, dass du dich anständig benimmst.«

»Aber ich dachte«, hatte er eingewandt, »ich könnte eine Freundin mitnehmen und in einer eigenen Limousine vorfahren.«

»Nein, Emilio«, hatte sie mit Nachdruck gesagt. »Ich traue dir nicht. Du fährst mit den beiden.«

Und das war's gewesen.

Brigette spähte zum Fenster hinaus. »Sieh dir diese Menschenmassen an!«, rief sie aus. »Wow! Einfach toll!«

»Bleib cool«, sagte Nona. »Vergiss nicht – auch du bist ein Star.«

Zandino nickte strahlend. Nona und er hatten vor sechs Monaten geheiratet. Jetzt war Nona im fünften Monat schwanger, und die beiden waren überglücklich.

Brigette war ganz aufgeregt. »Ich freue mich unheimlich, dass Lucky und Lennie uns eingeladen haben«, sagte sie. »Ich finde diesen Trubel einfach cool.«

»Vielleicht begegnet dir der Mann deiner Träume«, erwiderte Nona. »In Hollywood laufen so einige flotte Typen herum.«

»Den Mann meiner Träume gibt es nicht. Und schon gar nicht in Hollywood.«

»Du bist ein Star, Brigette – ein Supermodel. Wer weiß, welcher Mann dir noch nachstellen wird, weil er ganz scharf auf deinen hinreißenden jungen Körper ist. Sean Penn. Emilio Estevez. Wen hättest du denn gern?«

Brigette grinste. »Keine Ahnung. Aber sollte ich einem von beiden begegnen, erfährst du es als Erste.«

Die Limousine hielt vor dem Theater. »Raus mit dir!«, befahl Nona. »Zeig, dass du ein Star bist!«

»Sei nicht so herrisch.«

»Ohne mich wärst du doch verloren.«

»Ha! Bestimmt erkennt mich niemand.«

»Ich wette um zehn Dollar.«

Brigette stieg aus, holte tief Luft und drehte sich der Menschenmenge zu.

»BRIGETTE! BRIGETTE! BRIGETTE!«, tönte es ihr jubelnd entgegen. Sie war verblüfft! Und ein bisschen freudig erregt.

Ein gut aussehender junger Journalist griff nach ihrem Arm und geleitete sie an der Presse vorbei.

»Du schuldest mir zehn Dollar«, flüsterte Nona hinter ihr.

Johnny Romano und Daniella, seit einem Jahr seine Frau, schlenderten zusammen mit Daniellas neunjähriger Tochter, die Johnnys Hand umklammerte, über den roten Teppich. Die drei waren eine hinreißende Familie. Johnny, so dunkel und sexy, Daniella, so blond und schön, und das kleine Mädchen – ein Spiegelbild der Mutter.

Die Presse hatte sich auf diese unglaublich romantische Geschichte gestürzt. Daniella, eine französische Journalistin, war nach L.A. gekommen, um Johnny für ein Magazin zu interviewen. Bei beiden war es Liebe auf den ersten Blick gewesen. Johnny hatte Daniellas Tochter nach L.A. geholt, Daniella geheiratet, und jetzt waren die beiden das perfekte Ehepaar Hollywoods.

Daniella war zufrieden.

Johnny war so glücklich wie nie zuvor in seinem Leben.

Es war wirklich eine Liebesheirat gewesen.

»Du siehst wunderschön aus«, sagte Cooper.

»Stimmt nicht«, widersprach Venus und schnitt eine Grimasse. »Ich bin dick.«

»Du bist nicht dick, sondern schwanger. Das ist ein großer Unterschied.«

»Ich müsste schlank und sexy sein«, meinte Venus besorgt. »Das erwarten meine Fans von mir. Und ich sollte ein sensationelles Kleid tragen.«

»Du bist als Lola in *Gangsters* sensationell. Jeder, der den Film bisher gesehen hat, ist davon überzeugt, dass du todsicher für den Oscar nominiert wirst. Ich auch.«

Venus sah ihn skeptisch an. »Meinst du das *wirklich,* Cooper? Oder sagst du es nur, um mich glücklich zu machen?«

Er lächelte anzüglich. »Ich kann dich auf ganz andere Weise glücklich machen.«

»Ja, das ist der beste Beweis dafür«, erwiderte Venus und tätschelte ihren Bauch.

Er legte seine Hand auf ihre. »Ich liebe dich so sehr«, sagte er. »Ich hätte nie gedacht, dass mir das einmal passieren würde.«

»Und dabei hätten wir es beinahe vermasselt.« Sie seufzte.

»Haben wir aber nicht.«

»Ja. Eine Nacht mit Veronica, und du bist schnurstracks zu mir zurückgekommen! Dafür müsste ich ihr/ihm – was auch immer – dankbar sein.«

»Haha! Sehr witzig.«

»Habe ich dir schon gesagt, dass du heute Abend phantastisch aussiehst?«

»Danke.« Er lächelte seine bezaubernde Frau zärtlich an. Venus schaffte es immer wieder, dass er sich wie ein König fühlte.

Alex war müde, aber es war eine angenehme Müdigkeit. Vor sechs Wochen war er mit dem Schneiden des Films fertig geworden und hatte *Gangsters* bei mehreren Probeaufführungen gezeigt. Der Erfolg hatte alle Erwartungen übertroffen. Die Mundpropaganda war phänomenal.

Er wusste, dass er mit *Gangsters* einen Oscar gewinnen konnte. Und zwei seiner Hauptdarsteller – Venus und Johnny – würden zumindest nominiert werden. Er stand kurz vor der Erfüllung all seiner Träume und Hoffnungen. Noch nie war er so zufrieden gewesen.

Er freute sich auch für Lucky. Sie hatte an den Film und an ihn geglaubt, und bald würde Geld in die Kasse der Panther Studios fließen.

Seine Gedanken blieben kurz bei Lucky. Sie würde für ihn immer etwas Besonderes sein. Doch seit Lennies Rückkehr hatte er sich zurückgezogen, da sie ihm klar gemacht hatte, dass sie Lennie liebte und kein anderer Mann für sie in Frage kam.

Das Schöne an der Sache war, dass die drei gute Freunde geworden waren. Lennie war ein großartiger Mann. Alex mochte und respektierte ihn.

Dominique saß mit ihrem Begleiter, einem Tango tanzenden Börsenmakler, den sie in einem Club am Wilshire Boulevard kennen gelernt hatte, in der Limousine ihrem Sohn gegenüber. Alex fand diesen älteren Mann sympathisch.

Dominique hatte sich in letzter Zeit geändert und enthielt sich jeder Kritik an ihrem Sohn. Alex fragte sich, wie lange dieser Frieden wohl dauern würde.

Lili und France waren heute Abend seine Begleiterinnen.

Beide hatten mit aller Kraft an dem Film mitgearbeitet und eine Belohnung verdient.

Alex nahm sich vor, sich jetzt, nach Fertigstellung von *Gangsters,* mehr um sein Privatleben zu kümmern. Wer weiß, was in der großen weiten Welt noch auf ihn wartete?

Er wollte Urlaub machen – nach Italien reisen und sich umsehen.

Vielleicht wartete irgendwo eine wilde, schöne, unberechenbare, dunkelhaarige Frau auf ihn …

Vielleicht …

»Endlich ist die Premiere von *Gangsters«,* sagte Lucky mit funkelnden Augen. »Ich bin ziemlich aufgeregt.«

»Dafür hast du auch allen Grund«, entgegnete Lennie. »Du hast viel Zeit und Kraft in diesen Film investiert.«

»Das stimmt«, erwiderte sie und dachte: Was war das doch für ein aufregendes Jahr. Und wie glücklich ich mich schätzen kann, dass Lennie wieder bei mir ist.

»Du siehst heute Abend hinreißend aus«, sagte er und drückte ihre Hand. »Manchmal wache ich morgens auf und kann noch immer nicht glauben, dass ich wieder zu Hause bin und neben dir im Bett liege.«

»Mir geht es genauso.«

»Wie haben wir beide das nur alles durchgestanden?«, fragte er kopfschüttelnd.

»Irgendwie haben wir es geschafft. Wir sind wieder zusammen und eine glückliche Familie.«

»Jede Sekunde in dieser Höhle habe ich an dich gedacht. Und diese Gedanken haben mich am Leben erhalten.«

»Und ich habe nur an dich gedacht«, sagte sie zärtlich. »Obwohl ich nicht angerufen habe und du nicht geschrieben hast.«

»Meine Frau, die Komikerin.«

»Du warst früher der Komiker in der Familie«, entgegnete sie.

»Ach, mit Bühnenauftritten und der Schauspielerei habe ich nichts mehr im Sinn. Ich will vor keiner Kamera mehr stehen.«

Lucky wusste, dass es schwer sein würde, Lennie wieder zum Filmen zu bewegen. Im letzten Jahr lebte er sehr zurückgezogen. Er blieb lieber zu Hause bei den Kindern und scheute die Öffentlichkeit. Das machte ihr nichts aus, aber sie wusste, dass sie ihn – seinetwegen – wieder in die Realität zurückholen musste. Auch wenn er im Augenblick rundherum zufrieden war, würde ihm doch irgendwann klar werden, dass ihm ein solches Leben nicht genügen konnte.

»Dein Freund Alex ist heute Abend bestimmt sehr glücklich«, sagte Lennie. »Weißt du, als du ihn mir vorgestellt hast, wusste ich nicht recht, was ich von ihm halten sollte.«

»Ach, tatsächlich?«

»Ja, aber er ist ein netter Kerl. Ich mag ihn.«

»Das freut mich, weil mir Alex während deiner Abwesenheit ein sehr guter Freund gewesen ist.«

Er warf ihr einen durchdringenden Blick zu. »Und mehr war er nicht?«

Lucky zögerte nicht. »Nein, mehr war er nicht.«

»Er ist in dich verliebt.«

»Das ist unmöglich.«

»O doch.«

Die beiden schwiegen ein paar Minuten. Ihre Limousine näherte sich dem Theater.

»Und Claudia?«, brach Lucky schließlich das Schweigen. »Du hast mir erzählt, was sie für dich getan hat. War *sie* nur eine Freundin?«

»Natürlich«, sagte er schnell.

»Vielleicht besuchen wir sie eines Tages.«

»Vielleicht ...«